KONRAD BURDACH
DER GRAL

KONRAD BURDACH

DER GRAL

FORSCHUNGEN ÜBER SEINEN URSPRUNG UND SEINEN
ZUSAMMENHANG MIT DER LONGINUSLEGENDE

MIT EINEM VORWORT ZUM NEUDRUCK
VON
JOHANNES RATHOFER

1974

WISSENSCHAFTLICHE BUCHGESELLSCHAFT

DARMSTADT

Der Neudruck unter Hinzufügung eines neuen Vorwortes erfolgte mit freundlicher Genehmigung des Verlages W. Kohlhammer GmbH, Stuttgart. 1938 erschien das Werk als 14. Band der von Erich Seeberg, Wilhelm Weber und Robert Holtzmann herausgegebenen ›Forschungen zur Kirchen- und Geistesgeschichte‹

Ⓦ Bestellnummer: 6808

© 1974 by Verlag W. Kohlhammer GmbH, Stuttgart
Druck: Wissenschaftliche Buchgesellschaft, Darmstadt
Einband: C. Fikentscher, Darmstadt
Printed in Germany

ISBN 3-534-06808-4

Inhaltsverzeichnis

VORWORT ZUM NEUDRUCK

Von Johannes Rathofer

Mit dem vorliegenden Neudruck macht die Wissenschaftliche Buchgesellschaft der mediävistischen Forschung verschiedenster Disziplinen ebenso wie einer interessierten breiteren Öffentlichkeit ein Werk wieder allgemein zugänglich, das fast vierzig Jahre nach dem Tode seines Verfassers immer noch für sich in Anspruch nehmen kann, die „letzte deutsche Gesamtdarstellung des Gralkomplexes"[1] zu sein. Es bedeutete allerdings eine gründliche Verkennung der Situation, wollte man aus dieser Tatsache etwa den Schluß ziehen, Konrad Burdachs gewichtiges Buch habe seinerzeit die wesentlichen Probleme des heiß diskutierten Ursprungs der Gralsage ein für allemal gelöst und darum seither alles weitere Fragen verstummen lassen. Vielmehr scheint das gerade Gegenteil der Fall zu sein: Nie zuvor nämlich haben sich in vergleichbaren Zeiträumen so viele Stimmen des offenbar erregenden Themas bemächtigt wie in den vergangenen Jahrzehnten, und ist entsprechend die in direktem oder indirektem Zusammenhang mit dem Gral stehende Literatur zu einer derart drängenden und zugleich bedrängenden Flut angeschwollen, daß es selbst dem Fachmann schier unmöglich wird, sie wirklich vollständig und umfassend zu rezipieren oder sich gar mit ihr in allen Einzelheiten kritisch auseinanderzusetzen.

Angesichts dieser erstaunlichen Virulenz des Gralphänomens möchte man fast geneigt sein, sich in deren Beurteilung der Meinung Joachim Bumkes anzuschließen, dem die gegenwärtig völlig analogen Verhältnisse auf dem nahe verwandten, ja teilweise deckungsgleichen Sektor der Wolfram-Forschung Zeichen einer be-

---

[1] J. Bumke, Die Wolfram von Eschenbach Forschung seit 1945. Bericht und Bibliographie, München 1970, S. 251.

denklichen 'Krise' zu sein scheinen.[2] Dann allerdings erhöbe sich
die Frage, ob nicht auch der Neudruck von Burdachs Untersuchungen ein solches Krisensignal sein könne, ob er also lediglich als ein
weiteres Symptom für die „methodische Verlegenheit" zu werten
sei, in der sich nach Bumke die volkssprachlichen Philologien des
Mittelalters befinden, als ein Paradigma für die hier derzeit überall zu registrierende „Geschäftigkeit" und als ein kaum wün-
schenswerter Beitrag zur Steigerung jenes „schreienden Mißver-
hältnisses", das der nüchterne Beobachter zwischen Umfang und
Intensität einer bestimmten Forschung einer- und der tatsächlichen
Aktualität und Resonanz ihrer Probleme außerhalb des jeweils
„engeren Fachbereiches" andererseits erkennen zu können glaubt.

Gegen eine allzu voreilige Subsumierung der Reprographie von
Burdachs Gralbuch unter eine derartige Fragestellung lassen sich
indes mehrere Gründe geltend machen:

Erstens konnte der von seinem Mitarbeiter Hans Bork aus dem
Nachlaß herausgegebene und um das bedeutende letzte Kapitel
(Die Gralvorstellung in Wolframs von Eschenbach Parzivaldich-
tung) vermehrte Band erst im Jahre 1938, also kurz vor Ausbruch
des Zweiten Weltkriegs, veröffentlicht werden. Wenn schon die
nachfolgenden „Zeitereignisse" die wichtige Besprechung durch
Friedrich Ranke, wie er selbst betont, um ein ganzes Jahrzehnt
„verzögerten"[3], dann darf man vielleicht — wenn auch mit allem
Vorbehalt — vermuten, daß die gleichen Umstände einer allseits
vollständigen und adäquaten Aufnahme des Werkes durch die
damalige Forschung nicht eben günstig waren. Möglicherweise
erklärt sich aus dem Erscheinungstermin — wenigstens zu einem
Teil — auch die noch jüngst getroffene Feststellung, Burdach habe
der Forschung „keine entscheidend neuen Impulse gegeben"[4].

Zweitens haben die „mit der bekannten imponierenden Gelehrsamkeit" und „überall frisch aus den Quellen erarbeiteten"[5]
ersten 25 Kapitel, die immerhin mehr als Dreiviertel des Ganzen
ausmachen (S. 1—414), kaum das Echo gefunden, das ihr Autor

---

[2] Ders., ebd., S. 9; hier auch die folgenden Zitate.
[3] F. Ranke, Anz. f. dt. Altert. u. dt. Lit. 64 (1948/50), S. 20.
[4] J. Bumke, a. a. O., S. 251.
[5] F. Ranke, a. a. O., S. 20.

sich wohl erhofft hatte. Jedenfalls gingen schon die mir erreichbaren Rezensionen bemerkenswert schnell über die „gewaltige Einleitung"[6] hinweg, indem sie z. B. darauf hinwiesen, daß es „unmöglich" sei, „an dieser Stelle die tiefgründigen Forschungen Burdachs zu würdigen"[7], oder daß sie „der Beurteilung des Germanisten" einfach nicht „unterstehen" und dieser sich ihnen gegenüber deshalb „nur lernend verhalten könne".[8] Eine wirklich ernsthafte und auf gleichem Felde geführte Auseinandersetzung mit diesem von der Kritik durchaus anerkannten „äußerst wichtigen Kompendium" der „Grundlagen der Gralsage in ihren theologischen, archäologischen und kunstgeschichtlichen Zusammenhängen", „auf das auch Einzelforschungen künftig immer wieder werden zurückgreifen müssen"[9], fand — soweit ich sehe — nicht statt.[10] Man wandte sich vielmehr in der Regel sogleich den literaturwissenschaftlichen Schlußkapiteln 26—28 zu, den sog. 'Ergebnissen' und ihrer Auswertung [die viele Leute auch anderwärts so ausschließlich interessieren, daß sie sich oft genug damit schon den Weg zum wirklichen Verständnis der Probleme verbauen]. Die lapidarste Begründung für ein solches Vorgehen fand wohl W. Golther mit der entwaffnenden Feststellung: „Für die Anzeige im Literaturblatt kommen nur die drei letzten Abschnitte (S. 415—560) über Crestien, Robert von Boron und Wolfram in Betracht."[11] Es scheint immerhin denkbar, daß aus der Distanz eines Menschenalters heraus dem methodischen Weg Burdachs eine eingehendere Würdigung zuteil werden könnte.

Drittens dürfen wir heute davon ausgehen, daß sich „in der Erkundung der geistigen Kultur des Mittelalters" jener „Um-

---

[6] H. Schneider, Gött. gel. Anz. 202 (1939/40), S. 23—37; zitiert nach dem Wiederabdruck in: Ders., Kleinere Schriften zur germanischen Heldensage und Literatur des Mittelalters, Berlin 1962, S. 259—70; hier: S. 261.

[7] W. Golther, Literaturblatt für germanische und romanische Philologie 61 (1940), Sp. 133.

[8] H. Schneider, a. a. O., S. 260.

[9] H. Rosenfeld, Archiv f. d. Studium d. neueren Sprachen und Literaturen 178 (1941), S. 134 f.

[10] Vgl. jedoch B. Mergells Selbstrechtfertigung gegenüber G. Weber in: Wolfram und der Gral in neuem Licht, Euphorion 47 (1953), S. 444 Anm. 29.

[11] A. a. O., Sp. 133.

schwung zum Besseren", dessen Anfänge Burdach noch dankbar
begrüßte (S. XVII), inzwischen weiter durchgesetzt und verstärkt
hat. Daß „die Patristik und Scholastik . . . für Historiker und
Philologen nicht mehr unbetretene, nicht zu betretende Gebiete"
sind (ebd.), wird z. B. gegenwärtig niemand mehr für besonders
erwähnenswert halten. Gerade die grundsätzlich veränderte methodische Einstellung dem Mittelalter gegenüber läßt vom heutigen
Leser ein größeres Verständnis und Interesse für Burdachs Vorgehen erwarten, zumal von den verschiedenen Disziplinen, in deren
Bereiche seine Forschungen hineinragen, zahlreiche Quellen jetzt
neu gesichtet und gedeutet sowie wichtige Materialien aufbereitet
und zusammengestellt worden sind, die nicht nur ein engagiertes
Verfolgen der Darlegungen Burdachs, sondern auch die von ihm
selbst gewünschte Vermehrung und Berichtigung seiner Einsichten
(vgl. S. XVIII) erlauben und erheblich erleichtern. Es muß hier ge-
nügen, für diesen Tatbestand stellvertretend etwa auf die Kunstgeschichte hinzuweisen. Während Burdach seinen zahlreichen Beschreibungen von Kreuzigungsdarstellungen, die die Entfaltung
und Wirkung der Longinuslegende dokumentieren sollen, keine
Bilder beigeben konnte (ab S. 239 ff.) und sich selbst oft genug
auf schlechte oder undeutliche Abbildungen (vgl. S. 247 Anm. 16;
250 Anm. 21 u. ö.) stützen mußte, stehen uns heute für einzelne
dieser Miniaturen und Elfenbeintafeln nicht nur originalgetreue
Facsimile-Editionen der entsprechenden Handschriften [12] bzw.
hochwertige Reproduktionen in vielen repräsentativen Bildbänden [13]
zur Verfügung, vielmehr ist der gesamte Themenkreis in jüngster
Zeit mehrfach systematisch in lexikalischer Weise erfaßt, bearbei-

---

[12] Z. B.: The Rabbula Gospels, Olten u. Lausanne 1960 (zu S. 247 f.). Die
irischen Miniaturen der Stiftsbibliothek St. Gallen, Olten u. Lausanne 1953 (zu
S. 285 f.); Codex Egberti der Stadtbibliothek Trier, Basel 1960 (zu S. 313 ff.);
Antiphonar der Erzabtei St. Peter in Salzburg, Graz 1969 ff. (zu S. 318 f.); Codex
aureus Epternacensis, München 1956 (zu S. 320 f.) u. a.
[13] W. F. Volbach/M. Hirmer, Frühchristliche Kunst, München 1958; W. F. Vol-
bach, Elfenbeinarbeiten der Spätantike und des frühen Mittelalters, Mainz ²1952;
H. Schnitzler, Rheinische Schatzkammer, Düsseldorf 1957; F. Steenbock, Der kirchliche Prachteinband im frühen Mittelalter von den Anfängen bis zum Beginn der
Gotik, Berlin 1965; J. Beckwith, Ivory Carvings in Early Medieval England, London
1972, u. a.

tet und z. T. mit ungewöhnlich umfassendem Bildmaterial auch optisch zugänglich gemacht worden.[14] Es liegt auf der Hand, daß damit die Voraussetzungen gegeben sind, gerade jetzt die Diskussion mit Burdachs Deutungen neu aufzunehmen und eine detaillierte Analyse der einzelnen Bildprogramme durchzuführen.

Unter den genannten — notwendigerweise summarisch-andeutenden — Aspekten dürfte der vorliegende Neudruck sich vor allem um jener weitgespannten Untersuchungen in den ersten 25 Kapiteln willen rechtfertigen lassen, die ehemals der Kritik Anlaß waren, von einem irreführenden Titel des Gesamtwerkes zu sprechen,[15] während Burdach eben mit ihrer Hilfe den „eigentlichen Zweck" seines Buches erreichen wollte, nämlich die Wissenschaft „von einem Wege in der Erforschung der Gralsage abzulenken", den er seinerseits für völlig falsch hielt (S. XVIII). Ihm kam es darauf an, in nachprüfbaren Schritten zu zeigen, daß der „Lebens- und Quellpunkt der so geheimnisvollen, so chamäleonhaften Sage vom Gral" (S. 128) in christlicher Überlieferung — und nur in ihr — zu suchen sei. Eine entscheidende Rolle spielen dabei die beiden Passionsreliquien, die man im 6. Jahrhundert in Jerusalem zeigte: die Lanze, mit der einer der Soldaten (seit dem Nikodemusevangelium Longinus genannt) nach Joh 19, 34 die Seite des Gekreuzigten öffnete, und der Kelch (Schüssel) des ersten Abendmahles (*calix onychinus quem benedixit in cena;* vgl. S. 115), der nach der Legende auch dem Joseph von Arimathia dazu diente, Christi Blut aufzufangen.

---

[14] Lexikon der christlichen Ikonographie, hg. v. E. Kirschbaum u. a., Bd. I–IV, Freiburg etc. 1968–1972; bes. Bd. II: Kreuzigung Christi, Sp. 606–642, mit reichen Lit.-Ang.; vor allem Gertrud Schiller, Ikonographie der christlichen Kunst, Bd. 2: Die Passion Jesu Christi, Gütersloh 1968, S. 98–161, dazu besonders die Tafeln 321–394 (jetzt auch eine englische Ausgabe: Iconography of Christian Art, Bd. 2, London 1972). Für das Spezialproblem des 21. Kapitels (Burdach, S. 296–312) vgl. W. Seiferth, Synagoge und Kirche im Mittelalter, München 1964, bes. Abb. 1–14.

[15] Vgl. die Rezension von W. A. Nitze in: Modern Philology 37 (1939–40), S. 315: "In the first place, the title *Der Gral* is misleading. The treatise deals with the lance of the Crucifixion (later associated with Longinus), on which the reader will find a thorough and most interesting discussion, but only incidentally and in an unsystematic manner with the Grail."

Diesen beiden Heiltümern, die durch ihre gemeinsame Beziehung zum Blut des Erlösers und zu den Sakramenten der Taufe und Eucharistie aufs engste zusammengehören, ihrer Faszinationskraft und zentralen Bedeutung für das Glaubensbewußtsein der Christenheit ist Burdach nachgegangen in den Zeugnissen der frühchristlichen Literatur, Bildkunst und Liturgie, in Dogmatik und mystischer Exegese, in Heiligenlegende und in den Äußerungen der Volksfrömmigkeit. Besonderes Gewicht kommt dabei der kultischen Verehrung von Kreuz, Lanze und Kelch in Jerusalem und Konstantinopel sowie in der byzantinischen Meßliturgie zu, deren große Prozession mit den dazugehörigen Riten das Urbild für die szenisch-dramatischen Elemente der Gralsage, die Gralprozession, abgeben, für die sich in der Tat bis heute „keine anderen Quellen, vor allem keine keltischen Vorbilder nachweisen ließen"[16].

Als die heiligen Kleinodien, die die Phantasie der Gläubigen seit den frühesten Zeiten in so ungeheurem Maße beschäftigten, nach der Zerstörung Jerusalems im 10. Jahrhundert plötzlich an anderen Orten gezeigt wurden, erwuchs nach Burdach aus dem Zweifel an deren Echtheit schließlich die Hoffnung, daß Kelch und Lanze — mochten sie auch verlorengegangen sein — wiedergefunden werden könnten: „Als das nie erloschene Verlangen nach dem Besitz, nach dem ungestörten Besuch der heiligen Stätten der christlichen Geschichte in den Flammen der Kreuzzüge aufloderte..., da haben Kelch und Lanze eine neue, entscheidende Rolle gespielt: in der nun aufblühenden Sage vom Gral, von der blauen Blume des Mittelalters. Die Lanze des Kriegsknechts aber hat diese neue Wendung eingeleitet: denn sie war schon vorher ein Werkzeug der religiös-politischen Aktion geworden in den Händen der Leiter und Förderer der Kreuzzugssache. Sie ward das ideale Pallium des jungen Rittertums nach der transzendenten Seite seines Berufs. Lanze und Gral waren das höchste Ziel der überweltlichen Bestrebungen dieses Rittertums. Und damit war für die schaffende religiöse Phantasie der frommen und naiven Menschen auch das Motiv der G r a l s u c h e gegeben" (S. 129).

---

[16] J. Bumke, a. a. O., S. 251.

Mit seinen umfangreichen Quellenforschungen wollte Burdach verdeutlichen, daß gegenüber anderen Herleitungsversuchen der Gralsage (keltische Überlieferung; pagane Riten und hermetische Mysterien; orientalische Einflüsse) „das christliche Element eine an historische Orte, Personen und Gegenstände geknüpfte, genau kontrollierbare und ununterbrochene Tradition aufweist, an der nichts gekünstelt zu werden braucht und die schließlich aus der religiös-mystischen Stimmung des 12. Jahrhunderts zu epischer Gestaltung drängte".[17]

Indes sind es gerade die ersten und ältesten dieser „epischen Gestaltungen" des Gralthemas, die nach der Meinung vieler Forscher den von Burdach selbst noch in den Kapiteln 26—27 gezogenen Folgerungen aus seiner „Embryologie des Grals" (F. Ranke) einen nicht geringen Widerstand entgegensetzen. So scheint sich — bei aller Anerkennung der Liturgienähe von Gral und Lanze bei Chrestien — der Nachweis der Identität dieser „blutenden Lanze" mit dem Longinusspeer historisch nicht einwandfrei führen zu lassen, und bei Robert von Boron wird die zweite Passionsreliquie nicht einmal erwähnt, obwohl gerade er durch die ausdrückliche Identifizierung von Gral und Abendmahlkelch, aus dem Christus „sein Sakrament" spendete (V. 395 f.), zu erkennen gibt, daß er der legendären und liturgischen Überlieferung stark verpflichtet ist. Wolfram von Eschenbach gar, den Burdach selbst nicht mehr behandeln konnte, hat die beiden Wundergeräte seines ›Parzival‹ nach Aussehen (Gral = „Stein") und Funktion (Lanze = medizinisches Instrument zur Linderung der Schmerzen des Amfortas) so sehr vom Vorstellungskreis der Legende entfernt, daß man daraus den Schluß zog, „daß im deutschen Mittelalter zur Zeit Wolframs eine an den Abendmahlkelch gebundene Gralsage noch nicht bestand"[18].

Wenn es demnach „auch der Gelehrsamkeit eines Burdach nicht gelungen (ist), die letzten Ursprünge der Gralgeheimnisse zu ent-

---

[17] Vgl. St. Hofer, Chrétien de Troyes. Leben und Werke des altfranzösischen Epikers, Graz—Köln 1954, S. 198; im wesentlichen zustimmend hatte sich Hofer bereits in seiner eingehenden Besprechung von Burdachs Buch geäußert: Zeitschrift für romanische Philologie 61 (1941), S. 538—553.

[18] St. Hofer, Rez. [wie Anm. 17] S. 550 f.

schleiern" (F. Ranke), so könnte doch der Neudruck dieser letzten deutschen Gesamtdarstellung des Gralkomplexes möglicherweise der deutschen Forschung zum Impuls werden, sich nach einer Periode der Interpretationen wieder einmal den Fragen der Stoffgeschichte und ihrer Quellen zuzuwenden, die seit langem eine Domäne der amerikanischen, englischen und französischen Mediävistik sind.

Die vielen Leser aber, denen die Wissenschaftliche Buchgesellschaft mit der Aufnahme dieses Werkes in die ›Billige Wissenschaftliche Reihe‹ ermöglicht, einen Titel zu erwerben, der vielleicht nicht unmittelbar zu ihrem Fachgebiet gehört, werden einem Buch begegnen, aus dem auch ein Kritiker wie H. Schneider immer wieder das lernen zu wollen versprach, worin Konrad Burdach „unvergleichlich war: Weite des Ausblicks, Tiefe des Einblicks, grenzenlose Stoffbeherrschung" (a. a. O., S. 270).

Weiterführende Literatur

Eine ausführliche Bibliographie und die Skizzierung des Forschungsstandes erübrigen sich, da leicht zugängliche, umfassende und gut gegliederte Berichte dieser Art vorliegen:

Brogsitter, Karl Otto: Artusepik. Stuttgart 1965 (Sammlung Metzler 38), S. 55—70.
Bumke, Joachim: Die Wolfram von Eschenbach Forschung seit 1945. Bericht und Bibliographie, München 1970, vor allem S. 198—268; mit chronologischem, Forscher- und Sachregister.
Folger, Herbert, OSB: Eucharistie und Gral. Zur neueren Wolframforschung, in: Archiv für Liturgiewissenschaft 5 (1957), S. 96—102.
Gossen, Carl Theodor: Zur etymologischen Deutung des Grals, in: Vox Romanica 18 (1959), S. 177—219.
Pretzel, Ulrich, und Wolfgang Bachofer: Bibliographie zu Wolfram von Eschenbach (Bibliographien zur deutschen Literatur des Mittelalters 2), Berlin ²1968, bes. die Nummern 586—666.
Wolf, Heinz-Jürgen: Zu Stand und Problematik der Graalforschung, in: Romanische Forschungen 78 (1966), S. 399—418.

Vorwort.

Die Literatur über das Kreuz und die Kreuzigung Christi, von theologischen, archäologischen und kunstgeschichtlichen Zuflüssen gespeist, ist längst ein unübersehbares Meer. Aber die Person jenes wichtigen Teilnehmers am Drama der Passion, der dem Dulder den Speer in die Seite stieß, hat man bisher entweder vernachlässigt oder nur einer unmethodischen Betrachtung unterzogen. Ist doch auf diesen Gebieten der Forschung leider immer noch das Verfahren nicht überwunden, späte und sekundäre Überlieferungen — etwa die *Legenda aurea* oder Meistersingergedichte und Passionsspiele des vierzehnten und fünfzehnten Jahrhunderts oder Bilder der Reformationszeit — zu verwerten, als wären es alte historische Zeugen des Ursprünglichen.

Seitdem dies geschrieben wurde [1899], ist in der Erkundung der geistigen Kultur des Mittelalters allerdings ein sichtbarer Umschwung zum Besseren eingetreten. Es wird mehr und mehr Regel, aus den ursprünglichen, primären Quellen zu schöpfen. Die hellenistische Bildung und Philosophie, die Patristik und Scholastik sind für Historiker und Philologen nicht mehr unbetretene, nicht zu betretende Gebiete. Unter den Germanisten haben Schönbach und Heinzel, Ehrismann und Gottfried Weber neben anderen ein gutes Beispiel gegeben. Immerhin bleibt auch heute noch trotz der ungeheuer umfangreichen Literatur über die Gralsage mein Bedauern in Kraft, daß die Rolle, die der heilige Speer des Longinus in ihr spielt, nach Ursprung, Alter, Bedeutung nicht mit ausreichender methodischer Quellenforschung geprüft worden ist.

So mußte meine Untersuchung neu von Grund auf beginnen und dabei, obgleich ich mich auf die notwendigsten Hauptlinien beschränkte und nirgends den ungeheuren Stoff erschöpfen wollte, recht weit ausholen. Immerhin hoffe ich, denjenigen Kirchenhistorikern, die auch die Eingebungen der religiösen Phantasie als wichtige Urkunden geschichtlicher Forschung gelten lassen, wenigstens manche Einzelheiten zu bieten, die ihrer Aufmerksamkeit wert sind.

Die Kunsthistoriker mögen meinen Versuch, die Passionsdarstel-
lungen in größerem Umfang und mit eingehenderer Analyse heran-
zuziehen und ihren Zusammenhang mit Liturgie, Theologie und
Legende schärfer zu bestimmen, als bescheidene Anregung hin-
nehmen zu künftigen besseren Leistungen in gleicher Richtung.

Den Germanisten, Romanisten und Kulturhistorikern allerdings
möchte ich am meisten dienen. Es ist der eigentliche Zweck dieses
Buches, sie von einem Wege in der Erforschung der Gralsage abzulenken, den ich für völlig irreführend halte, so viele ausgezeichnete
Gelehrte auch sich auf ihm abgemüht haben. Das Ziel, das wir
suchen sollten, liegt auf einer ganz anderen Seite! Möchte es mir
gelungen sein, auf der Wanderung dorthin Nachfolger zu finden,
die meine Einsichten vermehren und berichtigen.

K o n r a d   B u r d a c h.

Es ist meinem hochverehrten Lehrer und väterlichen Freund
K o n r a d   B u r d a c h nicht mehr beschieden gewesen, sein um-
fassendes Werk über den Ursprung und die Entstehung der Sage
vom heiligen Gral zu endgültigem Abschluß zu bringen. Als er
nach Vollendung des vorletzten Kapitels, das die Josephsdichtung
Roberts von Borron behandelt, die Feder aus der Hand legte —
es war kurz vor seinem 77. Geburtstage —, ahnte er selbst wohl
noch nicht, daß der Tod bereits hinter ihm stand und die Weiter-
arbeit daher für immer unterbunden war. So blieb das entscheidende
Wort seiner fast vierzigjährigen Gralforschung unausgesprochen,
und es fehlte dem vorliegenden Buch das wichtigste Ergebnis: die
Einordnung des P a r z i v a l s   W o l f r a m s   v o n   E s c h e n b a c h
und dessen Auffassung und Darstellung vom Gral und von der
blutenden Lanze. Aber darüber kann kein Zweifel herrschen, daß
dieses Ergebnis in der gleichen Linie gelegen hätte, die Burdach seit
dem Beginn seiner Arbeit vorschwebte und von der er während
seiner Beschäftigung mit diesem Thema niemals auch nur im geringsten abgewichen ist. Bereits im Jahre 1903 skizzierte er diese Linie
in der Deutschen Literaturzeitung vom 14. November (Sp. 2821—2824)
unter der Überschrift „Longinus und der Gral" in der Form einer
knappen, aber äußerst klaren und übersichtlichen Analyse des ersten

Drittels dieser Arbeit mit einem Ausblick auf den weiteren Verlauf seiner Untersuchungen [1]). Eine Fortsetzung legte er wenige Wochen später in einem genau ein Vierteljahrhundert ungedruckt gebliebenen Bericht (datiert vom 20. Dezember 1903) nieder, der — soweit er über das damals vorhandene Gralmanuskript handelte — in der Hauptsache den Inhalt des jetzigen, aber wesentlich erweiterten 24. Kapitels wiedergab und einen Abschnitt von weittragender Bedeutung enthielt, der für die Fortführung seines Werkes richtunggebend werden mußte:

„Was Wolfram von Eschenbach von seiner Quelle berichtet, sein Gewährsmann Kyot, ein Provenzale, habe in französischer Sprache die Vorlage gedichtet und dabei eine arabische Schrift von dem Heiden Flegetanis in Toledo sowie eine lateinische Chronik von Anjou benutzt, hat man für Erfindung gehalten. Allein die Angaben stimmen gut zu dem, was ich für die Geschichte der Gralsage erschließen muß. Der Name *graal* ist ein provenzalisches Wort. Nur Jemand, der aus der Provence stammt oder aus deren Nachbarschaft, kann es für den Abendmahlskelch zuerst angewendet haben. Und ein Durchgang des Ganzen durch ein orientalisches, arabisches Medium ist sehr wahrscheinlich. Nur in einem nichtchristlichen Kreise ist die märchenhafte naive Ausgestaltung der liturgischen Kulthandlungen und Vorstellungen recht begreiflich, wie sie die literarischen Formungen der Gralsage zeigen oder noch durchschimmern lassen."

Den Abschluß dieses Berichts bildete ein Inhaltsverzeichnis des bereits damals fertiggestellten Manuskriptes, das 23 Kapitel anführte (Kap. 1 und 3—24 des jetzigen Buches) und nur noch ein letztes Kapitel vorsah [„Die literarische Form der Gralsage"] [2]).

---

1) Wieder abgedruckt in: Konrad Burdach, Vorspiel. Gesammelte Schriften zur Geschichte des deutschen Geistes. Bd. I, 1 (Halle/Saale 1925), S. 161—164; vgl. auch „Der Ursprung der Grallegende" (a. a. O. S. 165 bis 173); „Der Judenspieß und die Longinussage" (a. a. O. S. 174—216); „Der Longinus-Speer in eschatologischem Lichte" (S. 217—252).

2) Dieser Bericht wurde erst veröffentlicht in Burdachs Buch „Reinmar der Alte und Walther von der Vogelweide" (Halle/Saale ²1928, S. 344—354) unter der Überschrift „Der heilige Speer des Söldners und der wahre

Von den Sätzen, die sich auf Wolfram beziehen, zunächst ganz
abgesehen, gewährt diese Niederschrift einen genauen Einblick in
Zeit und Art der Entstehung des Burdachschen Gralwerkes. Wie
er auch an anderen Stellen wiederholt geäußert hat und wie den
Germanisten unter den Lesern dieser Zeilen längst bekannt ist, gab
den Anstoß — wie so oft bei seinen Arbeiten! — die Interpretation
eines mißverstandenen Verses Walthers von der Vogelweide in
dessen Aufruf zum Kreuzzug Kaiser Friedrichs II. (1227) [3]. Damit
wäre auch die erste Beschäftigung mit diesen Forschungen für die
Jahrhundertwende zu erschließen, wenn Burdach nicht dieses alte
Manuskript selbst genau datiert hätte („1899—1901").

Aber nach seiner Berufung in die Preußische Akademie der
Wissenschaften (1902) fühlte sich der vielseitige Gelehrte verpflichtet, zunächst alle Entwürfe und Pläne beiseite zu legen und sich
ausschließlich seinem großen Sammelwerke „V o m M i t t e l a l t e r
z u r R e f o r m a t i o n" zu widmen. Dieser Entschluß hatte zur
Folge, daß auch das Gralmanuskript von seinem Schreibtisch ver-
bannt und die Arbeit daran erst nach dreißig Jahren wieder von
neuem aufgenommen wurde.

Im Herbst 1932 hielt Burdach das im Auftrage der Akademie
herausgegebene Werk für soweit gefördert, daß er die Fortführung
der allzu lange vernachlässigten Gralforschungen wieder ernstlich
ins Auge faßte. Er zog mich, der schon seit mehreren Jahren den
Vorzug genoß, ihn bei seiner wissenschaftlichen Tätigkeit unter-
stützen zu dürfen, zur Mitarbeit heran und erwirkte von der D e u t -
s c h e n F o r s c h u n g s g e m e i n s c h a f t für mich ein Stipendium,
um die endgültige Fertigstellung des Manuskriptes nach Möglichkeit zu beschleunigen. Dieses lief zunächst ein Jahr, wurde dann
aber noch zweimal bis zum Sommer 1934 verlängert. Für die Gewährung darf ich der Deutschen Forschungsgemeinschaft nochmals
meinen ehrerbietigen Dank aussprechen.

Meine Aufgabe bestand zunächst in einer genauen Durchsicht
und Überprüfung des alten Manuskriptes hauptsächlich unter dem

---

Ritter bei Walther von der Vogelweide". Das oben wiedergegebene Zitat
steht auf S. 351 f. Vgl. auch die „Beilage" vom 19. Januar 1904 (a. a. O.
S. 354 ff.).

3) Vgl. jetzt Konrad Burdach, Walthers Aufruf zum Kreuzzug Kaiser
Friedrichs II. (Dichtung und Volkstum Bd. 36 [1935], S. 50—68. 382 ff.)

Gesichtspunkt, das in der langen Zwischenzeit von Burdach gelegentlich und oft zufällig gesammelte Material für den Text zu verwerten und diesen für eine Veröffentlichung zeitgemäß zu ergänzen und zu redigieren. Dabei mußte naturgemäß auch die inzwischen erschienene neuere Literatur über das G e s a m t t h e m a soweit wie möglich und notwendig berücksichtigt und eingearbeitet werden. Das Resultat dieser Arbeit machte die Umschrift von mehr als einem Drittel des Manuskriptes notwendig, wobei sämtliche Autorenzitate und literarischen Belege nachgeprüft und korrigiert, auch durch spätere Ausgaben oder Neuauflagen ersetzt oder berichtigt wurden, wo immer dies erforderlich schien. Das einschneidendste Ergebnis war aber die Erkenntnis, daß die inzwischen überholten wenigen Seiten, in denen die altchristliche Kunst behandelt worden war, von Grund aus umgearbeitet werden mußten. Dieser Aufgabe unterzog sich Burdach selbst, und im Winter 1932 zu 1933 entstand der Entwurf zu dem neuen zweiten Kapitel „Pneumatische und sakramentale Mystik in der altchristlichen Kunst", dessen Ausarbeitung sich bis in den Herbst des gleichen Jahres hinzog. Außerdem mußte das erste Kapitel einschneidend umgearbeitet und bereichert werden; ebenso erhielt das letzte des alten Manuskriptes schwerwiegende Zusätze und Erweiterungen, die eine neue Formulierung der Überschrift erforderlich machten. Diese hat vorher nur geheißen: „Speer und Kelch im Zeitalter des ersten Kreuzzugs".

Nachdem die Arbeit bis hierhin vorgeschritten war, beauftragte Burdach mich, das 23. Kapitel um den jetzigen dritten Abschnitt über Honorius Augustodunensis zu ergänzen und das 25. Kapitel zu entwerfen, dessen Abdruck er in der von mir gegebenen Form genehmigte und dessen Fertigstellung O t t o S c h u m a n n durch seine freundliche Bereitwilligkeit ermöglichte (siehe unten S. 404, Anm. 11). Burdach selbst hatte inzwischen die Untersuchungen über die beiden großen französischen Gralromane Christians von Troyes und Roberts von Borron (Kap. 26 und 27) in Angriff genommen und im Frühjahr 1936 zu Ende geführt, als eine anfangs leichte Schwäche — kaum eine Krankheit zu nennen —, die ihn auch schon während des Winters öfter befallen hatte, eine längere Arbeitspause erzwang. Diesmal verschlimmerte sich aber das Befinden des greisen Gelehrten, der mit vorbildlicher Energie Tag für Tag am Schreibtisch gesessen hatte, wenn es sein körperlicher Zustand nur irgend zuließ, in besorgniserregender Weise, und nach kurzer trügerischer Besserung schloß er am 18. September für immer die Augen. Zu dieser Zeit lag das inzwischen umgearbeitete und um vier zum Teil umfangreiche Kapitel erweiterte Manuskript druckfertig vor, d a s in d i e s e r v o n B u r d a c h s e l b s t n o c h a u s d r ü c k l i c h a n e r k a n n t e n F o r m o h n e j e d e n e n n e n s w e r t e Ä n d e - r u n g z u m S a t z g e l a n g t e.

In einer letztwilligen Verfügung (datiert vom 1. Juli 1936) hatte Burdach bestimmt, daß ich im Falle seines Ablebens das Manuskript fertigstellen und die Drucklegung überwachen sollte. „Da Dr. Bork über meine Absichten in der Fortführung meines Gralbuches durch mich genau in Kenntnis gesetzt ist, erkläre ich mein Einverständnis damit und spreche den Wunsch aus, daß Dr. Bork mein Werk in meinem Sinne zu Ende führt." So überaus ehrenvoll dieser Auftrag war, konnte ich mir auf der anderen Seite von Anfang an nicht die schwere Verantwortung verhehlen, mit der er verknüpft blieb. Denn über jede Einzelheit war ich keineswegs unterrichtet. Wohl hatte ich auf Burdachs Wunsch und nach seinen Angaben Material für das Wolfram-Kapitel aus dem Parzival gesammelt, war von ihm in den Aufbau dieses Kapitels eingeweiht, der ungefähr parallel zu den beiden vorausgehenden verlaufen sollte, und konnte mich teils auf gelegentliche Gesprächsäußerungen, teils auf bereits ge- druckte Darstellungen, vor allem auf die oben angeführten Sätze stützen. Aber im übrigen kannte ich nur die einzuschlagende Rich- tung, nicht den Weg, der zum Ziel führen sollte. Ihn zu finden und gradlinig zu verfolgen, blieb mir selbst überlassen. Denn die Absicht, den Gang dieses für die Kernfrage seiner Forschung gewichtigsten Kapitels genauer zu skizzieren, hatte Burdach nicht mehr in die Tat umsetzen können. Unter seinen nachgelassenen Papieren fanden sich als eigene Vorarbeiten hierzu nur Literaturangaben und -auszüge, bisweilen mit kritischen Bemerkungen versehen. Zwei allerdings außerordentlich wertvolle Fingerzeige verdankte ich ge- legentlichen mündlichen Mitteilungen und fand sie auch u. a. in diesen Aufzeichnungen wieder: den Hinweis auf die Apostel- geschichte (Acta apostol. 10, 11 ff.) und auf die Offenbarung des Johannes (Apok. 4, 2 ff.).

Zu Beginn dieses Jahres waren die Vorarbeiten abgeschlossen, und ich konnte die Niederschrift des letzten Kapitels in Angriff nehmen. Inzwischen war der Druck des fertigen Manuskriptes seit August 1937 bis zum 22. Kapitel vorgeschritten. Im Verlauf der eigenen Beschäftigung mit Wolfram überzeugte mich der Grundgedanke der Burdachschen Auffassung immer mehr, daß nämlich auch für den deutschen Dichter (freilich versteckter und auf den ersten Blick nicht immer erkennbar) die Legende vom Gral abzuleiten sei „aus den poetischen Eindrücken der Liturgie, aus der K u l t u s m y s t i k und K u l t u s m a g i e , aus dem materialistisch, paganistisch gefaßten Dogma und Ritus des A b e n d m a h l s , aus dem Reliquiendienst und den R e l i q u i e n m ä r c h e n der P a l ä - s t i n a w a l l f a h r e r" (Burdach, Vorspiel, a. a. O. S. 161). Infolgedessen erübrigte es sich, auf die späteren französischen Gralromane noch einmal einzugehen, weil sie für den Ursprung und die Entstehung der Sage keinen neuen Gedanken enthalten, sondern nur als sekundäre Quellen gelten können, dem Ergebnis der vorliegenden Untersuchung aber in keinem Punkte widersprechen.

Dagegen war ich lange im Zweifel, ob ich mich mit den Arbeiten O t t o R a h n s , F r a n z R o l f S c h r ö d e r s , v o n S u h t - s c h e c k s — um nur die Namen dieser Forscher zu nennen — auseinandersetzen müßte oder nicht. Nach reiflicher Überlegung glaubte ich, hiervon Abstand nehmen zu können, zumal die völlig entgegengesetzten Ausgangspunkte vielleicht eine Annäherung in mehr oder minder unwesentlichen Teilfragen zuließen, auf der anderen Seite die Grundprobleme und -voraussetzungen aber mit den von Burdach vertretenen Anschauungen über die Entstehung der Gralsage unvereinbar blieben. Eine überwiegend negative Kritik erschien mir unfruchtbar, daher nutzlos und überflüssig. Ebenso habe ich alles, was mit der eigentlichen Parzivalsage zusammenhängt, nach dem Vorbild des Christian-Kapitels und dem Thema des Buches entsprechend bewußt beiseite gelassen.

In den letzten Monaten vor seinem Tode hatte sich Burdach auf Veranlassung von Herrn Professor E r i c h S e e b e r g wegen der Veröffentlichung des Gralmanuskriptes bereits mit der Verlagsbuchhandlung W. K o h l h a m m e r in Stuttgart in Verbindung gesetzt und sich auch im August 1936 noch an die D e u t s c h e F o r s c h u n g s g e m e i n s c h a f t mit der Bitte um einen Druckkostenzuschuß gewandt. Den gemeinsamen Bemühungen der Herren Professoren E r i c h S e e b e r g und J u l i u s P e t e r s e n , den der

Verstorbene als seinen langjährigen Freund und Kollegen testamentarisch gebeten hatte, sich seines wissenschaftlichen Nachlasses anzunehmen, sowie seines ältesten Schülers, Mitarbeiters, Freundes und Testamentsvollstreckers Professors P a u l P i u r , welche die hohe Bedeutung des Burdachschen Werkes für die Wissenschaft immer wieder eindringlichst betonten, gelang es, die Verhandlungen zu einem positiven Abschluß zu bringen. Daher sei i m N a m e n K o n r a d B u r d a c h s sowohl der D e u t s c h e n F o r s c h u n g s - g e m e i n s c h a f t für die bewilligte Druckunterstützung als auch den drei genannten Herren für ihr stetes Eintreten und ihre stete Hilfsbereitschaft aufrichtig und nachdrücklichst gedankt.

Herrn P i u r gilt auch in erster Linie mein persönlicher herzlichster Dank für die rege Teilnahme an meiner Arbeit und die vielfachen Ratschläge, die er mir jeder Zeit, sei es in sachlichen Fragen, sei es bei der Korrektur oder in sonstigen Nöten, zuteil werden ließ. Ebenso der Verlagsbuchhandlung W. K o h l h a m m e r und insbesondere Herrn Dr. O s k a r R ü h l e für das mir ständig bewiesene Entgegenkommen verbindlichst zu danken, ist mir ehrliches Bedürfnis. Ein Wort des Dankes auch meiner Frau, die mich nicht nur im Zurücklesen des Fahnensatzes unterstützte, sondern mir auch sonst treulich zur Seite stand.

Ob und wieweit es mir gelungen ist, einen Teil wenigstens der großen Schuld abzutragen für alle wissenschaftliche Förderung und menschliche Güte, die mir K o n r a d B u r d a c h in den zehn Jahren, die ich um ihn sein und für ihn arbeiten durfte, in unerschöpflichem Maße und immer von neuem angedeihen ließ, wage ich nicht zu entscheiden. Ich habe mich ehrlich darum bemüht.

B e r l i n , im Juli 1938.

H a n s B o r k .

Abkürzungsverzeichnis

wiederholt zitierter Textausgaben oder literarischer Werke.

Acta apostol. apocr.	= Acta apostolorum apocrypha. Hrsg. von Lipsius und Bonnet. 2 Bde. (3 Teile). Leipzig 1891—1903.
Bardenhewer, Patrologie	= Otto Bardenhewer, Patrologie. 2. Auflage Freiburg i. Br. 1901; 3. Auflage 1910.
Cahier-Martin, Mélanges	= Cahier-Martin, Mélanges d'archéologie d'histoire et de litérature par les auteurs de la monographie ... 2 Bde. Paris 1851.
Codex apocr.	= Codex apocryphus Novi Testamenti. Hrsg. von I. C. Thilo. Bd. 1. Leipzig 1832.
Codex liturg.	= Codex liturgicus ecclesiae universae. Hrsg. von Daniel. 4 Bde. Leipzig 1847 bis 1853.
Du Cange	= Glossarium mediae et infimae latinitatis. Begründet von Du Cange. 2. Auflage besorgt von Favre. 10 Bde. Niort 1883-1887.
Evang. apocr.	= Evangelia apocrypha. Hrsg. von C. Tischendorf. 2. Auflage. Leipzig 1876.
Geyer, Itinera	= Itinera Hierosolymitana. Hrsg. v. Geyer. Prag, Wien und Leipzig 1898. (Corpus scriptorum ecclesiasticorum latinorum Bd. 39.)
Goar, Euchologion	= Euchologion sive Rituale Graecorum. Hrsg. von I. Goar. Editio secunda. Venedig 1730.
Grein-Wülker	= Bibliothek der angelsächsischen Poesie. Begründet von Grein, neubearbeitet hrsg. von Wülker. 3 Bde. Bd. 1 Kassel 1883; Bd. 2 Leipzig 1894; Bd. 3 Leipzig 1898.
Harnack, Dogmengeschichte	= Adolf von Harnack, Lehrbuch der Dogmengeschichte. 3 Bde. 3. Auflage Freiburg i. Br. und Leipzig 1894; 4. Auflage Freiburg i.Br. und Leipzig 1909 f.; 5. Auflage Tübingen 1931 f.

Hauck, RE. = Realenzyklopädie für protestantische Theologie und Kirche. Begründet von Herzog. 3. Auflage hrsg. von Hauck. 24 Bde. Leipzig 1896—1913.

Kraus, Christl. Kunst = Franz Xaver Kraus, Geschichte der christlichen Kunst. Bd. 1 Freiburg i. Br. 1896; Bd. 2, 1 Freiburg i. Br. 1897.

Kraus, RE. = Realenzyklopädie der christlichen Altertümer. Bearb. von Franx Xaver Kraus. 2 Bde. Freiburg i. Br. 1882. 1886.

Krumbacher, Byzant. Literatur = Krumbacher, Geschichte der byzantinischen Literatur. 2. Aufl. München 1897. (Handbuch der klassischen Altertumswissenschaft Bd. IX, 1.)

Migne, P.L. = Migne, Patrologia Latina.

Migne, P.G. = Migne, Patrologia Graeca.

Müllenhoff-Scherer, Denkmäler = Denkmäler deutscher Poesie und Prosa aus dem achten bis zwölften Jahrhundert. Hrsg. von Müllenhoff und Scherer. Dritte Ausgabe besorgt von Steinmeyer. 2 Bde. Berlin 1892.

Muratori, Liturgia = Liturgia Romana vetus ... Hrsg. von L. A. Muratori. 2 Bde. Venedig 1748.

Nov. Testam. = Novum Testamentum Graece. Hrsg. von C. Tischendorf. 3 Bde. 8. Auflage. Leipzig 1869—1894.

P.B.B. = Beiträge zur Geschichte der deutschen Sprache und Literatur. Hrsg. von Paul und Braune. Halle/Saale 1874 ff.

Pauly-Wissowa, RE. = Realenzyklopädie der klassischen Altertumswissenschaft. Hrsg. von Pauly. Neu bearbeitet von Wissowa. Stuttgart 1894 bis 1937.

Steitz, Abendmahlslehre = Steitz, Die Abendmahlslehre der griechischen Kirche in ihrer geschichtlichen Entwicklung. (Jahrbücher für deutsche Theologie Bd. 9 [1864]; Bd. 10 [1865]; Bd. 11 [1866]; Bd. 12 [1867]; Bd. 13 [1868]).

Tobler-Molinier, Itinera = Itinera Hierosolymitana et descriptiones terrae sanctae. Hrsg. von Tobler und Molinier. 2 Bde. Genf 1897 ff.

Abkürzungen
der Namen aus dem Alten und Neuen Testament.

Acta apostol.	= Acta apostolorum.
Apok.	= Apokalypse des Johannes.
Cant.	= Canticum canticorum (Hohes Lied Salomos).
Deuter.	= Deuteronomium.
Eccles.	= Ecclesiastes (Prediger Salomos).
Eclus.	= Ecclesiasticus (Jesus Sirach).
Ephes.	= Epheser, Brief des Paulus an die
Exod.	= Exodus.
Ezech.	= Ezechiel.
Genes.	= Genesis.
Hab.	= Habakuk.
Isa.	= Isaias (Jesaias).
Jerem.	= Jeremias.
Job	= Hiob.
Joh.	= Johannes (Evangelium bzw. Brief).
Korinth.	= Korinther, Brief des Paulus an die

Lev.	= Leviticus.
Luk.	= Lukas.
Mark.	= Markus.
Matth.	= Matthaeus.
Num.	= Numeri.
Paralip.	= Paralipomenon (Buch der Chronica).
Petr.	= Petrusbrief.
Prov.	= Proverbia (Sprüche Salomos).
Reg.	= liber Regum 1—4 (Bücher Samuelis und Bücher von den Königen).
Röm.	= Römer, Brief des Paulus an die
Sap.	= Sapientia.
Soph.	= Sophonias.
Timoth.	= Timotheus, Brief des Paulus an
Zach.	= Zacharias (Sacharja).

Erstes Kapitel.

Der Lanzenstich im Passionsbericht des vierten Evangeliums.

Unter den Schriften des Neuen Testaments berichtet allein das Evangelium nach Johannes von einem Kriegsknecht, der des gekreuzigten und toten Christus Seite mit einem Speer verwundet habe:

Ad Jesum autem cum venissent, ut viderunt [milites] eum iam m o r - t u u m, non fregerunt eius crura (wie den beiden Schächern), *sed unus militum l a n c e a eius latus a p e r u i t* [Varianten: *pupugit, percussit, perfodit], et continuo exivit sanguis et aqua. Et qui vidit, testimonium perhibuit; et verum est eius testimonium; et ille scit, quia vera dicit, ut et vos credatis. Facta sunt enim haec, ut scriptura impleatur:* „os non comminuetis ex eo" [Exod. 12, 46]. *Et iterum alia scriptura dicit:* „videbunt, in quem transfixerunt" [Zach. 12, 10] (Joh. 19, 33—37 nach der Vulgata). Im Grundtext: ἐπὶ δὲ τὸν Ἰησοῦν ἐλθόντες, ὡς εἶδον ἤδη αὐτὸν τεθνηκότα, οὐ κατέαξαν αὐτοῦ τὰ σκέλη, ἀλλ' εἷς τῶν στρατιωτῶν λόγχῃ αὐτοῦ τὴν πλευρὰν ἔνυξεν, καὶ ἐξῆλθεν εὐθὺς αἷμα καὶ ὕδωρ. καὶ ὁ ἑωρακὼς μεμαρτύρηκεν, καὶ ἀληθινὴ αὐτοῦ ἐστὶν ἡ μαρτυρία, καὶ ἐκεῖνος οἶδεν ὅτι ἀληθῆ λέγει, ἵνα καὶ ὑμεῖς πιστεύητε. ἐγένετο γὰρ ταῦτα ἵνα ἡ γραφὴ πληρωθῇ: „ὀστοῦν οὐ συντριβήσεται αὐτοῦ". καὶ πάλιν ἑτέρα γραφὴ λέγει:„ ὄψονται εἰς ὃν ἐξεκέντησαν."

Die Variante V. 34 ἤνοιξεν für ἔνυξεν (siehe Const. Tischendorf, Novum Testamentum graece ed. VIII crit. maior. Leipzig 1869. Vol. 1, S. 948) ist offenbar entstanden unter dem Einfluß der typologischen Ausdeutung, nach der die Öffnung der Seite Adams Vorbild ist für die Öffnung der Seite des zweiten Adams, Christi, und die Erschaffung der Eva aus der Rippe Adams Vorbild ist für die Entstehung der Kirche aus der Seitenwunde des Herrn (vgl. dazu unten Kap. 4, Abschn. II). Diese Variante ἤνοιξεν liegt dann dem *aperuit* des Vulgatatextes zugrunde.

Der Zweck dieser Handlung wird dabei nicht deutlich angegeben. Die Absicht, die Leiden des Gemarterten durch einen Gnadenstoß abzukürzen — an sich die nächstliegende Erklärung —, ist durch den Zusammenhang ausgeschlossen. Im dunklen Ausdruck, wie er diesem orakelnden Evangelium eigen ist, heißt es: „Und sogleich floß Blut und Wasser heraus. Und gesehen habend [oder: der, der es gesehen hat] legte er Zeugnis ab, und wahr ist sein Zeugnis. Und jener weiß, daß er die Wahrheit sagt, damit ihr glaubet. Denn es geschah dieses, damit die Schrift erfüllt würde: ‚Es soll ihm kein Bein zerschlagen werden‘, und wiederum sagt eine andere Schrift: ‚Sie werden sehen, wen sie gestochen haben‘.“

Die übliche Erklärung hält den, „der es gesehen hat“, für dieselbe Person wie „jenen, der weiß“, nämlich für den Verfasser des Evangeliums. Eine andere von Köstlin (1851) vertretene Ansicht glaubt, daß der Verfasser hier sich von dem Augenzeugen unterscheiden wollte. Eine dritte schon von Erasmus, neuerdings von Zahn wiederholt ausgesprochene Auffassung, die auch Schwartz (Aporien im vierten Evangelium I. Nachrichten von der königl. Gesellschaft der Wissenschaften zu Göttingen. Phil.-histor. Kl. 1907, S. 361) sich aneignet, sieht in dem ἐκεῖνος eine emphatische Bezeichnung des gekreuzigten und neu erhöhten Herrn: vgl. hierüber Zahn in Hauck, R E. Bd. 9 (1901), S. 279; Walter Bauer, Das Johannesevangelium. Tübingen ² 1929, S. 220 f. (Handbuch zum Neuen Testament Bd. 6). Mir scheinen die für diesen Gebrauch von ἐκεῖνος beigebrachten Parallelstellen aus den Johanneischen Schriften nichts zu beweisen, da sie alle stilistisch verschieden sind von dem hier vorliegenden Satzzusammenhang.

In engster Beziehung hierzu steht die Johanneische Darstellung der Erscheinung des Herrn nach seinem Tode:

...„Nisi videro in manibus eius fixuram clavorum et mittam digitum meum in locum clavorum, et mittam manum meam in latus eius, non credam“... Deinde dicit [Jesus] Thomae: „Infer digitum tuum huc, et vide manus meas, et adfer manum tuam, et mitte in latus meum: et noli esse incredulus, sed fidelis.“ Respondit Thomas, et dixit ei: „Dominus meus, et Deus meus.“ Dicit ei Jesus: „Quia vidisti me, credidisti: beati qui non viderunt et crediderunt“ (Joh. 20, 25—29).

Den versammelten Jüngern zeigt Jesus seine Hände und die durchbohrte Seite und der ungläubige Thomas beschwichtigt seine Zweifel erst, nachdem er seine Finger in die Nägelmale der Hände und seine Hand in die Wunde seiner Seite gelegt hat. Da sagt der Herr zu ihm: „Weil du mich gesehen hast, bist du gläubig geworden. Selig, die nicht sehen und glaubten.“ Offenbar weisen auch diese Worte zurück auf die Bemerkung über den Sehenden, der Zeugnis ablegte bei der Erzählung vom Lanzenstich des Kriegsknechts. Welcher Art diese Beziehung sei, darüber kann man zweifeln. Aber unzweifelhaft ist dem Johannesevangelium der von den Exegeten angenommene reale Zweck des Lanzenstichs unbekannt oder Nebensache. Auf der einen Seite nämlich ist behauptet worden, der

Vorgang habe der amtlichen Beglaubigung des erfolgten Todes dienen sollen. Dies erschließen viele Exegeten aus Pseudo-Quintilian Declamationes maiores VI, 9 (hrsg. von Georg Lehnert. Leipzig 1905, S. 119): *Cruces succiduntur, percussos sepeliri carnifex non vetat.* Aber die Entstehungszeit dieser Angabe ist problematisch: keinesfalls gehört sie noch in das erste Jahrhundert. Ihr Gewicht ist also kein entscheidendes.

Die andere Annahme aber, der Stich habe mit Rücksicht auf den nach Sonnenuntergang beginnenden Sabbat und Festtag, der nicht verunreinigt werden durfte, den Tod beschleunigen sollen, wurde dadurch begründet, daß man den Lanzenstich dem *crurifragium* der Schächer gleichstellte (z. B. Fulda S. 167 f.) [1]). Im Johannesevangelium heißt es darüber: „Die Juden nun, da es Rüsttag war, damit die Leichname nicht am Sabbat am Kreuze blieben, denn der Tag dieses Sabbats war groß, baten den Pilatus, daß ihre Beine zerschlagen und sie weggenommen würden. Es kamen also die Soldaten und zerschlugen die Beine des ersten; und auch des andern, der mit ihm gekreuzigt worden war. Als sie aber an Jesus kamen und sahen, daß er schon tot war, zerschlugen sie seine Beine nicht, sondern einer der Soldaten ritzte seine Seite mit der Lanze und sogleich floß Blut und Wasser heraus" (Joh. 19, 31—33).

Jene von Fulda u. a. vertretene Auslegung entspricht also jedesfalls nicht genau dem Wortlaut des Johannesevangeliums. Nach diesem waren die Schächer bei der Kreuzabnahme noch nicht ganz tot, müssen also noch irgendein Lebenszeichen gegeben haben; ihnen wurden daher die Beine zerschlagen, um sie vollends zu töten. Jesus aber schien den Soldaten tot zu sein; wenn einer der Kriegsknechte ihn mit dem Speer die Seite r i t z t e, so kann das, ganz realistisch betrachtet, nur den Zweck gehabt haben, sich zu vergewissern, ob er auch wirklich tot war.

Aus dem Lukasevangelium (Kap. 24, 39. 40) etwa wie auch aus der schon besprochenen Johanneischen Erzählung vom ungläubigen Thomas (Joh. 20, 24—29) könnte man erschließen, daß der Lanzenstich und die Seitenwunde eine legitimierende Kraft im geistlichen Sinne haben sollen, gleich den Nägelmalen an den Händen, die der Auferstandene, als er den Jüngern sichtbar wird, vorweist, um sich

---

1) Hermann Fulda, Das Kreuz und die Kreuzigung. Breslau 1878; Hitzig in Pauly-Wissowa, RE. Bd. 4 (1901), Sp. 1731.

kenntlich zu machen. Bei Lukas sind es die Nägelmale an Händen und Füßen, bei Johannes die Nägelmale und die Seitenwunde, die Jesu Erscheinung beglaubigen. Die Seitenwunde entspricht also bei Johannes den von ihm überhaupt nicht erwähnten Nägelmalen der Füße. Dagegen scheint ihm in diesem Lanzenstich und seiner Wirkung, in diesem blutigen Seitenmal des Gekreuzigten das M y s t e - r i u m   d e r   O p f e r u n g   u n d   d e r   A u f e r s t e h u n g einen symbolischen Ausdruck gefunden zu haben. Mit den gleichen Worten fast, mit denen er seine Erzählung von dem Stoß des Soldaten in die Seite Christi begleitet, beschließt er seinen Bericht über das ganze Leben und Lehren des Logossohns: „Dies ist der Jünger, der für dieses zeugt, . . . und wir wissen, daß s e i n   Z e u g n i s   w a h r i s t" (Joh. 21, 24). Es scheint mithin ein tiefer innerer m y s t i - s c h e r Zusammenhang zwischen jenem durch die Tat des Kriegsknechts repräsentierten Vorgang und dem gesamten Erlösungswerk des Herrn hier vorausgesetzt zu sein.

Daneben geht eine andere Überlieferung, die durch einen sehr alten Zusatz im M a t t h ä u s e v a n g e l i u m hervorgerufen oder befestigt ist. Dort bringen hinter Kap. 27, 49 mehrere der frühesten Unzialhandschriften des sogenannten alexandrinischen Textes, der im allgemeinen als der älteste gilt, der S i n a i t i c u s und der V a t i c a n u s 1209 (viertes Jahrhundert), der Pariser C o d e x E p h r a e m i   r e s c r i p t u s (fünftes Jahrhundert), außerdem einige jüngere (auch Minuskel-) Handschriften (aus dem achten bis zehnten Jahrhundert) unmittelbar nach der Spottfrage der um das Kreuz stehenden Juden, ob wohl Elias dem Gekreuzigten zu Hilfe kommen werde, folgenden Satz: ἄλλος δὲ λαβὼν λόγχην ἔνυξεν αὐτοῦ τὴν πλευρὰν καὶ ἐξῆλθεν ὕδωρ καὶ αἷμα („ein anderer aber nahm eine Lanze, stach sie in seine Seite und es kam daraus hervor Wasser und Blut") [2]. Dieselbe Interpolation haben auch die sogenannten C o d i c e s   C e l t i c i DELQR der l a t e i n i s c h e n Bibelübersetzung des Hieronymus, der Vulgata, die teils in Irland und Schottland, teils in Cambrai und in der Bretagne zwischen dem siebenten und neunten Jahrhundert entstanden sind, und außerdem das mit

---

[2] Vgl. Tischendorf, Novum Testamentum graece, a. a. O. Vol. 1, S. 202 ff.; rev. Westcott-Hort. Cambridge 1882, Vol. 2, Appendix S. 21 ff.; Editio minor, Cambridge 1885, S. 567—570; Theodor Zahn, Das Evangelium des Johannes. Leipzig 1908, S. 652 Anm. 11.

ihnen verwandte aus der Benediktinerabtei E c h t e r n a c h stammende E v a n g e l i a r (Parisinus lat. 9389, achtes Jahrhundert): *alius autem accepta* [3]) *lancea pupungit* [so!] *latus eius et exiit aqua et sanguis.* Darauf folgt dann: *Jesus autem iterum clamans voce magna emisit spiritum.*
Nach dieser Interpolation h a t a l s o e r s t d e r S p e e r s t o ß d e n T o d C h r i s t i h e r b e i g e f ü h r t. Der ἄλλος *(alius),* von dem er ausging, setzt die vorherige Gruppierung τινὲς τῶν ἐκεῖ ἑστηκότων – καὶ εἷς ἐξ αὐτῶν – οἱ δὲ λοιποὶ *(quidem illic stantes — et unus ex eis — ceteri vero)* fort, stilistisch anstößig [4]), denn mit λοιποὶ bzw. *ceteri* müßte die Aufzählung eigentlich schließen. Jedesfalls soll aber dieser nachhinkende ἄλλος *(alius)* zu den „dort stehenden", d. h. zu den am Kreuz in näherer oder weiterer Entfernung versammelten Menschen gehören.

Hält man im Einklang mit der allgemeinen Auffassung der modernen Bibelforschung die angeführten Worte im Matthäus für einen Zusatz, dann besteht, falls sich ermitteln ließe, daß sie für eine bestimmte d o g m a t i s c h e oder p o l i t i s c h e Tendenz oder für die I n t e r e s s e n e i n e s b e s t i m m t e n W a l l f a h r e r - k u l t u s als Stütze verwendet worden sind, der Verdacht, daß diese Einschaltung — nicht, wie man gewöhnlich annimmt, einem harmonistischen Bestreben, sondern — einem solchen Zwecke auch ihre Entstehung dankt. Für die Textkritik des Neuen Testamentes ergäbe sich aber, daß diese Einschaltung sehr alt sein muß, und da man in dem Spott des K e l s o s über die Speerwunde des göttlichen Christus — bei Origenes (Contra Celsum 2, 36 siehe unten Kap. 4) und im B a r n a b a s b r i e f (Kap. VII, 9; hrsg. von Gebhardt und Harnack, Patr. apostol. opera I, 1. Leipzig [2] 1876, S. 36 f.) — Spuren des gegen den noch l e b e n d e n Christus gerichteten und ihn t ö t e n d e n Lanzenstiches zu finden geglaubt hat, so würde das diese Vorstellung bis in die Mitte des zweiten Jahrhunderts zurückschieben. Gekannt hat die Interpolation jedesfalls schon Johannes Chrysostomos (siehe unten Kap. 6). Denn daß er sie in seinem Matthäustext wirklich gelesen hat, stellt meines Erachtens außer Zweifel der an die Interpolation so völlig anklingende

---

3) Über die Bedeutung von *accipere* siehe unten Kap. 16.
4) Stand etwa der Einschub ursprünglich nach V. 48 und hat erst die Quelle der obengenannten Bibelhandschriften ihn hinter V. 49 gerückt?

Wortlaut seiner 88. al. 89. Homilie über Matthäus: ἕτερος δὲ προσελθὼν λόγχῃ αὐτοῦ τὴν πλευρὰν ἔνυξε (Migne, P.G. Bd. 57/58, S. 776). Gleichzeitig hat er allerdings in harmonistischem Verfahren die Johanneische Darstellung damit vereinbart durch die Erklärung, daß der Lanzenstich gegen den t o t e n Christus (εἰς νεκρὸν σῶμα) gerichtet gewesen sei. Dazu stimmt auch die Angabe im Scholion einer im elften Jahrhundert geschriebenen Minuskelhandschrift des griechischen Bibeltextes, daß die fraglichen Worte der Matthäusinterpolation Tatian (zweites Jahrhundert) und Diodor von Tarsus († kurz vor 394), der Lehrer des Chrysostomos, gelesen haben [5]).

Die Wirkung des Lanzenstichs, das Herausfließen von Blut und Wasser aus dem toten Leibe des Gekreuzigten, könnte sich ungezwungen physiologisch allenfalls so erklären: Christus wurde nach dem ältesten Bericht um die dritte Stunde (Mark. 15, 25), d. h. vormittags gegen 9 Uhr an das Kreuz geschlagen, er gab seinen Geist bereits um die neunte Stunde (Matth. 27, 46; Mark. 15, 34. 37; Luk. 23, 44—46), d. h. nachmittags 3 Uhr auf. Demzufolge hing er lebend sechs Stunden am Kreuz. Das Johanneische Evangelium verkürzt diesen Zeitraum noch um drei Stunden, indem es die Kreuzigung auf die sechste Stunde (Joh. 19, 14), d. h. auf 12 Uhr mittags verlegt. Da nun das *crurifragium* bei den Schächern und der Lanzenstich bei Christus kurz vor dem Sonnenuntergang und dem Anbruch des Passah erfolgten, waren seit dem Tode Christi erst einige Stunden verflossen. Weder die Erkaltung noch die Muskelstarre der Leiche kann damals schon vollendet gewesen sein. Nach J. Maschke (Handbuch der gerichtlichen Medizin. Bd. 3 [Tübingen 1882], S. 304) tritt die Erkaltung für das Gefühl mit den Händen bei einer Temperatur von ungefähr 8—15° R., wenn die Leiche nackt oder bloß mit einem Leichentuch bedeckt ist, durchschnittlich erst nach 8—10 Stunden ein. Zuerst, schon nach 1—2 Stunden, erkalten Füße, Hände, Gesicht; dann erst Arme, Beine und der Brust-

---

5) Wie ich an anderer Stelle bereits ausführte, hat man bisher niemals ernsthaft versucht nachzuweisen, daß die Worte an dieser Matthäusstelle ursprünglich waren und wegen des Widerspruchs gegen Joh. 19, 34 frühzeitig von den meisten Handschriften getilgt worden seien. Das gilt auch angesichts der mir seinerzeit noch unbekannten Bemerkung bei Walther Bauer (Das Leben Jesu im Zeitalter der neutestamentlichen Apokryphen. Tübingen 1909, S. 237 Anm. 3).

korb. Die Totenstarre beginnt (a. a. O. S. 345) im Durchschnitt 2—3 Stunden nach dem Absterben, gewöhnlich am Unterkiefer, ist noch nach 3½—4½ Stunden am Nacken, Rumpf und an den oberen Extremitäten deutlich ausgeprägt, ergreift erst nach 6—9 Stunden den übrigen Körper und nimmt dann noch einige Stunden an Intensität zu.

Die oft erörterte Frage, ob der von Johannes beschriebene Vorgang physiologisch möglich sei, läßt sich jedesfalls nicht unbedingt verneinen. Allerdings ist ein Hervor s p r i t z e n des Bluts, wie es später die bildlichen Darstellungen der Kreuzigung vorführen, ausgeschlossen, „da verletzte Blutgefäße an der Leiche niemals spritzen". Eine einfache Blutung, wie sie das vierte Evangelium behauptet, ist nach dem Tode, wie moderne medizinische Autoritäten lehren, unter gewissen Bedingungen möglich. Wird an einer Leiche ein größeres Blutgefäß verletzt, so entleert es unter Umständen Blut: ein starker Bluterguß kann namentlich nach einem Erstickungstode und in dem Fall stattfinden, daß ein durch Senkung hyperämisch gewordenes parenchymatöses Organ durchschnitten wird, z. B. kann eine postmortale Schußwunde am Thorax, welche die Lunge perforiert, noch einen Bluterguß hervorrufen [6]). Hätte also die Lanze des Kriegsknechts die linke Brustseite getroffen und das Perikardium, den Herzbeutel, durchstoßen, der eine klare seröse Flüssigkeit, das Herzbeutelwasser enthält, so hätte aus der Wunde außer dem Blut auch Wasser hervortreten und, falls der Gekreuzigte an einer schweren Krankheit innerer Organe litt, die eine reichliche Ansammlung des Herzbeutelwassers, die sogenannte Herzbeutelwassersucht, bewirkt, dieses Wasser den Eindruck einer strömenden Menge machen können. Eine solche Annahme ist indessen wenig wahrscheinlich. Eher ließe sich an ein pleuritisches Exsudat, die durch Brustfellentzündung hervorgerufene reichliche Ausschwitzung von wässriger Flüssigkeit, denken, um den Bericht historisch-realistisch zu erläutern.

Es fällt bei allen diesen Erklärungen aber das für den Stoß des Kriegsknechts gewählte Verbum νύσσειν [7]) auf. Dies bezeichnet, wie die Wörterbücher ausweisen, sonst nur ein leichtes Ritzen,

6) Maschke, a. a. O. Bd. 1 (1881), S. 178.
7) Über die Variante ἤνοιξεν (für ἔνυξεν), die der lateinischen Version in ihrem *aperuit* zugrunde liegt, siehe oben S. 1.

Schrammen oder Anstechen der Haut, keinen Stoß mit voller Kraft, noch weniger eine in die Tiefe gehende Durchbohrung.

Doch mag es mit der historischen[8]) und natürlichen Möglichkeit des hier erzählten Phänomens welche Bewandtnis auch immer haben, die philologische Interpretation geht es im Grunde nur an, was der Verfasser des Evangeliums sich dabei gedacht hat. Wollte denn dieses pneumatische Evangelium, das von der jüdisch-hellenistischen Logos-Mystik durchströmt und von frühgnostischer Spekulation berührt ist, hier überhaupt eine somatische Erscheinung feststellen? Würde es um einer solchen willen so emphatisch die Wahrheit und das auf Autopsie ruhende Zeugnis betonen? Will es nicht vielmehr ein überweltliches Wunder überliefern, ein Dokument für die überweltliche Natur und Wirkungskraft des Gekreuzigten? Die Erweckung des toten Lazarus zum Leben, gewiß ein überirdisches Wunder, genügte diesem Evangelisten nicht in der Darstellung, die die Synoptiker von der Erweckung der Tochter des Jairus und des Jünglings zu Nain gegeben hatten (Matth. 8, 18 f. 23—26; Mark. 5, 22 f. 35—43; Luk. 8, 41 f. 49—56; dazu auch 7, 12—15). Er steigert es durch den kraß realistischen Zug, daß er der viertägigen Leiche schon Verwesungsgeruch zuschrieb (Joh. 11, 39). Je weiter sich dadurch Jesu Wundertat von aller physiologischen Möglichkeit entfernt, desto besser entspricht sie der Johanneischen Vorstellung von der Göttlichkeit des Heilands.

Peter Corssen[9]) hat die Erklärung aufgestellt, es sei dem Evangelisten nur darauf angekommen zu betonen, daß wirklich menschliches Fleisch gekreuzigt sei. Trotz der Tatsache, daß aus einem Leichnam durch einen Stich in die Seite höchstens unter gewissen Umständen Blut, aber niemals Wasser [?] herausfließe, soll der Vorgang nicht etwa als Wunder gedacht sein. Der Verfasser sei kein gelehrter Anatom und aus 1. Joh. 5, 6, wo Taufe und Tod des Herrn durch die Symbole Wasser und Blut bezeichnet sind, folge, daß die dem Lanzenstich zugeschriebene Wirkung nur der doketischen Irrlehre, es sei ein bloßer Scheinleib gekreuzigt, während der wirkliche Christus davon unberührt blieb, widersprechen solle.

---

8) Vgl. darüber noch unten Kap. 15 die Erörterung über den Ursprung des dem Kriegsknecht gegebenen Namens.

9) P. Corssen, Monarchianische Prologe zu den vier Evangelien. Leipzig 1897, S. 129 f. (Gebhardt und Harnack, Texte und Untersuchungen Bd. 15, 1).

Diese Ansicht leuchtet wenig ein; namentlich die Berufung auf 1. Joh. 5, 6 ist für sie ohne Gewicht. Die Stelle bietet allerdings den Schlüssel für das Phänomen der Seitenwunde, spricht aber gerade gegen eine k r e a t ü r l i c h - p h y s i o l o g i s c h e Auffassung. Sie stellt in den beiden Symbolen des „Kommens" Christi, dem Wasser seiner Taufe und dem Blut seiner Kreuzigung, keinerlei reale Dinge, geschweige Bestandteile des menschlichen Fleisches zusammen, sondern Bilder für ü b e r i r d i s c h e Kräfte. Jene Worte des Johanneischen Briefes lehren vielmehr, daß nur in der E i n h e i t von Wasser und Blut (nicht im Wasser allein!) Christi Kommen sich vollziehe. Danach kann auch Joh. 19, 34 nur auf die ü b e r i r d i s c h e D o p p e l n a t u r Christi, in der göttliche und menschliche Substanz sich vereint, hinweisen, nicht aber bloß auf seine Fleischlichkeit [10]).

Offenbar steht — und den frühesten Lehrern und Auslegern des vierten Evangeliums ist es sicherlich nicht entgangen — die Erzählung vom Kriegsknecht in Beziehung zu symbolischen Äußerungen des ersten Johannesbriefes. Dort heißt es z. B.: „Das B l u t Jesu, seines Sohnes, r e i n i g t uns von aller Sünde" und „Jesus, der Sohn Gottes, der gekommen ist durch W a s s e r und B l u t, Jesus Christus, nicht mit dem Wasser allein, sondern mit dem W a s s e r und mit dem B l u t" und „Der Geist ist es, der zeugt, weil Christus die Wahrheit ist. So sind es drei, die da zeugen: der G e i s t, das W a s s e r und das B l u t, und die drei sind einig".

...Et sanguis Jesu Christi, filii eius emundat nos ab omni peccato (1. Joh. 1, 7). — *Quis est, qui vincit mundum, nisi qui credit, quoniam Jesus est filius dei? Hic est, qui venit per aquam et sanguinem, Jesus Christus, non in aqua solum, sed in aqua et sanguine. Et spiritus est, qui testificatur, quoniam Christus est veritas. ...Et tres sunt, qui testimonium dant in terra: spiritus et aqua et sanguis; et hi tres unum sunt* (1. Joh. 5, 5—6, 8) [11]).

---

10) Dieser Auffassung, die ich an anderer Stelle bereits eingehend begründet habe, hat Loofs brieflich zugestimmt und mir gegenüber seine frühere Zustimmung zu der Ansicht Corssens (Hauck, RE. Bd. 4 [1898], S. 29, Z. 37 ff.) zurückgezogen.

11) Die Verse 5, 7—8 haben das sogenannte *Komma Johanneum*, bekanntlich eine Fälschung der nordafrikanischen Kirche, hervorgerufen, das indessen erst verhältnismäßig spät (durch die Textrevision Theodulfs von Orleans und die spanischen Handschriften) in die Vulgata eingedrungen ist: *quoniam tres sunt, qui testimonium dant in coelo: Pater, Verbum,*

In der Apokalypse sind ferner die unzählbaren Scharen aus allen Nationen, Stämmen, Völkern und Sprachen, die vor dem Thron Gottes und dem Lamm huldigend stehen, angetan mit weißen Gewändern und Palmen in ihren Händen tragend, aus der großen Trübsal gekommen und haben ihre Kleider gewaschen im B l u t e des Lammes und werden, ohne je mehr zu hungern und zu dürsten, von dem Lamm g e w e i d e t und zu den W a s s e r q u e l l e n des L e b e n s geleitet werden:

> ... *Hi sunt, qui venerunt de tribulatione magna, et laverunt stolas suas et dealbaverunt eas in s a n g u i n e agni. Ideo sunt ante thronum dei et serviunt ei. ... Non esurient, neque sitient amplius, nec cadet super illos sol neque ullus aestus. Quoniam agnus ... reget illos, et deducet eos ad v i t a e f o n t e s a q u a r u m ...* (Apok. 7, 14—17).

Hier hatte man W a s s e r und B l u t! Hier hatte man beides verknüpft mit dem aus den antiken Mysterien geläufigen [12]) Begriff der Reinwaschung und Läuterung, der Entsühnung und der Gewährung ewigen, seligen Lebens ohne Hunger und Durst und Hitze. Hier hatte man Wasser und Blut als Symbole eines sehr sinnlich vorgestellten Gedankenkreises zukünftiger Hoffnungen, als Elemente einer phantastischen Bildersprache, deren eigentlicher Inhalt die Herrlichkeit des himmlischen Reichs ist. Dieses kommenden Reiches Herrlichkeit erscheint aber durchaus in den Farben des einst verlorenen P a r a d i e s e s : im neuen Jerusalem kommt ein Strom von Lebenswasser, glänzend wie Krystall, aus dem Thron Gottes und des Lammes hervor, und hüben und drüben am Strom bringt der Baum des Lebens, von dem Adam und Eva bis zum Sündenfall hatten essen dürfen, seine Früchte. „Selig sind, die ihre Gewänder w a s c h e n, damit sie ein Recht bekommen an den Baum des Lebens und zu den Toren eingehen in die Stadt . . . Und

---

et Spiritus Sanctus; et hi tres unum sunt. Et tres sunt, qui testimonium dant in terra: Spiritus et aqua et sanguis; et hi tres unum sunt. Vgl. H. J. Holtzmann, Einleitung in das Neue Testament. Freiburg i. Br. ³ 1892, S. 23 f.; E. Nestle, Einführung in das griechische Neue Testament. Göttingen ² 1899, S. 8, 260.

12) Bei der in Verbindung mit dem Kybelekult aufgekommenen Taurobolienweihe wird das Blut des geschlachteten Opfertiers von dem, der die Weihe empfangen will, zum Zeichen der Entsündigung und Wiedergeburt mit dem Körper aufgefangen; siehe Anrich, Das antike Mysterienwesen in seinem Einfluß auf das Christentum. Göttingen 1894, S. 52 f.

der Hungrige soll kommen, und der es verlangt, Lebenswasser umsonst empfangen" (Apok. 22, 1. 2. 14. 17).

Wer in diesem Bilderkreis der Apokalypse lebte, dem mußte
wohl auch jenes Blut und Wasser, das aus der vom Speer durchstochenen Seite des Gottessohns hervorgequollen war, nur ein Symbol der Wirkung des göttlichen Wunders sein, Inbegriff und Kern
des neuen Heils der Erlösung, der Auferstehung.

Jene Berufung des Johanneischen Evangeliums aber auf die
angeblich prophetischen beiden Aussagen der alten Schriften, es
solle ihm kein Bein zerschlagen werden, und sie hätten gesehen,
wen sie gestochen haben, fließt zweifellos bereits aus einer typologischen Gleich- und Gegenübersetzung des blutigen Tieropfers beim
jüdischen Passah und des geistlichen Opfers in der Kreuzigung
Christi, des „Lammes Gottes". Schon Paulus rief: „Feget aus den
alten Sauerteig, damit ihr eine neue Masse seid. Ihr seid ja Unge-
säuerte, (esset ungesäuertes Passahbrot); denn es ist für uns das
Passah geschlachtet: Christus" (1. Korinth. 5, 7). In der Apokalypse
singen die vier Tiere und die vierundzwanzig Ältesten kniend vor
dem Lamm: „Du wardst geschlachtet und hast für Gott erkauft
durch dein Blut Leute von jedem Stamm und Sprache und Volk
und Nation und hast sie unserem Gott gemacht zu einem Königtum"
tum" (Apok. 5, 9. 10). Gleich am Eingang des Johanneischen Evangeliums begrüßt der Täufer Jesus mit den Worten: „Siehe das
Lamm Gottes, das die Sünde der Welt wegnimmt" (Joh. 1, 29). Daß
aber Christus nicht, wie sonst bei Gekreuzigten üblich war und bei
den Schächern auch geschah, zur Vollendung des *supplicium* die
Beine zerschlagen, sondern die Seite durchstochen ward, erklärt das
vierte Evangelium selbst mit typologischer Beziehung auf das alttestamentliche Passahgebot: „Dies ist die Satzung in bezug auf das
Passah: In e i n e m Hause soll es verzehrt werden; man darf nichts
von dem Fleische aus dem Hause hinaustragen. Keinen Knochen
sollt ihr an ihm brechen" (Exod. 12, 43. 46; vgl. auch Num. 9, 12:
„Sie dürfen nichts davon übrig lassen bis zum Morgen, auch k e i -
n e n K n o c h e n an ihm brechen; nach allen Satzungen, die für
das Passah gelten, sollen sie es feiern"). Der gekreuzigte Jesus soll
eben als geopfertes Passah-Lamm erscheinen.

Endlich sei daran erinnert, daß dies pneumatische Evangelium
auch in den zwei von ihm allein erzählten Wundergeschichten in

bedeutungsvoller Allegorie auf die mysterienhafte Natur und Wirkung von Blut und Wasser hinzuweisen scheint: die S a m a r i t e r i n
am Brunnen erwirbt sich den Glauben, daß Jesus lebendiges Wasser zum ewigen Leben zu geben hat (Joh. 4, 1—42); auf der H o c h -
z e i t z u K a n a wandelt der Herr in symbolischer Antithese zu
dem eben angeführten Wassertäufer Johannes Wasser in Wein, um
den Jüngern seine Herrlichkeit zu offenbaren (Joh. 2, 1—11). Hier
steht hinter diesem Literalsinn nach dem Willen des Verfassers
gewiß noch ein zweiter überweltlicher, den jenes spätere: „Ich bin
der wahre Weinstock" (Joh. 15, 1. 5) [13]) verkündet: das Zeichen für
den Blutwein, den Christus im Abendmahl den Jüngern reicht, am
Kreuze vergoß und den die christlichen Gemeinden in der Eucharistie immer wieder aufs Neue tranken.

Sicherlich war im Johanneischen Evangelium dieses Weinwunder
von Kana erfunden und verstanden als allegorisches Seitenstück zu
dem auch von den Synoptikern erzählten B r o t w u n d e r (Matth.
14, 13—21; Mark. 6, 32—44; Luk. 9, 10—17; Joh. 6, 1—15); Brot und
Wein, die Elemente des Herrenmahls, erscheinen hier also absichts-
voll in mystischer Beleuchtung.

Zur Samariterin am Brunnen hatte Jesus gesagt: „Jeder der von
diesem Wasser [des Brunnens] trinket, wird wieder durstig werden.
Wer aber von dem Wasser trinkt, das ich ihm geben werde, der
wird gewiß in Ewigkeit keinen Durst mehr bekommen, sondern
das Wasser, das ich ihm geben werde, wird in ihm werden ein Quell
von Wasser, das fürs ewige Leben sprudelt" (Joh. 4, 13 f.).

Die Symbolik des Wassers, die in dem Gespräch mit der Samariterin am Brunnen hervortritt, wird voll beleuchtet in Jesu Rede
an den Pharisäer Nikodemus: „Niemand kann das Reich Gottes
sehen, wenn er nicht von oben her geboren wird. (γεννηθῇ ἄνωθεν
Urtext, natus fuerit denuo Vulgata) . . . Wenn einer nicht geboren
wird aus W a s s e r und Geist, so kann er nicht in das Reich der
Himmel eingehen" (Joh. 3, 3. 5). Offensichtlich zielt diese Symbolik auf die christliche Wassertaufe.

---

13) Ἐγώ εἰμι ἡ ἄμπελος ἡ ἀληθινή, bei Luther: „Ich bin e i n rechter
Weinstock" mit deiktischem 'ein', das im Mittelhochdeutschen gewöhnlich,
bei uns aber heute nicht mehr geläufig und daher in der revidierten
Lutherbibel durch den bestimmten Artikel ersetzt ist.

Auch auf das A b e n d m a h l und die Wirkung seines Genusses
weisen die Johanneischen Reden Jesu mehrmals in geheimnisvollem,
von Jüngern wie Juden mißverstandenem Ausdruck hin, wenn er
unmittelbar nach seiner wunderbaren Speisung der Fünftausend
durch fünf Brote und zwei Fische vom Brote spricht, das der Vater
vom Himmel gibt, und sich selbst das Brot des Lebens nennt (Joh. 6,
32—35); wenn er sagt, wer von dem lebendigen Brote, das vom
Himmel herabgekommen, ißt, in Ewigkeit leben wird, und als dieses
Brot sein für das Leben der Welt hingegebenes Fleisch erklärt; wenn
er noch deutlicher versichert, daß, wer sein Fleisch isset und sein
Blut trinket, ewiges Leben hat, in ihm bleibet, wie er in jenem
(Joh. 6, 49—59).

Wie im Johanneischen Evangelium Jesus der Samariterin die
künftige Stunde voraussagt, da die wahrhaftigen Anbeter den
Vater im Geist und in der Wahrheit anbeten werden (Joh. 4, 23),
so ruft er am letzten Tage des Laubhüttenfests bei den Samaritern
ein Wort, das, einen Ausspruch des Alten Testaments erneuernd,
infolge des grammatisch schwierigen und unklaren Ausdrucks leicht
mißverstanden werden kann (Joh. 7, 37 f.):

„Ἐάν τις διψᾷ, ἐρχέσθω πρός με καὶ πινέτω· ὁ πιστεύων εἰς ἐμέ — καθὼς
εἶπεν ἡ γραφή: 'ποταμοὶ ἐκ τῆς κοιλίας αὐτοῦ ῥεύσουσιν ὕδατος ζῶντος'.“
τοῦτο δὲ εἶπεν περὶ τοῦ πνεύματος οὗ ἔμελλον λαμβάνειν οἱ πιστεύσαντες εἰς
αὐτόν· οὔπω γὰρ ἦν πνεῦμα ὅτι 'Ιησοῦς οὐδέπω ἐδοξάσθη. Deutsch etwa:
„Wenn Jemand Durst hat, so komme er zu mir und trinke. Wer
an mich glaubt, der wird erleben, wie es die Schrift sagt: 'Aus seiner
[des Heilands] Leibeshöhlung werden Ströme lebendigen Wassers fließen.'"
Schon Chrysostomos sah, daß es im kanonischen Alten Testament keine
diesem Zitat voll entsprechende Stelle gibt. Man hat zwar verwiesen auf
Isa. 12, 3; 43, 20; 44, 3; 55, 1; 58, 11; Ezech. 47, 1—12; Joel 2, 28; 3, 18;
Zach. 13, 1; 14, 8; Cant. 4, 15; aber überall weicht der Wortlaut ab.
Den dem Evangelisten vorschwebenden Sinn gibt wieder Isa. 12, 3;
Haurietis aquas in gaudio de fontibus salvatoris. Jedesfalls ist ἐκ τῆς κοιλίας
αὐτοῦ auf den Erlöser zu beziehen. So wird es auch verstanden in den
pseudocyprianischen Schriften De rebaptismate cap. 14 und De montibus
Sina et Sion cap. 9 (Cyprian, Opera omnia, ed. Hartel. Wien 1868 ff.,
pars 3, S. 87. 115; vgl. unten Kap. 4, Abschn. IV).

Nach allen vergleichbaren Stellen des Alten Testaments und nach
der wiederholt zum Ausdruck gebrachten Wasser-Symbolik des
Johannesevangeliums kann hier nur ein Trunk und lebendiges

Wasser gemeint sein, die von Christus gespendet werden [14]). Darum
folgt auch der erklärende Wink: „Dabei aber dachte er [Jesus] an
den Geist, den die an ihn Glaubenden empfangen sollten. Denn
noch gab es keinen [heiligen] Geist, weil Jesus noch nicht zur Herrlichkeit gelangt war." Also erst nachdem Jesus als Christus und
König am Kreuz erhöht war, konnte sich aus seinem Opfertod
das Pneuma ergießen. Das führt dann freilich geradezu wieder auf
die wunderbare Wirkung des Speerstichs gegen den Leib des toten
Heilands: das hervorströmende Blut und Wasser. Und damit übereinstimmend erzählt das Johanneische Evangelium, daß erst der
auferstandene Herr den hinter verschlossenen Türen versammelten
Jüngern, nachdem er sich durch seine Nägelmale und die Seitenwunde ihnen beglaubigt hat (siehe oben S. 2), unter Anblasen den
Geist zuerteilt mit den Worten „Empfanget den heiligen Geist"
(Joh. 20, 20—23).

Obgleich also das vierte Evangelium (wie oben S. 12 f. dargelegt
ist) von der Taufe wie von der Eucharistie unverkennbar redet,
scheint es mir unsicher, ihm schon als eigentlichen Sinn des von ihm
berichteten Speerstichs und seiner wunderbaren Wirkung eine direkte
Symbolisierung der Taufe und des Abendmahls zuzuschreiben.

Erst später, seit dem ausgehenden vierten Jahrhundert, herrscht
auch in der altchristlichen T h e o l o g i e allgemein die Interpretation, die eine Beziehung auf die Sakramente annimmt. Aber innerhalb dieser gehen auch damals noch verschiedene Auffassungen
nebeneinander. Es lassen sich in dieser späteren Zeit für das Wasser
und Blut des Johanneischen Speerwunders drei symbolische Glei-
chungen verfolgen: 1. = Wassertaufe und Bluttaufe (Martyrium),
2. = Wassertaufe und Blutwein des Abendmahls, 3. = Mischtrunk
aus Wasser und Wein (Blut) im eucharistischen Kelch (siehe darüber

---

14) Vgl. jetzt auch den Kommentar von Walther Bauer. Tübingen [2] 1929,
S. 108 ff. (Lietzmanns Handbuch zum Neuen Testament Bd. 6). Zu
der obigen Stelle des Johannesevangeliums führt Gillis P:son Wetter
(Der Sohn Gottes. Göttingen 1916, S. 56) aus den frühchristlichen Oden
Salomos folgende Verse an, die gleichfalls die Lebensquelle von Gott her-
leiten: „Es haben alle Durstigen, die auf Erden waren, getrunken. / Und
der Durst ward gestillt und gelöscht, / Denn von dem Höchsten ward der
Trank gegeben" (6, 10 ff.). „Füllt euch Wasser aus der lebendigen Quelle
des Herrn, / Weil sie für euch geöffnet ist, / Und kommt all ihr Durstigen
und nehmt den Trank, / Und ruht aus an der Quelle des Herrn" (30, 1—2).

unten Kap. 4. 6. 7). Davon wissen aber die ältesten Exegeten dieser
Johanneischen Erzählung noch gar nichts. Sie deuten alle, wie sich
unten (Kap. 4) zeigen wird, zunächst ganz anders. Eher könnte man
annehmen, der Evangelist habe in dem Wunder etwa die Mani-
festation der göttlichen Doppelnatur Christi ausdrücken wollen: die
Auflösung der Vereinigung jener beiden Elemente, aus denen des
Gekreuzigten Wesen bestanden hatte, bei seinem Tode. Doch kann
man sehr zweifeln, welche Begriffe und Stichworte spekulativer
Symbolik dabei eigentlich vorgeschwebt haben. Soll das Blut dem
göttlichen Logos, das Wasser dem heiligen Geist (πνεῦμα) entsprechen? Dafür könnte des Apollinaris Erklärung (siehe unten Kap. 4,
Abschn. I) zeugen. Und soll gleichzeitig auch die Wirkung dieser
auseinander tretenden Elemente auf die zurückbleibenden Gläubigen, d. h. die M i t t e i l u n g an sie, bezeichnet werden? Darf man
des Ignatius und des Irenäus [15]) Meditationen über die Natur und
die Wirkung des eucharistischen Mahls schon im vierten Evangelium
vorbereitet finden und in dem hervorströmenden Blut und Wasser
des toten Gottessohns Symbole der ἕνωσις, der Synthese des Irdischen
und Himmlischen, der Gemeinschaft des göttlichen Geistes mit
dem menschlichen Fleische, der Durchdringung der Sterblichkeit
aller Christusjünger mit der Unverweslichkeit und Unsterblichkeit
Gottes erkennen? Eine alte ganz bestimmte allegorische Erklärung,
die auf das Mysterium der Auferstehung hinausläuft, wird gleich
nachher ausführlich zur Sprache kommen und im Anschluß daran
wird sich die Gelegenheit geben, den möglichen Sinn der Johannesstelle und ihre recht verschiedenartige Ausdeutung in dem frühen
nachapostolischen und im patristischen Zeitalter zu erörtern. Eine
vorsichtige, philologische Interpretation des Johanneischen Wortlauts wird sich indessen, scheint mir, damit begnügen, daß der
Evangelist hier nur die beiden Grundtatsachen des Wirkens Christi
in der ihm eigenen Zeichensprache darstellen wollte: einerseits die
Wiedergeburt und das neue Leben durch das Wasser, das geläufige
Symbol des Lebens und des g ö t t l i c h e n Geistes (Joh. 4, 15;
Genes. 1, 2); anderseits die Sündenerlösung durch das Blut des

---

15) *Adversus haereses* lib. IV, 18, 4 (Migne, P.G. Bd. 7, S. 1026 f.);
vgl. Steitz, Die Abendmahlslehre der griechischen Kirche in ihrer geschichtlichen Entwicklung (Jahrbücher für deutsche Theologie Bd. 9 [1864], S. 447);
Loofs in Hauck, RE. Bd. 1, S. 40. 47 f.

g e o p f e r t e n M e n s c h e n, das Symbol der Sühne und Versöhnung. Damit ist dann mittelbar hingedeutet auf die ü b e r -
i r d i s c h e D o p p e l n a t u r Christi, in der göttliche und menschliche Substanz sich vereint, auf das christologische Mysterium der
Menschwerdung Gottes.

Nach dem oben Dargelegten kann ich Wellhausen nicht zustimmen,
wenn er aus inneren Gründen den Bericht vom Lanzenstich und seine
Folgen (Vers 34. 35. 37) als Nachtrag ausscheiden will [16]). Richtiger urteilt
E. Schwartz, daß mit Rücksicht auf die Geschichte vom ungläubigen
Thomas (siehe oben) „nichts anderes übrig bleibt, als die merkwürdige
Erfindung, welche Jesus im vollen Wortsinn zum Paschalamm macht, dem
originalen Evangelium zuzuschreiben: es ist das einzige von der ganzen
Kreuzigungsgeschichte, das sich mit einiger Sicherheit auf es [= Evangelium]
zurückführen läßt" (Aporien im vierten Evangelium, a. a. O. S. 359 ff.) [17]).

Stilistisch die nächstliegende Erklärung wäre es eigentlich, ὁ ἑωρακώς zu beziehen auf den Kriegsknecht, der den Lanzenstich ausgeführt hat. Das von ihm abgegebene Zeugnis könnte dann natürlich nur die Anerkennung der Gottheit des Gekreuzigten sein. Er
würde damit in die Rolle des Hauptmanns (bei Mark. 15, 39;
Matth. 27, 54) einrücken. Den Wunderzeichen, die nach Mark. und
Matth. den Hauptmann zur Bezeugung der Gottheit Christi bestimmt haben, würde so im vierten Evangelium das Wunder der
Wirkung des Speerstichs gegenüber gestellt sein. Es würde das
mit dem auch sonst zu beobachtenden und längst von der Forschung
allgemein anerkannten Bestreben des Johanneischen Evangeliums
übereinstimmen, den Bericht der anderen Evangelisten dadurch zu
überbieten, daß überall die göttliche Persönlichkeit Christi selbst
als Mittelpunkt erscheint. Die Legende vom Longinus, die diesen
mit dem Hauptmann zusammenwirft (siehe unten Kap. 14), hat jedesfalls von dieser Auffassung ihren Ausgang genommen. Sie hat dann
freilich das Wort ἑωρακώς eigenartig so ausgedichtet, daß der vorher
ungläubige Kriegsknecht, der nun durch den Augenschein des
wunderbaren Erlebnisses gläubig, d. h. bildlich gesprochen sehend
geworden war, tatsächlich ein körperlich Blinder gewesen sei und
durch die Wirkung des Speerstichs das Augenlicht wieder erhalten

---

16) Wellhausen, Erweiterungen und Änderungen im vierten Evangelium, Berlin 1907, S. 27 ff.; Derselbe, Das Evangelium Johannis. Berlin
1908, S. 89 f.
17) Vgl. auch Walther Bauer, Das Johannesevangelium, a. a. O. S. 219.

habe. Unentschieden bleibt bei dieser Deutung des ἑωρακώς allerdings die Beziehung des ἐκεῖνος (siehe oben S. 2), die aber bei den bisher anerkannten Erklärungen auch nicht einhellig gedeutet werden konnte.

Eines scheint mir jedesfalls sicher: die Erzählung vom Lanzenstich und dem Wunder seiner physiologischen und sakramentalen Folge, des Stroms von Blut und Wasser stammt aus g n o s t i s c h e n Gedanken, die auch in den Johanneischen Briefen zum Ausdruck kommen. Mit Recht hat kürzlich ein Kenner wie Martin Dibelius [18]) betont, man müsse die drei Johannesbriefe wie das vierte Evangelium in die Nähe der gnostischen Bewegung rücken, die Spekulation über Licht und Finsternis (Joh. 12, 36) aus einem mystischen orientalischen Hellenismus hergeleitet und den 1. Johannesbrief „das Dokument einer verchristlichten Gnosis" genannt.

---

18) Deutsche Literaturzeitung 1934, Sp. 1586 ff.

Zweites Kapitel.

Pneumatische und sakramentale Mystik in der altchristlichen Kunst.

I. Katakombenbilder und Sarkophagreliefs.

In die Sphäre der Johanneischen religiösen Symbolik führt uns die altchristliche Kunst der Katakombenmalerei und der Sarkophagplastik. Es ist möglich, daß die Symbolik der Johanneischen Schriften wie die der altchristlichen Kunst aus den volkstümlichen Vorstellungen der religiösen Phantasie dieses synkretistischen Zeitalters geschöpft haben. Wahrscheinlicher aber hat die Johanneische Gedankenwelt und ihre allegorische Mystik bereits unmittelbar oder mittelbar eingewirkt auf Auswahl, Zusammenstellung und Bedeutungsinhalt der altchristlichen Kunstgebilde.

Die grundsätzliche Frage, was denn überhaupt eigentlich unter der s y m b o l i s c h e n Bedeutung der Katakombenbilder zu verstehen sei und wiefern neben ihr oder an ihrer Stelle ein naiv realistisches Verständnis gelte, ist trotz ausführlichen Erörterungen [1] weder klar formuliert noch entschieden. Das Problem selbst ist von allergrößter Wichtigkeit gerade auch für das Ziel meiner Untersuchung und wird in deren Verlauf noch wiederholt zur Sprache kommen.

Betonte die protestantisch-theologische Katakombenforschung eines Viktor Schultze, Hennecke, Hasenclever den s e p u l k r a l e n Sinn der Katakombenfresken, leitete A n t o n S p r i n g e r [2] sie und die altchristlichen Sarkophagreliefs aus den liturgischen Gebetsformeln ab, verknüpfte sie Ludwig von Sybel unter Anerkennung ihres erbaulichen christlichen

---

1) Vgl. z. B. Ludwig von Sybel, Christliche Antike. Einführung in die altchristliche Kunst. 2 Bde. Marburg 1906/09. Bd. 1, S. 1—8. 20 f. 112 f. 303 f., besonders 193—209; Bd. 2, S. 24 ff.

2) Anton Springer, Handbuch der Kunstgeschichte. Leipzig ⁴1895, S 6 f. 12 f.

Charakters mit den Seligenmahlen und andern Motiven der antiken Kunst, so rief K a r l M i c h e l [3]), angeregt von dem protestantischen Theologen J o h a n n e s F i c k e r, zur Erklärung der altchristlichen Grüftemalerei, die häufig Jonas, Daniel unter den Löwen, die drei Jünglinge im Feuerofen und andere Typen göttlicher Errettung darstellt, e x o r z i s t i s c h e G e b e t e des heidnischen Synkretismus, des Judentums und frühen Christentums herbei.

Aus universaler Kenntnis der Geisteskultur und religiösen Strömungen des heidnischen und jüdischen Hellenismus wie der hellenistischen und frühchristlichen Kunst entwarf dann O s k a r W u l f f [4]) eine zusammenfassende Analyse und Charakteristik der sepulkralen Malerei und Symbolik in den Katakombenfresken. Während er an De Rossis [5]), Franz Xaver Kraus' [6]) und Wilperts [7]) Zeitbestimmungen festhielt und die ältesten römischen Grüftebilder mit ihnen noch bis ins Ende des ersten Jahrhunderts zurückschob, also in die zeitliche Nachbarschaft der Johanneischen Schriften rückte, erhob H u g o K o c h [8]) auf Grund einer Auswahl von patristischen Aussagen, die angeblich christlichen Bildergebrauch strengstens abgelehnt hätten, überhaupt Zweifel gegen die Datierung der Katakombenbilder innerhalb der ersten drei Jahrhunderte unserer Zeitrechnung. Der allzufrüh verstorbene bedeutende Schüler Riegls und Wickhoffs, M a x D v o ř á k [9]), suchte zwischen diesen Zeugnissen und den Monumenten, die doch unbestreitbar frühchristliche Bilder zeigten, dadurch einen Einklang herzustellen, daß auch er das Alter der ältesten römischen Katakombenbilder beträchtlich herabsetzte und sie an das Ende des zweiten Jahrhunderts verlegte. Im Gegensatz zu Ludwig von Sybel erkannte er in dieser Malerei eine von der pompejanischen grundverschiedene völlig neue Kunst, für deren Art und Sinn er schöne ergreifende Worte fand.

Einen neuen mächtigen Vorstoß zur wissenschaftlichen Würdigung der römischen Katakomben brachte jüngst auf Grund fünfundzwanzigjähriger

---

3) Karl Michel, Gebet und Bild in frühchristlicher Zeit. Leipzig 1902.

4) Oskar Wulff, Altchristliche und byzantinische Kunst. Berlin-Neubabelsberg [1914]. Bd. 1, S. 50—91 (= Burgers Handbuch der Kunstwissenschaft).

5) Giovanni Battista De Rossi, Roma Sotterranea cristiana. 3 Bde. Rom 1864—77.

6) F. X. Kraus, Roma Sotterranea. Freiburg i. Br. 1872; [2]1879; Ders., Geschichte der christlichen Kunst. 2 Bde. Freiburg i. Br. 1896 f.

7) Joseph Wilpert, Die Malereien der Katakomben Roms. 2 Bde. Freiburg i. Br. 1903; Ders., Fractio panis. Freiburg i. Br. 1895.

8) Hugo Koch, Die altchristliche Bilderfrage nach den literarischen Quellen. Göttingen 1917.

9) Max Dvořák, Kunstgeschichte als Geistesgeschichte. 1. Bd. Katakombenmalereien. Die Anfänge der christlichen Kunst, S. 3—40 (= Gesammelte Schriften. München 1924; [2]1928).

Forschung das großartige Buch von P a u l S t y g e r [10]). Sein Forschungs-
verfahren ruht auf der gewiß richtigen Überzeugung, daß die Grüfte
von oben nach unten ausgeschachtet wurden, also die obersten Stockwerke
der Grabanlagen die ältesten, die untersten hingegen die jüngsten sind.
Gleich Kondakow, Kraus, Strygowski, Sybel, Wulff vermutet er Abhängigkeit der Grüftemalerei von jüdisch-hellenistischen Vorbildern. Er
schreibt daher der altchristlichen Sepulkralkunst geradezu einen „sekundären
Charakter" zu (a. a. O. S. 361). Er erreicht aber in seiner nüchternen
Schätzung dieser Kunst das äußerste Maß. Er leitet sie nämlich her aus
zu erschließenden frühchristlichen, palästinischen Bilderzyklen, die rein
e r z ä h l e r i s c h hervorragende Szenen der biblischen Geschichte wieder-
gäben, und spricht daher auch den Katakombenbildern Roms wie überhaupt des ganzen Abendlandes keinen symbolischen (liturgischen, erbaulichen), sondern den Charakter historischer Darstellung zu.

Mit Recht hat O. Wulff, einer der besten Kenner altchristlicher Kunst,
bei aller lebhaften Anerkennung der wertvollen archäologischen Leistung
Stygers gegen solche entseelende und entgeistigende Ansicht vom Wesen
der altchristlichen Kunst und insbesondere der ältesten Katakombenbilder
Einspruch erhoben [11]) und der religionsgeschichtlichen Forschung das Recht
vorbehalten, über den Bedeutungsinhalt jener geheimnisvollen Darstellungen zu entscheiden.

Wenn irgendwo, so ist angesichts dieser erhabenen Denkmäler
ältester christlicher Gottesschau und Gottesanbetung zunächst diejenige Betrachtungsweise am Platze, die sie in ihrer schlichten
Existenz und in ihrem Wesen begreift, während die evolutioni-
stische Methode, die ihre geschichtliche Grundlagen erfragt, vorläufig zurückstehen darf.

Daran sollte man nicht zweifeln: diese Bilder an den Wänden
der Grüfte führen Motive und Szenen vor Augen, um gläubige
Christengemüter, die bereit sind, das Martyrium auf sich zu nehmen, innerlich zu erheben ins Überirdische. Wenn die antiker
Kunsttradition entstammenden Gestalten und Sinnbilder des Hirten, des Orpheus, des Ankers, der Palme, der Taube erscheinen, so
dienen sie ebenso wie die aus dem Heidentum übernommene griechische oder lateinische Sprache als die bereitliegenden Zeichen

---

10) Paul Styger, Die Römischen Katakomben. Archäologische Forschungen über den Ursprung und die Bedeutung der altchristlichen Grab-
stätten. Berlin 1933.

11) Deutsche Literaturzeitung 4. März 1934, Sp. 413. Vgl. auch J. P.
Kirsch, Der Ideengehalt der ältesten sepulkralen Darstellungen in den
römischen Katakomben. Römische Quartalsschrift Bd. 36 (1928).

einer christlichen Vorstellung. Sie sind nicht bloßer Zierrat, sondern Gefühls- und Anschauungsausdruck.

Tiefer in den Kern christlichen Glaubens und Hoffens führen diejenigen Darstellungen, die leitende Bilder der Johanneischen und der Paulinischen mystischen Symbolsprache wiedergeben. An dem realen Geschehnis der biblischen Wunder Gottes und Christi zweifelten weder die synoptischen Evangelisten noch Paulus noch auch der Verfasser der Johanneischen Schriften. Aber die Realität dieser Wunder an sich ist ihnen nicht die Hauptsache. Vielmehr umstrahlen sie, vor allem Paulus und mehr noch Johannes, diesen Kranz von Wundern mit einem mystischen Licht, in dem sie die Offenbarung der göttlichen Allmacht, Weisheit, Liebe gewahren. In gleichem Sinne haben die frühesten christlichen Gläubigen, auch die Volksmasse der niederen Stände (der christlichen Dienerschaften, für die Roms älteste Katakombengräber nach Styger bestimmt gewesen sind), die mystische Gleichnisrede Jesu und ihre Wiedergabe bei den Synoptikern wie vertieft bei Paulus und durch die Johanneischen Schriften in täglichen Lesungen, liturgischen Andachten, in den Sterbegebeten und Gedächtnisfeiern für Verstorbene und Märtyrer gehört und je nach ihrer religiösen Empfindung und geistigen Begabung verstanden.

Stygers Annahme, daß die in den Grüftefresken den Beschauern entgegentretenden Szenen „ohne innern Zusammenhang eng nebeneinander geschachtelt" gewesen seien und den Gläubigen nur aus den vollständigen Kompositionen der altchristlichen Wohnhäuser, Kulträume und Basiliken, deren „abgekürzte Wiederholungen" sie waren, verständlich hätten werden können (a. a. O. S. 356. 360 f.), scheint mir unhaltbar. Sie setzt eine psychologische Unmöglichkeit voraus. Sie gründet sich auf Bilderzyklen in Basiliken, die für die älteste Zeit, d. h. für die ersten drei christlichen Jahrhunderte, bisher nicht nachgewiesen sind. Sie traut den Beschauern einen regelmäßigen öffentlichen Besuch christlicher Kirchen zu, den es in den Zeiten der Christenverfolgungen nicht gab. Sie übersieht vor allem den unbestreitbar vorhandenen planvollen Zusammenhang innerer Art, den die römischen Katakombenbilder offenbaren.

Jesu Wunder der Brot- und Fischvermehrung zur Speisung der Fünftausend (Mark. 6, 39 ff.; Matth. 14, 17 ff.; Luk. 9, 13 ff.; Joh. 6, 9 ff.), der Viertausend (Matth. 15, 33 ff.) sowie des auferstandenen Heilands wunderbare Mahlzeit mit sieben Jüngern am Tiberias-See (Joh. 21) werden von frühesten Katakombenbildern zweifellos absichtlich in eine symbolische oder vielmehr mystische Verbindung oder Parallele gestellt mit den Elementen des Abendmahls, gelegentlich auch eines Mahls der Seligen im himmlischen Paradies. Jesu Gleichnisrede im vierten Evangelium unmittelbar nach der Brot- und Fischvermehrung zur Speisung der Menge und mit Beziehung auf sie war darin vorangegangen (Joh. 6, 26—35. 47—52. 53—56. 58).

Mit höchstem Nachdruck in absichtsvoller Wiederholung der gleichen Bilder und Worte hat die uns vorliegende Gestalt des vierten Evangeliums das Speisungswunder als Symbol ewiges Leben verbürgender Nahrung gefaßt, die sich im Genuß der Abendmahlselemente Brot und Wein vollzieht und als Essen vom Fleisch und Trinken vom Blut des Menschensohns bezeichnet wird. Die Einsetzung des Abendmahls durch Jesus erzählt dieses Evangelium, das so vielfach sich abweichend den Synoptikern gegenüberstellt, nicht, berichtet vielmehr statt dessen die Fußwaschung (Joh. 13, 4—20).

Im ältesten Teil der Katakomben von *San Callisto* bei deren heutigem Eingang, in der sogenannten L u c i n a - Krypte, deren älteste erhaltene Malereien aus der Mitte des zweiten Jahrhunderts stammen [12]), sieht man zweimal das Bild eines Fisches, vor (oder auf?) dem ein Korb mit fünf oder sechs Broten steht, durch dessen Geflecht ein mit rotem Wein gefülltes Gefäß durchschimmert [13]).

Die natürlichste Erklärung erkennt darin einen Bezug auf das christliche aus älterer orientalischer Überlieferung stammende Symbol des Fisches für den gekreuzigten Jesus (vgl. darüber unten Abschn. II), auf den Wein des Abendmahls und auf die Brotvermehrung zur Speisung der Menge oder der sieben Jünger am Tiberias-See. Wollte man dieser Darstellung, weil auf heidnischen Mahlbildern oft Fische und auch Brote vorkommen, den christlichen Charakter absprechen, so bliebe die hervorstechende Rolle des einen großen Fisches neben den Brotkörben unverständlich, es sei denn, daß auch aus der heidnisch-antiken Mysterienwelt sich das gleiche Sinnbild nachweisen ließe. Dies ist aber bisher nicht geschehen [14]).

12) Styger, a. a. O. S. 22—33.
13) Wilpert, Die Malereien der Katakomben Roms, a. a. O. S. 18. 46; Taf. 27, 1 und Taf. 28.
14) Mit dieser Auffassung stimmt im wesentlichen überein, was Hans Lietzmann darüber sagt im Bilderanhang zu Wendland, Die hellenistisch-römische Kultur in ihren Beziehungen zu Judentum und Christentum. Tübingen 2/3 1912, S. 433 f.

Mit vollem Recht hat daher Wendland [15]) ausgesprochen: „Die symbolische Deutung (Joh. 6, 54) der Speisung der Fünftausend beweist, daß die Eucharistie natürlich [vom vierten Evangelium] als bekannt vorausgesetzt ist." Demgemäß erkannte Wendland auch richtig, daß „die Katakombenbilder vor dem dritten Jahrhundert mehrfach das Abendmahl unter der Form der Speisung der Fünftausend darstellen und auch die Darstellung alttestamentlicher Historien in allegorischer Auffassung auf jenen Bildern sich mit der Symbolik des Johannes vergleichen" lasse.

In der *Capella Graeca,* dem nach Styger (a.a.O. S. 100. 139—143. 145) frühesten, noch der Mitte des zweiten nachchristlichen Jahrhunderts angehörenden Teil der *P r i s c i l l a -* Katakombe an der *Via Salaria Nuova,* Roms ältester und wichtigster christlicher Katakombe, findet sich der größte Zyklus alttestamentlicher und evangelischer Szenen: Noe in der Arche, das Opfer Abrahams, des Moses Quellwunder in der Wüste, die drei Jünglinge im Feuerofen, Daniel zwischen den Löwen, die Susanna, die Magierhuldigung vor dem Christuskind, der Gichtbrüchige, die Auferweckung des Lazarus. Diese letzte Szene, die bei den Synoptikern fehlt, stammt aus dem Johannesevangelium und beweist, daß man bei der Deutung der vorliegenden Malereien die Johanneische Symbolik heranziehen kann.

Alle diese Szenen einigt als geheimes Band ihr jedem Christen geläufiger gleicher symbolischer Sinn: die Rettung und Erlösung des auf Gottes Gnade vertrauenden Menschen. Hier nun ist auch die heilige Szene einer Speisung dargestellt: neben einem Kelch liegen auf dem Tisch zwei Teller, der eine mit zwei Fischen, der andere mit fünf Broten, zu äußerst stehen links vier, rechts drei mit Brot gefüllte Körbe. Am Tisch lagern fünf Männer und eine verhüllte Frau, im Vordergrunde sitzt neben dem Kelch eine männliche Person (nach Wilpert der Brot brechende „Vorsteher") [16]).

---

15) Wendland, Die hellenistisch-römische Kultur, a. a. O. S. 302 und Anm. 2.

16) Wilpert, Die Malereien der Katakomben, a. a. O. Taf. 15, 1: farbige Kopie des ganzen Gemäldes, Beschreibung S. 286 (vgl. auch S. 18); Lietzmann, a. a. O. S. 434 Anm. 2. — Stygers Polemik (a. a. O. S. 140. 128) gegen die „farbigen Reproduktionen" und „handgemalten Zeichnungen" Wilperts beachtet nicht, daß auch die von ihm geforderten und gebotenen

Styger faßt dieses Bild als realistische „Gelageszene mit Broten,
Fischen und Körben", wie sie als Totenmahl in heidnischen und
christlichen Denkmälern vorkomme. Es mag dahingestellt sein, ob
hier — wie Wilpert und Profumo [17]) zu erweisen suchen — die wirkliche Eucharistiefeier dargestellt ist, auf die das benachbarte Opfer
Isaaks, der Typus der Kreuzigung Christi, hindeutet, ob ferner in
diesem Raum die Feier der Eucharistie auch vollzogen werden
konnte und gleichzeitig wegen der Nachbarschaft des Quellwunder-
bildes die *Capella Graeca* oder ein Nebenraum als Taufkapelle
gelten darf. Die mystischen Elemente von Abendmahl und Taufe
sind meines Erachtens gesichert durch die Auswahl der abgebildeten Szenen und die Darstellung des Mahls, das eben doch auf alle
Fälle ein christliches Mahl sein und an die Mahle Jesu in den Evangelien erinnern soll.

Die sogenannten S a k r a m e n t s k a p e l l e n der Katakomben
von *San Callisto* an der *Via Appia* bieten verwandte Fresken. Sowohl im Cubiculum A 2 als auch in A 3, deren Malereien Wilpert [18])
ins Ende des zweiten Jahrhunderts, Styger [19]) in den Anfang des
dritten Jahrhunderts setzt, sieht man folgende Gestalten oder
Szenen: neben einem Dreifuß, der ein oder zwei Brote und einen
Fisch trägt, einen stehenden Mann; im Felde daneben sieben Personen an einem Tisch beim Mahle, davor oder zu beiden Seiten
sieben oder acht Körbe mit Brot.

Die Kapelle A 2 enthält ferner die Erweckung des Lazarus, die
Taufe Jesu, das Quellwunder des Moses, die Jonasszene, den guten
Hirten. Die Kapelle A 3 zeigt noch den Brunnen (mit der Samariterin?), das Opfer Abrahams, den Gichtbrüchigen, die Taufe Jesu,
das Quellwunder, die Jonasszene, den guten Hirten.

---

unretuschierten Photographien nicht vor ungenauen Wiedergaben schützen:
die Abbildung 49 (S. 142) weicht in der Beinbekleidung und Kopfhaltung
der Schwester des Lazarus (Taf. 29) beträchtlich ab von der Photographie.

17) Profumo, Un battistero cristiano dell' anno 140 circa, Studi Romani,
Anno 1, Fasc. 2—3. Roma 1913, S. 71. 136.

18) Wilpert, Die Malereien der Sakramentskapellen in der Katakombe
des hl. Callistus. Freiburg i. Br. 1897, S. 30 ff.; Ders., Die Malereien der
Katakomben Roms, a. a. O. S. 19. 263. 266. 268. 289 ff.; Taf. 27, 2; Taf. 38;
Taf. 41, 1. 2. 3.

19) Styger, a. a. O. S. 14. 16. 58—62; Taf. 3.

Die Mahlszene wiederholt sich mit geringen Abweichungen im Cubiculum A 6 und A 8 [20]).

Besondere Aufmerksamkeit ist der Gestalt des F i s c h e r s zu schenken. Im sogenannten *H y p o g a e u m* d e r F l a v i e r beim Eingang zur *D o m i t i l l a* - Katakombe an der alten *Via Ardeatina* (jetzt *Via delle sette chiese*), das bisher auf Grund der Datierung De Rossis in die zweite Hälfte des ersten Jahrhunderts gesetzt wurde, nach Styger aber vielmehr der Mitte des zweiten Jahrhunderts angehört, kommt der Fischer auch nach Wilperts Auffassung rein dekorativ vor ohne christliche Beziehung: ein mit dem Perizoma bekleideter Mann sitzt am Ufer und zieht an der Angelschnur einen Fisch aus dem Wasser [21]).

Dagegen betrachtet Wilpert mit Recht sein Vorkommen in den sogenannten Sakramentskapellen A 2 und A 3 als innerlich seiner symbolischen Beziehung nach verbunden mit dem mystischen Gedanken der christlichen Wassertaufe: an beiden Stellen ist ihm das Quellwunder des Moses benachbart und in A 2 ist es so nah an den Fischer gerückt, daß dieser den Fisch aus dem Wasser herauszieht, das dem Felsen entströmt (Wilpert, a. a. O. Tafel 27, 2. 3).

Stygers Annahme, dieser Angler sei nicht als „Fischer des Evangeliums" zu betrachten, d. h. weder auf die zu Menschenfischern berufenen Apostel (Mark. 1, 16—20; Matth. 4, 18—22; Luk. 5, 1—11) noch auf den vom auferstandenen Christus am See Tiberias bewirkten reichen Fischzug (Joh. 21, 1—11) zu beziehen und nicht als symbolische Versinnlichung der Taufe zu erklären, vielmehr sie eine der „Personifikationen lediglich zur Andeutung des Wassers", die „in der klassischen Kunst und noch auf späteren Monumenten nicht selten" sind (a. a. O. S. 60), übersieht, daß die Taufe, insbesondere auch die Taufe Christi in den altchristlichen Sarkophagreliefs mit Bezug auf das Quellwunder des Moses durch ein aus dem Felsen hervorstürzendes Wasser dargestellt [22]), daß diese typologische Symbolik bereits von Tertullian [23]) um 200 als eine übliche bezeugt wird und daß der Fischer als Sinnbild Christi oder eines Apostels gleichfalls in altchristlichen Kunstdenkmälern wie in altchristlicher Literatur nach dem Vorbild der bekannten evangelischen Stellen auftritt.

---

20) Wilpert, Die Malereien der Katakomben Roms, a. a. O. Taf. 15, 2 und 41, 4.

21) Wilpert, a. a. O. S. 263, Taf. 7, 1; Styger, a. a. O. S. 70—80, Taf. 12. 13.

22) Strzygowski, Ikonographie der Taufe Christi. München 1885, S. 5 ff.

23) Tertullian, De baptismo, Kap. 9; Migne, P. L. Bd. 1, S. 1209 f.

Eher muß man ernsthaft die Ansicht E r i c h B e c k e r s erwägen,
daß in A 2 der *Callisto*-Katakomben der Fischer nur formal zum Quellwunder des Moses, inhaltlich zur Szene des Mahles der Sieben gehöre [24])
und daß durch das hier nebeneinandergestellte alttestamentliche Tränkungs-
und neutestamentliche Speisungswunder „das himmlische *refrigerium*",
d. h. die Erquickung durch köstlichen Genuß von Speise und Trank im
Paradies dargestellt werden soll. Allein den Fischer von dem aus dem
Felsen hervorbrechenden Wasserstrom abzutrennen, widerspricht doch
völlig dem Augenschein, den die bildliche Anordnung bietet. Auch ist die
dem Vorschlag Beckers zugrunde liegende These, das Quellwunder des
Moses — vielleicht die am häufigsten in der altchristlichen Kunst dar-
gestellte Szene — sei in den meisten Fällen als Sinnbild des *refrigerium*
der Verstorbenen im Feuer des Purgatoriums zu verstehen, nicht erwiesen.
Die Begründung damit, daß sie nahezu beständig der Erweckung des
Lazarus (Joh. 11, 1—46) benachbart ist und daß man diesen Johanneischen
Lazarus mit dem armen Lazarus in Abrahams Schoß nach der Parabel
Jesu bei Lukas, von dem der Reiche in den Flammen der Hölle einen
Tropfen Wasser zur Kühlung seiner Zunge erfleht (Luk. 16, 24), zusammengeworfen habe (Becker, a. a. O. S. 128), vermag nicht zu überzeugen. Allerdings ist die in ägyptischen religiösen Texten häufige Vorstellung, daß
dem quälenden Durst der Verstorbenen im Hades durch Gebet und Grab-
beigaben von Gefäßen mit Wasser kühlende Erquickung *(refrigerium)*
gebracht werden könne, im jüdischen Hellenismus und in der hellenischen
Orphik verbreitet [25]). Und wahrscheinlich hat die christliche Gebetssprache,
die in einzelnen kirchlichen Formeln der *commendatio animae* bis heute
fortlebt, und wohl auch der frühchristliche Sepulkralbrauch der Toten-
beigaben an diese jüdisch-hellenistische Vorstellung und Ausdrucksweise
angeknüpft.

Die Szene, wie Moses aus dem Felsen in der Wüste mit dem
Stabe Wasser hervorschlägt, das die verschmachtenden Israeliten
erquickt und rettet, tritt unter allen symbolischen Darstellungen
der Katakombenmalereien weitaus am häufigsten auf [26]). Aus der
oben S. 23 f. gebotenen kürzeren Übersicht und den daran geknüpften
Überlegungen ergibt sich der typologische Sinn dieses Bildes, der

---

24) Erich Becker, Das Quellwunder des Moses in der altchristlichen
Kunst. Straßburg 1909, S 130.

25) Vgl. die Nachweise bei Franz Cumont, Die orientalischen Religionen im römischen Reich, deutsch von G. Gehrich. Leipzig 1910, S. 276 ff.
und bei E. Becker, Das Quellwunder des Moses, a. a. O. S. 121—131, wo
auch weitere Literaturangaben.

26) Erich Becker beschreibt nicht weniger als 170 Darstellungen der
Coemeterialfreske und Sarkophagreliefs (a. a. O. S. 1—64), dazu noch
29 Darstellungen in den übrigen altchristlichen Kunstzweigen (S. 65—80).

Christi Heilstat in sich schließt. Die hier zum Ausdruck kommende Symbolik wurzelt im 10.Kap. des ersten Paulinischen Korintherbriefs. Dort erinnert der Apostel seine christlichen Brüder an ihre jüdischen Väter, die einst unter der (ihnen vorausschreitenden göttlichen) Wolke waren und alle durchs (rote) Meer gingen und alle auf Moses in der Wolke und im Meere g e t a u f t wurden (Exod. 13, 21; 14, 21 f.) und die alle einerlei g e i s t l i c h e S p e i s e gegessen und alle einerlei g e i s t l i c h e n T r a n k getrunken haben (Exod. 16, 4. 14—18. 35; 17, 6; Num. 20, 7—13; Deuter. 8, 3). Sie tranken aber von dem geistlichen Fels, der mitfolgte, welcher war Christus (1. Korinth. 10, 1—4). Aber von jenen jüdischen Vätern wurden etliche Götzendiener, trieben Unzucht, versuchten den Herrn oder murrten: deshalb streckte viele das Strafgericht Gottes nieder (Exod. 32, 6; Deuter. 9, 16; Num. 25, 1—9; 21, 6; 14, 2. 29—37). Das alles ist vorbildlich für uns und eine Warnung (1. Korinth. 10, 5—15). Demgegenüber ruft der Apostel die Christen Korinths zum Kelch des Segens, der Gemeinschaft des Blutes Christi, und zum Brot, das die Gläubigen brechen und das Gemeinschaft des Leibes Christi ist (10, 16—17). Er warnt vor dem Opfer des jüdischen Altars, das den Dämonen gebracht wird und in die Gemeinschaft der Dämonen bringt. Christen können nicht den Kelch des Herrn trinken und den Kelch der Dämonen, können nicht am Tische des Herrn teilhaben und am Tische der Dämonen (10, 18—21).

Nach der hier von Paulus übernommenen rabbinischen Vorstellung, die auf hellenistisch-jüdischer Grundlage ruht, begleitet der Fels die Juden auf ihrem Zug, wodurch die widersprechende Ortsangabe über den Felsen in der Doppelerzählung des Quellwunders (Exod. 17, 1—7 bei Rephidim; Num. 20, 1—13 bei Kadesch) behoben wird [27]. Philo von Alexandrien, der hervorragendste Vertreter der jüdisch-hellenistischen Religionsphilosophie deutet den Felsen als die göttliche Weisheit, das Manna als den Logos. Nach der Anschauung, die Paulus der religiösen Phantasie des Urchristentums eingeprägt hat, ist der wandernde Felsen Christus. Das Wunder des vom Himmel fallenden Manna und der dem Felsen entströmenden Lebensquelle konnte mithin leicht als typologisches Sinnbild der

---

27) E. Kautzsch, Die heilige Schrift des Alten Testaments. Bd. 1 (Tübingen ³1910), S. 213; E. Becker, a. a. O. S. 112 ff.; H. Lietzmann, An die Korinther I. II. Tübingen ³ 1931, S. 44 f.

Elemente des Abendmahls und der Taufe betrachtet werden. Und
wirklich haben schon Tertullian (seit c. 185 Christ, † c. 230), Origenes
(geb. 185, † 254), Cyprian (um die Mitte des dritten Jahrhunderts)
den Schlag des Moses gegen den die Gottheit in Gestalt Christi darstellenden Felsen und das danach hervorsprudelnde rettende Wasser
der Quelle gedeutet auf den Lanzenstich gegen die Seite Christi und
die dadurch hervorgerufenen Sakramente des Bluts und des Wassers
(siehe unten Kap. 4 passim). Da, wie noch näher ausgeführt werden soll, auch die liturgischen Formeln des Sacramentarium Gelasianum (sechstes Jahrhundert?) die gleiche typologische Deutung aussprechen, darf man die Frage aufwerfen: erklärt sich das außerordentlich häufige Vorkommen des Quellwunders in der altchristlichen Katakombenmalerei und Sarkophagplastik sowie seine nahezu ausnahmslose Begleitung durch die aus dem J o h a n n e i s c h e n
Evangelium stammende Auferweckung des Lazarus vielleicht daraus, daß darin verhüllt der Lanzenstich gegen die Seite des gekreuzigten Herrn, dessen Passion real abzubilden die Christen der
ersten Jahrhunderte sich scheuten, und die sakramentale Wirkung
dieser Tat des Kriegsknechts dargestellt werden sollte?

Früh, seit wann ist noch heute umstritten, drang eine Darstellung des Quellwunders durch, in der Moses deutlich als der Apostel
Petrus bezeichnet ist. Das beruht auf Matth. 16, 18 f. Hier stehen
Worte von unermeßlich weltgeschichtlicher Wirkung. Anknüpfend
an die Bedeutung „Fels" (Cephas: Joh. 1, 42), seines ihm von Jesus
gegebenen Beinamens 'Petrus' (von πέτρα Fels, vgl. Mark. 3, 16;
Luk. 6, 14) sagt Jesus hier zu ihm: „Du bist Petrus, und auf diesen
Felsen will ich meine Kirche bauen (Urtext: ἐκκλησίαν, Vulgata:
ecclesiam) und die Pforten der Hölle sollen sie nicht überwältigen"
(Matth. 16, 18).

Für manche altchristliche Quellwunderdarstellungen bestehen
immer noch Meinungsverschiedenheiten, ob die stabtragende Gestalt, die dem Felsen das Wasser entlockt, Moses oder Petrus sei [28]).
Dieser rückt durch sein Eintreten an Stelle des Stifters der alttestamentlichen Religion in die Rolle des Begründers der christlichen Kirche. Den oben S. 25 f. besprochenen angelnden Fischer neben

---

28) Vgl. über den Streit jetzt E. Becker, a. a. O. S. 131—144, wo auch
die ältere Literatur (De Rossi, Kraus, Wilpert, Viktor Schultze usw.) verzeichnet ist.

dem Quellwunder kann man ebensogut auf Christus als auf Petrus
deuten. Ist doch nach früher katholischer Vorstellung Petrus der
Stellvertreter Christi *(vicarius Christi).* Es hat, bestand einmal die
Gleichung Moses-Petrus-Christus, kaum etwas Auffallendes, wenn
seit dem dritten Jahrhundert in Abendmahlsbildern der Katakomben auch Christus den Zauberstab oder die Wünschelrute des Moses
führt (die wahrscheinlich auf die *virgula* antiker Hermesbilder
zurückgeht), um die Konsekration der eucharistischen Elemente
vorzunehmen[29]), und zuweilen auch Petrus mit der *virgula* erscheint.

Daß in allen diesen Katakombenfresken symbolisch die Erlösung
und Heil bringende E i n h e i t von Taufe und Eucharistie dargestellt werden sollte, leuchtet ein. Und jeder Kenner der mittelalterlichen Graldichtungen muß durch den nach Fischen angelnden
Fischer neben dem Mahl mit Brot und Wein sich erinnert fühlen
an den „reichen Fischer", an den Fischerkönig, jene seltsam geheimnisvolle Gestalt, in welcher der sieche Gralkönig auftritt.

II. Poetische Grabinschriften.

In den eben besprochenen Zusammenhang gehört auch die viel-
erörterte Grabschrift des Phrygiers A b e r k i o s aus dem zweiten
(oder dritten?) christlichen Jahrhundert. In dieser Inschrift spricht
Aberkios (V. 12—16)[30]) von einem geheiligten Mahl, bei dem der
Glaube (πίστις) ihm als Nahrung einen überaus gewaltigen laute-
ren Fisch aus der Quelle vorsetzte, den die reine Jungfrau gefangen
hatte, und der beständig allen Freunden als Speise gegeben wurde
mit bestem Wein und Brot. Mag sich das auf die christliche Eucharistie[31]), wie ich glaube, oder auf ein heidnisches Mysterien-Mahl

29) Vgl. Wilpert, a. a. O. § 26. S. 47; § 85, S. 292 (28 Darstellungen);
Taf. 45, 1; 54, 2; 68, 1; 74, 2 u. ö.; E. Becker, a. a. O. S. 145—152.

30) De Rossi, Inscriptiones christianae urbis Romae. Rom 1888,
Vol. II, 1; Gerhard Rauschen; Florilegium Patristicum. Fasc. III Monumenta minora saeculi secundi. Bonn 1905 (² 1914), S. 3—9; 37—42 (mit reich-
haltigem Literaturverzeichnis); Fasc. VII Monumenta eucharistica et
liturgica vetustissima. Bonn 1909, S. 17 ff.; Ders., Die wichtigeren neuen
Funde aus dem Gebiet der ältesten Kirchengeschichte. Bonn 1905, S. 52—57
(deutsche Übersetzung und Erklärung).

31) Den Beweis hierfür erbringt Franz Joseph Dölger, Das Fisch-
symbol in frühchristlicher Zeit. 1. Bd. Rom und Freiburg i. Br. 1910 (2. Aufl.
Tübingen 1928), S. 87—112; 2. Bd. Münster 1922, S. 454—507.

(Gerhard Ficker, Dietrich) beziehen, mag es eine synkretistische
Mischung eines christlichen und heidnischen Ritus (Harnack) bezeugen, jedesfalls erscheinen hier Wasser-Taufe und heilige Mahlzeit mit Brot und Wein als sakramentale Einheit.

Nah verwandt der Aberkios-Grabschrift ist das griechische
Distichen und Hexameter mischende Epitaph des P e c t o r i u s
aus dem dritten Jahrhundert, das bei Autun gefunden ward[32].
Auch hier erscheint das bekannte, aber in seiner Herkunft umstrit-
tene Fisch- ('Ιχθύς-) Symbol für Jesus Christus, das, literarisch
bezeugt zuerst aus der zweiten Hälfte des dritten Jahrhunderts
in den eschatologischen Akrostichis der jüdisch-christlichen Oracula
Sibyllina[33]), von dort durch Eusebius und Augustin christliches
Gemeingut geworden ist: Ἰησοῦς Χρειστὸς Θεοῦ Υἱὸς Σωτήρ (Σταυ-
ρός). Außer dem Wortlaut des Grabgedichts des Pectorius geben
auch die akrostischen Anfänge dessen erster fünf Verse jenes sibyl-
linische Geheimsymbol des Fisches wieder. Damit verbindet sich
das Bild des Wassers, der Mahlzeit mit Fischspeise und Wein, um
dadurch die beiden Sakramente des christlichen Heils, die das ewige
Leben verbürgen, Taufe und Eucharistie zusammenzufassen.

Pectorius redet in diesem Epitaph, das in seiner sprachlichen
Gestaltung wie in seinem Inhalt schwer verständlich ist, seine verstorbenen Eltern und Brüder an, zu deren Ehren die Grabschrift
gedichtet ist, als „das göttliche Geschlecht des himmlischen Fisches"
('Ιχθύος οὐρανίου θεῖον γένος), das „unsterbliches Leben empfangen
soll unter Sterblichen [auf Erden] aus göttlichen Wassern". Er
ruft: „Deine Seele erquicke durch immer währende Wasser der
reichlich spendenden Weisheit; empfange die h o n i g s ü ß e Speise
(μελιηθέα βρῶσιν) der Heiligen des Heilands! Iß und trinke, den
Fisch in den Händen haltend." Und dann bittet er: „Mit dem

---

32) G. Rauschen, Florilegium Patristicum. Fasc. III a. a. O. S. 9. 42 ff.;
besonders Dölger, a. a. O. Bd. 1, S. 12 ff. 177—183; Bd. 2, S. 507—515.

33) Buch 8, V. 216—250 (Ausgabe der Preußischen Akademie der Wissenschaften, besorgt von Joh. Geffcken. Leipzig 1902, S. 153/57); dort auch
die Zitate bei Eusebius, Constantini oratio ad sanctorum coetum cap. 18
(vgl. Migne, P. G. Bd. 20, S. 1235 ff.) und Augustin, De civitate dei XVIII, 23
(vgl. Migne, P. L. Bd. 41, S. 579 ff.). Deutsche Übersetzung von E. Hennecke,
Neutestamentliche Apokryphen. Tübingen ² 1924. Über die Entstehungszeit
des 8. Buches der Sibyllinen siehe Bousset in Hauck, RE. Bd. 18 (1906),
S. 269. 275.

Fische also sättige sie der Herr und Heiland." Taufe und Eucharistie als E i n h e i t haben den Verstorbenen das ewige Leben erworben, und dieses besteht in einem H i m m e l s m a h l, in dem die Elemente der beiden Sakramente f o r t d a u e r n d und in ihrer s i n n - l i c h e n E r s c h e i n u n g w i r k e n d gedacht sind.

Wie die Katakombenbilder und die eben besprochenen beiden griechischen Vers-Epitaphe lehren, war in den Laienkreisen der altchristlichen Gemeinden, wahrscheinlich unter dem Nachwirken ähnlicher Bilder und Gedanken der a n t i k e n M y s t e r i e n - K u l t e, die Vorstellung eines h i m m l i s c h e n M a h l e s im Para- dies lebendig, das die realen Bestandteile der beiden grundlegen- den Sakramente des Christentums (Wasser; Wein und Brot) wieder- holte und dabei in wechselnder Beziehung dem Fischer und den Fischen einen geheimen Sinn unterlegte, der das Wunder des Lebens und Sterbens Christi, des Erlösers, von der religiösen Phantasie er- ahnen ließ.

Das älteste Zeugnis für die jüdisch-christliche Hoffnung auf ein künftiges Himmelsmahl im Paradiese nach dem irdischen Tode bie- tet der vom ersten Evangelium berichtete Ausspruch Christi: „Ich sage euch aber, daß viele aus dem Osten und Westen kommen und mit Abraham und Isaak und Jakob werden zu Tische liegen im Himmelreich." *Dico autem vobis, quod multi ab oriente et occidente venient et recumbent cum Abraham et Isaac et Jacob in regno cae- lorum* (Matth. 8, 11). Damit berühren sich eng die Verheißungen Jesu beim Abendmahl am Tage vor seinem Tode, daß er vom Ge- wächs des Weinstocks, das er im Kelche den Jüngern darbringt, erst neu trinken werde mit ihnen im Reiche des Vaters (Matth. 26, 29; Mark. 14, 25) und daß seine Jünger das Passahmahl erst im Reiche Gottes, wo sie an Christi Tische in Christi Reiche sitzen sollen auf Stühlen, wieder essen und trinken und die zwölf Stämme richten werden (Luk. 22, 15. 16. 18. 29 f.).

Dieselbe Vorstellung erscheint weiter ausgeführt in der apokry- phen Apostelgeschichte des Johannes von Pseudo-Abdias (sechstes Jahrhundert): „Als er [Johannes] siebenundneunzig Jahre alt war, erschien ihm der Herr Jesus Christus mit seinen Jüngern und sprach zu ihm: ‚Komme zu mir, dieweil es Zeit ist, daß du speisest an meiner Tafel mit deinen Brüdern'."

Cum esset annorum nonaginta septem, apparuit ei Dominus Jesus Christus cum discipulis suis et dixit ei: Veni ad me, quia tempus est, ut epuleris in convivio meo cum fratribus tuis (Kap. 22; Codex apocryphus Novi Testamenti, ed. Joh. A. Fabricius. Hamburg 1719, S. 581).

Bevor Johannes sich ins Grab legt, betet er zu Christus und sagt u. a.: „Ich komme also zu dir, Herr, ich komme zu deinem Mahle, ich komme, sage ich, Dank bringend, da du mich gewürdigt hast, Herr Jesus Christus, mich zu deiner Tafel einzuladen. . . . Ich habe dein Antlitz gesehen und bin gleichsam aus dem Grabe auferstanden. . . . Nimm mich auf, daß ich bei meinen Brüdern sei, mit denen du gekommen bist und mich eingeladen hast. . . . Nimm mich auf nach deinem Worte und geleite mich zu dem Mahle deiner Tafel, wo tafeln mit dir alle deine Freunde."

Venio ergo ad te, Domine, venio ad convivium tuum: venio inquam gratias agens, quia me dignatus es, Domine Jesu Christe, ad tuas epulas invitare. ...Vidi faciem tuam et quasi de sepultura suscitatus sum. ...Suscipe me, ut cum fratribus meis sim, cum quibus veniens invitasti me. ... Suscipe me secundum verbum tuum et perduc me ad convivium epularum tuarum, ubi epulantur tecum omnes amici tui (Kap. 23; a. a. O. S. 587 f.).

Eine Spur solch heidnisch-christlicher und jüdisch-christlicher Symbolik zeigt möglicherweise auch die Erzählung des Lukasevangeliums, der a u f e r s t a n d e n e Christus sei den elf Jüngern in Jerusalem erschienen, habe etwas zum essen erbeten, ein Stück gebratenen Fisch und etwas Bienenhonig-Wabe verzehrt, alsdann den Rest den Jüngern gegeben (24, 41—43).

H o n i g galt in manchen heidnischen Kreisen als Götterspeise, wurde vielleicht auch in gnostischen Mysterien gebraucht. Nach der weitverbreiteten, in griechischem, lateinischem, syrischem, armenischem, slavischem Texte vorliegenden altchristlichen Legende von der Liebe und Ehe J o s e p h s und der A s e n e t h, die wohl auf jüdischer Grundlage ruht, ist die Himmelsspeise eine Honigwabe, die von den Bienen des Paradieses aus den paradiesischen Rosen bereitet wird. Nachdem Aseneth, die Tochter des Priesters Potiphera (griechisch Peutephres) zu Heliopolis, ein kleines Stück davon gegessen, sagt ihr der Engel: „Siehe! Du aßest das B r o t d e s L e b e n s und trankest den T r a n k d e r U n s t e r b l i c h k e i t und bist gesalbt mit der Salbe der Unvergänglichkeit" ('Ιδού δὴ ἔφαγες ἄρτὸν ζωῆς καὶ ποτήριον ἔπιες ἀθανασίας καὶ χρίσματι κέχρισαι ἀφθαρσίας). Dieselbe Speise hat vorher mit gleicher Wirkung auch Joseph genossen [34]. Demnach soll das Mahl, das der a u f e r s t a n d e n e Christus im Stande seiner V e r k l ä r u n g mit den elf Jüngern gehalten hat, durch die Bienenhonig-Wabe wohl bereits als himmlisches, als Paradieses-Mahl bezeichnet oder konnte wenigstens in altchristlichen, namentlich in gnostischen Kreisen so aufgefaßt werden.

34) Vgl. Emil Schürer, Geschichte des jüdischen Volkes im Zeitalter Jesu Christi. Bd. 3 (⁴ 1909), S. 400 ff.

Drittes Kapitel.

Die allegorische Deutung des Physiologus.

I. Die gärtnerische Behandlung der Feigen und Sykomoren.

Der mystische Gedanke, welcher sich im Johanneischen Bericht
vom Lanzenstich des Kriegsknechts äußert, klingt ähnlich an in
dem alten Physiologus (Kap. 48), der im zweiten Jahrhundert,
vielleicht schon gegen oder vor dessen Mitte, in Alexandria unter
gnostischen Einflüssen entstanden ist, also nach Ort und Zeit und
nach seiner geistigen Atmosphäre nur wenig absteht von dem
Johanneischen Evangelium, das man wohl am richtigsten in das
erste Drittel des zweiten Jahrhunderts setzt. Das Wort des Propheten Amos: „Ich bin weder ein Prophet noch der Sohn eines
Propheten, sondern ein Ziegenhirt, der Maulbeerfeigen ritzt", wird
von diesem Physiologus näher erläutert. Nach der Septuaginta
lauten diese Worte: Οὐκ ἤμην προφήτης ἐγὼ οὐδὲ υἱὸς προφήτου,
ἀλλ' ἢ αἰπόλος ἤμην καὶ κνίζων συκάμινα (Amos 7, 14). Im Grundtext: bôlēs schiquûm, das heißt nach de Lagarde, Über die semitischen Namen des Feigenbaums und der Feige (Nachrichten der
Göttinger Gesellschaft der Wissenschaften 1881, S. 370): „ein
kaprifizierender" (siehe weiter unten), vorsichtiger und deutlicher:
„einer der an der Sykomore eine Operation vornimmt, ähnlich der
am Feigenbaum üblichen". Die Wiedergabe bei Kautzsch, Die heilige Schrift des alten Testaments (Freiburg und Leipzig 1894, S. 649,
Z. 15; ³1910, Bd. 2, S. 38, Z. 15): „ich züchte Maulbeerfeigen" ist keine
Übersetzung, sondern eine Paraphrase, die den konkreten und tech-
nischen Ausdruck unerlaubt verwischt. Ob freilich die Kaprifikation selbst gemeint ist oder deren nur bei der Sykomorenkultur
angewendeter Schlußakt, das Ritzen, bleibt zweifelhaft. Die Septuaginta hat sich für das Zweite entschieden.

Bevor ich auf die Deutung der Worte des Propheten Amos im
Physiologus näher eingehe, empfiehlt es sich, den Begriff der Kaprifikation und das gärtnerische Verfahren, das hier zugrunde liegt,

ausführlicher darzustellen. Nach dem übereinstimmenden Bericht
antiker Autoren [1]) und neuerer Forschungsreisender [2]) wird die
Frucht der Sykomore nicht reif und schmackhaft, wenn man sie
nicht im Juni mit den Fingernägeln oder besonderen eisernen,
gekrümmten Instrumenten anschneidet. Danach wird sie in d r e i
T a g e n reif. Gegenwärtig werden in Ägypten dazu Messer mit
gerundeter Spitze verwendet, die wohl schon Theophrast und Plinius gekannt haben. Was indessen die alten Berichterstatter sonst
nicht vermerken, was meines Wissens unter allen alten Quellen
a l l e i n der Physiologus deutlich hervorhebt, ist die Beteiligung
der I n s e k t e n an dem Vorgang. Gerade sie aber ist durch die
moderne Wissenschaft und Beobachtung festgestellt und in ihrer
höchst merkwürdigen Bedeutung erkannt worden. Die wertvolle
Aussage des Physiologus hat sie sich indessen entgehen lassen [3]).

---

1) *Arbor moro similis folio, magnitudine, aspectu, pomum fert non
ramis, sed caudice ipso idque ficus est praedulcis sine granis interioribus,
perquam fecundo proventu, scalpendo tantum ferreis unguibus, aliter non
maturescit. sed cum hoc factum est, quarto die demetitur alio sub-
nascente, septeno ita numerosa partu, per singulas aestates multo lacte
abundante. subnascitur, etiamsi non scalpatur, fetus quater aestate prio-
remque expellit immaturum* (Plinius, Naturalis Historia XIII, 7 [14],
§ 56 f. ed. Detlefsen. Berlin 1856 ff. Bd. 2, S. 247; siehe auch Theophrastus,
Historia plantarum IV, 2; Dioscorides, De materia medica I, 181).

2) Petrus Forskål, Flora Aegyptiaco—Arabica ed. Carsten Niebuhr.
Hauniae 1775, Centuria VI, Nr. 100, S. 180—182. Die Manipulation beschreibt er so: *Quum enim fructus ad magnitudinem pervenit diametri
pollicis, solent incolae ad umbilicum eius partem resecare; qui locus deinde
nigrescit. Sine hac circumcisione maturitatem non obtineri aiunt. Cultros
habent ad hoc artificium factos, apice rotundatos et ab una parte acuatos*
(S. 182).

3) J. V. Kraus, der in seiner Geschichte der Zoologie (München 1872,
S. 109—144) dem Physiologus eine so eingehende und fördernde Erörterung widmet, läßt die Insekten der Sykomoren unerwähnt. Auch Fr.
Lauchert (Geschichte des Physiologus. Straßburg 1889, S. 38. 277 f.) und
E. Peters (Der griechische Physiologus und seine orientalischen Übersetzungen. Berlin 1898, S. 94 f.) bringen nichts zur Erklärung herbei. Die
für die Erkenntnis der Kaprifikation in ihrer pflanzengeographischen und
kulturgeschichtlichen Bedeutung grundlegende Untersuchung des Grafen
zu Solms-Laubach, Die Herkunft, Domestikation und Verbreitung des gewöhnlichen Feigenbaums (Abhandlungen der Göttinger Gesellschaft der
Wissenschaften Bd. 28 [1881], S. 75) und desgleichen O. Schrader (in

Das Ritzen der Sykomorenfrucht kurz vor ihrer Reife, das die
Genießbarkeit herbeiführen, vielleicht auch das Abfallen verhüten
soll, bildet nur den Abschluß der gärtnerischen Regelung und kom-
plizierter, keineswegs in allen Einzelheiten völlig klarer Befruch-
tungs- und Entwicklungsvorgänge. Die eigentlichen Akteurs sind
dabei kleine Gallwespen *(Blastophagae Sycomori)*, die in das
Innere der Sykomorenblüten eindringen, dort ihre Eier ablegen und
die weiblichen Blüten mit Pollen bestäuben, durch ihren Stich eine
starke Anschwellung des Fruchtknotens hervorrufen, dann aber, sofern sie *peractis peragendis* nicht zugrunde gegangen sind, wieder
den Ausgang ins Freie finden. Während aus den niedergelegten
Eiern sich die Larven entwickeln und aus diesen die neue Insekten-
generation ausschlüpft, nimmt die Schwellung zu und die heran-
reifende Frucht füllt sich mit einem roten Saft. Der Schnitt mit dem
Messer erfolgt, um die Wucherung in dem Augenblick, wo sie den
entscheidenden Höhepunkt erreicht hat, zum Stillstand und jenen
roten Saft der Gallenschwellung zum Abfluß zu bringen: dann
rückt die junge Insektenbrut aus, die Frucht wird inwendig trocken
und in wenigen Tagen ist der Prozeß der Zuckerbildung und Erwei-
chung vollendet.

Ego certe multos fructus ... dissecui mense Januarii et Februarii
anni 1762. Quidam ovo columbino minores erant, duri et obscure virides.
In horum cavitate nihil nisi obscura et nimis adhuc subtilia florum rudi-
menta vidi. Sed maiores et pollicis diametri molles et flavescentes dissecti
lactescebant. Nonnulli intus s i c c i, alii s u c c o r u b r o p r a e g n a n t e s.
Illi maturiores erant magisque flavidi; ...Omnia haec germina tumida
iam vel plena erant C y n i p e [Insekt] perfecto vel vacua et apice aperta
egresso Cynipe: erant quoque alia marcida nec semine neque Cynipe
foeta. Nonne ergo germina haec s o l i s i n s e c t i s p r o d u c e n d i s
d e s t i n a t a, quae etiam seminum loca prorsus replent, e o r u n d e m
p r o d u c t i o n i demum i n s e r v i t u r a? Reliqua enim germina non
foecundata tabescunt; ea sola, in quibus C y n i p e s h a b i t a n t,
t u m e n t; ...Insecta huius germinis sunt duplicis generis. Unum A l a-
t u m aculeo caudae recto, descriptum ab Hasselquist nomine C y n i p i s
S y c o m o r i. ...Alterum A p t e r u m aculeis ani binis transversis. In
ficubus intus s i c c i s, C y n i p e s a p t e r i i a m e x i v e r u n t, una
cum multis ex alatis, quorum alii adhuc in germinibus restabant prorsus
perfecti et maturi. In f r u c t u l i q u o r e m r u b r u m c o n t i n e n t e

Victor Hehn, Kulturpflanzen und Haustiere. Berlin [6] 1894, S. 100) erläutern wohl die Amosstelle, scheinen aber die Bemerkung des Physiologus
über die Sykomoreninquilinen (Schmarotzer) nicht zu kennen.

etiam a p t e r o s r e p e r i, sed alatis pauciores unumquemque in suo germine. Apteri... agunt vices hortulani inambulando pollinem spargentes... (Folgt die Beschreibung der Operation mit dem Messer siehe oben S. 35 Anm. 2.) *Si ficus aliquae praetereuntur et sectionem non subeunt, Cynipe plenae evadunt, versus tempus inundationis Nili* (Forskål, a. a. O. S. 181 f.).

Das Wesen und der Verlauf dieser Vorgänge bei den Sykomoren, meines Wissens noch unzureichend erforscht, ist teilweise durch die Analogie verwandter Erscheinungen in der Kultur der Feige, in der sogenannten K a p r i f i k a t i o n aufzuklären[4]). Ihren Namen führt diese Prozedur, die seit dem Altertum bekannt, auch heute noch in Süditalien und Sizilien gebräuchlich ist, von dem wilden Feigenbaum, der griechisch ἐρινεός, lateinisch *caprificus,* im modernen Neapolitanischen *profico* heißt. Dieser hat drei Fruchtgenerationen im Jahr: die erste entwickelt sich vom Sommer bis zum Herbst (neapolitanisch *mammoni),* die zweite überwinternd von Ende September bis zum April (neapolitanisch *mamme),* die dritte vom April bis zum Juni (neapolitanisch *profichi).* In diesem Zyklus von Feigenfruchtgenerationen spielt sich nun auch der Kreislauf des Lebens der Feigeninsekten, der *Blastophagae grossorum,* ab. Wenn aus der überwinterten Feigenfruchtgeneration *(mamme)* im April die Blastophage ausschlüpft, befindet sich an demselben Baum gerade die junge Frühlingsgeneration *(profichi)* in dem Stadium völliger Ausbildung und Empfängnisfähigkeit der weiblichen Blüten. Die Tiere dringen in sie ein, befördern mittelst Einstichs ein Ei ins Innere des Fruchtknotens und gehen dann zugrunde. Bald danach schwellen unter der Wirkung des Insektenstichs die betroffenen Fruchtknoten an. Einen Monat später, gegen die Mitte des Mai, ist die Larve bereits dem Ei entschlüpft. Ende Juni werden die ersten reifen *profichi,* die ausgebildeten Insekten bergend, vom Baum genommen. Mittlerweile ist an diesem die Sommergeneration *(mammoni)* herangewachsen und steht zur Aufnahme der Blasto-

---

4) Vgl. darüber Solms-Laubach, a. a. O. besonders S. 19 ff. 23 ff. 97 ff.; P. Mayer, Zur Naturgeschichte der Feigeninsekten (in den Mitteilungen aus der zoologischen Station zu Neapel. Bd. 3 [1882], S. 551 ff.); Solms-Laubach, Die Geschlechtsdifferenzierung des Feigenbaumes (in der Botanischen Zeitung 1885 Nr. 33—36); Engler bei Hehn, Kulturpflanzen, a. a. O. S. 97 ff.; O. Schrader, Reallexikon der indogermanischen Altertumskunde. Straßburg 1901, S. 237 f.

phagenweibchen bereit. Sie werden dann im Herbst von den *mamme*
abgelöst, in denen die Insektenbrut ihren Winterschlaf hält, um im
Frühling wieder in die *profichi* einzuschlüpfen. Die Kaprifikation
besteht nun darin, daß man Ende Juni oder Anfang Juli die reifen,
mit ausgebildeten Blastophagen erfüllten Frühjahrsfeigen des wilden Feigenbaums *(profichi)* auf die Zweige der kultivierten Feigen-
bäume hängt. Der Kaprifikus ist die männliche Pflanze, die Eß-
feige dagegen die weibliche Pflanze. Der Kaprifikus entwickelt
vorzugsweise männliche Blüten. Die Kaprifikation ermöglicht es,
eine große Zahl weiblicher Stöcke durch e i n e n männlichen zu
befruchten. Das Insekt vermittelt die Bestäubung. Der Effekt war
ursprünglich eine Vermehrung des Ertrags, eine Steigerung des Safts
und der Süße und die Verhütung des v o r z e i t i g e n A b f a l -
l e n s der Frucht.

Auch bei der in Ägypten und Palästina geübten Zucht der eß-
baren S y k o m o r e hat man, wie eben die Amosstelle ausweist, im
Altertum eine der Kaprifikation der Feige entsprechende Prozedur
angewendet: auch hier hat man den in wilden Sykomoren ausgebildeten Insekten den Übertritt in die Blüten der Eßsykomore künstlich erleichtert.

Aber die Behandlung der Sykomore, die der Symbolik des Physiologus zugrunde liegt, unterscheidet sich von der Kaprifikation
der Feige in einem wichtigen Punkt: durch das Anschneiden mit
dem Messer greift die menschliche Hand in die natürliche Arbeit der
Insekten ein. Nach der Auffassung der neueren Forschung [5]) geschieht
diese Operation „um das Absterben der Insekten und eine bessere
Reife der Früchte zu erzielen". Hingegen scheint die oben zitierte
genaue Darlegung eines kundigen älteren Gelehrten eher darauf
hinzuweisen, daß durch den Schnitt den ausgebildeten jungen Blastophagen der Austritt ins Freie eröffnet wird. Jedesfalls ist d i e s
die Auffassung des Physiologus und da außer den die Bestäubung
ausführenden Insekten noch andere Inquilinen (Schmarotzer) in der
Sykomore vorkommen, die auch zur Zeit der Reife, im Juni, ausgewachsen die Früchte verlassen, so liegt die Annahme, gleichviel
ob sie wirklich genau den kausalen Zusammenhang wiedergibt oder
nicht, nahe, daß dieselbe Operation, die den überflüssigen Saft der
Frucht heraustreibt, auch den aus der Larve entwickelten Insekten

5) Solms-Laubach, a. a. O. S. 75; P. Mayer, a. a. O. S. 568.

an das Licht hilft und zugleich binnen drei Tagen die Reife der Frucht bewirkt.

Die im Vorstehenden erörterten Tatsachen, die also dem Altertum bekannt waren, sind von dem Physiologus folgendermaßen zu seiner Erläuterung der angeführten Amosstelle (7, 14) verwertet: durch das Ritzen werden die Sykomoren zur Reife und Genießbarkeit gebracht und zugleich wird dadurch den im Innern der Frucht verborgenen Insekten der Austritt an das Tageslicht geöffnet. Das nun wird mystisch auf Christi Auferstehung und die Erlösung der Menschheit gedeutet: wie nach dreien Tagen die geritzte Feige reif und eine allen genießbare Speise wird, so erstand auch der Heiland drei Tage, nachdem seine Seite mit dem Speer so geritzt war, daß Blut und Wasser hervorquoll, vom Tode auf und wurde das Leben aller; die Menschheit aber, die vorher gleich den Insekten im Innern der Feige von Dunkelheit und dem Schatten des Todes umgeben war, sah nun das Licht der Sonne und des Mondes und der Gestirne.

Πρὸ τοῦ κνισθῆναι οὖν τὸ συκάμινον, εἰσὶ σκνῖπες, οἱ λεγόμενοι μύρμηκες, ἔνδον αὐτοῦ, καὶ ἐν σκότει κατοικοῦντες φῶς οὐ βλέπουσιν.... ἐπὰν δὲ κνισθῇ τὸ συκάμινον, βλέπουσι τὴν ἀκτῖνα τοῦ ἡλίου καὶ τῆς σελήνης καὶ τῶν ἄστρων, καὶ λέγουσιν ἐν ἑαυτοῖς· „ἀληθῶς ἐν σκότει ἦμεν καθήμενοι καὶ σκιᾷ θανάτου [Jsa. 9, 2; Matth. 4, 16; Luk. 1, 79], πρὸ τοῦ κνισθῆναι τὸ συκάμινον." Κνίζεται μὲν οὖν τῇ πρώτῃ ἡμέρᾳ, τῇ δὲ τρίτῃ ἀνίσταται καὶ τροφὴ γίνεται πάντων. οὕτως καὶ ὁ Κύριος ἡμῶν Ἰησοῦς Χριστὸς κέκνισται τὴν πλευρὰν αὐτοῦ διὰ τῆς λόγχης· καὶ ἐξῆλθεν αἷμα καὶ ὕδωρ· τῇ δὲ τρίτῃ ἡμέρᾳ ἀναστάντος αὐτοῦ ἐκ νεκρῶν, εἴδομεν τοὺς νοητοὺς φωστῆρας, ὡς οἱ σκνῖπες.... „ἐν σάκκῳ καὶ σποδῷ", φησί, „μετενόησαν" [Matth. 11, 21; Luk. 10, 13]. „ὁ λαὸς ὁ καθήμενος ἐν σκότει, φῶς εἶδε μέγα. καὶ τοῖς καθημένοις ἐν χώρᾳ καὶ σκιᾷ θανάτου, φῶς ἀνέτειλε" [Matth. 4, 16]. καὶ ὥσπερ, κνιζομένου τοῦ συκαμίνου, τροφὴ γίνεται τῇ τρίτῃ ἡμέρᾳ πάντων, οὕτω καὶ ὁ Κύριος ἡμῶν ... κνισθεὶς τὴν πλευράν, τῇ τρίτῃ ἡμέρᾳ ἀνέστη ἐκ νεκρῶν, καὶ ζωὴ πάντων ἐγένετο (Physiologus Kap. 48; Lauchert, a. a. O. S. 277f.).

Parabolisch verwendet findet sich der gewöhnliche Feigenbaum auch in den durch die Evangelien überlieferten Reden Christi (Matth. 21, 19. 20; Mark. 11, 13. 14; besonders aber Luk. 13, 6—9): der austreibende Feigenbaum ist das Zeichen des nahenden Gottesreichs; der fruchtlose, nur Blätter tragende (d. h. der n i c h t kaprifizierte) ein Zeichen geistiger Leere, die der Verdammnis anheimfällt. Die volle Antithese dazu ist die quellende reife Feigenfrucht, die geritzt ihren vollen Saft ergießt. Allerdings ist an den zitierten

Evangelienstellen die Feige *(ficus carica)* gemeint, bei Amos und
im Physiologus die Frucht der Sykomore *(ficus sycomorus)*, die an
anderen Stellen der Evangelien genannt wird (Luk. 17, 6; 19, 4).
Indessen die Frucht der Feige und der Sykomore, zweier nah verwandter Bäume, sind sich doch recht ähnlich und der griechische
Sprachgebrauch verwechselt sie oft genug; und vor allem: die Prozedur der Kaprifikation, die der Physiologus erklärt, war sowohl
bei jener als bei dieser üblich. Mithin können die neutestamentlichen
Gleichnisse vom Feigenbaum wohl eingewirkt haben auf die Syko-
moren-Allegorie des Physiologus. (Nebenbei: im Markusevangelium
ist der Sinn der symbolischen Handlung durch den Zusatz „es war
nicht die Zeit der Feigenfrüchte" zerstört. Nur wenn Christus
Früchte erwarten konnte, hatten sein Suchen und seine Verwünschung Berechtigung!)

II. Die religiöse Rolle der Feige
im griechisch-römischen Altertum und im Buddhismus.

Die Allegorie des Physiologus mutet den modernen Leser seltsam an. Sie ruht eben auf bewundernswert genauer Naturbeobach-
tung und kann sogar der zoologisch-botanischen Forschung unserer
Tage noch als historisches Zeugnis nützlich sein. Der Physiologus
hat eine uralte, noch heute in Ägypten übliche Manipulation bei
der gärtnerischen Zucht und Veredelung der Sykomore im Auge.
In seiner allegorischen Ausdeutung spürt man aber zugleich auch
etwas von dem Zauber ältester christlicher Hieroglyphik, einen
Hauch sinnlich frischer, einfältiger Naturbildlichkeit der christlich-
heidnischen Mysterien.

Rein für sich betrachtet und neben den Johanneischen Bericht
gehalten könnte sogar diese Allegorie und die sie ausdrückende
symbolische Liturgie im Mysterienkultus als die Quelle der in mancher Hinsicht seltsamen Erzählung des Evangelisten erscheinen.
Denn der Zweck des von ihm überlieferten Speerstichs (ἔνυξε: siehe
oben S. 1) wie die Art seiner Wirkung bleibt als historisches Fak-
tum im Wortlaut des Johannes durchaus unklar (siehe oben S. 1 ff.).
Doch kann hierüber natürlich nur im Zusammenhang mit dem allgemeinen Urteil über das Alter des vierten Evangeliums entschieden
werden.

Blut und Wasser entquellen Christus wie der rote Saft einer nahezu reifen Sykomore, die dadurch binnen dreien Tagen eßbar wird. Was dort der Speer, erreicht hier das Messer: im Bilde des Physiologus die Genießbarkeit der Sykomore, im Evangelium die erlösende Kraft des Todes Christi.

Diese durch den Speer wirksam gewordene Erlösung erscheint unter dem Bilde der Befreiung aus der Dunkelheit, also in einer Vorstellungssphäre, die derjenigen ganz nahesteht, die im Johannesevangelium zu finden ist, wenn man übersetzt: „Und der S e h e n d e legte Zeugnis ab." Dies hat man offenbar früh im Sinne des alten Tropus verstanden, wonach blind oder im Dunkel die Ungläubigen, Sünder, Verstockten, dagegen s e h e n d oder i m L i c h t die Gläubigen, die E r l ö s t e n sind.

Die F e i g e, der die Sykomore so nahe verwandt und so ähnlich in ihrem Aussehen ist, galt seit uralter Zeit bei Semiten, Griechen und Römern als ein heiliges Symbol geheimnisvoller Verbindung zwischen der Menschheit und Gott. Die semitischen Namen für den zahmen Feigenbaum wollte de Lagarde (a. a. O. S. 382 f. 389) etymologisch deuten als den „Baum, welcher nur durch Zugesellung reife Früchte trägt", d. h. nur durch die Kaprifikation mit dem wilden Feigenbaum, „als das, dem zu seinem Gedeihen entgegengebracht wird", als den „Baum, dem man mit etwas kommen muß". Ja er wagte ἐρινεός, dies griechische Wort für den wilden Feigenbaum, mit ἐριννύς, das herbeieilend bedeutet, zu verknüpfen und zu erklären als den männlichen Baum, der auf die weibliche συκῆ loseilt, sich mit ihr zu verbinden. Und wenn nach der alten jahevistischen Quelle der Genesis Adam und Eva, der Sünde verfallen, mit zusammengenähten Feigenblättern sich decken, leitet er auch das aus dem lebendigen Gefühl her, daß der Feigenbaum ein Symbol der Erlösungsbedürftigkeit des Menschen, der Unentbehrlichkeit göttlichen Beistandes sei. Man kann dabei erinnern an die griechische Gestalt des apokryphen Lebens Adams und Evas (ed. Tischendorf, Apocalypsis apocryphae [1866] als Apocalypsis Mosis). § 20 (C. Fuchs bei Kautzsch, Die Apokalypsen und Pseudepigraphen des Alten Testaments. Tübingen 1900, Bd. 2, S. 522) sucht Eva, nachdem sie vom verbotenen Baum des Paradieses gegessen hat und ihre Blöße erkennt, in ihrem Bezirk Blätter, um ihre Scham zu verhüllen, findet jedoch keine an den Bäumen des Paradieses. „Denn

sobald ich gegessen hatte, waren die Blätter von allen Bäumen meines Bezirks abgefallen, den F e i g e n b a u m allein ausgenommen.
Da nahm ich Blätter von ihm und machte mir daraus Gurte. Und
gerade von diesem Baum habe ich gegessen."

Als dann Gott auf dem Cherubimwagen unter dem Lobgesang
der Engel einfährt ins Paradies, um über den Sündenfall zu richten, und sein Thron beim B a u m d e s L e b e n s aufgerichtet wird,
schlagen alle Bäume des Paradieses wieder aus.

Auch wer an die Richtigkeit von de Lagardes Etymologie nicht
glaubt, wird zugeben müssen: die religiöse Idee dieser uralten
M y t h e n hat er wohl damit in der Tat getroffen. Dafür sprechen
auch Analogien in den europäischen Kulten und Sagen.

In Griechenland erschien nach Victor Hehns Wort die Kultur der
Feige gleichsam als Führerin zu reinerer Sitte. Allein man muß
hinzusetzen: als eine von göttlicher Gewalt entsendete. Und zwar
taucht die Feige in symbolischen Kultushandlungen auf, die noch
sehr primitive und finstere Vorstellungen von der blutige Opfer
heischenden Gnade der Götter durchscheinen lassen. Die Feige galt
als Mittel der Kathartik, d. h. der „Abwehrung gefährlicher Wirkungen aus dem Reiche der Geister"[6]). In der Odyssee rettet sich
Odysseus schiffbrüchig auf zertrümmertem Kiel vor der grausen
Charybdis, die sechs seiner Gefährten in den Tod gerissen hatte
und eben wieder des Meeres salzige Flut einschlürft, indem er sich
solange festhält an dem mächtigen wilden Feigenbaum, der auf
dem Felsen über dem Strudel steht, bis wieder Mast und Kiel aus-
gespien werden und er sich auf den treibenden Balken mit den
Händen davonrudern kann[7]). Der verschlingenden Naturkraft
gegenüber vermittelt hier der Kaprifikus, nachdem der göttliche
Zorn wegen des Frevels an den Rindern des Helios durch sechs-
faches Menschenopfer versöhnt ist, die Rettung, d. h. die göttliche
Gnade[8]). Klingt der Glaube dieses uralten Schiffermärchens in dem
von Plinius[9]) berichteten späteren Aberglauben nach, daß die wil-

---

6) Vgl. Erwin Rohde, Psyche. Freiburg und Leipzig ¿894, S. 358. 363
Anm. 2.

7) Odyssee XII, 101 ff. 235 ff.

8) Verbreitet ist der Glaube, daß den Feigenbaum kein Blitz treffe:
Erwin Rohde, a. a. O. S. 263 Anm. 2.

9) Plinius, Naturalis Historia XXIII, 7 (64), § 130 (a. a. O. Bd. 4, S. 27).

desten Stiere gezähmt unbeweglich stille stehen, wenn man ihnen einen Kranz von Zweigen des wilden Feigenbaumes um den Hals legt?

Während der Thargelien, des Apollinischen Hauptfestes in Athen, wurden am Geburtstage der Artemis (6. Mai) als Opfer für Apollo zur Sühne zwei Verbrecher dem Tode geweiht: der eine für die männliche, der andere für die weibliche Bevölkerung als „Heilmittel", jener mit Schnüren schwarzer, dieser mit Schnüren weißer Feigen behangen, und beide mit Feigenruten gegeißelt [10]). Die Feige dient hier unverkennbar als Zeichen der vom Gott angenommenen menschlichen Sühnopfer und der durch sie wieder hergestellten Verbindung zwischen den Spendern und Gott.

Noch lebendiger spricht sich eine verwandte Auffassung in dem alten r ö m i s c h e n Kultus der *Ficus ruminalis* aus. Die albanische Vestalin Rea Silvia wird, als sie, um Wasser zu schöpfen, sich zur heiligen Quelle im Hain des Mars begeben hat, vom Gott schlafend überrascht und befruchtet. Ihre in einer Mulde ausgesetzten Kinder, die Sprößlinge dieser göttlichen Empfängnis, Romulus und Remus, treibt der überschwellende Flußgott, um sie zu retten, zur *Ficus ruminalis* am Palatin. Und unter diesem Feigenbaum, der dem Faunus, dem Sohn des Mars, heilig war, säugt die Wölfin die Zwillinge [11]). Hier handelt es sich keineswegs, wie gewöhnlich gesagt wird, bloß um eine Symbolik von Fruchtbarkeit und Zeugung. Die Vereinigung des Göttlichen und Menschlichen, die Menschwerdung des Göttlichen ist mit dem Bilde des Feigenbaums verknüpft. Auch Buddha fand nach sechsjähriger Kasteiung und nach sieben Jahren inneren Kämpfens und Suchens, die ihm keine Befriedigung brachten, endlich unter einem F e i g e n b a u m die solange vergeblich ersehnte göttliche Erleuchtung [12]).

Gleichwie der Feigenbaum, um schmackhafte und edle Frucht zu tragen, der Umarmung des Kaprifikus bedarf, so entsteht mensch-

---

10) August Mommsen, Heortologie. Leipzig 1864, S. 416 ff.; V. Hehn a. a. O. S. 95. 560; Preller, Griechische Mythologie. Berlin ⁴ 1894 ff. Bd. 1, S. 262.

11) Preller, Römische Mythologie. ³ 1881 ff. Bd. 1, S. 109 f. 418 f.; Bd. 2, S. 348; V. Hehn, a. a. O. S. 96. 560 f.

12) H. Oldenberg, Buddha. Stuttgart ⁴ 1903, S. 127 Anm. 1; Pischel, Leben und Lehre des Buddha. Leipzig 1906, S. 23 (Aus Natur und Geisteswelt Bd. 109).

liche Sitte und Sittlichkeit, menschlicher Wohlstand, vor allem aber
gesunde und reine Fortpflanzung eines Volks und eines nationalen
Gemeinwesens nur durch Hinzutreten der göttlichen befruchtenden
Kraft. Das Andenken an das Wunder der im Schatten des wilden
Feigenbaums die gotterzeugten Stammväter säugenden Wölfin ver-
ewigte auf dem Forum in Rom ein Feigenbaum, den man für einen
Nachkommen des hierher versetzten alten Feigenbaums hielt, und
ein ehernes Denkmal daneben [13]). Ein anderer Feigenbaum stand
auf dem Forum an jener Stelle, wo einstens Curtius das Vaterland
gerettet haben sollte, indem er sich in den geöffneten Abgrund
stürzte [14]): also hier wiederum, wie in den attischen Thargelien,
die Feige Symbol des Gott dargebrachten menschlichen Sühnopfers
und der dadurch erwirkten göttlichen Hilfe.

Ähnlich auch muß, wie ich glaube, der ursprüngliche Sinn der
Rolle gewesen sein, die der Feigenbaum im Fest der *Juno Caprotina,* an den *Nonae Caprotinae* [15]) gespielt hat. Das Fest galt der
Erinnerung an die Bewahrung Roms vor den demütigenden An-
forderungen feindlicher Nachbarn. Der Diktator von Fidenae an
der Spitze eines latinischen Heeres hatte von dem durch den gallischen Krieg geschwächten Rom das Konnubium und die Auslieferung
der Jungfrauen und Witwen gefordert. Da erbieten sich römische
Sklavinnen unter Führung der Philotis, in der Tracht edler Frauen
und Mädchen den Feinden sich hinzugeben und die Erfüllung
jenes Verlangens ihnen vorzuspiegeln. Als die Latiner nach einem
ausgelassenen Gelage von Wein und Liebesrausch trunken im Schlaf
liegen, gibt Philotis unter einem wilden Feigenbaum den Römern
mit einer Fackel das Zeichen zum Überfall der Wehrlosen. In dem
Zeremoniell des Festes tritt dieser wilde Feigenbaum besonders hervor: unter ihm fand das Opfer und das feierliche Mahl statt; eine
Rute des Baums und sein Milchsaft kamen dabei zur Verwendung.

---

13) Plinius, Naturalis Historia XV, 18 (20), § 77 (a. a. O. Bd. 2, S. 301).
    14) Plinius, Naturalis Historia XV, 18 (20), § 78 (a. a. O. Bd. 2, S. 301).
    15) Vgl. Preller, Römische Mythologie, a. a. O. Bd. 1, S. 286 f.; Roscher,
Lexikon der griechischen und römischen Mythologie. Leipzig 1884 ff. Bd. 2,
S. 588 s. v. Juno Caprotina; Wissowa in Pauly-Wissowa, RE. III, 2
(VI) [1899], S. 1551 ff.; Ders., Religion und Kultus der Römer. München
1912, S. 115. 184. — Preller allein erinnert an die Kaprifikation, gibt
dann aber gleich den übrigen Erklärern der Beziehung auf die Ziege
(caper, caprae palus) einen zu großen Anteil.

Der alte Grundgedanke dieser Symbolik ist gewiß nicht von einer obszönen Bedeutung der Feige abzuleiten: diese ist vielmehr sekundär. Auch die Beziehung auf die Ziege ist wohl erst später hineingetragen worden durch volksetymologische Ausdeutung des Wortes *caprificus*, d. h. Ziegenfeige. Es mögen sich wohl Gewohnheiten und Vorstellungen eines anderen Festes hineingemischt haben: sicher stand das Junofest mit dem zwei Tage zuvor begangenen Jupiterfest der *Poplifugia* in engem Zusammenhang. Die Nachrichten über die Entstehung der eigentlichen Junofeier dürften manches verdunkelt haben. Der Kern aber war, wie ich gegen Roscher und Wissowa behaupten möchte, ein e r n s t - religiöser: Dank für Errettung vor entehrender Volksmischung, für Bewahrung der reinen Fortpflanzung des römischen Bluts, die durch das Eingreifen der Götter, des Jupiter und der Juno, erfolgte. Auf den 7. Juli, in die Zeit, da die Kaprifikation der weiblichen Feige durch den männlichen wilden Feigenbaum stattfindet, verlegte man dieses Fest und von dem kulturbringenden, Befruchtung und Fruchtbarkeit wirkenden Akt der Kaprifikation stammen seine Requisiten: Grund genug für die Auffassung, daß in dieser Sphäre religiös-ethischer a n d a c h t s v o l l e r Betrachtung des menschlichen und vegetabilischen Empfangens und Gebärens, nicht in dem Bezirk der Obszönität, die *Feria* der *Juno Caprotina* an den Nonen des Juli entsprungen ist. Gegen diese Auffassung spricht nicht, daß im modernen Rom die Kaprifikation unbekannt ist, während sie in Neapel fortlebt, daß sie selbst in der römischen Kaiserzeit dort nicht mehr üblich gewesen zu sein scheint. Denn die Römer und Latiner des vierten Jahrhunderts haben davon sicherlich eine meinetwegen dunkle Kunde gehabt, daß die ihnen aus dem Orient und von den Griechen Italiens überkommene veredelte, eßbare Feige e n t s t a n d e n war durch jene Manipulation, deren Gebrauch im nahen Campanien nie aufgegeben worden ist.

III. Die Symbolik der Feige im Doketismus.

Die Deutung, die der Physiologus dem Anschnitt der Sykomorenfrucht und seiner reifenden Wirkung gibt, beruht also nicht auf einem willkürlichen Einfall, sondern auf alter, im semitischen wie griechisch-römischen Kultus und vermutlich auch in den antiken

Mysterien lebendiger Symbolik, wonach die Vorgänge der Feigen-
kaprifikation ein Abbild sind der Geheimnisse alles natürlichen,
durch göttliche Befruchtung hervorgerufenen Lebens und Werdens,
der Vereinigung des Menschen mit Gott, sei es durch Vergottung, sei
es durch Menschwerdung, der Versöhnung der Gottheit und der
Entsühnung der erlösungsbedürftigen Menschheit. Nach der häretischen Christologie der Doketen, die im Kreise der Gnostiker, aber
auch darüber hinaus in der allgemeinen Kirche seit dem zweiten
Jahrhundert verbreitet war, kommt der menschlichen Erscheinung
Christi keine oder nur eine bedingte Wahrheit und Wirklichkeit zu:
das Urprinzip (ἡ πρώτη ἀρχή), „der erste Gott" (ὁ πρῶτος θεός),
erscheint hier unter dem Bilde des Samenkorns der Feige, daraus
dann der Weltbaum mit Blatt und Frucht hervorwächst, offenbar
unter dem Einfluß der oben S. 39 genannten Evangelienstellen[16]).
Und es liegt nahe, die weitere Wendung[17]), Christus habe auf dem
fruchtlosen, nur Blätter treibenden Feigenbaum in der gesuchten
süßen Frucht eben Gott selbst gesucht und nicht gefunden und darum
den Baum für alle Ewigkeit verflucht, direkt anzuknüpfen an die
Symbolik der Kaprifikation: der Baum ohne eßbare Frucht ist nicht
kaprifiziert, er hat nicht die befruchtende Kraft der Göttlichkeit
in sich aufgenommen. Doch ist nach dem Wortlaut der uns vorliegenden Berichterstattung eine solche Deutung zwar nicht ausgeschlossen, aber auch nicht direkt begünstigt: sie redet durchaus nur
von der Fortpflanzung durch die zahllosen kleinen Samenkerne
der reifen Frucht. Indessen ist die Treue und Klarheit dieser von
Hippolyt benutzten Relation neuerdings mit guten Gründen bezweifelt worden. In dieser Charakterisierung des göttlichen Prin-
zips durch Christi Gleichnis vom Feigenbaum ohne eßbare Frucht

---

16) Hippolytus, Philosophumena VIII, 8 (dazu auch X, 16), ed. P. Cruice.
Paris 1860, S. 398. 496; vgl. G. Stähelin, Die gnostischen Quellen Hippolyts.
Leipzig 1890, S. 26. 32 f. 56 f. (= Harnacks und Gebhardts Texte und
Untersuchungen 6, 3.)

17) Sie steht in dem von Stähelin genannten Bericht. Meines Er-
achtens paßt das in ihm auftretende Gleichnis vom fruchtlosen, verfluchten
Feigenbaum und seine Verwertung nicht zu dem in den a n d e r e n Be-
richten durchgeführten Bild, daß der Weltsame alles im Keim enthalte,
Stamm, Blätter, Früchte, gleich dem Samenkern der Feige oder dem
Senfkorn. Es liegen ganz verschiedene natürliche Anschauungen und
Erfahrungen zugrunde, denen nun auch verschiedene Ideen entsprechen.

die Erfindung eines Menschen zu erblicken, „der im Geheimen die ganze gnostische Bewegung verspottet", dazu braucht sich jedesfalls der nicht zu entschließen, der in der Darstellung dieses Berichts nur die unklare Wiedergabe eines von der Kaprifikation der Feige entlehnten Bildes sieht, das fundamental verschieden ist von dem Bilde eines in der Erde aufgehenden und emporwachsenden Samenkorns. Nicht „als F e i g e n b a u m, zu welchem der Suchende kam, aber nichts fand", wie Stähelin (a. a. O. S. 106) meint, wird Gott charakterisiert, sondern als gesuchte F r u c h t : ζητούμενος καπρός. Ist er aber unter deren Bild vorgestellt, so kann er nicht zugleich als in die Erde gelegter Ursame der Feige, aus dem Baum, Blätter, Blüten und Frucht hervorsprießen, gedacht sein. Hinter dem σπέρμα συκῆς steckt eben vielleicht der Samenkern der reifen, am B a u m hängenden Frucht, der durch die Kaprifikation unmittelbar, ohne in die Erde zu gelangen, den weibliche Blüten enthaltenden Feigenbaum mit den männlichen Blüten befruchtet. Daraus entsteht, was der Doket als erscheinenden Urgott bezeichnet. Daß bei diesem Befruchtungsprozeß in Wirklichkeit nicht die Samenkerne der reifen Frucht selbständig funktionieren, sondern die Insekten das Bestäubungsgeschäft besorgen, brauchte nicht in das Bild aufgenommen zu werden: man sah die reife Frucht hängen an den Zweigen des zu befruchtenden, zu kaprifizierenden Baumes; das erweckte bei naiver Beobachtung den Eindruck, als ob die Samenkerne der Frucht selbst die Befruchtung und Fortpflanzung herbeiführten.

Auch in der Johanneischen Darstellung und Erläuterung vom Speerstich des Kriegsknechts mögen verwandte mystische Bilder nur mit der Tendenz der christianisierten Logoslehre gestaltet sein: dreht sich doch das vierte Evangelium ganz und gar um das christlich eingekleidete alexandrinisch-jüdische Dogma von der Herabkunft des göttlicher Logos und seiner Fleischwerdung in dem eingeborenen Sohn Gottes, der gleich einem Mystagogen der hellenischen Mysterien die Geheimnisse Gottes exegiert hat (Joh. 1, 18). Ist doch das Bild für den sein irdisches Gewand abstreifenden, den Opfertod leidenden und zum Schoß des Vaters heimkehrenden Logos: das Weizenkorn, welches erst Frucht bringt, wenn es in die Erde fällt und abstirbt (Joh. 12, 25), ein Symbol der Demeter-Mysterien. Heißt doch hier der Mensch gewordene Gottessohn der „wahre Weinstock" (Joh. 15, 1), dessen Ranken und Früchte der

himmlische Weingärtner zurechtschneidet und säubert, in jenem
Sinne platonischer Mystik, daß der irdische Weinstock nur ein Ab-
glanz davon sei, wie auch in den Dionysischen Mysterien der Wein-
rebe eine tiefe geistige Bedeutung beigelegt wird. Erscheint hier
doch die Zeugung nur als Abschattung göttlicher Kraft (Joh. 1, 12. 13),
indem die Gotteskinder, d. h. die an den Namen Gottes Glaubenden,
nicht aus Blut, nicht aus Fleisches- und Manneswillen, sondern aus
Gott entsprungen sind. Wird hier doch von denen, welche das Reich
Gottes sehen wollen, in Anlehnung an die Terminologie der Mysterien der kathartische Prozeß der Neugeburt [18]), der Geburt von
oben, der Geburt aus dem Geist, gefordert (Joh. 3, 3—7).

---

18) Über den Ausdruck *renatus in aeternum* siehe Gustav Anrich,
Das antike Mysterienwesen in seinem Einfluß auf das Christentum. Göttingen 1894, S. 53 Anm. 2.

Viertes Kapitel.

Die mystische Auslegung der ältesten Exegeten.

I. Origenes - Kelsos.

Den mystischen Bericht des vierten Evangeliums von der Seitenwunde Christi hat wenig mehr als ein Menschenalter nach seiner
Abfassung zwischen 177 und 180 [1]) der das Christentum bekämp-
fende K e l s o s verspottet. Er erblickt darin ein beabsichtigtes
Zeugnis für die übernatürliche, göttliche Abstammung Christi.
„Was soll euch das Blut des gekreuzigten Leibes? Gleicht es dem
Saft, der in den Adern der seligen Götter rinnt?" — so fragt er [2])
mit höhnendem Wortspiel, verweisend auf den homerischen Götter-
saft Ichor, der aus dem Körper der von Diomedes' Speer verwun-
deten Aphrodite fließt. Etwa 70 Jahre nachher (248 nach Christus)[3])
hat der greise O r i g e n e s in seiner umfassenden Apologie auch
diesen Angriff auf das Christentum beantwortet, indem er die ange-
fochtene Stelle des vierten Evangeliums gegen die Parodie in Schutz
nimmt, sie in ihrem vollen Wortlaut mitteilt und ernsthaft deutet
als ein sicheres Zeichen der göttlichen Natur Christi: „Bei anderen
Toten pflegt das Blut zu stocken und kein neues Wasser hervor-
zufließen. Bei dem toten Leibe Jesu aber geschah das Wunder und
ergoß sich aus der Seite des Leichnams Blut und Wasser." τῶν μὲν
οὖν ἄλλων νεκρῶν σωμάτων τὸ „αἷμα" πήγνυται καὶ „ὕδωρ" καθα-

---

1) Karl Johannes Neumann in Hauck, RE. Bd. 3 (1897), S. 773.

2) Origenes gegen Kelsos II, 36 (Ausgabe der Preußischen Akademie der
Wissenschaften, besorgt von P. Koetschau. Bd. 1 [Leipzig 1899], S. 161):
Εἶτά φησιν ὁ Κέλσος· τί φησι καὶ ἀνασκολοπιζομένου τοῦ σώματος; ποῖος
᾽Ιχώρ, οἷός πέρ τε ῥέει μακάρεσσι θεοῖσιν; (Ilias 5, 340). Vgl. auch Gegen
Kelsos I, 66 (Koetschau S. 119, Z. 15 f.). Das Homerische ἰχώρ bedeutet
später in der medizinischen Sprache auch eitriges Blut. Darauf beruht
der von Origenes abgelehnte wortspielende Scherz (παίζει).

3) Karl Johannes Neumann, Der römische Staat und die allgemeine
Kirche. Bd. 1 (Leipzig 1890), S. 58 f. 265 ff.

ρὸν οὐκ ἀπορρεῖ· τοῦ δὲ κατὰ τὸν Ἰησοῦν νεκροῦ σώματος τὸ παράδοξον καὶ περὶ τὸ νεκρὸν σῶμα ἦν „αἷμα καὶ ὕδωρ" ἀπὸ τῶν
πλευρῶν προχυθέν (Koetschau, a. a. O. S. 162, Z. 6 ff.).

Also wie in der Allegorie des Physiologus: das w u n d e r b a r e
Hervorströmen von Blut und Wasser aus einem Leichnam ist ein
sichtbares Zeichen der Göttlichkeit, der Unsterblichkeit des Gekreuzigten. Aber auch Kelsos muß bereits diese Ausnutzung des Vorgangs gekannt haben, wenn er an den homerischen Ichor erinnert:
denn von diesem hebt die Ilias besonders hervor, daß er den Göttern als u n s t e r b l i c h e n Wesen eigne [4]). Ebenso hat auch sein
Zeitgenosse A p o l l i n a r i s, Bischof von Hierapolis, in seiner Schrift
über das Passah die Geschichte vom Speerstich allegorisch und typologisch erklärt; einerseits anknüpfend an das Passahlamm des alten
Bundes, anderseits hindeutend auf die kathartischen Sakramente der
Kirche, deren äußere Symbole Wasser und Blut, deren wirkende
Kräfte Logos und Pneuma sind [5]). Also keine Beziehung auf die
Elemente des eucharistischen Mahls. Vielmehr ist hier Wasser =
Logos, Blut = Pneuma gesetzt. Origenes hat aber auch aus der oben
(Kap. 2, Abschnitt I) besprochenen typologischen Gleichstellung von
des Moses Quellwunder und dem Mannaregen mit den Sakramenten
der Taufe und des Abendmahls bei Paulus (1. Korinth. 10, 1—4. 16—21)
gefolgert, daß der Speerstoß gegen Christus Quellen hervorrief,
gleichwie der Rutenschlag des Moses aus dem Felsen Wasser hervorbrechen ließ, nämlich Quellen des neuen Bundes: *Petra, nisi fuerit
percussa, aquas non dabit: percussa vero fontes producit. P e r c u s-*

---

4) Ilias 5, 342: τοὔνεκ' ἀναίμονές εἰσι καὶ ἀθάνατοι καλέονται (siehe
oben Anm. 2).

5) Τὸ ἀληθινὸν τοῦ Κυρίου πάσχα, ἡ θυσία ἡ μεγάλη, ὁ ἀντὶ τοῦ ἀμνοῦ
π α ῖ ς Θ ε ο ῦ, ὁ δεθείς, . . . καὶ ὁ κριθεὶς . . . καὶ ὁ παραδοθεὶς εἰς χεῖρας
ἁμαρτωλῶν, ἵνα σταυρωθῇ . . . καὶ ὁ τ ὴ ν ἁ γ ί α ν π λ ε υ ρ ὰ ν ἐ κ κ ε ν τ η θ ε ὶ ς,
ὁ ἐ κ χ έ α ς ἐ κ τ ῆ ς π λ ε υ ρ ᾶ ς αὐτοῦ τ ὰ δ ύ ο πάλιν κ α θ ά ρ σ ι α, ὕ δ ω ρ καὶ
α ἷ μ α, λ ό γ ο ν καὶ π ν ε ῦ μ α (Chronicon Paschale; Migne, P.G. Bd. 92, S. 81
A). Jüngere Theologen, z. B. Kyrill von Jerusalem und Kyrill von Alexandrien nahmen eine μεταστοιχείωσις des Wassers der Taufe zu einer göttlichen
Materie an, die durch die Herabkunft des heiligen Geistes entstehe. Jedoch
hat sich eine feste dogmatische Formel für diese suggerierte sakramentale
Einheit von Wasser und Geist nicht entwickelt: siehe Harnack, Dogmengeschichte. [3] Bd. 2, S. 425, Anm. Z. 8 ff.; [4] Bd. 2, S. 452, Anm. 1 unten.

sus enim C h r i s t u s e t i n c r u c e m a c t u s [6]) *N o v i T e s t a -
m e n t i f o n t e s p r o d u x i t: et propterea dictum est de eo: „quia
percutiam pastorem et dispergentur oves"* [Zach. 13, 7: *percute
pastorem et dispergentur oves*] (Homil. in Exodum 11, 2; Migne,
P.G. Bd. 12, S. 376 A).

II. Tertullian und die Montanisten.

Durch Tertullian kam dann in der abendländischen Theologie
das Bild auf, das Martyrium sei eine zweite, höhere Taufe; dem
Bad der Wiedergeburt durch das weihende Wasser stehe gegenüber
das köstlichere durch das vergossene Blut des eigenen Lebens. Das
Hervorsprudeln von Wasser und Blut aus der Seite des Gekreu=
zigten erscheint Tertullian als ein Abbild dieser doppelten Taufe,
der mit Wasser und der durch Blut im Martyrium:

> *Est quidem nobis etiam secundum lavacrum, unum et ipsum, sanguinis
> scilicet, de quo dominus: „Habeo, inquit, baptismo tingui, cum iam tinctus
> fuisset. Venerat enim per aquam et sanguinem, sicut Johannes scripsit,
> ut aqua tingueretur, sanguine glorificaretur, perinde nos faceret aqua
> vocatos, sanguine electos. H o s d u o s b a p t i s m o s d e v u l n e r e
> p e r f o s s i l a t e r i s e m i s i t, quatenus qui in sanguinem eius crede-
> rent, aqua lavarentur, qui aqua lavissent, etiam sanguinem p o r t a r e n t* [7]).
> *Hic est baptismus qui lauacrum et non acceptum repraesentat et perditum
> reddit."* (De baptismo [zwischen 198 und 202 oder 203 verfaßt] Kap. 16;
> hrsg. von Oehler [3 Bde., Leipzig 1851 ff.], Bd. 1, S. 634 f.; hrsg. von
> Reifferscheid und Wissowa [2 Bde., Prag, Wien und Leipzig 1890. 1906
> = Corpus script. eccles. latin. Bd. 20] Teil 1, S. 214. Vgl. auch Apolo-

---

6) Da *in crucem actus* auf *percussus* folgt, könnte man fast glauben,
Origenes habe nicht den Speerstoß, sondern die der Kreuzigung voran-
gegangenen Mißhandlungen und die Durchbohrung bei der Annagelung
an das noch auf dem Boden liegende Kreuz im Auge gehabt. Doch wäre
dann der Ausdruck *percussus* neben *petra percussa* sehr unzutreffend
und der Vergleich ganz anschauungslos.

7) Vielleicht richtiger mit Reifferscheid *postularent,* da das *portarent*
lediglich durch die unkontrollierte *Editio princeps* des Gagneias verbürgt
ist; die Lesart *portarent* bei Oehler und sonst geht auf den ungenauen
und willkürlichen Druck des Sigismundus Gelenius zurück, der seinem
guten alten Kodex gegenüber sich vielfach Konjekturen erlaubt hat, und
trägt die s p ä t e r e allegoristische Deutung auf das Abendmahl hinein,
an das Tertullian hier schlechterdings nicht denken kann.

geticum Kap. 50 Ende; Oehler Bd. 1, S. 301 f.; Scorpiace Kap. 6; Oehler
Bd. 1, S. 512; Reifferscheid S. 158, Z. 13 ff.; De patientia Kap. 13; Oehler
Bd. 1, S. 611. Besonders aber De pudicitia Kap. 22; Reifferscheid S. 272,
Z. 21 ff.: *cum tamen moechis et fornicatoribus a martyre expostulas veniam,
ipse confiteris eiusmodi crimina nonnisi proprio martyrio diluenda, qui
praesumis alieno. Quod si est, iam et m a r t y r i u m aliud erit baptisma.
„Habeo enim, inquit, et aliud baptisma"* [Luk. 12, 50]. *Unde et e x v u l -
n e r e   l a t e r i s   d o m i n i c i   a q u a   e t   s a n g u i s, utriusque lavacri
paratura manavit.)*

Keine Beziehung dagegen sucht Tertullian zwischen dem Vorgang und dem Abendmahl. Das herausfließende Blut betrachtet er
lediglich als ein sublimiertes Wasser, als ein edleres Bad, als die
gesteigerte Wassertaufe. Darum betont er besonders, daß Wasser
aus der Wunde des Herrn hervorbrach. Im Wasser findet er die
feierlichsten Bekräftigungen der göttlichen Gnade, das tiefste
Symbol.

Tertullians religiöser Rigorismus stand früh dem M o n t a n i s -
m u s nahe, auch schon bevor er von der katholisch-orthodoxen Kirche
sich gelöst hatte. Die Montanisten sahen im Martyrium die volle
und wahre Betätigung christlicher Frömmigkeit. Sie drängten sich
zum Martyrium und rühmten sich der großen Anzahl der aus ihren
Reihen gestellten Märtyrer als einer Probe auf die Kraft ihres prophetischen Geistes. Sie fühlten sich vom h e i l i g e n G e i s t e (dem
Parakleten) gewarnt, der Verfolgung zu entfliehen, und ermahnt,
den Tod im Martyrium zu suchen: zur Verherrlichung dessen, der
für sie gelitten, und als einzig wirksames Mittel der Sündenvergebung nach der Wassertaufe, als Bluttaufe [8]) religiöser Läuterung.
Durch das Wasser schritt das Volk Israel gerettet hindurch, aber
die Heerscharen des ägyptischen Königs versanken darin. Durch ein
Holz wandelte Moses das bittere Wasser in schmackhaftes (Exod.
15, 22—25): ebenso verwandelte Christus die vergifteten, bitteren
Wasseradern in das heilbringende Taufwasser. Christus ist selbst
dem Felsen gleich, aus dem Moses das Wasser hervorlockte: *si enim
petra Christus, sine dubio aqua in Christo baptismum videmus bene-
dici* (De baptismo Kap. 9; Reifferscheid S. 208, Z. 17 f.). Und jeden
Augenblick erscheint das Wasser in seinem Dienste: in seiner Jor-

---

8) Vgl. K. J. Neumann, Der Römische Staat, a. a. O. Bd. 1, S. 39. 66 f.
153 f.

dantaufe durch Johannes, auf der Hochzeit zu Kana, am Brunnen
neben dem samaritischen Weibe; wenn er auf dem See wandelt,
wenn er seinen Jüngern die Füße netzt, daß sie Teil an ihm haben;
wenn Pilatus sich die Hände wäscht, um sich von der Blutschuld
zu befreien. So tritt denn auch die Kraft und das Sinnbild des Wassers bei der Zerstörung des irdischen Leibes Christi hervor: im
Augenblick, da der Speer des Kriegsknechts ihn durchbohrt, sprudelt Wasser aus seiner Seite: *Perseverat testimonium baptismi us-*
que ad passionem: cum deditur in crucem, aqua intervenit; sciunt
Pilati manus: cum vulneratur, aqua de latere prorumpit; scit l a n -
c e a m i l i t i s (De baptismo, Kap. 9; Reifferscheid S. 208, Z. 26 ff.).
Das symbolische Zeugnis der Taufe durchzieht das ganze Leben
Christi, es dauert bis zum Leiden und Sterben.

Noch eine zweite, ganz abweichende allegorische Erklärung gibt
Tertullian dem Speerstoß. Sie beruht auf der Parallelisierung Christi
mit Adam. Nach einem uralten Theologumenon ist Jesus das Urbild
des Adam, die Kirche das Urbild der Eva[9]). Diese Anschauung
erscheint nun bei Tertullian näher präzisiert in Verbindung mit der
mystischen Antithese des Paulus vom ersten und zweiten Adam
(1. Korinth. 15, 22. 45—49), die Irenaeus[10]) weit ausgesponnen hatte.
Adam ist die Figur, das heißt der Typus Christi: der Tod Christi
wiederholt Adams Schlaf und seine Seitenwunde die Öffnung der
Rippe des Stammvaters. Wie bei diesem aus seiner Seite Eva, die
Mutter der Menschen, hervorging, so aus der Seitenwunde des zweiten Adam, Christi, „die wahre Mutter der Lebenden, die K i r c h e".
Si enim Adam de Christo figuram dabat, somnus Adae mors erat
Christi dormituri in mortem, ut de iniuria perinde l a t e r i s eius
vera mater viventium figuraretur ecclesia (De anima Kap. 43; Reifferscheid S. 372, Z. 2 f.)[11]). Warum die Kirche durch diese Verwundung der Seite Christi geschaffen worden ist, führt Tertullian hier
nicht aus. Und ich kenne keine Stelle in seinen Schriften, wo das
geschähe. Aber man wird dennoch kaum zweifeln dürfen, daß seiner Meinung nach das aus der Seitenwunde hervorfließende B l u t

---

9) Vgl. Harnack, Dogmengeschichte. ³Bd. 1, S. 184, Anm. Z. 6 ff.

10) Harnack, a. a. O. Bd. 1, S. 548 ff.

11) Diesen Parallelismus setzt bereits die Lesart ἤνοιξεν im Grundtext und das dem entsprechende *aperuit* der lateinischen Übersetzung in
Joh. 19, 34 voraus (siehe oben S. 1).

und W a s s e r die Symbole für die heiligen Grundlagen der Kirche
darstellten. Dabei bleibt allerdings die Frage offen, ob er darin
auch hier wieder lediglich die Taufe und das Martyrium, die doppelte Katharsis und Wiedergeburt durch Wasser und durch Blut
erkannte. Vielleicht dachte er doch auch an den eucharistischen
Trank, das sakrifizielle und sakramentale Blut Christi.

III. Pseudo-Origenes.

Nach allem Gesagten steht fest: die Worte des vierten Evangeliums vom Speerstich des Kriegsknechts, selbst in mystischem, typo-
logisch-allegorischem Sinn ausgesprochen, wurden schon im Kreise
der ältesten theologischen Exegeten mystisch verstanden.

Bekanntlich hat im allgemeinen auf die typisch-allegorische Auslegung der patristischen Zeit und des Mittelalters das Beispiel des
Origenes stark, ja vielfach maßgebend eingewirkt. Die Exegese
des Hilarius, Ambrosius, vor allem des Augustinus und mittelbar
die ganze abendländische Bibelinterpretation hängen von ihm ab.
Indessen bestehen doch auch genug Gegensätze zwischen den Auslegungen des Origenes und den Tertullianischen und abendländischen. In der 1896 entdeckten und vier Jahre nachher edierten
lateinischen Abhandlung über die heilige Schrift, die ihre Herausgeber für die Übersetzung eines griechischen Originalwerkes des
Origenes ansahen, finde ich freilich ganz wie bei Tertullian den Lanzenstich des Kriegsknechts bei der Kreuzigung t y p o l o g i s c h in
Beziehung gesetzt zu dem Stabstich des Moses und der Erschaffung
der Eva aus der Seite des Adam und alle drei Vorgänge der heiligen
Geschichte m y s t i s c h gedeutet auf das Sakrament der Taufe,
wobei das aus dem Gekreuzigten hervorquellende Blut und Wasser
die Wassertaufe der Neophyten und die Bluttaufe der Gläubigen
symbolisiert:

> *Deniqe et alibi hoc Christi baptismatis sacramentum similiter in-*
> *venimus esse praemissum. . . . Dominus stans in templo dicebat: „Qui sitit*
> *veniat et bibat aqua virtutem gratis"* (Joh. 7, 37). *Sic populus in eremo*
> *cum sitis periculum pateretur, tunc Moyses virga, id e s t l i g n o [!], pe-*
> *tram percussit et fluxerunt fontes aquarum: quo factum esse sacramentum*
> *baptismatis indicabat. Petram enim illam figuram Christi habuisse probat*
> *beatus apostolus cum dicit: „Bibebant enim de spiritali sequenti petra,*
> *petra autem erat Christus"* (1. Korinth. 10, 4). *Petram ergo illam imaginem*

dominicae carnis habuisse nulla est dubitatio: quae caro, crucis ligno percussa, aquam vivam sitientibus tribuit, sicut scriptum est: „Flumina de ventre eius procedent" (Joh. 7, 38). *... Et proinde aquae illae, de petra productae, flumina de ventre Christi in sacramento baptismatis manantia et ad salubre sitientium poculum de Christi latere cursura, iam tunc typica praefiguratione monstrabant. Quis etenim nesciat Dominum nostrum, qui est fons aquae vivae saliens in vitae perpetuitatem, cum in crucis ligno suspensus fuisset, non tantum de vulnere l a t e r i s sui s a n g u i n e m , sed a q u a s largo cursu manantes profudisse, ostendens sponsam, id est Ecclesiam, exemplo protoplastorum de latere suo constare, sicut constitit et Eva de costa Adae, habentem scilicet duo baptismata, id est a q u a e et s a n g u i n i s , unde fideles in Ecclesia et martyres fiunt?* (Tractatus Origenis de libris sanctarum scripturarum, ed. P. Battifol sociatis curis Andr. Wilmart. Paris 1900. Tractat. XV, S. 164 ff.)

Indessen dieser Traktat verrät sich durch seine dem Origenes widersprechende Auferstehungslehre, die gleichfalls aus Tertullian stammt, durch seine Abhängigkeit von Novatian, Anklänge an Hilarius und manche Spuren manichäischer Theologie als ein abendländisches Produkt aus dem vierten Jahrhundert, das wahrscheinlich in Spanien entstanden ist[12]).

Von den führenden Dogmatikern der l a t e i n i s c h e n Kirche wurde früh die Öffnung der Seite Christi durch den Speer des Kriegsknechts zu vorbildlichen Geschehnissen des Alten Testaments in Parallele gebracht und als ein Symbol des Aktes der Erlösung hingestellt. Inwieweit dieser Hermeneutik der Theologen schon die Symbolik der ältesten lateinischen L i t u r g i e den Weg bereitete, bleibt uns verborgen. Die Geschichte der Passion Christi nach dem achtzehnten und neunzehnten Kapitel des Johannesevangeliums mit dem Bericht vom Lanzenstich des Kriegsknechts ist seit frühester Zeit ein Bestandteil der abendländischen Karfreitagsfeier gewesen[13]). Dagegen sind die übrigen Bestandteile der heutigen katholischen Karfreitagsfeier erst im Laufe der Jahrhunderte aus der orienta-

---

12) Harnack (Theologische Litteraturzeitung 1900, Nr. 5) stimmte allerdings der Zuweisung Battifols zu. Aber Weyman (Archiv für latein. Lexikographie Bd. 11, S. 467), Morin (Revue d'histoire et de littérature religieuses Bd. 5 [1900], S. 145 ff.), Künstle (Litterarische Rundschau für das kathol. Deutschland [1900], S. 171 ff.) haben die Autorschaft des Origenes wohl endgültig widerlegt. Zweifelhaft bleibt, ob gerade Gregor von Elvira der Verfasser ist.

13) Augustin, Sermo 218: De Passione Domini in Parasceve (Migne, P.L. Bd. 38, S. 1084 ff.).

lischen Liturgie allmählich eingeführt worden: die solemnen Orationen für alle Stunden; die *Adoratio crucis;* die *Missa Praesanctificatorum* mit Kommunion. Somit gehört auch die Verwendung des Johanneischen Speerstoßes in den Antithesen der sogenannten Improperien während der Kreuzanbetung einer jüngeren Zeit an. Aber die allegorische Mystik der christlichen Liturgie ist auch in den einzelnen Gedankengängen älter als ihre Kodifikationen. Sie lebte lange in geheimer, nur den Eingeweihten zugänglicher Tradition, und manches, wofür uns schriftliche Aufzeichnungen mangeln, spiegelt sich unverkennbar ab in den Äußerungen der ältesten kirchlichen Exegeten und Dogmatiker des Abendlandes.

IV. Cyprian.

Mitten in das Zusammen- und Gegeneinanderwirken der liturgischen und theologischen Symbolik hinein führt uns der berühmte Brief C y p r i a n s († 258) an Caecilius über das Sakrament des Kelches [14]). Er bekämpft die in einzelnen Gemeinden aufgekommene häretische [15]) Sitte, bei dem eucharistischen Mahl nur Wasser statt Weins zu verwenden, mit typologischer und mystischer Auslegung. Die Methode der symbolistischen Argumentation hat bei ihm bereits die Stelle eines logischen Schlußverfahrens eingenommen. Es ist erschreckend, wie schon in diesem tiefen und edlen Geist die orientalische Pest, welche geschichtliche Tatsachen als Gleichnisse und Gleichnisse als Realitäten, Kausalverhältnisse als Tropen und Tropen als Gründe zu betrachten zwingt, den natürlichen und vernünftigen Intellekt, die gesunde Anschauung und Beurteilung des Wirklichen umnebelt und zersetzt hat.

Wer wollte die hohe Poesie und die religiöse, seelenweckende Kraft der Parabolik in den Reden Jesu [16]) verkennen? Wer fühlte

---

14) *Epistola ad Caecilium de sacramento dominici calicis* (Cyprian, Opera omnia, ed. Hartel. Wien 1868 ff., pars 2, S. 701 ff.). Die Abfassungszeit dieses Briefes ist nicht genau zu bestimmen, vgl. A. Harnack, Die Geschichte der altchristlichen Literatur ... Bd. 2 (Leipzig 1904), S. 348.

15) Nach Justinus Martyrus Apolog. I, 66 wurde in den Mysterien des Mithras Brot und ein Kelch mit Wasser kultisch verwandt.

16) Dies und die folgende Erörterung waren geschrieben ohne Kenntnis von Adolf Jülichers erquickendem Buch: Die Gleichnisreden Jesu (Freiburg i. Br. ² 1899), Bd. 1. Sein Versuch, den Worten Jesu die ein-

nicht Schauer der Andacht vor den stammelnden Hieroglyphen der altchristlichen Kunst, über denen noch ein Hauch von der heiligen Schönheit des griechischen Altertums liegt? Aber diese zarten und keuschen Blüten poetischer Bildlichkeit wuchsen in den Miasmen der verwesenden Weltkultur rasch sich aus zu riesigen Schlingpflanzen zügelloser Spekulation und wüster Verwilderung des Denkens. Wenn es etwas gibt, was das Christentum hassenswert machen könnte, so wäre es dies, daß es aus dem Marasmus jüdisch-hellenistischer Kulturmischung jene allegoristische Vergiftung so voll in sich eingesogen und nicht wieder ausgeschieden, sondern in die abendländische Welt eingeschleppt und hier durch die Jahrhunderte fortgepflanzt hat. Spuren davon zeigen sich schon in den rabbinischen Elementen der Evangelien und der Paulinischen Briefe.

Es gibt im körperlichen Leben des Menschen eine Dyskrasie des Blutes, eine Begleiterin schwerer konstitutioneller Krankheiten. Jene orientalische D y s k r a s i e d e s D e n k e n s hat den europäischen Nationen bis tief in die moderne Zeit hinein die furchtbarsten Störungen ihrer geistigen Gesundheit gebracht, deren Nachwehen wir heute noch spüren. Cyprian, schon völlig durchseucht von dieser alexandrinisch-hebräischen Infektion, begnügt sich im vorliegenden Falle nicht damit, einfach den Bericht des Paulus und der Evangelien über Christi letztes Passahmahl anzurufen [17]), die den Genuß des „Gewächses des Weinstocks" (1. Korinth. 11, 23—27; Matth. 26, 26—29; Mark. 14, 22—25; Luk. 22, 15—21) und dessen symbolische Deutung auf das Opfer des eigenen Blutes bezeugen. Er greift nach den alttestamentlichen Typen, als wären es urkund-

---

fache und gesunde Kraft e i g e n t l i c h e r Rede aus einem einzigen lebendig geschauten Vergleichungspunkt geborener F a b e l n wiederzugewinnen und davon die obskurierenden, symbolisierenden und allegorisierenden Entstellungen der Evangelien abzusondern, verdient volle Bewunderung, mag er auch im einzelnen durch überscharfe Postulate gefehlt haben. Meisterhaft und für jeden Erforscher des mittelalterlichen Geisteslebens und seiner Überwindung höchst förderlich ist das 6. Kapitel „Geschichte der Auslegung der Gleichnisreden Jesu" (S. 203—322). Jedem Gebildeten, zumal jedem Freunde literarhistorisch-ästhetischer Probleme lebhaft empfohlen seien die feinsinnigen Untersuchungen über das Wesen der Parabel und ihrer Unterscheidung von der Allegorie, dem Gleichnis, dem Rätsel, der Metapher (S. 25—118).

17) Cyprian, a. a. O. Kap. 10 (Hartel S. 708 f.).

liche oder aus den Gesetzen der Vernunft gefolgerte Beweise. Gefallen lassen mag man sich noch die Gleichsetzung [18]) des eucharistischen Opfers mit dem Opfer von Brot und Wein, das Melchisedech, der König von Salem, als Hoherpriester dem höchsten Gott
darbrachte: *at vero Melchisedech, rex Salem, proferens panem et
vinum, erat enim sacerdos Dei altissimi* (Genes. 14, 18). Denn diesen
rätselhaften König und Opferer hatten die Psalmen als ein Vorbild
Davids hingestellt: *tu es sacerdos in aeternum secundum ordinem
Melchisedech* (Psalm 109, 4), hatte schon zur Zeit Domitians oder gar
Neros der von alexandrinischer Bildung umnebelte Pauliner, dem
wir den Brief an die Hebräer zur Last legen müssen, nach messiani-
stischer Tradition auf den Davidsohn Jesus Christus bezogen und so
seine unfaßbare Figur des himmlischen Hohenpriesters geschaffen,
der als Opfer von Brot und Wein erst die symbolische Doppelspende
im Abendmahl, dann sein eigenes Fleisch und Blut im Kreuzesopfer
hingab (Hebr. 5, 6—10; 7, 1—28; 8, 1—2). Hierin stimmt ja Cyprian
völlig überein mit der Symbolik des alten Kanons (dem sogenannten
Sacramentarium Gelasianum) [19]) der Abendmahlsliturgie, in dem
nach der Wandlung der konsekrierten Gaben Gott mit Berufung
auf das Opfer Abels, Abrahams und das heilige Opfer des göttlichen Hohenpriesters Melchisedech um gnädige Annahme der unbefleckten Hostie gebeten wird:

*Offerimus praeclarae Maiestati tuae de tuis donis ac datis hostiam
puram, hostiam sanctam, hostiam immaculatam, panem sanctum vitae aeternae et calicem s a l u t i s   p e r p e t u a e. Supra quae propitio ac sereno
vultu respicere digneris et accepta habere, sicuti accepta habere dignatus
es munera pueri tui iusti A b e l* (Genes. 4, 4 und Hebräerbrief 11, 4)
et sacrificium patriarchae nostri A b r a h a e (Genes. 22, 1—8) *et quod
tibi obtulit summus sacerdos tuus M e l c h i s e d e c h* (Genes. 14, 18)
sanctum sacrificium, immaculatam hostiam (Liber III Canon actionis;
The Gelasian Sacramentary, ed. H. A. Wilson. Oxford 1894. S. 235;
Muratori, Liturgia. Bd. 1, S. 697; Codex liturg. Bd. 1, S. 16; Migne, P.L.

---

18) Cyprian, a. a. O. Kap. 4 (Hartel S. 703 f.).

19) Duchesne (Origines du culte chrétien. Paris 1889, S. 119 ff.) verlegt
das Gelasianum in die Zeit nach 628, während Bäumer, Das sogenannte
Sacramentarium Gelasianum (Historisches Jahrbuch der Görresgesellschaft
Bd. 14 [1893], S. 241 ff.) seinen Kern für vorgregorianisch erklärt. Jedenfalls ist es das älteste offizielle Meßbuch römischen Ursprungs. Vgl. darüber auch Hauck, RE. Bd. 12 (1903), S. 700, Z. 17—30; S. 707, Z. 29—40.

Bd. 74, S. 1197 A). Wörtlich so auch in der alten Gallikanischen Liturgie:
Missale Francorum (Muratori, a. a. O. Bd. 2, S. 694; Migne, P.L. Bd. 72,
S. 340 B), Sacramentarium Gallicanum (Muratori, a. a. O. Bd. 2, S. 778 f.;
Migne, P.L. Bd. 72, S. 454 C) und in der jüngeren römischen Liturgie
(Leonianum, Gregorianum) bis auf den heutigen Tag.

Die bildende Kunst des fünften und sechsten Jahrhunderts hat
diese Typologie denn auch für das Auge faßlich zu machen gesucht:
ich denke an die Mosaiken von *Santa Maria Maggiore* in Rom und
San Vitale in Ravenna, an die Miniatur der Wiener Genesis. Auch
wenn Cyprian das Gleichnis des Johanneischen Christus: „Ich bin
der wahre Weinstock" (Joh. 15, 1) geltend macht, um zu beweisen,
daß der eucharistische Kelch Blut enthalten müsse, kann ein moderner Mensch ihn noch verstehen. Redete doch in diesem Bilde auch
die Devotion der ältesten eucharistischen Feier [20]), die wir kennen:
„Wir danken dir, unser Vater, für den heiligen Weinstock deines
Knechtes David, den du uns durch deinen Knecht Jesus offenbar
gemacht hast." Aber es soll weiter auch Salomon ein Typus des
Opfers des Herrn vorherzeigen und für den Gebrauch des mit Wasser gemischten Weins Zeugnis ablegen, weil in der Spruchsamm-
lung, die blinder Glaube an seinen Namen gehängt hat, parabolisch
die Weisheit als Gastgeberin auftritt und einladet, von ihrem Brote
zu essen und zu trinken den Wein, den sie gemischt hat (Prov.
9, 1—5; Cyprian, a. a. O. Kap. 5, bei Hartel S. 704). Wird uns hierbei schon schwindlig, so erstarrt ein naiver unvorbereiteter moderner
Leser vollends, wenn auch Jakobs Segnung des Juda als ein Vorbild Christi gefaßt und in den Worten „Er wird im Wein waschen
sein Gewand und im Blute der Traube sein Kleid" eine Vorausdeutung auf den Wein in dem Kelche des Blutes Christi erblickt
wird oder des Isaias Frage „Warum ist rot dein Gewand vom Treten
der vollen und durchstampften Kelter?" als eine Ankündigung her-
halten muß, daß Christi Blut erst getrunken werden konnte, nachdem er in seinem Leiden und Sterben getreten und gepreßt worden
war (Genes. 49, 11; Isa. 63, 2; Cyprian, a. a. O. Kap. 6. 7, bei Hartel

---

20) Διδαχὴ τῶν δώδεκα ἀποστόλων Kap. 9, hrsg. von A. Harnack, Texte
und Untersuchungen zur Geschichte der altchristlichen Literatur Bd. 2, 1
(Leipzig 1884).

S. 705 f.) [21]). Aber die Erstarrung löst sich in Ekel, wenn auch der
von Wein berauschte Noah, der im Schlaf seine Scham entblößt, für
ein Vorbild des Leidens des Erlösers ausgegeben wird und, weil er
Wein und nicht Wasser trank, als Zeuge der künftigen Wahrheit
dient, daß der Abendmahlskelch Wein enthalten müsse (Genes.
9, 21—26) [22]).

Aus guten Gründen habe ich lange bei diesen Dingen verweilt.
Diese symbolistischen Abgeschmacktheiten sind leider eine sehr konkrete und lebensvolle Erscheinung und eine geschichtliche Macht von
nahezu unberechenbarer Größe. Gleich die letzte, abstoßendste
Allegorese, die den trunkenen Noah als Typus Christi nimmt, kehrt
bei dem tiefsten Theologen der alten Kirche, bei Augustin, wieder
(De doctrina christiana IV, Kap. XXI, 45; Migne, P.L. Bd. 34, S. 111)
und hat sich die Jahrhunderte hindurch behauptet. Aber weit über
theologisches Denken und liturgischen Kultus hinaus hat diese
Methode des Denkens ihre e n t w i r k l i c h e n d e Kraft ausgeübt:
sie hat die gesamte religiöse Vorstellungsweise, ja auch die künstlerische und dichterische Phantasie das ganze Mittelalter hindurch
beherrscht und geleitet. Cyprians Abstrusitäten in der Parallelisierung der eucharistischen Handlung mit alttestamentlichen Vorbildern zeigen aber trotz ihrer scheinbaren Willkür doch ein bestimmtes Prinzip der Exegese. So weit er umhergreift bis ins Fernlie-
gendste, um den Durst seines Zeitalters nach Symbolik zu löschen,
er hat ein festes Ziel und er vermeidet alle Wege, die davon abfüh-
ren könnten. Er will das Verhältnis zwischen dem Sakrament der

---

21) Beide Parallelen sind gewiß sehr alt und reichen bis in die ersten
christlichen Zeiten zurück. Die typologische Auslegung des Judasegens
findet sich auch bei Cyprians Schüler Augustin, De civitate Dei XVI, 41
(Migne, P.L. Bd. 41, S. 519 f.).

22) Cyprian, a. a. O. Kap. 5 (Hartel S. 702). — Nicht von Cyprian
stammt die seit Erasmus unter seinem Namen überlieferte Schrift
D e d u p l i c i m a r t y r i o ; was man schon früher vermutete (siehe
Hartels Praefatio pars 3, S. LXIV), ist jetzt von Lezius (Neue Jahrbücher
für deutsche Theologie Bd. 4 [1895], S. 95 ff. 184 ff.) erwiesen worden: es ist
eine Fälschung des Erasmus. Auf die darin (Kap. 6; Hartel pars 3, S. 224 f.)
vorkommende mystische Auslegung des wunderbaren Ergusses von Blut
und Wasser als eines dreifachen Zeugnisses für Christi Opfertat brauche
ich mithin nicht näher einzugehen. Doch benutzte Erasmus dafür ältere
theologische Tradition.

Taufe und dem Sakrament des Kelches aufklären. Er will beides auseinander halten. Er will die Bildsprache der heiligen Schrift in ihrer Beziehung auf das eine oder das andere sicherstellen. Das Wasser — so lehrt er — weist in den biblischen Büchern niemals auf das Opfer Christi, sondern stets auf die Taufe hin. Und in diesem Zusammenhang beurteilt er auch die Johanneische Erzählung von dem Blut und Wasser, das aus des toten Christus Seite der Speerstoß des Kriegsknechts hervorgetrieben hat. Er folgt dem Gleichnis des Apostel Paulus: *Et omnes eundem potum spiritalem biberunt; bibebant autem de spiritali, consequente eos, petra; petra autem erat Christus* (1. Korinth. 10, 4). Demgemäß erkennt er in dem Wasser des Lebens, welches Moses aus dem Fels Horeb mit spaltendem Stabe dem verschmachtenden Volk in der Wüste hervorlockte (Exod. 17, 6; Num. 20, 11), das Vorbild zu der Öffnung der Seite Christi:

> *Item denuo praecanitur et ante praedicitur, Judaeos, si sitierint et Christum quaesierint, apud nos esse poturos, id est baptismi gratiam consecuturos. „Si sitierint, inquit, per deserta adducet illis aquam, de petra producet illis, findetur petra et fluet aqua et bibet plebs mea"* (Isa. 48, 21). *Quod in euangelio adinpletur, quando Christus qui est petra finditur ictu lanceae in passione* (Cyprian, a. a. O. Kap. 8; Hartel S. 706).

Cyprian steht hier ganz im Einklang mit der ältesten uns erhaltenen christlichen römischen Liturgie, dem *Sacramentarium Gelasianum*. Unter den Benediktionsformeln, die darin für die Weihe des Taufwassers am heiligen Sabbat (Ostersamstag) vorgeschrieben sind, lautet eine: „Ich segne dich, Wasser, auch bei Jesus Christus, Gottes einzigem Sohn, unserm Herrn, der dich im Galiläischen Kana durch ein Wunderzeichen seiner Macht in Wein verwandelt, der dich zusammen mit seinem Blut aus seiner Seite hervorführte und seinen Jüngern befahl, die Gläubigen damit zu taufen":

> *Consecratio fontis. Hic signas. Benedico te [creatura aquae] et per Jesum Christum Filium eius unicum Dominum nostrum. ... Qui te in Cana Galileae signo admirabili sua potentia convertit in vinum; qui pedibus super te ambulavit, et a Joanne in Jordane in te baptizatus est; qui te una cum sanguine de latere suo produxit et discipulis*

suis iussit, ut credentes baptizarentur in te ... (Sacram. Gelas. liber I, Nr. 44 bei Wilson, The Gelasian Sacramentary, a. a. O. S. 85 f.; Muratori, Liturgia. Bd. 1, S. 569 f.; Migne, P.L. Bd. 74, S. 1111 A).

Eine unmittelbare symbolische Beziehung des aus Christi Seite hervorströmenden Bluts und Wassers auf die beiden Elemente des eucharistischen Opfers vermeidet Cyprian geflissentlich. Und doch lag sie wahrlich näher als die meisten seiner Allegorisationen. Ja gerade ihm hätte sie besonders willkommen sein müssen, weil sie seiner Theorie des eucharistischen Mahls als einer durch den Priester bewirkten Nachahmung des Kreuzopfers Christi hätte zu Nutze dienen können: ... *Id quod Christus fecit, imitatur* [der Priester, wenn er im eucharistischen Sakrament die konsekrierten Gaben opfert] *et sacrificium verum et plenum tunc offert in ecclesia Deo patri* (Cyprian, a. a. O. Kap. 14; Hartel S. 713)[23]).

Für ihn bezeichnet die Vermischung des Weins und Wassers im Kelche des kirchlichen Abendmahls die untrennbare Vereinigung und Verbindung der Gläubigen mit Christus, die Inkorporation der Gemeinde in Christus:

> *Quando autem in calice vino aqua miscetur, Christo populus adunatur et credentium plebs ei, in quem credidit, copulatur et iungitur. Quae copulatio et conjunctio aquae et vini sic miscetur in calice Domini, ut commixtio illa non possit ab invicem separari. Unde ecclesiam, id est plebem in ecclesia constitutam, fideliter et firmiter in eo, quod credidit, perseverantem nulla res separare poterit a Christo, quominus haereat semper et maneat individua dilectione* (Cyprian a. a. O. Kap. 13; Hartel S. 711).

Er gibt damit bereits den Gedanken der modernen katholischen Messe, in welcher der Akt gleichfalls als Symbol der Teilnahme der Menschheit an der Göttlichkeit Christi (Vergottung) erscheint:

> ... *Aquam miscendam in calice benedicit dicens: Deus, qui humanae substantiae dignitatem mirabiliter condidisti et mirabilius reformasti: da nobis p e r h u i u s a q u a e e t v i n i m y s t e r i u m eius divinitatis esse consortes, qui humanitatis nostrae fieri dignatus est particeps, Jesus Christus filius tuus* (Ordo Romanus; Codex liturg. Bd. 1, S. 70)[24]).

---

23) Vgl. zur Würdigung von Cyprians Abendmahlslehre besonders Loofs in Hauck, RE. Bd. 1, S. 46. 58.

24) Es ist dies ursprünglich eine Weihnachtsoration gewesen und findet sich als solche ohne die gesperrt gedruckten Worte im Sacramentarium

Zugleich bietet Cyprian die faßliche Gestaltung einer verwandten Allegorese des Irenäus und des Clemens Alexandrinus: *Reprobant itaque hi* [die häretische Sekte der Ebionäer] *commistionem vini coelestis et solam aquam saecularem volunt esse, non recipientes Deum ad commistionem suam* (Adversus hareses lib. V, 1, 3; Migne, P.G. Bd. 7, S. 1123 A).

Clemens Alexandrinus erblickt in der eucharistischen Mischung das Abbild der Vereinigung des göttlichen Logos mit dem menschlichen Geist. (Aus der höchst dunklen und korrumpierten Stelle hebe ich die einigermaßen sicheren Stichworte heraus): „Die große Traube, der L o g o s , der für uns ausgepreßt wurde, da das Blut des Weinstocks sich mischen wollte mit Wasser. [Dies spielt, wie es scheint, auf den Speerstich an unter christologischer Auslegung von Isa. 63, 2; siehe oben S. 59] ... Doppelt ist das Blut des Herrn: das eine ist fleischlich (σαρκικόν), durch welches wir vom Verderben erlöst worden sind; das andere ist geistlich (πνευματικόν), und mit diesem sind wir gesalbt worden. Und dieses ist das Trinken des Bluts Jesu: teilnehmen an der Unvergänglichkeit des Herrn (τῆς Κυριακῆς μεταλαβεῖν ἀφθαρσίας). Die Kraft des Logos aber ist der Geist (πνεῦμα), wie das Blut die Kraft des Fleisches. In ähnlicher Weise mischt sich der Wein mit dem Wasser und der Geist mit dem Menschen: jene Mischung bewirtet des Glaubens wegen (εἰς πίστιν εὐωχεῖ) [ich denke, eine Agape ist gemeint], der Geist aber weist den Weg zur Unvergänglichkeit (εἰς ἀφθαρσίαν ὁδηγεῖ). Die Mischung hingegen von beidem, vom Trank und vom Logos, heißt E u c h a r i s t i e , durch deren gläubigen Genuß wir an Körper und Seele geweiht werden. Die göttliche Mischung, den Menschen, mischt der Wille des Vaters mit dem Geist und dem Logos mystisch; denn in Wahrheit wird der Geist mit der von ihm getragenen Seele eins, mit dem Logos aber das Fleisch, um dessen willen der Logos selbst Fleisch geworden ist"[25].

Niemand wird bestreiten: es wäre für die ganze Argumentation Cyprians viel bequemer und wirkungsvoller gewesen, hätte

Gelasianum (Wilson, a. a. O. S. 5; Muratori, a. a. O. Bd. 1, S. 497; Migne, P.L. Bd. 74, S. 1059 B) und im Sacramentarium Leonianum (Muratori Bd. 1, S. 467; Migne, P.L. Bd. 55, S. 146 C).

25) Paedagog. II, 2 (Migne, P.G. Bd. 8, S. 409 f.; Ausgabe der Preußischen Akademie der Wissenschaften, besorgt von O. Stählin. Leipzig 1905. Bd. 1, S. 167 f.). — Paedagog. I, 6 (Migne Bd. 8, S. 301 B; Stählin S. 115, Z. 30 ff.) ist Fleisch als Bild des heiligen Geistes, Blut als Bild des Logos hingestellt, in deren Mischung der Herr ist; Paedagog. I, 5 (Migne Bd. 8, S. 267 B; Stählin S. 99, Z. 10 ff.) heißt ganz in d e r s e l b e n Vorstellung der Logos der Weinstock, weil der Weinstock Wein trüge, wie der Logos Blut; der Wein bringe dem menschlichen Leib, das Blut der menschlichen S e e l e (oder dem menschlichen Geiste) Heil.

er die von ihm behauptete Notwendigkeit der Vermischung von
Wein und Wasser beim eucharistischen Opfer gestützt auf eine
symbolische Verwertung des Lanzenstichs: wie bei dem Passions-
opfer, dessen Abbild doch das Abendmahl sein soll, aus der Seite
des Gekreuzigten Blut und Wasser zusammen floß, muß — so ließ
sich in seiner Weise schließen — auch der Kelch der eucharistischen
kirchlichen Feier Wein und Wasser zusammen enthalten.

V. Kyrill von Jerusalem.

In der Tat hat die g r i e c h i s c h e L i t u r g i e diesen Gedanken auf das entschiedenste zur Darstellung gebracht. Er zeigt sich
uns zuerst in der byzantinischen sogenannten Liturgie des Chrysostomos; ferner in den Reflexen davon, welche die Ambrosianische
und die altspanische (Mozarabische), vielleicht auch die altgallikanische Liturgie aufweisen [26]).

Dagegen hat noch K y r i l l v o n J e r u s a l e m um die Mitte
des vierten Jahrhunderts eine ganze Reihe allegorischer Interpretationen des Johanneischen Speerwunders vorgetragen [27]), darunter
aber g e r a d e n i c h t die Deutung als Symbol der Taufe und des
Abendmahls, auch nicht die als Symbol der e u c h a r i s t i s c h e n
Elemente. Er ordnet es zunächst ein in die typologische Parallele
Moses-Christus. Vom Holze — so verkündet er — kam jederzeit
das Leben: zur Zeit Noahs brachte die hölzerne Arche Rettung; vor
dem hölzernen Stabe des Moses wich das verderbenbringende Meer
zurück (Exod. 14, 16—21); das hölzerne Kreuz Christi bringt die
Erlösung. „Zur Zeit des Moses machte das [eingetauchte] Holz das
Wasser [der Quellen von Mara] süß: aus der S e i t e Jesu floß
das Wasser auf das Holz" (τὸ ξύλον ἐπὶ Μωσέως ἐγλύκανε τὸ ὕδωρ
[Exod. 15, 25] καὶ ἐκ πλευρᾶς ’Ιησοῦ τὸ ὕδωρ ἔρρευσεν ἐπὶ ξύλου).
„Das e r s t e Zeichen — fährt er fort — [28]) des Moses war Blut und
Wasser, und dasselbe war das l e t z t e Jesu. Zuerst verwandelte
Moses den Fluß in Blut [vor dem Pharao] (Exod. 4, 9), und Jesus
ließ zuletzt Wasser aus seiner Seite fließen mit Blut." Vielleicht
tat er es, meint Kyrill, um die zwiespältige Stimmung des Richters

---

26) Das Nähere darüber siehe unten Kap. 12.
27) Katechese XIII, Kap. 20 (Migne, P.G. Bd. 33, S. 797).
28) Katechese XIII, Kap. 21 (Migne, a. a. O. Bd. 33, S. 797).

Pilatus und der Juden oder der Gläubigen und der Ungläubigen symbolisch darzustellen. Denn Pilatus wusch im Wasser seine Hände mit den Worten: „Ich bin unschuldig." Die Juden schrien dagegen: „Sein Blut komme über uns." Deshalb also kamen diese zwei Flüssigkeiten aus der Seite: das Wasser für den Richter oder für die Christen, das Blut für die Schreienden oder für die Ungläubigen. Den Einen brachte das Blut Verdammung, den Gläubigen aber wird durch das Wasser das Heil. „Denn nichts geschah umsonst", setzt Kyrill mit komischem Stolz auf diese Wunderleistung der Exegese und der Kausalerklärung hinzu:

Ἦν οὖν τὰ δύο ἐκ τῆς πλευρᾶς· τὸ ὕδωρ ἴσως τῷ κρίνοντι, τοῖς δὲ ἐπιβοῶσι τὸ αἷμα. καὶ πάλιν ἄλλως νοητέον: Ἰουδαίοις μὲν τὸ αἷμα, Χριστιανοῖς δὲ τὸ ὕδωρ· ἐκείνοις μὲν γὰρ ὡς ἐπιβούλοις, ἢ ἐκ τοῦ αἵματος καταδίκη· σοὶ δὲ τῷ πιστεύοντι νῦν ἡ διὰ ὕδατος σωτηρία· οὐδὲν γὰρ εἰκῆ γέγονεν (Katechese XIII, Kap. 21; Migne, a. a. O. Bd. 33, S. 797).

Dann aber zitiert er noch eine andere Interpretation, die er bei älteren Meistern der Schriftauslegung — er wird an Tertullian denken — gefunden hat: die Beziehung auf die doppelte Taufe mit Wasser und mit Blut auf *baptisma* und *martyrium:*

Ἀπέδωκαν οἱ ἐξηγηταὶ Πατέρες ἡμῶν καὶ ἄλλην τοῦ πράγματος αἰτίαν. Ἐπειδὴ γὰρ διπλῆ τίς ἐστι τοῦ σωτηρίου βαπτίσματος ἐν Εὐαγγελίοις ἡ δύναμις, μία μὲν ἡ τοῖς φωτιζομένοις δωρουμένη δι' ὕδατος, δευτέρα δὲ ἡ ἐπὶ τῶν ἁγίων μαρτύρων ἐν διωγμοῖς δι' οἰκείου αἵματος· ἐξῆλθεν ἐκ τῆς σωτηρίου πλευρᾶς αἷμα καὶ ὕδωρ, τῆς ὑπὲρ Χριστοῦ γινομένης ὁμολογίας, ἔν τε φωτίσματι καὶ μαρτυρίου καιροῖς βεβαιοῦσα τὴν χάριν (Katechese XIII, Kap. 21; Migne, a. a. O. S. 797 bzw. 800).

Endlich weist er noch auf einen anderen Grund hin: das Weib, das aus Adams Seite gebildet wurde, war die Urheberin der Sünde; Jesus aber wollte Männer und Weiber zugleich erlösen; so ward er für die Weiber an seiner Seite durchstochen, um auch ihnen Sündenvergebung zu verbürgen: Γυνὴ γέγονεν ἀρχηγὸς ἁμαρτίας, ἡ πλασθεῖσα ἐκ πλευρᾶς· ἀλλ' ὁ ἐλθὼν Ἰησοῦς ἀνδράσιν ὁμοῦ καὶ γυναιξὶ χαρίσασθαι τὴν ἀμνηστίαν, ἐνύγη τὴν πλευρὰν ὑπὲρ γυναικῶν, ἵνα λύσῃ τὴν ἁμαρτίαν [29]) (Katechese XIII, Kap. 21; Migne, a. a. O. S. 800).

---

29) Ähnlich meditiert auch Kyrill von Alexandrien über des Moses Verwandlung von Wasser in Blut. Ihm ist es (Glaphyrorum in Exodum lib. II, 4; Migne, P.G. Bd. 69, S. 477 f.) ein Antityp des rätselvollen Myste-

D o g m a t i s c h verwendet hat Kyrill das Weinwunder von
Kana zur Erklärung und Beglaubigung des A b e n d m a h l -
m y s t e r i u m s im Jahre 347 oder 348. Obgleich Kyrill unzweifelhaft für die Eucharistie eine pneumatische Auffassung vertritt, klingen doch seine Beschreibungen dieses Sakraments recht realistisch:
Brot und Wein sind ihm nicht bloße Symbole, sondern Träger einer
unsichtbaren Gabe, nicht bloße Elemente, sondern nach der Epiklese
des heiligen Geistes Leib und Blut Christi:

> „Das Wasser hat er einst in Wein verwandelt, der dem Blute verwandt
> ist, zu Kana in Galiläa [30]): und da soll er nicht glaubwürdig sein, wenn
> er den Wein in Blut verwandelt? Zur körperlichen Hochzeit geladen,
> vollbrachte er dieses unbegreifliche Wunder, und man soll nicht bekennen,
> er habe den Söhnen des Hochzeitsgemachs noch viel eher den Genuß seines
> Leibes und seines Blutes geschenkt?" [„Söhne des Hochzeitsgemachs"
> heißen die Kinder der Kirche nach der mystischen Vermählung mit dem
> Bräutigam Christus.] Kyrill erklärt weiter: in der Gestalt des Brotes
> und des Weines gebe uns die Eucharistie den Empfang des Leibes und
> Blutes Christi und mache uns mit ihm eines Leibes und Blutes
> (σύσσωμος καὶ σύναιμος αὐτοῦ); das scheinbare Brot sei nicht Brot,
> sondern Christi Leib und der scheinbare Wein sei Christi Blut, wenn
> beides auch dem Geschmack nicht so vorkomme (4. mystagogische Kate-
> chese, Kap. 2. 3. 9; Migne, P.G. Bd. 33, S. 1097B ff. 1104B f.).

Schwerlich haben alle Katechumenen in Jerusalem, die durch
solche Worte in die Teilnahme an den christlichen Heilsgütern eingeführt wurden, diese Unterweisung spirituell verstanden. Eine
naiv realistische Auffassung lag allzunahe und war durch die Vorstellungen der antiken M y s t e r i e n begünstigt.

----

riums der Inkarnation: das auf die Erde ausgegossene Wasser, das Blut
wird, bedeutet die Vermischung des göttlichen Lebens mit der erdhaften
Menschlichkeit, seine Fleischwerdung und angenommene Todesfähigkeit.
Kyrill gedenkt aber, obwohl es so nahe gelegen hätte, in diesem Zusam-
menhange nicht des Speerstiches und der beiden mystischen Ströme aus
Blut und Wasser.

30) Für εἰς οἶνον μεταβέβληκεν οἰκεῖον αἵματι liest Rupp mit Zustimmung Bardenhewers, Geschichte der altkirchlichen Literatur Bd. 3 (1912),
S. 279 Anm. 4: εἰς οἶνον μεταβέβληκεν οἰκείῳ νεύματι; doch behält Gerhard
Rauschen, Florilegium Patristicum. Fasc. VII Monumenta eucharistica et
liturgica vetustissima. Bonn 1909, S. 55 den herkömmlichen Text bei.

Fünftes Kapitel.

Die Wirkung des Speeres in den gnostischen Mysterien.

Voll hineingezogen in die sakramentale Mystik hat den Speerstich des Kriegsknechts die syrisch-palästinensische Gnosis des ausgehenden dritten Jahrhunderts, wie sie sich auf dem Boden Ägyptens in der Schrift P i s t i s S o p h i a und dem erst kürzlich bekannt gewordenen zweiten Buch des J e û ausprägt [1]). In beiden Werken handelt es sich um die kultischen Riten christlich-gnostischer Mysterien aus der Sekte der Severianer. Beide sind erwachsen aus der Überzeugung, die schon in unserem Evangelium hervorbricht, daß der eigentliche Kern der Lehren Jesu Christi nicht einfach und klar, nicht natürlichem Geiste und naiven Sinnen ohne weiteres faßbar, vielmehr umhüllt sei von einer dichten Wolke dunkler Geheimnisse, die man nur stufenweise durchdringen kann durch besondere Weihen. Die Religion, wie sie die beiden koptischen gnostischen Bücher mit nebelhaftem Enthusiasmus und überfließender Wortfülle verkünden, wurzelt in der Magie, in dem griechisch-orientalischen theurgischen G e h e i m d i e n s t. Ihre Werkzeuge sind mystische Formeln, Anrufungen und Siegel. Alles was Jesus nach den Evangelien auf Erden gelehrt und gewirkt hat, soll hier überboten werden durch transzendente Offenbarungen, die in das Innerste der Natur führen, die Macht über die Dämonen und zugleich volle E n t s ü n d i g u n g gewähren. All dies vollzieht sich auf

---

1) Pistis Sophia opus gnosticum descripsit et latine vertit M. G. Schwartze. Berlin 1851, S. 233; dazu K. R. Köstlin, Das gnostische System des Buches Pistis Sophia (Theologische Jahrbücher Bd. 13 [Tübingen 1854], S. 14 ff.); Carl Schmidt, Gnostische Schriften in koptischer Sprache aus dem Codex Brucianus. Leipzig 1892, S. 334 ff. 487 ff. (Gebhardt und Harnack, Texte und Untersuchungen Bd. 8, 1/2); Ders., Koptisch-Gnostische Schriften Bd. 1 (Leipzig 1905 [mit einer Übersetzung der Pistis Sophia und der beiden Bücher des Jeû]); Ders., Pistis Sophia. Ein gnostisches Originalwerk des dritten Jahrhunderts aus dem Koptischen übersetzt. Leipzig 1925.

einer langen Staffel von Weihen, die ein Aufsteigen der menschlichen Seele durch die ungezählten Regionen des Kosmos bewirken.

Der Einkleidung dieser Spekulationen liegen die Aussagen der
Evangelien (Matth. 26, 32; 28, 7. 10. 16; Mark. 14, 28) zugrunde, daß
Christus seine Jünger angewiesen habe, gleich nach seiner Auf-
erstehung ihn in Galiläa zu erwarten, ihnen dort auf dem Berge
in seiner Glorie als Herr aller Gewalt im Himmel und auf der
Erde erschienen sei und ihnen befohlen habe, alle Völker durch die
Taufe zu werben und seine Gebote zu lehren.

Im vierten Buch (Kap. 136 ff.) der Pistis Sophia [2]) (Schmidt [1]
S. 334 ff.; [2] S. 261 ff.) enthüllt Jesus gleich nach seiner Auferstehung
den um ihn versammelten Jüngern und der Maria auf ihr Bitten
die Mysterien und Erkenntnisse: zuerst die Regionen (Topoi) des
Weges der Mitte, der unterhalb der Himmels-Sphäre liegt, in den
er sie hineingeführt hat; dann informiert er sie über das Mysterium
der zwölf Äonen der Archonten und ihre Siegel, ihre Psephoi und
die Art ihrer Anrufung, um in ihre Topoi zu gehen. Darauf aber
hebt er sie in eine starke Lichtluft, segnet sie und bläst in ihre
Augen hinein. Sie heben ihre Augen auf und gewahren ein gewal-
tiges unbeschreibliches Licht, und als sie wegsehen, erblicken sie
Feuer, Wasser, Wein und Blut.

Da spricht Jesus: „Wahrlich ich sage euch, ich habe nichts zu
der Welt gebracht als dieses Feuer, dieses Wasser, diesen Wein und
dieses Blut. Ich habe das Wasser und das Feuer aus dem Topos
des Lichtes der Lichter des Lichtschatzes gebracht und den Wein
und das Blut aus dem Topos der Barbelos gebracht. Und nach
einer Weile hat mein Vater mir den heiligen Geist in Gestalt einer
T a u b e gesandt. Das Feuer aber und das Wasser und der Wein
waren reinigend alle Sünden der Welt, das Blut aber war mir ein
Zeichen wegen des Körpers der Menschheit, welchen ich in dem
Topos der Barbelos, der großen Dynamis des unsichtbaren Gottes,
empfangen. Der Geist aber zieht alle Seelen (in der zweiten Übersetzung: ‚geht allen Seelen voran‘), indem er sie zu dem Topos des
Lichtes führt. Deswegen habe ich euch gesagt: ‘Ich bin gekommen,
ein Feuer über die Erde zu werfen, d. h. ich bin gekommen, die

---

2) Im Folgenden die Zitate in der ersten Übersetzung nach Schmidt;
die Fassung der zweiten Übersetzung ist nur berücksichtigt, wo sie den
Sinn wesentlich abändert.

Sünden der ganzen Welt durch Feuer zu reinigen.' (Πῦρ ἦλθον βα-
λεῖν ἐπὶ τὴν γῆν καὶ τί θέλω εἰ ἤδη ἀνήφθη; βάπτισμα δὲ ἔχω
βαπτισθῆναι, καὶ πῶς συνέχομαι ἕως ὅτου τελεσθῇ; Luk. 12, 49. 50) ³).

Und deswegen habe ich zu der Samariterin gesagt: 'Wenn du das Geschenk Gottes wüßtest und wer es ist, welcher zu dir spricht: Gib
mir zu trinken, dann hättest du ihn gebeten, und er würde dir lebendiges Wasser geben und es würde in dir eine Quelle sein sprudelnd
zum ewigen Leben.' (Εἰ ᾔδεις τὴν δωρεὰν τοῦ Θεοῦ, καὶ τίς ἐστιν
ὁ λέγων σοι· Δός μοι πιεῖν, σὺ ἂν ᾔτησας αὐτὸν καὶ ἔδωκεν ἄν σοι
ὕδωρ ζῶν . . . ὃς δ' ἂν πίῃ ἐκ τοῦ ὕδατος οὗ ἐγὼ δώσω αὐτῷ, οὐ
μὴ διψήσῃ εἰς τὸν αἰῶνα, ἀλλὰ τὸ ὕδωρ ὃ δώσω αὐτῷ γενήσεται
ἐν αὐτῷ πηγὴ ὕδατος ἁλλομένου εἰς ζωὴν αἰώνιον [Joh. 4, 10. 14];
vgl. auch: 'Αμὴν ἀμὴν λέγω σοι, ἐὰν μή τις γεννηθῇ ἐξ ὕδατος καὶ
πνεύματος, οὐ δύναται εἰσελθεῖν εἰς τὴν βασιλείαν τοῦ Θεοῦ [Joh. 3, 5].)
Und auch deswegen nahm ich einen Becher Weins, segnete ihn
und gab ihn euch, sprechend: 'Dies ist das Blut des Bundes, welches
für euch zur Vergebung eurer Sünden vergossen werden wird.' Und
deswegen hat man auch die L a n z e i n m e i n e S e i t e gestoßen
und e s k a m W a s s e r u n d B l u t h e r a u s. Dies aber sind die
Mysterien des Lichtes, welche Sünden vergeben" (Schmidt ¹ S. 337;
² S. 272 f.).

Danach fährt Jesus mit seinen Jüngern wieder auf einen
Berg in Galiläa ⁴) und gibt ihnen das Mysterium der Sünden-
vergebung auf Erden, damit dem, welchem sie auf Erden vergeben
werden, im Himmel vergeben sein wird und der, welchen sie auf
Erden binden werden, im Himmel gebunden sein wird. Er läßt sich
Feuer und Weinzweige bringen und stellt einen Krug Weins zur
Rechten, einen zweiten zur Linken davon auf. Dann stellt er einen
Becher Wassers vor den rechten, einen Weinbecher vor den linken
Weinkrug, legt Brote nach der Zahl der Jünger mitten zwischen die
Becher und stellt einen Becher Wassers hinter die Brote. Er selbst
tritt vor die Prosphora, läßt die Jünger, alle bekleidet mit leinenen
Gewändern, hinter sich stehen, während sie das Psephos des Namens

---

3) Dieselbe Stelle ist schon vorher in gleichem Sinne auf die sünden-
vergebende Feuertaufe bezogen. Vgl. Schwartze, a. a. O. S. 189, Z. 10 ff.;
dazu Schmidt ² S. 219.

4) Bei der Darstellung der ganzen Situation schwebt der Bericht der
oben genannten Evangelienstellen vor.

des Vaters des Lichtschatzes in ihren Händen halten, und betet zum
Vater und zu den Sündenvergebern, daß sie die Sünden der Jün-
ger vergeben und ihre Missetaten austilgen. Zur Bestätigung der
Erhörung seines Gebets erbittet er ein Zeichen in der Prosphora.
Es erfolgt: die Sünden sind vergeben. Jesus aber spricht: „Dies ist
die Art und Weise und dies ist das Mysterium, welches ihr an den
Menschen vollziehen werdet, die an euch glauben. . . . Aber v e r -
b e r g e t dieses Mysterium und gebet es nicht allen Menschen. . . .
Dies ist nun das wahre Mysterium der Taufe . . . dies ist die Taufe
der ersten Prosphora, die den Weg zu dem wahren Topos und zu
dem Topos des Lichtes weist" (Schmidt [1] S. 339; [2] S. 275 f.). Darauf
begehren die Jünger auch noch die Feuertaufe, „die Taufe des heiligen Geistes des Lichtes und die geistige Salbung". Sie bilden zusammen mit der Taufe der ersten προςφορά (der Wassertaufe) das
Mysterium des Lichtes. Jesus aber, indem er diese drei Mysterien
preist, setzt darüber doch noch das Mysterium der sieben Stimmen
und ihre Psephoi, dessen auszurufender Name alle Elemente und
Dämonen und Engel und Archonten überwindet. „Als aber Jesus
diese Worte gesagt hatte, riefen alle seine Jünger aus, weinten laut
und sprachen": (Schmidt [1] S. 340; [2] S. 277) — damit bricht leider
unsere Handschrift ab, ohne daß wir erfahren, ob die drei übrigen
Mysterien der Taufe und das Mysterium des alle Welten über-
windenden Namens der sieben Stimmen mitgeteilt werden.

Was wir hier vermissen, gibt uns das zweite Buch Jeû in dem
koptischen Papyrus des Schotten James Bruce [5]).

Im zwölften Jahr des auf seine Auferstehung folgenden lehren-
den Zusammenlebens mit seinen Jüngern sammelt der Herr sie um
sich, ihnen die großen Mysterien, die noch niemand kennt, zu
eröffnen. Ihre Vollziehung bewirkt, daß Lichtgeister die Seele nach
dem Tode aus dem Körper geleiten, ihre Sünden austilgen und sie
durch alle Regionen (Topoi) zum Lichtschatz emporführen: eine Vorstellung, die später im gemeinkirchlichen Dogma vom eucharistischen
Viaticum aufs überraschendste nachklingt (siehe unten passim).
Diese Mysterien aber, so befiehlt Jesus nachdrücklich, dürfen niemals von den Jüngern verraten werden, selbst nicht den nächsten Angehörigen. Nur die dürfen sie erfahren, welche die ganze W e l t mit

─────────────

5) Vgl. Karl Schmidt, a. a. O. [1] S. 195 ff. 326 f.

allen ihren Gütern und Göttern v e r a c h t e t haben und b e r u f e n e Kinder des L i c h t e s geworden sind. Vor allen andern Mysterien will Jesus den Seinen die drei Taufen geben: die Taufe des Wassers, die Taufe des Feuers, die Taufe des heiligen Geistes samt dem Mysterium, die Unbill der Archonten von ihnen zu entfernen. Und danach wird er ihnen das Mysterium der geistigen Salbe erteilen. Die drei Taufen erfolgen nach einem übereinstimmenden Zeremoniell, das mit dem der Pistis Sophia ganz nah verwandt ist. Bei allen drei findet ein Opfer und eine Weihrauchspende statt; auf der Prosphora stehen zwei Krüge [6]) mit Wein und Brote nach der Zahl der Jünger; die Jünger tragen leinene Gewänder und geweihte Kräuter in dem Mund und in ihren Händen, halten das Psephos, werden mit einem Siegel besiegelt, müssen die Füße dicht aneinander stellen und mit Jesus sich gegen die vier Ecken der Welt wenden. Dann betet Jesus unter Ausrufung der magischen Formeln zum Vater, dem unendlichen Licht des Lichtschatzes, um Sündenvergebung für die Jünger. Als Erfüllung seines Gebets erbittet er ein Zeichen [7]). Jedesmal wird es gegeben: bei der Wassertaufe wandelt sich der Wein des einen Krugs in Wasser; bei der Feuertaufe erfolgt es im Feuer des duftenden Weihrauchs; bei der Geistestaufe ist es ein Wunder in der Prosphora. Jedesmal tauft Jesus nun die Jünger, gibt ihnen von der Prosphora und besiegelt die Gereinigten mit dem heiligen Siegel der Lichtjungfrauen zum Beweis, daß sie Erben des Lichtreiches geworden sind.

Die Terminologie dieser Mysterien entbehrt nicht der Anlehnung an Begriffe der Evangelien. Die dreifache Taufe mit Wasser, Feuer und Geist ist eine strenge Erfüllung der beim Wort genommenen Prophetie Johannes des Täufers: „Ich taufe Euch mit Wasser zur Buße; der aber nach mir kommt, ist stärker denn ich, der wird Euch mit heiligem Geist und mit Feuer taufen" (Matth. 3, 11; Luk. 3, 16. 17). Auch muß man sich erinnern, daß schon das Joh.-Evangelium selbst die Wassertaufe und die Wein- d. h. Bluttaufe in allegorischer Antithese inszeniert hatte, wenn es auf des Johannes Jordantaufe und seine Verkündigung des kommenden Vollziehers einer höheren Taufe mit heiligem Geiste (Joh. 1, 34)

---

6) Sie sind aus Galiläa geholt, von einer den Geschlechtsverkehr nicht mehr ausübenden Person entliehen.

7) Vgl. darüber unten S. 77.

unmittelbar die Wandlung des Wassers in Wein durch den höheren Täufer, den Täufer im Blut des Kreuzes, folgen ließ. Man beachte dabei auch, daß schon hier (wie in den Mysterienriten der gnostischen Severianer) Taufe und Abendmahl gleichsam als Einheit symbolisch zusammengefaßt werden. Der Hochzeitswein zu Kana, den Jesus aus Wasser schafft, soll beides allegorisch abbilden: die Taufe und den das Blutopfer am Kreuz präfigurierenden eucharistischen Wein.

Mit solchen Nachklängen von Vorstellungen des vierten Evangeliums vermischten sich andere, die aus dem ersten Joh.-Brief stammen: „Und dies ist die Kunde, die wir von ihm gehört haben und auch verkünden, daß Gott L i c h t ist und keine Finsterniß in ihm ist. . . . Wenn wir im Lichte wandeln, wie e r i m L i c h t ist, so haben wir Gemeinschaft miteinander, und das B l u t J e s u s, seines Sohnes, r e i n i g t u n s v o n a l l e r S ü n d e (1. Joh. 1, 5/7). Wer ist es, der die W e l t ü b e r w i n d e t, als der, der glaubt, daß Jesus der Sohn Gottes ist? Dieser ist es, der gekommen ist durch W a s s e r und B l u t, Jesus Christus, nicht mit dem Wasser allein, sondern mit dem Wasser und mit dem Blut; und der G e i s t ist es, der zeugt, weil Christus die Wahrheit ist. So sind es drei, die da zeugen: der Geist, das Wasser und das Blut, und die drei sind einig" (1. Joh. 5, 5/8; siehe oben S. 9).

Diesem und dem vierten Evangelium steht die theosophische Spekulation dieser gnostischen Welt offenbar am nächsten. Sie berührt sich mit ihnen in der Einführung des Begriffes 'Licht' für das Göttliche, des Dualismus Finsternis und Licht, der Vorstellung des pneumatischen Menschen, der sündenreinigenden und ins Licht führenden Kraft des Blutes Christi, der im Lichte ist, der drei zeugenden Sakramente Wasser, Blut und Geist. Wenn nach der Lehre dieser gnostischen Traktate als Mysterien des Lichtes, die zum Gott des Lichtschatzes führen, die Taufe des Wassers, des Feuers, des heiligen Geistes und die Salbung des heiligen Geistes gefeiert werden, so sind das alles Elemente Johanneischer Spekulation und Bildsprache: „Die S a l b u n g, die ihr von ihm empfangen habt, b l e i b t i n e u c h, und ihr habt nicht nötig, daß euch jemand belehre, sondern wie seine S a l b u n g euch b e l e h r t über a l l e s und wahr ist und ist keine Lüge, und wie sie euch g e l e h r t hat, so bleibet in ihm" (1. Joh. 2, 27). Also: 1. Christus erteilt eine

Salbung seinen Jüngern wie der Jesus den Severianern; 2. diese
Salbung geht über in das Wesen der Gesalbten, verändert es und
bewirkt, daß sie i n C h r i s t u s sind, d. h. sie wirkt magisch-theur-
gisch; 3. diese Salbung b e l e h r t und zwar über a l l e s und ist
wahr, d. h. sie schafft die rechte Gnosis des Kosmos.

Diese Johanneische Spekulation und Bildsprache erscheinen hier
aber realisiert in kultischen Handlungen, die in die überirdische
Welt p r o j i z i e r t sind, ähnlich wie in der Johanneischen Apokalypse, wo in der himmlischen Versammlung um den Thron Gottes und des Lammes gleichfalls rituelle Handlungen sich abspielen
und die aus dem heiligen Buch entnommenen Enthüllungen in Nachbildung der christlichen Gemeindefeier von Gebeten und Gesängen
kultischer Art begleitet werden.

Über den kultischen S i n n dieser gnostischen Handlungen kann
man allerdings im einzelnen sehr zweifeln. Es erscheinen die Ansätze zu fünf verschiedenen späteren kirchlichen Sakramenten hier
gleichsam im Urzustande noch vereinigt: die Taufe, das Abendmahl,
das Chrisma (die spätere Firmung oder Konfirmation), das Bußsakrament der Sündenvergebung, ja sogar das Sakrament der Ordi-
nation [8]), welches Augustin das *sacramentum dandi baptismi* nannte.

Die Elemente der Eucharistie (Weinkrüge, Wasserbecher, Brote,
Kommunion der Prosphora) hat Köstlin [9]) bei seiner Erläuterung
in den Vordergrund geschoben. Dagegen hat Harnack [10]) die
Elemente des Bußsakraments betont und in dem Ritus die Vorausnahme des von der Kirche ersehnten, aber erst viel später geschaf-
fenen Bußsakraments gefunden. Carl Schmidt ([1] S. 508) nimmt eine
Verbindung der beiden Sakramente an und meint, die Gnostiker
dieser Sekte hätten das Sakrament der Taufe und des Abendmahls
als e i n Sakrament gefeiert und dabei ein höchst kompliziertes
Kultusritual in Anwendung gebracht.

8) Jesus o r d i n i e r t im vierten Buch der Pistis Sophia seine Jünger
durch das ihnen erteilte Sakrament der Taufe gleichzeitig dazu, an den
Würdigen, die an sie glauben, dieses Sakrament ihrerseits zu vollziehen.

9) Köstlin, Das gnostische System der Pistis Sophia, a. a. O. S. 169
Anm. 1.

10) Harnack, Über das gnostische Buch Pistis Sophia. Leipzig 1891,
S. 93 (Gebhardt und Harnack, Texte und Untersuchungen Bd. 7, 2).

Mich interessiert auf dem Wege meiner Untersuchung nur die Frage nach der symbolischen und kultischen Bedeutung, die dem Johanneischen Speerstich und seinen Folgen hier beigelegt ist.

Da drängt sich unleugbar auf den ersten Eindruck hin folgende Wahrnehmung auf. Der in den beiden gnostischen Schriften dargestellte Mysterien-Ritus erklärte sich sehr glatt und einfach, wenn er eine kultische Realisierung jener später (zuerst in der Theologie und Liturgik der östlichen Kirche) verbreiteten mystischen Auffassung des Johanneischen Speerstichs wäre, die darin eine Präfiguration der beiden kirchlichen Sakramente, des Wassers der Taufe und des in Blut sich wandelnden eucharistischen Weins, erblickt. Ausdrücklich bezeichnet ja der Jesus der Pistis Sophia das Blut und Wasser, das aus seiner vom Speer durchbohrten Seite floß, als Vor- und Abbild der dreifachen Mysterien des Lichts, die er nachher an seinen Jüngern vollzieht und die zwischen Taufe und Abendmahl mitten innestehen. Dabei muß man sich erinnern, daß Taufe und Abendmahl auch in der alten katholischen Kirche eine Einheit bildeten, weil es Sitte war, den Täuflingen sofort nach Empfang des Taufsakraments das Abendmahl zu erteilen. Und noch heute dauert die Erinnerung an diesen alten Sachverhalt fort in der katholischen Liturgie der Osternacht und des Ostermorgens. Die Benediktion am heiligen Sabbat betrachtet das Taufwasser als dasselbe, welches einst zusammen mit dem göttlichen Blut aus der S e i t e d e s G e k r e u z i g t e n hervorströmte. Nach dem Gebrauch der ältesten katholischen Kirche war mit der Taufe aber zugleich auch das *chrisma* (die Salbung) verknüpft, aus der sich kurz vor der Mitte des dritten Jahrhunderts die Firmung oder Konfirmation als selbständiges Sakrament abgelöst hat [11]). Die Trias: Taufe, Salbung, Eucharistie, welche in dem vorliegenden gnostischen Ritual eine so eigentümliche Form zeigt, war also gewissermaßen durch den Kultus der allgemeinen Kirche begründet.

Wenn in der Pistis Sophia die Wirkung des Speerstiches bereits als ein Abbild der beiden Sakramente der Kirche, der Wassertaufe und des eucharistischen Blutopfers, gelten soll, so müßte man annehmen, daß auch in diesem Punkte die Gnostik eine spätere kirch-

---

11) Vgl. über die Entwicklung der Lehre vom Sakrament der Firmung Joseph Schwann, Dogmengeschichte Bd. 2 (Freiburg i. Br. ² 1895), S. 757 ff.; Harnack, Dogmengeschichte ³ Bd. 1, S. 433 Anm. 2; ⁴ Bd. 1, S. 472 Anm. 2.

liche Anschauung „antizipiert" [12]), d. h. rund heraus gesagt: daß sie auch hier zu einer später durchdringenden Entwicklung den Anstoß gegeben hat.

Für die Datierung und Beurteilung des vierten Buchs der Pistis Sophia, namentlich für ihr Verhältnis zur Kultussymbolik und Dogmatik der alten Kirche ist die Entscheidung dieses Problems bedeutungsvoll. Allein manches spricht dafür, in einer anderen Richtung die Lösung des Rätsels zu suchen.

Vor allem: eine s i c h e r e Beziehung des aus der Seite Christi hervorströmenden Wassers und Blutes auf b e i d e Sakramente, auf Taufe und A b e n d m a h l, ist, soviel ich sehe, bis zur Mitte des dritten Jahrhunderts nicht nachzuweisen. Die oben (S. 51 ff.) besprochene Anspielung Tertullians ist nicht klar, und weder bei Origenes noch bei Cyprian scheint eine u n z w e i f e l h a f t e Deutung auf den eucharistischen Wein vorzukommen. Auch die oben (S. 50) mit-

12) Dieser eigentlich unwissenschaftliche Ausdruck darf allerdings nur mit Vorbehalt gebraucht werden. In Adolf Harnacks Lehrbuch der Dogmengeschichte verwendet das prachtvolle dem Gnostizismus gewidmete Kapitel — an Wissen schwer und Geist! — wiederholt den Ausdruck „Antizipation", um festzustellen, daß manche speziellen späteren kirchlichen Terminologien, Dogmen und Kulte sich schon im Gnostizismus finden. Und dasselbe Wort fällt auch in den verwandten Betrachtungen seiner Abhandlung über die Pistis Sophia. Aber mir scheint diese Bezeichnung, falls sie anders als bildlich verstanden werden soll, nicht glücklich zu sein. Wenigstens beschreibt sie den objektiven Tatbestand keineswegs, geschweige daß sie ihn erklärte. „Antizipation" ist ein logischer und ein psychologischer, aber kein geschichtlicher Begriff. Zwischen den in Frage stehenden Vorgängen sind zwei historische Verhältnisse möglich: entweder haben an zwei verschiedenen Punkten der christlichen Welt zu verschiedenen Zeiten zweimal s e l b s t ä n d i g e Entwicklungen dasselbe Resultat ergeben. Oder aber es besteht doch ein kausaler, genetischer Zusammenhang zwischen den analogen Erscheinungen im Gnostizismus und in der allgemeinen Kirche. Der Ausdruck Antizipation paßt zu keiner dieser beiden Möglichkeiten und statuiert weder die eine noch die andere. Und doch sieht der aufmerksame Leser: das, was Harnack über die gnostische Theorie der Erbsünde (a. a. O. [3] Bd. 1, S. 246, Anm. 1; [4] Bd. 1, S. 284, Anm. 1), über die gnostischen Termini ὁμοούσιος, ἀγέννητος (ebd. Anm. 2), über die gnostische Christologie (ebd. S. 248 Anm. bzw. 287 Anm.), über die gnostischen Sakramente (ebd. S. 252 Anm. bzw. S. 291) ausführt, zwingt überall zur Annahme eines direkten Zusammenhangs, in dem die Gnostiker die Gebenden, Anregenden, Keime Ausstreuenden gewesen sind.

geteilte Äußerung des Apollinaris von Hierapolis enthält sie nicht. Allerdings liegt sie im Grunde schon nach den Johanneischen Bildern (siehe oben S. 12 ff.) nahe genug.

Bemerkenswert ist ferner noch eins: die Symbolik des Blutes in diesen Schriften entbehrt der Klarheit. Zuerst tritt die sakrifizielle Bedeutung des Blutes Christi ganz zurück. Es ist — so spricht Jesus selbst in der Pistis Sophia — „ein Zeichen wegen des Körpers der Menschheit, welchen ich in dem Topos der Barbelos [der Mutter des Alls], der großen Dynamis des unsichtbaren Gottes, empfangen" (Schmidt[1] S. 337; [2] S. 273). Also ein Sinnbild der Inkarnation. Ausdrücklich wird es gegenübergesetzt dem Feuer und dem Wasser, von denen es heißt, sie „waren r e i n i g e n d alle Sünden der Welt", die also k a t h a r t i s c h e Sakramente darstellen. Auch die jüdische Idee des versprengten sühnenden O p f e r blutes scheint mit jener Deutung (Zeichen der Menschwerdung) ausgeschlossen. Freilich fährt dann Jesus bald nachher fort: „Und auch deswegen nahm ich einen Becher Weins, segnete ihn und gab ihn Euch, sprechend: ʻDies ist das B l u t des Bunds, welches für Euch zur Vergebung Eurer Sünden vergossen werden wirdʻ " (Schmidt[1] S. 337; [2] S. 273). Da taucht also doch der sakrifizielle Gedanke auf. Unmittelbar danach heißt es: „Und d e s w e g e n hat man auch die Lanze in meine Seite gestoßen und es kam Wasser und Blut heraus" (Schmidt[1] S. 337; [2] S. 273). Das kann doch wohl in diesem Zusammenhang nur bedeuten: Um die Opferung meiner angenommenen Menschheit sichtbar zu machen, ließ ich den Speer in meine Seite stechen und Wasser und Blut hervorfließen. Das Blut gewinnt hier so die doppelte symbolische Bedeutung: Zeichen der O p f e r u n g und Zeichen der geopferten M e n s c h h e i t Christi. Das Wasser dagegen wird zu einem Symbol der göttlichen Natur Christi. Die Beschreibung der späteren Mysterienweihen weiß aber in beiden Schriften hiervon gar nichts: da erscheint das Blut weder als Symbol der Menschwerdung Gottes noch als eucharistisches Opfer, sondern lediglich als kathartisches Element in einer Reihe mit den anderen kathartischen Elementen Wasser und Feuer, die vorher gerade davon geschieden waren. Die Anschauung, wie sie diese Mysterienweihen zeigen, ist nun aber, was bisher übersehen zu sein scheint, recht nahe der mystischen Interpretation verwandt, die Apollinaris von Hierapolis den Folgen des Speerstichs gegeben hat (siehe oben S. 50). Nach seinem Ausdruck brechen dadurch aus der heiligen Seite die beiden Reinigungsmittel (καθάρσια) hervor: Wasser und B l u t, d. h. der Logos und das Pneuma. Auch hier schwebt offenbar der Begriff eines gesteigerten Taufsakraments kathartischer Art, d. h. eines Bußsakraments mit der Wirkung der Sündentilgung vor. Damit haben die Severianer die Feuertaufe des Johannes Baptista zusammengerührt.

Zum Verständnis des m a g i s c h e n Charakters des Taufzeremoniells in diesen gnostischen Schriften muß man endlich herbeiziehen, was uns über den um 180 n. Chr. lebenden gnostischen Theurgen Markus und seine Sekte berichtet wird [13]). Dieser vollzog das eucharistische Sakrament in der Weise, daß nach weit ausgedehntem Weihegebet, der Epiklese, der Abendmahlskelch purpurn und rot erschien und den Eindruck hervorrief, als ob die Charis, eine der über dem Universum waltenden Äonen, ihr Blut in jenen Kelch träufeln lasse. Alsdann betörte er die Weiber durch das Taschenspielerkunststück, einen großen Kelch aus einem kleinen so anzufüllen, daß er überströmt. Dieser wunderbare Effekt steht offenbar ganz auf einer Stufe mit jenem göttlichen Zeichen, das in den koptischen Traktaten jedesmal als Beweis der Erhörung und Erfüllung des sakramentalen Gebets erfleht und gegeben wird.

---

13) Irenaeus, Adversus haereses lib. I, 13, 2 (Migne, P.G. Bd. 7, S. 579 ff.); vgl. Steitz, Abendmahlslehre Bd. 9 [1864], S. 475.

Sechstes Kapitel.

Die eucharistische Phantasmagorie
des Chrysostomos.

In Antiochia lehrte gegen Ende des vierten Jahrhunderts J o h a n -
n e s C h r y s o s t o m o s mit der Beredsamkeit und Wortfülle eines
goldenen Feuerstroms die Eucharistie als ein schaudervolles Wunder
und als ein entzückendes Gleichnis physischer Wirkung des göttlichen Geistes mit ahnungsvoller Sehnsucht, mit trunkener Andacht,
mit leidenschaftlicher Zerknirschung begreifen. Mit vollem Recht
spricht Jülicher (Die Gleichnisreden Jesu. Freiburg i. Breisgau
² 1899, Band 1, S. 235) „von dem wunderbaren Zauber, der
über den Homilien dieses Mannes ausgebreitet liegt": in der Tat
„man muß ihn selbst und im Urtext lesen, um die richtige Vorstellung von seiner Größe zu gewinnen". Er, der *doctor eucha-*
ristiae, faßte das Abendmahl als eine ἱερὰ μυσταγωγία auf: an die
E i n g e w e i h t e n allein wendet sich seine Erklärung, die sich doch
mehr in ekstatischem Stammeln als in begriffsmäßiger Rede ergeht [1]).
Man hat ihn als den hervorragendsten Vertreter der Antiochenischen Exegese, die auf den Wortsinn, auf den historischen Sinn der
heiligen Schrift das Gewicht legt im Gegensatz zu der Methode der
Alexandriner, des Hilarius, Augustin und ihrer abendländischen Nachfolger, wohl rühmen wollen als einen natürlicheren Realisten. Und
gewiß gibt er dazu durch manche seiner homiletischen Interpretationen ein Recht. Allein was die Auffassung des Abendmahls betrifft, so
hat man nur die Wahl zwischen der Alexandrinischen und Augustinischen Skylla und der Charybdis des „Goldmunds". Dort wie hier
ist man gleich weit von einer philologischen, d. h. wissenschaftlichen
Hermeneutik der überlieferten Worte Christi entfernt. Allerdings ist
sich Chrysostomos mehr als die andere Gruppe des Unterschiedes realer und symbolischer Identität bewußt. Demgemäß bespricht er des

---

1) Vgl. über seine Abendmahlslehre Loofs in Hauck, RE. Bd. 1, S. 54 f.;
ferner die von Preuschen ebd. Bd. 4, S. 102 verzeichnete Literatur.

Paulus Wort: „[Unsere Väter] aßen alle dieselbe geistliche Speise und tranken denselben geistlichen Trank; sie tranken nämlich aus dem mitgehenden geistlichen Fels, der Fels aber war Christus" (1. Korinth. 10, 3 f.). Das hatte der typologisch-allegorischen Exegese Anlaß gegeben, in dem Quellwasser des Moses das präformierte Gegenbild zu dem Sakrament der christlichen Taufe zu finden. Chrysostomos legt sehr gut dar, welch kühne Metaphern hier Paulus wagt, wie er die „Wahrheit (d. h. den eigentlichen Sinn) und den Typus (d. h. das Bild) zusammenführt". Er sieht ganz richtig: „mitgehend" kann der Fels nur heißen, insofern eben dabei an Christus gedacht ist. Er bemerkt treffend, daß zwischen dem Felsen, der zwar durch ein göttliches Wunder Wasser von sich gab, aber doch natürliches Wasser, das natürliche, sinnliche Erquickung schaffte, und dem eucharistischen Trank des Sakraments, der übernatürliche, geistliche Erquickung herbeiführt, ein prinzipieller Unterschied bestehe [2]. Aber diesen Prozeß der Eucharistie selbst nimmt er nun, ganz abhängig von der rabbinischen Allegorik des Apostels Paulus, nicht als ein menschliches Liebes- und Gedächtnismahl, die Einsetzungsworte des Herrn nicht als Gleichnisrede, was sie doch fraglos gewesen sind, sondern im strengsten Literalsinn. Und sein Realismus kann hier dem offenbaren Symbol nur dadurch Wirklichkeit und konkrete Existenz verleihen, daß er sich in den Schleier der Arkandisziplin hüllt, die Magie der Mysterien, die naturphilosophische Erotik des Gnostizismus und Neuplatonismus zu Hilfe ruft und den schwimmenden Glanz seiner grandiosen Dichterprophetie darüber ausgießt.

Die konsekrierten Elemente des Abendmahls sind für ihn selbst göttliche Kräfte: ihr bloßer Anblick ist dem Ungeweihten nicht nur verboten, er ist auch ein Frevel. Als einmal bei einem Aufruhr heidnische Soldaten in die heilige Stätte gedrungen sind, empfindet er das wie eine Steigerung der vorher begangenen Gewalttat gegen das zum Gottesdienst versammelte Volk oder selbst gegen die zur Taufe entkleideten Frauen (Migne, P.G. Bd. 52, S. 533). Er wird nicht müde, das Schaudervolle, das Schreckliche dieses Mysteriums hervorzuheben:

z. B. De proditione Judae homil. 1 Kap. 6 (Migne, P.G. Bd. 49, S. 380): Καιρὸς λοιπὸν τῇ φρικτῇ ταύτῃ προσελθεῖν τραπέζῃ; ebd. (S. 381): Θυσίᾳ γὰρ προσέρχῃ φρικτῇ καὶ ἁγίᾳ; homil. 2 Kap. 6 (S. 389): καιρὸς λοιπὸν τῇ

---

2) In Epist. I ad Corinth. homil. 23 Kap. 2 (Migne, P.G. Bd. 61, S. 191).

φρικτῇ ταύτῃ καὶ φοβερᾷ τραπέζῃ; in epist. I ad Corinth. homil. 24 Kap. 1
(Migne, a. a. O. Bd. 61, S. 199): μυστηρίων μεμνημένος φρικτῶν, εὐλογίας
ποτήριον . . . τὸ φοβερὸν καὶ φρικωδέστατον ἐκεῖνο; ebd. (S. 200): ῞Ωστε εἰ
αἵματος ἐπιθυμεῖς, φησί, μὴ τὸν τῶν εἰδώλων βωμὸν τῷ τῶν ἀλόγων φόνῳ,
ἀλλὰ τὸ θυσιαστήριον τὸ ἐμὸν τῷ ἐμῷ φοίνισσε αἵματι· τί τούτου φρικω-
δέστερον; τί δὲ φιλοστοργότερον; in Johannem homil. 47 al. 46 Kap. 4
(Migne, a. a. O. Bd. 59, S. 261): Φρικτὰ ὄντως τὰ μυστήρια τῆς Ἐκκλησίας,
φρικτὸν ὄντως τὸ θυσιαστήριον.

In der Tat vermag seine Rhetorik auch dem modernen Leser
Entsetzen einzuflößen über diese Verquickung überweltlicher und
brutal körperlicher Vorstellungen, durch die er das über ihn strö-
mende, ihn durchglühende geheimnisvolle Wunder fühlbar und
greifbar machen will. „Habe Scheu vor dem Gegenstand dieser
Oblation: geschlachtet liegt vor dir Christus", so rüttelt er seine
Hörer auf (De prodit. Judae homil. 1 Kap. 6; Migne, a. a. O. Bd. 49,
S. 381): Αἰδέσθητι τὴν ὑπόθεσιν αὐτῆς τῆς προσφορᾶς· ἐσφαγ-
μένος πρόκειται ὁ Χριστός (ebenso homil. 2 Kap. 6; Migne, a. a. O.
Bd. 49, S. 390).

Die Johanneischen Worte Christi, deren Sinn natürlich rein symbolisch war, nimmt er im strengsten Wortsinn: „Dieses ist das Brot,
das vom Himmel herabkommt, damit einer davon esse und nicht
sterbe. Ich bin das lebendige Brot, das vom Himmel herabgekommen ist. Wenn einer von diesem Brot ißt, wird er l e b e n i n
E w i g k e i t, und zwar ist das Brot, das ich geben werde, mein
Fleisch für das Leben der Welt. . . . Wahrlich, wahrlich, ich sage
euch: ‚wenn ihr nicht das Fleisch des Sohnes des Menschen esset
und sein Blut trinket, so habt ihr kein Leben in euch. Wer mein
Fleisch ißet und mein Blut trinket, der hat e w i g e s L e b e n und
ich werde ihn aufwecken am jüngsten Tage. Denn mein Fleisch
ist wahre Speise und mein Blut ist wahrer Trank'" (Joh. 6, 50—55).

Die Juden hatten nach dem Bericht des Evangelisten hierüber
gespottet und geeifert: „Wie kann uns dieser sein Fleisch zu essen
geben?" Und darauf hatte Jesus mit seinem „Wahrlich, wahrlich,
ich sage euch" überlegen abwehrend geantwortet, den angefochtenen
bildlichen Satz noch einmal schärfer wiederholend. Chrysostomos
steht ihm gegenüber durchaus auf demselben exegetischen Standpunkt wie die eifernden Juden: er denkt an das reale Fleisch und
Blut. Aber er bringt zur Erklärung ein unfehlbares Mittel herbei:
die Magie, den theurgischen Prozeß heidnischer Mysterien. „Durch

die Speise, die Christus uns gibt, will er uns die L i e b e s s e h n -
s u c h t zeigen, die er für uns hat. Deswegen vereinigte er sich mit
uns und rührte seinen Körper mit uns zusammen, auf daß wir ein
Ganzes würden, wie der mit dem Haupt verbundene Körper. Denn
dies ist das Zeichen l e i d e n s c h a f t l i c h e r L i e b e. ... Das' tat
Christus, um seine Liebe zu beweisen, und er bot sich den nach ihm
Verlangenden nicht bloß zum Anschauen, sondern zum Berühren,
zum Essen, zum Einbohren der Zähne, zur Verflechtung und zur
Stillung aller Begierde:"

Διὰ τῆς τροφῆς γὰρ τοῦτο γίνεται ἧς ἐχαρίσατο, βουλόμενος ἡμῖν δεῖξαι
τ ὸ ν π ό θ ο ν, ὃν ἔχει περὶ ἡμᾶς. Διὰ τοῦτο ἀνέμιξεν ἑαυτὸν ἡμῖν, καὶ ἀνέφυρε
τὸ σῶμα αὐτοῦ εἰς ἡμᾶς, ἵνα ἕν τι ὑπάρξωμεν, καθάπερ σῶμα κεφαλῇ συνημ-
μένον. Τῶν γὰρ σ φ ό δ ρ α π ο θ ο ύ ν τ ω ν ἐ σ τ ὶ τοῦτο δ ε ῖ γ μ α. ... Καὶ ὁ
Χριστὸς αὐτὸ πεποίηκεν ... τὸν αὐτοῦ πόθον ἐπιδεικνὺς τὸν περὶ ἡμᾶς, οὐκ
ἰδεῖν αὐτὸν μόνον παρέσχε τοῖς ἐπιθυμοῦσιν· ἀλλὰ καὶ ἅψασθαι καὶ φαγεῖν καὶ
ἐ μ π ῆ ξ α ι τοὺς ὀδόντας τῇ σαρκὶ καὶ συμπλακῆναι καὶ τὸν πόθον ἐμπλῆσαι
πάντα (In Johann. homil. 46 al. 45 Kap. 3; Migne, a. a. O. Bd. 59, S. 260).

Mit gleichem Naturalismus malt er aus, wie der Mund bei dem
Genuß des heiligen Mahls vom Feuer des himmlischen G e i s t e s
erfüllt, die Zunge, die den r o t e n Wein schlürft, vom schauervoll-
sten Blute gerötet wird, wie man ohne Ekel, sondern mit der Begierde des Kindes, das die Mutterbrust sucht, an diesen Tisch sich
herandrängt und die Gnade des heiligen G e i s t e s einsaugt:

Ἐπεὶ οὖν ὁ λόγος φησί· „Τοῦτό ἐστι τὸ σῶμά μου", καὶ πειθώμεθα καὶ
πιστεύωμεν καὶ νοητοῖς αὐτὸ βλέπωμεν ὀφθαλμοῖς. Οὐδὲν γὰρ αἰσθητὸν παρέ-
δωκεν ἡμῖν ὁ Χριστός· ἀλλ' ἐν αἰσθητοῖς μὲν πράγμασι, πάντα δὲ νοητά. Οὕτω
καὶ ἐν τῷ βαπτίσματι, δι' αἰσθητοῦ μὲν πράγματος γίνεται τοῦ ὕδατος τὸ δῶ-
ρον, νοητὸν δὲ τὸ ἀποτελούμενον, .ἡ γέννησις καὶ ἡ ἀνακαίνισις. Εἰ μὲν γὰρ
ἀσώματος ἦς, γυμνὰ ἂν αὐτά σοι τὰ ἀσώματα παρέδωκε δῶρα· ἐπειδὴ δὲ σώματι συμπέπλεκται ἡ ψυχὴ ἐν αἰσθητοῖς τὰ νοητά σοι παραδίδωσι. Πόσοι νῦν
λέγουσιν· „Ἐβουλόμην αὐτοῦ τὴν· μορφὴν ἰδεῖν, τὸν τύπον, τὰ ἱμάτια, τὰ ὑπο-
δήματα!" Ἰδοὺ αὐτὸν ὁρᾷς, αὐτοῦ ἅπτῃ, αὐτὸν ἐσθίεις. Καὶ σὺ μὲν ἱμάτια ἐπιθυμεῖς ἰδεῖν· αὐτὸς δὲ ἑαυτόν σοι δίδωσιν, οὐκ ἰδεῖν μόνον, ἀλλὰ καὶ ἅψασθαι
καὶ φαγεῖν καὶ λαβεῖν ἔνδον. — Μηδεὶς τοίνυν ν α υ τ ι ῶ ν προσίτω, μηδεὶς
ἐκλελυμένος· ἅπαντες π ε π υ ρ ω μ έ ν ο ι, ἅπαντες Ζ έ ο ν τ ε ς καὶ διεγηγερμένοι. ...
Οὐδὲ γὰρ ἥρκεσεν αὐτῷ τὸ γενέσθαι ἄνθρωπον, τὸ ῥαπισθῆναι καὶ σφαγῆναι,
ἀλλὰ καὶ ἀναφύρει ἑαυτὸν ἡμῖν· καὶ οὐ τῇ πίστει μόνον, ἀλλὰ καὶ αὐτῷ τῷ
πράγματι σῶμα ἡμᾶς αὐτοῦ κατασκευάζει. Τίνος οὖν οὐκ ἔδει καθαρώτερον
εἶναι τὸν ταύτης ἀπολαύοντα τῆς θυσίας; ποίας ἡλιακῆς ἀκτῖνος τὴν χεῖρα τὴν
ταύτην διατέμνουσαν τὴν σάρκα, τὸ στόμα τὸ πληρούμενον πυρὸς πνευματικοῦ,
τὴν γλῶσσαν τὴν φοινισσομένην αἵματι φρικωδεστάτῳ; ... Οὐχ ὁρᾶτε τὰ παιδία μεθ᾽ ὅσης προθυμίας δράσσεται τοῦ μαστοῦ; μεθ᾽ ὅσης ὁρμῆς ἐμπήγνυσι τῇ

θηλῇ τὰ χείλη; Μετὰ τοσαύτης προσίωμεν καὶ ἡμεῖς τῇ τραπέζῃ ταύτῃ καὶ τῇ θηλῇ τοῦ ποτηρίου τοῦ πνευματικοῦ· μᾶλλον δὲ μετὰ πολλῷ πλείονος ἑλκύσωμεν [προθυμίας], ὡς παιδία ὑπομάζια, τοῦ Πνεύματος τὴν χάριν· . . . Μηδεὶς ἀπάνθρωπος προσίτω μηδεὶς ὠμὸς καὶ ἀνελεής, μηδεὶς ὅλως ἀκάθαρτος (In Matth. homil. 82 al. 83 Kap. 4—5; Migne, a. a. O. Bd. 58, S. 743 f.).

Auf der andern Seite aber betont er im Abendmahl neben dem eucharistischen Genuß, neben der Kommunion auch den Charakter als Opfer, als Gegenstück zu den Opfern des alten Testaments. „Dieser Kelch ist das neue Testament", hatte der Apostel gelehrt. Das erläutert Chrysostomos also: der Kelch des alten Testaments bestand in Trankopfern und dem Blut vernunftloser Tiere. Nachdem das Opfertier getötet war, wurde das Blut in Kelchen und Schalen aufgefangen und als Libation ausgegossen. Statt des Blutes der Tiere gab der Herr sein eigenes Blut hin und darum erinnert er an jenes alte Opfer:

Τί δέ ἐστιν ὅ φησιν, ὅτι „Τοῦτο τὸ ποτήριον ἡ καινὴ διαθήκη ἐστίν"; ῏Ην γὰρ καὶ τῆς παλαιᾶς διαθήκης ποτήριον, αἱ σπονδαὶ καὶ τὸ αἷμα τῶν ἀλόγων· καὶ γὰρ μετὰ τὸ θῦσαι π ο τ η ρ ί ῳ καὶ φ ι ά λ η τ ὸ α ἷ μ α δ ε χ ό μ ε ν ο ι οὕτως ἔσπενδον. Ἐπεὶ οὖν ἀντὶ αἵματος ἀλόγων αἷμα εἰσήγαγε τὸ αὐτοῦ . . . ἀνέμνησε τῆς π αλαιᾶς θυσίας ἐκείνης (In Epist. I ad Corinth. homil. 27, Kap. 4; Migne, a. a. O. Bd. 61, S. 230).

Im Vordergrund steht jedoch für Chrysostomos durchaus das s u b j e k t i v e Element des eucharistischen Sakraments: die persönliche T e i l n a h m e der Gläubigen und Eingeweihten an dem aus Liebe sich hingebenden Leibe des göttlichen Erlösers.

In der eucharistischen Wandlung des Brots und Weins zum Leib erblickt er einen elementaren, naturgesetzlichen Vorgang und eine physische Wirkung auf das ganze Wesen, Körper und Seele des Empfängers.

Er hatte in diesen Gedanken Vorgänger!

K y r i l l v o n J e r u s a l e m bewegt sich in einem nah verwandten Vorstellungskreis mystischer Physiologie, um das Geheimnis der Eucharistie zu ergründen. „Das eucharistische Brot kommt nicht in den Unterleib und wird nicht in die Kloake ausgeschieden, sondern verteilt sich in deine ganze Konstitution zur Wohlfahrt von L e i b und S e e l e [3]." Es ist also eine Z a u b e r s p e i s e. Sie gibt Anteil an der göttlichen Natur, ja sie führt diese ein in die menschlichen Körper. „In dem Typus des B r o t e s wird dir der L e i b

_____
3) 5. mystagogische Katechese Kap. 15 (Migne, P.G. Bd. 33, S. 1120B).

und in dem Typus des W e i n s wird dir das B l u t gegeben, damit
du, indem du Leib und Blut aufnimmst, e i n Leib und e i n Blut
mit ihm werdest. Denn so werden wir Christusträger, indem sein
Leib und sein Blut sich in unsere Glieder verteilt⁴).“

Gregor von Nyssa erläuterte das Abendmahl als eine
Ernährung oder Heilung des Wiedergeborenen durch Speise und
Trank, als Gegengift gegen die Sterblichkeit. Der wirkliche Leib
Christi und sein Blut leiblich genossen ist diese magische Speise.
Indem sie nach den physiologischen Lebensgesetzen in den K ö r =
p e r des Kommunikanten eintritt, verwandelt sie diesen in die gött-
liche unvergängliche Natur, gibt ihm eine unsterblich machende
Kraft. Wie ein wenig Sauerteig den ganzen Teig durchdringt und
verändert, so wirkt diese göttliche Speise umbildend auf die Natur
des Genießenden.

Er wirft dabei die Frage auf, wie es möglich ist, daß der e i n e
Leib Christi an so viele Myriaden von Gläubigen auf dem ganzen
Erdkreis verteilt werde, in jeden eingehe und dabei doch selbst in
sich ganz bleibe. Und mit seltsamen Schlußfolgerungen auf Grund
seiner Ansichten über die physiologischen Vorgänge animalischer
Ernährung findet er auch darauf eine mystische Antwort⁵).

Chrysostomos zieht zur Erklärung des eucharistischen Vorgangs
nicht den Naturprozeß der Ernährung, sondern den des Wachstums,
der Zeugung, des erotischen Triebes heran.

Der Priester, der auf dem Altar opfert, ist nur der Vertreter
der alles wirkenden Macht des Herrn; dieser selbst spricht durch
des Priesters Mund, „das ist mein Leib“, und durch dieses Wort
wird, was vor uns liegt, verwandelt, gleichwie einst jenes göttliche
Wort „Wachset und mehret euch und füllet die Erde“, aus einem
Wort zur wirkenden, schaffenden Kraft wurde und die menschliche
Natur zur Fortpflanzung befähigte:

Πάρεστιν ὁ Χριστὸς καὶ νῦν ἐκεῖνος ὁ τὴν τράπεζαν διακοσμήσας ἐκείνην,
οὗτος καὶ ταύτην διακοσμεῖ νῦν. οὐδὲ γὰρ ἄνθρωπός ἐστιν ὁ ποιῶν τὰ προκείμενα γενέσθαι σῶμα καὶ αἷμα Χριστοῦ, ἀλλ' αὐτὸς ὁ σταυρωθεὶς ὑπὲρ ἡμῶν
Χριστός· σχῆμα πληρῶν ἕστηκεν ὁ ἱερεύς, τὰ ῥήματα φθεγγόμενος ἐκεῖνα· ἡ δὲ

---

4) 4. mystagogische Katechese Kap. 3 (Migne, P.G. Bd. 33, S. 1100A).
5) Die Hauptstelle gibt das 37. Kap. seiner großen Katechese (Migne,
P.G. Bd. 45, S. 94 ff.). Vgl. dazu Rückert, Das Abendmahl. Leipzig 1856,
S. 403 ff.; Steitz, Abendmahlslehre (Jahrbücher f. deutsche Theologie
Bd. 10 [1865], S. 435 ff.); Harnack, Dogmengeschichte ³ Bd. 2, S. 432 f.

84   Sechstes Kapitel:

δύναμις καὶ ἡ χάρις τοῦ Θεοῦ ἐστι. „Τοῦτό μου ἐστὶ τὸ σῶμα" φησί. τοῦτο τὸ
ῥῆμα μ ε τ α ρ ρ υ θ μ ί ζ ε ι τὰ προκείμενα· καὶ καθάπερ ἡ φωνὴ ἐκείνη ἡ λέγουσαν
,Αὐξάνεσθε καὶ πληθύνεσθε καὶ πληρώσατε τὴν γῆν" (Genes. 1, 28), ἐρρέθη
μὲν ἅπαξ, διὰ παντὸς δὲ τοῦ χρόνου γίνεται ἔργῳ ἐνδυναμοῦσα τὴν φ ύ σ ι.
τὴν ἡμετέραν πρὸς παιδοποιίαν (De prodit. Judae, homil. 1 Kap. 6; Migne,
P.G. Bd. 49, S. 380).

Chrysostomos benutzt hier eine Erklärung, die zuerst wohl (im
Jahre 374) E p i p h a n i u s   v o n   K o n s t a n t i a[6]) angewandt
hatte, um den sakramentalen Übergangsprozeß in der Eucharistie
als göttliche wunderbare Schöpfung, als Seiten- und Gegenstück
zu der menschlichen Sinnen unfaßbaren Erschaffung des Menschen
nach Gottes Bild wahrnehmbar zu machen. Ihm ist das eucharistische Mahl pneumatische Nahrung; aber wie die leibliche Nahrung, wenn sie in einen verdorbenen Magen kommt, die Krankheit
steigert, wird auch die pneumatische, wenn sie in eine von Schlech-
tigkeit überladene Seele fällt, diese um so mehr zerstören und zugrunde richten:

Τροφὴ γάρ ἐστι πνευματικὴ ἡ θυσία· καὶ καθάπερ ἡ σωματικὴ τροφή, ὅταν
εἰς γαστέρα χυμοὺς ἔχουσαν πονηροὺς ἐμπέσῃ, πλέον ἐπιτείνει τὴν ἀρρωστίαν
οὐ παρὰ τὴν οἰκείαν φύσιν, ἀλλὰ παρὰ τὴν ἀσθένειαν τῆς γαστρός· οὕτω δὴ
καὶ ἐπὶ τῶν μυστηρίων τῶν πνευματικῶν συμβαίνειν εἴωθε. Καὶ γὰρ καὶ αὐτά,
ἐπειδὰν εἰς ψυχὴν ἐμπέσῃ πονηρίας γέμουσαν, μᾶλλον αὐτὴν διαφθείρει καὶ
ἀπόλλυσιν, οὐ παρὰ τὴν οἰκείαν φύσιν, ἀλλὰ παρὰ τὴν ἀσθένειαν τῆς δεξαμέ-
νης ψυχῆς (De prodit. Judae, homil. 1 Kap. 6; Migne, P.G. Bd. 49, S. 380 f.).

Nicht aber dürfe man das eucharistische Brot für Brot, den
eucharistischen Wein für Wein ansehen; denn nicht gehen sie wie
die übrigen Speisen in die Kloake. Das sei ferne! Sondern wie
das Wachs am Feuer nichts an seiner Substanz verliert oder zu-
nimmt, so werden die geheimnisvollen Gaben von der Substanz
unseres Leibes, d. h. von unserer Verdauung aufgezehrt, behalten
aber ihren göttlichen Charakter:

Μὴ ὅτι ἄρτος ἐστὶν ἴδῃς, μηδ' ὅτι οἶνός ἐστι νομίσῃς· οὐ γὰρ ὡς αἱ λοιπαὶ
βρώσεις εἰς ἀφεδρῶνα χωρεῖ. ἄπαγε! μὴ τοῦτο νόει· ἀλλὰ ὥσπερ κηρὸς πυρὶ
προσομιλήσας οὐδὲν ἀπουσιάζει, οὐδὲν περισσεύει· οὕτω καὶ ὧδε νόμιζε συν-
αναλίσκεσθαι τὰ μυστήρια τῇ τοῦ σώματος οὐσίᾳ (De poenitentia homil. 9;
Migne, P.G. Bd. 49, S. 345).

6) Ancoratus Kap. 57 (Migne, P.G. Bd. 43, S. 117 AB); Holl, Epiphanius
Bd. 1 (Leipzig 1915), S. 66 f. (Die griech. christl. Schriftsteller der ersten
drei Jahrhunderte).

Das Blut Christi, das im Abendmahl genossen wird, stellt Chrysostomos in phantastischen Bildern dar als eine Z a u b e r - q u e l l e, als einen Brunnen der Verschönung und V e r j ü n g u n g paradiesischer, unvergänglicher Fruchtbarkeit. Dieses Blut schafft uns eine blühende, königliche Erscheinung, erzeugt eine u n w i d e r - s t e h l i c h e S c h ö n h e i t und läßt den Adel der Seele nicht verdorren, den es fortwährend tränkt und nährt. Dieses Blut vertreibt die Dämonen und ruft die Engel und ihren Herrn herbei. Aus dem P a r a d i e s strömte einst eine Quelle, die sichtbare Flüsse entsendete: aus diesem Tisch des heiligen Mahls rinnt eine Quelle, der pneumatische Flüsse entspringen. Bei dieser Quelle wachsen nicht fruchtlose Weiden, sondern Bäume überragen den Himmel, die F r ü c h t e tragen von e w i g e r R e i f e und niemals vertrocknen. Aus dieser Quelle fließen viele Bäche, die der heilige Geist entsendet durch Vermittlung des Sohnes. Es ist die Quelle des Lichts, aus der die Strahlen der Wahrheit aufsprudeln. Gleichwie wenn jemand seinen Arm oder seine Zunge in geschmolzenes Gold tauchte, falls das möglich wäre, es beide sofort v e r g o l d e n würde, so und noch viel mehr wirken die eucharistischen Mysterien auf die Seele:

Τοῦτο τὸ αἷμα τὴν εἰκόνα ἡμῖν ἀ ν θ η ρ ὰ ν ἐργάζεται τὴν β α σ ι λ ι κ ή ν, τοῦτο κ ά λ λ ο ς ἀ μ ή χ α ν ο ν τίκτει, τοῦτο ἀπομαρανθῆναι τῆς ψυχῆς τὴν ε ὐ γ έ- ν ε ι α ν οὐκ ἀφίησιν, ἄρδον αὐτὴν συνεχῶς καὶ τρέφον. ... Τοῦτο τὸ αἷμα ἀξίως λαμβανόμενον ἐ λ α ύ ν ε ι μ ὲ ν δ α ί μ ο ν α ς καὶ πόρρωθεν ἡμῶν ποιεῖ, κ α λ ε ῖ δ ὲ ἀ γ γ έ λ ο υ ς πρὸς ἡμᾶς, καὶ τὸν Δεσπότην τῶν ἀγγέλων. ... Ἀνέ- βαινεν ἐκ τοῦ παραδείσου πηγή, ποταμοὺς αἰσθητοὺς προχέουσα· ἀπὸ τῆς τρα- πέζης ταύτης ἄνεισι πηγή ποταμοὺς ἀφιεῖσα πνευματικούς. Παρὰ ταύτην τὴν πηγὴν πεφυτευμέναι εἰσίν, οὐκ ἰτέαι ἄκαρποι, ἀλλὰ δένδρα π ρ ὸ ς α ὐ τ ὸ ν φ θ ά- ν ο ν τ α τ ὸ ν ο ὐ ρ α ν ὸ ν κ α ρ π ὸ ν ἔ χ ο ν τ α ὥριμον ἀεὶ κ α ὶ ἀ μ ά ρ α ν- τ ο ν. ... Πολλοὶ ταύτης οἱ ῥύακες τῆς πηγῆς, οὓς ἀφίησιν ὁ Παράκλητος· καὶ μεσίτης ὁ μίὸς γίνεται. ... Αὕτη ἡ πηγὴ φωτός ἐστι πηγή, ἀναβλύζουσα ἀλη- θείας ἀκτῖνας. ... Ὥσπερ γὰρ χρυσοῦ τηκομένου, ἄν τε τὴν χεῖρά τις ἐμβάλῃ, εἰ οἷόν τε ἦν, ἄν τε τὴν γλῶτταν, χρυσῆν εὐθέως αὐτὴν ἐποίησεν ἄν· οὕτω δὴ καὶ πολλῷ πλέον ἐνταῦθα τὴν ψυχὴν ἐργάζεται τὰ προκείμενα (In Johann. homil. 47 al. 46 Kap. 3/4; Migne, P.G. Bd. 59, S. 261 f.).

Allen Nachdruck und allen Glanz legt Chrysostomos auf die Einschärfung der e i n e n Wirkung der eucharistischen Speise: sie verleiht dem sie Genießenden die U n s t e r b l i c h k e i t.

Diesen Gedanken hatte das Johanneische Evangelium, ihn hatte das 11. Kapitel des ersten Korintherbriefs mit plastischer Bildlich-

keit ausgesprochen. Er hatte sich bei Ignatius materialisiert zu dem
Begriff des φάρμακον ἀθανασίας (Heilmittel der Unsterblichkeit),
erschien bei Justin dem Märtyrer als μεταβολή des menschlichen
Fleisches und Blutes der Empfänger, d. h. als dessen Umwand=
lung in die Qualität der Unsterblichkeit, und verdichtete sich bei
Irenäus zu der Vorstellung, daß die eucharistische Speise ein himmlisches Element enthält, das dem genießenden Leibe das ewige Leben
verschafft. Man hat diese Auffassungen besonders für die klein-
asiatische Theologie in Anspruch genommen[7]).

Jedesfalls steht der Syrer Chrysostomos aber auf demselben
Boden: seine sinnliche Phantasie gestaltet diese Anschauungen noch
viel physischer, realistischer. Und dadurch stellt er sich gleich dem
Kreise Ignatius - Justinus - Irenäus scharf gegenüber dem Spiri-
tualisten Origenes und dessen Schüler Augustinus, denen die eucharistische Speise im Grunde doch nur eine Seelenspeise, ein pneu-
matisches Gericht ist.

Der Evangelist hatte gesagt: „Dies ist das Brot, welches vom
Himmel herabgestiegen ist: eure Väter aßen das Manna und sind
gestorben; wer dieses Brot isset, der wird leben in Ewigkeit" (Joh.
6, 59). Nicht von der gemeinen Auferstehung redet hier der Herr,
die allen bevorstehe, sondern von der a u s e r w ä h l t e n Auferstehung in der H e r r l i c h k e i t, von dem jenseitigen L o h n :

'Ο τρώγων μου τὴν σάρκα, οὐκ ἀπολεῖται τελευτήσας, οὐδὲ κολασθήσεται.
Ἀλλ' οὐδὲ περὶ τῆς ἀναστάσεως τῆς κ ο ι ν ῆ ς φησι· καὶ γὰρ ὁμοίως πάντες
ἀνίστανται, ἀλλὰ περὶ τῆς ἐξαιρέτου, τῆς ἐνδόξου καὶ μισθὸν ἐχούσης (In Joh.
homil. 47 al. 46 Kap. 1; Migne, P.G. Bd. 59, S. 263).

„Nicht bloß seinen Leib gab uns Christus, sondern weil die
frühere Natur des Fleisches, aus Erde gebildet, durch die Sünde dem
Tode verfallen und leer an Lebenskraft werden mußte, so brachte
er gleichsam einen andern Teig und ein anderes Ferment herbei:
sein eigenes Fleisch, d e r N a t u r n a c h d a s s e l b e, aber frei
von Sünde und strotzend von Lebensfülle, und gab dies allen,
daran teilzunehmen, auf daß wir dadurch genährt den früheren
L e i b d e s T o d e s ablegen und durch diesen T i s c h zum u n -
s t e r b l i c h e n L e b e n umgemischt werden":

7) Vgl. Loofs, Leitfaden der Dogmengeschichte. Halle³ 1893, § 18, 5 b,
S. 84 und Hauck, RE. Bd. 1, S. 41. 48. Einwendungen dagegen macht
Harnack, Dogmengeschichte ⁴ Bd. 2, S. 452—467.

Οὐδὲ γὰρ ἁπλῶς τὸ σῶμα αὐτοῦ ἔδωκεν· ἀλλ' ἐπειδὴ ἡ π ρ ο τ έ ρ α τ ῆ ς
σ α ρ κ ὸ ς φ ύ σ ι ς ἡ ἀπὸ γῆς διαπλασθεῖσα, ἀπὸ τῆς ἁμαρτίας ἔφθασε νεκρω-
θῆναι καὶ ζωῆς γενέσθαι ἔρημος, ἑτέραν, ὡς ἂν εἴποι τις, μᾶζαν καὶ ζύμην
ἐπεισήγαγε, τὴν ἑαυτοῦ σάρκα, φ ύ σ ε ι μὲν ο ὖ σ α ν τὴν α ὐ τ ή ν [!], ἁμαρτίας
δὲ ἀπηλλαγμένην καὶ ζωῆς γέμουσαν, καὶ πᾶσιν ἔδωκεν αὐτῆς μεταλαμβάνειν,
ἵνα ταύτη τρεφόμενοι καὶ τὴν προτέραν ἀποθέμενοι τὴν νεκράν, εἰς τὴν ζ ω ὴ ν τ ὴ ν
ἀ θ ά ν α τ ο ν δ ι ὰ τ ῆ ς τ ρ α π έ ζ η ς ἀ ν α κ ε ρ α σ θ ῶ μ ε ν τ α ύ τ η ς (In Epist. I
ad Corinth. homil. 24, Kap. 2; Migne, P.G. Bd. 61, S. 201).

„O Wunder! Der Tisch des Mysteriums ist zugerüstet, das Lamm
Gottes wird für dich zur Opferung geschlachtet, der Priester ist
für dich bemüht: da sprüht das pneumatische Feuer aus dem unbefleckten Tisch hervor, die Cherubim eilen hinzu, die Seraphim
fliegen herbei, sie, die sechsflügligen, die ihr Antlitz verhüllen, alle
körperlosen Wesen wirken als Abgesandte und Vermittler mit dem
Priester für dich. Und nun steigt das pneumatische F e u e r herab
vom Himmel, das Blut fließt im K e l c h zu deiner Reinigung, das
aus der unbefleckten Seite entleert ist":

Βαβαὶ τοῦ θαύματος! Τῆς τραπέζης τῆς μυστικῆς ἐξηρτισμένης, τοῦ ἀμνοῦ
τοῦ θεοῦ ὑπὲρ σοῦ σφαγιαζομένου, τοῦ ἱερέως ὑπὲρ σοῦ ἀγωνιζομένου, π υ ρ ὸ ς
π ν ε υ μ α τ ι κ ο ῦ ἐκ τῆς ἀχράντου ἀ ν α β λ ύ ζ ο ν τ ο ς τραπέζης, τῶν Χερουβὶμ
παρισταμένων καὶ τῶν Σεραφὶμ ἱπταμένων, τῶν ἑξαπτερύγων τὰ πρόσωπα
κατακαλυπτόντων [vgl. Isa. 6, 2; Apok. 4, 8], πασῶν τῶν ἀσωμάτων δυνάμεων μετὰ τοῦ ἱερέως ὑπὲρ σοῦ πρεσβευουσῶν, τοῦ πυρὸς τοῦ πνευματικοῦ
κατερχομένου, τοῦ αἵματος ἐν τῷ κρατῆρι εἰς σὴν κάθαρσιν ἐ κ τ ῆ ς ἀ χ ρ ά ν-
τ ο υ πλευρᾶς κενουμένου, οὐ φοβῇ (De poenitentia homil. 9; Migne, P.G.
Bd. 49, S. 345; vgl. auch die unten Kap. 9 Anm. 4 zitierten Stellen).

Der Anfang dieser Schilderung paßt gut auf die προσκομιδή der
späteren Chrysostomos-Liturgie, enthält aber kein sicheres Zeugnis für
ihre damalige Existenz. Das übrige entspricht der Situation, wie sie die
große Introitusprozession der Chrysostomos-Liturgie voraussetzt (siehe
unten Kap. 9).

Die Anschauung, daß die Engel bei dem eucharistischen Opfer
gegenwärtig sind und assistieren, erscheint zuerst wohl bei Origenes,
De oratione Kap. XI (Migne, P.G. Bd. 11, S. 488 B C), dann
(385—387) auch bei Ambrosius, Expositio evangel. secundum Lucas
I, 28 (Migne, P.L. Bd. 15, S. 1545 B) begründet durch Luk. 1, 11:
apparuit autem illi [Zacharias] *angelus Domini stans a dexteris
altaris incensi.* Über die Gestaltung dieses Gedankens in der byzantinischen Meßliturgie und bei Gregor d. Gr. (vgl. Kap. 10 und 12).

Man beachte die g n o s t i s c h anmutende Vorstellung vom Herabsteigen des himmlischen Feuers in den Kelch: die nun sichtbare

Wandlung des darin fließenden Weins zu Blut ist die Wirkung
dieses Feuers (vgl. oben Kap. 5, S. 68 f. u. ö., besonders aber das
Markosische Weinwunder in der Eucharistie). Man bemerke weiter:
das Blut des Kelchs „fließt zur R e i n i g u n g", ist mithin kathartisches Sakrament, also eine zweite, erhöhte Taufe; die beiden
Sakramente, Taufe und Eucharistie, spielen auch hier noch in-
einander, wie in der alten Zeit so oft (vgl. oben Kap. 4 und 5
passim).

„Wenn ihr dann herantretet zum göttlichen Leib", fährt Chrysostomos fort, „empfangt ihr ihn nicht aus einem Menschen: nein!
als f e u r i g e K o h l e aus der Zange der S e r a p h i m selbst, wie
sie Isaia sah, sollt ihr an dem göttlichen Leib teilzunehmen glauben
und, als ob ihr euch an die g ö t t l i c h e und unbefleckte S e i t e
d e s H e i l a n d s mit euren Lippen heftetet, also sollt ihr sein Blut
aufnehmen":

Διὸ καὶ προσερχόμενοι, μὴ ὡς ἐξ ἀνθρώπου νομίσητε μεταλαμβάνειν τοῦ
θείου σώματος, ἀλλ᾽ ὡς ἐξ αὐτῶν τῶν Σεραφὶμ τῇ λαβίδι τοῦ πυρός, ἥνπερ
Ἡσαῖας εἶδε [Isa. 6, 2. 3. 6], τοῦ θείου σώματος μεταλαμβάνειν νομίζετε, καὶ
ὡς τ ῆ ς θ ε ί α ς κ α ὶ ἀ χ ρ ά ν τ ο υ π λ ε υ ρ ᾶ ς ἐ φ α π τ ό μ ε ν ο ι τ ο ῖ ς χ ε ί λ ε σ ι ν,
οὕτω τοῦ σωτηρίου αἵματος· μεταλάβωμεν (De poenitentia homil. 9; Migne,
P.G. Bd. 49, S. 345).

Furchtsam und zitternd, aber den Blick nach oben gerichtet,
lautlos seufzend, im stillen Herzen jubelnd — so malt der große
Rhetor den Seelenzustand, den dieses Mysterium erwecken soll.

„Durch diesen Leib bin ich nicht mehr Erde und Asche, nicht
mehr ein Gefangener, sondern f r e i : durch ihn hoffe ich auf den
Himmel und seine Güter, auf das u n s t e r b l i c h e L e b e n , auf
das L o s d e r E n g e l , auf den Umgang mit Christus: dies ist jener
L e i b , der mit Blut begossen, der mit der L a n z e durchbohrt
wurde und für die g a n z e Welt die h e i l b r i n g e n d e n Q u e l -
l e n , die eine von B l u t , die andere von W a s s e r a u s -
s t r ö m t e":

Διὰ τοῦτο τὸ σῶμα οὐκέτι γῆ καὶ σποδός ἐγώ, οὐκέτι αἰχμάλωτος, ἀλλ᾽
ἐλεύθερος· διὰ τοῦτο τοὺς οὐρανοὺς ἐλπίζω καὶ τὰ ἐν αὐτοῖς ἀπολήψεσθαι
ἀγαθὰ τὴν ἀθάνατον ζωήν, τὴν τῶν ἀγγέλων λῆξιν, τὴν μετὰ Χριστοῦ ὁμιλίαν·
... τοῦτο ἐκεῖνο, τὸ σῶμά ἐστι τὸ ἡμαγμένον, τ ὸ λ ό γ χ ῃ π λ η γ έ ν, καὶ τὰς
σωτηρίους πηγὰς ἀναβλύσαν, τὴν τοῦ αἵματος, τὴν τοῦ ὕδατος τῇ οἰκουμένῃ
πάσῃ (In epist. I ad Corinth. homil. 24, Kap. 4; Migne, P.G. Bd. 61, S. 203).

Was hier als Phantasmagorie erscheint, gibt Chrysostomos ein andermal für streng beglaubigte Wirklichkeit aus. Von einem frommen Greise als Augenzeuge habe es — so behauptet er — sein Gewährsmann gehört, der es ihm wiedererzählte, daß während der Epiklese des heiligen Geistes bei der Konsekration des eucharistischen Kelches E n g e l den Altar umschwebten und in dem liturgischen Akt mitwirkten in strahlenden Gewändern, den Altar mit gesenkten Blicken umringend, gleich Soldaten, die ihrem Könige als Imperator huldigen:

῞Οταν δὲ καὶ τὸ Πνεῦμα τὸ ἅγιον καλῇ καὶ τὴν φρικωδεστάτην ἐπιτελῇ θυσίαν καὶ τοῦ κοινοῦ πάντων συνεχῶς ἐφάπτηται Δεσπότου, ποῦ τάξομεν αὐτόν, εἰπέ μοι; ... Τότε καὶ ἄγγελοι παρεστήκασι τῷ ἱερεῖ καὶ οὐρανίων δυνάμεων ἅπαν τάγμα βοᾷ καὶ ὁ περὶ τὸ θυσιαστήριον πληροῦται τόπος εἰς τιμὴν τοῦ κειμένου. ... Ἐγὼ δὲ καί τινος ἤκουσα διηγουμένου ποτέ, ὅτι αὐτῷ ΄τις πρεσβύτης, θαυμαστὸς ἀνὴρ καὶ ἀποκαλύψεις ὁρᾶν εἰωθώς, ἔλεγεν ὄψεως ἠξιῶσθαι τοιαύτης ποτέ· καὶ κατὰ τὸν καιρὸν ἐκεῖνον ἄφνω πλῆθος ἀγγέλων ἰδεῖν, ὡς αὐτῷ δυνατὸν .ἦν, στολὰς ἀναβεβλημένων λαμπρὰς καὶ τὸ θυσιαστήριον κυκλούντων καὶ κάτω νευόντων, ὡς ἂν εἴ τις στρατιώτας παρόντος βασιλέως ἑστηκότας ἴδοι. Καὶ ἔγωγε πείθομαι (De sacerdotio VI, 4; Migne, P.G. Bd. 48, S. 681). — Das letzte Bild erinnert unmittelbar an die Vorstellung, die in der byzantinischen Chrysostomosmesse der Cherubgesang bei der großen Introitusprozession ausspricht (τὸν βασιλέα, τῶν ὅλων ὑποδεξάμενοι ταῖς ἀγγελικαῖς ἀοράτως δορυφορούμενον τάξεσιν [über den Speeren im Triumph einhergetragen von den Heerscharen der Engel]), so daß man daraus schließen möchte, es müsse dieser Hymnus der späteren byzantinischen Messe schon zur Zeit des Chrysostomos im Gebrauch gewesen sein. Jedesfalls aber hat er dann eine andere Stelle gehabt: bei der Konsekration und nicht, wie später, schon im Introitus. Vgl. dazu unten Kap. 9 und oben S. 87.

„D i e s e r T i s c h — so verkündet Chrysostomos — ist die Kraft unserer Seele, das Band unseres Geistes, die Grundlage unseres Vertrauens, die Hoffnung, die Rettung, das L i c h t, das L e b e n. Schon h i e n i e d e n macht dir dieses Mysterium die E r d e zum H i m m e l. Öffne also die Tore des Himmels und blicke hinein, vielmehr nicht die Tore des Himmels, sondern des Himmels der Himmel, und dann wirst du schauen, was ich gesagt habe: das A l l e r h e r r l i c h s t e, was d o r t ist, das werde ich dir h i e r a u f E r d e n zeigen. Und du siehst es nicht bloß, du berührst es auch, ja du berührst es nicht allein, sondern du g e n i e ß e s t es und nimmst es nach dem Genuß mit dir in dein Haus":

Αὕτη γὰρ ἡ τράπεζα τῆς ψυχῆς ἡμῶν τὰ νεῦρα, τῆς διανοίας ὁ σύνδεσμος, τῆς παρρησίας ἡ ὑπόθεσις, ἡ ἐλπίς, ἡ σωτηρία, τὸ φῶς, ἡ ζωή. . . . Ἐνταῦθα γάρ σοι τὴν γῆν οὐρανὸν ποιεῖ τουτὶ τὸ μυστήριον. Ἀναπέτασον γοῦν τοῦ οὐρανοῦ τὰς πύλας, καὶ διάκυψον· μᾶλλον δὲ οὐχὶ τοῦ οὐρανοῦ, ἀλλὰ τοῦ οὐρανοῦ τῶν οὐρανῶν καὶ τότε ὄψει τὸ εἰρημένον. Τὸ γὰρ πάντων ἐκεῖ τιμιώτερον, τοῦτό σοι ἐπὶ τῆς γῆς δείξω κείμενον. . . . Καὶ οὐχ ὁρᾷς μόνον, ἀλλὰ καὶ ἅπτῃ; καὶ οὐχ ἅπτῃ μόνον, ἀλλὰ καὶ ἐσθίεις καὶ λαβὼν οἴκαδε ἀναχωρεῖς (In epist. I ad Corinth. homil. 24, Kap. 5; Migne, P.G. Bd. 61, S. 205).

„Der Trank des Segens, den wir segnen, ist er nicht die Gemeinschaft des Blutes Christi?" Ein höchst glaubensvoller und fruchtbarer Ausspruch des Apostels! Was er sagen will, ist folgendes: dieser T r a n k h i e r i m K e l c h i s t d a s s e l b e wie jenes B l u t, das v o n d e r S e i t e r a n n, und ihr habt daran teil:

„Τὸ ποτήριον τῆς εὐλογίας, ὃ εὐλογοῦμεν, οὐχὶ κοινωνία τοῦ αἵματος τοῦ Χριστοῦ;" Σφόδρα πιστῶς καὶ φοβερῶς εἴρηκεν [Kap. 10, 16]. Ὁ γὰρ λέγει, τοῦτό ἐστιν, ὅτι Τοῦτο τὸ ἐν τῷ ποτηρίῳ ὄν, ἐκεῖνό ἐστι τὸ ἀπὸ τῆς πλευρᾶς ῥεῦσαν, καὶ ἐκείνου μετέχομεν (In epist. I ad Corinth. homil. 24, Kap. 1; Migne, P.G. Bd. 61, S. 199 f.).

Den Lanzenstich des Kriegsknechts, den Chrysostomos so in den Mittelpunkt der eucharistischen Handlung rückt, erklärt er historisch als Akt der tiefsten Erniedrigung: ein dem Gekreuzigten noch nach seinem Tode angetaner Schimpf. Aber zugleich als die vollendete Erfüllung alter Prophetie, als den kommenden Abschluß der erlösenden Aufopferung, als das äußerliche Dokument für den Glauben an den göttlichen Heiland:

Ἐλθόντες γὰρ οἱ στρατιῶται, τῶν μὲν ἄλλων [der beiden Schächer] κατέαξαν τὰ σκέλη, τοῦ δὲ Χριστοῦ οὐκ ἔτι. Ἀλλ' ὅμως οὗτοι χαριζόμενοι τοῖς Ἰουδαίοις ἔνυξαν αὐτοῦ τὴν πλευρὰν τῇ λόγχῃ καὶ ν ε κ ρ ὸ ν τ ὸ σ ῶ μ α λοιπὸν ἐνύβριζον. Ὦ τῆς μιαρᾶς προαιρέσεως καὶ ἐναγοῦς! Ἀλλὰ μὴ θορυβηθῇς, μηδὲ κατηφήσῃς, ἀγαπητέ. Ἃ γὰρ ἀπὸ πονηρᾶς ἔπραττον γνώμης ἐκεῖνοι, ταῦτα τῇ ἀληθείᾳ συνηγωνίζετο· προφητεία γὰρ ἦν καὶ ἐντεῦθεν λέγουσα· „Ὄψονται εἰς ὃν ἐξεκέντησαν." Καὶ οὐ τοῦτο μόνον, ἀλλὰ καὶ τοῖς μέλλουσιν ἀπιστεῖν ἐγίνετο πίστεως ἀπόδειξις τὸ τολμηθὲν οἷον τῷ θωμᾷ καὶ τοῖς κατ' ἐκεῖνον (In Johann. homil. 85 al. 84; Migne, P.G. Bd. 59, S. 463).

„In diesem Lanzenstich vollzog sich das unaussprechliche Mysterium: Wasser und Blut traten hervor. Nicht ohne tiefen Sinn oder zufällig aber flossen diese beiden Quellen: sondern weil auf beiden die K i r c h e gegründet ist. Und es wissen das die in die M y s t e r i e n E i n g e w e i h t e n : die durch Wasser Wiedergeborenen, durch Blut und Fleisch Gespeisten. Von hier nahmen die Mysterien ihren Ursprung, damit du, wenn du herantrittst zu dem schaudervollen Kelch der Eucharistie, so ihn ergreifst, als ob du aus des Herrn Seite selbst tränkest":

Μετὰ δὲ τούτου καὶ μυστήριον ἀπόρρητον ἐτελεῖτο. Ἐξῆλθε γὰρ ὕδωρ καὶ αἶμα. Οὐχ ἁπλῶς δὲ οὐδὲ ὡς ἔτυχεν αὖται ἐξῆλθον αἱ πηγαί· ἀλλ' ἐπειδὴ ἐξ ἀμφοτέρων τούτων ἡ Ἐκκλησία συνέστηκε. Καὶ ἴσασιν οἱ μυσταγω-γούμενοι, δι' ὕδατος μὲν ἀναγεννώμενοι, δι' αἵματος δὲ καὶ σαρκὸς τρεφόμε-νοι. Ἐντεῦθεν ἀρχὴν λαμβάνει τὰ μυστήρια, ἵν' ὅταν προσίῃς τῷ φρικτῷ ποτη-ρίῳ, ὡς ἀπ' αὐτῆς πίνων τῆς πλευρᾶς οὕτω προσίῃς (a. a. O.).

Die physischen Wirkungen des Lanzenstiches sind also die mystischen Abbilder des Taufsakraments und des Opfersakra-ments.

Die eucharistische Handlung setzt Chrysostomos vollkommen gleich mit dem geschichtlichen realen Opferakt der Kreuzigung. Um dies nun ganz konsequent durchzuführen, scheut er nicht vor der seltsamen Annahme, daß Christi Passion in ihrer mimisch-alle-gorischen Wiederholung durch die Kommunikanten noch um eine Marter vermehrt werde. Dem aus der geöffneten Seite fließenden Blut des Gekreuzigten entspricht der rote Wein im Kelch. Die Glei-chung Blut und Wasser der Seitenwunde = Wein und Wasser im Kelch spricht, soweit ich sehen kann, Chrysostomos nicht aus: sie erscheint erst in der byzantinischen, seinen Namen führenden Litur-gie, sowie in der Ambrosianischen, Mozarabischen und einigen fran-zösischen Liturgien (siehe darüber unten Kap. 9 und 12).

Folgerecht muß auch das gebrochene Brot, das den Leib des geop-ferten Christus darstellt, eine allegorische Mimesis sein eines eigent-lichen Passionsaktes des Geopferten, d. h. des Zerbrechens der Beine, das ja für die beiden Schächer überliefert ist. Demgemäß verkündet er: „Was Christus am Kreuze nicht duldete, das duldet er jetzt beim Opfer um deinetwillen und er läßt sich in Stücke brechen, um alle zu sättigen":

„Ὁ ἄρτος ὃν κλῶμεν" [1. Korinth. 10, 16]. Διὰ τί δὲ προσέθηκεν „ὃν κλῶ-μεν"; τοῦτο γὰρ ἐπὶ μὲν τῆς εὐχαριστίας ἔστιν ἰδεῖν γινόμενον· ἐπὶ δὲ τοῦ σταυροῦ οὐκέτι ἀλλὰ καὶ τοὐναντίον τούτῳ· „Ὀστοῦν γὰρ αὐτοῦ οὐ συντρι-βήσεται" [Num. 9, 12; Exod. 12, 46]. Ἀλλ' ὅπερ οὐκ ἔπαθεν ἐπὶ τοῦ σταυ-ροῦ, τοῦτο πάσχει ἐπὶ τῆς προσφορᾶς διὰ σὲ καὶ ἀνέχεται διακλώ-μενος, ἵνα πάντας ἐμπλήσῃ (In epist. I ad Corinth. homil. 24; Migne, P.G. Bd. 61, S. 200).

Mir scheint dies doch dafür zu sprechen, daß schon zu des Chrysostomos Zeit, genauer bei Abfassung dieser Stelle, d. h. um 392, in
der syrischen, mindestens in der antiochenischen Liturgie beim Abendmahl die e u c h a r i s t i s c h e L a n z e zur Teilung des als Opferlamm gedachten Brots in Anwendung war, die uns sicher bezeugt
ist erst durch den Zurüstungsteil (προσκομιδή) der späteren ausführlichen Liturgie, die fälschlich unter dem Namen des Chrysostomos geht.

Über die d o g m a t i s c h e Bedeutung dieser liturgischen Phantasmagorie des Chrysostomos brauche ich mir hier nicht den Kopf
zu zerbrechen [8]). Mir genügt es, das p o e t i s c h e Element dieser
unvergleichlichen Enkomien genau zu bestimmen. Der Speerstich
des Kriegsknechts und seine Wirkung ist hier der eigentliche Kern
des Mysteriums der göttlichen Opferung in der Eucharistie und der
göttlichen Kommunion. Er wird im Abendmahl durch eine drama=
tische Allegorie wiederholt zum Zweck unmittelbarer t h e u r g i -
s c h e r Wirkung auf die E i n g e w e i h t e n, die Mysten. Diese
Wirkung aber wird ausgedrückt durch Bilder, deren Sinnlichkeit
etwas stark Superstitiöses, ja etwas direkt Heidnisches hat. Dieser
geheimnisvolle Tisch, auf den sich das himmlische Feuer herabsenkt,
auf dem das göttliche Blut im Kelch aufleuchtet wie g l ü h e n d e
K o h l e, den die Seraphim und Cherubim umschweben, dessen
Gaben den Genießenden Unsterblichkeit und „unwiderstehliche
Schönheit" bereiten und schon auf Erden das himmlische P a r a -
d i e s mit Bäumen unvergänglicher reifer Früchte schaffen, dieser
Kelch, der nur denen, die andächtig und reinen Herzens in sehnsüchtigem Verlangen ihn suchen, Heil bringt, erinnert er nicht an
die märchenhaften Vorstellungen von zauberhaften kostbaren Tafeln
und Behältern, Speisen und Tränken, welche alle Wünsche erfüllen,
welche ewige Jugend, ewiges Leben, Sieg, Macht und alle irdischen
Wonnen bringen? Man stelle sich vor, ein Nichtchrist, ein Heide
hörte diese Hymnen auf die Wunder der Eucharistie, auf die Heilkraft der blutvergießenden Lanze. Was würde er daraus für einen
Eindruck gewinnen? Müßte es nicht der eines Tischleindeckdich,
eines magischen Wunschgefäßes sein?

---

8) Die weitschichtige Literatur darüber verzeichnet Bardenhewer,
Patrologie, S. 304 f. und Preuschen in Hauck, RE. Bd. 4, S. 102.

Siebentes Kapitel

Das Speerwunder in der abendländischen Dogmatik seit Rufinus und Augustinus.

In der religiösen Phantasie des Abendlandes hat der Lanzenstich des Kriegsknechts zunächst lange Zeit eine viel weniger bedeutsame Rolle gespielt. Die römische Liturgie des Gelasius und Gregorius, die vielfach modifiziert im Zeitalter Karls des Großen ihren Siegeszug durch die Kirche des westlichen Europa antrat, weiß nichts von dieser grundlegenden mystischen Bedeutung des Lanzenwunders für die sonntägliche Eucharistie, wie sie in der Antiochenischen und Konstantinopolitanischen Messe zur Zeit des Chrysostomos und weniger entwickelt in der Ambrosianischen und Mozarabischen Messe zutage tritt. Die abendländische Dogmatik hat die Tat des Johanneischen Kriegsknechts wesentlich in derselben Weise typologisch-allegorisch ausgelegt, wie das schon durch Tertullian (siehe oben S. 51 ff.) und Cyprian (siehe oben S. 56 ff.) geschehen war.

A m b r o s i u s hebt das übernatürliche Moment des Ereignisses hervor und findet in dem hervorfließenden Wasser und Blut die Symbole des neuen Lebens, der reinigenden Taufe und der Erlösung, deren Gewähr der eucharistische Trank des Blutes Christi bietet:

Nam utique post mortem sanguis in nostris corporibus congelascit, ex illo autem incorrupto licet corpore, sed defuncto, omnium v i t a manabat. Aqua enim et sanguis exivit: illa quae diluat; iste qui redimat. Bibamus ergo pretium nostrum, ut bibendo redimamur (Expositio evangel. sec. Luc. 23, 49; Migne, P.L. Bd. 15, S. 1838 C). Vgl. auch: *Denique non tabes mortis de vulnere eius sicut hominum caeterorum, sed fons vitae scaturivit aeternae; ut Scriptura nos edocet dicens: „Et saliet aqua cum delectatione de fontibus Salvatoris"* (Isa. 12, 3). *Exsilivit ergo de vulnere aqua, ut nos biberemus salutem* (In psalm. 37 enarratio Vers 7; Migne, P.L. Bd. 14, S. 1024 C).

Begnügt sich Ambrosius, mit wenigen Worten dieses Mysterium zu umschreiben, so wird bald im abendländischen Europa auf Grund der oben (S. 51 ff.) erörterten Bilder Tertullians und der Allegorese

des Origenes der Akt des Speerstichs förmlich in ein System figür-
licher Deutung und dogmatischer Spekulation eingereiht, in dem
er fortan verharrt. Meines Wissens ist darin R u f i n u s in seinem
Kommentar zum apostolischen Symbolum vorangegangen. Der
Speerstich ist ihm das Bild der doppelten Taufe der sündigen
Menschheit mit Wasser und Blut: der Quelle der Sünde und des
Todes, die durch Eva, die aus Adams Rippe Geschaffene, in die
Welt floß, steht in dem heiligen Strom, den der Speerstich aus der
Brust des zweiten Adam, Christi, hervorlockte, die Quelle der E r -
l ö s u n g und des L e b e n s gegenüber:

> *Scribitur Jesus in latere percussus aquam simul et sanguinem pro-*
> *fudisse. . . . Produxit ergo aquam, quae credentes diluat, produxit et*
> *sanguinem, qui condemnet incredulos. Potest tamen etiam intelligi illud*
> *quod duplicem gratiam baptismi figuraverit. Unam quae datur per aquae*
> *baptismum, aliam quae per martyrium profusione sanguinis quaeritur.*
> *. . . Quia ergo fons peccati et mortis de muliere prima, quae fuit primi*
> *Adam costa, processit, fons redemptionis ac vitae de secundi Adam costa*
> *producitur (Rufinus, Comment. in Symbolum apostolorum Kap. 23; Migne,*
> P.L. Bd. 21, S. 361 C—362 A).

H i e r o n y m u s bezeichnet in ähnlichem Bilde, aber mehr an
die Fassung Cyprians sich lehnend, die Unfrommen, die im a l t e n
I r r t u m V e r h a r r e n d e n als solche, die nicht aus jenem Felsen
zu trinken verdient haben, dessen Brust gleichsam durch die Lanze
geöffnet Wasser und Blut hervorgesprudelt und der Welt die Wassertaufe des *baptismus* und die Bluttaufe des Martyrium zugleich
geweiht hat:

> *Non est pax impiis dicit dominus: Illis videlicet qui in errore pristino*
> *permanserunt, qui non meruerunt bibere de petra; cuius (ut noue loquar)*
> *latus lancea vulneratum aquis fluxit et sanguine, b a p t i s m u m nobis*
> *et m a r t y r i u m dedicans* (Comment. in Isaiam Kap. 48, 20—22; Migne,
> P.L. Bd. 24, S. 463 B. Vgl. auch 1. Korinth. 10, 4: *Petra autem erat*
> *Christus.* Ferner Epist. 69 ad Oceanum Kap. 6; Migne, P.L. Bd. 22, S. 660
> [1, 420]: *Latus Christi percutitur lancea et b a p t i s m i atque m a r t y r i i*
> *pariter sacramenta funduntur).*

Besonders lebt A u g u s t i n in diesem Gedankengang. Er rühmt,
auf die Übersetzung der Vulgata und die derselben zugrunde liegende illegitime Lesart der benutzten griechischen Textklasse (siehe
oben S. 4 ff.) gestützt, den achtsamen Ausdruck des Evangelisten,
daß er die Seite Christi nicht habe „durchbohren" oder „verwun-

den", sondern „öffnen" lassen. Die P f o r t e d e s L e b e n s habe
der Stich geöffnet, den Ursprung der Sakramente der Kirche, ohne
die man zum wahren Leben nicht Eintritt finde. Das stimmt scheinbar sehr genau zu der oben (S. 90 f.) erwähnten Formulierung des
Chrysostomos. Aber es steht in Wahrheit doch weit ab: denn Augustin fehlt jede realistische Gleichsetzung oder Vergleichung der Folgen des Speerstichs mit den Stoffen der eucharistischen Wandlung,
ja die Abweisung der Vorstellung einer Verwundung oder Durchbohrung schließt die Ablehnung der ganzen griechischen Opfer-
mimese in sich ein.

Das fließende Blut, lehrt Augustin weiter, sei vergossen zur Vergebung der Sünden, das Wasser biete einen H e i l t r u n k und ein
Bad. Gleich Tertullian (vgl. oben S. 53), Rufinus und Origenes
(vgl. oben S. 54 f.) kontrastiert er die Öffnung der Rippe Adams,
aus der Eva, die Mutter der Lebenden und des Todes, hervorgetre-
ten sei, mit der Öffnung der Seite Christi, des zweiten Adam, aus
der ihm seine Gattin oder Braut, die Kirche, entstanden sei:

> *Vigilanti verbo Evangelista usus est, ut non diceret: Latus eius per-
> cussit aut vulneravit aut quid aliud, sed a p e r u i t, ut illic quodam modo
> v i t a e o s t i u m panderetur, unde s a c r a m e n t a ecclesiae manaverunt,
> sine quibus ad vitam, quae vera vita est, non intratur. Ille sanguis in
> remissionem fusus est peccatorum. [Haec aqua salutare temperat poculum.]
> Haec et lavacrum praestat et potum. . . . Prima mulier facta est de latere
> viri dormientis et appellata est vita materque vivorum. . . . [Et] hic secun-
> dus Adam inclinato capite in cruce dormivit, ut inde formaretur ei coniux
> [ecclesia], quod [quae] de latere dormientis effluxit. O mors, unde mortui
> reviviscunt!* (Augustinus, In Joannis evangelium Tractat. CXX, Kap. 19, 2;
> Migne, P.L. Bd. 35, S. 1953.)

Diese Antithese sagte seiner rhetorischen Anlage offenbar besonders zu; denn er wiederholt sie immer wieder: die Schöpfung
des Weibes die Quelle der Erbsünde und des Todes, der Lanzenstich des Soldaten die Quelle der Erlösung und des Lebens:

> *Denique quoniam scriptum est: „A muliere initium factum est peccati
> et per illam omnes moriuntur"* [Eclus. 25, 33], *recolite, de quo membro
> facta est, et videte, ubi Dominus lancea compunctus est. . . . Nempe E v a,
> a q u a f a c t a e s t i n i t i u m p e c c a t i, sumpta est, ut formaretur,
> de latere viri. Dormiens jacebat ille, cum factum est: m o r t u u s pende-
> bat iste, cum factum est. . . . De illo latere facta est Eva, quae nos
> peccando mortificaret, de isto autem latere facta est Ecclesia, quae nos
> pariendo vivificaret* (Augustinus, Sermo CCCXXXVI; Migne, P.L. Bd. 38,

S. 1474 f.; ebenso: Enarr. in psalm. 40, V. 9 [Sermo ad plebem Kap. 10];
Migne Bd. 36, S. 461; 56, V. 4. 5 [Sermo ad plebem Kap. 11]; Migne Bd. 36,
S. 668; 103, V. 26 [Sermo 4]; Migne Bd. 37, S. 1381).

Der Weg, den der Stoß des Kriegsknechts dem Blute Christi
gebahnt hat, ist ihm das enge Tor, durch welches alle Christen zur
Seligkeit einziehen sollen:

Venite omnes, intrate omnes; est qua intrare possitis, patet latus. ...
Contendite, ait Dominus, intrare per angustam portam [Luk. 13, 24].
Quid angustius illo foramine, quod unus ex militibus percutiendo latus
crucifixi aperuit? (Sermo de tempore barbar. Kap. 7. 8; Migne, P.L.
Bd. 40, S. 706). An zwei anderen Stellen nennt Augustin den von der
Lanze durchbohrten Christus nicht *mortuus,* sondern *moriens.* Serm. de
Sanctis 311 Kap. 3; Migne, P.L. Bd. 38, S. 1415: *Tibi est o s t i u m a p e r -*
t u m , quando est latus eius lancea perforatum. Quid inde [enim] mana-
vit, recole; et elige, qua possis intrare. De latere Domini pendentis et
m o r i e n t i s in ligno, posteaquam est lancea perforatum, aqua sanguis-
que profluxit. In uno est m u n d a t i o tua, in altero r e d e m p t i o tua.
Und ebenso Enarratio in psalm. 126, 2 [Sermo ad plebem Kap. 7]; Migne,
P.L. Bd. 37, S. 1672: *Cum dormiret Adam, costa illi detracta est et Eva*
facta est. Sic et Domino, cum dormiret in cruce, latus eius lancea percus-
sum est, et sacramenta profluxerunt, unde facta est ecclesia. Eccle-
sia enim coniux Domini facta est de latere, quomodo Eva [illi] facta est de
latere. Sed quomodo illa non est facta nisi de latere dormientis, sic ista
non est facta nisi de latere m o r i e n t i s[1]).

---

1) Aus diesem *moriens* ist aber nicht etwa eine andere Situation zu
folgern, als ob der Speerstoß zur Beschleunigung des Todes als ein Akt
des Erbarmens vollführt sei. Vielmehr steht das Partizipium Präsentis
nach einem nicht selten spätlateinischen, z. B. bei Drakontius, Viktor
von Vita, Eugippius und Sidonius Apollinaris belegten Gebrauch einfach
in der Bedeutung des Partizipiums Perfekti (siehe Stolz und Schmalz,
Lateinische Syntax [im Handbuch der klassischen Altertumswissenschaft].
München ² 1890, S. 438 § 107; ⁴ 1910, S. 450 § 183). An einer andern Stelle
braucht dann auch Augustin in demselben Gedankengang *moriens* und
mortuus synonym: *Fit viro dormienti coniux de latere: fit Christo*
m o r i e n t i ecclesia de sacramento sanguinis, qui de latere m o r t u i
profluxit. Vocatur Heva vita et mater vivorum, quae de viri sui latere
facta est: et dicit Dominus in Evangelio: „Si quis non manducaverit carnem
meam et biberit sanguinem meum, non habebit in se vitam." Et omnia
quae illic leguntur enucleate minutatimque tractata, Christum et Ecclesiam
praeloquuntur (Contra Faustum Manichaeum 12, 8; Migne, P.L. Bd. 42,
S. 258). Sehr lebendig ausgeführt und in Szene gesetzt erscheint die Allegorie in dem 2. pseudo-augustinischen Sermo ad catechumenos, De sym-
bolo Kap. 6, § 15; Migne, P.L. Bd. 40, S. 644 f.

Sooft Augustin diesen Spekulationen sich überläßt, nirgends gibt er dem Blut und Wasser einzeln eine unmittelbare, eine so naturalistische und materielle Beziehung auf die beiden Elemente des Abendmahls wie die byzantinische Liturgie. Ja nicht einmal die Beziehung auf Taufe und Abendmahl ist bei ihm ganz konkret und bestimmt, geschweige zu so sinnlicher Identifizierung gesteigert wie bei Chrysostomos. Er hält vielmehr an der von Tertullian geprägten Symbolik fest: der Speer des Kriegsknechts schuf die Antitypen der beiden Sakramente, d. h. der Taufe mit Wasser und des Martyriums, der Bluttaufe. Allerdings, wenn er sie zugleich Bad und Heiltrunk nennt, ist man geneigt, an den eucharistischen Trank zu denken. Aber die Allegorie bleibt im allgemeinen, sie behält etwas Schwebendes. Taufe und Abendmahl fließen in dieser Bildlichkeit zusammen: auch die Taufe ist ein Erquickungs-, Verjüngungs t r a n k, auch die Eucharistie ein Jugend b a d. Diese ganze Tropik ist rein figürlich-moralisch. Ihre von Origenes übernommenen Ausdrücke „Becher", „Trank" des Heils „für die Dürstenden" sind nur b i l d l i c h gemeint. Sie haben ihre Begründung und ihren Ursprung im Boden metaphorischer Redeweise. Sie dienen zunächst einer poetischen Vergegenständlichung. Aber nicht braucht Augustin, braucht Origenes sie, weil er auf den Becher und den Trank des Abendmahls zielt, nicht will er diese in ihrer körperlichen Realität dadurch vor die Anschauung der Leser stellen oder sie gar mit dem Blut Christi identifizieren; daß er dabei dann doch auch an die Wirkung der heiligen Eucharistie gedacht hat, ist möglich, vielleicht wahrscheinlich, obgleich es dann höchst auffallend bleibt, daß er entweder nur ganz unbestimmt sagt, „die Sakramente flossen aus der Seite", ohne sie einzeln zu nennen, oder — wie oben bemerkt wurde — gleich Tertullian und anderen Vorgängern von der Taufe und der gesteigerten Taufe mit Blut, dem Martyrium, dabei redet. Nach seiner Art, den tropischen Ausdruck zu potenzieren, kann allerdings auch das Abendmahl als eine geistige Taufe von ihm verstanden sein. Abendmahl und Taufe sind ihm, dem Ritus der ältesten Kirche gemäß, wo die Neophyten sogleich das Abendmahl empfingen, noch gewissermaßen eine begriffliche Einheit, ein einziges Mysterium in zwei eng verknüpften Akten:

Quo traiicit per baptismum Jesus? . . . Ad manna [d. h. zur Eucha-
ristie]. *Quod est manna? „Ego sum, inquit, panis vivus, qui de coelo
descendi." Manna accipiunt fideles, iam traiecti per mare rubrum* [d. h. die
Neophyten, die Neugetauften]. *Quare mare r u b r u m? . . . Significabat
mare illud r u b r u m baptismum Christi. Unde r u b e t baptismus, nisi
Christi sanguine consecratus? . . . Transeant [Catechumeni] per mare
rubrum, manducent manna, ut quomodo crediderunt in nomine Jesu, sic
se ipsis credat Jesus* [in der Eucharistie] (In Joann. evang. Tractat. XI, 4;
Migne, P.L. Bd. 35, S. 1477) [2].

Wohl sagt Augustinus: „Wir werden erleuchtet, indem wir den
Gekreuzigten verzehren und trinken": *Illi [Judaei] de crucifixo
tenebrati sunt: nos manducando crucifixum et bibendo illumina-
mur* (Enarrat. in psalm. 33, 10 V. 6; Migne, P.L. Bd. 36, S. 313); aber
die Antithese „Die Juden dagegen werden vom Gekreuzigten blind",
zeigt den rein tropischen Charakter des Ausdrucks. Und ebenso steht
es mit dem gleichartigen Gegensatz: „Mit den Speisen der Hochmüti-
gen und Neidischen nährten sich die Juden, als sie den Herrn kreuzigten, denn sie nährten sich von der Marter des Herrn. Wir nähren
uns auch vom Kreuze des Herrn, da wir seinen Leib essen": *Cibis
talibus pascebantur Judaei, quando crucifixerunt Dominum: sed
quia pascebantur tanquam de poena Domini. Nam et nos de cruce
Domini pascimur, quia corpus ipsius manducamus* (Enarrat. in
psalm. 100, 9; Migne, P.L. Bd. 37, S. 1290).

Nicht minder rein figürlich zu verstehen ist es, wenn er in diesem
Zusammenhang auch der Seitenwunde Christi gedenkt und von dem
Sakrament der H o f f n u n g redet, worin in dieser Zeitlichkeit die
Kirche sich vereinigt, solange getrunken wird, was aus der Seite des
Herrn floß, d. h. solange die erlösende Macht seines Opfertodes von
der Kirche empfunden und genossen wird: *In sacramento spei, quo
in hoc tempore consociatur Ecclesia, quamdiu bibitur quod de
Christi latere manavit* (Contra Faustum Manichaeum 12, 20; Migne,
P.L. Bd. 42, S. 265).

---

2) So allein begreift man, daß Innozenz I. in seinem Schreiben an
die Synode von Mileva über die Pelagianer die Johannesstelle (6, 54)
*nisi enim manducaverint carnem filii hominis et biberint sanguinem eius,
non habebunt vitam* auf die T a u f e und nicht oder wenigstens nicht
allein auf die Eucharistie beziehen konnte (siehe Augustini Epist. 182, 5;
Migne, P.L. Bd. 33, S. 785).

Wie Augustin solche kühnen Metaphern und Synekdochen verstanden wissen will, spricht er oft genug deutlich aus: „G l a u b e n an ihn, das ist jenes ‚essen das lebendige Brot'. Wer g l a u b t, der ißt ihn, der sättigt sich unsichtbar, da er unsichtbar wiedergeboren wird": *C r e d e r e enim in eum, hoc est manducare panem vivum; qui c r e d i t, manducat, invisibiliter saginatur, quia invisibiliter renascitur* (In Joann. evang. Tractat. XXVI, 1; Migne, P.L. Bd. 35, S. 1607; siehe auch Tractat. XXV, 12; a. a. O. S. 1602: *ut quid paras dentes et ventrem? C r e d e et manducasti).* Oder: „Das also ist ‚jene Speise essen und jenen Trank trinken': in Christus bleiben und ihn in sich bleibend besitzen": *Hoc est ergo manducare illam escam et illum bibere potum, in Christo manere et illum manentem in se habere* (In Joann. evang. Tractat. XXVI, 18; Migne, P.L. Bd. 35, S. 1614). Der Leib Christi ist ihm ein rein mystischer, völlig unkonkreter Begriff. „Die Gläubigen kennen den Leib Christi, wenn sie sich bemühen, der Leib Christi zu sein. Mögen sie der Leib Christi werden, wenn sie vom Geiste Christi leben **wollen**." Die Wirkung des Abendmahls ist die, überzugehen in den mystischen Leib Christi und eins seiner Glieder zu werden, während er selbst das Haupt bleibt. Das Brot des Abendmahls, der Leib Christi, ist ihm nichts anderes als das B r o t d e r E i n t r a c h t :

De coelo descendit et manna, sed manna umbra erat, iste veritas est. „Si quis manducaverit ex hoc pane, vivet in aeternum et panis, quem ego dabo, caro mea est pro mundi vita." ... *Norunt fideles corpus Christi, si corpus Christi esse non negligant. Fiant corpus Christi, si volunt vivere de spiritu Christi.* ... *Litigabant utique [Judaei] ad invicem, quoniam p a n e m c o n c o r d i a e non intelligebant nec sumere volebant* (In Joann. evang. Tractat. XXVI, 13—14; Migne, P.L. Bd. 35, S. 1612 f.).

In einem zusammen mit unechten Predigten überlieferten Sermo de Sacram. altaris (Migne, P.L. Bd. 46, S. 827) steht: *Christus* ..., *qui obtulit patiendo pro nobis, quod nascendo accepit ex nobis* [seinen menschlichen Leib], *princeps sacerdotum factus in aeternum sacrificandi dedit ordinem, quem videtis, corporis utique et sanguinis sui. Nam p e r c u s s u m l a n c e a corpus eius a q u a m e t s a n g u i n e m emisit, quo peccata nostra dimisit. Huius gratiae m e m o r e s,* ... *quoniam Deus est, qui operatur in vobis, cum timore et tremore ad participationem huius altaris accedite. Hoc a g n o s c i t e ‚ in pane, quod pependit in cruce; hoc in calice, quod manavit ex latere. Nam et illa vetera sacrificia populi Dei* [die alttestamentlichen Opfer Abels, Abrahams, Melchisedechs] *hoc unum venturum* [die Eucharistie] *multiplici varietate f i g u r a b a n t.*

... Accipite itaque et edite corpus Christi, etiam ipsi in corpore Christi facti iam membra Christi. Accipite et potate sanguinem Christi. Ne dissolvamini, manducate v i n c u l u m vestrum. Ne vobis viles videamini, bibite pretium vestrum. Sicut hoc in vos convertitur, cum id manducatis et bibitis, sic et vos in corpus Christi convertimini, cum o b e d i e n t e r et p i e vivitis. Falls das Augustin geschrieben hat, ändert es nichts an dem oben von mir geäußerten Urteil: auch hier ist das Speerwunder nur als F i g u r des Abendmahls gefaßt und den mit *Nam et* als g l e i c h a r t i g angeknüpften alttestamentlichen Präfigurationen *(figurabant)* beigeordnet. Auch hier ist das Abendmahl ein G e d ä c h t n i s a k t *(memores):* man soll demgemäß in seinen Elementen, Wein und Wasser und Brot, die Elemente der geschichtlichen Opferung (Blut und Wasser des Speerstichs, den gekreuzigten Leib) a n - e r k e n n e n *(agnoscite),* d. h. sie sich in lebhafter Erinnerung vorstellen. Auch hier ist das Essen und Trinken des Leibes und Blutes Christi ganz ins Spirituelle und Metaphorische verflüchtigt: „auf daß ihr nicht zerstreut werdet, esset euer Band", d. h. der Leib Christi ist wieder nur ganz unkörperlich gedacht als die mystische Einheit der Gläubigen und die Inkorporation der Kommunikanten in Christus rein geistig als gehorsames und frommes Leben *(obedienter et pie vivitis).*

Jedesfalls bleibt Augustin weit entfernt von der m a t e r i a l i - s t i s c h e n Mystik eines Chrysostomos oder der griechischen Mystagogen. Weit entfernt von der paganistischen Gleichsetzung der beiden Ströme aus Christi Seite mit dem aus Wasser und Wein gemischten, in Christi Blut sich wandelnden Abendmahlstrank. Und den Satz des Evangeliums, daß das lebendige Himmelsbrot Christi ewiges Leben gebe, den die griechische Dogmatik und Liturgik so kraß sinnlich und physisch nahm, wendet er immer ins Geistige, ins Transzendente, ins Ethische [3]).

---

3) Vgl. die Ausführungen Harnacks (Dogmengeschichte [3] Bd. 3, S. 148 Anm.) über Augustins Lehre vom Abendmahl: „Niemand hat stärker in Bezug auf das Abendmahl das r e a l i s t i s c h e Verständniß a b g e - w e h r t und darauf hingewiesen, daß das was *visibiliter celebratur, oportet invisibiliter intelligi* (in Psalm. 98, 9)." Die Stelle lautet im Zusammenhang (Migne, P.L. Bd. 37, S. 1265): *S p i r i t u a l i t e r* intelligite quod locutus sum: non hoc corpus, quod videtis, manducaturi estis et bibituri illum sanguinem, quem fusuri sunt qui me crucifigent. Sacramentum aliquod vobis commendavi; s p i r i t u a l i t e r intellectum v i v i f i c a b i t vos. Etsi necesse est illud visibiliter celebrari, oportet tamen invisibiliter intelligi.* Für den nicht-theologischen Leser seien hier noch weitere Belege gegeben: De doctrina christiana lib. III, Kap. 16, 24 (Migne, P.L. Bd. 34, S. 74 f.) wird Christi Rede: *Nisi manducaveritis carnem filii hominis et*

Auch eine unter dem Namen des Chrysostomos überlieferte paränetische Schrift über die Ehe bringt den Vorgang des Lanzenstichs in Parallelismus mit dem alten Testament. Ob aber diese Schrift von Chrysostomos herrührt, erscheint mir trotz Montfaucon sehr zweifelhaft, wenngleich der darin enthaltene Gedanke, daß aus dem der Seite Christi entströmenden Blut und Wasser die Kirche hervorgegangen sei, auch ihm nicht fremd ist (vgl. oben S. 90). Vom Augustinischer Formulierung unterscheidet sich die hier gegebene allerdings nicht minder, denn mit den Worten „wir werden geboren durch das Wasser der Taufe, g e n ä h r t aber mit dem Blute", ist ganz unver= kennbar direkt auf den in das Blut Christi sich wandelnden Wein der

---

sanguinem biberitis, non habebitis vitam in vobis nachdrücklich als *locutio f i g u r a t a* bezeichnet. Ebenso Psalm 3, 1 (Migne Bd. 36, S. 73): *Convivium in quo corporis et sanguinis sui f i g u r a m commendavit et tradidit.* Epistola 98, 9 ad Bonifacium (Migne Bd. 33, S. 364): *Sicut ergo secundum quemdam m o d u m* [nur in einer gewissen Weise, d. h. vergleichsweise, figürlich] *sacramentum corporis Christi corpus Christi est, sacramentum sanguinis sanguis Christi est.* Tract. XXVI, 12 [Kap. 6, 41—59] (Migne Bd. 35, S. 1612): *Hic est ergo panis de coelo descendens, ut si quis manducaverit ex ipso, non moriatur. Sed quod pertinet ad v i r t u t e m sacramenti, non quod pertinet ad v i s i b i l e sacramentum* [vorher XXVI, 11; Migne S. 1611: *aliud est sacramentum, aliud virtus sacramenti];* qui *manducat i n t u s, non foris; qui manducat in c o r d e, non qui premit dente.* Wie verschieden klingt das von des Chrysostomos oben (Kap. 6) mitgeteiltem Erguß! Dann folgen XXVI, 13 (Migne S. 1613) die Ausrufe: *O sacramentum p i e t a t i s, o signum u n i t a t i s, o vinculum c h a r i= t a t i s!* Man sieht: lauter rein geistige Begriffe! Mit Recht sagt daher Harnack (a. a. O.): „Augustin, der Spiritualist, hat überhaupt die dogmatische [ich setze hinzu: und kultische] Bedeutung des Sakraments sehr abgeschwächt. ... Die heilige Speise ist überhaupt vielmehr Deklaration und Versicherung resp. Bekenntniß eines bestehenden Zustandes als G a b e." Den Gedanken: „Der Leib Christi wird real aufs neue vom Priester geopfert" findet Harnack in Augustins Ansichten vom Abendmahl überhaupt nicht. Siehe auch Loofs, Leitfaden der Dogmengeschichte. Halle [3] 1893, S. 224 Anm. (§ 51, 3). Wesentlich abweichend stellt Schwann (Dogmengeschichte [Freiburg i. Br. [2] 1895] Bd. 2, § 98, S. 789 ff.) Augustins Lehre von der Eucharistie dar, aber auch er gesteht zu (S. 793): „mitunter redet der Kirchenlehrer einer i d e a l e n Auffassung von der heil. Euchar. das Wort." . . . „Nun ist freilich nicht zu verkennen, daß diese Idee der sacramentalen Communion ... oft so sehr hervortritt, daß ihm der Empfang des heiligen Altarssacraments als S y m b o l und Zeichen derselben erscheint."

Eucharistie hingewiesen und in die Mystik jener kraß physiologischen Bildsprache eingelenkt, die in der Abendmahlstheorie Gregors von Nyssa und besonders des Chrysostomos lebt. Etwas später als Augustin hat in Alexandria Kyrill die Beziehung der aus der Seite Christi fließenden beiden Ströme auf die beiden Sakramente ausgesprochen. Aber in einer viel schärferen Zuspitzung und nicht im Sinne der Augustinischen Tropik und Allegorie, sondern einer entschiedenen, realistischen Kultusmystik. Blut und Wasser, die unter dem Speerstoß des Kriegsknechts aus dem Leibe des Gekreuzigten hervorsprangen, sind ihm ein Bild der Eucharistie und ein Bild der Taufe. Indessen sie sind ihm mehr: sie waren — so sagt er — uns als die Anfänge, die Erstlinge der beiden Sakramente von Gott aufgestellt. „Denn Christus gehört und von Christus stammt in Wahrheit die heilige Taufe, und aus seinem heiligen Fleisch erwuchs uns die Kraft der mystischen Eucharistie":

Ἀποκλίναντα δὲ τὴν κεφαλὴν εὑρόντες τὸν Ἰησοῦν, ἀποπνεύσαντά τε ἤδη κατειληφότες, εἰκαῖον᾽ ἔτι νομίζουσι τὸ συνθραῦσαι τὰ σκέλη· βραχὺ δέ τι καὶ ἀπιστήσαντες ὡς ἤδη τεθνήκοι, λόγχῃ διανύττουσι τὴν πλευράν· ἡ δὲ μεμιγμένον ὕδατι τὸ αἷμα διέβλυσε, τῆς μυστικῆς εὐλογίας καὶ τοῦ ἁγίου βαπτίσματος, εἰκόνα καὶ ἀπαρχὴν ὥσπερ τινὰ τιθέντος ἡμῖν τοῦ Θεοῦ τὸ γεγενημένον. Χριστοῦ γὰρ ὄντως ἐστὶ καὶ παρὰ Χριστοῦ τὸ ἅγιον βάπτισμα καὶ τῆς μυστικῆς εὐλογίας ἡ δύναμις ἐκ τῆς ἁγίας· ἡμῖν ἀνέφυ σαρκός (In Joann. evang. lib. XII, Kap. 19, 32—37; Migne, P.G. Bd. 74, S. 677 A.B). Hier ist übrigens die Wiedergabe des Historischen auffallend: 1. nicht ein Soldat, sondern mehrere durchbohren Christi Seite mit der Lanze; 2. Christus wird von ihnen tot, mit geneigtem Haupt, ohne Atem gefunden; sie halten daher das Zertrümmern der Beine für überflüssig, aber sie sind doch nicht ganz sicher, ob er auch wirklich tot sei; und um diesem Zweifel abzuhelfen, greifen sie noch zum Speer.

Kurz und prägnant nach seiner Herrschernatur formulierte Leo der Große die Augustinische Spekulation über den Lanzenstich in seiner weithin wirkenden *epistola dogmatica* vom 13. Juni 449 für den Patriarchen Flavian von Konstantinopel: sie sollte ihm hier als Waffe dienen gegen die im Orient mächtige monophysitische Häresie des Eutyches, d. h. gegen die Lehren von einer göttlichen Mischnatur in Christus:

Nam si crucem Domini non putat falsam, et susceptum pro mundi salute supplicium verum fuisse non dubitat, cuius credit mortem, agnoscat et carnem: nec diffiteatur nostri corporis hominem, quem cognoscit fuisse p a s s i b i l e m ; quoniam negatio verae carnis, negatio est etiam corporeae passionis. Si ergo Christianam suscipit fidem et a praedicatione Evangelii suum non avertit auditum, videat q u a e n a t u r a transfixa clavis pependerit in crucis ligno et a p e r t o per m i l i t i s l a n c e a m l a t e r e c r u c i f i x i, intelligat, unde s a n g u i s et a q u a fluxerit, ut Ecclesia Dei et lavacro rigaretur et poculo. Audiat et beatum Petrum apostolum praedicantem, quod sanctificatio Spiritus per aspersionem fiat sanguinis Christi (Epist. 28, Kap. 5; Migne, P.L. Bd. 54, S. 775 A.B; A. Hahn, Bibliothek der Symbole und Glaubensregeln der alten Kirche. Breslau[3] 1897, S. 328).

Die Ausmalung der leiblichen Passion des Herrn am Kreuz soll also auch seine Natur, nämlich die menschliche neben der postulierten Einheit der Person erweisen.

Wer die Marter und die Hinrichtung am Kreuze, wer Christi Tod anerkennt, müsse auch an sein irdisches Fleisch glauben; wer davon überzeugt ist, daß der Herr leidensfähig gewesen ist, könne auch nicht bestreiten, daß er ein Mensch von unserer Leiblichkeit war; denn die Leugnung des wahren Fleisches sei auch eine Leugnung der körperlichen Passion. „Wer also den christlichen Glauben aufnimmt und gegen das Evangelium sich nicht taub stellt, der möge sehen, w e l c h e Natur durchbohrt von Nägeln hing am Krenzesholz, und an der Ö f f n u n g d e r S e i t e des Gekreuzigten durch d i e L a n z e d e s S ö l d n e r s möge er erkennen, von wo B l u t und W a s s e r strömte, auf daß die Kirche Gottes durch das Bad sich erquicke und den Becher. Und er höre auch das Wort des Apostel Petrus, daß die Heiligung im göttlichen Geiste durch die Besprengung mit dem Blute Christi geschehe."

Dieser Brief hat eine ungeheure Verbreitung gefunden: in den abendländischen Kirchen wurde er sogar an gewissen Tagen des Kirchenjahres im liturgischen Offizium verlesen. Die Stichworte B a d u n d B e c h e r d e r E r q u i c k u n g entlehnt Leo hier von Augustin und Origenes (siehe oben S. 95 ff.). Mag sein, daß man interpretieren darf: „Bad der Taufe und Becher des Abendmahls", jedesfalls bleibt auch Leo gleich Augustin und Origenes in einer rein figürlichen, allegorischen Betrachtung. Es liegt ihm fern, mit Chrysostomos und der seinen Namen tragenden byzantinischen Liturgie das Mysterium des Abendmahltrunks von Wasser und Wein unmittelbar und realistisch gleichzusetzen mit dem Wasser und Blut der geöffneten göttlichen Seite oder gar es als eine Erneuerung und

Wiederholung der Erscheinungen des letzten und schrecklichsten Aktes der Passion anzusehen.

Auch in B e d a s und A l k u i n s viel benutzte Johanneskommentare[4]) ging die oben zuerst angeführte der Betrachtungen Augustins wörtlich über, desgleichen wiederholte sie Hrabanus Maurus in seiner großen Enzyklopädie [4]): so kam jene rhetorische Symbolisierung des gegen Christi Seite geführten Lanzenstichs auch auf diesem Wege im Abendlande zur allgemeinen Kenntnis. Schon vorher aber — und spätestens im fünften Jahrhundert — bemächtigten sich das menschliche Bedürfnis, dem religiösen Gefühl greifbare, sinnenfällige Körper und Gegenstände als Stütze unterzuschieben, und damit Hand in Hand die künstlerisch erfindende Phantasie der Szene und sorgten dafür, daß dies in ihr liegende persönliche und dramatische Element auch menschlich hervortrete und nicht ganz in der typologischen Allegorie sich verflüchtige.

Dem zweiten Drittel des fünften Jahrhunderts gehört des C a e - l i u s   S e d u l i u s hexametrische Paraphrase der Evangelien. Ausführlich verweilt er bei dem Wunder der Lanze. Bestimmt gibt er seine mystische Deutung: ihm ist es ein Typus der Dreiheit; Blut und Wasser, die aus der Seite des Herrn rinnen, scheinen ihm darum heilig, weil Leib, Blut und Wasser die drei lebenbringenden Geschenke sind. In der Quelle des Wassers werden wir durch die Taufe neu geboren, von den Gliedern und dem Blute Christi genießen wir und werden so ein Tempel Gottes [5]):

... Jam spiritus artus / Liquerat ad tempus, patulo iam f r i g i d a ligno / Viscera pendebant, et adhuc furor arma ministrat: / Cuspide perfossum uiolat latus, eque patenti / Vulnere purpureus cruor et simul unda cucurrit. / Haec sunt quippe sacrae pro religionis honore: / Corpus sanguis aqua tria v i t a e munera nostrae. / Fonte venascentes, membris et sanguine Christi / Vescimur atque ideo t e m p l u m   d e i t a t i s habemur, / Quod seruare Deus nos annuat inmaculatum, / Et faciat tenues tanto mansore capaces (Paschalis Carminis lib. V, V. 284 ff. rec. Joh. Huemer; Corp. script. eccles. lat. Bd. 10, S. 135 f.).

---

4) Beda bei Migne, P.L. Bd. 92, S. 916 A.B; Alkuin a. a. O. Bd. 100, S. 986 A.B; Habran, De universo lib. XX, Kap. 7 (Migne, P.L. Bd. 111, S. 539 C.D).

5) In geistig figürlicher Fassung ist dies Bild schon altchristlich (Barnabasbrief, Tatian, Ignatius, Hermas): siehe Harnack, Dogmengeschichte [3] Bd. 1, S. 196 Anm. 2.

Diese Auffassung springt, wie man sieht, ab von den eigentlichen Wirkungen des Stichs, die durchaus nur auf eine Zweiheit führen können. Es fehlt nicht an sonstigen Zeugen für eine in dem Vorgang gefundene mystische Trias. Aber dann wird gewöhnlich das Ganze als ein allegorisches Abbild der Trinität gefaßt: der aus dem verscheidenden Christus entweichende heilige Geist; das Symbol der Taufe; das Symbol des Kelches.

Für die weitere Entwicklung der Vorstellungen vom speerstoßenden Kriegsknecht muß man streng v i e r S t r ö m e der Überlieferung unterscheiden: 1. die kirchlich-theologische Lehre der Lateiner; 2. die kirchliche Tradition des Ostens; 3. die fabel- und wundersüchtige, vom Glauben trunkene mündliche und schriftliche Überlieferung der Palästinapilger; 4. die freiere, kirchlich nicht rezipierte poetische Erfindung der volkstümlicheren Kunst und Dichtung. Jene ersten beiden haben ihre Grundlage im christlichen Kultus; die letzte wurzelt in dem Bereich romanhafter Fabulierkunst, deren Produkt die apokryphen Evangelien und Apostelgeschichten sind. Das zeitliche Verhältnis dieser vier Sphären wird sich allerdings genau kaum bestimmen lassen und ihre feste Sonderung wird nicht immer gelingen, da die uns erhaltenen Zeugnisse für die einzelnen Phasen der Überlieferung unvollständig und diese selbst nicht gleichzeitig sind. Es ist daher nur annähernd möglich, den Weg zu bestimmen, auf dem die Geschichte von dem speertragenden Kriegsknecht jene tiefe Bedeutung und a l l g e m e i n e religiöse Macht erlangt hat, die sich aus der Beziehung auf sie in Walthers von der Vogelweide ergreifenden Liedern (15, 18; 125, 8) offenbart.

Achtes Kapitel.

Der Kultus des heiligen Kreuzes, Speeres und Kelches in Jerusalem und Konstantinopel.

Kaiser Konstantin hat, indem er im Jahre 326 das verschüttete, mit Steinen und einem heidnischen Tempel überbaute Grab Jesu aufdecken und darüber großartige Kirchenanlagen mit beispiel-loser Pracht errichten ließ, dem Kultus der heiligen Erinnerungs-stätten von Jerusalem und Palästina ein neues mächtig lockendes Ziel gegeben. Er hat jenen Strom andächtiger Wallfahrer dorthin gelenkt, der in den folgenden Jahrhunderten immer mehr ange-schwollen ist, bis er in den Kreuzzügen zu den kühnen Versuchen kriegerischer Eroberung führte (siehe auch unten Kap. 24). Kon-stantins Biograph E u s e b i u s weiß noch nichts von besonderen Nachforschungen, sei es über die Stelle der Kreuzigung, sei es über das Kreuz selbst, zu melden und erzählt von Helena, der Mutter des Kaisers, nur, daß auch sie nach dem heiligen Lande gereist sei und die von ihrem Sohn in Bethlehem und auf dem Ölberg erbauten Kirchen reich beschenkt habe [1]. Aber um die Mitte des Jahrhun-derts muß bereits der Glaube, daß man wieder in den Besitz des rechten Kreuzes gekommen sei, allgemein verbreitet gewesen sein. In alle Weltgegenden versandte man schon damals Partikeln davon als heiligste Reliquien [2]. Und ein halbes Jahrhundert nach jenem

---

[1] Vita Constantini III, 25—46 (Eusebius, Werke Bd. 1: Über das Leben Konstantins [hrsg. von J. A. Heikel]. Leipzig 1902, S. 89—97 = Die griech. christl. Schriftsteller der ersten drei Jahrhunderte [7. Bd.]).

[2] Kyrill von Jerusalem, Cateches. IV, Kap. 10 (Migne, P.G. Bd. 33, S. 469 A): καὶ τοῦ ξύλου τοῦ σταυροῦ πᾶσα λοιπὸν ἡ οἰκουμένη κατὰ μέρος ἐπληρώθη; XIII, Kap. 4 (ebd. S. 776 B): . . . ἐλέγχει με οὗτος ὁ Γολγοθᾶς [die Grabkirche], οὗ πλησίον νῦν πάντες πάρεσμεν· ἐλέγχει με . . . τὸ κατὰ μικρὸν ἐντεῦθεν πάσῃ τῇ οἰκουμένῃ λοιπὸν διαδοθέν. In der Epistola ad Constantium Kap. 3 (ebd. S. 1168 f.) sagt Kyrill nur, das Kreuz sei zur Zeit Konstantins gefunden, nennt aber nicht die Helena. Zur Datierung der beiden Schriften vgl. auch A. Heisenberg, Grabeskirche und Apostelkirche

die ganze Christenheit bewegenden Ereignis blühte eine sich immer reicher und märchenhafter entwickelnde Legende auf von der Entdeckung des Kreuzes Christi und der zwei Schächer, von der wunderbaren Ermittlung des für den Erlöser verwendeten Kreuzes durch die Mutter des Kaisers, Helena [3]). Es war darin nur eine ältere Edessenische Lokalsage [4]) von der Auffindung des Kreuzes durch die bekehrte Gemahlin des Kaisers Claudius auf die Mutter Konstantins übertragen. Gleichzeitig brach aber auch die kirchenpolitische und nationalpolitische Tendenz hervor: es hieß, das echte Kreuz sei nur zur Hälfte in Jerusalem geblieben und in einem silbernen Behälter aufbewahrt, die andere Hälfte habe die Kaiserin ihrem Sohn nach Konstantinopel gesendet [5]). Fortan griff ein

(Leipzig 1908) I, S. 54 f. 84 ff.: er nimmt an, daß die Katechesen in der Fastenzeit und der Osterwoche 350 zumeist in der von Konstantin erbauten Grabeskirche gehalten sind und daß der Brief an den Kaiser Konstantius wahrscheinlich in das Jahr 357 fällt.

3) Der lateinische Text der Kreuzauffindungslegende: *Inventio sanctae crucis* ed. Alfred Holder, Leipzig 1889; dazu K. Wotke, Die griechische Vorlage der lateinischen Kreuzauffindungslegende (Wiener Studien für klassische Philologie, Jahrgang 13 [1891], S. 300—311; vgl. auch K. Wotke, Zeitschr. für die österr. Gymnasien Bd. 12 [1891], S. 845).

4) Das lehrt die syrische *Doctrina Addaei apostoli:* siehe Lipsius, Die Eddessenische Abgarsage. Braunschweig 1880; Ders., Die apokryphen Apostelgeschichten und Apostellegenden. Braunschweig 1883 ff. Bd. II, 2, S. 178; A. Harnack in Hauck, RE. Bd. 7, S. 616, Z. 48 ff. (s. v. Helena 2).

5) Die frühesten Zeugnisse für die Entstehung und die allmählich immer phantastischer ausgestaltete Legende bietet Kyrill von Jerusalem in seinen Katechesen (siehe Anm. 2), sodann Chrysostomos, In Joannem homil. 85 al. 84 (Migne, P.G. Bd. 59, S. 461) und Ambrosius, De obitu Theodosii oratio Kap. 41—47 (Migne, P.L. Bd. 16, S. 1399 ff.). Diese alle noch aus dem vierten Jahrhundert. Demnächst folgen: Paulinus von Nola, Epist. 31, 5 (ed. Hartel, Corp. script. eccles. lat. Bd. 29, S. 272 f.); Sulpicius Severus, Chronica II, 33. 34 (ed. Halm, ebd. Bd. 1, S. 87 f.); Rufinus, Hist. eccles. I, 7. 8 (Migne, P.L. Bd. 21, S. 475—478); Socrates, Hist. eccles. I, 17 (Migne, P.G. Bd. 67, S. 117—121); Sozomenos, Hist. eccles. II, 1. 2 (ebd. S. 929 bis 936); Theodoret, Hist. eccles. I, 17 (ebd. Bd. 82, S. 956—962); Theophanes Confessor, Chronographia ad annum mundi 5817 (ed. C. de Boor, Leipzig 1883. Bd. 1, S. 25 f.). Zur Kritik vgl. Gildemeister und von Sybel, Der heilige Rock zu Trier. Düsseldorf ³ 1845, S. 16 f. und besonders F. X. Kraus, Der heilige Nagel zu Trier (Beiträge zur Trierschen Archäologie und Geschichte Bd. 1 [1868], S. 49 ff.).

schwärmerischer Drang in allen Ländern um sich, die aufgefundene
Reliquie entweder selbst am Orte der Passion zu sehen oder wenigstens davon zur Erbauung ein Partikelchen für die heimische Kirche
zu gewinnen.

In der liturgischen Feier des Karfreitags wurde zu Jerusalem, spätestens seit dem vorletzten Jahrzehnt des vierten Jahrhunderts, bei dem Morgenoffizium in der besonderen Kapelle des
heiligen Kreuzes das angeblich echte Kreuz zu öffentlicher kirchlicher Verehrung ausgestellt: man brachte den vergoldeten, silbernen Schrein, der es barg, herbei, öffnete ihn und legte das Kreuz
Christi samt dem Titulus auf den mit weißen Linnen gedeckten
Tisch, der umgeben von den Diakonen vor dem Sitz des Bischofs
stand. Nun traten die Gläubigen und die Katechumenen der Reihe
nach heran, beugten das Knie, küßten das Kreuz und berührten es
mit Stirn und Augen, aber nicht mit den Händen. Denn groß war
die Gefahr, daß einer der Gläubigen in der Leidenschaft seiner
frommen Superstition den Versuch machte, ein Stückchen des zau-
berkräftigen Kleinods für sich als Amulett zu entwenden. Und
selbst die Küsse der Vorüberziehenden mußten von den umstehenden Diakonen streng bewacht werden, da es vorgekommen war,
daß jemand einen Splitter abgebissen hatte.

Dies ist die Wurzel der im Abendland erst viel später in die
Karfreitagsliturgie eingeführten *Adoratio crucis* (siehe unten
S. 120 ff. und Kap. 13).

Die ausführliche Schilderung dieser Karfreitagszeremonie zu
Jerusalem verdanken wir einer Pilgerin, die um das Jahr 385 ihre
dort empfangenen Eindrücke niederschrieb [6]).

Nicht minder großartig war nach dem Bericht dieser frommen
Frau alljährlich das achttägige Fest der Einweihung der
Anastasis-Kirche, auf das man den Tag der Kreuzfindung

---

6) Die sogenannte St. Silviae peregrinatio Kap. 37 (hrsg.
von Geyer, Itinera S. 88). Nach der neuen Ausgabe von Heraeus, Silviae
vel potius Aetheriae peregrinatio ad loca Sancta (Heidelberg 1908) hieß
die Verfasserin Aetheria und war Äbtissin in einem nordwestspanischen
Kloster; ihre Pilgerreise fand statt zwischen 381—388. Siehe hierzu auch
Duchesne, Origines du culte chrétien. Paris 1889, S. 469 ff.; Cabrol, Etude
sur la Peregrinatio Silviae: les églises de Jérusalem. Paris 1895, besonders
S. 101 ff.

gelegt hatte: die sogenannten *Encaenia* [7]). Da strömten aus Meso-
potamien und Syrien, aus Ägypten und der Thebais in Scharen
die Einsiedler und Mönche herbei, aber auch aus allen andern Ländern versammelten sich hier zahlreiche Andächtige, Männer und
Frauen, Geistliche und Weltliche, darunter jedesmal weit über
vierzig bis fünfzig Bischöfe. Es schwebte der Zeit dabei durchaus
der Gedanke vor, daß diese Feier dem Gedächtnis der Weihe des
n e u e n J e r u s a l e m galt: an demselben Tage, meinte man, war
auch der Tempel des alten Jerusalem von Salomon vollendet und
mit Gebet eingeweiht worden [8]).

Jenes Fest der K r e u z f i n d u n g vom 14. September, zunächst
von lokaler Bedeutung, verbreitete sich rasch im Orient, wurde
dagegen im Abendland erst seit dem achten Jahrhundert allmählich kirchlich rezipiert.

---

7) *Item dies e n c e n i a r u m appellantur, quando sancta ecclesia,
quae in Golgotha* [an der Stätte der Kreuzigung] *est, quam Martyrium
uocant, consecrata est Deo; sed et sancta ecclesia, quae est ad Anastase*
[am Grabe], *id est in eo loco, ubi Dominus resurrexit post passionem, ea
die et ipsa consecrata est Deo. Harum ergo ecclesiarum sanctarum encenia
cum summo honore celebrantur, quoniam crux Domini inuenta est ipsa die*
(St. Silviae Peregrinatio Kap. 48, 1; Geyer, Itinera S. 100; Heraeus, a. a. O.
S. 51). Zum sachlichen Inhalt vgl. die Anmerkungen von Gamurrini in
seiner Ausgabe des Denkmals: Biblioteca dell' Accademia Storico-Giuri-
dica. Vol. IV. Romae 1887, S. 108; ferner Chronicon Paschale (geschrieben
ca. 630—640) ad a. 334 (Migne, P.G. Bd. 92, S. 713 A): Τούτοις τοῖς ὑπάτοις
γέγονε τὰ ἐγκαίνια τῆς ἐκκλησίας τοῦ Ἁγίου Σταυροῦ τῆς δ' οἰκοδομηθείσης
ὑπὸ Κωνσταντίνου ἐπὶ Μακαρίου ἐπισκόπου, μηνὶ Σεπτεμβρίῳ XVII. Auf
den 17. Dezember (lies S e p t e m b e r) des Jahres 320 verlegen diese
die *Excerpta Barbari*, eine im sechsten oder siebenten Jahrhundert von
einem Franzosen hergestellte Übersetzung einer Alexandrinischen Chronographie, die dem sogenannten Chronicon Paschale nahe verwandt ist:
Chronica minora, ed. Carol. Frick Vol. 1 (Leipzig 1892), S. 359 Z. 1—5.
Später erscheint als Datum des Festes überall der 14. September: zuerst
wohl in der zwischen 520 und 530 verfaßten Schrift des Theodosius, De situ
terrae sanctae Kap. 31 (Tobler-Molonier, Itinera. Bd. 1, S. 88; Geyer, Itinera
S. 149): *Inuentio sanctae crucis, quando inuenta est ab Helena matre Constantini XVII. Kal. octobris et per septem dies in Hierusalem ibi ad sepulch-
rum Domini missas* [so!] *celebrantur et ipsa crux ostenditur.* Vgl. Heisenberg, a. a. O. I, S. 106 ff. 110.

8) Die Berichterstatterin beruft sich auf 2. Par. 7, 8. 9: siebentägige
Weihe *(solemnitas)* und am achten Tage die *collecta.* Vgl. auch Sozomenos, Hist. eccles. II, 26 (Migne, P.G. Bd. 67, S. 1008): ὀκτὼ ἡμέρας.

Wir besitzen ein altes griechisches rhythmisches Kirchenlied, das
in seiner Kunst den Gesängen des Gregor von Nazianz nahe steht
und aus dem vierten bis fünften Jahrhundert stammen dürfte, bestimmt für die Aufstellung und Proskynese des Kreuzes. Die Verse
von Lanze und Schwamm lauten:

> Λόγχῃ τὴν πλευράν σου οἱ παράνομοι ἔνυξαν:
> αὐτὸς δὲ τὰς πύλας παραδείσου ἀνέῳξας. . . .
> Ὄξος ἐν τῷ σπόγγῳ καὶ χολήν σε ἐπότισαν,
> τὸν ἐν γῇ ἀνύδρῳ ποταμοὺς ἀναβλύσαντα. . . .
> Χολήν σε ἐπότισεν ὁ λαὸς ὁ παράνομος,
> τὸν αὐτοῖς τὸ μάννα ἐν ἐρήμῳ ὀμβρίσαντα[9]).

In knappen Antithesen wird hier die Heilstat des Herrn
und der gegen ihn verübte Frevel kontrastiert. Auch die Lanze
und der dem Dürstenden gereichte Essigtrank erscheinen: „Mit dem
Speer haben sie, die Verbrecherischen, deine Seite angestochen:
Du aber öffnetest ihnen die Pforte des Paradieses. Mit
Essig und Galle im Schwamm haben sie dich getränkt, der du in
wasserlosem Lande Ströme hervorsprudeln ließest [als zweiter Moses,
vgl. oben S. 27 ff.]. Mit Galle hat dich das verbrecherische Volk
getränkt, der du ihnen in der Wüste das Manna herabregnen
ließest."

So etwa dürfen wir uns die begleitenden liturgischen Gesänge
überall vorstellen, wo in den ersten christlichen Jahrhunderten, bis
zur Karolingerzeit hin, die Feier der Kreuzadoration geübt ward.
Für die zähe Treue liturgischer Tradition charakteristisch aber ist
es, daß das künstlerische Schema dieses altchristlichen
Liedes der Kreuzanbetung noch nachlebt in den sogenannten Improperien bei der Kreuzadoration in dem späteren katholischen
Karfreitagsoffizium: auch diese, im Wortlaut sonst abweichend,
bauen sich auf über streng durchgeführten Antithesen der
unverdienten Leiden und der segnenden Taten Christi.

Die eben erwähnte Pilgerin hat uns in den superstitiösen Charakter der damaligen Kreuzverehrung zu Jerusalem einen unschätz-

---

9) Cod. Vatic. 771 Bl. 183 v, hrsg. von Wilh. Meyer, Anfang und
Ursprung der lateinischen und griechischen rhythmischen Dichtung. Mün-
chen 1886, Beilage II, S. 410 ff. (Abhandlungen der königlich-bayerischen
Akademie der Wissenschaften, phil.-histor. Kl. Bd. 17, Abt. 2).

baren Einblick eröffnet durch ihre naive Motivierung der ange-
wandten Vorsichtsmaßregeln. Aber mehr noch lehrt uns, was sie
gleichfalls erzählt: bei der Ausstellung des Kreuzes am Karfreitag
und vermutlich auch bei den Encaenien, am Tage der Kreuzfindung
*his ergo diebus enceniarum ... ita per singulos dies diversis locis
sanctis proceditur ut per pascha* (Kap. 49, 3; Geyer, Itinera S. 101;
Heraeus a. a. O. S. 52), wurde, nachdem die Reliquie von allen geküßt worden war, von einem Diakon auch noch der R i n g d e s
S a l o m o und das Horn, womit die alttestamentlichen Könige gesalbt waren, zur Verehrung und zum Kuß dargereicht: *at ubi autem
osculati fuerint crucem, pertransierint, stat diaconus, tenet a n u -
l u m S a l o m o n i s et c o r n u illud, de quo reges unguebantur;
osculantur et cornu, attendunt et anulum* (Kap. 37,3; Geyer, Itinera
S. 88; Heraeus a. a. O. S. 42 f.).

Zwei Jahrhunderte später erläutert ein anderer Pilgerbericht das
noch näher: es sei der Siegelring, mit dem er sich die Dämonen
dienstbar machte, und er bestehe aus Elektrum:

> *Ubi* [in der Kirche Golgotha] *est ille discus, ubi caput sancti Johannis
> portatum fuit; ubi est illud cornu, quo Dauid unctus est et Salomon et
> ille anulus ibidem, unde S a l o m o n sigillauit demones, et est de e l e c t r o*
> (Breuiarius de Hierosolyma [sechstes Jahrhundert]; Geyer, Itinera S. 154).
> Vorher (Geyer, a. a. O. S. 153, Z. 9. 10) hat die Mailänder Handschrift
> (Ambros. sec. XI): *super ipsas columnas hydriae* [Urnen], *ubi sigillauit
> Salomon daemones* [in die Salomon die Dämonen durch seinen Ring-
> zauber bannte zur A u s f ü h r u n g s e i n e s T e m p e l b a u s].

Aber schon das älteste Itinerar einer Palästinawallfahrt, das im
Jahre 333 von einem Südfranzosen verfaßt ist, kennt in Jerusalem
eine Krypta am heilkräftigen Wunderteich Betsaida, in der Salomon die Dämonen peinigte, und ein Gemach mit steinernem Dach
an der Stelle des einstigen Salomonischen Palastes, wo der alttestamentliche König sein Buch der Weisheit, d. h. den Koheleth (Pre-
diger) schrieb:

> *Interius vero civitati* [Jerusalem] *sunt piscinae gemellares quinque
> porticos habentes, quae appellantur Betsaida. Ibi aegri multorum annorum
> sanabantur. . . . Est ibi et crepta, ubi Salomon Daemones torquebat. . . .
> Ibi* [im Palast des Salomo] *etiam constat cubiculus, in quo sedit et sapien-
> tiam descripsit: ipse uero cubiculus uno lapide est tectus* (Itiner. Burdi-
> galense; Geyer, Itinera S. 21); Antoninus Placentinus (sechstes Jahrhun-
> dert) erwähnt nur das Horn Salomos in einer Säule der Zionskirche (vgl.
> unten S. 114 f.).

Und noch im zwölften Jahrhundert (1137) wiederholte der Bibliothekar von Monte Cassino, Petrus Diakonus, in seinem Excerpt über die heiligen Stätten [10]) jene Nachricht von dem in der Grabeskirche bewahrten Horn und Ring Salomos:

In Golgotha autem est pars ligni salutiferae crucis, in qua confixus est dominus, et titulum, quod est repositum in locello argenteo. Est illic et cornu, unde ungebantur reges et annulum Salomonis (Geyer, Itinera S. 107, Z. 11—14).

In diesen magischen Werkzeugen des Salomo haben wir den Kern eines jüdisch-arabischen Sagenkomplexes, der nach Griechenland und zu den slavischen Völkern übertragen, in England und in Deutschland auch von der nationalen Dichtung aufgenommen worden ist. Und die Darstellung der verschlungenen Pfade dieser Überlieferung in Friedrich Vogts Ausgabe des mittelhochdeutschen Spielmannsgedichts von Salman und Morolf [11]) muß durch die eben angeführten Zeugnisse von Palästinapilgern des vierten und sechsten Jahrhunderts ergänzt werden.

In jener frühen Zeit war also das Kreuz Christi in Jerusalem bereits ganz und gar eingereiht in den magischen Apparat des heidnisch-atavistischen Christentums, das nirgends stärker und lebensvoller sich regte als im heiligen Lande, auf den Schlachtfeldern der Weltreligionen und unter den Ruinen der Weltreiche, in der ungeheuren Armee, wo jüdisch-arabische, persische, hellenische und christliche Superstition miteinander ihren Ringkampf führten. Die Lanze aber, mit der die Seite des Herrn geöffnet worden war, jenes wichtige Requisit der Johanneischen Mystik, der Allegorik des Physiologus, der phantastischen Symbolik der christlichen Abendmahlsliturgie, der theurgischen Mysterien der gnostischen Severianer, endlich der parabolischen Spekulation der ältesten christlichen Exegeten und Dogmatiker, nennt die früheste Tradition der Jerusalempilger nicht. Und doch weist die älteste Kunde von einem Kultus der Lanze des Kriegsknechts nach der konstantinischen Grabeskirche,

10) Über die Unselbständigkeit dieser Schrift siehe Heisenberg, a. a. O. I, S. 129.

11) Fr. Vogt, Die deutschen Dichtungen von Salomon und Markolf. Bd. 1 (Halle 1880), S. XLI ff. Das Horn, auf dem nach den russischen Überlieferungen Salomon den dienstbaren Dämonen und den Elementen Signale bläst, ist, wie es scheint, nur ein Mißverständnis des Salbhorns Salomos, des Symbols seiner Königsherrschaft, das in Jerusalem gezeigt wurde.

nach der Kirche auf Zion und nach der Anastasis. Zusammen mit
der Adoration des Kreuzes und anderer Reliquien der Passion ist
dort zuerst auch der Speer mit dem Glanze des fortwirkenden Wunders, mit dem Geheimnis christlicher Magie umsponnen worden.
Und sicherlich geschah das in den Kreisen und für die Bedürfnisse
der nach Palästina pilgernden Wallfahrer zuerst, die nicht bloß aus
dem christlichen Orient, sondern fast mehr noch aus dem Abendland,
besonders auch aus den entferntesten Gebieten, aus Spanien und
Südgallien herbeiströmten. Dorthin hat der Reliquienkultus der
Palästinapilger zuerst neue Früchte getragen und zur Reife
gebracht.

Um die Wende des vierten und fünften Jahrhunderts sang in
Saragossa A u r e l i u s   P r u d e n t i u s bereits seine Hymnen vom
Kreuz und der heiligen Lanze. Die alte Lehre Tertullians und
Augustins von dem Abbild der doppelten Taufe, das aus Christi
Seitenwunde hervortritt, gestaltet er mit dem Auge des bildenden
Künstlers rein im Textwort zu einem Gemälde:

> Dic tropaeum passionis, dic t r i u m p h a l e m   c r u c e m,
> Pange vexillum, notatis quod refulget frontibus.
> O novum caede stupenda vulneris miraculum!
> Hinc cruoris fluxit unda, lympha parte ex altera:
> Lympha nempe dat l a v a c r u m, tum c o r o n a [sc. martyrii] ex
>   sanguine est.
> Vidit anguis immolatam corporis sacri hostiam,
> Vidit, et fellis perusti mox venenum perdidit,
> Saucius dolore multo, colla fractus sibila.

        (Cathemerinon Carm. IX, V. 83 ff.; Migne, P.L. Bd. 59, S. 872 f.)

Angesichts eines Baptisteriums, das an der Stelle errichtet worden ist, wo Märtyrer ihren Tod fanden, leuchtet ihm der geistliche
Zusammenhang zwischen dem Baptisma des Wassers und der blutigen Märtyrerkrone auf in dem Bilde des Gekreuzigten, der aus
seiner Brust doppelten Lebensstrom vergießt:

> Haurit terra sacros aut fonte aut sanguine rores
> Exundatque suo jugiter uda Deo.
> Ipse loci est dominus, l a t e r u m cui vulnere u t r o q u e
> Hinc cruor effusus fluxit et inde latex.

(Peristephanon hymn. VIII [De loco, in quo martyres passi sunt; nunc
baptisterium est], V. 13 ff.; Migne, P.L. Bd. 60, S. 431 f.)

Endlich in seinem Dittochäum komprimiert er diese Vorstellungen wirklich zu einem erklärenden Epigramm für ein Gemälde:

Traiectus per u t r u m q u e latus, laticem atque cruorem
Christus agit. Sanguis victoria [des Martyriums]: *lympha l a v a c r u m est.*
Tunc duo discordant crucibus hinc inde latrones
Contiguis: negat ille Deum, fert iste coronam.
(Dittochaeum Carm. 42: Passio Salvatoris; Migne, P.L. Bd. 60, S. 108.)

In allen drei Gedichten, die die Szene des Lanzenstichs darstellen, macht Prudentius eine höchst merkwürdige Voraussetzung:
b e i d e Seiten Christi sind durchbohrt, und aus der Wunde der einen
fließt Blut, aus der Wunde der andern Wasser hervor. Es scheint
dabei angenommen zu sein, daß der Speer an der einen Seite eingedrungen, an der andern, der linken, wieder herausgekommen
ist, also den ganzen Körper durchbohrt hat. Prudentius steht mit
seiner Anschauung fast ganz allein da. Nur unsichere Spuren gibt
es, daß auch andere im fünften Jahrhundert sie geteilt haben.

Vgl. Arnwalos Anmerkungen zu den angeführten Stellen bei Migne.
In Betracht können nur kommen: 1. Eustathius von Antiochien († 360, ein
Hauptgegner der Arianer), Fragment bei Theodoret von Cyrus in dem
zweiten von dessen Dialogen gegen den Monophysitismus, die den Titel
führen „Der Bettler oder der Vielgestaltige" (ἐρανιστὴς ἤτοι πολύμορφος)
bei Migne, P.G. Bd. 83, S. 106 ff.; auch in der Sammlung der Fragmente des Eustatius bei Migne, P.G. Bd. 18, S. 689 A: Μετὰ δὲ τὸ πάθος
τριταῖος ἐκ τῶν νεκρῶν ἀναστὰς ἐνδοιαζόντων αὐτῶν ἐγηγέρθαι τῶν μαθητῶν,
ἐπιφανεὶς αὐτοῖς αὐτῷ σώματι, σάρκα μὲν ἅπασαν σὺν ὀστέοις ἔχειν ὡμολογεῖ,
ταῖς δὲ ὄψεσι τούτων τὰς τ ε τ ρ ω μ έ ν α ς ὑποβάλλων π λ ε υ ρ ὰ ς καὶ τοὺς
τύπους αὐτῶν ὑποδεικνύει τῶν ἥλων. 2. Homilie des Bischofs Paulinus
von Biterrä (Baziers), etwa 400—419 (siehe Bardenhewer, Patrologie
S. 395), die aber von anderen dem Bischof Patiens von Lyon beigelegt wird (Arnvalo bei Migne, P.L. Bd. 60, S. 432 Anmerkung 15): *Cui*
unius baptismatis duplex gratia ex utroque scilicet Christi l a t e r e et
aqua et sanguis parabatur. 3. Griechische Ausfertigung von Papst Leos I.
berühmtem Brief an den Patriarchen Flavian von Konstantinopel gegen
den Monophysitismus des Eutyches (Epist. 28; Migne, P.L. Bd. 54, S. 774 B):
Καὶ πάλιν ὁ αὐτὸς τὰ τ ρ α ύ μ α τ α [lat. Text: vulnus] τῆς πλευρᾶς καὶ τὰς.
διατρήσεις τῶν ἥλων καὶ πάντα τὰ τοῦ νεαροῦ πάθους ἐπεδείκνυ σημεῖα
Die beiden ersten Stellen sprechen von einer Verwundung auf beiden Seiten, die letzte von Wunden auf einer Seite. Möglich, daß im letzten Fall
nur eine rhetorische S y n e k d o c h e d e s N u m e r u s vorliegt. Ob eine
Nachwirkung dieses Satzes in Leos Brief auf die Anschauung der nationalen
englischen Dichtung denkbar sei, kommt unten (Kap. 19) zur Sprache.

Um 570 sah die heilige Lanze in der Z i o n s k i r c h e zu Jerusalem Antoninus Placentinus:

Deinde [nachdem im Kap. 20 die *basilica Constantini* beschrieben ist]
venimus in basilicam sanctam S i o n , ubi sunt multa mirabilia. . . . In

ipsa ecclesia est columna, ubi flagellatus est Dominus. . . . In ipsa co-
lumna est illud cornu, de quo reges unguebantur et Dauid. Ibi est in ipsa
ecclesia et c o r o n a *de spinis, qua coronatus est dominus, et* l a n c e a,
de qua in latere percussus est dominus [12]).

Den Schwamm und das Gefäß, daraus dem Gekreuzigten der
Essigtrank gereicht war, sowie den O n y x k e l c h, den er beim
letzten Passahmahl benutzt und gesegnet hatte, fand er dagegen in
der Basilika, die Kaiser Konstantin über dem Grabe des Herrn
erbaut hatte:

> *In basilica Constantini cohaerente circa monumentum uel Golgotha,*
> *in atrio ipsius basilicae, est cubiculum, ubi lignum crucis reconditum est,*
> *quod adorauimus et osculauimus. . . . Nam et ibi est illa spongia et canna,*
> *de quibus legitur in euangelio, de qua spongia aquam bibimus, et* c a l i x
> o n y c h i n u s, *quem benedixit in cena et aliae multae uirtutes* (Antoninus,
> a. a. O. Kap. 20; Tobler-Molinier, Itinera Bd. 1, S. 102; Gildemeisert S. 14 f.;
> Geyer, Itinera S. 172 f.).

Es ist dies meiner Ansicht nach das älteste Zeugnis und für uns
der erreichbare ä l t e s t e K e r n der Legende vom G r a l und vom
G r a l t e m p e l. Denn daß ich es gleich hier heraussage, was später näher erläutert werden soll: der prächtige Rundbau Konstantins über dem Grabe des Herrn und der heilige Kelch, von durch-
sichtigem Onyxstein, in dem Christus den Wein trank, den er als
sein Blut bezeichnete, das ist vom ersten Anfang an der Gral. Keine
Schale oder Schüssel also. Auch kein Meteorstein, wie neuestens
behauptet worden ist. Kein heidnisches „Tischleindeckdich" nebel-
hafter Herkunft. Der Gral ist der Abendmahlskelch, um den die
superstitiöse Andacht und wundergläubige Adoration der Jerusalems-
pilger unter dem Einfluß der liturgischen Mystagogie der griechischen Kirche Vorstellungen gesponnen haben, die wir allerdings vom
modernen Standpunkt aus als halbheidnische betrachten oder mit
Harnack einem „Christentum zweiter Ordnung" zuweisen müssen.

Die uns erhaltenen Angaben über den Aufbewahrungsort der
heiligen Reliquien zu Jerusalem sind schwer zu vereinbaren. Ein
anderer Berichterstatter des sechsten Jahrhunderts (Breviarius de

---

12) De locis sanctis Kap. 22 (Tobler-Molinier, Itinera Bd. 1, S. 103;
besser bei J. Gildemeister, Antonini Placentini itinerarium [in unent-
stelltem Text mit deutscher Übersetzung], Berlin 1889, S. 16; am besten
bei Geyer, Itinera S. 173 f.; dazu Heisenberg, a. a. O. I, S. 122—128). Über
Lage und Benennung der Kirche Zion siehe Guthe in Hauck, RE. Bd. 8,
S. 688 f.; Heisenberg, a. a. O. I Register siehe v. Zion, Zionskirche.

Achtes Kapitel:

Hierosolyma) gibt an, daß der Abendmahlskelch und das Rohr nebst
Schwamm in einem Raum der Konstantinsbasilika und der heilige
Speer „in der Basilika" sich befunden haben [13]. Das Speereisen war
damals schon in ein Kreuz eingelassen und man schrieb ihm ein
zauberhaftes sonnenähnliches Leuchten bei Nacht zu:

> *Deinde ad sacrarium de basilica sancti Constantini, ubi est cubiculum,*
> *ubi est ille calamus et illa spongia et ille calix, quem benedixit Dominus*
> *et dedit discipulis suis bibere et ait: „Hoc est corpus meum et sanguis*
> *meus"* (Breviarius de Hierosolyma; Tobler-Molinier, Itinera Bd. 1, S. 58;
> Geyer, Itinera S. 154). *Et est in medio ciuitatis basilica illa, ubi est lancea,*
> *unde percussus est Dominus et de ipsa facta est crux et l u c e t i n*
> *n o c t e s i c u t s o l in uirtute diei* (a. a. O. S. 57 bzw. 153). Die unklare
> Beschreibung wird verständlicher aus den Angaben des Adamnanus (siehe
> unten S. 118). Aber unklar bleibt hier wie dort, ob nur das Speereisen oder
> nur der Schaft oder beides gesehen worden ist.

Hundert Jahre nach Antoninus, um 670, erblickte beide Reliquien, Kelch und Lanze, der französische Bischof Arculfus von
Périgueux in dem Gebäudekomplex der Konstantinischen Basilika.
Der K e l ch befand sich jetzt nach der Zerstörung durch die Perser
und dem Wiederaufbau durch den Abt des Theodosiosklosters in
Jerusalem und Patriarchen Modestus (616—626) [14]) in einer Exedra
des Neubaus und i n i h m lag der heilige E s s i g s c h w a m m. Die
L a n z e dagegen wurde in dem Portikus aufbewahrt, war aber in
zwei Teile zerbrochen. Dem Kelch gibt der Berichterstatter das Maß
eines gallischen Sextars und zwei Henkel; er nennt ihn aber silbern:

> *Inter illam quoque Golgothanam basilicam et Martyrium quaedam in-*
> *est exedra, in qua est calix Domini, quem a se benedictum propria manu*
> *in cena, pridie quam pateretur, ipse conuiua apostolis tradidit conuiuanti-*
> *bus: qui argenteus calix sextarii Gallici mensuram habens duasque in se*
> *ansulas ex utraque parte continens conpositas, in quo utique calice inest*
> *illa spongia, quam aceto plenam, hysopo circumponentes, Dominum cruci-*
> *figentes obtulerunt ori eius: de hoc eodem calice, ut f e r t u r, Dominus*
> *post resurrectionem cum apostolis conuiuans bibit, quem sanctus Arculfus*
> *uidit ..., quem uidelicet calicem uniuersus ciuitatis populus cum ingenti*
> *ueneratione frequentat. ... Idem A r c u l f u s nihilominus et illam con-*
> *spexit l a n c e a m militis, qua latus Domini in cruce pendentis ipse per-*

---

13) Heisenberg, a. a. O. I, S. 121. 127 f. 146 bemüht sich, die zwischen
den Ortsangaben der einzelnen Berichterstatter vorhandenen Unstimmigkeiten durch mehr oder minder überzeugende Interpretation auszugleichen.
14) Vgl. Heisenberg, a. a. O. I, S. 2. 176.

cusserat. Hec eadem lancea in porticu illius Constantini basilice inserta habetur in cruce lignea, cuius hastile in duas scissum est partes: quam similiter tota Hierosolymitana frequentans osculatur et ueneratur ciuitas (Adamnanus, De locis sanctis Kap. 7. 8; Tobler-Molinier, Itinera Bd. 1, S. 152; Geyer, Itinera S. 234). Vgl. dazu Mommert, Die Grabeskirche des Modestus nach Arkulfs Bericht (Zeitschrift des deutschen Palästinavereins Bd. 20, S. 34 ff.) und Josef Strzygowski, Beiträge zur Geschichte der spätantiken und frühchristlichen Kunst: Orient oder Rom. Leipzig 1901, Untersuchung 5: Ein bedeutender Rest des Prachtbaues Konstantins des Großen am heiligen Grabe zu Jerusalem, S. 127 ff. (mit Abbildung der heutigen Fassade und mehreren Rekonstruktionsplänen); ferner Heisenberg, a. a. O. I, S. 175 ff.

Im Jahre 1896 hat man zu Madeba in Palästina das Fußbodenmosaik einer christlichen Kirche des fünften Jahrhunderts bloßgelegt, das außer andern unschätzbaren Darstellungen geographischen Inhalts das Bild eines eucharistischen Kelchs enthält. Er ist genau die Probe auf Arkulfs Beschreibung und bestätigt deren Richtigkeit. Wir sehen ein Gefäß, angefüllt mit rotem Wein, das zwei geschweifte Henkel und einen hohen Fuß hat und h a l b a l s T r i n k g e f ä ß, h a l b a l s S c h ü s s e l e r s c h e i n t [15]). Nimmt man die Henkel fort, würde man es eher als Vase denn als Trinkglas bezeichnen. Es ist die Form des Abendmahlskelches, die sich bis ins neunte oder zehnte Jahrhundert erhalten hat. Das Urbild davon ist der griechische Kantharos, ein bauchiger Becher mit Doppelhenkel. Auf dem Melchisedechmosaik in San Vitale und in Sant' Apollinare in Classe zu Ravenna sind uns Abbildungen des in dieser Weise geformten eucharistischen Kelchs aus dem sechsten Jahrhundert überliefert. Auch viele Reliefs des fünften und sechsten Jahrhunderts zeigen ihn so als mystisches Symbol des Abendmahls und seiner Wirkung. Zuweilen verliert er in seiner Gestalt jede Erinnerung an einen Becher, gibt die Henkel ab, wird ganz flach und weit und geht geradezu in eine Schale über: auf einer Miniatur des Kodex Rossanensis aus dem sechsten oder siebenten Jahrhundert, welche das letzte Mahl Christi mit seinen Jüngern historisch darstellt, erscheint der in der Mitte des Tisches zwischen zwei Broten stehende Kelch o h n e H e n k e l wie eine Schale mit einem niedri-

15) Vgl. die Abbildung im Nuovo Bulletino di archeologia cristiana Anno III. Rom 1897, S. 148 und Heisenberg, a. a. O. I, S. 138 ff.

gen Fuß, einer modernen Waschschüssel nicht ganz unähnlich [16]);
auf der die Spendung des Weins darstellenden Miniatur derselben
Handschrift, welche den Vorgang ganz nach dem gleichzeitigen
kirchlichen Ritus der Kommunion behandelt, reicht Christus als zelebrierender Priester den kommunizierenden sechs Aposteln einen
Kelch, dem der Fußuntersatz f e h l t und der wie eine gewöhnliche
Schale aussieht [17]). Die auf dem ersten Bilde dargestellte Form ist
die in der g r i e c h i s c h e n Kirche üblich gebliebene.

Diese historische Doppelgestalt des altchristlichen und frühmittelalterlichen sowie des byzantinischen Abendmahlskelches löst
das Rätsel, an dem sich so viele Germanisten und Romanisten vergeblich den Kopf zerbrochen haben, daß das Gefäß des Grals in
einzelnen Sagenfassungen als Schüssel oder Schale, in anderen als
Trinkbehälter, als Kelch erscheint.

Die ganze Erzählung des Arkulf besitzen wir leider nicht im
Original, sondern nur in der Niederschrift, die davon der schottische
Abt A d a m n a n u s († 704) [18]) vom Kloster Columba (Jona) auf
Ikolmhill, einer der Hebriden, später anfertigte, nicht ohne manche
selbständige Zusätze zu machen. Auch ist das Werk, das in zahlreichen englischen, deutschen und niederländischen Handschriften
verbreitet wurde, später manchen stilistischen Veränderungen ausgesetzt gewesen. B e d a nahm den Bericht des Adamnanus in seine
Schrift über das heilige Land auf und gab ihm dadurch die wei-
teste Verbreitung:

In platea, quae Martyrium [die eigentliche Basilica des Konstantin an
der Kreuzfindungsstelle] *et Golgotha* [die Kirche über dem Fels, auf dem
das Kreuz Christi gestanden] *continuat, exedra est, in qua calix Domini,*
[in] *scriniolo reconditus per operculi foramen tangi solet et osculari. Qui
a r g e n t e u s calix duas hinc et inde habens ansulas sextarij Gallici men-
suram capit, in quo est et illa spongia, Dominici potus ministra. . . . L a n-
c e a militis inserta habetur in cruce lignea in porticu Martyrij, cuius
hastile* [Schaft] *in duas intercisum partes a t o t a u e n e r a t u r civitate*

---

16) Codex Rossanensis, hrsg. von Gebhardt und Harnack, Leipzig 1880,
Tafel 8 (danach bei Kraus, Christl. Kunst B. 1, S. 466, Figur 350); in A. Hase-
loffs neuer Ausgabe nach photographischen Aufnahmen (Leipzig 1898),
Tafel V.

17) Gebhardt-Harnack Tafel 10; Haseloff Tafel VII.

18) Vgl. über seine bedeutungsvolle kirchliche Tätigkeit Bellesheim,
Geschichte der katholischen Kirche in Irland. Bd. 1 (Mainz 1890), S. 181 ff.

(De locis sanctis Kap. 2; Migne, P.L. Bd. 94, S. 1181; Tobler-Molinier, Itinera Bd. 1, S. 217; Geyer, Itinera S. 305).

Unter diesen Umständen ist es schwierig, die Diskrepanzen zwischen der Beschreibung des Antoninus und des Arculfus aufzuklären. Aber das Eine muß man dabei in Anschlag bringen: beide trennt ein folgenschweres Ereignis, das die kirchlichen Verhältnisse in Jerusalem von Grund aus umgestaltete.

Als Arculfus-Adamnanus und Beda schrieben, war Jerusalem und sein Kranz heiliger Kirchen den persischen Eroberern bereits zur Beute gefallen, waren die großartigen Bauten Konstantins mit Feuer verwüstet. Šahrbarāz, der Feldherr des Sassaniden Chosrau II. Parwêz, hatte nach der Eroberung von Damaskus im Jahre 614 auch Jerusalem eingenommen. Mehr Schrecken als die Niedermetzelung und Fortführung der Bewohner, die Einäscherung der Gebäude, die Gefangennahme des Patriarchen Zacharias rief im ganzen griechischen Reich und in der gesamten Christenheit ein anderer Verlust hervor: es gelang nicht, das Stück des heiligen Kreuzes, das man dort verehrte, zu retten. Ein arabischer Chronist, der aus seiner Sympathie mit den monotheistischen Christen gegenüber den heidnischen Persern kein Hehl macht, meldet, daß der siegreiche General gegen den Bischof, die Priester und die übrigen Christen wegen des Kreuzes Christi, das man verborgen hatte, ein Zwangsverfahren anstellte. Durch Martern erpreßte er ihnen das Geheimnis des Verstecks und grub mit eigener Hand in einem Garten unter den darüber gesäten Gemüsekräutern den goldenen Kasten, der es enthielt, aus [19]). Es mußte samt dem Patriarchen Zacharias in die persische Gefangenschaft wandern. Doch vermochte der Patrizius Niketas den heiligen Schwamm und die heilige Lanze vorgeblich nach Konstantinopel zu flüchten. Der Schwamm traf am dritten Tage des Festes der Hypsosis ein und wurde in der Sophienkirche zugleich mit der Kreuzpartikel feierlich erhöht, d. h. zur Verehrung ausgestellt. Die Lanze, die Niketas von einem Diener des Šahrbarāz empfangen hatte, kam erst sechs Wochen später an, nachdem die erste Zeremonie gut eingeschlagen war, und wurde gleichfalls in der Hauptbasilika von Byzanz nach vorheriger feierlicher Ankündigung vier Tage lang zur Adoration gezeigt:

---

19) Th. Nöldeke, Geschichte der Perser und Araber zur Zeit der Sassaniden. Leyden 1879, S. 291.

Τούτῳ τῷ ἔτει περὶ μῆνα 'Ιούνιον . . . ἥλω καὶ 'Ιερουσαλὴμ ὑπὸ Περσῶν καὶ σφάζονται πολλαὶ χιλιάδες ἐν αὐτῇ κληρικῶν, μοναχῶν, μοναστριῶν παρθένων. 'Εμπίπραται τὸ Δεσποτικὸν μνῆμα [das heilige Grab] καὶ οἱ περιβόητοι τοῦ θεοῦ ναοὶ καὶ ἁπλῶς πάντα τὰ τίμια καθαιρεῖται. Τὰ σεβάσμια τοῦ σταυροῦ ξύλα σὺν τοῖς ἱεροῖς σκεύεσιν ἀναριθμήτοις οὖσιν λαμβάνεται παρὰ Περσῶν καὶ Ζαχαρίας ὁ πατριάρχης καὶ αἰχμάλωτος γίνεται. . . . Καὶ τῇ XIV. . . . Σεπτεμβρίου μηνὸς . . ., ἐν τῇ τρίτῃ ὑψώσει ἀποδεθεὶς [Var. ἀποδεχθεὶς] τῷ Ζωοποιῷ σταυρῷ [Text zweifelhaft] ὁ τίμιος σπόγγος καὶ αὐτὸς συνυψοῦται αὐτῷ ἐν τῇ ἁγιωτάτῃ Μεγάλῃ ἐκκλησίᾳ, πεμφθεὶς παρὰ Νικήτα πατρικίου. Καὶ τῇ XXVIII. . . . 'Οκτωβρίου μηνὸς . . . ἠνέχθη ἡ τιμία λόγχη ἀπὸ τῶν ἁγίων τόπων, ἑνὸς τῶν ἐγγιζόντων τῷ καταράτῳ Σαλβάρᾳ μετὰ τὸ ληφθῆναι αὐτὴν παρ' αὐτῶν δεδωκότος αὐτὴν τῷ μνημονευθέντι Νικήτᾳ. Καὶ εὐθέως αὐτῇ τῇ Κυριακῇ ἐκηρύχθη ἐν τῇ ἁγιωτάτῃ Μεγάλῃ ἐκκλησίᾳ ὡς ἠνέχθη· καὶ τῇ τρίτῃ καὶ τετράδι προσεκυνήθη ὑπὸ ἀνδρῶν, πέμπτῃ δὲ καὶ παρασκευῇ ὑπὸ γυναικῶν (Chronicon Paschale ad annum 614; Migne, P.G. Bd. 92, S. 988 f. Vgl. Ed. de Muralto, Essai de Chronographie Byzantine, St. Petersbourg 1855, S. 272 f.).

Diese Erzählung des Chronicon Paschale stammt aus dem letzten Jahrzehnt des Kaisers Heraklios. Es muß also bereits damals (d. h. um 640) in Konstantinopel das Fest der Kreuzerhöhung und der *Adoratio crucis* bestanden haben, das wir auch aus einer etwas jüngeren Beschreibung des Andreas Cretensis [20] († 720) kennen lernen, der lediglich von der Kreuzfindung durch die Kaiserin Helena spricht, ohne des Verlustes und der Wiedergewinnung durch Heraklios überhaupt zu gedenken.

Das Kreuzerhöhungsfest knüpfte sich an jenes Stück des heiligen Kreuzes, das nach der in Konstantinopel herrschenden Meinung schon die Kaiserin Helena von ihrem glücklichen Funde ihrem Sohn Konstantin abgegeben hatte [21].

Die furchtbare Katastrophe des Jahres 614 wurde rasch überwunden. Den Christen in Jerusalem gelang es dank der Tatkraft des Abtes und späteren Patriarchen Modestus binnen zehn Jahren

---

20) Vgl. hierzu Bardenhewer, Patrologie S. 500; die Literatur über Andreas Cretensis bei Ul. Chevalier, Répertoire des sources historiques du moyen-âge. Vol. I. Bio-Bibliographie, Paris 1877—1886, S. 15. Unter seinem Namen sind zwei Predigten über das Kreuzerhöhungsfest überliefert: εἰς τὴν παγκόσμιον Ὕψωσιν τοῦ τιμίου καὶ ζωοποιοῦ σταυροῦ.

21) Dabei ist es nicht klar, ob jene vom Chron. Pasch. bezeugte ὕψωσις τοῦ σταυροῦ der Gedenktag der Kreuzfindung durch Helena in Jerusalem oder der Aufrichtung des von ihr nach Konstantinopel geschenkten Kreuzteils sein soll und ob etwa beide Vorgänge auf dasselbe Datum gelegt wurden. Vgl. auch unten S. 124 über die Predigt des Andreas Cretensis.

(616—626) einen Neubau an den heiligen Stätten aufzuführen, der sich zwar von dem Werk Konstantins unterschied, aber doch dessen Charakter und Anlage im Großen und Ganzen beibehielt. Die Grabeskapelle, die Anastasis, der alte Rundbau, ward ziemlich treu wieder hergestellt. Golgotha, der Platz der Kreuzigung, bekam eine besondere Kirche. Über der Kreuzfindungsstelle erhob sich wieder eine Basilika, Martyrium genannt. Südöstlich der Grabesrotunde wurde eine Marienkirche erbaut. In diesem Zustand sah die heiligen Orte der Gewährsmann des Adamnanus [22]).

Auch den griechischen Waffen leuchtete wieder das Glück. Kaiser Heraklios gelang es, in drei Kriegszügen die persische Macht niederzuwerfen. Auf den Ruinen von Ninive (12. Dezember 627) entscheidend besiegt, brach das Reich des Chosrau zusammen: im eigenen Hause erhoben Abfall und Verrat ihr Haupt; den König ließ sein Sohn Šeröë ermorden. Dieser aber, sowie er die Herrschaft an sich gerissen hatte, bat um Frieden [23]) und gab das geraubte heilige Kreuz wieder heraus. Im Triumph konnte Kaiser Heraklios als Befreier und Retter seines Volks in Konstantinopel wieder einziehen. Man fühlte sich durch den Sieg über den gefährlichsten Feind des Christentums wie neugeschaffen, und die Chronisten, die von diesen Vorgängen berichten, unterlassen es nicht, die sechsjährigen Kämpfe und die glückliche Rückkehr im siebenten Jahr als eine mystische Wiederholung des göttlichen Schöpfungswerkes zu preisen. Der Diakon der Sophienkirche und Chartophylax in Konstantinopel, Georgios der Piside, besang den Feldzug voll Begeisterung, als Nachfahre des Nonnos den antiken mythologischen Apparat mit christlicher Dogmatik und Allegorik durchdringend. Dem Jubel und den Festen in der Hauptstadt am Bosporus war aber eine noch großartigere, eine noch weltbewegendere Siegesfeier in Jerusalem vorhergegangen. Von den Schlachtfeldern war der Kaiser mit der wiedergewonnenen Trophäe nach dem heiligen Lande gereist: indem er den befreiten Patriarchen Zacharias wieder in seine Stellung einsetzte, brachte er auch die Stücke des Kreuzes Christi an ihre geweihte Stätte im Tempel des Konstantin wieder

22) Vgl. die oben S. 117 genannten Aufsätze Mommerts und Strzygowskis; dazu auch Heisenberg, a. a. O. I, S. 175 ff.

23) Vgl. Ernst Gerland, Die persischen Feldzüge des Kaisers Herakleios (Byzantinische Zeitschr. Bd. 3 [1894], S. 367. 370 ff.).

zurück. Dies geschah im Jahre 628 oder 629. In bezug auf die
Reihenfolge der Feier in Konstantinopel und in Jerusalem und auf
das Jahr der Datierung geht nämlich die historische Überlieferung
auseinander. Eine Gruppe der Chronisten setzt den Zug nach Jerusalem und die dortige Wiederaufrichtung des Kreuzes ins Jahr 628
und v o r die Rückkehr in die Hauptstadt [24]. Dagegen berichtet
eine andere Gruppe, daß Heraklios zuerst (628) nach Konstantinopel heimgekehrt, im Frühjahr des nächsten Jahres (629) die Fahrt
nach dem heiligen Lande angetreten habe [25]. Dieser zweiten Darstellung folgen die modernen Geschichtsforscher H e r t z b e r g und
G e l z e r [26]. Die Worte im Eingang des oben erwähnten Gedichts
über das Ereignis von dem Zeitgenossen Georgios Pisides: ἐκ Περ-
σίδος γὰρ ὁ βασιλεὺς [Heraklios] ἀφιγμένος τὸν σταυρὸν ἐν σοὶ [Gol-
gotha] δεικνύει πεπηγμένον sprechen allerdings, wie der Herausgeber bemerkt [27], dafür, daß der Kaiser von Persien direkt nach
Jerusalem gegangen ist. Dem Dichter waren in seiner Eigenschaft
als Archivar die kaiserlichen Originalbriefe zugänglich, durch welche
die Vollziehung des kaiserlichen Aktes notifiziert worden war,
und er hat sie für sein Preislied benutzt. Doch ist sein Ausdruck
wohl nicht ganz zwingend.

Das Tagesdatum dieser Zeremonie ist uns authentisch ebenfalls
nicht überliefert. Als Datum geben zwar den 14. September sowohl
Hertzberg a. a. O. S. 44, als auch Gelzer a. a. O. S. 948; aber auf
welche alte historische Quelle sich das stützt, ist mir unbekannt.

---

24) Georgius Humartolus Monachus (ed. Eduard de Muralto. Patropoli
1859, S. 569), Nikephoros Patriarcha Constantin., Historia Syntomos (ed.
Carol. de Boor. Leipzig 1880, S. 22) und die Jüngeren: Leo Grammaticus
(editio Bonnensis, hrsg. von Immanuel Becker, S. 152), Zonaras (edit. Bonn.
vol. 3, S. 211 f.), Michael Glycas (edit. Bonn. S. 512), Anonymus bei Suidas
I 2, S. 881, Z. 1 ff.

25) Theophanes Confessor, Chronographia ad annum mundi 6118 (ed.
de Boor, a. a. O. Bd. 1, S. 327 f.), Anastasius, Chronographia tripertita
(ebd. Bd. 2 [Leipzig 1885], S. 204 f.), Georgios Credenos (edit. Bonn. vol. 1,
S. 735).

26) Hertzberg, Geschichte der Byzantiner und des Osmanischen Reiches.
Berlin 1883, S. 44 (Onckens Allgemeine Geschichte in Einzeldarstellungen
II, 7); Gelzer, Abriß der byzantinischen Kaisergeschichte (in Krumbacher,
Byzant. Literatur S. 948).

27) Hrsg. von L. Sternbach, Wiener Studien für klassische Philologie,
Jahrg. 13 (1891), S. 4 f.; siehe auch S. 29.

Nicht ganz genau ist es, wenn beide Autoren übereinstimmend sagen, seit jenem Vorgang habe die „Kirche", d. h. entweder die griechische oder die Gesamtkirche diesen Tag dauernd als Fest der Kreuzeserhöhung gefeiert. Vielmehr war die Entwicklung in der griechischen und in der abendländischen Kirche nicht ganz dieselbe. In der orientalischen Kirche war der 14. September, wie das Zeugnis der Pilgerin Silvia (Aetheria) aus dem Ende des vierten Jahrhunderts beweist (siehe oben S. 108 ff.), l ä n g s t ein doppelter Festtag: Gedenktag der Weihe der Konstantinischen Grabeskirche in Jerusalem und Gedenktag der K r e u z f i n d u n g durch Helena. In der abendländischen Liturgie bringt das Gelasianum II, 56 (Migne, P.L. Bd. 74, S. 1176 D) zum 14. September die *exaltatio sanctae crucis*. Die abendländische Kirche hat aber die *exaltatio* zwar auf den 14. September festgesetzt, aber die Kreuzfindung, für die in der griechischen Kirche derselbe Tag schon längst bestimmt war, auf den 3. Mai geschoben. Im *Sacramentum Gregorianum* kommen beide Kreuzfeste vor: sie waren also seit dem achten Jahrhundert eingebürgert und wurden mit dem hadrianischen Gregorianum auch in Deutschland üblich. Beide Feste finden sich z. B. im Sakramentar des Doms zu Padua aus der ersten Hälfte des neunten Jahrhunderts, in dem Mainzer der Bibliotheca publica zu Lucca aus dem zehnten Jahrhundert und dem Fuldaer des elften Jahrhunderts in der Kapitelsbibliothek zu Udine [28]).

Es wird uns von keinem Historiker gemeldet, daß mit der Wiederaufrichtung des Kreuzes auch die nach Konstantinopel geflüchtete heilige Lanze wieder nach Jerusalem an ihre alte Aufbewahrungsstelle zurückgebracht worden wäre. Es tritt aber nun die merkwürdige und in der Geschichte des Reliquienkultus so häufige Erscheinung ein: das Objekt, an dem die Andacht der ganzen Christenheit hängt, v e r v i e l f a c h t sich. Adamnanus auf Grund der Erzählung seines französischen Gewährsmanns, des Bischofs von Périgueux, berichtet, daß etwa vierzig Jahre nach der Wiederaufrichtung des heiligen Kreuzes in einer Exedra zu Jerusalem auch die Lanze des Kriegsknechts gezeigt wurde, freilich mit zerbrochenem Schaft. Und das war, nachdem Jerusalem aufs neue in die Gewalt

---

28) A. Ebner, Quellen und Forschungen zur Geschichte und Kunstgeschichte des Missale Romanum im Mittelalter. Freiburg i. Br. 1896, S. 125; 67. 71; 259.

nicht christlicher Herren gelangt war: nach der Eroberung Jerusalems durch die Araber unter Omar (637). Vielen schien es damals offenbar, als ob die Schicksale des Kreuzes und der Lanze von jeher unlöslich aneinander geknüpft gewesen seien. Eine unter dem Namen des Andreas Cretensis, der 817 starb, überlieferte Predigt, deren Echtheit freilich unsicher zu sein scheint, auf das Fest der Kreuzerhöhung (Migne, P.G. Bd. 97, S. 1024 f.) weiß zu erzählen, daß die Juden nach der Hinrichtung Christi die Passionswerkzeuge, also das Kreuz, die Lanze, die Kreuznägel, den Titel vergraben hätten, um die Spur ihres Verbrechens zu verwischen.

Blieben dann später die wieder gefundenen Reliquien, Kreuz und Lanze, in Jerusalem beisammen, so war das nicht minder auch in Konstantinopel der Fall. Denn es ist ebenso gewiß, daß man in der Folgezeit auch in Konstantinopel der angeblich echten Reliquie der heiligen Lanze den hingebendsten Kultus erwies. Sie galt namentlich als ein erhabenes Heiligtum, auf das die feierlichsten Eide geschworen wurden, deren unverbrüchliche Wahrheit sie verbürgte [29]). Schwerlich geht es an, dieses Doppelgängertum dadurch zu beseitigen, daß man in Konstantinopel nur das Eisen, in Jerusalem nur den — zerbrochenen — Schaft echt sein läßt. Denn im ersten Kreuzzug taucht zu Antiochia ein drittes Exemplar auf (siehe unten Kap. 24).

Den Anlaß zu solchen Verdoppelungen und neuen Lokalisierungen der Passionsreliquien gab das Schicksal der hervorragendsten von ihnen: des heiligen K r e u z e s selbst. Auch dieses mußte auf die Wanderschaft. Während uns von der einen Seite glaubhaft berichtet wird, daß Kaiser Heraklios die Kreuzstücke an ihren alten Ort, nach Jerusalem, zurückgebracht habe, offenbar doch zu d a u e r n d e r Aufbewahrung, beschreibt vierzig Jahre später Arculfus von Périgueux eingehend die Aufbewahrung und kirchliche Ausstellung des Kreuzes in der Hagia Sophia zu Konstantinopel. Schon nach der Legende von der Kaiserin Helena sollte ja ein Stück des Kreuzes bei der ersten Auffindung nach Byzanz geschickt worden sein. Nun aber wurde das Ganze in drei Stücken dort expo-

---

29) Anna Comnena Alexias VIII, 9 (ed. Bonn. Vol. 1, S. 421, Z. 15—22); XIII, 12 (a. a. O. Vol. 2, S. 244, Z. 15 f.); XIV, 1 (a. a. O. S. 247, Z. 4. 5); dazu Caroli Ducangii Notae (a. a. O. S. 586 ff.); Riant, Exuviae sacrae Constantinopolitanae. Genf 1876 ff., Bd. 2, S. 212. 213. 216. 217. 231.

niert. Auf der Nordseite befand sich nach Arculfus dort ein großes
und prächtiges Armarium und in diesem eine hölzerne Truhe mit
den drei Stücken des Kreuzes. Sie wird an drei aufeinander folgenden Tagen des Jahres zur Verehrung und Oskulation ausgestellt
auf dem goldenen Altar der Kathedrale: am Gründonnerstag für
den Kaiser und die Armee, am Karfreitag für die Kaiserin, die vornehmen Damen und die Frauen des Volkes; am Ostersamstag für
den Bischof und den ganzen Clerus, wobei die Schlußfeier und
die Bergung der Reliquie stattfindet. Während der Exposition entströmt den Hölzern des Kreuzes ein wunderbarer Duft, der die ganze
Kirche erfüllt und alle Anwesenden fröhlich macht; er rührt her
von einer Flüssigkeit, die sich an den Knoten des Holzes absondert:
sie riecht wie frisches Öl und ein Tröpflein davon einem Kranken
aufgelegt heilt alle Schwäche und alle Beschwer:

> *Interioris domus aquilonali in parte pergrande et ualde pulchrum*
> *monstratur armarium, in quo capsa habetur recondita lignea, quae simi-*
> *liter ligneo supercluditur operculo, in quo illud salutare habetur recon-*
> *ditum crucis lignum, in quo noster saluator pro salute humani generis*
> *suspensus passus est. Quae uidelicet praedicabilis capsa, ut sanctus refert*
> *Arculfus, in tribus continuis diebus post expletum annum super altare*
> *aureum cum tali pretioso eleuatur thesauro ...: hoc est in c a e n a D o -*
> *m i n i, qua die imperator et exercitus militum ecclesiam intrantes et ad*
> *illud accedentes altare aperta illa sacrosancta capsella salutarem osculantur*
> *crucem* [zuerst der Kaiser, dann einzeln, nach Alter und Rang, alle Übri-
> gen]. ... *Proinde crastina die, hoc est s e x t a f e r i a ante pascha, reginae,*
> *matronae et omnes populi mulieres supra obseruato memorato ordine acce-*
> *dunt cum omni ueneratione osculantes. Tertia die, hoc est s a b b a t o*
> *p a s c h a l i, episcopus et uniuersus post eum clerus cum timore et tremore*
> *et omni honorificentia accedunt ordinatim uictoriale osculantes lignum*
> *in sua positum capsa, finitisque sanctis et laetificis talibus sacrosanctae*
> *crucis osculationibus illa uenerabilis capsa supercluditur et ad suum cum*
> *tali honorifico thesauro reportatur armarium.* Darauf folgt die Schilderung
> des Geruchswunders. (De locis sanctis III, 3; Tobler-Molinier, Itinera Bd. 1,
> S. 193 ff.; Geyer, Itinera S. 286 ff.; das Ganze wiederholt von Beda, Liber
> de locis sanctis Kap. 19; Tobler-Molinier, Itinera Bd. 1, S. 232 f.; Geyer,
> Itinera S. 322 f. — Vgl. auch C o n s t a n t i n u s P o r p h y r o g e n n e t u s
> [905—959], De cerimoniis aulae Byzantinae lib. I Kap. 34; Migne, P.G.
> Bd. 112, S. 419 ff.).

Außer in der Karwoche wurde das heilige Kreuz auch am
Tag der Erhöhung (14. September) zu Konstantinopel kirchlich aus-
gestellt und adoriert. Bei dieser Gelegenheit hat im Jahre 968 Kaiser
Ottos Gesandter, der langobardische Bischof von Cremona, L i u d-

p r a n d die Reliquie mitten unter dem herandrängenden Volk verehrt: *Decimo octavo scilicet Calendas Octobris precibus muneribusque effeci, ut vivificum atque salutiferum adorarem lignum; ubi tanto in tumultu populi* usw. (Legatio Kap. 49, hrsg. von Dümmler. Hannover 1877, S. 157 = Scriptores rerum Germanicarum).

Von Kaiser Otto III., dessen Lehrer und Kanzler er gewesen war, erhielt Bischof Bernward von Hildesheim drei kleine Partikel des heiligen Kreuzes von Konstantinopel. Er ließ sie in prächtige Edelsteine und Gold fassen und erbaute für ihre Aufbewahrung eine eigene Kapelle. Durch ein Wunder soll sich dann noch eine ersehnte vierte Partikel dazu gesellt haben, die ein Engel durch die Luft dem betenden Bischof herbeitrug und in die Hände legte. Diese ermöglichte es, aus den vier Stückchen ein Kreuz zu bilden. Bernwards Biograph Thangmar erzählt von der Andacht, die diesen Reliquien geweiht wurde, und von der magischen Heilkraft, welche sie an kranken Gläubigen, die sie anriefen, ausgeübt haben sollen [30]).

Der Patriarch von Konstantinopel N i k e p h o r o s, der 806 bis 812 an der Spitze der griechischen Kirche stand, erzählt, Heraklios habe das heilige Kreuz, so wie es geraubt war, in einem versiegelten Schrein nach Jerusalem gebracht und von dem dortigen Patriarchen Modestus und seinem Clerus als unverletzt und unerbrochen prüfen lassen. Dann habe der Patriarch, nachdem alle über diese wunderbare Bewahrung Lobgesänge zu Gott angestimmt hatten, mit dem in Jerusalem zurückgebliebenen Schlüssel den Schrein geöffnet und das Heiligtum zur allgemeinen Adoration ausgestellt. Nachdem die Zeremonie der Aufrichtung erfolgt war, habe der Kaiser das Kreuz s o g l e i c h nach Byzanz gesendet und dort der Patriarch Sergius es feierlich in Empfang genommen und in die Sophienkirche aufgerichtet:

Αὐτὸς [Heraklios] δὲ λαβὼν τὰ ζωοποιὰ ξύλα ἐσφραγισμένα, καθάπερ ἐλήφθησαν, διαμείναντα πρὸς τὰ Ἱεροσόλυμα ἀφίκετο, καὶ Μωδέστῳ τῷ ἀρχιερεῖ καὶ τῷ αὐτοῦ κλήρῳ ταῦτα ὑπέδειξεν. οἱ δὲ τὴν σφραγῖδα σῶαν ἐπεγίνωσκον· καὶ ὡς ἀνέπαφα καὶ ἀθέατα βεβήλοις καὶ μιαιφόνοις χερσὶ τῶν βαρβάρων διετηρήθησαν, εὐχαριστήριον ᾠδὴν τῷ θεῷ ἀνέθεσαν· τήν τε κλεῖδα τὴν ἐπ' αὐτοῖς ὁ ἱεράρχης μείνασαν παρ' αὐτῷ ἤγαγε, καὶ ἀνοιγέντα προσκυνοῦσιν ἅπαντες· ὑψωθέντων δὲ αὐτῶν ἐκεῖσε ε ὐ θ ὺ ς ἐς τὸ Βυζάντιον ὁ βασιλεὺς ἐξέπεμψεν· ἃ δὴ

---

30) Vita Bernwardi Kap. 8—9. Die vier Partikeln birgt das berühmte Bernwardkreuz in der Magdalenenkirche zu Hildesheim.

Σέργιος ὁ τοῦ Βυζαντίου ἱεράρχης ἐκ Βλαχερνῶν (ἱερὸν δὲ αἱ Βλαχέρναι τῆς
θεομήτορος) λιτανεύων ὑπεδέξατο καὶ πρὸς τὴν μεγίστην ἐκκλησίαν ἀγαγὼν
ταῦτα ἀνύψωσε · δευτέρα δὲ ἦν ἰνδικτιὼν ἡνίκα ταῦτα ἐπράττοντο (Historia
Syntomos; ed. de Boor, a. a. O. S. 22).

Im zwölften Jahrhundert hat gleichwohl der Bibliothekar von
Monte Cassino Petrus Diaconus in seinem Buch über die heiligen
Orte noch die Angabe, daß sich in der Kirche Golgotha zu Jerusalem ein Stück und die Inschrift des Kreuzes Christi befinde: *In
Golgotha autem est pars ligni salutiferae crucis, in qua confixus
est dominus, et titulum, quod est repositum in locello argenteo* (De
locis sanctis; Geyer, Itinera S. 107, Z. 11 ff.).

Freilich ist seine Arbeit eine Kompilation auf Grund verschiedener älterer Quellen. Aber schwerlich würde er seinem Abt jene
Notiz aufzutischen gewagt haben, wenn nicht damals im Abendland
wirklich der Glaube verbreitet gewesen wäre, daß wenigstens ein
Bruchstück des echten Kreuzes noch in Jerusalem verblieben sei.

In diesen widersprechenden Nachrichten spiegelt sich die Rivali-
tät und der Konflikt zwischen der abendländischen und der griechischen Kirche wieder. Rom und die von ihm abhängigen Gebiete
der Christenheit wollen die heiligsten Reliquien der Passion, wofern
sie nicht selbst ihre Hand darauf legen können, doch höchstens an
dem gleichsam neutralen Ort, in Jerusalem selbst, anerkennen. Das
Patriarchat von Konstantinopel trachtet mit allen Mitteln, den ver-
langten Primat innerhalb der christlichen Gesamtkirche zu legiti-
mieren durch die Vereinigung der höchsten und ehrwürdigsten christlichen Kleinodien an seinem Sitze, in der *Hagia Sophia.*

Vom Standpunkt des wahrheitsuchenden Geschichtsschreibers
kann man hier über Leichtgläubigkeit und Aberglauben oder frommen Betrug eifern. Aber vom Standpunkt einer historischen Forschung, die nicht bloß die realen Dinge und Geschehnisse betrachtet,
sondern auch in die Tiefen der menschlichen Seelen vergangener
Zeiten eindringen, die nicht bloß die Gewalt der Könige und ihrer
Heere, der politischen und wirtschaftlichen Bewegungen, sondern
auch die Mächte erkennen will, die unsichtbar wie der rauschende
Wind die Gemüter aufrühren und antreiben, muß man ganz anders
urteilen.

Diese heilige Lanze ist in dem Augenblick, da die christliche
Welt innerlichst erschüttert wurde durch den Kampf mit den un-

heimlichen Völkermassen erst des heidnischen, dann des islamischen
Orients, überhaupt kein realer Gegenstand mehr. Sie ist ein Symbol. Sie ist eine Idee. Sie ist ein Palladium.

Und das Gleiche gilt von der Reliquie des Abendmahlskelches,
gilt von dieser noch in höherem Maße, weil sie Gemüt und Phantasie des gläubigen Christen weit stärker bewegt. Darum ist auch
hier die Frage müßig: waren der Onyxkelch des Antoninus und der
silberne Henkelkelch, den Bischof Arkulf nach der persischen Plün-
derung sah, identisch? Man hat sie gleich der Frage nach der Echtheit der verschiedenen Lanzen-Reliquien durch eine andere zu
ersetzen. Nicht was wir Modernen heute darüber glauben nach den
Grundsätzen und Ergebnissen methodischer Kritik, sondern was die
mittelalterliche Welt außerhalb der Kirche insgemein hiervon dachte,
wird für den Geschichtsforscher, der diesen Namen verdient, zur
Hauptsache und danach hat er zu fragen.

Hier liegt nun in der Tat, wie ich überzeugt bin, der eigentliche
Lebens- und Quellpunkt der so geheimnisvollen, so chamäleonhaften Sage vom Gral. Diese Sage ward geboren, als sich im Mittelalter unter dem Bann der Abendmahlsmagie und des Wunderglaubens
der Pilger die Frage regte: ist jener alte, im sechsten Jahrhundert als
Abendmahlskelch Christi zu Jerusalem adorierte Onyxkelch noch
dort wirklich vorhanden, birgt er sich in jener Reliquie, die man
später in Jerusalem als eucharistisches Gefäß des Herrn gezeigt
hat, und was ist aus dieser geworden? Desgleichen die andere Frage:
stammt jene Speerreliquie in Konstantinopel wirklich von jenem
Speer des Kriegsknechts, den man in Jerusalem einstens ausstellte
zur Verehrung, und wohin ist jener zerbrochene Lanzenschaft gekommen, den fromme Pilger dort noch in den ersten Jahrzehnten
der arabischen Invasion erblickt hatten?

Der Zweifel an der Identität, an dem Schicksal dieser beiden
heiligsten Kleinodien, mußte sich steigern zur Gewißheit, daß sie
verloren seien, als im zehnten Jahrhundert die Konstantinischen
Bauten über und an dem heiligen Grab durch die arabischen Besitzer
des Landes zerstört wurden, als sich auf der Stelle des einstigen
Atrium der alten Basilika des christlichen Kaisers eine Moschee der
Muslimen erhob, als die Pilgerfahrten nach Mekka eingestellt und
längere Zeit nach dieser Moschee Omars geleitet wurden.

Aber neben diesem Zweifel stand unausrottbar der Glaube, die Sehnsucht, die Hoffnung. Diese kostbarsten Denkmale der verheißenen Erlösung k o n n t e n und d u r f t e n nicht zu Grunde gegangen sein. Was ein äußeres Zeichen der Bürgschaft war für die durch Christi Opfertod gewonnene U n s t e r b l i c h k e i t, mußte selbst unsterblich sein. Abendmahlskelch und Lanze des Kriegsknechts mochten wohl verloren sein. Aber sie ließen sich wiederfinden. Als das nie erloschene Verlangen nach dem Besitz, nach dem ungestörten Besuch der heiligen Stätten der christlichen Geschichte in den Flammen der Kreuzzüge aufloderte, als erneute Verfolgungs- und Zerstörungssucht der Kalifen sie zum Weltbrande entfachte, da haben Kelch und Lanze eine neue, entscheidende Rolle gespielt: in der nun aufblühenden Sage vom Gral, von der blauen Blume des Mittelalters. Die Lanze des Kriegsknechts aber hat diese neue Wendung eingeleitet: denn sie war schon vorher ein Werkzeug der religiös-politischen Aktion geworden in den Händen der Leiter und Förderer der Kreuzzugssache. Sie ward das ideale Palladium des jungen Rittertums nach der transzendenten Seite seines Berufs. Lanze und Gral waren das höchste Ziel der überweltlichen Bestrebungen dieses Rittertums. Und damit war für die schaffende religiöse Phantasie der frommen und naiven Menschen auch das Motiv der G r a l s u c h e gegeben.

Die szenisch-dramatischen Elemente der Gralsage, die Gralprozession, hat ihr Urbild nun aber, wie ich glaube, in der byzantinischen Messe.

Neuntes Kapitel.

Die erweiterte griechische Messe
(sogenannte Messe des Chrysostomos).

Die unter des Chrysostomos Namen gehende byzantinische Liturgie [1]) rührt als Ganzes sicher nicht von ihm her, sondern ist frühestens im fünften, wahrscheinlich erst in den folgenden beiden Jahrhunderten entstanden. Ihr Abschluß steht vielleicht sogar schon der jüngeren mystagogischen Literatur nahe, die im siebenten und achten Jahrhundert emporschoß [2]).

Charakteristisch für diese byzantinische Messe ist im Vergleich mit der abendländischen vor allem eins: sie s t e l l t viel ausgesprochener ein wirkliches Opfer d a r, eine wirkliche Oblation; sie führt in der Zurüstung und dem Genuß des eucharistischen Mahls völlig plastisch ein allegorisches D r a m a [3]) auf, dessen Gegenstand die Passion Christi, seine Kreuzigung, sein Sterben, seine Grablegung

---

1) Die Forschung darüber liegt noch sehr im Argen: nirgends ein Versuch durchgreifender Prüfung der allerdings höchst weitschichtigen Überlieferung. Unbewiesene Behauptungen bei Probst, Die Liturgie des vierten Jahrhunderts und deren Reform. Münster 1893, S. 412 ff. Ein alter kurzer Text (ohne die προσκομιδή) bei C. A. Swainson, The Greek Liturgies. Cambridge 1884, S. 88. Der Zurüstungsteil kann sèinem eigenen Wortlaut nach nicht vor dem Tode des Chrysostomos entstanden sein; auch steht der Titel „Göttliche Liturgie des heiligen Chrysostomos" in den Handschriften erst vor der Katechumenenmesse. Über das Alter des großen Einzugs (μεγάλη εἴσοδος) siehe unten S. 137 ff.

2) Als Verfasser dieser Werke gelten in der Tradition Germanos und Sophronius, nach den Ergebnissen einer mir nicht zugänglichen russischen Untersuchung mit Unrecht: siehe Krumbacher, Byzant. Literatur, S. 67, § 14, Anm. 1; S. 189, § 85 und Anm. 2; S. 157, § 66, Anm. 4.

3) Ich möchte schon hier die Behauptung aussprechen, für die ich allerdings den Beweis, abgesehen von einigen unten (S. 137 ff., besonders S. 140) folgenden Andeutungen, schuldig bleiben muß: die dramatische Ausgestaltung der katholischen abendländischen Osterliturgie, aus welcher das mittelalterliche geistliche Drama hervorging, beruht auf Anregung und Vorbild des byzantinischen Kultus.

bilden; im Mittelpunkt steht die große Prozession, „der große Einzug" (μεγάλη εἴσοδος), in dem die Opfergaben feierlich von dem
heiligen Rüsttisch, wo das Lamm Gottes symbolisch geschlachtet
worden ist, auf den Altar gebracht werden. Am Schluß erscheint
entsprechend der Abzug: nach der Kommunion werden die Reste
der Opfergaben und die heiligen Geräte wieder auf den Rüsttisch
zurückgetragen. Auch sonst treten die von bedeutungsvollen Gebärden und Handlungen begleiteten Prozessionen der Zelebranten
noch breiter und sprechender hervor als in der römischen Messe:
denn die griechische Liturgie spielt fortwährend auf wechselnden
S c h a u p l ä t z e n. Die griechische Kirche zerfällt in die Vorhalle
(Narthex) im Westen, den eigentlichen Tempelraum (Naos) und den
Altarraum (βῆμα, ἱερατεῖον, ἄδυτον), das Allerheiligste. Dieses ist von
der Kirche, in der sich die geweihten Gläubigen aufhalten, durch
eine mit heiligen Bildern geschmückte dreitürige Wand (Bilderwand) abgeschlossen. Die mittelste der drei Türen heißt die heilige
oder königliche: durch sie schreiten während der Messe nur die Zelebranten; ihr gegenüber befindet sich in der Apsis des Altarraums
der heilige Altar. Die liturgische Handlung spielt nun bald auf
beiden Bühnen: dann ist der mittlere Eingang zum Adyton offen,
sein Vorhang zurückgezogen und man sieht die Vorgänge am Altar
von der Kirche aus; bald bei verschlossenen Türen und Vorhängen
lediglich im Altarraum.

Schon Chrysostomos selbst hat in seinen Beschreibungen der
Antiochenischen Messe die dramatischen Momente des Schauplatz-
wechsels mit starker Emphase ausgesprochen [4]): „Du also auch
schon vor dem heiligen Augenblick erschaudere vor jenem Schaudervollen und schwing dich auf, und bevor du die Vorhänge entfernt und den Chor der Engel heranschreiten siehst, steige empor
zum Himmel." „Wenn das Opfer herausgetragen wird aus dem
Presbyterium und Christus geopfert wird, wenn man den Ruf hört:
‚Laßt uns beten alle gemeinsam!', wenn man die Vorhänge an den
Türen aufziehen sieht, dann glaube man, es öffne der Himmel sich
oben und es steigen die Engel auf die Erde herab [5])."

---

4) In epist. 1 ad Corinth. homil. 36 Kap. 5 (Migne, P.G. Bd. 61, S. 313);
in epist. ad Ephes. homil. 3 Kap. 1, § 5 (Migne, P.G. Bd. 62, S. 29 f.).

5) Vgl. auch die nah verwandte Darstellung in den oben S. 87 f. 89 f.
zitierten Äußerungen.

Durch diesen Wandel der Szene entsteht ein geheimnisvoller Reiz, welcher der abendländischen Messe fehlt. Diese kurzen, raschen Einblicke in das erhabene unnahbare Allerheiligste, wo die Mysterien im Glanz der Lampen und Kerzen und des überweltlichen Wunders aufleuchten! Dann wieder der Zugang zu diesem heiligen Paradies verschlossen, nur das Ohr und die sehnsuchtsvolle Ahnung Zeuge der unfaßbaren Geschehnisse! Die griechische Messe ist umhüllt von einem magischen Nebel, in dem bunte Farben spielen und himmlische Wohlgerüche aufsteigen. Es webt darin der heilige göttliche Geist, und ihm wird im Gegensatz zur abendländischen Liturgie auch ein e n t s c h e i d e n d e s Eingreifen beigelegt: er wird angerufen, wiederholt gefeiert und symbolisiert. Und als seine Begleiter und Verkünder fungieren fürbittend, singend und lobpreisend die himmlischen Heerscharen, die geflügelten Seraphim und Cherubim. Die ganze Handlung aber eröffnet ein tief mystisches allegorisches V o r s p i e l.

In diesem Vorspiel, der προσκομιδή, die ihrem I n h a l t nach schlechterdings nichts Ähnliches in der abendländischen Messe zur Seite hat, vollzieht sich die liturgische Nachbildung des Opfers Christi. Was in der katholischen Messe des Abendlandes auf dem Höhepunkt der eigentlichen *Missa fidelium* durch die konsekrierenden Worte des Priesters erfolgt: die Erneuerung des Kreuzopfers Christi, das verlegt die griechische Messe als d r a m a t i s c h e A l l e - g o r i e in das Vorspiel, das der Magie des wandelnden und opfernden Konsekrationswortes ganz entrückt ist. In diesem Vorspiel nun dreht sich alles um die T a t d e s S p e e r s t o ß e s [6]).

Im Altarraum befindet sich außer dem Altar der Rüsttisch (ἡ τράπεζα τῆς προθέσεως oder ἡ πρόθεσις). In diesen Altarraum begeben sich nach den ersten einleitenden Gesängen, nach der Begrüßung der Bilder die Priester und die Diakone zur Anlegung der liturgischen Gewänder und zur Händewaschung. „So kommen sie zu der Prothesis; dann spricht unter drei Kniebeugungen vor der Prothesis jeder von ihnen: ‚Gott sei mir Sünder gnädig und erbarme dich meiner. Du hast uns erlöset von dem Fluch des Gesetzes

---

6) Die nachstehende Analyse der sogenannten Liturgie des Chrysostomos folgt dem urkundlichen Text wörtlich, soweit er sich auf die Longinusvorstellungen bezieht. Ich benutze dabei die Ausgaben und Kommentare von Goar, Euchologion S. 47 ff. und im Codex liturg. Bd. 4, S. 327 ff.

durch dein kostbares Blut, indem du an das Kreuz genagelt und mit der L a n z e durchbohrt die Unsterblichkeit den Menschen brachtest, unser Erlöser! Ehre sei dir' ". (Im Original: . . . τῷ σταυρῷ προσηλωθεὶς καὶ τῇ λόγχῃ κεντηθεὶς τὴν ἀθανασίαν ἐπήγασας ἀνθρώποις, σωτὴρ ἡμῶν, δόξα σοι [man beachte das entscheidende Stichwort: ἀθανασία]. Goar, Euchologion S. 49 (57), m 27; Codex liturg. Bd. 4, S. 331, Nr. IV.)

Dann nimmt der Priester in die linke Hand das dargebrachte Brot, in die rechte aber die h e i l i g e L a n z e[7]), macht mit dieser das Zeichen des Kreuzes über dem Siegel des Opferbrotes, d. h. über dem in der Mitte des Brotes bezeichneten kreisförmigen oder quadratischen Ausschnitt, der durch ein Kreuz wieder in vier Felder mit den Buchstaben IC (Jesus), XC[8]) (Christus), NI und KA (νικᾷ) geteilt wird. Nur dieses Siegel, das später aus dem Brote gelöst wird, erfährt in der Messe der Gläubigen nachher durch die Konsekration und Epiklese die Verwandlung in den Leib Christi. Jetzt wird es zunächst zum heiligen Lamm geweiht. Der Priester sagt dreimal: „Zum Gedächtnis des Herrn unseres Gottes und Erlösers Jesu Christi." Und s o f o r t s t ö ß t e r d i e h e i l i g e L a n z e i n d i e r e c h t e S e i t e d e s S i e g e l s und spricht, sie durchschneidend, die Worte: „Wie ein Lamm wird er zur Schlachtbank geführt." Ebenso stößt er die heilige Lanze in die linke Seite, dann in die obere, endlich in die untere Seite des Siegels, jeden Stoß mit symbolischen Worten des Propheten Isaia begleitend. Danach spricht der Diakon: „Nimm hinweg, Herr!" Und der Priester sticht die heilige Lanze seitwärts in die rechte Hälfte des Opferbrotes, nimmt das heilige Brot fort und spricht: „Denn weggerissen wird sein Leben von der Erde" und legt es rücklings, d. h. so, daß die Vorderseite unten liegt, auf den heiligen Diskus:

Εἶτα λαμβάνει ὁ ἱερεὺς ἐν μὲν τῇ ἀριστερᾷ χειρὶ τὴν προσφοράν, ἐν δὲ δεξιᾷ τὴν ἁγίαν λόγχην. Καὶ σφραγίζων σὺν αὐτῇ ἐπάνω τῆς σφραγίδος τῆς προσφορᾶς τρὶς λέγει · „Εἰς ἀνάμνησιν τοῦ Κυρίου καὶ Θεοῦ καὶ σωτῆρος ἡμῶν᾿Ιησοῦ Χριστοῦ." Καὶ εὐθὺς πήγνυσι τὴν ἁγίαν λόγχην ἐν τῷ δεξιῷ μέρει τῆς σφραγίδος καὶ ἀνατέμνων λέγει · „῾Ως πρόβατον ἐπὶ σφαγὴν ἤχθη." ᾿Εν δὲ

---

7) Ein lanzetteartiges Messer mit kreuzförmigem Griff: Abbildung im Codex liturg. Bd. 4, S. 386; Kraus, RE. Bd. 2, S. 280; Ders., Christl. Kunst. Bd. 1, S. 519.

8) C Nebenform von Σ.

τῷ ἀριστερῷ ὁμοίως πηγνὺς τὴν ἁγίαν λόγχην λέγει· „Καὶ ὡς ἀμνὸς ἄκακος ἐναντίον τοῦ κείροντος αὐτὸν ἄφωνος, οὕτως οὐκ ἀνοίξει τὸ στόμα αὐτοῦ.“ ... Καὶ ὁ ἱερεὺς ἐμβαλὼν τὴν ἁγίαν λόγχην ἐκ πλαγίου τοῦ δεξιοῦ μέρους τῆς προσφορᾶς ἐπαίρει τὸν ἅγιον ἄρτον λέγων οὕτως· „Ὅτι αἴρεται ἀπὸ τῆς γῆς ἡ ζωὴ αὐτοῦ“ (Goar, Euchologion S. 49 (57), m 29—34; Codex liturg. Bd. 4, S. 331 f., Nr. V).

Diskus heißt in der griechischen Liturgie die abendländische Patene. Aber wie schon der Name sagt, ist es ein weiteres und tieferes, scheibenförmiges Gefäß, das auf einem Fuß steht[9]). Niemals wird es wie die abendländische Patene über den Kelch gelegt, wohl aber wird dieser auf den Diskus gestellt, so daß er dann als dessen T i s c h erscheinen kann. Nachdem auf diesem Diskus das zum Lamm geweihte Opferbrot ruht, ruft der Diakon zum Priester: „Schlachte, Herr!“ Der Priester macht schlachtend kreuzweis zwei Einschnitte in das Brot, so daß die einzelnen Teile nur noch lose mit der Rinde zusammenhängen und spricht: „Geschlachtet wird das Lamm Gottes, das die Sünde der Welt trägt, für das L e b e n und die Errettung der Welt.“ Darauf dreht er die andere, mit dem Kreuz bezeichnete Seite des Brotes nach oben, und wieder sagt der Diakon: „Stoß zu, Herr.“ Nunmehr stößt der Priester mit der heiligen Lanze in die rechte Seite und spricht die Worte des vierten Evangeliums (vgl. oben S. 1 f.): „Einer der Kriegsknechte durchstieß seine Seite mit dem Speer und sogleich floß Blut und Wasser heraus; und der es gesehen hat, hat es bezeugt und wahr ist sein Zeugnis.“ Der Diakon aber gießt zugleich Wein und Wasser in den heiligen Kelch, zuvor sprechend: „Segne Herr, die heilige Vereinigung“ [von Wein und Wasser]:

Καὶ τιθεὶς αὐτὸν ὕπτιον ἐν τῷ ἁγίῳ δίσκῳ, εἰπόντος τοῦ διακόνου· „Θῦσον, δέσποτα“, ὁ ἱερεὺς θύει αὐτὸν σταυροειδῶς λέγων· „Θύεται ὁ ἀμνὸς τοῦ Θεοῦ ὁ αἴρων τὴν ἁμαρτίαν τοῦ κόσμου ὑπὲρ τῆς τοῦ κόσμου ζωῆς καὶ σωτηρίας.“ Καὶ στρέφει τὸ ἕτερον μέρος τὸ ἔχον ἐπάνω τὸν σταυρόν. Καὶ λέγει ὁ διάκονος· „Νύξον δέσποτα.“ Ὁ δὲ ἱερεὺς νύττων αὐτὸν ἐν τῷ δεξιῷ μέρει μετὰ τῆς ἁγίας λόγχης λέγει· „Εἷς τῶν στρατιωτῶν λόγχῃ τὴν πλευρὰν αὐτοῦ ἔνυξεν, καὶ εὐθέως ἐξῆλθεν αἷμα καὶ ὕδωρ καὶ ὁ ἑωρακὼς μεμαρτύρηκε καὶ ἀληθινή ἐστιν ἡ μαρτυρία αὐτοῦ.“ Ὁ δὲ διάκονος ἐγχέει ἐν τῷ ἁγίῳ ποτηρίῳ ἐκ τοῦ νάματος ὁμοῦ καὶ ὕδατος, πρότερον πρὸς τὸν ἱερέα εἰπών· „Εὐλόγησον δέσποτα τὴν ἁγίαν ἕνωσιν· καὶ ὁ ἱερεὺς εὐλογεῖ“ (Goar, Euchologion S. 49 (57) f., s 35—40; Codex liturg. Bd. 4, S. 332, Nr. VI).

9) Abbildungen bei Goar, Euchologion S. 99; Kraus, Christl. Kunst. Bd. 1, S. 516; besser im Codex liturg. Bd. 4, S. 389. 390.

Darauf gibt der Priester den Segen. Dann nimmt der Priester ein zweites und sodann ein drittes Opferbrot und schneidet aus den auch auf diesen bezeichneten Siegelfeldern mit der heiligen Lanze Stücke ab, die zur Ehre und zum Gedächtnis der Mutter Gottes, der Propheten, des Johannes Baptista, der Apostel, der heiligen Väter und ökumenischen Lehrer, der heiligen großen Märtyrer, der frommen Väter vom Athos und anderer heiliger Männer, darunter Chrysostomos, endlich des gesamten Episkopats, mit Namen genannter Verstorbener und aller entschlafenen rechtgläubigen Väter und Brüder in bestimmt abgestufter Reihenfolge als Opfer auf dem heiligen Diskus um das Lamm gruppiert werden. Auch der Diakon nimmt zwei Brote, schneidet davon mit der heiligen Lanze Stücke und opfert sie im Namen beliebiger Verstorbener und Lebender, indem er sie mit der Lanze an die untere Seite des heiligen Brotes auf den Diskus legt. Nun wird Weihrauch entzündet.

Es folgt ein offenbar j ü n g e r e r Ritus, der sich als störende Unterbrechung des historischen Verlaufs der allegorischen Szenenfolge erweist. Über das heilige Brot wird der beräucherte A s t e r i s k o s gesetzt, ein Gestell aus zwei übereinander genieteten Metallstreifen, die das Bild eines auf vier Füßen ruhenden Sterns geben: der Stern von Bethlehem steht nun — das ist der Sinn — über der Krippe des göttlichen Kindes, als welcher der Diskus dadurch erscheint. Die begleitenden Worte des Priesters sprechen es deutlich aus: „Und der Stern erschien und stand oben darüber, wo das Kindlein lag." Der Diskus stellt hier demnach die Krippe dar, sonst dagegen die Bahre, auf der Joseph von Arimathia (siehe unten S. 144 f. 150) den Leichnam des Herrn in sein neues Grab trägt. Was soll hier, wo eben schon die Kreuzigung und der Opferanstich mit dem Speer vorgeführt ist, die Szene der Geburt? Mit nichten kann man sie damit rechtfertigen, daß ja die eucharistische Wandlung eine neue Inkarnation, also gleichsam eine zweite Geburt Christi sei. Denn die Wandlung der Opfergaben bleibt diesem ganzen Abschnitt noch fern.

Nun nimmt der Priester „die erste Hülle", inzensiert sie und deckt sie über das Brot und den Diskus. Alsdann beräuchert er „die zweite Hülle" und schlägt sie über den Kelch. Endlich auch die dritte Hülle, den sogenannten A ë r, und bedeckt damit das Ganze. Die Prothesis wird beräuchert, der Priester spricht das Gebet der

Darbringung (εὐχὴν τῆς προθέσεως) und erteilt die Entlassung der Gemeinde[10]. Schließlich inzensiert der Diakon nochmals die Prothesis und geht dann zum heiligen Altar, den er ringsum kreuzförmig beräuchert, dabei leise sprechend: „Im Grabe warst du mit dem Leibe, im Hades mit der Seele als Gott, im Paradies aber mit dem Schächer wie auf dem Thron, Christus, zusammen mit dem Vater und dem heiligen Geiste, alles erfüllend, du Unumgrenzter." Die Worte antizipieren die Grablegung, Höllenfahrt und Himmelfahrt Christi, die im großen Introitus der *Missa fidelium* dargestellt wird: dort kehren sie wieder und entsprechen der Handlung, die sie begleiten. Hier dagegen sind sie kaum verständlich, also doch wohl, in ihrer jetzigen Form und Anknüpfung wenigstens, nicht ursprünglich.

Der Diakon spricht den 50. Psalm, geht in das Schiff der Kirche, beräuchert dieses, kehrt in das Adyton zurück, beräuchert nochmals den Altar und auch den Priester, worauf beide Gebete und das *Gloria in excelsis* sprechen, der Priester das Evangelienbuch, der Diakon den Altar küßt. Jetzt kündigt der Diakon mit den Worten: „Es ist Zeit, dem Herrn zu opfern. Herr segne!", den Abschluß der Zurüstung an. Er verläßt durch die nördliche Tür den Altarraum, begibt sich ins Innere der Kirche und stellt sich an seinen gewöhnlichen Platz, auf den Ambon, gegenüber der heiligen Tür, die jetzt geschlossen bleibt bei offenem Vorhang. Dreimal adorierend wiederholt er die schon vorher zusammen mit dem Priester gesprochenen Psalmworte: „Herr, öffne meine Lippen, und mein Mund soll dein Lob verkündigen" (Psalm 50 [Luther 51], 17).

Die Proskomide enthält, wie man sieht, in nachdrücklichster Form, in dramatischer Plastik den U n s t e r b l i c h k e i t wirkenden Vorgang des S p e e r w u n d e r s, am Schluß aber auch schon eine allerdings nicht ursprüngliche oder nicht unentstellte Vorausdeutung auf den Kern im großen Introitus der *Missa Fidelium:* die G r a b l e g u n g durch J o s e p h v o n A r i m a t h i a.

Im z w e i t e n Hauptteil, der Katechumenenmesse, fällt besonders der k l e i n e E i n z u g (ἡ μικρὰ εἴσοδος) auf. Während des dritten Antiphonons ordnet sich die Prozession. Der Priester und

---

10) Auffallend genug und trotz diesem und jenem Erklärungsversuch ein Merkmal der unvollständigen Vereinigung und Ausgleichung der in dieser Liturgie zusammengenähten Bestandteile.

der Diakon treten vor den Altar, der Diakon nimmt das darauf liegende Evangelienbuch und trägt es hoch vor seinem Gesicht, vorangetragenen Kerzen oder Lampen folgend, durch die nördliche Tür der Bilderwand in die Kirche, dann durch die Mitteltür zurück zum Altar und von da durch dieselbe Tür zum Ambon. Ihn begleiten der Priester, hinterdrein der Bischof mit den übrigen anwesenden Geistlichen. Der liturgische Verlauf dieses Umzugs ist folgender:

Zunächst werden die heiligen Engel zum Miteinziehen angerufen, Gebete um Segnung des heiligen Einzugs schließen sich an. Alsdann reicht der Diakon das Evangelium dem höchsten anwesenden Geistlichen zum Kuß, nach diesem küßt es auch der Priester. Und nun tritt der Diakon in die Mitte, zeigt mit erhobenen Händen auf das Evangelium und ruft laut: „Weisheit! Aufrecht!", d. h. die göttliche Weisheit ist gegenwärtig, erhebt euch von den Sitzen. Während das Evangelienbuch auf dem Altar liegt, wohin es die Prozession gebracht hat, ertönt das feierliche Trishagion. Alsdann begibt sich der Zug zum Thron des Bischofs hinter dem Altar in der Hauptapsis, und es wird das Gebet des hohen Thrones gesungen, welches den Thron des göttlichen Reichs feiert, des Königs, der über den Cherubim thront in alle Ewigkeit. Vor der heiligen Tür wird danach im Innern der Kirche vom Anagnosten ein Psalmversikel rezitiert und die Epistelperikope des Tages verlesen. Der Gesang des Hallelujah, Beräucherung des Altars und des Altarraums, Gebete leiten über zum Höhepunkt: unter Vorantritt der Lampenträger zieht man durch die heilige Tür mit dem Evangelium wieder in die Kirche, der Diakon besteigt den Ambon und verliest, nachdem der Priester laut zur Aufmerksamkeit gerufen hat, das Evangelium des Tages. Fürbitten für alle Stände, zuletzt für die Katechumenen, denen zu rechter Zeit das Bad der Wiedergeburt und der Sündenvergebung (Taufe) sowie das Kleid der Unvergänglichkeit (Empfang des Abendmahls) erfleht wird, endlich die A u s - b r e i t u n g des K o r p o r a l e oder Antimensium (τò εἰλητόν) über den Altar, der dadurch für die sich anschließende *Missa fidelium* hergerichtet ist, und die Entlassung der Katechumenen bringen den Abschluß des zweiten Hauptteils.

Der d r i t t e T e i l der Messe beginnt mit dem g r o ß e n I n - t r o i t u s (ἡ μεγάλη εἴσοδος). Die Sänger übernehmen nun die Rolle

der Cherubim und singen den cherubimischen Lobgesang: „Die wir
die Cherubim mystisch abbilden und der lebenschaffenden Trinität
den dreimal heiligen Lobgesang anstimmen, alle Sorge des Lebens
von uns werfen, die wir den König des Alls empfangen[11]),
der von den englischen Chören unsichtbar auf einem über Speere
gelegten Schild einhergetragen wird. Halleluja! Halleluja! Halleluja!" Diesen Worten entspricht sogleich die symbolische Handlung: auf seinem Haupte trägt der Diakon in dem heiligen Diskus
das heilige Brot, das geopferte Lamm, den göttlichen König. Denn
inzwischen hat die große Introitusprozession (ἡ μεγάλη εἴσοδος)
ihren Anfang genommen, die — wenn der Zelebrant ein Bischof
ist — mit höchster Pracht und Feierlichkeit ausgeführt wird und den
Gipfel der Wirkung auf die anwesende Volksmasse erreicht.

Ein von Angelo Mai zuerst publizierter Sermon (Kap. 8; Migne,
P.G. Bd. 86, 2, S. 2400 f.) über das Abendmahl, den er dem
Patriarchen Eutychios von Konstantinopel beilegt, welcher 562
die Feier der Einweihung der *Hagia Sophia* leitete, schilt das törichte
Verfahren derer, die das auf der Prothesis zugerüstete Brot und den
ebenda gemischten Kelch schon vor der Konsekration unter Psal-
mengesang — er meint den cherubimischen Lobgesang — in großer
Prozession zum Altar leiten, als wären die Oblationen dann
schon selbst „der König der Herrlichkeit", während seiner Ansicht
nach die Opferelemente vor der Konsekration gewöhnliches Brot
und gewöhnlicher Wein bleiben und erst durch das konsekrierende
Wort des Priesters, das den göttlichen Logos herabruft, des Logos
Leib, unvergänglicher und unsterblich machender Gottes-
leib (σῶμα ἄφθαρτον καὶ ζωοποιόν) werden. Steitz (Abendmahlslehre
Bd. 12 [1867], S. 262) hat daraus geschlossen, daß damals, d. h. um
560, die μεγάλη εἴσοδος „in Konstantinopel noch nicht üblich" gewesen sei. Allein wir wissen nicht, wo diese Worte geschrieben
sind und auf welche Orte sich der Tadel bezieht. Stände die

---

11) Im Original: τὸν βασιλέα τῶν ὅλων (Codex liturg. Bd. 4, S. 350 f.).
Das tadelte Eutychios als unzulässige aphthartodoketische Prolepse, d. h. er
mißbilligte die hierin versteckte Lehre der sogenannten Doketen, nämlich
derjenigen Glaubensrichtung, die Christus keine wirkliche, sondern nur
eine scheinbare Menschlichkeit zuschrieb und seinen göttlichen Scheinleib
deshalb für unverweslich erklärte, mithin, kann man sagen, seinen erst
bei der Auferstehung ihm zufallenden verklärten Leib vorausnahm und
in sein irdisches Leben übertrug.

Autorschaft des Eutychios für den Sermon überhaupt fest, was nicht der Fall ist (siehe G. Krüger in Hauck, RE. Bd. 5, S. 648), so hätten wir immerhin ein datierbares Zeugnis darüber, zu welcher Zeit die große Einzugsprozession der byzantinischen Liturgie als eine N e u e r u n g empfunden wurde. Da nun aber jene polemische Bemerkung doch offenbar den liturgischen Akt nur vom dogmatischen, christologischen Standpunkt tadelt und zusammenhängt mit der Bekämpfung der Aphthartodoketen (siehe oben Anm. 11), ist auch ohne Gewißheit der Autorschaft die Datierung ungefähr gesichert: im sechsten Jahrhundert. Damals also war die eigentümliche Ausbildung der byzantinischen sogenannten Chrysostomos-Liturgie gerade im Fluß. Will man etwas kühner sein, so kann man allerdings vermuten, daß ungefähr gleichzeitig mit der Proklamierung des Aphthartodoketismus zum allgemeinen Kirchendogma durch Justinians Reichsgesetz vom Jahre 565 oder Ende des Jahres 564 (siehe G. Krüger in Hauck, RE. Bd. 9, S. 658 f.) auch die liturgische Latrie der benedizierten, aber noch nicht konsekrierten eucharistischen Elemente sich durchgesetzt habe, wobei man dann gleich noch einen Schritt weitergehen und in dem Pomp des großen Einzugs den Geschmack der extrem-aphthartodoketischen, intrigierenden Kaiserin T h e o d o r a erblicken könnte, die bekanntlich P a n t o m i m e n t ä n z e r i n gewesen war. Das würde, da Theodora schon 548 starb, bis vor dieses Jahr zurückführen. Wir haben aber auch, was Steitz übersehen zu haben scheint, eine bestimmte, allerdings jüngere historische Nachricht über den Cherub-Gesang: Georgios Credenos, der gegen Ende des elften oder zu Anfang des zwölften Jahrhunderts schrieb, meldet (Historiarum Compendium, ed. Imm. Bekker. Bonn 1838. Tom. prior, S. 684) unter dem neunten Regierungsjahre des Kaisers Justin II. (d. h. 574), damals sei für den Gründonnerstag der Hymnus τοῦ δείπνου σοῦ τοῦ μυστικοῦ und für die Messe der cherubimische Hymnus eingeführt: ἐτυπώθη ψάλλεσθαι καὶ ὁ Χερουβικὸς ὕμνος. Damals war Eutychios noch nicht wieder restituiert. Da hiermit offenbar nur die offizielle Legitimierung eines schon bestehenden oder wenigstens zeitweise bestehenden liturgischen Brauches gemeint ist, käme man ganz gut mit der Annahme aus, daß bereits um die Mitte des sechsten Jahrhunderts, in den Tagen der Theodora, der *Hymnus cherubicus* samt der großen Prozession aufgetaucht sei.

Altar und Altarraum und der Priester sind beräuchert. Den
Diskus hat der Priester (Bischof) von dem Rüsttisch genommen, die
große Decke (Aër) entfernt und dem Diakon auf die Schulter gelegt, den heiligen Diskus, verhüllt mit der kleinen Decke, andächtig auf das Haupt des Diakons gehoben, während er selbst den
heiligen Kelch ergreift. So reihen sie sich ein in die große Prozession, die aus der nördlichen Tür der Bildwand in die Kirche tritt.
Voran schreiten Liktoren mit brennenden Wachskerzen in Leuch-
tern, dann folgen Diakone, von denen einer das zusammengefaltete
Pallium des Bischofs, andere Flabelle [12]), d. h. große Wedel aus
Pfauenfedern, feinem Leder oder aus Leinwand tragen, die letzten
schwingen die Weihrauchfässer. Auf den Priester, der in der Hand
den Kelch, und den Diakon, der auf dem Haupt den Diskus trägt,
folgen die mitzelebrierenden Priester: der eine hält die h e i l i g e
L a n z e, der andere den Schwamm, mit dem bei der Vorbereitung
und bei der Konsekration der Altar von Brotresten gereinigt wird,
noch andere das Evangelienbuch und Reliquien. Von Ostern bis
Himmelfahrt tragen in den meisten Klöstern am Ende der Prozession zwei Priester auf ihren Köpfen e i n B i l d d e s i m G r a b e
l i e g e n d e n C h r i s t u s [13]). So bewegt sich der Zug in verschlungenen Windungen durch die Kirche, überall von höchster Andacht
und inbrünstiger Verzückung empfangen. Alles ringsum kniet. Die
Kranken werfen sich den umherziehenden Priestern in den Weg in
der Hoffnung, durch eine Berührung ihrer Füße geheilt zu werden.
Von allen Stellen, wohin der Zug gelangt, erschallt hundertstimmig
der Ruf: „Herr! gedenke an mich, wenn Du in Dein Reich kommst. '
Es ist eine Mimese jenes Augenblicks vor dem Verscheiden Christi,
wo der reuige arme Schächer seine Hilfe erbittet: das rufende Volk
spielt sozusagen dessen Rolle.

Man hat diese Zeremonie — wie oben erwähnt (siehe S. 138) —
gleich bei ihrem Aufkommen auf griechischer Seite getadelt, man hat
diesen Tadel später oft in der lateinischen Kirche wiederholt und das

---

12) Noch heute werden bei feierlichen Prozessionen in Rom dem Papst
solche Fächer voraufgetragen, z. B. bei seinem Einzug in die Peterskirche
zur Zelebrierung oder Assistenz der Messe.

13) Goar, Euchologion S. 131 f. Das ist eines der sicheren Elemente des
Übergangs der Liturgie in das wirkliche szenische D r a m a (vgl. oben
S. 130 f. und Anm. 3; unten Kap. 10).

Ganze als unerlaubte Latrie der noch nicht konsekrierten, also noch irdisch-materiellen Opferelemente, als paganische Anbetung von Brot und Wein, mithin als Götzendienst hingestellt. Dabei empfand man ganz richtig den religionsgeschichtlichen Ursprung dieser liturgischen Szene. Ein Rest alter heidnischer, hellenischer Opfergebräuche lebt hier in der Tat fort. Diese das Allerheiligste mit Kerzen oder Lampen begleitenden Kleriker finden ihr Vorbild in der großen Isisprozession mit Öllampen, Kienfackeln, Wachs- und anderen Fackeln, wie sie Apuleius [14]) beschreibt, und in verwandten Lustrationsriten anderer Mysterien oder von Sühnopfern [15]). Hier wie dort strahlen diese brennenden Lichter als Symbole kathartischer Gebete, deren religiösen Grundton die leisen Worte des Priesters [16]) während des Cherubshymnus festhalten: „Blicke auf mich, deinen sündigen und unnützen Knecht, r e i n i g e (καθάρισον meine Seele und mein Herz, mache mich tauglich durch die Kraft Deines heiligen Geistes, daß ich bekleidet mit der Gabe des Priestertums an diesem Deinem heiligen Tisch stehe und das heilige Opfer vollziehe." Und dieser Umzug mit den heiligen Opfergaben, wo der jugendliche, mädchenhafte Diakon den Aër, die mystische Decke, auf der S c h u l t e r und den Diskus mit dem Brot auf dem H a u p t e, der Priester aber den Kelch mit Wein, andere die heilige λόγχη, das liturgische Opfermesser, den Schwamm und die übrigen Heiligtümer in der Hand tragen, ist er nicht ein Nachklang der Prozessionen an den athenischen Panathenäen und Dionysien, in denen junge Mädchen der Eupatridengeschlechter den mit dem heiligen O p f e r k u c h e n und dem O p f e r m e s s e r gefüllten flachen, breiten Korb, der in seiner Form dem Diskos der byzantinischen Liturgie so ähnlich sieht, auf dem Haupte trugen? Lebte hier nicht, von neuem, in fremdartig mystischem Licht die a n t i k e Kanephore wieder auf, wie sie einst Polyklet in Erz gegossen, Skopas in Marmor gebildet hatte, wie sie am lieblichsten im Panathenäenrelief des östlichen Cellafrieses des Parthenons, am mäch-

---

14) Apuleius, Metamorph. lib. XI, Kap. 9 (ed. van der Vliet, Leipzig 1897, S. 258 f.; Rudolf Helm, Leipzig 1913, S. 272 f.).

15) Über die sakrale Verwendung der Fackel im antiken Sühnkultus und in den Mysterienfeiern siehe Anrich, Das antike Mysterienwesen in seinem Einfluß auf das Christentum. Göttingen 1894, S. 214 f.

16) Goar, Euchologion S. 58, A 109; Codex liturg. Bd. 4, S. 351, Nr. XXIII.

tigsten in den Karyatiden der Vorhalle des Erechtheions erschien,
wie sie so oft von antiken Schriftstellern beschrieben worden war?
Und wird die liturgische Handlung der Messe hier nicht wieder
ganz zum r e l i g i ö s e n P a n t o m i m u s, den heilige Gesänge
und formelhafte Sprüche begleiten, wie es in den Mysterien von
Eleusis üblich war, zur dramatischen Vergegenwärtigung einer heiligen Geschichte, wie auch andere Feste der antiken Götter, Feste
des Zeus, der Hera, des Apollo, der Artemis, des Dionysos?[17]). Dauert
nicht hier im Grunde der kultische Kern der Eleusinien und Isis-
mysterien[18]) fort, die auch, wie die eucharistische Liturgie, den
daran teilnehmenden „Geweihten" die Gewißheit der Unsterblichkeit eröffneten? Ich weiß nicht, ob es schon bemerkt worden ist,
wie weit dabei sich die Ähnlichkeit zwischen dem mystischen Akte
der Isisliturgie und dem allegorischen Sinn der Szene des großen
Introitus in der byzantinischen Messe erstreckt. Die Aufzüge und
Vorgänge, über die Apuleius seinen Lucius berichten läßt, stellen
symbolisch dar, wie er starb und durch die Gnade der Isis wieder
auflebte. Auch der mystische Sinn des Kerns der byzantinischen
Messe ist die Darstellung von Tod, Grablegung und Auferstehung,
vorgeführt freilich an der Person Christi, des großen Paradigmas der
Menschheit. Aber die Übereinstimmung geht bis zu wörtlichen An-
klängen in den liturgischen Formeln. „Ich erreichte die Grenze des
Todes, ich betrat die Schwelle der Proserpina, und nachdem ich durch
alle Elemente gefahren war, kehrte ich zurück. Mitten in der Nacht
sah ich die Sonne in hellem Lichte glänzen; vor die unterirdischen
und überirdischen Götter trat ich und betete sie aus der Nähe an":
Accessi confinium mortis et calcato Proserpinae limine per omnia
uectus elementa remeaui; nocte media uidi solem candido coruscan-
tem lumine; deos inferos et deos superos accessi coram et adoraui de
proxumo[19]).

Dieselbe Reihenfolge der Situationen sprechen die oben (S. 136)
bereits angeführten Worte der byzantinischen Liturgie von Christus

---

17) Über den d r a m a t i s c h e n Charakter der griechischen Mysterien
siehe Erwin Rohde, Psyche. Freiburg und Leipzig 1894, S. 266 f.

18) Jac. Burckhardt, Die Zeit Konstantins des Großen. Leipzig ² 1880,
S. 195 ff.

19) Apuleius, Metamorph. lib. XI, Kap. 23 (ed. van der Vliet, a. a. O.
S. 270; Helm, a. a. O. S. 285, Z. 14 ff.).

aus: „Im Grabe warst Du mit dem Leibe, im Hades mit der Seele
als Gott, im Paradiese . . . zusammen mit dem Vater und dem heiligen Geiste", d. h. auch hier das Verlassen des Lebens, das Hinab-
steigen zur Unterwelt, das Aufsteigen zu den göttlichen Mächten
des Himmels. Der Myste der Isis sah in der dunklen Mitternacht
die Sonne leuchten wie mit dem Lichte des Tages; entsprechend be-
teuern die Mysten des eucharistischen Sakraments: „Dein Grab,
Christus, erschien uns . . . schöner als das Paradies, prächtiger als
jede königliche Halle: als die Quelle unserer Auferstehung" (siehe
unten S. 145). Wenn es richtig ist, daß in den Mithrasmysterien eine
imago resurrectionis vorkam und die Auferstehung des Fleisches
dargestellt wurde [20]), so findet auch das in dem byzantinischen
Ritus des großen Einzugs mit dem umhergetragenen Bilde des toten
Christus und der dann folgenden allegorisch-dramatischen Mimese
der Auferstehung eine unverkennbare Analogie.

Wohl ist die Pompa der byzantinischen Liturgie das Kind einer
düsteren, asketischen, jenseitslüsternen Welt, der die althellenische
Sonne verschattet war. Aber ein Stück echter, hoher K u l t u s -
p o e s i e liegt in diesen verzückungsvollen liturgischen Szenen, die
von der erhabenen Monotomie kirchlicher Gesänge umbraust werden. Und keine andere christliche Liturgie konnte damit wetteifern.

Auch die abendländische Messe besaß einen e n g l i s c h e n Lobgesang, der auf die Präfation folgte und den Kanon einleitete und
der ihr mit der griechischen Messe gemeinsam war: der *Hymnus
triumphalis,* das *Epinikion* [21]). Sie teilte ferner mit der griechischen

20) Erw. Rohde, Psyche, a. a. O. S. 687, Anm. 1.
21) Aus Isa. 6, 3 und Psalm 118 (bei Luther 117), 25. 26 mit Anlehnung
an Matth. 21, 9. In der Chrysostomosliturgie lautet die Stelle wörtlich:
Καίτοι σοι παρεστήκασι χιλιάδες Ἀρχαγγέλων καὶ μυριάδες Ἀγγέλων, τὰ Χερουβὶμ καὶ τὰ Σεραφίμ, ἑξαπτέρυγα, πολυόμματα, μετάρσια, πτερωτά· τὸν ἐπι-
νίκιον ὕμνον ᾄδοντα, βοῶντα [vgl. die Stellen aus Chrysostomos oben
S. 87—89], κεκραγότα καὶ λέγοντα· „Ἅγιος, ἅγιος, ἅγιος Κύριος Σαββαώθ.
Πλήρης ὁ οὐρανὸς καὶ ἡ γῆ τῆς δόξης σου, ὡσαννὰ ἐν ὑψίστοις. Εὐλογη-
μένος ὁ ἐρχόμενος ἐν ὀνόματι Κυρίου, ὡσαννὰ ἐν τοῖς ὑψίστοις" (Goar, Euchologion S. 61, H 124—126; Codex liturg. Bd. 4, S. 357, Nr. XXVIII). Der zweite
Teil dieses *hymnus angelicus* der römischen Messe ist von Sixtus III.
eingeführt worden; vgl. Amalarius, De ecclesiasticis officiis lib. III, 21:
*Hymnus sequens, qui additus est p r i m a e v o hymno, a Sixto
papa additus est, ut in gestis pontificalibus legitur. Ita enim scriptum est:
„Hic constituit, ut intra actionem sacerdotis incipiens p o p u l u s hymnum*

Messe den Gesang der Engel bei der Geburt Christi — das *Gloria in excelsis,* die sogenannte große Doxologie —, den sie vor die Kollekte und die Epistellektion stellt, während er in der byzantinischen Liturgie innerhalb der Schlußinzensation der Proskomide und als Morgenlied in den *Laudes* [22]) erschallt. Die lateinische Messe hatte endlich eine d r i t t e Engelshymne, das in der täglichen griechischen Messe oft wiederholte Trishagion: Ἅγιος ὁ θεός, Ἅγιος ἰσχυρός, Ἅγιος ἀθάνατος, ἐλέησον ἡμᾶς, ἐλέησον ἡμᾶς, ἐλέησον ἡμᾶς (Goar, Euchologion S. 55 (63) F; Codex liturg. Bd. 4, S. 345, Nr. XVIII). Diese Hymne ertönt dort sowohl am Eingang der Proskomide als im Introitus der Katechumenenmesse, und die lateinische Messe hatte sie sich im Laufe ihrer Entwicklung wenigstens für das Karfreitagsoffizium angeeignet.

Dieser vierte Engelsgesang jedoch, der *Hymnus cherubicus,* übertrifft alle anderen an packender Wirkung, denn er allein ist völlig dramatisch gestaltet. Die Cherubim treten selbst in Person auf: erst spielen die Sänger, dann Priester und Diakon singend ihre Rolle. So entsteht der Eindruck, als ob unmittelbar vor dem feierlichen Augenblick der E n t h ü l l u n g der mit dem Aër bedeckten Opfergaben in die sich ordnende Prozession, die jene von der Prothesis in die Kirche, durch das ganze Schiff, an allem Volk vorbei und durch die heilige Tür auf den Altar trägt, die himmlischen Heerscharen als Teilnehmer eintreten.

Die Prozession „des großen Einzugs" endet im Adyton. Der Priester bringt den v e r h ü l l t e n heiligen Kelch auf den heiligen Altar, den v e r h ü l l t e n heiligen Diskus nimmt er von dem Haupt des Diakons und stellt ihn mit den aus dem Bericht der synoptischen Evangelien (Matth. 27, 57—60; Mark. 15, 43—46; Luk. 23, 50—53) entlehnten Worten auf den Tisch: „Der angesehene Joseph [von Arimathia] nahm von dem Kreuzesholze deinen unbefleckten Leib herab, wickelte ihn in reine Leinwand, bestattete ihn mit Wohl-

---

decantaret: 'Sanctus, sanctus, sanctus, Dominus Deus Sabaoth.' Idem hymnus horum duorum ordinum voces continet: Ordo a n g e l o r u m dicit: 'Sanctus, sanctus, sanctus, Dominus Deus Sabaoth, pleni sunt coeli et terra gloria tua'; ordo h o m i n u m dicit: 'Hosanna in excelsis, benedictus, qui venit in nomine Domini.' Quam partem hymni cantavit turba die Palmarum praecedens Dominum Jerusalem" (Migne, P.L. Bd. 105, S. 1134 C).
22) Codex liturg. Bd. 4, S. 339: Δόξα ἐν ὑψίστοις Θεῷ (Nach Luk. 2, 14).

gerüchen und legte ihn in ein neues Grab." Darauf setzt eine
vorausgreifende Betrachtung der auf die Kreuzigung folgenden Vorgänge ein: „Im Grabe warst du mit dem Leibe, im Hades mit der
Seele als Gott, im Paradies aber mit dem Schächer wie auf dem
Thron, Christus, zusammen mit dem Vater und dem heiligen Geiste,
alles erfüllend, du Unumgrenzter. Dein Grab, o Christus, erschien
uns l e b e n b r i n g e n d, wahrhaft schöner als das P a r a d i e s,
prächtiger als jede königliche Halle: als die Quelle unserer Auferstehung." Diese ganze Betrachtung ist von größter Bedeutung
für die dramatische Ausgestaltung der Liturgie des Karfreitags
und Ostersonntags (siehe unten Kap. 10).

Nachdem der Gesang verklungen ist, schließen sich die heiligen
Türen der Bilderwand, es werden die Vorhänge vorgezogen. Jetzt
beginnt das heiligste Mysterium, von dem die Menge des Volks
nichts sieht, im abgeschlossenen Altarraum.

Der Priester entfernt die Hüllen vom Diskus und Kelch, legt
beide auf eine Seite des Altars, nimmt den Aër von den Schultern des Diakons, beräuchert ihn und bedeckt damit die heiligen
Elemente. Und währenddem spricht er, den symbolischen Sinn dieser Handlung erläuternd, zum zweiten Male die Worte: „Der angesehene Joseph [von Arimathia] nahm von dem Kreuzesholze
deinen unbefleckten Leib herab, wickelte ihn in reine Leinwand,
bestattete ihn mit Wohlgerüchen und legte ihn in ein neues Grab."
Vorher, im Schiff der Kirche gesprochen, kündigten die Worte der
Gemeinde den mystischen Akt an; jetzt begleiten sie das allegorische Drama selbst, die Darstellung der Grablegung.

Hiernach entwickelt sich der Hauptakt der Messe: Opfergebete,
der Friedenskuß, dann bei geöffnetem Vorhang der Mitteltür von
Priestern und Volk gemeinsam im Angesicht der heiligen Opfergaben des Altars gebetet das Credo, weiter die Präfation und endlich der Höhepunkt: die Konsekration. Diese, die in der abendländischen Liturgie offen sichtbar vor aller Augen in der Kirche stattfindet, spielt sich nach griechischem Ritus im verborgenen Altarraum hinter den verschlossenen Türen und v o r g e z o g e n e n Vorhängen der Bilderwand ab. Dort vollzieht sich durch die vom Priester leise gesprochenen Einsetzungsworte „dies ist mein Leib" —
„dies ist mein Blut" die Wandlung, das eigentliche Mysterium.
Hier gehört dazu noch die feierliche Anrufung des h e i l i g e n

Geistes, der auf die vorliegenden Gaben herabgefleht wird:
„Segne, Herr, beide heiligen Gaben, indem du sie v e r w a n -
d e l s t durch deinen heiligen Geist." Das ist die sogenannte Epiklese,
bei der vom Diakon mit dem heiligen Rhipidion, einem Stab, an
dessen oberen Ende sich ein sechsflügliger Cherubkopf befindet [23]),
über den zu wandelnden Elementen gefächelt wird zum Zeichen, daß
der Flügelschlag des heiligen Geistes und aller anwesenden Engel
die Luft erschüttert.

Die hierauf folgenden Fürbittengebete, vom Priester im Adyton
aufgenommen, vom Diakon an der Tür fortgesetzt, führen diesen
wieder in die Kirche an seinen gesetzmäßigen Platz, den Ambon,
in der Mitte vor den heiligen Türen, wo er die Gebete zur Vorbereitung der K o m m u n i o n eröffnet. Jetzt erst wird dem Volk
der volle Anblick der verwandelten heiligen Elemente des Opfers
gewährt. Und jetzt und an dieser Stelle, nach gemeinsamem Paternoster und Inklinationsgebet, findet die in der orientalischen Kirche
seit ältester Zeit übliche Elevation der Hostie statt.

In der katholischen Messe hat die ihr entsprechende g r o ß e
Elevation heute ihren Platz viel früher: gleich nach der Konsekration und den Worten der Wandlung; auch folgt ihr unmittelbar eine
genau entsprechende Elevation des K e l c h e s. Aber sie ist in das
Abendland erst im Laufe des elften und zwölften Jahrhunderts
eingedrungen: ein wichtiges Beispiel für den Einfluß des orientalischen Kultus. Der älteste *Ordo Romanus* und ebenso auch noch der
älteste *Ordo Romanus vulgatus,* desgleichen die gallikanische Liturgie kennen nur die kleine Elevation kurz vor dem Paternoster, im
Absatz *Per quem haec omnia,* bei den Worten *Per ipsum et cum ipso
et in ipso.* Ich komme auf diese wichtige, folgenreiche Tatsache unten
(Kap. 11) zurück und fahre in der Beschreibung der griechischen
Messe fort.

Wenn der Diakon den Priester die Hände ausstrecken und das
heilige gewandelte Brot berühren sieht, um die Elevation auszuführen, ruft er laut die Versammelten zur Andacht auf. Der Priester aber hebt das heilige Brot in die Höhe und ruft die uralte
Formel: „Das Heilige den Heiligen" (τὰ ἅγια τοῖς ἁγίοις), d. h. das
S a k r a m e n t gehört nur den G e w e i h t e n und den R e i -

---

23) Abbildung im Codex liturg. Bd. 4, S. 410.

n e n. Darauf, nach Gesängen des Chors, begibt sich der Diakon
wieder in den Altarraum, um die *Fractio panis* einzuleiten: er tritt
an die rechte Seite des dort weilenden Priesters, der das heilige Brot
hält, und spricht zu ihm: „Herr, zerbrich das heilige Brot!" Der
Priester zerbricht nunmehr das früher in der Proskomide mittels
der h e i l i g e n L a n z e vierfach eingeschnittene Brot in vier Teile
und spricht: „Zerbrochen und verteilt wird das Lamm Gottes, der
Sohn des Vaters, der zerbrochen und nicht geteilt, allezeit genossen
und niemals aufgezehrt wird, sondern, die ihn empfangen, heiligt."
Und der Diakon zeigt mit dem Horarion auf den heiligen Kelch
und spricht: „Fülle, Herr, den heiligen Kelch!" Der Priester aber
nimmt den obenliegenden Teil des Brotes, der das Zeichen IHC
(Jesus Christus) trägt, macht mit ihm über dem Kelch das Kreuz
und läßt ihn hineinfallen. Darauf folgt ein allein der griechischen
Kirche eigener Ritus: eine z w e i t e, von der ersten ganz verschiedene *Commixtio aquae et vini.* Der Diakon bringt in einer Kanne
h e i ß e s W a s s e r, bittet den Priester, es zu segnen, und der
Priester segnet es mit den Worten: „Gesegnet sei die Glut deiner
Heiligen allezeit, jetzt und immerdar und von Ewigkeit zu Ewigkeit. Amen." Und der Diakon gießt kreuzweise eine hinreichende
Menge in den heiligen Kelch mit den Worten: „Glut des Glaubens,
voll des h e i l i g e n G e i s t e s. Amen."

Der mystische Sinn dieser seltsamen Zeremonie ist verschieden
von den alten Liturgikern erläutert worden. Aus der Zahl der Erklärungen [24]) sind allein zwei als zutreffend anzuerkennen. Zunächst symbolisiert das heiße Wasser die Teilnahme des heiligen
Geistes, dem nach orientalischem Dogma beim Abendmahl eine entscheidende Mitwirkung zufällt und zwar nach des Chrysostomos glän-
zender Bildersprache (siehe oben S. 81 f.) im glühenden Feuer. Dann
aber soll gleichzeitig an das S p e e r w u n d e r des Johannes-Evangeliums erinnert werden, offenbar in jener Auffassung, die ich oben
(S. 39 f.) vom Physiologus ab so vielfach nachweisen konnte: Blut
und Wasser aus der Seite des Gekreuzigten sind zwar nach menschlichen Begriffen Zeichen des Todes und der Verwesung, aber im Falle
des göttlichen Selbstopfers sind es Zeichen des Lebens und der Auf-

---

24) Vgl. die Zusammenstellung bei Goar, Euchologion S. 127, Nota 166;
Joannes Bona, Rerum liturgicarum libri duo. Buch 2, Kap. 9, § 4; hrsg. von
R. Sala. Augustae Taurinorum 1747 ff. Bd. 3 (1753), S. 216.

erstehung. Das heiße Wasser bedeutet danach auch die Wärme des unsterblichen oder wieder auferstehenden Lebens.

Das älteste Zeugnis für die Anwendung des h e i ß e n Wassers bei der Kommunion und seine mystische Beziehung auf die zu empfangende U n s t e r b l i c h k e i t glaube ich in einer bisher dafür noch nicht herangezogenen Ausführung des Kyrill von Alexandrien (nach 428) erblicken zu dürfen. Er vergleicht (In Joannis evang. lib. IV [6, 54]; Migne, P.G. Bd. 73, S. 580 A) die Umwandlung des sterblichen Leibes der Kommunikanten in die unsterbliche Natur des göttlichen Leibes, den sie genießen und in sich aufnehmen, mit dem Übergang des kalten, in einen Kessel gegossenen und über das Feuer gestellten Wassers in eine h ö h e r e Energie (siehe den Abdruck der Stelle unten Kap. 10). Die ausgesprochene Anknüpfung dieses liturgischen Aktes an das S p e e r w u n d e r erscheint in der dem Patriarchen Germanos († 733) zugeschriebenen, aber unechten und etwas jüngeren Rerum ecclesiasticarum contemplatio (Migne, P.G. Bd. 98, S. 449 B): τότε δὲ κομίζεται ὕδωρ θερμότα-τον εἰς μικρὸν λεβητάριον, καὶ κιρνῶσιν ἐξ αὐτοῦ τὰ προκείμενα τῇ θείᾳ τραπέζῃ, εἴτε κρατῆρες, εἴτε ποτήρια εἶεν · ἵν' ὥσπερ ἐκ ζώσης προῆλθον τῆς θείας π λ ε υ ρ ᾶ ς ἀμφότερα θερμότητος πεπληρωμένα, οὕτω δὴ καὶ τὸ ὕδωρ θερμότατον ἐν τῷ καιρῷ τῆς μ ε τ α λ ή ψ ε ω ς (Kommunion) ἐπεμβαλλόμενον, τέλειον τὸν τύπον τοῦ μυστηρίου ἀναπληροῖ τῶν μεταλαμβανόντων τῇ θηλῇ (mammae) τοῦ ποτηρίου, ὡς αὐτῇ τῇ ζωοπαρόχῳ πλευρᾷ ψαυόντων. Der Einwand eines neueren abendländischen Liturgikers (Martène, bei Bona a. a. O. Bd. 3 [1753], S. 216a), der Lanzenstoß sei doch erst nach dem Tode erfolgt, also die Seite des Herrn damals nicht mehr eine „lebende" (ζώσης) zu nennen, ist richtig; die weitere Folge-rung daraus hingegen, daß auch bereits eine Erkaltung des Leibes und Blutes Christi eingetreten sein müsse, ließe sich mit den oben (S. 6 f.) besprochenen medizinischen Erwägungen bekämpfen, daß nämlich die Körperwärme innerhalb des kurzen Zeitraums zwischen dem Verscheiden und dem Speerstich noch nicht verschwunden zu sein brauchte. Aber richtiger ist es, wie auch Bona tut, einfach an den Charakter des Wunders und des Mysteriums zu erinnern.

In der Proskomide erschien der Speerstich als Darstellung des geschichtlichen Kreuzopfers Christi. Hier dagegen wird an ihn er-

innert als das Symbol der Unsterblichkeit, die der Genuß
der Eucharistie bewirkt, als den Vermittler der Auferstehung.
Danach findet die Kommunion statt: Diakon und Priester
genießen das Stück IC des Brots, Priester und Diakon vom Wein,
immer noch bei verschlossener Mitteltür. Nach der Kommunion des
Klerus wird die heilige Tür geöffnet, der Diakon verbeugt sich,
nimmt den Kelch und tritt in die Tür: nun hebt er den heiligen
Kelch in die Höhe, zeigt ihn dem Volke. Das ist die zweite Elevation, die der sogenannten kleinen Elevation der römischen
Messe vor dem Paternoster bei dem Gebet: *Per quem haec omnia
Domine semper bona creas* (Codex liturg. Bd. 1, S. 94) entspricht.
Gleichzeitig fordert der Diakon die Laien auf heranzutreten,
und der Priester reicht denen, die kommunizieren wollen, den
heiligen Kelch mit den darin aufgelösten Teilen des
heiligen Brots, indem er daraus mit dem heiligen
Löffel[25]) (λαβίς) schöpft, dessen Stiel einen kreuzförmigen Griff
hat. Die so empfangenen, vom Wein durchtränkten Brotbrocken
wurden Perlen (μαργαρίται) genannt.

Nach erneuter Inzensation des Altars folgt die feierliche Zurück-
tragung der heiligen Geräte zur Prothesis und ihre Wiederver-
hüllung. Der Priester legt dem Diakon wieder den heiligen Diskus
auf das Haupt, und dieser trägt ihn so, andächtig nach außen auf
die Tür schauend, zur Prothesis zurück, wo er sich bei Beginn der
Proskomide befand und von wo er in der großen Einzugsprozession
entfernt wurde. Der Priester aber bringt den Kelch unter Gebet und
Gesang wieder auf die Prothesis.

Nach vielfachen Gebeten tritt der Priester noch einmal aus dem
Adyton hervor und gibt dem Volk das sogenannte Antidoron,
über dessen Wesen und geschichtliche Entwicklung die Liturgiker
verschiedene Ansichten haben: man sieht darin bald den nicht konsekrierten Rest des heiligen Lamms, bald das, was von den auf den
Altar gebrachten Broten bei der Verwendung zum Opfer und zur
Kommunion übrig geblieben ist, bald die auf der Prothesis aufgestellten, zum Gedächtnis der Heiligen geweihten Oblationen[26]).

---

25) Abbildung im Codex liturg. Bd. 4, S. 417; Kraus, Christl. Kunst.
Bd. 1, S. 521.
26) Vgl. Goar, Euchologion S. 132, Nota 190; Codex liturg. Bd. 4, S. 419 f.

Aus dieser Übersicht ergibt sich vor allem dreierlei:

Der Speerstich des Kriegsknechts erscheint am Anfang, im mittleren Höhepunkt und am Abschluß der liturgischen Handlung in bedeutsamster Weise und immer eng verbunden mit den Trägern des Mysteriums, Kelch und Diskus. In der Proskomide wird er durch die Mischung des Weins mit k a l t e m Wasser und durch die Zerlegung des Brots mit der heiligen Lanze dramatisch v e r - g e g e n w ä r t i g t, um die Schlachtung des Opfers, des Osterlamms Christus, darzustellen. In der reichen Pompa des großen Introitus begleitet er in der Gestalt der zusammen mit Kelch und Diskus umhergetragenen Lanze die Grablegung, das Werk des J o s e p h v o n A r i m a t h i a, als verheißungsvolles Symbol der Z u k u n f t. Im Schlußabschnitt, nachdem die Hostie gebrochen ist, vor der Kommunion, wird durch die Zugießung des h e i ß e n Wassers in den Weinkelch noch einmal, aber nun allein in symbolischer Handlung, ohne ein erklärendes Wort, das geheimnisvolle Wunder der Wirkung des Speerstichs vorgeführt, als Figur der zurückkehrenden Blutwärme, des wiedererstandenen Lebens, der Unsterblichkeit.

Zehntes Kapitel

Speerstich und Grablegung in der orientalischen Mystagogie.

Die griechische Kultusmystik hatte bereits in der Phantasie des Chrysostomos einen stark realistischen Ausdruck gefunden (siehe oben Kap. 6). Sie hatte sich in der sogenannten Liturgie des Chrysostomos zu einem mystagogischen Drama gesteigert. Sie ist von einer Reihe mystagogischer Liturgiker der folgenden Jahrhunderte zu einer bewußten Kunst, zu einer feinschmeckerischen Theurgie erhoben worden.

Das eucharistische Drama wird im Lichte dieser Auffassungen eigentlich wieder ein g n o s t i s c h e s   M y s t e r i u m, vergleichbar jenem, das in der Pistis Sophia und dem zweiten Buch Jeû uns entgegentrat (siehe oben Kap. 5).

Die Grundvoraussetzung aller dieser Mysterien, sei es des spät antiken Heidentums, sei es des Gnostizismus, war: bestimmte, genau vorgeschriebene, mit mystischen Formeln begleitete Handlungen, die nur der Eingeweihte, der Reine, der Wissende kennt, bewirken Erlösung der menschlichen Kraft, Einung mit der Gottheit, Unsterblichkeit. Die mystagogische Lehre schreibt eine solche magische Wirkung der eucharistischen Zeremonie zu. Ja sie macht dieselbe allein von dieser Zeremonie abhängig.

Das Christentum, wie es die Apostel verkündet hatten, baute sich auf der Gewißheit aus, daß des Herrn irdisches Leben und einmaliges Sterben allen denen, die an ihn glauben, Befreiung aus der Knechtschaft des Todes, das ewige Leben im himmlischen Reich verbürgt und gesichert habe. Die mystagogische Theurgie, wie sie sich im fünften, sechsten und siebenten Jahrhundert von Chrysostomos und den Schriften des falschen Dionysius Areopagita bis zu Sophronius, Maximus Confessor (geboren um 580) und ihren Geistesverwandten entwickelte, ist, ganz wie die Gnostik, damit nicht zufrieden. Der geschichtliche Tod des wirklichen Christus mit allem, was ihm voranging im irdischen Tun, Lehren und Beispiel des Herrn, genügt ihr nicht zur Bürgschaft der Seligkeit. Nur die fortwährende Wiederholung jener Inkarnation und jenes Opfertodes des Gottessohns in der mystischen Form eines immer sich erneuernden sinnlich-übersinnlichen, fleischlich-seelischen Einswerdens des eucharistischen Kommunikanten mit der Gottheit gewinnt dem einzelnen Menschen die Unsterblichkeit. An Stelle des einmaligen großen Mysteriums des Geistes, aus dem die Religion der Welterlösung gequollen war, sollten stets vollziehbare, stets von frischem wirkende Mysterien der Sinne das tägliche irdische Leben durchdringen.

Chrysostomos hatte die eucharistische Handlung als ein Fest von überirdischem Glanze ausgemalt, an dem die Chöre der Engel selbst, aus dem sich öffnenden Himmel herniedersteigend, teilnähmen, indem sie mit ihrer Zange die feurige Kohle des Isaia, d. h. den rot aufflammenden Abendmahlskelch, darin das aus der unbefleckten Seite entleerte Blut fließt, herbeibringen (Isa. 6, 6) [1]). Er hatte sich für diese Enthüllung auf die ihm berichtete Vision eines frommen Greises, der diese Wunder als Augenzeuge gesehen haben sollte, berufen. Spätere Tradition, deren Alter und Authentie unsicher ist, hat auf Grund seiner eigenen eucharistischen Phantasmagorie ihn selbst zum Gewährsmann solcher visionären Erlebnisse gemacht und erzählt, er selbst habe all dies mit seinen Augen geschaut: wenn der zelebrierende Priester die Opfergaben in der Proskomide darbrachte, schwebten die Scharen der Engel hernieder; in weißen Gewändern, den Blick auf die heilige Handlung gerichtet, umschritten sie barfuß, mit gesenktem Antlitz, den Altar; darauf blieben sie schweigend, in stiller tiefer Anbetung, bis zur Konsekration des schauervollen Mysteriums um ihn herumstehen; endlich halfen sie den Bischöfen, Priestern und Diakonen durch die ganze Kirche verteilt bei der Spendung der Kommunion:

Ὁ τῆς ἐν Βυζαντίῳ μεγάλης Ἐκκλησίας, μᾶλλον δὲ παντὸς τοῦ κόσμου φωστὴρ Ἰωάννης ὁ θαυμαστὸς ἱερεὺς διορατικὸς ὑπάρχων, πολλάκις τεθέαται, ... μάλιστα δὲ ἐν τῷ καιρῷ τῆς θείας καὶ ἀναιμάκτου θυσίας. ... Ἀρχομένου γάρ, φησίν, τοῦ ἱερέως τὴν ἁγίαν ποιεῖσθαι προσκομιδήν, πλεῖσται ἐξαίφνης τῶν μακαρίων δυνάμεων ἐξ οὐρανοῦ κατελθοῦσαι, ὑπερλάμπρους τινὰς στολὰς περιβεβλημέναι, γυμνῷ τῷ ποδὶ συντόνῳ τῷ βλέμματι, κάτω δὲ νεύοντι τῷ προσώπῳ περιστοιχήσασαι τὸ θυσιαστήριον μετ' εὐλαβείας καὶ πολλῆς ἡσυχίας καὶ σιωπῆς, παρίστανται μέχρι τῆς τελειώσεως τοῦ φρικτοῦ μυστηρίου· εἶτα

---

1) Vgl. hierzu auch oben S. 85. 87 ff. 131 und Anm. 4. 5.

διαφεθέντες καθ' ὅλον τὸν σεβάσμιον οἶκον, τῇδε κἀκεῖσε ἕκαστος αὐτῶν τοῖς παρατυχοῦσιν ἐπισκόποις καὶ πρεσβυτέροις καὶ πᾶσι τοῖς διακόνοις τὴν χορηγίαν ποιουμένοις τοῦ σώματος καὶ τοῦ τιμίου αἵματος συνεργοῦσαι συμπράττουσι καὶ συνεπισχύουσιν (Nilus, Epistolarum lib. II, epist. 294; Migne, P.G. Bd. 79, S. 345 f.). Die Engel agieren schon in der P r o s k o m i d e lange vor der Konsekration, ganzwie in der erweiterten byzantinischen Meßliturgie. Die Echtheit des Briefes ist zweifelhaft; siehe Bardenhewer, Patrologie, S. 335 f.; Steitz, Abendmahlslehre. Bd. 12 (1867), S. 248.

Bekanntlich hat die G r a l s a g e des zwölften Jahrhunderts den Zug ausgeprägt, daß der Gral im Besitz und in der Obhut der E n g e l sich befunden habe oder auch wieder dorthin zurückkehre. Das Urbild dieser Konzeption sind die eucharistischen Visionen des Chrysostomos und seiner Seelenverwandten. Dabei sei nochmals ausdrücklich betont, daß die Vorstellung von einer gewissen Assistenz der Engel, durch den Wortlaut der Liturgie gestützt, auch in der abendländischen Dogmatik durch Ambrosius und Gregorius Eingang fand (siehe oben S. 87 und unten Kap. 13).

I. Isidor von Pelusium.

In die erste Hälfte des fünften Jahrhunderts fällt das früheste ganz ausdrückliche und sichere Zeugnis für die allegorische Dramatisierung der eucharistischen L i t u r g i e und für die folgenreiche Einführung der Gestalt des J o s e p h v o n A r i m a t h i a. Es tritt uns in Ä g y p t e n entgegen.

I s i d o r v o n P e l u s i u m gibt in einem seiner Briefe eine Deutung des unter den Opfergaben ausgebreiteten Tuchs, die ganz im Sinne der späteren Mystagogie und der oben S. 144 f. angeführten Worte des Formulars der Chrysostomos-Messe gehalten ist. „Wie Joseph von Arimathia — so erklärt er — den Leib des Herrn in ein Leintuch wickelte und dann in das Grab legte, durch den unser ganzes Geschlecht die Frucht der Auferstehung empfing, so weihen wir das Brot der Prothesis auf der Decke und finden darin ohne Zweifel den Leib Christi, der uns gleichsam wie eine Quelle jene Unsterblichkeit hervorsprudelt, die der Heiland Jesus, von Joseph [von Arimathia] im Grabe bestattet, nachdem er von den Toten auferstanden war, uns geschenkt hat":

Η καθαρὰ σινδὼν ἡ ὑφαπλουμένη τῇ τῶν θείων δώρων διακονίᾳ, ἡ τοῦ Ἀρι-
μαθέως ἐστὶν Ἰωσὴφ λειτουργία. Ὡς γὰρ ἐκεῖνος τὸ τοῦ Κυρίου σῶμα σινδόνι
ἐνειλήσας τῷ τάφῳ παρέπεμψε, δι᾽ οὗ ἅπαν τὸ γένος ἡμῶν τὴν ἀνάστασιν
ἐκαρπώσατο, οὕτως ἡμεῖς ἐπὶ σινδόνος τὸν ἄρτον τῆς προθέσεως ἁγιάζοντες, σῶμα
Χριστοῦ ἀδιστάκτως εὑρίσκομεν, ἐκείνην ἡμῖν πηγάζον τὴν ἀφθαρσίαν,
ἣν ὁ παρὰ Ἰωσὴφ μὲν κηδευθεὶς ἐκ νεκρῶν δὲ ἀναστὰς Ἰησοῦς ὁ Σωτὴρ
ἐχαρίσατο (Isidor, Epistolarum lib. I, epist. 123; Migne, P.G. Bd. 78, S. 264 f.
— Vgl. Steitz, Abendmahlslehre. Bd. 12 [1867], S. 262 ff., wo indessen
mehr die dogmatische als die liturgische Bedeutung der angeführten Stellen
gewürdigt wird).

Hiermit ist deutlich bereits ausgesprochen, daß die begleitenden
Handlungen des Zelebranten eine dramatisch-allegorische Wiederholung der G r a b l e g u n g sein sollen.

Isidor lebte und schrieb bei der ä g y p t i s c h e n Stadt Pelusium. Er hat die hermeneutischen Grundsätze der antiochenischen
Schule als ein Schüler des Chrysostomos bestimmt und deutlich
formuliert [2]). Wir dürfen die angeführten Äußerungen beziehen
auf die syrische, genauer die antiochenische Messe des vierten Jahrhunderts.

Isidor geht aber in der allegorischen Ausdeutung der einzelnen
liturgischen Akte noch weiter mit den Anschauungen der griechischen
Mystagogie zusammen. Wenn in der Messe das benedizierte Brot
der Prothesis schon vor der Konsekration der Leib Christi ist und
zwar der gekreuzigte, tote — denn vorhergegangen ist die liturgische
Mimese der Kreuzigung, der Schlachtung des Lammes und des Speerstichs (siehe oben S. 132 ff.) —, wenn die Bedeckung des Brotes mit
der heiligen Decke des Altars die G r a b l e g u n g darstellt, so muß
der darauf folgende Abschnitt der Messe die Zeit dramatisch widerspiegeln, da der Geist, dogmatisch genauer: der Logos, mit der
Seele des toten und bestatteten Christus den Körper verlassen hatte
und dieser als Leichnam von der Gewalt des Todes angegriffen
wurde, bis dann am dritten Tage die Wiedervereinigung von Geist
und v e r k l ä r t e m Leib und die Auferstehung der Macht der Ver-
weslichkeit ein Ziel setzte. Das legt sich nun Isidor (zwar in ähnlichem Sinn, aber doch abweichend) folgendermaßen zurecht: der
Leib des Herrn wurde im Grabe von den Zähnen des Hades ange-
tastet, aber er erlag nicht der Vergänglichkeit, sondern ward verklärt
zur Unsterblichkeit; e b e n s o ergreifen in der Messe die konsu-

2) Vgl. über ihn Bardenhewer, Patrologie, S. 334.

mierenden Priester, Diakone und die übrigen Kommunikanten mit
den Zähnen den vorher gebrochenen eucharistischen Leib, der noch
vergänglich (φθαρτὸν σῶμα),leidensfähig (παθητόν), sterblich (θνητόν)
ist, aber sie zerstören ihn nicht, denn er wandelt sich in ihnen sofort in das σῶμα ἄφθαρτον,das weder leidensfähig noch sterblich ist,
und teilt auch den Genießenden (d. h. nach Isidor bloß ihrer
S e e l e) dieselbe Qualität der U n v e r g ä n g l i c h k e i t mit:

Ὥσπερ τὸ σῶμα τοῦ Κυρίου ὑποπεσὸν τοῖς ὀδοῦσι τοῦ ᾅδου, φθορὰν μὲν
τηνικαῦτα ἐδέξατο, διαφθορὰν δὲ οὐκ εἶδεν· οὕτω καὶ νῦν αὐτὸ τὸ σῶμα τοῦ
Κυρίου τοῖς ὀδοῦσιν ὑποπίπτον τοῖς ἡμετέροις, φθορὰν μὲν ὁμοίως ὑφίσταται,
διαφθορὰν δὲ οὐκ ἔγνω, ἀλλ' εὐθέως ἀφθαρτιζόμενον τῇ τῆς ψυχῆς οὐσίᾳ
δίδοται μόνον, ἀλλὰ καὶ εἰς αἰῶνα συμπαραμένει ταῖς τῶν δικαίων ψυχαῖς
(Zitat aus dem 34. Brief des Michael Glycas an Ioannikios; abgedruckt
nach Lequiens Ausgabe des Johannes Damascenus bei Migne, P.G. Bd. 95,
S. 399/400).

Bei diesen Ausführungen hat Isidor offenbar die während der
Brotbrechung im Kommunionsakte ertönenden liturgischen Worte
im Sinne: „Gebrochen wird und verteilt das Lamm Gottes, der
Sohn des Vaters, der gebrochen und n i c h t z e r t e i l t, der all-
zeit g e n o s s e n und doch niemals a u f g e z e h r t wird, sondern
die weiht (ἁγιάζει), die ihn empfangen." Freilich widerspricht Isidors Auffassung den aphthartodoketischen Voraussetzungen der
großen Introitusprozession, die das benedizierte Brot sogar schon
vor der Konsekration feiert, als sei es der göttlich verklärte Leib
des von himmlischen Heerscharen umgebenen, in der Glorie erscheinenden Herrn (siehe oben S. 138 f.).

II. Kyrill von Alexandrien.

Noch vor der Mitte des fünften Jahrhunderts hat dann Kyrill
von Alexandrien das, was bei Chrysostomos auf dem Grunde glän-
zender Dithyramben verborgen lag, hell und klar an die Oberfläche
des allgemeinen Bewußtseins gehoben und vor allem zum entscheidenden Faktor der kirchlichen Praxis gemacht [3]). Die Wirkung des
eucharistischen Prozesses, durch den sich die Elemente Brot und

---

3) In Joannis evang. lib. IV [6, 54]; Migne, P.G. Bd. 73, S. 577.
Die reiche Literatur über Kyrills dogmatisches System siehe bei Bardenhewer, Patrologie, S. 238.

Wein wandeln in den Leib und das Blut des Herrn, steht ihm als
übernatürliches Wunder auf gleicher Stufe mit den Toten-
erweckungen Christi: mit der Auferweckung der Tochter des Syna-
gogenvorstehers Jairus (Mark. 5, 22. 35—43; Luk. 8, 41. 49—56)
und des Sohnes der Witwe zu Nain (Luk. 7, 13—17). In beiden
Fällen habe Jesus dadurch L e b e n eingeflößt, daß er die Toten
an der Hand ergriff. „Nicht allein — so schließt Kyrill —
durch das göttliche Wort also will Christus Tote ins Leben
zurückrufen, sondern um zu zeigen, daß sein L e i b lebendig mache,
berührt er die Toten mit seinem Leib und flößt durch d i e s e n
den Verstorbenen Leben ein." Und nun folgt die Anwendung auf
die U n s t e r b l i c h k e i t s c h a f f e n d e Kraft der eucharistischen Speise. „Wenn nun schon durch die bloße B e r ü h r u n g des
göttlichen Fleisches das Tote lebendig gemacht wird, um wie viel
reicher, müssen wir schließen, wird nicht die lebendig machende
Kraft der Eucharistie sein, wo wir doch das göttliche Fleisch nicht
bloß berühren, sondern auch kosten? Sie wird uns in dessen
eigenen Vorzug, die U n s t e r b l i c h k e i t, von Grund aus
umbilden, wenn wir daran teilnehmen. Und darüber möge man
sich nicht wundern noch nach der Art der ungläubigen Juden fragen ‚Wie ist das möglich?', sondern lieber bedenken: das W a s s e r
ist seiner Natur nach kalt, aber wenn man es in einen Kessel gießt
und dem Feuer gesellt, dann vergißt es beinahe seine eigene Natur
und geht über in die h ö h e r e Energie. Auf dieselbe Weise folg-
lich werden auch wir, ob zwar wir durch die Natur unseres Fleisches
verweslich sind, dennoch durch die Beimischung des wahren Lebens
unsere Unvollkommenheit ablegen und umgeformt werden zu der
Sondernatur jenes, das heißt zum Leben." Dazu genügt aber nicht
das Walten des göttlichen Geistes, nicht die einmalige Menschwerdung des Gottessohns, nicht die innere Wiedergeburt im Glauben.
„Es mußte nämlich, ja es m u ß t e, nicht allein durch den heiligen
Geist die Seele zu dem neuen Stande des Lebens umgeformt, sondern auch der grobe (materielle) und irdische K ö r p e r durch diese
g r ö b e r e (materiellere) und verwandte Verbindung geheilt und
zur U n v e r g ä n g l i c h k e i t gebracht werden":

Καὶ οὐ μόνῳ δίδωσιν ἐνεργεῖν τῷ λόγῳ τὴν τῶν νεκρῶν ἀναβίωσιν, ἀλλ'
ἵνα δείξῃ ζ ω ο π ο ι ὸ ν τὸ ἴδιον σῶμα ... τῶν τεθνεώτων ἅ π τ ε τ α ι καὶ δι'
αὐτοῦ τὴν ζωὴν ἐντιθεὶς τοῖς ἤδη κατεφθαρμένοις. Καὶ εἰ διὰ μόνης ἀ φ ῆ ς

τῆς ἁγίας σαρκὸς ζωοποιεῖται τὸ ἐφθαρμένον, πῶς οὐχὶ πλουσιωτέραν
ἀποκερδανοῦμεν τὴν ζωοποιὸν εὐλογίαν, ὅταν αὐτῆς καὶ ἀπογευ-
σώμεθα; Μεταποιήσει γὰρ πάντως εἰς τὸ ἴδιον ἀγαθόν, τοῦτ' ἔστι, τὴν
ἀθανασίαν, τοὺς μετεσχηκότας αὐτῆς. Καὶ μὴ θαυμάσῃς ἐπὶ τούτῳ, μηδὲ
εἴπης κατὰ σεαυτὸν 'Ἰουδαϊκῶς τὸ πῶς· ἐννόει δὲ μᾶλλον ὅτι ψυχρὸν τῇ
φύσει τὸ ὕδωρ ἐστίν· ἀλλ' ὅταν εἰς λέβητα κεχυμένον ὁμιλήσῃ πυρί,
τότε τῆς μὲν ἰδίας μονονουχὶ καὶ ἐπιλανθάνεται φύσεως, εἰς δὲ τὴν τοῦ νενι-
κηκότος ἐνέργειαν ἀποφοιτᾷ. Τὸν αὐτὸν οὖν ἄρα καὶ ἡμεῖς τρόπον, εἰ καὶ
φθαρτοὶ διὰ τὴν φύσιν ἐσμὲν τῆς σαρκός, ἀλλὰ τῇ μίξει τὴν ἑαυτῶν ἀφέντες
ἀσθένειαν εἰς τὸ ἐκείνης ἴδιον ἀναστοιχειούμεθα, τοῦτ' ἔστι τὴν ζωήν. Ἔδει
γάρ, ἔδει, μὴ μόνον διὰ τοῦ ἁγίου Πνεύματος εἰς [τῆς]ζωῆς καινότητα τὴν
ψυχὴν ἀνακτίζεσθαι, ἀλλὰ γὰρ καὶ τὸ παχὺ τοῦτο καὶ γεῶδες σῶμα διὰ παχυ-
τέρας καὶ συγγενοῦς ἁγιάζεσθαι μεταλήψεως καὶ καλεῖσθαι πρὸς ἀφθαρσίαν (Migne, P.G. Bd. 73, S. 577 D—580 A).

All dies sei nicht unerhört. Einst hätten in Ägypten die Juden
vor der im Lande alle Erstgeburt erwürgenden Hand Gottes sich
gerettet, indem sie an die Türpfosten das Blut des geschlachteten
Lammes strichen und dessen Fleisch, ohne ihm einen Knochen zu
brechen, verzehrten. So auch bleiben die Genießer des neuen
Lammes, Christi, vor dem Tode, der wegen des Stammvaters Sünde
gegen das ganze Menschengeschlecht wütet, verschont und erlangen
ewiges Leben (a. a. O. Bd. 73, S. 580 BC). Aber n u r s i e. „Denn
unteilhaftig und völlig ausgeschlossen von dem Leben in der Erhöhung und Seligkeit bleiben umgekehrt alle, die nicht in der
mystischen Eucharistie den Gottessohn aufnehmen": 'Ἀμέτοχοι γὰρ
παντελῶς καὶ ἄγευστοι μένουσιν τῆς ἐν ἁγιασμῷ καὶ μακαριότητι
ζωῆς, οἱ διὰ τῆς μυστικῆς εὐλογίας οὐ παραδεξάμενοι τὸν Υἱόν
(a. a. O. Bd. 73, S. 577 B).

All dies ergab sich Kyrill ja ganz folgerecht aus seiner materialistisch-mystischen Überspannung der Abendmahlswirkung. Aber
— dies läßt sich nicht verkennen — er hat damit eine Anschauung
begründet, die in den Kreisen halbgebildeter Kleriker und in denen
der Laien, ja überhaupt in der kirchlichen Praxis und in dem religiösen Bewußtsein des Volkes notwendig das Abendmahl einfach zu
einem besonderen Z a u b e r m i t t e l machen mußte, durch welches
erst bewirkt wurde, was die allgemeine Taufe und der allgemeine
Glaube an die Macht der Erlösung durch Christus noch nicht hatte
geben können: Unsterblichkeit. Das Gefäß, aus welchem man Brot
und Wein, d. h. die mystische, u n s t e r b l i c h m a c h e n d e Speise
genießt, wird dadurch zu einem magischen Wunschgefäß. Während

nämlich der zelebrierende Priester und die kommunizierenden Kleriker Wein und Brot getrennt genießen (abgesehen von der im Kelch aufgelösten Hostienpartikel und den hineingeschütteten Brotresten), empfangen die Laien das Brot und den Wein gleichzeitig im Kelch zusammengemischt mittels eines Löffels (siehe oben S. 149). Für sie ist also der Kelch das Gefäß, welches sowohl den mystischen Leib als das mystische Blut enthält.

Es brauchte der Zusammenhang mit den dogmatischen Gedanken nur noch soweit gelockert zu werden, als die Fassungskraft des Volkes das unwillkürlich tat, und es entstand ein reines Märchending: ein überirdisches herrliches Gefäß, das zu bestimmten Zeiten, in feierlichen Zeremonien sich zeigt und allen, die daraus speisen, e w i g e s L e b e n gibt. Das ist aber nichts anderes als der G r a l der mittelalterlichen Sage.

Ernsthaft erörterte man die p h y s i s c h e Beschaffenheit dieser Zauberspeise, dieses Unsterblichkeit erzeugenden Mahls, ob es den gewöhnlichen Naturgesetzen unterworfen sei und bei längerer Aufbewahrung verfaule oder nicht.

K y r i l l dekretierte siegesgewiß: „Ich höre zwar, daß Einige sagen, die mystische Eulogie (Konsekration der Eucharistie) bewirke keine Heiligung, d. h. keine Umwandlung der Materie der Opfergaben in die göttliche Natur, wenn ein Überrest davon einen Tag lang aufbewahrt bleibt. Aber sie rasen, die das behaupten: denn weder wird Christus ein anderer noch verändert sich sein heiliger Leib, vielmehr besteht die Wirkung der Eulogie und die lebendig machende Gnade in ihm dauernd fort":

Ἀκούω δὲ ὅτι εἰς ἁγιασμὸν ἀπρακτεῖν φασιν τὴν μυστικὴν εὐλογίαν, εἰ ἀπομένοι λείψανον αὐτῆς εἰς ἑτέραν ἡμέραν. Μαίνονται δὲ ταῦτα λέγοντες· οὐ γὰρ ἀλλοιοῦται Χριστὸς οὐδὲ τὸ ἅγιον αὐτοῦ σῶμα μεταβληθήσεται, ἀλλ' ἡ τῆς εὐλογίας δύναμις καὶ ἡ ζωοποιὸς χάρις διηνεκής ἐστιν ἐν αὐτῷ (Adversus Anthropomorphitas, Prologus; Migne, P.G. Bd. 76, S. 1073 f.).

III. Anastasius vom Sinai.

An der Wende des siebenten Jahrhunderts stellte A n a s t a s i u s v o m S i n a i, um das Problem zu entscheiden, die Alternative auf: ein von der Kommunion in einem G e f ä ß a u f g e h o b e n e r Rest der konsekrierten eucharistischen Speise wird ent-

weder innerhalb weniger Tage sich verändern und verderben oder
unverändert bleiben; im ersten Falle ergebe sich, daß diejenigen
Recht haben, die mit ihm glauben und lehren, das eucharistische
Mahl sei, bevor es genossen werde und sich im Innern der Kommunikanten erhöhe, noch nicht von göttlicher Unvergänglichkeit und
Unsterblichkeit wirkender Kraft, mit andern Worten: es sei noch
der vergängliche, sterbliche Leib Christi vor der Auferstehung, der
geopfert, getötet, verwundet, z e r t e i l t und g e g e s s e n werde,
da ja eine unsterbliche Natur weder v e r s t ü m m e l t noch a n
d e r S e i t e und an den Händen verwundet, noch in Stücke zerlegt [4]), noch getötet, noch gegessen, noch überhaupt gehalten oder
angefaßt werden kann; im andern Falle dagegen folge, daß die
häretischen Gegner, die Aphthartodoketen, Recht haben, welche
glauben und lehren, Christus habe schon seit seiner Menschwerdung eine göttliche, unsterbliche Natur besessen und darum sei auch
die in seinen Leib verwandelte eucharistische Speise sofort nach
der Konsekration an und für sich unvergänglich, unveränderlich,
unsterblich machend:

Καὶ ἀποτιθοῦμεν ἐν πάσῃ τιμῇ τὸ τοιοῦτο ἅγιον σῶμα Χριστοῦ καὶ αἷμα
εἰς σκεῦος ἐνδόξως, καὶ ἐντὸς ὀλίγων ἡμερῶν ἐὰν μὴ φθαρῇ ἢ τραπῇ ἢ ἀλλοιωθῇ, πρόδηλον, ὅτι καλῶς κηρύττετε τὸν Χριστόν, κατὰ πάντα τρόπον ὄντα
ἐξ α ὐ τ ῆ ς ἄκρας ἐ ν ώ σ ε ω ς ἐν ἀ φ θ α ρ σ ί α. Εἰ δὲ φθαρῇ ἢ ἀλλοιωθῇ, ἀνάγκη
πᾶσα ἡμᾶς ἓν ἐκ τῶν ὁποτέρων εἰπεῖν · ἢ . . . [daß ihr überhaupt nicht den
wahren Leib Christi in eurer Kommunion empfanget] ἢ ὅτι φθαρτόν ἐστι
τὸ σῶμα Χριστοῦ π ρ ὸ τ ῆ ς ἀναστάσεως, ὡς θυόμενον καὶ νεκρούμενον καὶ
τιτρωσκόμενον καὶ μελιζόμενον καὶ ἐσθιόμενον. Ἄφθαρτος γὰρ φύσις οὔτε
τέμνεται οὔτε τιτρώσκεται π λ ε υ ρ ὰ ν καὶ χεῖρας οὔτε μελίζεται οὔτε νεκροῦται
οὔτε ἐσθίεται οὔτε ὅλως κρατεῖται ἢ ψηλαφᾶται (Viae dux Kap. 23; Migne,
P.G. Bd. 89, S. 297 C).

Der Verstand und die Phantasie eines in diesen Irrgängen christologischer Spekulation nicht bewanderten, einfachen und natürlichen Menschen konnte daraus wohl nur den Eindruck gewinnen:
es gibt eine unter gewissen Umständen wirksame magische Speise,

---

4) Die orthodoxe Lehre nahm mit Gregor von Nyssa (Oratio catache-
tica Kap. 37; Migne, P.G. Bd. 45, S. 93 D) an, daß, wenn auch der eucharistische Leib Christi gebrochen und verteilt wird, dennoch in j e d e r
e i n z e l n e n empfangenen Partikel der g a n z e Christus u n g e t e i l t
empfangen werde. Ebenso Eutychios (siehe Lequien bei Migne, P.G.
Bd. 95, S. 401/402).

die unsterblich macht, die man in einem besonders gestalteten Gefäß,
das halb Kelch halb Schale ist, empfängt, und wenn seine Berater
aphthartodoketische Überzeugungen hatten oder die Auffassung
Kyrills teilten, entnahm er wohl noch, daß diese magische Speise
auch ehrfürchtig aufbewahrt in dem dazu bestimmten heiligen Gefäß diese Kraft behalte.

IV. Johannes Damascenus.

Was anders auch, als daß in der Eucharistie eine materielle
Zauberspeise genossen und verdaut werde, konnte in ungeschulten
Geistern der Niederschlag von Anschauungen und dialektischen
Künsten sein, wie sie J o h a n n v o n D a m a s k u s, der große
Zusammenfasser, Ordner und Münzpräger des griechischen Dogmas, gegen die Mitte des achten Jahrhunderts vortrug [5]). Schöpfung
und Menschwerdung bemüht er sich nach dem Vorgang des Kyrill
von Jerusalem und des Chrysostomos als die analogen Ereignisse
dem eucharistischen Wunder zur Erklärung an die Seite zu stellen.
Der Leib und das Blut Christi, und zwar des „von der Jungfrau
geborenen", entstehen ihm durch die Konsekration aus dem Brot
und Wein der Prothesis [6]) auf die gleiche Weise, wie in der glühenden Kohle des Isaia (Isa. 6, 6) [7]) Feuer mit Holz sich einigt oder wie
im natürlichen Verdauungs- und Ernährungsprozeß durch Essen
und Trinken der Leib des Essenden entsteht aus dem genossenen
Brot und Wein. Nicht Typus des Leibes und Blutes Christi ist für
ihn das Brot und der Wein des Abendmahls nach der Konsekration,
sondern der v e r g o t t e t e Leib des Herrn: der Logos selbst schafft
sich hier durch den auf die liturgische Epiklese herabkommenden

---

5) De fide orthodoxa lib. IV, Kap. 13 (Migne, P.G. Bd. 94. S. 1136 ff.);
dazu lib. III, Kap. 28 über die φθορά und διαφθορά der menschlichen Natur
Christi vor der Auferstehung; lib. IV, Kap. 1 über die körperliche Wiederkunft Christi in der von Luk. 24, 43 berichteten Erscheinung (Migne, a. a. O.
S. 1098 f. 1101 f.).

6) Οὕτως ὁ τῆς προθέσεως [d. h. das auf dem Rüsttisch bereitete] ἄρτος,
οἶνός τε καὶ ὕδωρ διὰ τῆς ἐπικλήσεως καὶ ἐπιφοιτήσεως τοῦ ἁγίου Πνεύματος
ὑπερφυῶς μεταποιοῦνται εἰς τὸ σῶμα τοῦ Χριστοῦ καὶ τὸ αἷμα καὶ οὐκ εἰσὶ δύο,
ἀλλ' ἕν καὶ τὸ αὐτό (Migne, a. a. O. Bd. 94, S. 1145 A).

7) Vgl. (oben S. 88) die Äußerung des Chrysostomos.

heiligen Geist aus Brot und dem mit Wasser gemischten Wein
seinen mystischen Leib und sein mystisches Blut. Die eucharistische
Speise geht zwar in unsere geistige und l e i b l i c h e Konstitution
über, aber so, daß sie weder aufgezehrt wird noch verdirbt noch in
die Kloake fällt, sondern sie wandelt sich in unsere Substanz (οὐσία)
und entfaltet läuternde Kräfte. Im mystischen Lichte anbetungs-
würdiger Geheimnisse erschienen Johannes das Kreuz, die Kreuznägel, die heilige Lanze, die Gewänder Christi, die Krippe, die
Höhle zu Bethlehem, Golgotha, das Grab: ihnen allen will er frommen Kultus und Adoration geweiht wissen: Αὐτὸ μὲν οὖν τὸ τίμιον
ξύλον . . . ὡς ἁγιασθὲν . . . προσκυνητέον, τοὺς ἥλους, τὴν λόγχην,
τὰ ἐνδύματα καὶ τὰ ἱερὰ αὐτοῦ σκηνώματα· ἅ τινά εἰσιν ἡ φάτνη,
τὸ σπήλαιον, ὁ Γοργοθᾶς, ὁ σωτήριος, ὁ Ζωοποιὸς τάφος, ἡ Σιὼν
τῶν ἐκκλησιῶν ἀκρόπολις (de fide orth. lib. IV, Kap. 11; Migne,
P.G. Bd. 94, S. 1129f.).

Der Damaskener lehrte, daß in der Konsekration zwar der
historische, von der Jungfrau geborene Leib des Gekreuzigten entstehe, aber er nannte diesen Leib doch zugleich den v e r g o t t e -
t e n. Neben diesem Glauben hat jene mystagogische Interpretation
der einzelnen liturgischen Akte der Messe keinen Platz, die Isidor
von Pelusium vertreten hatte (siehe oben S. 153 ff.). Ihr zur Folge
sind noch n a c h der Konsekration die Elemente Brot und Wein
der leidensfähige, sterbliche, vergängliche Leib Christi, der, wie
er einst in der historischen Wirklichkeit erst nach der Grablegung
durch die Auferstehung überging in den leidensunfähigen, unsterblichen, unvergänglichen Leib, so auch bei der eucharistischen Mimese
erst im entsprechenden liturgischen Augenblick, in der allegorischen
Grablegung zwischen den Zähnen und sonstigen Organen der Kommunikanten, die Qualitäten der göttlichen ἀφθαρσία und ἀθανασία
und der unsterblich machenden, Leben schaffenden Wirkung erlangt.

Aller Spitzfindigkeiten der christologischen Dialektik entkleidet,
war die Frage, wie sie das V o l k allein verstehen konnte, lediglich
die: ist die im liturgischen Akt verteilte Speise schon an sich ein
göttlich-übernatürliches Zaubermittel, das zu jeder Zeit und in
jeder Form genossen Unsterblichkeit erzeugt? Oder bekommt sie
ihre wunderbaren, überirdischen Eigenschaften erst durch den
r i t u e l l e n Genuß, wirkt sie Unsterblichkeit nur, wenn man sie

in dem b e s t i m m t e n Augenblick, im Zusammenhang einer
v o r g e s c h r i e b e n e n Reihe von Zeremonien unter festgesetzten
Bedingungen verzehrt? Das Zweite schienen nach laienhafter Fassungskraft Isidor von Pelusium und seine Anhänger, das Erste der
Damaskener und seine Geistesgenossen zu lehren.

Ohne Frage war die zweite Meinung, die des Isidor von Pelusium, namentlich wenn man den Begriff der Unsterblichkeit auch
auf den Körper ausdehnt, bei weitem geheimnisvoller und mirakel-
hafter. Sie bewahrte zugleich unter allen Umständen auch für die
volkstümliche Anschauungsweise den notwendigen Zusammenhang
mit dem mysterienhaften Kultusakt. Sie schuf eine unwiderstehlich
anziehende organisierte Magie kirchlicher Telestik. Sie entsprach
aber vor allem dem m y s t a g o g i s c h e n Drang, die einzelnen
Handlungen des eucharistischen Offiziums zu genauen Imitationen
der geschichtlichen Ereignisse des Lebens und Sterbens Christi zu
machen und die Liturgie in plastische Szenen eines allegorischen
Dramas zu verwandeln.

Der Zug zur D r a m a t i s i e r u n g der Liturgie wurzelte in
der griechischen Kirche, man möchte sagen, nach einem Gesetz natio-
naler Entwicklung. Aus dem dionysischen Kultus war einst das
althellenische Drama entsprungen. In das Drama mündete auch
der christliche Kultus der byzantinischen Kirche. Allerdings zunächst nur in das allegorische Drama. Aber dieses barg die Keime
zum wirklichen Drama. Den Impulsen folgend, die das Vorbild
der griechischen Meßliturgie gab, hat man im Abendland seit dem
zehnten Jahrhundert die liturgischen Gesänge dramatisch-rollen-
mäßig an verschiedene Chöre und Personen verteilt und auf diesem Wege weiterschreitend die Oster- und Passionsspiele geschaffen.

Die Geschichte dieser jüngeren mystagogischen Literatur liegt
noch im Dunkeln. Die zugehörigen Schriften sind vielfach unter
falschen Namen überliefert, auch interpoliert und überarbeitet.
Mehrere stehen in unmittelbarem Abhängigkeitsverhältnis zueinander, ohne daß dieses schon in jedem Fall ermittelt wäre. Es ist
nicht meine Absicht, selbst in eine Untersuchung dieser verwickelten
kritischen Fragen mich einzulassen. Nur einen ungefähren Überblick vermag ich zu geben, in dem ich möglichst den ä l t e s t e n
Kern dieser Allegoresen hervorzuheben trachte.

V. Maximos Confessor.

Eine unmittelbare Frucht des Studiums der pseudo-areopagi-
tischen Schriften war die Mystagogie (Μυστικὴ θεωρία) des M a x i -
m o s   C o n f e s s o r (580—662), die ihrerseits wieder zur Quelle
späterer byzantinischer Liturgiker und Mystiker wurde [9]). Diese
symbolische Auslegung der liturgischen Riten wurde in den Jahren 867—869 auszugsweise von dem päpstlichen Bibliothekar Anastasius bei seinem Aufenthalt in Konstantinopel für König Karl
den Kahlen ins Lateinische übersetzt und ihm überreicht. Sie ist in
zwei alten Handschriften erhalten, die noch aus dem neunten
Jahrhundert stammen; die eine in Cambrai, die andere in Paris [10]).
Für die Einwirkung der mystagogischen Schrift des Maximos Confessor auf die Gedankenwelt des Abendlandes ist natürlich diese
Übersetzung von großer Bedeutung. Ich gebe im Nachstehenden
daraus diejenigen Stellen wieder, die zeigen, wie stark die symbolische Ausdeutung des Abendmahlsritus sich auswächst zu einer
förmlichen Dramatisierung des dem Meßopfer zu Grunde liegenden
Vorgangs des letzten Mahles Christi mit den Jüngern und seiner
Kreuzigung:

„Wein und Wasser sind aber das Blut und das Wasser, die aus
seiner Seite hervorströmten, wie der Prophet sagt: *panis ei dabitur
et aqua eius fidelis* (vgl. Isa. 33, 16). An Stelle der Lanze nämlich, die
Christus am Kreuz durchbohrte, gilt diese Lanze [des Priesters].
Wenn daher der Priester von dem Diakon oder Subdiakon auf dem
Diskus (= Patene) die Oblate empfängt, so nimmt er die Lanze
und reinigt sie; darauf ritzt er auf sie das Zeichen des Kreuzes
und sagt: *tanquam ovis ad occisionem ductus est et sicut agnus
coram tondente se sine voce* (vgl. Isa. 53, 7). Nachdem diese Worte
gesprochen sind und die Oblate wieder auf den heiligen Diskus
gelegt ist, streckt der Priester den Finger über sie aus und weist
auf sie hin, indem er sagt: *sic non aperuit os suum, in humilitate
ipsius iudicium eius sublatum est, generationem autem eius quis
enarrabit? quia tolletur a terra vita eius* (vgl. Isa. 53, 7—8). Nach
diesen Worten ergreift er den heiligen Kelch, der Diakon gießt Wein

---

9) Vgl. Krumbacher, Byzant. Literatur, S. 61 ff.

10) Hrsg. von S. Pétridès, Revue de l'Orient chrétien. Vol. 10 (1905),
S. 289—313. 350—364.

und Wasser hinein und abermals spricht der Priester: *exivit de
latere Jesu sanguis et aqua; et qui vidit testimonium perhibuit et
verum est testimonium eius* (Joh. 19, 34—35). Darauf, nachdem
dies geschehen, legt er den heiligen Kelch auf den göttlichen Tisch,
zeigt mit dem Finger auf das geschlachtete Lamm hinweisend, das
durch das Brot, und auf das vergossene Blut, das durch den Wein
dargestellt ist, und sagt wiederum: *tres sunt, qui testimonium dant,
spiritus, aqua et sanguis, et tres unum sunt* (1. Joh. 5, 8), *nunc et
semper et in saecula saeculorum.*"

*Vinum vero et aqua sunt sanguis et aqua, quae de latere ipsius
egressa sunt, sicut propheta dicit: 'panis ei dabitur et aqua eius fidelis.'
Pro lancea enim, quae pupugit Christum in cruce, est etiam haec lancea.
Quo circa suscipiens sacerdos in disco a diacono vel subdiacono oblationem
sumensque lanceam et purgans eam deindeque in speciem crucis designans
eam dicit: 'tanquam ovis ad occisionem ductus est et sicut agnus coram
tondente se sine voce.' Quo dicto positaque iam oblatione in disco sancto,
digito extenso super eam, hanc demonstrans affatur: 'sic non aperuit os
suum, in humilitate ipsius iudicium eius sublatum est, generationem autem
eius quis enarrabit? quia tolletur a terra vita eius.' Et ideo postquam
hoc dicit, accepto sancto calice, fundente in eum diacono vinum et aquam,
iterum dicit sacerdos: 'exivit de latere Jesu sanguis et aqua, et qui vidit
testimonium perhibuit et verum est testimonium eius.' Deinde post hoc,
posito sancto calice in divina mensa, digito ostendit intendens in occisum
agnum per panem et in effusum sanguinem per vinum, iterum dicens,
quia 'tres sunt, qui testimonium dant, spiritus, aqua et sanguis, et tres
unum sunt', nunc et semper et in saecula saeculorum* (Kap. XXXI;
Pétridès, a. a. O. S. 352).*

Man sieht: es weht hier durchaus der Geist jener J o h a n -
n e i s c h e n M y s t i k g n o s t i s c h e r Abkunft, den ich oben im
ersten Kapitel erläutert habe. Das Wunder des Lanzenstichs ist die
Quelle der beiden Sakramente Taufe und Abendmahl, wie es auch
Augustin gelehrt hatte (siehe oben Kap. 7, S. 94 ff.), zugleich aber
bilden die beiden Elemente dieser Sakramente mit dem göttlichen
Geist eine h e i l i g e D r e i e i n i g k e i t. Robert von Borron steigert diesen Gedanken, indem er das Gralmysterium ableitet aus
dem Geheimnis der göttlichen Trinität (siehe unten Kap. 27).

„Dies geschieht aber — so fährt Maximos Confessor fort —
zur Nachahmung der Grablegung Christi, weil Joseph [von
Arimathia] den Körper vom Kreuz herabnahm, ihn in das Leichentuch wickelte und mit Würze und Salben bestrichen zusammen mit

Nikodemus forttrug und ihn in dem neuen Grabmal beisetzte, welches er aus dem Felsen gehauen hatte, weil [nämlich] ein Abbild
jenes heiligen Grabmals der Altar und die Patene ist, auf die der
heilige und unbefleckte Körper auf dem heiligen Tisch gelegt wird."

*Est autem et secundum imitationem sepulturae Christi, quia Joseph
deponens corpus de cruce involvit in sindone et aromatibus et unguentis
inunctum portavit cum Nicodemo et sepelivit illud in monumento novo,
quod exciderat in petra, quod est exemplar illius sancti monumenti altare
et repositorium, in quo positum est sanctum et intemeratum corpus in
sancta mensa* (a. a. O. S. 359).

In der Handschrift von Cambrai findet sich am Rande noch folgender
Zusatz: „Weil die Priester und Diakonen den heiligen Diskus und den
heiligen Kelch, die Brot und Wein enthalten, verdeckt tragen, stellen sie
Joseph und Nikodemus dar, tragen den toten Christus und treten ein,
als ob sie ihn auf dem heiligen Altar als dem Grabmal bestatten wollen,
in einer Prozession mit Weihrauch, dessen Wohlgeruch den Duft des
heiligen Geistes wiedergibt": *Quia sacerdotes et diaconi portantes sanctum
discum et sacrum calicem habentem panem et vinum operta, significant
se esse Joseph et Nicodimum [!] et ferentes occisum Christum ingrediuntur
quasi sepulturi eum in sancta mensa, id est in sepulcro, processionem
facientes per thymiama boni odoris sancti spiritus vaporem dantis* (a. a. O.
S. 359 Anm.).

Im Text heißt es dann weiter: „Die Bedeckung des Diskus vertritt das Schweißtuch, das über Kopf und Gesicht [Christi] ausgebreitet war, und ihn wie im Grabe bedeckt. Der Diskus tritt an
Stelle der Hände des Joseph und Nikodemus, die Christus begruben. Ebenso stellt der Diskus die Stätte dar, wohin Christus getragen wurde. ..."

„Der Kelch entspricht dem kleinen Gefäß, in dem mit heiliger
Sorgfalt aufgehoben wurde, was aus der blutenden und unverletzbaren Seite und den Händen und Füßen Christi hervorströmte.
Der Kelch entspricht zweitens dem Mischkrug, in dem nach der
Schrift (Prov. 9, 1—5) die Weisheit, d. h. der Sohn Gottes, sein Blut
an Stelle des Weins mischte. Dort fügte er bei seinem heiligen Mahl
noch hinzu, indem er zu allen sagte: *bibite sanguinem meum pro
vino mixtum vobis in remissionem peccatorum et vitam aeternam*
(vgl. Matth. 26, 27—28). Das Velum oder der Aër ist der Stein,
mit dem Joseph das Grab verschloß, das die Wache des Pilatus
versiegelte" (vgl. Matth. 27, 60. 66).

*Disci cooperimentum est pro sudario, quod erat super caput et faciem,
cooperiens eum tanquam in sepulcro. Discus est pro manibus Joseph et
Nicodemi, qui Christum sepelierunt. Item discus interpretatur, ubi portatur
Christus. ...*

    *Calix est pro vasculo, quod suscepit sanctae diligentiae susceptionem,
quae de cruentato et intemerando latere manibusque ac pedibus Christi
effluxit. Calix iterum est secundum craterem ubi, secundum quod scriptum est, sapientia, id est filius Dei, miscuit sanguinem suum pro vino. Illic
etiam addidit in sancta mensa sua omnibus dicens: 'bibite sanguinem
meum pro vino mixtum vobis in remissionem peccatorum et vitam
aeternam.' Velum sive aer est et dicitur pro lapide, quo Joseph munivit
sepulcrum, quod et signavit Pilati custodia* (Kap. LI—LIV; a. a. O. S. 359).

VI. Pseudo-Germanos.

Vor dem Jahre 992 entstanden ist die dem G e r m a n o s , der
von 715 bis zu seinem Tode (733) auf dem Patriarchatsstuhl von
Konstantinopel saß, beigelegte Erklärung der Liturgie [11]). Es ist
ein wüster Allegorismus, der hier das Wort führt: die Kirche, die
Taufe, die kirchlichen Geräte, die Priester und ihre Attribute sowie
ihre Bekleidungsstücke, die liturgischen Handlungen selbst werden (teilweise in der abstrusesten Art, die uns nahezu verrückt,
ihrer Zeit, wenn auch nicht unangefochten, höchst geistreich schien)
gedeutet als symbolisch-mystische Bilder und Zeichen von Dingen
und Ereignissen des Lebens Christi, nächstdem der heiligen biblischen Geschichte. Die Anordnung des Ganzen, verworren und
widerspruchsvoll, auch reich an Wiederholungen, verrät, daß hier
kein einheitliches und kein ursprüngliches Werk vorliegen kann.

Die Apsis ist das Abbild der Höhle in Bethlehem, wo Christus
geboren wurde, zugleich aber auch der Grabeshöhle, in der er
bestattet wurde. Der Altar vertritt, da auf ihm das wahre, himmlische Brot im mystischen und unblutigen Opfer niedergelegt ist,
die Stelle der Grablegung des Leibes Christi, der, nachdem er
(vorher auf der Prothesis) geschlachtet ist, sein Fleisch und sein
Blut als Speise und Trank des e w i g e n L e b e n s den Gläubigen
vorgesetzt hat. Der Altar stellt aber zugleich auch jenen Tisch dar,

---

11) Migne, P.G. Bd. 98, S. 383 ff.; Steitz, Abendmahlslehre. Bd. 11
(1866), S. 246 ff. behandelt sie als echt; vgl. dagegen Krumbacher, Byzant.
Literatur, § 14, S. 67, Anm. 1 (auf Grund einer mir nicht zugänglichen
russischen Arbeit).

an dem Christus mit seinen Jüngern das Abendmahl nahm und
der präfiguriert war durch den alttestamentlichen Tisch des Manna,
welches nichts anderes ist als Christus, der vom Himmel herab-
stieg:

Ἡ κόγχη ἐστὶ κατὰ τὸ ἐν Βηθλεὲμ σπήλαιον, ὅπου ἐγεννήθη ὁ Χριστός·
καὶ κατὰ τὸ σπήλαιον ὅπου ἐτάφη. . . . Ἡ ἁγία τράπεζά ἐστιν ἀντὶ τοῦ τόπου
τῆς ταφῆς, ἐν ᾗ ἐτέθη ὁ Χριστός, ἐν ᾗ πρόκειται ὁ ἀληθινὸς καὶ οὐράνιος
ἄρτος, ἡ μυστικὴ καὶ ἀναίμακτος θυσία, ζωοθυτούμενος τὴν σάρκα αὐτοῦ καὶ
τὸ αἷμα, εἰς βρῶσιν καὶ πόσιν ζωῆς αἰωνίου, προέθηκε τοῖς πιστοῖς· . . .
καθ᾽ ἣν τράπεζαν καὶ ἐν τῷ μυστικῷ αὐτοῦ δείπνῳ, μέσον τῶν ἀποστόλων
αὐτοῦ καθίσας . . . εἶπε usw. Προετυπώθη δὲ ἐν τῇ νομικῇ τραπέζῃ, ἔνθα ἦν
τὸ μάννα, ὅ ἐστι Χριστὸς ὁ ἐκ τοῦ οὐρανοῦ καταβάς (Rerum ecclesiasticarum contemplatio; Migne, P.G. Bd. 98, S. 388 CD).

Das *Ciborium*, d. h. das vom Baldachin des Altars herabhän-
gende, die konsekrierte Hostie enthaltende Speisegefäß, das oft
im Innern einer aus Metall getriebenen Taube sich befand, ist
gleichfalls ein Bild der Kreuzigungs- und Grabesstätte Christi:
Τὸ κιβώριόν ἐστιν ἔνθα ἐστὶν ἡ σταύρωσις, ἀντὶ τοῦ τόπου, ὅπου
ἐσταυρώθη ὁ Χριστός. ἐγγὺς γὰρ ὁ τόπος καὶ ὑπόβαθρος, ὅπου
ἐτάφη (a. a. O. Bd. 98, S. 389 A).

Und so geht das weiter: eine Allegorie drängt und stört die
andere. Die Altarstufen, das Schiff der Kirche, die Schranken, der
Ambon, die Genuflexion und ihre Unterlassung, die Tonsur, die
Amtstracht des Priesters und des Diakons — alles, alles wird mysta-
gogisch erklärt.

Wichtiger und, wie ich glaube, auch älterer Bestand sind die
Ausführungen über den Verlauf der liturgischen Handlung
der Messe.

Die Proskomide der Chrysostomosliturgie (siehe oben Kap. 9)
zeigt die Schädelstätte an, wo Christus gekreuzigt wurde und
wo der Schädel Adams gebettet war[12]). Sie erinnert aber auch an
die Opferstätte Abrahams, auf der er seinen Sohn Isaak dem
Herrn zu schlachten sich anschickte und dann den Widder als
Ersatz darbrachte. Für den Widder, den dieser Gott opferte, hat
Gott, die Leistung Abrahams überbietend, seinen Sohn nun wirklich geopfert: Christus ist geschlachtet worden gleich dem Passah-
Lamm, indem seine Seite von der Lanze durchbohrt wurde:

---

12) Vgl. über diese alte Sage unten Kap. 18.

168   Zehntes Kapitel:

Η προσκομιδὴ ἡ γενομένη ἐν τῷ σκευοφυλακίῳ ἐμφαίνει τὸν „Κρανίου‟ τόπον, ἐν ᾧ ἐσταυρώθη ὁ Χριστός· ἐν ᾧ λόγος κεῖσθαι τό κρανίον τοῦ προπάτορος Ἀδάμ. ... Προετυπώθη δὲ ὁ τοῦ Κρανίου τόπος οὗτος ἐν τῷ Ἀβραάμ, ὅτε .. τὸ θμσιαστήριον ἐκ λίθων ἐποίησε καὶ .. ἔθηκε τὸν υἱὸν αὐτοῦ καὶ ἀνήνεγκε κριὸν ἀντ' αὐτοῦ εἰς ὁλοκάρπωσιν. ... Καὶ [ὁ Χριστὸς] ἀντὶ κριοῦ ἐτύθη τὸ σῶμα αὐτοῦ .. ὡς ἀμνὸς σφαττόμενος τῇ λόγχῃ τὴν πλευρὰν αὐτοῦ (a. a. O. Bd. 98, S. 396 B-D).

Die Proskomide des Brotes bezeichnet den Leib des Herrn, der zu unserer, der Gläubigen, Rettung an das Kreuz geschlagen ist. Das Brot der Prothesis aber bezeichnet die Reinigung der Welt und den überquellenden Reichtum der Güte Gottes. Die liturgische Lanze vertritt die Lanze, welche die Seite des Herrn durchstieß. „Der Diskus ist die Bahre, auf welcher der Leichnam des Herrn von dem Priester und Diakonen, die Joseph [von Arimathia] und Nikodemus sind, zu Grabe getragen wird. Oder aber er vertritt die Hände von Joseph und Nikodemus. Der Wein aber bezeichnet das Blut, welches aus der Seite Christi rann, und ist auch jener mystische Wein, den er seinen Jüngern bei dem letzten Mahl reichte. Das Wasser aber bezeichnet das aus der Seite Christi geflossene und das warme Wasser (siehe oben S. 147 f.) die Glut des konsekrierenden heiligen Geistes ... Wein und Wasser vermischt (im Abendmahlskelch) sind das Blut und Wasser, das aus der Seite Christi zugleich hervorkam. Denn an der Stelle jener Lanze, welche in der Hand des Longinus Christus am Kreuze durchbohrt, ist diese liturgische Lanze":

Η δὲ προσκομιδὴ τοῦ ἄρτου πέφηνε τὸ σῶμα τοῦ Κυρίου, τὸ παγὲν διὰ τὴν σωτηρίαν ἡμῶν τῶν πιστῶν. Ὁ ἄρτος τῆς προθέσεως ὁ ἀποκαθιερούμενος, ἐμφαίνει τὴν κάθαρσιν τοῦ κόσμου καὶ τὸν ὑπερβάλλοντα πλοῦτον τῆς χρηστότητος τοῦ Θεοῦ. ... Ἡ δὲ λόγχη ἀντὶ τῆς κεντησάσης τὴν πλευρὰν τοῦ Κυρίου. Τὸ δὲ ἐν τῇ λόγχῃ ἀποκαθαίρεσθαι σημαίνει τὸ „ὡς πρόβατον ἐπὶ σφαγὴν‧ ἤχθη" καὶ τὰ ἑξῆς. Ὁ δὲ δίσκος ἡ κλίνη ἐστίν, ἐν ᾗ τό σῶμα τοῦ Κυρίου ὑπὸ‧ τοῦ ἱερέως καὶ τοῦ διακόνου κατασκευάζεται· οἵτινές εἰσιν Ἰωσὴφ καὶ Νικόδημος. Ὁ δὲ οἶνος πέφηνε τὸ αἷμα, τὸ ἐκ τῆς πλευρᾶς τοῦ Χριστοῦ‧ ῥεῦσαν. Ἔστι δὲ καὶ ὁ μυστικὸς οἶνος, ὃν ἔδωκε τοῖς μαθηταῖς ἐν τῷ δείπνῳ. Τὸ δὲ ὕδωρ πέφηνε τὸ ῥεῦσαν ἐκ τῆς πλευρᾶς αὐτοῦ τοῦ Χριστοῦ καὶ διὰ. τὴν θερμότητα δηλοῖ τὴν ζέσιν τοῦ ἁγίου Πνεύματος· τὴν δὲ λευκότητα τὴν ἀκίβδηλον πίστιν. Ὁ οἶνος ὁμοῦ καὶ ὕδωρ εἰσὶ τὸ ἐξελθὸν ἐκ τῆς πλευρᾶς αὐτοῦ αἷμα καὶ ὕδωρ, καθὼς ὁ προφήτης [Isa. 33,16] λέγει· „Ἄρτος αὐτῷ· δοθήσεται φαγεῖν καὶ ὕδωρ αὐτῷ ποτὸν πιστόν." Ἀντὶ γὰρ τῆς λόγχης τῆς κεντησάσης τὸν Χριστὸν ἐν τῷ σταυρῷ ὑπὸ Λογγίνου ἐστιν αὕτη ἡ λόγχη‧ (a. a. O. Bd. 98, S. 396 D f.; vgl. dazu auch S. 421 C: Ὁ δίσκος ἐστὶν ἀντὶ τῶν χειρῶν Ἰωσὴφ καὶ Νικοδήμου, τῶν κηδευσάντων τὸν Χριστόν. Die Widersprüche in der Allegorese [erst Diskus = Bahre, dann Diskus = Hände] erklären sich teils daraus, daß diese Schrift ein Kompendium der ganzen mystagogischen Liturgik sein will, teils mögen sie aus dem obenerwähnten textgeschichtlichen Verhältnis fließen).

Der heilige Altartisch ist die Nachbildung des Grabes, in welchem Joseph von Arimathia und Nikodemus den vom Kreuze abgenommenen, in reine Leinwand gewickelten, mit Würzgeruch und Salben gepflegten Leichnam Christi bestatteten, jenes neu aus dem Felsen gehauenen Monuments. Die Hülle, die über den Diskus gelegt wird, steht an Stelle des Schweißtuches, das Christi Gesicht bedeckte und dieses im Grabe ganz umschloß. Die große Decke, der Aër, dagegen vertritt jenen Stein, den Joseph vor das Grab wälzte, und den die Wächter des Pilatus versiegelten. Das Corporale oder Antimensium (τὸ εἰλετόν), das erst bei Beginn der *Missa fidelium* über den Altar gebreitet wird, bezeichnet das Gewand, in das man Christus bei der Abnahme vom Kreuz hüllte. Die obere Decke des Diskus das Grabtuch, das um den gebetteten Leichnam gewickelt wurde:

Ἔτι δὲ ἡ ἁγία τράπεζα κατὰ μίμησιν τοῦ ἐνταφιασμοῦ τοῦ Χριστοῦ, καθ' ἣν ὁ Ἰωσὴφ καθελὼν τὸ σῶμα ἀπὸ τοῦ σταυροῦ, ἐνείλησε σινδόνι καθαρᾷ καὶ ἀρώμασι καὶ μύροις αὐτὸ ἀλείψας, ἐβάστασε σὺν Νικοδήμῳ καὶ ἐκήδευσεν αὐτὸ ἐν μνημείῳ καινῷ λελατομημένῳ ἐκ πέτρας · ὅπερ ἐστὶν ἀντίτυπον τοῦ ἁγίου μνήματος ἐκείνου, τὸ θυσιαστήριον καὶ τὸ καταθέσιον δηλαδή, ἐν ᾧ ἐτέθη τὸ ἅγιον καὶ πανάχραντον σῶμα, ἡ ἁγία τράπεζα (a. a. O. Bd. 98, S. 420 C). Dazu auch: τὸ εἰλητὸν σημαίνει τὴν σινδόνα, ἐν ᾗ ἐνειλήθη τὸ σῶμα τοῦ Χριστοῦ, ἐκ τοῦ σταυροῦ καταβὰν καὶ ἐν μνήματι τεθέν. καὶ ἡ ἐπάνω κάλυψις τοῦ δίσκου ἐμφαίνει τὴν σινδόνα, ᾗ εἴλιξαν τὸ σῶμα τοῦ Κυρίου. Τὸ δὲ δισκοκάλυμμά ἐστιν ἀντὶ τοῦ σουδαρίου τοῦ ὄντος ἐπὶ τοῦ προσώπου περικαλύπτοντος αὐτὸ ἐν τῷ τάφῳ. Τὸ καταπέτασμα ἤτουν ὁ ἀήρ ἐστι καὶ λέγεται ἀντὶ τοῦ λίθου οὗ ἠσφαλίσατο τὸ μνημεῖον ὁ Ἰωσήφ, ὅπερ ἐσφράγισεν ἡ πλὰξ τῆς κουστωδίας (a. a. O. S. 400 C; der Schluß über die letzten beiden Tücher fast wörtlich noch einmal S. 424 BC).

Die Übertragung der präparierten Opferelemente von der Prothesis, dem Rüsttisch, zum Altar, die g r o ß e I n t r o i t u s p r o - z e s s i o n ist demnach die dramatische Darstellung des L e i c h e n - b e g ä n g n i s s e s und der G r a b l e g u n g Christi. Eine zweite Interpretation, die der Traktat anfügt, will darin vielmehr den Einzug Christi in Jerusalem erblicken und den Cherubhymnus als Triumphgesang beim Empfang des Königs. Aber mir scheint es

unzweifelhaft: diese zweite Reihe von Allegoresen[13]), die in der
Proskomide den ganzen Lebensverlauf Christi von der Verkündigung, der Geburt, dem Erscheinen des Sterns an erblicken will,
verwischt und zerstört den eigentlichen ursprünglichen Sinn dieses
dramatischen Vorspiels, den man nicht mehr verstand oder vielmehr nicht mehr verstehen wollte. Er kann kein anderer sein als
die drastische, sinnfällige Mimese des wirklichen Schlachtopfers,
das am Osterlamm, Christus, durch den Anstich mit dem Speer
vollzogen wird. Das beweist vor allem die unzweideutige Aktion
der heiligen Lanze. Später hat man an diesen krassen allegorischen
Szenen Anstoß genommen und die Symbolik spiritualisiert, un-
sicherer, schwebender gemacht. Aus diesem Bestreben heraus hat
man die liturgische Handlung selbst mit dem ganz unpassenden
Asteriskus belastet (siehe oben S. 135), und auf derselben Bahn
bewegen sich die gehäuften, entlegenen Deutungen, die der dem
Germanos zugeschriebene Traktat auftischt. Daß mit ihnen die
sinnliche Darstellung der leiblichen Opferung Christi nicht verein-
bar war, empfindet der Urheber oder Interpolator des jüngeren
Allegorienkreises sehr wohl. Er sagt, man nenne jenes eiserne Instrument, mit dem auf der Prothesis aus dem ganzen Brot ein Stück
herausgeschnitten werde, was nach ihm die Geburt aus dem g a n -
z e n, jungfräulichen Uterus der Maria abbildet, mit Unrecht „Lanze",
da ja die Zeit für diese, d. h. für die Tötung und den Anstich des
geopferten Christus, noch nicht da sei, nämlich im Verlauf der
dramatischen Imitation des geschichtlichen Entwicklungsganges
Christi:

Τὸ Κυριακὸν σῶμα ὡς ἔκ τινος κοιλίας καὶ σαρκὸς τοῦ παρθενικοῦ σώματος
(τοῦ ὅλου ἄρτου φημί, τῆς εὐλογίας καὶ τῆς προσφορᾶς) παρὰ τοῦ διακόνου,
ὡς ἡ μεγάλη 'Εκκλησία [die Hagia Sophia in Byzanz] παρέλαβε, θιατεμνεται
σιδήρῳ τινὶ ὅνπερ καὶ λ ό γ χ η ν λέγουσιν, εἰ καὶ μήπω ταύτης ἐστὶν ὁ καιρός
(a. a. O. Bd. 98, S. 397 D); dieselbe Reflexion auch in dem Kommentar des
Theodorus von Andida (Kap. 9; Migne, P.G. Bd. 140, S. 429 B).

---

13) Als Beispiele dieser sekundären Deutungen seien nur zwei genannt:
das Herausschneiden der mit IHC bezeichneten Partikel aus dem heiligen
Brot soll auch die Geburt Christi aus der jungfräulichen Mutter darstellen (a. a. O. Bd. 98, S. 397 C), der Diakon soll in der Prothesis beim
Zerlegen des Brotes den Engel imitieren, der durch das Ave der Jungfrau
die Empfängnis verkündigte (a. a. O. Bd. 98, S. 400 A).

Ganz der oben (S. 82) angeführten Betrachtung des Chrysostomos entspricht dem Sinne nach die Deutung des Kelchs. Aber
sie setzt bereits deutlich eine legendarische Überlieferung voraus,
die das Blut der Seite Christi in ein Gefäß sammeln läßt. „Der
Kelch vertritt die Stelle des G e f ä ß e s, welches das vergossene Blut
der durchbohrten göttlichen Seite und der Hände und Füße Christi
als heilige Salbe aufnahm. Der Kelch ist aber anderseits auch gleich
dem Mischkrug der *Sophia* oder des Sohnes Gottes, denn er mischte
sein Blut an Stelle jenes Weins und setzte es vor auf dem heiligen
Abendmahlstisch, indem er zu allen Jüngern sagte: 'Trinket mein
Blut an Stelle des für Euch gemischten Weins zur Vergebung der
Sünden und zum ewigen Leben' ":

Τό δὲ ποτήριόν ἐστιν ἀντὶ τοῦ σκεύους, ὃ ἐδέξατο τὸ ἐκβληθὲν αἷμα
τῆς κεντηθείσης ἀχράντου πλευρᾶς καὶ χειρῶν καὶ ποδῶν τοῦ Χριστοῦ ἀπομύ-
ρισμα. [An der ersten Stelle (siehe unten) folgt noch: Ὁ δὲ κρατήρ, τὸ ῥύ-
σιον ποτήριον ὅπερ δέδωκε τοῖς μαθηταῖς αὐτοῦ ἐν τῷ δείπνῳ.] Ποτήριον δὲ
πάλιν ἐστὶ κατὰ τὸν κρατῆρα, ὃν γράφει κυρίως ἡ Σοφία ἤτος ὁ Υἱὸς τοῦ Θεοῦ·
ἐκέρασε γὰρ τὸ αἷμα αὐτοῦ, ἀντὶ τοῦ οἴνου ἐκείνου, καὶ προέθηκεν ἐν τῇ ἁγίᾳ
τραπέζῃ, λέγων τοῖς πᾶσι· Πίετε τὸ αἷμά μου ἀντὶ οἴνου κεκερασμένου ὑμῖν
εἰς ἄφεσιν ἁμαρτιῶν καὶ εἰς ζωὴν αἰώνιον (a. a. O. Bd. 98, S. 421 D;
etwas abweichend auch schon vorher S. 400 B).

Eine jüngere Anschauung verrät sich hier in dem Zug, daß auch
das Blut der Wundmale an Händen und Füßen in den Kelch geflossen sei. Das stellt im Abendland wenigstens erst die Kunst des
hohen und des ausgehenden Mittelalters dar. Dagegen alt und
ursprünglich ist die Vorstellung, das Blut der mit dem Speere
geöffneten Seite habe der Kelch aufgefangen.

Schon Chrysostomos hatte phantasiert: der Wein, den wir mit
allen Schauern der Andacht und des Schreckens im Kelche der
Eucharistie trinken, ist aus der Seite des Gekreuzigten, welche die
Lanze durchstieß, geströmt: „Das Blut fließt im Kelch ..., das aus
der unbefleckten Seite entfernt ist" (siehe oben S. 87). „Dieser Trank
hier im Kelch ist dasselbe wie jenes Blut, das von der Seite rann"
(oben S. 90), „damit du, wenn du herantrittst zu dem schaudervollen Kelch der Eucharistie, so ihn ergreifst, als ob du aus des
Herrn Seite selbst tränkest" (oben S. 91). Das war subjektiver,
lyrischer Erguß. Wie nah lag es, seine Vorstellungen zu objekti-
vieren, in epischen Bericht eines wahren Geschehens umzusetzen!
Bei dem allmächtigen Drang der christlichen Dogmatik und der

christlichen Phantasie, das Gegenwärtige und Zukünftige in das Vergangene zu projizieren, das Geistige und Seelische in einem Historischen, Körperlichen zu präfigurieren, verstand es sich nahezu von selbst, daß man sich sagte: wir trinken aus dem K e l c h das Blut der göttlichen Speerwunde; ebenso hat auch Christus selbst in einem K e l c h den Jüngern sein Blut in der Gestalt des Weins zu trinken gegeben; mithin wird auch einmal, bei der Kreuzigung, das Blut der durchbohrten Seite in einem K e l c h gesammelt sein. Entstanden nun einmal Traditionen märchenhafter Art über den historischen Abendmahlskelch (wie ich sie oben in Kap. 8 besprochen habe), so war es unvermeidlich, daß sie auch den Akt des Blutergusses aus der Speerwunde in ihren Zusammenhang aufnahmen. Man fabelte in den Kreisen der Palästinawallfahrer von den Schicksalen des wahren Abendmahlskelches Christi, glaubte ihn hier oder dort zu finden, hoffte den verlorenen wieder zu gewinnen. Nur in ihm, das war eine unumgängliche Konsequenz für die im Ungeheuerlichsten immer noch folgerechte religiöse Volksphantasie, konnte, durfte das kostbare Blut, das die Lanze vergossen hatte, die Quelle der U n s t e r b l i c h k e i t, aufgefangen sein. Und die Verwendung des Kelches bei dem Lanzenstich ergab sich gewissermaßen ganz von selbst, wenn man nur den Begriff des Opfers, unter dem man je länger je mehr sich gewöhnte die Kreuzigung zu fassen, ernsthaft zu Ende dachte. Ist der Gekreuzigte das Passahlamm des neuen Bundes, ist der Speer des Kriegsknechts das Opfermesser, das dem sühnenden Blut dieses Lammes den Weg bahnt, so bedurfte die Phantasie auch der Opferschale, in der das Blut aufgefangen werden konnte, bedurfte ihrer um so unausweichlicher, als Christus selbst bei seinem letzten Mahl seinen Jüngern den Kelch mit Wein als Opferschale seines Bluts dargeboten hatte.

Diese Opferschale, welche die unsterblich machende Speise enthielt, ist der G r a l.

Die Augenblicke, wo diese Opferschale von der Hand des Priesters ergriffen und von dem herabgerufenen himmlischen Feuer des heiligen Geistes durchglüht wird, wo das Blut darin aufleuchtet, feiert unser Mystagoge mit überschwenglichen Worten. „Der Priester tritt heran zum Altar, er spricht mit den englischen Mächten, als ob er nicht mehr auf einem irdischen Platze, sondern schon am himmlischen Altare, vor dem Thron Gottes, stünde: so schaut er

das große und unaussprechbare und unergründliche Mysterium
Christi" (Migne, P.G. Bd. 98, S. 428 B). Wenn dann der Diakon
die P r ä f a t i o n anstimmt mit dem Ruf: „Laßt uns, wie es sich
geziemt, aufstehen und stehen in Furcht", dann gewahrt er gleichsam in seiner Vision die Auferstehung: er sieht den Engel in weißem Gewand den Stein vom Grabgewölbe heben und durch den
Mund des Diakons die Wiedererweckung des Herrn nach drei Tagen
verkünden: Πρόσεισι λευχειμονῶν ὁ ἄγγελος τὸν λίθον τοῦ τάφου
ἀποκυλίων τῇ χειρί · δεικνύων τῷ σχήματι, βοῶν τῇ φωνῇ ἐντρόμῳ ·
καὶ διὰ τοῦ διακόνου κηρύττων τὴν τριήμερον ἔγερσιν (a. a. O.
Bd. 98, S. 428 B). Die Augen emporhebend, erblickt der Priester,
indem er ruft: „die Herzen in die Höhe", das himmlische Jerusalem.
Dann schreitet er vertrauensvoll zum Thron Gottes und spricht
allein mit ihm: nicht durch die Wolke gleich Moses, sondern mit
unbedecktem Antlitz sieht er die Herrlichkeit Gottes, wird er
e i n g e w e i h t in die göttliche Gnosis und Pistis der Trinität,
redet er allein mit Gott über die Mysterien und verkündet in
Mysterien die seit Menschengeschlechtern und Äonen verborgenen
Mysterien:

... μεμύηται τὴν τῆς ἁγίας Τριάδος θεογνωσίαν καὶ πίστιν καὶ μόνος
μόνῳ προσλαλεῖ Θεῷ μυστήρια, μυστήρια ἀπαγγέλλων ἐν μυστηρίοις, τὰ κε-
ρυμμένα πρὸ τῶν αἰώνων καὶ ἀπὸ γενεῶν, νῦν δὲ φανερωθέντα (a. a. O. Bd.
98, S. 429 B).

Man sieht: dem Priester fällt hier ganz die Rolle zu des Hierur-
gen in den gnostischen Mysterien.

Nun umbraust ihn der Siegeshymnus, das Epinikion (siehe oben
S. 143 f.), der Cherubim und Seraphim, die singen, rufen, schreien
und sagen das Trishagion, und er fühlt den Flügelschlag der himmlischen Heerscharen, wenn die Diakone mit den Flabellen (siehe
oben S. 140) fächern: Τὰ δὲ ῥιπίδια καὶ οἱ διάκονοι ἐμφαίνουσι τὰ
ἐξαπτέρυγα Σεραφίμ, καὶ τὴν τῶν πολυομμάτων Χερουβὶμ ἐμφέρειαν
(a. a. O. Bd. 98, S. 432 D).

Jenes schon von Chrysostomos (siehe oben S. 88) auf das
Mysterium der Eucharistie bezogene Wort des Propheten Isaias
(Isa. 6, 6) aber von dem Seraph, der die glühende Kohle mit einer
Zange vom Altar nahm und in seiner Hand hielt, die alle, welche
sie empfangen oder an ihr teilnehmen, heiligt und reinigt, es be-
wahrheitet sich nun an dem Priester selbst, wenn er auf die eucharistischen Gaben zur Konsekration den heiligen Geist herabfleht

und sie dann in der Kommunion selbst genießt und an andere austeilt:

Τὸ δὲ „Ἀπεστάλη ἕν τῶν Σεραφὶμ καὶ εἶχεν ἄνθρακα ἐν τῇ χειρί, ὃν τῇ λαβίδι ἔλαβεν ἀπὸ τοῦ θυσιαστηρίου", σημαίνει τὸν ἱερέα τὸν κατέχοντα τὸν νοερὸν ἄνθρακα, Χριστόν, τῇ λαβίδι τῆς χειρός ἀυτοῦ ἐν τῷ ἁγίῳ θυσιαστηρίῳ καὶ ἁγιάζοντα καὶ καθαίροντα τοὺς προσδεχομένους καὶ μεταλαμβάνοντας (a. a. O. Bd. 98, S. 433 A).

Ich fasse das Ergebnis dieser Auszüge zusammen:

Die Mystagogie des Pseudo-Germanos spricht in wörtlichem Anschluß an den Text der sogenannten Chrysostomos-Liturgie es aus, daß die Lanze der Proskomide dramatisch den historischen Speerstich wiederholt. Sie nennt dabei geradezu den Namen des Kriegsknechts: Longinus. Sie statuiert[14]) ganz bestimmt die Identität des Weins und Wassers im Kelch mit dem Blut und Wasser der von der Lanze durchbohrten Seite des Gekreuzigten. Sie erhebt die in den Worten der Liturgie (siehe oben S. 144 f.) gegebene Beziehung der großen Introituspompa auf die Grablegung durch Joseph von Arimathia aus der Sphäre allegorischer Mimese in die Sphäre wirklicher, dramatischer Inszenierung: der Priester und der Diakon bezeichnen nicht bloß, sie „sind" wirklich Joseph und Nikodemus: der Schritt von der liturgischen Allegorie zur dramatischen Rolle ist damit vollzogen. Die Mystagogie des Pseudo-Germanos lehrt, daß der Kelch die Opferschale darstellt, in welche das Blut Christi, das der Speer vergoß, gesammelt wurde. Sie scheint vorauszusetzen, daß jene Opferschale auch bei dem letzten Abendmahl des Herrn gebraucht wurde. Sie nimmt an, daß der zelebrierende Priester bei dem eucharistischen Akt von Engeln sich umringt und unterstützt sieht, daß er selbst, wenn er nach der Wandlung den Kelch ergreift, in dem das göttliche Blut aufleuchtet, wenn er die Hostie eleviert, jenen Seraph vergegenwärtigt, der die glühende Kohle vom göttlichen Altar nahm. Sie befördert damit die Vorstellung, daß an der Herrichtung jener magischen Speise der Unsterblichkeit nicht der heilige Geist allein, sondern ganz besonders die Engel beteiligt, ja daß sie wohl gar die Besitzer und Spender jener Speise sind die so unendlich oft nach dem biblischen Gleichnis als Engelsbrot und als vom Himmel herabgestiegene Speise bezeichnet wird.

---

14) Auch gelegentlich der zweiten *Commixtio*, die heißes Wasser anwendet: a. a. O. Bd. 98, S. 449B (vgl. oben S. 147 f.).

Alle wesentlichen Elemente der Gralsage des zwölften Jahrhunderts finden wir also hier beisammen: in diesem griechischen Buch, das spätestens im zehnten Jahrhundert entstanden ist.

In das Ende des elften oder den Anfang des zwölften Jahrhunderts gehört ein anderer mystagogischer Kommentar, der unter dem Namen des Bischofs T h e o d o r o s v o n A n d i d a in Kappadozien überliefert ist. Er wiederholt einen großen Teil der Deutungen des Pseudo-Germanos, geht aber in der den ursprünglichen Sinn der byzantinischen Liturgie verdunkelnden sekundären Allegorese viel weiter[15]). Noch näher verwandt ist der Schrift des Pseudo-Germanos der gedrängte mystagogische Abriß, für dessen Verfasser man früher fälschlich den Patriarchen Sophronios[16]) von Jerusalem († 634) ansah. Er enthält nichts, was nicht schon die besprochene Schrift für unseren Zweck klarer und einfacher bezeugt hätte.

Die eben gewürdigten drei mystagogischen Schriften lehren im Einklang mit der orthodoxen Doktrin, daß im Abendmahl der historische Leib Christi auf übernatürliche Weise, nicht leiblich, sondern in unsterblicher Qualität, distribuiert und genossen werde, solcher Art, daß er, obwohl verteilt, seine Totalität in jedem einzelnen Stücke bewahrt. Die entgegengesetzte häretische Überzeugung des Isidor von Pelusium war aber niemals ausgestorben. Sie lebte im zwölften Jahrhundert versteckt wieder auf und führte innerhalb der griechischen Kirche zu lebhaften Streitigkeiten über das Wesen und die Wirkung des Abendmahls[17]).

In dem großen Introitus der griechischen Messe spricht der Priester während des cherubimischen Lobgesangs leise ein Gebet, das mit den folgenden Worten endet: „Denn Du, Christus, unser Gott, bist der Darbringende und der Dargebrachte, der, welcher annimmt, und der, welcher verteilt wird, und wir senden Dir Ehre empor,

---

15) Über den Verfasser und die handschriftliche Verbreitung des Werkes siehe Krumbacher, Byzant. Literatur, S. 157 (§ 66, Anm. 4). Abgedruckt ist es bei Migne, P.G. Bd. 140, S. 418 ff. unter dem Titel: Theodori episcopi Andidorum brevis commentatio de divinae liturgiae symbolis ac mysteriis.

16) Vgl. über ihn Bardenhewer, Patrologie, S. 497 ff. (auch S. 493 f.); über die ihm mit Unrecht zugeschriebene Liturgik siehe Krumbacher, Byzant. Literatur, § 85, S. 189. 190, Anm. 2.

17) Vgl. zum Folgenden: Steitz, Abendmahlslehre. Bd. 13 (1868), S. 23 ff. 32 ff.

Dir mit Deinem anfanglosen Vater und Deinem allheiligen, gütigen
und lebenschaffenden Geist, jetzt und immerdar und von Ewigkeit
zu Ewigkeit":

Σὺ γὰρ εἶ ὁ προσφέρων, καὶ προσφερόμενος, καὶ προσδεχόμενος
καὶ διαδιδόμενος, Χριστὲ ὁ Θεὸς ἡμῶν, καὶ σοὶ τὴν δόξαν ἀναπέμ-
πομεν, σὺν τῷ ἀνάρχῳ σου πατρὶ καὶ τῷ παναγίῳ καὶ ἀγαθῷ καὶ
ζωοποιῷ σου πνεύματι, νῦν καὶ ἀεὶ καὶ εἰς τοὺς αἰῶνας τῶν αἰώνων
(Codex liturg. Bd. 4, S. 351).

Hieran knüpfte sich im Jahre 1155 der Streit: ist diese Aktivität
und Passivität des Opferns von Christus ausgesagt nur mit Bezug
auf die eucharistische Oblation oder auch mit Bezug auf das Kreuzopfer? Hervorragende gelehrte Männer, Michael von Thessalonich,
Nicephorus Basilacius und der erwählte Patriarch von Antiochia,
Soterichus Pantengenus, behaupteten, jener Satz gelte nur von der
wirklichen Liturgie; im Kreuzopfer dagegen habe Christus sich allein
dem Vater geopfert und dies Opfer sei auch allein vom Vater angenommen worden. Der Anlaß zu dieser Erörterung war zunächst
ein ganz persönlicher gewesen: die gehässigen Ausfälle eines arm-
seligen Diakonen sollten dadurch abgeschlagen werden. Aber es entstand daraus rasch eine allgemeine Bewegung in der orientalischen
Kirche, und ein Konzil zu Konstantinopel dekretiert, daß jenes Gebet
des Meßformulars nicht bloß von dem eucharistischen Darbringungs-
akt, sondern auch von dem einmaligen Kreuzopfer rede, daß dasselbe Opfer, welches in der Eucharistie der ganzen Trinität dargebracht werde, auch einst am Kreuze der ganzen Trinität dargebracht worden sei, daß umgekehrt das Kreuzopfer nicht bloß einmal dargebracht sei, sondern immer wieder in der Eucharistie erneuert werde.

VII. Petrus Mansus von Damaskus.

Der Verteidigung dieses dogmatischen Standpunkts der Synode
vom Jahr 1155 widmen sich zwei Schriften, ein Brief und eine
Homilie, die unter dem Namen eines problematischen P e t r u s
M a n s u s von Damaskus [18]) überliefert sind. Sie behaupten die

_____

18) Vgl. über ihn Krumbacher, Byzant. Literatur, § 66, S. 157, Anm. 4,
Nr. 3. Herausgegeben sind die beiden Stücke unter dem Titel De corpore
et sanguine Christi von Lequien im 2. Bd. seiner Ausgabe des Johannes
Damascenus (Migne, P.G. Bd. 95, S. 401 ff.).

volle Identität von Kreuzopfer und eucharistischem Opfer. Sie
betrachten beide nach dem Vorgang älterer Dogmatiker und im
Sinne der volkstümlichen Anschauungen das Abendmahlsmysterium
unter dem physiologischen Gesichtspunkt der n a t ü r l i c h e n E r -
n ä h r u n g. Sie machen dabei aber von dem Begriff des W a c h s -
t u m s einen eigenartigen Gebrauch. Das vom Weibe geborene Kind
ist zwar vollständig, aber erst essend und trinkend w ä c h s t es
durch die natürliche Kraft der Speise und des Trankes und gewinnt
so trotz dem Wachsen nicht zwei Leiber, sondern e i n e n Leib, den
e n t w i c k e l t e n. Ebenso wird durch die Wirksamkeit des heiligen Geistes das Brot und der Wein in der Eucharistie ein Mittel
des Wachstums für den Leib Christi und wird so e i n Leib und
nicht zwei. Der aus der heiligen Gottgebärerin gebildete Leib des
Herrn war vergänglich, d. h. leidensfähig und todesfähig bis zur
Auferstehung, da er ja von den Kreuznägeln und von der L a n z e
verwundet wurde. Ebenso wird auch der eucharistische Leib der
Kommunion von der ganzen Ökonomie des Lebens Christi betroffen: „Denn es liegt das Brot auf dem Altar wie im Uterus der
Jungfrau; der heilige Geist kommt darüber, wie nach der Verkündigung des Engels er über die Jungfrau kam, und so wird das
Brot der Leib Christi; alsdann wird dieser in der E l e v a t i o n
durch die Hände des Priesters erhöht wie am Kreuze und bei der
Sumierung i n u n s begraben und so die Ökonomie vollendet. Uns
macht er unvergänglich, aber bis er von uns genossen wird, nennen
wir ihn vergänglich. Wie könnte er auch, wäre er unvergänglich,
zerbrochen und gegessen werden? Nach der Sumierung ist er hingegen schon unvergänglich, indem er in den Bestand und die Substanz unserer Seele übergeht" (Migne, P.G. Bd. 95, S. 401/402).

Die Homilie wendet diesen Gedankengang anders (Kap. 2; Migne
a. a. O. Bd. 95, S. 408) in die Richtung auf den mystischen Leib Christi,
d. h. die Abendmahlsgemeinde, zu der, als den Gliedern, Christus
das Haupt bildet. Wieder wird eingeschärft, daß Christi Leib vor
der Auferstehung vergänglich war, daß er in dieser vergänglichen
Qualität auch in der Eucharistie gebrochen und gegessen wird. Neu
ist aber die d r e i f a c h e S t e i g e r u n g des Begriffs „Wachstum".
Durch die natürliche Kraft der Nahrung entsteht aus dem materiellen Stoff Fleisch, Blut, Knochen, bildet sich und w ä c h s t der orga-
nische, natürliche Leib. Auch der Leib Christi ist einem solchen

Wachstum (ἐπαύξησις) unterworfen, auch er ist einmal ein orga-
nischer, natürlicher Leib: durch die Konsekration wird er dann —
zweitens — zum eucharistischen Leib weiter entwickelt, durch die
Sumierung (Kommunion) — drittens — zum mystischen Leibe erhöht, d. h. in der liturgischen Handlung spielt sich aufs neue der
Prozeß des leiblichen Lebens Christi ab, der von Leidensfähigkeit,
Unvollkommenheit, Sterblichkeit fortschritt zur Vollkommenheit und
Verklärung, und das geschieht, indem er hier wiederum empfangen
und geboren, am Kreuz erhöht, ins Grab gelegt und zur Unver-
gänglichkeit auferweckt wird (Kap. 3—5; Migne, a. a. O. Bd. 95,
S. 409 ff.).

Das Tiefsinnige, aber unzweifelhaft Häretische an dieser Spekulation ist ein Dreifaches: die liturgische Handlung, das Werk des
zelebrierenden Priesters und die Kommunion der Gläubigen, tut
etwas zu der Qualität des Herrnleibes h i n z u durch die mystagogische Vertiefung in die göttliche Ökonomie, in die Vorgänge der
Inkarnation, Kreuzigung, Grablegung, Auferstehung, und durch
ihre mystagogische Wiederholung. Und außerdem: auch die menschliche Unvollkommenheit und L e i d e n s f ä h i g k e i t des göttlichen
Leibes e r n e u t sich und dauert jedesmal in der Eucharistie vom
Augenblick der durch den herabgerufenen heiligen Geist bewirkten
Wandlung des Brots und Weins bis zum Augenblick der Kommunion, welche die Auferstehung und Verklärung bringt. Endlich
drittens: diese Auferstehung und Verklärung denkt sich der Verfasser im Gegensatz zur orthodoxen Lehre unkörperlich: der durch
die Auferstehung unvergängliche Leib hat, so verkündet er, weder
Blut noch darf er Fleisch genannt werden:

ὅτι τὸ διὰ τῆς ἀναστάσεως ἄφθαρτον σῶμα οὐ κλᾶται οὔτε ἐσθίεται
οὔτε πίνεται · οὔτε αἷμα τὸ ἄφθαρτον κέκτηται σῶμα, ἀλλ᾽ οὔτε
σ ὰ ρ ξ ἂν δικαίως ὀνομάζοιτο (a. a. O. Bd. 95, S. 408 B).

Zu den festen Grundüberzeugungen der allgemeinen Kirche aber
gehört es, daß, wie wir selbst dereinst in diesem unserem Fleisch und
mit dieser unserer Haut auferstehen, so auch der Gottmensch Christus mit seinem Blut und Körper auferstanden und zum Himmel
gefahren ist.

Noch schärfer haben diesen häretischen Gedanken von dem Zustand des Leidens, dem Christus in der Eucharistie ausgesetzt sei,

ein halbes Jahrhundert später M i c h a e l S i c i d i t e s und
M i c h a e l G l y c a s [19]) vertreten.

Ihnen war das Abendmahl eine Erneuerung des Opfers: in der
Kommunion werde der Leib Christi nicht bloß als vergänglicher,
sondern auch als vernunftloser und unbeseelter so, wie er nach dem
Tode war, empfangen. Sie motivieren das in der schon bekannten
Weise: wäre es der unvergängliche, beseelte Leib, so wäre er auch
ungreifbar und unsichtbar, ließe sich nicht mit den Zähnen zer-
schneiden und zermalmen, empfände auch bei dem Schneiden keinen Schmerz. Das auf den Altar gelegte Brot ist jenes Fleisch
Christi, das einst geopfert und im Grabe bestattet wurde. Aber
die Qualität der Unvergänglichkeit gewinnt es darauf: das dem
Tode erlegene und ins Grab versenkte Fleisch wurde zwar von der
Verwesung angegriffen, aber nicht ganz zerstört; ebenso geht das
eucharistische Brot, nachdem es von den Zähnen zerkaut und in den
Schlund wie in ein Grab hinabgelassen worden ist, in die Unver-
gänglichkeit über. Darum werden die Sterbenden, die an dem
Mysterium des Abendmahls mit reinem Gewissen bei Lebzeiten teil-
genommen haben, durch die Kraft des empfangenen Bissens von
Engeln schützend geleitet und in das ewige Leben geführt.

Das Wichtigste ist die Behauptung, daß der L e i b C h r i s t i
bei dem B r e c h e n d e r H o s t i e S c h m e r z e m p f i n d e und
l e i d e: *„Pejora non addo, quae Choniates in Alexio recitat lib. 1
et in Panoplia mss. lib. XXVII, ut puta C h r i s t i c o r p u s f r a c-*

19) Vgl. Lequien in der Ausgabe des Damaskeners (Migne, P.G. Bd. 95,
S. 398 ff.) und Steitz, Abendmahlslehre. Bd. 13 (1868), S. 39 ff. Dieser Abend-
mahlsstreit ist eingehend dargestellt in dem noch ungedruckten 27. Buch
des Thesaurus orthodoxiae von Nicetas Acominatus (ein Stück daraus
in dem mir unzugänglichen Buch von Th. Uspen[s]ky (?), Skizzen zur Geschichte der byzantinischen Kultur. Petersburg 1892, S. 236 ff.), auch in
dem Abschnitt De Alexio Isaacii Angeli fratre (lib. III, Kap. 3) seiner
Historia Byzantina (Migne, P.G. Bd. 139, S. 893 ff.). Über Michael Glycas
und seine Autorschaft siehe Krumbacher, Byzant. Literatur, § 22,
Anm. 5 (S. 88) und § 156, S. 380 ff. Über die Frage, in welcher Gestalt und
Qualität die Auferstehung erfolge, handelt sehr ausführlich der 5. der
bei Migne in der Ausgabe der Schriften des Glycas (P.G. Bd. 158, S. 728 ff.)
abgedruckten Briefe (besonders S. 736 BC gehört hierher). Unter dem
Namen des Johannes Zonaras ist ein Brief über die Korruptibilität der
konsekrierten eucharistischen Elemente nach Bonaventura Vulcanius abgedruckt bei Migne, P.G. Bd. 76, S. 1073, Anm. 5.

t i o n e   h o s t i a e   d o l e r e   et   p a t i ,   in   quolibet   segmento ἄνουν
καὶ ἄψυχον *(sine mente et anima) esse nec totum corpus ab unoquo-
que fidelium accipi* [20])."

Denn für die volkstümliche Auffassung der Menge lag hierin
ein Motiv von ungeheuer erregender Kraft. Ihr wurde dadurch
die liturgische Handlung der Eucharistie einfach zu der Darstellung
einer Tragödie, deren m e n s c h l i c h e r Held Christus vor ihren
Augen, unmittelbar gegenwärtig, seelisch und körperlich die Qual
des Todes erlitt. Kreuzigung, Agonie, Grablegung spielten sich vor
ihnen ab wie auf einer heiligen Bühne, und ihre Gefühle von Furcht
und Mitleid wurden dadurch aufs stärkste entbunden, daß sie, die
Kommunikanten, ja zugleich selbst als mystische Mitspieler des
sinnlich-übersinnlichen Dramas auftraten und die Katharsis ihrer
Affekte aus jenen Vorgängen schöpften, die sie selbst zur Lösung
und Versöhnung hatten führen helfen.

Wer aber als ferner Stehender, als Unbeteiligter diesem Drama
beiwohnte oder als Katechet oder Nicht-Christ davon Kunde erhielt,
der konnte den Eindruck gewinnen, als werde hier ein mächtiger
König mit einer Lanze getötet, ins Grab gelegt und mit derselben
Lanze wieder ins Leben zurückgerufen.

---

20) Lequien in der Vorbemerkung zu der pseudo-damaskenischen
Schrift De corpore et sanguine Christi auf Grund der ungedruckten
Nachrichten bei Niketas (Migne, P.G. Bd. 95, S. 399/400).

Elftes Kapitel.

Offizium des Karfreitags
mit den am Gründonnerstag vorkonsekrierten (präsanktifizierten) Elementen.
(Die griechische Missa praesanctificatorum.)

Schon oben (S. 120 ff.) wurde ausgeführt, daß die in der Liturgie von Jerusalem vorkommende *Adoratio crucis* in Konstantinopel um das Jahr 640 ein Bestandteil der Karfreitagsfeier der Hagia Sophia war. Bald nachher muß auch die *Missa praesanctificatorum* nebst der Kommunion damit verbunden worden sein.

In den ältesten Zeiten der Kirche beging man das Gedächtnis des Todes Christi mit einer stillen kurzen Feier, insbesondere ohne Sakrament, ohne eucharistisches Opfer und Kommunion. Schon die Einführung der Kreuzanbetung, die man dem Ritus von Jerusalem entlehnt hatte, war eine Abkehr von dem ursprünglichen Charakter des Tages. Mit der Hinzufügung der λειτουργία τῶν προηγιασμένων, der sogenannten *Missa praesanctificatorum,* einer erweiterten Kommunionshandlung mit einem der Messe verwandten *Officium,* entfernte man sich eigentlich noch weiter von der alten Sitte. Aber man gab damit dem Karfreitag nichts ihm allein Eigenes, sondern behandelte ihn nur ebenso wie man seit dem ausgehenden siebenten Jahrhundert alle Fastentage der Quadragesimalzeit behandelt hat.

Die Trullanische Synode vom Jahre 692 (Canon 52) erhob für die Liturgie der ganzen griechischen Kirche den schon früher vielfach im Orient üblichen Brauch zum Gesetz, daß an allen Tagen der Fastenzeit, mit Ausnahme des Sonnabends und Sonntags und des Tages Mariä Verkündigung (25. März), die Liturgie der Präsanktifikaten stattfinde. Mit dieser hatte es folgende Bewandtnis.

Seit altchristlicher Zeit galt die Quadragesimalzeit als eine Periode der Trauer und Buße. Im vierten Jahrhundert verordnete die Synode von Laodicea (Canon 49), daß man während der vierzig

Fastentage nur am Sonnabend und Sonntag Brot opfern dürfe. Es verband sich nun mit den an allen Fastentagen zugelassenen Vespergottesdiensten eine feierliche, von Gebeten begleitete Austeilung der Kommunion. Zu dieser wurden aber nicht unmittelbar vorher am gleichen Tage die Opfergaben konsekriert und gewandelt. Vielmehr benutzte man Hostien, die am vorhergehenden Sonntag in der Messe konsekriert und mit dem geweihten, wasservermischten Wein benetzt worden waren. Diese trug man an den Fastentagen nach der Vesper in feierlicher Prozession auf den Altar und verteilte sie nach verschiedenen Orationen zugleich mit dem Wein an die Gläubigen.

Die eigentliche *Praesanctificatio,* die Vorweihe am Sonntag, fand folgendermaßen statt [1]). Wenn der Priester in der heiligen und und großen Fastenzeit die Liturgie der vorher geweihten Gaben feiern will, so verfährt er in der Proskomide des vorhergehenden Sonntags nach dem gewohnten Ritus der solennen Messe. Aber nachdem er das erste Brot eingeschnitten, durchstoßen und geopfert hat, durchsticht er auch die andern Brote und spricht jedesmal: „Zum Andenken an. unsern Herrn, Gott und Heiland, Jesus Christus"; „Wie ein Lamm wurde er zur Schlachtbank geführt"; „Geschlachtet wird das Lamm Gottes, welches hinwegnimmt die Sünde der Welt, für das L e b e n und das Heil der Welt"; „E i n e r d e r S o l d a t e n d u r c h b o h r t e s e i n e S e i t e m i t e i n e r L a n z e u n d s o g l e i c h f l o ß B l u t u n d W a s s e r h e r a u s: und der es sah, hat es bezeugt, und sein Zeugnis ist wahr." Hierauf gießt er in den heiligen Kelch W e i n und W a s s e r mit den gewöhnlichen Formeln, verhüllt die Opfergaben mit den heiligen Decken, beräuchert sie, spricht das Opfergebet und vollzieht die Opferliturgie wie gewöhnlich. Bei der Elevation (siehe oben S. 146 ff.) erhebt er alle Brote zugleich, bricht aber nur das erste, legt einen Teil in den heiligen Kelch und gießt, wie gewöhnlich, w a r m e s Wasser hinein. Danach nimmt er den heiligen L ö f f e l und taucht diesen mit der rechten Hand in das heilige Blut (den Wein), mit der linken Hand nimmt er jedes einzelne Brot, legt den in das heilige Blut getauchten Löffel

---

1) Goar, Euchologion S. 161 f.; dazu Leo Allatius, De missa praesanctificatorum apud Graecos dissertatio in dessen Buch De ecclesiae occidentalis atque orientalis perpetua consensione. Coloniae Agrippinae 1648, S. 1531 ff. Weitere gelehrte Literatur bei W. Gass, Symbolik der griechischen Kirche. Berlin 1872, S. 274 f.

heran und berührt mit ihm das heilige Brot in Kreuzes Form gerade
an jener Stelle, wo auf der Rückseite mit der Lanze die
Einschnitte in Kreuzform gemacht worden waren. Alsdann
legt er das Brot in das *ciborium* und verfährt mit den andern Broten
der Reihe nach ebenso. Schließlich sammelt er sie alle in demselben
ciborium.

Die Präsanktifikatenliturgie [2]) selbst ist, wie gesagt, ein Teil des
Vesperoffiziums. Nach den vorbereitenden Zeremonien und Gebeten,
nach der großen Ektenie, werden die Gradualpsalmen (Psalm 119 bis
133) rezitiert; unterdessen geht der Priester zum heiligen Rüsttisch, nimmt das am vorhergehenden Sonntag konsekrierte Brot
aus dem *ciborium,* legt es auf den heiligen Diskus, gießt schweigend Wein und Wasser in den Kelch, beräuchert schweigend mit
dem Rauchfaß den Asteriskus [3]) und die Decken und legt diese
schweigend darüber. Er spricht auch das Opfergebet nicht; denn
dieses Opfer ist bereits konsekriert und vollendet. Darauf findet
die kleine Eingangsprozession statt, d. h. unter dem Gesang des
140. Psalms ziehen nach vorheriger Räucherung Priester, Diakon
und Begleitung durch die sich öffnende heilige Tür ins Innere der
Kirche und stellen sich an den vorgeschriebenen Ort, worauf weitere Gesänge, die Schriftlesung, Gebete den Übergang zur eigentlichen Liturgie machen. Auch dieser gibt wie der oben geschilder-
ten Messe der große Eingang ihren Charakter. Es wird gesungen:
„Jetzt erscheinen die himmlischen Kräfte", aber das Cherubsgebet
bleibt fort. Ebenso fallen von der Messe aus: die erste große Ektenie, der Friedenskuß, das Symbolum, die Präfation und Konsekration, die meisten der Fürbitten. Nach dem Paternoster und dem
Inklinationsgebet erfolgt die Elevation: unter dem Aër, der die
Opfergaben bedeckt, nimmt der Priester ehrerbietig das Leben
spendende Brot hervor und ruft laut: „Das vorher gehei-
ligte Heilige den Heiligen!" Darauf enthüllt er sie und teilt die
Kommunion in derselben Weise aus, wie es oben beschrieben
wurde. Es folgen die Schlußgebete, die Austeilung des Antidoron
(siehe oben S. 149) und die Entlassung.

---

2) Text bei Goar, Euchologion S. 159—175. Notae dazu S. 175—178;
Codex liturg. Bd. 4, S. 439—450.

3) Seit wann der Asteriskus in der Liturgie verwendet wird, bleibt
dahingestellt (siehe oben S. 135).

Zwölftes Kapitel.

Die Symbolik des
Speerstichs in der Ambrosianischen (mailändischen)
und Mozarabischen (altspanischen) Messe.

Die ältesten Reflexe der eigentümlichen Rolle, die der Johanneische Speerstich in dem Zeremoniell der griechisch-orientalischen
Messe spielt, finden sich in der Ambrosianischen und in der sogenannten Mozarabischen Liturgie [1]. Die erste, die ihren Namen
nach dem heiligen Ambrosius führt, dessen Anteil aber höchst
ungewiß ist, war seit alter Zeit im nördlichen Italien, insbesondere
in der Mailänder Kirche im Gebrauch und repräsentiert eine vor-
gregorianische Form des Ritus. Vergeblich versuchte Karl der Große
sie durch die römische, gregorianische zu verdrängen. Auch ein
gleicher Versuch, den 1060 Petrus Damiani im Auftrag des Papstes
Nicolaus II. machte, blieb ohne Erfolg. Und nachdem auch im
fünfzehnten Jahrhundert die gleichen Bemühungen gescheitert
waren, hat Mailand bis auf den heutigen Tag seine eigene, freilich
im Laufe der Zeit vielfach der römischen akkommodierte Liturgie
bewahrt. Zu manchen andern Eigentümlichkeiten, die sie mit der
griechischen Liturgie teilt, gehört das Gebet, das in ihr das Offer-
torium der Messe eröffnet. Der P r i e s t e r bittet, indem er die
Patene mit der Hostie in beide Hände nimmt und sie in die Höhe
hebt, Gott möge das Opfer des heiligen Brotes annehmen, damit
es sich wandle in den Leib seines eingeborenen Sohnes. Darauf
nimmt er den Kelch, gießt Wein hinein mit den Worten „Aus der
S e i t e Christi ist B l u t geflossen", mischt dann Wasser bei mit

---

1) Über die Entwicklung der römischen Liturgie und ihr Verhältnis
zu den partikulären Liturgien von Gallien, Spanien und Mailand gehen
die Ansichten der Forscher noch sehr auseinander. Über den Stand der
Frage unterrichtet wohl am besten L. Duchesne, Origines du culte chrétien.
Paris 1889; [3] 1903; Ferdinand Probst, Die Liturgie des vierten Jahrhunderts
und deren Reform. Münster i. W. 1893; Ders., Die abendländische Messe
vom fünften bis zum achten Jahrhundert. Münster i. W. 1896.

dem Segen: „Zugleich aber auch W a s s e r" und betet zu Gott um Annahme des Kelchs, des Weins mit Wasser vermischt, damit er werde das Blut des eingeborenen Sohnes:

Accipit Celebrans patenam cum hostia eamque offert dicens: Suscipe, clementissime Pater, hunc panem sanctum, ut fiat Unigeniti tui Corpus.... Tunc infundit aquam in calicem dicens: De latere Christi exivit sanguis et aqua pariter. ... Dein offert calicem dicens: Suscipe, clementissime Pater, hunc calicem, ut fiat Unigeniti tui sanguis in nomine Patris et Filii et Spiritus Sancti. Amen (Codex liturg. Bd. 1, S. 68). — Probst in seinem Bemühen, die Identität der römischen Messe mit den frühesten partikulären Formen der christlichen Liturgie nachzuweisen, ignoriert befremdlicherweise in seiner Darstellung der Mailänder Messe (Die abendländische Messe, a. a. O. S. 15) diesen Anklang an die griechische Liturgie gänzlich.

Die mozarabische, d. h. arabisierte Liturgie [2]), so genannt, weil sie in Spanien von den Christen während der arabischen Herrschaft gebraucht ward, hat dort sicherlich schon im fünften Jahrhundert bestanden. Die Bemühungen der römischen Kurie, sie dem gregorianischen Ritus anzupassen, begannen im zehnten Jahrhundert, hielten sich aber zunächst in bescheidenen Grenzen. Im Jahre 923 prüfte sie ein päpstlicher Legat und änderte die Konsekrationsworte ab. Aber Alexander II. und Gregor VII. wollten sie ganz und gar durch die römische Liturgie ersetzen. Es war ein langer zäher Kampf. Zuerst erschien im Jahre 1064 wieder ein päpstlicher Legat, der in diesem Sinne wirken sollte. Im Jahre 1071 ward dann in Aragonien der römische Ritus eingeführt. Im Jahre 1074 suchte Gregor VII. die Könige von Kastilien und León für die Durchsetzung seiner Absicht zu gewinnen, 1076 rief er die Hilfe des Bischofs von Burgos an. Die spanische Geistlichkeit und das spanische Volk leisteten heftigen Widerstand. Sein Mittelpunkt war das Erzbistum Toledo. Dort hatten schon im siebenten und im achten Jahrhundert leidenschaftliche Metropolite wie Erzbischof Eugen I. und Julian, vor allem der Adoptianer Elipandus den Primat Roms geleugnet und mehr oder minder scharf einen überlegenen Primat Toledos als der Bewahrerin alter apostolischer direkter Überlieferung behauptet. Man stellte jetzt die Entschei-

---

2) Vgl. über sie Pius Bonifacius Gams (O.S.B.), Kirchengeschichte von Spanien. Bd. 1 (Regensburg 1862), S. 77. 81 ff. 103 ff. 210 ff. 270 ff.; Probst, Die abendländische Messe, a. a. O. S. 367 ff., § 108—125.

dung dem Gottesgericht eines Zweikampfes und einer Feuerprobe
anheim. Und beides fiel zugunsten der heimischen Liturgie aus.
Aber was gilt der römischen Kurie ein Gottesgericht, wenn ihre
Kirchenpolitik in Frage kommt! Ein Konzil zu Burgos mußte 1085
die Abschaffung der mozarabischen Liturgie bestätigen. Ein Konzil des Jahres 1090 zu León verschärfte dieses Gebot. Endlich
gelang es der Tätigkeit zweier Franzosen, welche die Kurie nacheinander zum Primas der spanischen Kirche machte und auf den Stuhl
von Toledo setzte, des Erzbischofs Bernhard (1084—1125) und des
Erzbischofs Raymund (1125—1150 oder 1151), den päpstlichen
Willen seinem Ziele zu nähern und die mozarabische Liturgie fast
aus allen spanischen Kirchen zu verdrängen. Nur in sechs Pfarr-
kirchen zu Toledo hielt sie sich und wurde dort dann im fünfzehnten und sechzehnten Jahrhundert durch nationalgesinnte spanische Kirchenfürsten, namentlich durch den Kardinal Ximenes, vor
dem Aussterben für alle Zeit gerettet und in ihrer Fortdauer mit
päpstlichen Privilegien gesichert.

Mag die altspanische Liturgie nun durch die Westgoten dorthin
oder vorher schon aus Südgallien hinübergekommen sein, mag sie,
durch das Medium der gallikanischen Liturgie oder direkt, auf die
orientalische Liturgie Kleinasiens zurückgehen, jedesfalls berührt
auch sie sich in manchen Punkten mit der griechischen Liturgie. In
dieser altspanischen Messe spricht der Zelebrant vor dem Introitus
bei dem Einschenken des Weines das Gebet: „Mische, wir bitten dich,
Herr, in diesem Kelch, was aus deiner Seite geflossen ist, damit es
zur Vergebung unserer Sünden gereiche. ... Blut und Wasser floß
— so berichtet man — aus der Seite unseres Herrn Jesu Christi.
D e s h a l b vermischen wir auch dieses, damit der barmherzige
Gott beides zur Heilung unserer Seelen heiligen wolle":

Q u a n d o p o n i t v i n u m. *Misce, quesumus Domine, in calice isto,
q u o d m a n a v i t e x l a t e r e t u o: ut fiat in remissionem peccatorum
nostrorum. Amen.* B e n e d i c t i o a q u e. *Jube, Domine, benedicere*
D i c a t m i n i s t e r. *Ab illo benedicatur, cuius* S p i r i t u s *super aquas
ferebatur. In nomine Patris et Filii et Spiritus Sancti. Amen.* O r a t i o.
Ex l a t e r e *Domini nostri Jesu Christi* s a n g u i s *et* a q u a *exiisse per-
hibentur: hec ideo nos pariter commiscemus: ut misericors Deus utrumque
ad medelam animarum nostrarum sanctificare dignetur. Per eumdem
Cristum Dominum nostrum. Amen.* [Diese Oration findet sich auch in
dem Sacramentarium aus M o i s s a c in Südfrankreich!] Q u a n d o

p o n i t   h o s t i a m   i n   p a t e n a   d i c a t. *Benedictio Dei Patris omni-*
potentis et Filii et S p i r i t u s   S a n c t i   d e s c e n d a t super hanc hostiam
tibi Deo Patri offerendam. Amen [3]).

Man beachte wohl: diese Worte spricht der Priester vor dem
Altar, schon während des eigentlichen Meßaktes, nicht etwa der
Diakon bei der vor dem Beginn der Messe stattfindenden Zurüstung
der Elemente.

Ein Vergleich mit dem oben S. 132 ff. beschriebenen Vorbereitungs-
teil der griechischen unter dem Namen des Chrysostomos überlieferten Liturgie von Konstantinopel zeigt, daß darin die Symbolik der
ambrosianischen und mozarabischen Liturgie nur weitergeführt, über
einen großen Abschnitt der Eucharistie ausgedehnt und völlig dramatisch in Szene gesetzt ist. Dagegen gehen die übrigen Liturgien der
abendländischen Kirche und die byzantinische Liturgie in ihren Auffassungen hier während der acht ersten christlichen Jahrhunderte
streng auseinander: die Folgen der Tat des Kriegsknechts sind
nach älterer abendländischer liturgischer und dogmatischer Symbolik zunächst lediglich ein Abbild der doppelten Taufe mit Blut
und mit Wasser und der durch sie gegründeten Kirche (siehe oben
S. 94. 97). Inwieweit dabei auch an das A b e n d m a h l gedacht
wurde, bleibt ungewiß. Sicher geschah es nur in der Form freier,
rein figürlicher Allegorese. Nach der Liturgie der Griechen hingegen
war die Seitenöffnung mit ihren Begleiterscheinungen eine unmittelbare Versinnlichung des Opfers der Kreuzigung Christi und das
Urbild für die symbolische Mimese der Durchbohrung des Opfer-
lamms in der Messe. Ganz äußerlich verrät sich das schon in den
griechischen Zeremonien: in der Anwendung des heiligen S p e e r s;
in dem Umstand, daß bei der Eucharistie in der griechischen Kirche
nicht wie im Abendland weißer, sondern r o t e r d. h. blutähnlicher
Wein konsekriert und daß bei der zweiten *Commixtio* von Wein
und Wasser heißes Wasser zugesetzt wird. Aber Blut und Wasser
sind hier noch mehr: sie wirken als die an und für sich mächtigen
Elemente einer m a g i s c h e n Theurgie. Aus dieser Sphäre stammen

---

3) Im Ordinarium Missae, hier *praeparatio pro missa* und *liber omnium*
offerentium genannt (Migne, P.L. Bd. 85, S. 527 C). Auch diese wichtige
Übereinstimmung zwischen der mozarabischen und der griechischen Liturgie übergeht Probst (Die abendländische Messe, a. a. O. S. 411 ff.) in
seiner Analyse der altspanischen Messe mit Schweigen.

alle jene superstitiösen Vorstellungen über die Zauberkraft des
eucharistischen Prozesses, die sich im Märchen vom Gral und seiner
Begleiterin, der blutigen Lanze, kondensieren. Die Proskomide der
byzantinischen Messe, von einem naiven, aller Dogmatik baren
Menschen beobàchtet, konnte in ihm nur ähnliche Eindrücke her-
vorrufen, wie die gewesen sein müssen, aus denen eine dichtende
Phantasie dann die Bilder der Liturgie des Grals und der heiligen
Lanze schuf.

Es könnte scheinen, als ob auch das südliche Gallien während
der ersten Hälfte des sechsten Jahrhunderts noch in der gewöhnlichen Meßliturgie bei der Mischung des Wassers und Weines eine
ausdrückliche Beziehung auf den Speerstich gekannt hat.

In einer Schrift, welche unter dem Namen des C a e s a r i u s
v o n A r l e s geht, der als Bischof dort, wo Goten, Franken, Bur-
gunder zusammenstießen, 502—542 wirkte, ist die Mischung des
Weins mit Wasser vor der Wandlung in der Messe mit dem Hinweis auf die Folgen des Lanzenstichs begründet:

*Hoc itaque Dominici sanguinis vinum aqua esse miscendum non solum
traditione Dominus, sed etiam ipso genere passionis ostendit, ex cuius
sacro latere sanguis et aqua lanceae illisione profluxit, sicut et propheta
multo ante praecinit, dicens: „Percussit petram et fluxerunt aquae"* [Psalm
77, 20]. *Et Apostolus: „Bibebant de spiritali consequenti eos petra; petra
autem erat Christus* [1. Korinth. 10, 4; siehe oben S. 27 f.]. (Homil. 5;
Migne, P.L. Bd. 67, S. 1055 A.) Nachher folgt dann auch noch die im
Abendland gewöhnlich andere Deutung: *Advertimus in aquis figuram
gentium demonstrari, in vino autem sanguinem Dominicae passionis
ostendi; ac sic dum in sacramentis vino aqua miscetur, Christo fidelis
populus incorporatur et jungitur* (a. a. O. S. 1055 C).

An derselben Stelle erscheint verbunden damit die in der afri-
kanischen und römischen Liturgie geläufige Deutung als Symbol
der Vereinigung der Menschheit mit Gott.

Da wir nach dem Ausspruch eines der trefflichsten Liturgiker [4])
in dem heiligen Caesarius das Bindeglied zwischen der Kirche von
Gallien und der von Rom während der Jahre 500—542 besitzen,
so könnte man hierin einen Beleg für seine Importierung römischer
Gebräuche und Auffassungen erblicken.

---

4) Bäumer, Das sogenannte Sakramentarium Gelasianum (Histor. Jahrbuch der Görresgesellschaft. Bd. 14 [1893], S. 293).

Von den beiden Erklärungen des Lanzenstichs, die Caesarius vorträgt, folgt die erste dem alten spanischen Meßritus, der mit dem altgallischen, gallikanischen fast ganz übereinstimmte (Bäumer, Das sogenannte Sakramentarium Gelasianum, a. a. O. S. 272). Zur Zeit Karls des Kahlen hatte sich der altgallikanische Ritus, der im alten Gallien vom römischen verdrängt war, annähernd rein nur noch in Toledo erhalten. Das lehrt der Brief des Königs an den Klerus von Ravenna: *Usque ad tempora abavi nostri Pipini Gallicanae Ecclesiae aliter quam Romana vel Mediolanensis Ecclesia divina celebrabant officia, sicut vidimus et audivimus ab eis, qui ex partibus Toletanae Ecclesiae ad nos venientes secundum morem ipsius Ecclesiae coram nobis sacra officia celebrarunt. Celebrata etiam* [lies: *enim?*] *sunt coram nobis Missarum officia more Hierosolymitano auctore Jacobo apostolo et more Constantinopolitano auctore Basilio: sed nos sequendam ducimus Romanam Ecclesiam in Missarum celebratione* (Joannes Bona, Rerum liturgicarum libri duo. Buch 1, Kap. 12, § 5; hrsg. von R. Sala. Augustae Taurinorum 1747 ff. Bd. 1, S. 236).

Die zweite Erklärung des Caesarius hält sich dem allegorisch-dramatischen Parallelismus fern, nach dem das Eingießen des Wassers in den Wein unmittelbar als eine andeutende Mimese des realen Speerstoßes in der historischen Passion galt, und begnügt sich im Sinne der römischen und späteren abendländischen Meßliturgie mit einer rein moralischen Beziehung, mit der Anknüpfung an den spekulativen Begriff des Zusammenfließens von Gott und Menschheit. Indessen bestehen schwere Bedenken gegen die Echtheit der dem Caesarius beigelegten Homilie [5]. Auf alle Fälle möge man folgendes in Anschlag bringen:

Die oben (S. 186 f.) mitgeteilte Oration, die nach der altspanischen Liturgie stattfindet während der Mischung von Wasser und Wein im Kelch des Meßopfers und die das aus Christi Seite durch den Speerstich hervorgelockte Blut und Wasser als Vorbild der es symbolisch imitierenden Zeremonie bezeichnet, erscheint im zehnten Jahrhundert in einem Antiphonum der Kirche des heiligen Martin zu Tours, im elften Jahrhundert in einem Sakramentar des Benediktinerklosters in Moissac, im zwölften Jahrhundert auch in

---

5) Siehe Carl Franklin Arnold, Caesarius von Arelate und die gallische Kirche seiner Zeit. Leipzig 1894, S. 493.

Auxerre und Chalons. Es erhebt sich also die Frage: sind das
Reflexe der alten, gemein-gallikanischen oder wenigstens gemein-
südfranzösisch-spanischen Liturgie oder sind es Neuerungen, Symptome und Folgen der großen liturgischen und dogmatischen Bewegung, die man kurzerhand den Import griechischen Kir-
chenwesens nennen muß?

In der ambrosianischen und mozarabischen Liturgie bildet das
die Zeremonie begleitende Gebet einen festen Bestandteil der wirklichen Messe und wird durch den zelebrierenden Priester vor dem
Altar gesprochen. In jenen französischen Meßformularen dagegen
gehört es dem außerhalb der eucharistischen Handlung, in der Sakri-
stei sich abspielenden Vorbereitungsakt an. Darin könnte man
freilich gerade alte Tradition finden, die auf eine mit der Liturgie
des Chrysostomos gemeinsame Grundlage zurückwiese. Ist etwa
erst in Byzanz zu einer festen, ausführlichen und solennen öffentlichen Einleitung der Messe ausgewachsen, was in der ältesten
gemein-christlichen Messe nur ein kurzer, außerhalb des Rahmens
der wirklichen Feier stehender Vorgang war und so in der gallikanischen Liturgie fortlebte? Ist aus dem knappen Hinweis auf
den symbolischen Parallelismus mit dem Speerwunder, den die
genannten französischen Rituale beweisen, durch griechische Phantasie das ausgeführte allegorisch-mimetische Drama der Durchbohrung des heiligen Brotes mit der Lanze entwickelt worden?

Ich kann diese Fragen nicht entscheiden. Indessen scheint mir
manches dafür zu sprechen, daß die symbolische Hindeutung auf
den Speerstich bei der Mischung von Wasser und Wein erst die
Folge der späteren dogmatischen Bewegung ist und daß sie im Zusammenhang steht mit der Arbeit an der Durchsetzung und end-
gültigen Formulierung der Lehre von der Transsubstantiation, bei
der griechische Einflüsse recht wesentlich mitspielten. Demgemäß
werde ich, ohne dem Urteil der Liturgiker von Fach vorgreifen zu
wollen, diesen Formeln der französischen Meßbräuche in der späteren Entwicklung ihre geschichtliche Stellung anzuweisen suchen.

Dreizehntes Kapitel.

Die Umgestaltung der abendländischen Karfreitags-
feier nach griechischem Vorbild.

Sobald die künstlerische und poetische Phantasie Macht gewinnt
über die Ausgestaltung des in der Geschichte vom Speerstich gegebenen Stoffes, treten die spekulativen, dogmatisch-dialektischen Bestandteile zurück. Über die Gedankenspiele, die in den verwegen-
sten und nach unserm Gefühl ekelhaftesten Tropen Blut und Wasser den Sakramenten gleichsetzen, gewinnen die episch-historischen,
die lyrisch-devotionalen Motive das Übergewicht. Die abendländische Liturgie hat die dramatische Prozession der Kreuzoskulation
nach dem Vorgang der griechischen Kirche aufgenommen. Im sogenannten Sakramentar des Gelasius, das uns nur in gallischer
Überlieferung des siebenten Jahrhunderts [1]) vorliegt, die im ganzen
wohl die römische Liturgie des sechsten Jahrhunderts wiedergibt,
aber mit späteren, besonders gallikanischen Bestandteilen durch-

---

1) Handschrift der Vaticana Regin. Cod. 316. saec. VII—VIII; vgl.
Ebner, Quellen und Forschungen zur Geschichte und Kunstgeschichte des
Missale Romanum im Mittelalter. Freiburg i. Br. 1896, S. 238 ff. (darin
reiches Literaturverzeichnis). Der Canon dominicus pape Gelasi auch im
i r i s c h e n   S t o w e - M i s s a l : The manuscript Irish Missal ed. by
F. E. Warren. Oxford and London 1879, S. 2—12; besser von MacCarthy,
On the Stowe Missal. The Transactions of the Royal Irish Academy. Vol.
XXVII (Dublin 1886), S. 135 ff.; vgl. H. Grisar, Die Stationsfeier und der
erste römische Ordo. Ein Beitrag zur Geschichte der römischen Meßliturgie
... (Zeitschrift für kath. Theologie Bd. 9 [1885], S. 388); Ders., Der kürzlich
veröffentlichte älteste Meßkanon der römischen Kirche (Zeitschrift für kath.
Theologie Bd. 10 [1886], S. 1—35 [S. 4—11 Textabdruck]); besonders aber die
eindringende Untersuchung von Suitbert Bäumer, Das Stowe-Missale (Zeitschrift für kath. Theologie Bd. 16 [1892], S. 446—490 [Textabdruck S. 464
bis 466. 471—483]); endlich auch Ferdinand Probst, Die abendländische
Messe vom fünften bis zum achten Jahrhundert. Münster 1896 (Textabdruck
S. 43—55, Kommentar S. 56—99), der im Stowe-Missal die römische vor-
gregorianische Messe des fünften Jahrhunderts erkennen will.

setzt ist [2]), steht die *Adoratio crucis* noch nicht an der Stelle, die
sie heute im katholischen Karfreitagsoffizium einnimmt, nach den
solennen Orationen für alle Stände, sondern sie bildet das Ende
der ganzen Handlung und beschließt die Kommunion der T a g s
v o r h e r konsekrierten Hostie [3]) *(Communio praesanctificatorum).*

Nun ist aber wahrscheinlich der ganze Abschnitt über die Karfreitagsliturgie im Gelasianum erst ein späterer Zusatz, der nicht
vor dem Ende des neunten Jahrhunderts gemacht worden ist [4]).
Auch das Gregorianum [5]), worin die Karfreitagsliturgie für das
Morgenamt die heutigen Orationen zum Besten aller Stände [6]) und
für die Vesper die *Adoratio crucis* sowie die *Missa praesanctificatorum* und Kommunion enthält [7]), bietet mit den letzten drei Bestandteilen einen Ritus, der nachgregorianisch ist und frühestens dem
Ende des neunten Jahrhunderts angehört. Denn wir wissen aus
der Beschreibung Roms von einem Pilger des neunten oder zehnten
Jahrhunderts, daß zu seiner Zeit dort am Karfreitag im päpstlichen
Gottesdienst weder eine *Missa praesanctificatorum* noch eine Kom-

2) Ebner, Quellen und Forschungen zur Geschichte und Kunstgeschichte
des Missale Romanum, a. a. O. S. 374; Bäumer, Das sogenannte Sakramentarium Gelasianum (Histor. Jahrbuch der Görresgesellschaft Bd. 14 [1893],
S. 241 ff.); Grisar an den in der vorigen Anmerkung genannten Stellen.

3) Sacramentarium Gelasianum I, Nr. 41 (Muratori, Liturgia. Bd. 1,
S. 559—562; Migne, P.L. Bd. 74, S. 1103—1105).

4) Ferdinand Probst, Die ältesten römischen Sakramentarien und
Ordines. Münster 1892, S. 172. 216 ff.; Ders., Die abendländische Messe,
a. a. O. S. 119 f. 246 f.

5) Keine unserer Handschriften des Gregorianum geht über das neunte
Jahrhundert zurück, keine gibt den Urtypus genau wieder: Grisar, Das
römische Sakramentar und die liturgischen Reformen im sechsten Jahrhundert (Zeitschrift für kath. Theologie Bd. 9 [1885], S. 575 f.); Probst,
Sakramentarien und Ordines, a. a. O. S. 386 ff.

6) Diese Fürbitten hat nach Probst (Die abendländische Messe, a. a. O.
S. 247) Gregor I. aus den Kyrie und Memento der t ä g l i c h e n Messe
ausgeschieden und dadurch zu einer Besonderheit und zum charakteristischen Hauptbestandteil der Karfreitagsfeier gemacht. Dem scheint allerdings ein Satz desselben Verfassers auf der unmittelbar vorhergehenden
Seite seines Buchs (a. a. O. S. 246) zu widersprechen: „weil sie [die in den
Kyrie und Memento unterdrückten Bitten der *Oratio pro fidelibus*] . . .
n a ch Gregor diesen Platz [in der Karfreitagsliturgie] erhielten."

7) Muratori, Liturgia. Bd. 2, S. 57 ff.; Migne, P.L. Bd. 78, S. 85 ff. (die
Orationen auf S. 79 f.).

munion stattfand[8]). Wohl aber bestand damals als ein Teil der Karfreitagsliturgie die *Adoratio crucis* in solennster Form: der Papst mit dem ganzen Klerus begab sich an diesem Tage aus dem Palast des Laterans, wo er residierte, in die Basilika des Laterans und führte von dort in feierlicher Prozession die große Reliquie des Kreuzes Christi, die diese Kirche besaß, und für die Papst Hilarus (461—468) das eigene Oratorium am Baptisterium erbaut hatte[9]), nach der Basilika Hierusalem, d. h. nach der heutigen Kirche *Santa Croce* in *Gerusalemme: Eodem tempore fecit Constantinus Augustus basilicam in palatio Sessoriano, ubi etiam de ligno sanctae Crucis domini nostri Jesu Christi in auro et gemmis conclusit, ubi et nomen ecclesiae dedicavit, quae cognominatur usque in hodiernum diem Hierusalem* (Liber pontific. Kap. 34 [Silvester]; a. a. O. Bd. 1, S. 179, Z. 10—12; siehe auch Grisar, Analecta Romana, a. a. O. Nr. XIII, S. 556 ff.).

Hier, in dieser Basilika, die durch ihren Namen und die später an sie lehnenden Sagen fest verknüpft war mit der heiligen Stadt und der Helenalegende, wurde das Kreuz aus seinem goldenen Schrein hervorgeholt und feierlich adoriert. Aber auch schon um die Mitte des neunten Jahrhunderts beging man zu Rom diese Karfreitagsfeier, in gleicher Weise am selben Orte, ohne Kommunion. Dies bezeugt Amalarius Symphosius von Metz († zwischen 850 und 853), ein Schüler Alkuins. (Vgl. über ihn Reinhard Mönchemeier, Amalar von Metz. Ein Beitrag zur theologischen Literaturgeschichte und zur Geschichte der lateinischen Liturgie im Mittelalter. Münster i. W. 1893 [Kirchengeschichtliche Studien Bd. 1, 3/4].) In seinem Ludwig dem Frommen gewidmeten Werk De ecclesiasticis officiis libri quattuor heißt es I, 15 (Migne, P.L. Bd. 105, S. 1032): *In superius memorato libro inveni scriptum, ut* [am Karfreitage] *duo presbyteri afferant post salutationem crucis* [von ihr hat das ganze vorhergehende Kapitel gehandelt] *corpus Domini, quod pridie reservatum fuit, et calicem cum vino non consecrato, quod tunc con-*

---

8) Codex Einsidlensis: de Rossi, Inscriptiones Christianae orbis Romae. Tom. II, pars 1, S. 34 f.; dazu Grisar, Die römische Charfreitagsfeier und der Ordo Romanus I. (Zeitschrift für kath. Theologie Bd. 10 [1886], S. 737 ff.); Ders., Analecta Romana. Rom 1899, S. 559.

9) Hilarus, Liber pontificalis Kap. 48, ed. Duchesne. Paris 1886. Bd. 1, S. 242, Z. 11. 12.

secretur, et inde communicet populus. De qua observatione inter-
rogavi romanum archidiaconum [Theodorus], *et ille respondit:*
„In ea statione, ubi apostolicus salutat crucem, nemo ibi communi-
cat." Qui iuxta ordinem libelli [eines in Metz von ihm vorge-
fundenen *Ordo Romanus,* der im ganzen mit Mabillons zweitem
Ordo Romanus identisch gewesen sein muß; vgl. Möncheme ier, Amalar von Metz, a. a. O. S. 141 f.] *per commistionem panis et vini con-*
secrat vinum, non observat traditionem Ecclesiae, de qua dicit Inno-
centius [d. h. der erste Papst dieses Namens († 407); vgl. Migne, P.L.
Bd. 20]: *„isto biduo* [Karfreitag und Karsonnabend] *sacramenta*
penitus non celebrari." Dazu Amalarius, Liber de ordine Antiphonarii Kap. 44 (Migne, P.L. Bd. 105, S. 1292 C): *In feria sexta* [der
Karwoche, d. h. am Karfreitag] *nullum lumen habetur lampadum,*
sive cereorum in ecclesia in Hierusalem [in Rom], quandiu dominus *Apostolicus ibi orationes solemnes facit aut quandiu c r u x*
s a l u t a t u r.

Wann die *Missa praesanctificatorum* nebst Kommunion in den
Ordo Romanus zuerst aufgenommen worden ist, vermag ich nicht
zu sagen. Ihr Vorkommen in dem uns erhaltenen ersten *Ordo Roma-*
nus Mabillons (Museum Italicum II, S. 23 f. und Appendix S. 35)
führt uns in keine frühere Zeit, denn dieser Teil desselben ist jüngere Erweiterung und dem Gebrauch der f r ä n k i s c h e n Kathe-
dralkirchen angepaßt [10]).

Im neunten Jahrhundert hatte die *Missa praesanctificatorum*
mit der allgemeinen Kommunion in den kirchlichen Dienst der
päpstlichen Stationskirche noch keine Aufnahme gefunden. Nach
der Angabe des *Ordo Romanus* im Manuskript von Saint-Amand [11]),
dessen Text um 800 anzusetzen ist, fand zur Vesper, nachdem der
Hauptgottesdienst in der Stationskirche vollendet war, noch in den
einzelnen T i t e l k i r c h e n die *Adoratio crucis* und allgemeine
Präsanktifikaten-Kommunion statt. Es scheint auch dies dafür zu

---

10) Dem alten Kern gegenüber charakterisieren sich durch ihre Riten
wie durch einzelne Ausdrücke als spätere, fremdartige Anhängsel die
Abschnitte Nr. 22—50 und der Appendix. Vgl. hierzu Grisar, Die römische
Charfreitagsfeier und der Ordo Romanus I, a. a. O. Bd 10 (1886), S. 738;
Ders., Die Stationsfeier und der erste römische Ordo, a. a. O. Bd. 9 (1885),
S. 414 ff.; Möncheme ier. Amalar von Metz, a. a. O. S. 194.

11) Cod. Parisinus Fonds lat. 974, saec. IX: L. Duchesne, Origines du
culte chrétien. Paris 1889, S. 452.

sprechen, daß die *Missa praesanctificatorum* kein alter und ursprünglicher römischer Bestandteil der offiziellen Karfreitagsliturgie gewesen, sondern erst im sechsten oder siebenten Jahrhundert
nach dem Vorbild der griechischen Kirche in den Ritus der römischen Titelkirchen eingeführt worden ist, von wo sie dann nach
Ablauf des neunten Jahrhunderts auch in den Dienst der päpstlichen Stationskirche Aufnahme fand. Ihren griechischen Ursprung
verleugnet sie bis auf den heutigen Tag nicht: immer noch ertönt
in ihr wie einst das sogenannte Trishagion in griechischer Sprache:
*H a g i o s o T h e o s. Sanctus Deus. H a g i o s i s c h y r o s. Sanctus
fortis. H a g i o s a t h a n a t o s, e l e i s o n i m a s* [ἡμᾶς]. *Sanctus
immortalis, miserere nobis.*

Wann die Adoration des Kreuzes zuerst in Rom liturgisch ausgeübt wurde, bleibt ungewiß. Wahrscheinlich aber ist der reichere
Karfreitagsritus des Abendlandes aus dem Frankenreich hervorgegangen. Die beiden Hymnen, die in der heutigen Liturgie die
Adoration des Kreuzes einfassen, sind dort entstanden: gedichtet
von dem fränkischen Dichter V e n a n t i u s F o r t u n a t u s und
veranlaßt durch den religiösen Kultus einer fränkischen Königin,
der thüringischen Königstochter R a d e g u n d e.

Durch Vermittlung König Sigberts erbittet und erhält diese
fromme Frau, die, entfernt von ihrem Gemahl Chlothar, im Kloster
von Poitiers nur christlichen Gedanken und Werken lebte, von dem
griechischen Kaiserpaar Justinus und Sophia aus Konstantinopel
eine Partikel des heiligen Kreuzes. Es war im Jahr 568 oder bald
nachher. Mit größter Feierlichkeit wurde die kostbare Reliquie in
einem silbernen Schrein zum Kloster der Königin gebracht[12]). Für
die Prozession, die nach den Worten Gregors von Tours (histor.
Franc. IX, 40 [a. a. O. S. 397]) *cum grandi p s a l l e n t i u m et caere-*

---

12) Gregor von Tours, Historia Francorum IX, 40 (ed. W. Arndt,
Monumenta Germaniae historica. Scriptores rerum Meroving. Bd. 1 [1884],
S. 396 ff.); Gloria martyrum Kap. 5 (ebd. S. 489 f.); De vita sanctae Rade-
gundis Kap. 16 (ed. Krusch, ebd. Bd. 2 [1888], S. 388 f.). Siehe auch Wilhelm Meyer, Der Gelegenheitsdichter Venantius Fortunatus. Berlin 1901,
S. 31. 75. 90 ff. 100 f. (Abhandlungen der Göttinger Gesellschaft der Wissenschaften, phil.-hist. Kl., N. F. Bd. IV, 5). Durch diese liebevolle und tief
eindringende Arbeit wird die Darstellung Eberts, Allgemeine Geschichte
der Literatur des, Mittelalters im Abendlande. Bd. 1 (Leipzig ²1889),
S. 518—542 aufs erfreulichste überholt und ersetzt.

orum micantium ac thymiamatis apparatu stattfand, dichtete
Venantius Fortunatus im Auftrag seiner königlichen Freundin die
beiden Hymnen *Pange, lingua, gloriosi proelium certaminis* und
Vexilla regis prodeunt [13]) in vernehmlichem Anklang an die folgenden Verse in dem neunten Gedicht des Cathemerinon des Prudentius:

> *Dic tropaeum passionis, dic triumphalem crucem,*
> *P a n g e v e x i l l u m, notatis quod refulget frontibus.*
> *O novum caede stupenda vulneris miraculum!*
> *Hinc cruoris fluxit unda, lympha parte ex altera:*
> *Lympha nempe dat lavacrum, tum corona ex sanguine est.*
> *Vidit anguis immolatam corporis sacri hostiam,*
> *Vidit, et fellis perusti mox venenum perdidit,*
> *Saucius dolore multo, colla fractus sibila.*

(Chathem. Carm. IX, V. 83 ff.; Migne, P.L. Bd. 59, S. 872 f.
Siehe oben S. 113.)

Offenbar hat man damals aber sogleich nach dem Vorbild der
Liturgie von J e r u s a l e m und ihrer Nachahmung in K o n s t a n -
t i n o p e l die Adoration des Kreuzes in das Karfreitagsoffizium
eingeführt und dabei wie für die *Missa praesanctificatorum* die
Hymnen gebraucht. Im modernen katholischen Offizium wird die
erste von Palmsonntag bis zum Mittwoch der Karwoche und zwar
die erste Hälfte zur Matutin, die zweite zu den Laudes gesungen;
die zweite Hymne erklingt vom Palmsonntag bis zum Mittwoch der
Karwoche in der Vesper. Beide Hymnen vereint wirken in der
Liturgie am Karfreitag Morgen. Bei der Zeremonie des Kreuz-
kusses wird, nachdem die Improperien vorüber sind, von dem
Hymnus *Pange lingua* die achte Strophe: *Crux fidelis* als Antiphon
angestimmt. Sodann folgt die ganze Hymne mit Ausnahme der
achten Strophe. Nach Vollendung der Adoration begleitet jetzt der
Hymnus *Vexilla regis prodeunt* die Prozession in der Kirche, durch
welche die am Gründonnerstag vorsekrierte heilige Hostie aus
der Seitenkapelle, wo sie beigesetzt worden ist — dem heiligen

---

13) Venantius Fortunatus, Carminum liber II, 2. 6 (ed. Leo, Monumenta
Germaniae historica. Auctores antiquissimi. Bd. 4, 1 [1881], S. 27 f. 34 f.).
Vgl. über die beiden Gedichte Joh. Kayser, Beiträge zur Geschichte und
Erklärung der ältesten Kirchenhymnen. Paderborn ² 1881, S. 395 ff. Fortu-
nat verfaßte auch für Radegunde ein offizielles Dankgedicht an den griechi-
schen Kaiser und seine Gemahlin (ed. Leo, a. a. O. Appendix, II, S. 275 ff.).

Grab nach der mystischen Terminologie der s p ä t e r e n katholischen Liturgik —, abgeholt wird zum Hauptaltar. Dabei tragen alle Geistlichen brennende Kerzen in der Hand. Auf dem Altar stellt dann der Zelebrant den Kelch mit der heiligen Hostie nieder und nimmt die Kommunion.

Wie lehrreich ist der Ursprung dieser beiden liturgischen Kreuzhymnen! Er zeigt, was sich auch sonst beobachten läßt: aus den nichtkirchlichen Kreisen fließen der kirchlichen Liturgie die neuen Ströme des Lebens zu. Einst, in den ersten Jahrhunderten, hatten die christlichen Häretiker, hatten die Gnostiker durch das Beispiel ihrer inbrünstigen Gesänge die Kirche gezwungen, dem nachzueifern. Neben die Psalmen und Kantika [14]), d. h. neben das gesungene B i b e l w o r t , treten die von Hilarius, Prudentius, Ambrosius und anderen f r e i g e d i c h t e t e n Hymnen. Das Muster des Mailänder Bischofs wirkte am stärksten, und an seinen Namen lehnten sich als ambrosianische Hymnen auch Dichtungen anderer Verfasser. Das Prinzip der Quantität wird verdrängt von dem Prinzip des Rhythmus: es entsteht eine neue Kunst religiöser Poesie, deren Wurzeln von Wilhelm Meyer in lyrischer volksmäßiger, geistlicher Dichtung gesucht wurden [15]). Aber nicht ohne heftigen und zähen Kampf konnte diese i n d i v i d u e l l e lyrische Dichtung ihren Einzug halten in die kirchliche Liturgie. Es gab lange, bis in die karolingische Zeit hinein, eine mächtige Partei von strengen kirchlichen Puristen, die nur das psalmodierte Bibelwort und um keinen Preis die buntfarbige Mannigfaltigkeit der Endreime, Rhythmen und Strophen im Gottesdienst dulden wollten, wie sie in der Hymnendichtung aufleuchtete. In Frankreich, das so hervor-

---

14) Dazu gehören das Lob- und das Danklied des Moses (*Cantemus Domino; Audite coeli, quae loquor),* das Preislied der Anna über die Geburt Samuels (*Exsultavit cor meum*); das *Benedicite* der drei Jünglinge im Feuerofen; aus dem Neuen Testament das *Magnificat,* das Canticum des Zacharias *(Benedictus),* der Sang des Simeon *(Nunc dimittis).* Dazu treten weiter das *Gloria in excelsis,* das *Te Deum* und die Präfationen für die Messe.

15) Vgl. W. Meyer, Anfang und Ursprung der lateinischen und griechischen rhythmischen Dichtung. München 1886, S. 372 ff. (Abhandlungen der königlich-bayerischen Akademie der Wissenschaften, phil.-histor. Kl. Bd. 17, Abt. 2). Die hier geäußerte Hypothese wird gegenwärtig fast allgemein abgelehnt.

ragende religiöse Liederdichter gestellt hat, war kurz vor der Entstehung jener beiden Hymnen des Fortunatus auf der Synode von
Tours (567) endlich ein weittragender bahnbrechender Beschluß
gefaßt worden: es wurden außer den kanonischen, ambrosianischen
Hymnen auch andere, die dessen würdig schienen, für den gottes-
dienstlichen Gesang zugelassen, wofern ihre Verfasser genannt
waren:

> *Licet hymnos Ambrosianos habeamus in canone, tamen quoniam
> reliquorum sunt aliqui, qui digni sunt forma cantari, volumus libenter
> amplecti eos praeterea, quorum auctorum nomina fuerint in limine prae-
> notata: quoniam quae fide constiterint dicendi ratione non obstant* (Canon
> 23; Mansi, Conciliorum collectio. Bd. 9 [Florenz 1763], S. 803 D. Vgl. auch
> Kayser, a. a. O. S. 244. 389 Anm. 1).

Diese Konzession des Konzils von Tours mochte Venantius Fortunatus ermutigen, für die von seiner Gönnerin veranstaltete
kirchliche Feier bei der Einholung der Kreuzreliquie seine beiden
Prozessionshymnen zu dichten. Allein es war immer noch schwierig,
selbst für eine als heilig verehrte Königin, solche neuen Zeremonien
außerhalb des festen Rahmens der alten kirchlichen Sitten einzuführen. Vergeblich bat Radegunde ihren zuständigen Bischof Maro-
vech von Poitiers, die Feier zu genehmigen und ihr zu assistieren.
Der Bischof lehnte das in schroffster Form ab, gewiß auch aus
Sorge, die neue wunderwirkende Reliquie des Klosters von Poitiers
könnte dem Glanz der bischöflichen Kathedrale Abbruch tun. Erst
als König Sigbert auf Bitte Radegundens den Bischof von Tours
mit der Abhaltung der Zeremonie beauftragte, kam die feierliche
Installation der Kreuzreliquie zustande, konnten die Hymnen des
Fortunatus erschallen. Der übergangene Bischof aber zürnte der
Königin unerbittlich bis über ihren Tod hinaus.

Das Kreuz besingt Venantius Fortunatus mit jenem glühenden
Glauben an die m a g i s c h e Wirkung der Reliquie, die er sich
einst in Ravenna erworben, als ihm das Öl aus der geweihten
Lampe vor dem Bilde des heiligen Martin die kranken Augen
heilte [16]), und die ihn nach Tours an das Grab des großen Bischofs
gezogen hatte. Das Kreuz ist ihm der Baum, der das Verderben
des verbotenen Apfelbaums, der Adam zu Fall brachte, wieder

---

16) Venantius Fortunatus, Vita Sancti Martini lib. IV, V. 694 ff. (ed.
Leo, a. a. O. Bd. 4, 1, S. 370).

gut macht. Nach einem kurzen Überblick über den Plan der gött-
lichen Erlösung und Christi Lebenswerk verweilt er auf dem Bilde
der letzten Martern: „Hier ist Essig, Galle, das Rohr, Anspeiung,
Kreuznägel, die L a n z e; der zarte Leib wird durchbohrt und
B l u t und W a s s e r strömt hervor, wodurch Erde und Meer, die
Gestirne und die Welt sich rein waschen":

> Hic acetum, fel, harundo,
> sputa, clavi, lancea;
> Mite corpus perforatur:
> s a n g u i s, u n d a profluit,
> Terra, pontus, astra, mundus
> quo lavantur flumine.

(V. 19—21; Leo. a. a. O. Bd. 4, 1, S. 28 [die Interpunktion ist sinngemäß geändert].)

Die Lanze ist das letzte und äußerste der Werkzeuge der Passion
und sie öffnet — wie die Dogmatiker es gelehrt hatten — den
mystischen Bächen der Eucharistie und der Taufe die Bahn, den
Sakramenten der Kirche, durch die der Welt Erlösung sich vollendet.
Indem aber Fortunatus als Zeugen des Dramas die Erscheinungen
der elementaren Welt herbeiruft, hat er, wie sich weiter unten zeigen
wird (siehe Kap. 18 und 21), den ikonographischen Typus der Kreuzigung für die bildende Kunst vorgezeichnet.

Der Dichter schließt seinen Hymnus mit der Durchführung einer
tiefsinnigen Anschauung, aus der eine weitverzweigte christliche
Volkssage [17] entsprungen ist: das Kreuz, das den Dulder trägt,
ist ihm ein Baum, dem an Laub, Blüten und Zweigen kein irdischer
Baum gleicht, ein süßes Holz, und er bittet es, seine Äste zu beugen,
sein Markholz zu erweichen und seine Härte zu mildern, auf daß
des überweltlichen Königs Glieder sanft an dem Stamm ruhen.
Auch der zweite Hymnus greift dieses Bild wieder auf. Er beginnt
indessen als echtes Prozessionslied mit einer andern Vorstellung:
„Des Königs Banner ziehen voran, es erglänzt als geheimnisvolles
Siegeszeichen das Kreuz." Gleich den Adlern der römischen Legio-

---

17) Piper, Der Baum des Lebens. Berlin 1863; Mussafia, Sulla leggenda
del legno della croce (Sitzungsberichte der Wiener Akademie der Wissenschaften, phil.-hist. Kl. Bd. 63 [1869], S. 165 ff.); Wilhelm Meyer, Die Geschichte des Kreuzholzes. München 1882, S. 101 ff. (Abhandlungen der königlich-bayerischen Akademie der Wissenschaften, phil.-hist. Kl. Bd. 16, Abt. 2).

nen, wenn sie im Triumph heimkehrten, werden Kreuzesfahnen,
wird das Kreuz selbst als Siegeszeichen, als Symbol des Triumphes
Christi über Satan und Hölle vorgetragen. Und sogleich folgt die
Erklärung des Mysteriums dieses Siegeszeichens: „das von Nägeln
durchbohrte, geschlachtete Opferlamm wurde überdies von der grau-
samen L a n z e n s p i t z e verwundet und vertropfte W a s s e r und
B l u t, um uns von der Sünde rein zu waschen":

> *Confixa clavis viscera*
> *tendens manus, vestigia*
> *redemptionis gratia*
> *hic inmolata est hostia.*

> *Quo vulneratus insuper*
> *mucrone diro lanceae,*
> *ut nos lavaret crimine,*
> *manavit unda et sanguine.*

> (Leo, a. a. O. S. 34.)

Man gewahrt das Nachklingen der alten abendländischen Auffassung: die Ströme, denen der Speer den Weg aus Christi Seite
öffnet, erscheinen als kathartisches Sakrament, als ein Taufbad.
Die Beziehung auf das Abendmahl mit seinen stoffverwandten
beiden Elementen fehlt.

Die m o z a r a b i s c h e Liturgie Spaniens bietet in der bisher
allein bekannten, keineswegs unentstellten Fassung, die im Jahre
1500 auf Befehl des Kardinals Ximenes de Cisneros zu Toledo pub-
liziert [18]) wurde, eine sehr eingehende Beschreibung eines altertümlichen und vielfach originellen Verfahrens bei der aus dem griechischen Ritus entlehnten *M i s s a   p r a e s a n c t i f i c a t o r u m*
d e s   h e i l i g e n   F r e i t a g s. Die Vorweihe der Opfer findet hier
am Gründonnerstag unter umständlichen Zeremonien statt. „Nach-

---

18) Missale mixtum secundum regulam beati Isidori dictum Mozarabes
in Francisci Ximenii per Alfons. Ortizium, impressum opere Petri Hagem-
bach, impensis Melchioris Goricii. Toleti 1500. Ich benutze den Abdruck
bei Migne, P.L. Bd. 85/86 unter dem Titel: Liturgia Mozarabica secundum
regulam beati Isidori in duos tomos divisa, quorum p r i o r continet
M i s s a l e   M i x t u m praefatione, notis et appendicibus ab Alexandro
Lesleo, S.J. sacerdote, ornatum; p o s t e r i o r B r e v i a r i u m G o t h i c u m
opera Fr. Ant. Lorenzana, Toletanae ecclesiae archiepiscopi recognitum. Die
darin benutzte Ausgabe von Alex. Lesley erschien Rom 1694, die von
Lorenzana Rom 1804. Der Text selbst soll nach der Vorbemerkung des

dem der Priester kommuniziert hat, nehme er den vorher wohl
gereinigten [also ungefüllten] Kelch und lege in den Kelch die lin-
nene Decke, mit welcher der Kelch verhüllt wird, und empfange ehrerbietig den Leib Christi und lege ihn hinein in den Kelch auf das
genannte Linnentuch. Darauf nehme er ein zweites Linnentuch,
mit dem er den Kelch zudeckt, und setze darauf die Patene und
über die Patene und den Kelch lege er einen schönen Wimpel, der
den ganzen Kelch einhülle, und nehme die Wimpelenden auf seine
Schultern; und so trage feierlich der ganze Chor die Eucharistie
zum G r a b m o n u m e n t singend unter voranschreitenden Trägern von Wachskerzen und Weihrauch, während ein kleiner Knabe
ein Glöckchen läutet" (vgl. Migne, P.L. Bd. 85, S. 418). Vier oder
sechs A d l i g e d e r S t a d t halten dabei das über den Leib Christi
gebreitete Velum, auch werden grüne Laubzweige unter die Füße
der Schreitenden gestreut. Und ebenso erfolgt am nächsten Tage
(d. h. am Karfreitag) die Zurückholung des Leibes des Herrn vom
Grabmal zum Altar. Nachdem man zum Grabmonument gelangt
ist, soll der Bischof oder Priester zusammen mit dem Dekan oder
dessen Stellvertreter und einem älteren Kanoniker des Chors hin-
aufsteigen und die Eucharistie im Monument niederlegen. Der
Bischof oder der Priester soll den Kelch enthüllen und die geweihte
Hostie den genannten beiden Personen vorweisen, dann den Kelch
wieder bedecken wie zuvor und in das Grabmal ein Kreuz, ein
vollständiges Missale oder die Bibel und ein Rauchfaß ohne Kohlen-
glut und eine sogenannte Naveta [19]) mit Weihrauch und ein Glöckchen legen, danach mit einem andern Weihrauchfaß inzensieren.
Alsdann werde mit größter Sorgfalt das Grabmal durch zwei Schlüssel geschlossen und mit zwei Wachssiegeln versiegelt. Schlüssel und
Siegel bleiben in der Obhut der vorher genannten beiden Personen.
Nachdem so der H e r r b e g r a b e n und das Grabmal verschlossen
worden ist, kehrt der Priester mit seinen Begleitern zum Altar zurück, und es wird mit hölzernen Klappern zur Vesper geläutet,
die dann sofort beginnt.

Die K a r f r e i t a g s f e i e r (vgl. Migne, P.L. Bd. 85, S. 422 f.)
fängt nach der mozarabischen Liturgie erst u m 3 U h r n a c h -

---

Herausgebers der Patrologie genau nach der spanischen *Editio Princeps*
gegeben sein.

19) Siehe Du Cange Bd. 5, S. 577 C.

mittags an. Auf die Lektionen aus Isaia, dem Korintherbrief und
eines aus allen vier Evangelien mit Bevorzugung des Matthäus
zusammengestellten Passionsberichts[20]) sowie verschiedenen Orationen folgt die feierliche *Adoratio crucis* (vgl. Migne, P.L. Bd. 85,
S. 430 f.). Das Kreuz, mit schwarzem Tuch verhüllt, wird von zwei
vornehmen Presbytern[21]) auf die linke Seite des Altars, dann auf
die rechte, zuletzt in die Mitte des Altars getragen unter dem Gesang der Antiphonen, denen jedesmal zwei Diakone den griechischen Kantus folgen lassen: *Agyos* [ἅγιος] *o Theos, Agyos Isquiros*
[ἰσχυρός], *Agyos Athanatos, Eleyson Ymas* [ἡμᾶς], während der
Chor kniend jedesmal lateinisch respondiert: *Sanctus Deus, Sanctus
fortis, Sanctus et immortalis, miserere nobis.* Dies ist das uralte sogenannte Trishagion (siehe oben S. 144), das seinen griechischen
Ursprung an der Stirn trägt und auch in der übrigen abendländischen Liturgie an dieser Stelle des Karfreitagsoffiziums sich eingebürgert hat. Alsdann wird eine vor dem Altar errichtete Bühne für
das Kreuz prächtig dekoriert. Der Priester nimmt das verdeckte
Kreuz aus den Händen der singenden beiden Presbyter, und während er nun erst den rechten, dann den linken Kreuzarm, zuletzt
das ganze Kreuz enthüllt, stimmt er dreimal nacheinander in
immer gesteigertem Ton die Antiphone an: *Ecce lignum crucis,* der
jedesmal der Chor antwortet: *In quo salus mundi pependit* (Migne,
P.L. Bd. 85, S. 431 B). Nach der Enthüllung hebt er das Kreuz mit
beiden Armen so hoch als möglich, trägt es dann auf die Bühne,
und es beginnt die feierliche Adoration. Zuerst nahen sich kniebeu-
gend und den Erdboden küssend der Priester, dann seine Gehilfen
und bringen dem Kreuz ihre Oblation: *Et statim presbyter cum suis
ministris adorent crucem flectendo genua ter, cum summa reveren-
tia et humilitate osculando terram et offerant oblationem cruci, ut
aliis praebeant exemplum* (a. a. O. S. 432 A).

Der Priester spricht eine Oration, der Chor singt Antiphonen
und unterdessen vollzieht nacheinander der ganze Klerus und das

---

20) Von der Vorführung vor Pilatus bis zur Grablegung durch Joseph
von Arimathia. Die Rubrik lautet: *Lectio sancti evangelii secundum
Matthaeum,* aber es ist z. B. aus dem Johannes die ganze Geschichte des
Speerstichs aufgenommen.

21) In den Rubriken der Liturgie des Kardinals Ximenes erscheint
das Wort synonym wechselnd mit *sacerdos* und bedeutet P r i e s t e r.

Volk die Adoration. Sodann nehmen die beiden Presbyter das Kreuz
von der Bühne und gehen damit vor die Mitte des Altars, eine Antiphone anstimmend, und nach ihrer Beendigung legen sie das Kreuz
auf den Altar: *Super omnia ligna cedrorum tu sola excelsior, in
qua vita mundi pependit, in qua Christus triumphavit et mors mortem superavit in eternum* (a. a. O. S. 432 C; bei der jetzigen Charfreitagsfeier nicht mehr gebräuchlich).

Hierauf folgt die G r a b ö f f n u n g , die Herbeiholung der präsanktifizierten Opfergaben und die Kommunion.

In schweigender Prozession begibt man sich, ein a n d e r e s
schwarzes Kreuz, Wachskerzen und Weihrauchfaß voran, wobei der
Priester und seine Gehilfen den Zug eröffnen, Klerus und Volk
folgen, zum Monument. Bei der Öffnung wiederholen sich die von
der Gründonnerstagsfeier bekannten Zeremonien: die Funktion des
Priesters, der beiden Bewahrer von Schlüssel und Siegel, das Weihrauch anzünden, die vertrauliche Vorweisung und Aufdeckung des
Kelchs mit der Hostie. Dieser wird dann in derselben Weise verhüllt, wie er Tags zuvor hingebracht worden war, mit der gleichen
Begleitung, in feierlicher Prozession auf den Altar zurückgetragen.
Der Diakon breitet das Korporale über den Altar, der Priester
setzt darauf den Kelch und den Leib Christi, steigt herab zu der
Stufe des Altars, spricht das Glaubensbekenntnis, steigt dann
wieder hinauf und wäscht die Hände. Darauf nimmt er den Leib
Christi aus dem Kelch und legt ihn auf den Altar neben den Fuß
des Kelches und verfährt hinsichtlich des Weins und Wassers wie es
an andern Tagen Sitte ist: *Deinde accipiat corpus Christi reveren-
ter de calice et ponat super aram ad pedem calicis: et provideat de
vino et aqua, ut moris est aliis diebus* (Migne, P.L. Bd. 85, S. 433 B).

Das heißt unzweifelhaft: es wird mit derselben Oration wie bei
der wirklichen Messe der Kelch mit Wein gefüllt und Wasser nach-
gegossen, wie oben (S. 134 ff.) mitgeteilt worden ist, also unter Beziehung auf das aus C h r i s t i S e i t e nach dem S p e e r s t i c h
hervorquellende B l u t und W a s s e r . Den mit Wein und Wasser
gefüllten Kelch stellt er auf den Altar und bedeckt ihn mit dem
Tuche: *Calice collocato super aram cum vino et aqua cooperiat
eum filiola* [mit dem Tuch] (a. a. O. S. 434 A).

Er beginnt ein Gebet und zeigt dabei dem Volk den Leib des Herrn
auf dem Altar. Alsdann zerlegt er diesen Leib nach dem höchst merk-

würdigen Ritus, den die mozarabische Liturgie für jede Kommunion
anordnet, in n e u n P a r t i k e l n [22]). Diese legt er der Reihe nach
auf die Patene in der sonst üblichen Weise, nimmt eine Partikel,
die *Regnum* heißt, und läßt sie in den K e l c h f a l l e n. Alsdann
nimmt er die zweite, genannt *Gloria,* hält sie über den Kelch,
spricht die sonst gebräuchlichen Gebete und genießt sie und deckt
den Kelch zu; darauf sumiert er die übrigen sieben Stücke, die auf
der Patene liegen, der Reihe nach, reinigt diese dann über dem
Kelch mit dem Daumen von allen Brotresten und hält sie unter
das Kinn, um danach aus dem Kelch den Wein und die darin
liegende Brotpartikel zu genießen, die nach der Meinung mancher
den ungeweihten Wein erst konsekriert, d. h. seine Substanz in
Blut wandelt. Nach abermaliger Händewaschung schließt mit kurzem Gebet das Offizium.

Die mozarabische Liturgie hat mehrere Eigentümlichkeiten,
die für unsere Untersuchung von großer Bedeutung sind. Die
dramatische Parallelisierung des Lanzenstichwunders mit dem Akt
der *Commixtio* kam oben (S. 186 f.) bereits zur Sprache; die beiden
Prozessionen bei der Messe des Gründonnerstags und bei der Präsank-
tifikatenkommunion des Karfreitags treten dazu: sie stellen ein voll-
kommenes D r a m a dar. Es ist das Drama der G r a b l e g u n g
C h r i s t i. Deren Held ist der Ratsherr J o s e p h v o n A r i m a t h i a.
Die Liturgie wird hier zu einem ergreifenden, auf Sinn und
Gemüt naiver Menschen gleich tief einwirkenden poetischen Kunst-
werk. Und endlich drittens: die Zerlegung der Hostie in n e u n
Teile, die der mozarabische Ritus für j e d e Messe vorschreibt.
Diese Teile haben abstrakte Namen, die sich auf die Hauptpunkte
des christlichen Dogmas beziehen: *Corporatio, Nativitas, Circum-
cisio, Passio, Mors, Resurrectio, Apparitio, Gloria, Regnum.* Aber
zweifellos ist diese spekulative Symbolik nicht die ursprüngliche.
Vielmehr deuten diese neun Teile von Hause aus auf die neun
Chöre der Engel [23]). Denn nach alter christlicher Metaphorik ißt
der Mensch in der Eucharistie das Brot der Engel *(panis angelorum,*

---

22) Vgl. die genauere Vorschrift nebst Abbildung der Verteilung der
Stücke auf der Patene bei Migne, P.L. Bd. 85, S. 118 (Adventsmesse) und
S. 557 (Feiertags- und Messen an Märtyrertagen).

23) Joannes Bona, Rerum liturgicarum libri duo. Buch 1, Kap. 11, § 5;
hrsg. von R. Sala. Augustae Taurinorum 1747 ff. Bd. 1, S. 220 f.

angelica). Die Gesamtheit der himmlischen Heerscharen in neun
Gruppen bringt — dies ist der Sinn der Zeremonie — die mystische
Speise aus der paradiesischen Welt herbei.

Dadurch ist das Alter dieses Ritus bestimmt. Er muß jünger
sein als das Bekanntwerden der Schrift des Pseudo-Areopagiten
über die himmlische Hierarchie, worin die Lehre von den neun,
stufenweis übereinander geordneten Chören der Engel vorgetragen
wird. Wir können die Wirksamkeit dieser mystagogischen Dichtung
mit Bestimmtheit seit der Synode zu Konstantinopel vom Jahre
533 nachweisen. Im Jahre 827 sandte dann Kaiser Michael ein prunk-
volles Exemplar der Werke des Areopagiten an Ludwig den Frommen, der danach eine lateinische Übersetzung durch den Abt Hilduin
von St. Denis anfertigen ließ. Eine neue bessere Übersetzung lieferte
bald nachher im Auftrag Karls des Kahlen Johannes Scotus Eriugena. Damit war der breite Strom griechischer Mystik und Mystagogie in das Bett der abendländischen Dogmatik geleitet. Doch hat
das System der Engel schon Gregor der Große[24]) um die Wende
des sechsten und siebenten Jahrhunderts übernommen und durch
seine Lehre verbreitet. Mithin könnte auch durch seinen Einfluß im
Laufe des siebenten Jahrhunderts jene Zahlensymbolik in den
Ritus der spanischen Messe gekommen sein.

Für Spanien haben wir aus dem neunten Jahrhundert dafür
ein Zeugnis[25]), daß damals dies Opferbrot der Messe nach den
mystischen Weisungen des Areopagiten vervielfältigt wurde. Am
Weihnachtstage, am Himmelfahrtstage und am Fest der Transfigu-
ration wurden zwölf an Gestalt und Größe gleiche Brote konsekriert, die man in einem Kreis anordnete, um dadurch den englischen Chor darzustellen, während man in die Mitte des Kreises
noch fünf Brote in Kreuzform legte zur Bezeichnung der vier Evangelisten und des von ihnen eingeschlossenen einzigen Sohns Gottes.
Am Ostersonntag brachte man für jede der drei Messen 45 Brote
als Opfer, die man in der Form des Kreuzes gruppierte. Ebenso-
viel wurden konsekriert am Pfingsttage, jedoch mit einer anderen
Verteilung auf der Patene: man legte ein Rechteck, in dessen

---

24) Homil. in Evang. lib. II, Kap. 34, 7 (Migne, P.L. Bd. 76, S. 1249 f.).

25) Eldefonsus episcopus Hispaniensis; Martène, De antiquis ecclesiae ritibus lib. I, Kap. IV, art. 5, § 10. Rotomagi 1700, S. 382 ff. (mit Abbildungen).

Innern fünf Brote Christus von den Evangelisten umgeben darstellten, als Bild des himmlischen Jerusalems. An den gewöhnlichen
Sonntagen und den Festen der Heiligen offerierte man fünf Brote.
in Kreuzesform gelegt. Überall mußte das in der Mitte liegende
Brot, das *Agnus Dei*, größer als die übrigen sein.

Auch die i r i s c h e Meßliturgie kennt je nach den Festen die
Konsekration von fünf, sieben, acht, neun, elf bis fünfzehn Hostien,
die in Kreuzesform aufgelegt wurden. Allein die irischen Traktate [26]) über die Messe, die das bezeugen, scheinen nicht älter zu
sein als der Anfang des elften Jahrhunderts [27]). Keinesfalls kann
ich mich davon überzeugen, daß sie gleichzeitig mit der ersten Hand
des Stowe-Missals und mit diesem noch ins siebente Jahrhundert
zu setzen seien [28]). Denn die hierin durchgeführten mystischen Auslegungen aller Akte der Messe sind so kompliziert, eingehend und
raffiniert, daß sie vor der Aufnahme der mystagogischen griechischen Literatur des siebenten und achten Jahrhunderts mir undenk-
bar scheinen. In Frankreich brachte erst Amalarius von Metz im
neunten Jahrhundert diese Methode auf und hatte damals die
allgemeine Verurteilung seiner „nebulosen" Neuerung zu erleben.

Das Karfreitagsoffizium der h e u t i g e n katholischen Kirche,
welches am Morgen stattfindet, enthält während der *Adoratio crucis*
in den sogenannten Improperien eine lange Reihe von Antithesen.
die den Opfertaten des göttlichen Heilands die Frevel seines Volkes
ergreifend gegenüberstellen. Erst im Laufe der Zeit sind sie um diejenigen Sätze vermehrt worden, die in prägnantem Kontrast eine
bildliche Beziehung des Johanneischen Speerstoßes zum Werke
Gottes wiederholt und nachdrücklich herausarbeiten:

Popule meus, quid feci tibi aut in quo contristavi te? Responde mihi.
. . . Ego ante te aperui mare: et tu aperuisti lancea latus meum. . . . Ego te
potavi aqua salutis de petra: et tu me potasti felle et aceto (Missale Roma-

---

26) Mac Carthy in: The Transactions of the Royal Irish Academy.
Vol. XXVII. Politic Literature and Antiquities. Dublin 1877—1886 [1885],
S. 251 f.

27) Vgl. Whitley Stokes, The Irish Passages in the Stowe Missal (Zeitschrift für vergleichende Sprachforschung Bd. 26 [1883], S. 498: nicht vor
dem zehnten Jahrhundert, wahrscheinlich aber erst im elften oder zwölften).

28) Mac Carthy, a. a. O. S. 245; Bäumer, Das Stowe-Missale (Zeitschrift
für kath. Theologie Bd. 16 [1892], S. 471. 459).

num; Codex liturg. Bd. 1, S. 418. — Beide Versus fehlen noch im alten *Ordo Romanus [vulgatus] de officiis divinis;* Bibliotheca maxima patrum Tom. 13, S. 692).

Aber der seit dem zehnten Jahrhundert verbreitete *Ordo Romanus vulgatus* enthält doch schon wenigstens e i n e ähnliche Antithese: Gott, der Herr, pflanzte sein Volk wie einen fruchtprangenden Weinberg, aber dieses löschte seinen Durst mit Essig und öffnete die Seite des Erlösers mit der Lanze: *Quid ultra debui facere tibi et non feci? Ego quidem plantavi te vineam meam fructu decoram* [speciosissimam bei Migne] *et tu facta es mihi nimis amara: aceto namque sitim meam potasti et l a n c e a p e r - f o r a s t i l a t u s S a l v a t o r i t u o* (Ordo Romanus, a. a. O. S. 692 C. Ebenso in den *Versus in . . . parasceve* aus dem Cod. Vindob. saec. X; Migne, P.L. Bd. 138, S. 1079 A).

Hier sind die beiden Akte des Essigschwamm-Spenders und des Speerträgers in der später durchaus traditionellen Weise eng miteinander verbunden und der Heilstat Gottes entgegengesetzt. Diese Kontrastierung beruht ihrem Gedanken nach und in ihrer allgemeinen Disposition unzweifelhaft auf alter Tradition der griechischen Kirche, wie sie uns bereits in dem oben (S. 110) besprochenen rhythmischen Kirchengesang bei der Erhöhung des Kreuzes entgegentritt. Aber die Ausführung scheint durchaus abendländisches Eigentum zu sein. Den Essigtrunk erwähnen alle Evangelien, den Speerstich aber nur das Johanneische. Da außerdem in der angeführten Antithese des eucharistischen Offiziums eigentlich nun *acetum* einen genauen Gegensatz zu *vinea* bildet, ist wohl die Möglichkeit zu erwägen, ob nicht die letzten Worte, die des Lanzenträgers gedenken, ein j ü n g e r e r Z u s a t z seien, der aus dem Parallelismus des Bildes herausfällt. Indessen ist zu bedenken, daß früh, d. h. mindestens seit dem fünften Jahrhundert, nachweisbar die mystische Interpretation des Lanzenstichs mit Vorliebe die durch ihn zum Ausströmen gebrachte Flüssigkeit, Wasser und Blut, mit dem Trunk der Eucharistie, Wasser und Wein, parallelisiert, und von da aus dann unter Vermittlung der bekannten Johanneischen Gleichnisse der Weg zur *vinea* des liturgischen Bildes nicht weit ist.

In den jüngeren Erweiterungen des Karfreitagsoffiziums wurde das antithetische Element noch wesentlich verstärkt. Die Art, wie in diesen Antithesen auch der Speerstich auftritt, scheint ja ganz verschieden von denjenigen mystischen Interpretationen, die in dem Blut und Wasser, das der Speer des Kriegsknechts aus Christi Seite hervorströmen ließ, die Quellen und die wirksamen Erscheinungen des vollzogenen Erlösungswerks fanden. Aber im Grunde handelt es sich um ein und dieselbe Betrachtungsweise, nur von zwei verschiedenen Standpunkten aus: was auf jenem als Marter, Grausamkeit, blutiger Frevel erscheint, zeigt sich auf diesem als konstitutiver Bestandteil der Heilstat Gottes, also notwendiges, ja eben heilbringendes Blutvergießen.

Vierzehntes Kapitel.

Älteste Gestalt der Legende des Longinus.

Auch in der p o e t i s c h e n Gestaltung der P e r s ö n l i c h -
k e i t des Lanzenträgers ist offenbar der Orient dem Abendland
vorausgegangen. Lange vor den Hymnen des Venantius Fortunatus
muß das geschehen sein. Doch sind diese Anfänge ganz im Dunkeln.

Durch die Zeremonie der Kreuzadoration mit ihrem Vorbei-
schreiten der andächtig küssenden Menge und die nachfolgende
Prozession bei der Herbeiholung der präsanktifizierten Opfergaben,
durch die lyrischen Hymnen des Venantius Fortunatus, welche diese
dramatischen Szenen der nach griechischem Ritus bereicherten fränkischen und römischen Karfreitagsfeier begleiteten, wurde etwas
vom orientalischen K u l t u s d e r h e i l i g e n L a n z e auch in die
abendländische Liturgie hineingetragen. Der Akt, den man sich
jetzt so lebhaft und nachdrücklich vergegenwärtigte, zog notwendig
auch seinen Urheber in den Vordergrund des Bewußtseins. Feierte
man in mystischer Devotion das Werkzeug, so bedurfte man auch
einer deutlicheren Vorstellung von dem Wert und Wesen und den
Lebensumständen dessen, der es geführt hatte.

Der Soldat, der dem Blute des gekreuzigten Jesus nach dem
Bericht des Johannesevangeliums mit seiner Lanze den Weg geöffnet hatte, wurde eine P e r s ö n l i c h k e i t. Er erhielt den
Namen L o n g i n u s. Man machte ihn, den heidnischen Kriegsknecht des Pilatus, zu einem Bekehrten, zu einem Märtyrer des
neuen Glaubens. Das *Martyrologium Hieronymianum,* das uns in
einer zu Auxerre veranstalteten Rezension des sechsten oder siebenten Jahrhunderts vorliegt, verzeichnet[1]) als seinen Todestag den

---

1) Martyrologium Hieronymianum, ed. de Rossi et Duchesne. Brüssel
s. a. [1894], S. 33: *Id. Marci. In Capadocia. Sancti Longini;* S. 134: *X. Kal.
Nouemb. In Cesarea Cappadotie. Longini.* Der Codex Wissenburg. gibt
auch noch (ebd. S. 146): *X. Kal. Dec. In Capadotie. Longini.* Ein anderer
Märtyrer ist dagegen der unter *XII Kal. Aug.* eingetragene (ebd. S. 94).

15. März mit dem Zusatz „in Kappadozien", aber auch unter dem
23. Oktober mit der Bestimmung „zu Cäsarea in Kappadozien". Das
Martyrologium Romanum parvum aus der Zeit um 700 verlegt den
Tod des Heiligen nach Cäsarea in Kappadozien und auf den
1. September, nennt Longinus dabei ausdrücklich Soldat und Mär-
tyrer, der die Seite Christi am Kreuze geöffnet habe: *Kal. Septembr.*
Apud Caesaream Cappadociae Longini m i l i t i s et martyris, qui
latus Domini in cruce aperuit (Vetus Romanum Martyrologium:
H. Rosweyde, Martyrologium Romanum parvum. Antwerpen 1613.
S. 17).

Gregor von Tours erzählt in seiner Frankengeschichte, die im
letzten Drittel des sechsten Jahrhunderts entstand, auf Grund einer
Quelle, der er den Namen gibt *martyrum passiones,* von seltsamen,
erbaulichen Vorgängen, an denen ein Bischof Longinus beteiligt
war. Zur Zeit des vandalischen Königs Hunerich, etwa um das Jahr
483, haben, wie er berichtet, in Afrika der arianische Bischof Cirola
und drei orthodoxe Bischöfe, der heilige Eugenius, ferner Vindimialis und Longinus gelebt. Vindimialis erweckte Tote, Longinus
heilte Kranke, Eugenius gab Blinden das Gesicht, Wahnsinnigen
den Verstand wieder. Das reizt den Ehrgeiz des arianischen Kollegen. Er führt eine Komödie auf, indem er einen gesunden Mann mit
50 Goldstücken besticht, den Blinden und durch seine Wundertat
Geheilten zu spielen. Aber der Betrug wird vereitelt: als der Er-
kaufte sein heuchlerisches Klagelied an der Straße anhebt und den
mit den drei Bischöfen vorbeikommenden Cirola der Abrede gemäß
um Heilung bittet, da erblindet er wirklich und erkennt, daß Gott
seinen Frevel bestraft hat. Nun bekennt er sich zum katholischen
Glauben und erfleht von den heiligen Männern Hilfe. Diese erheben
untereinander einen edlen Wettstreit, indem jeder den andern ermutigen will, dem reuigen Sünder das Augenlicht wieder zu verschaffen. Schließlich wirken sie mit vereinten Kräften: Vindimialis
und Longinus legen die Hände auf, Eugenius schlägt das Kreuz und
spricht den Segen:

Longinus (Arndt: *episcopus Pamariensis*) *autem multis infirmis salu-*
tem tribuit. Eugenius quoque non solum visibilium oculorum c e c i t a -
t e m , sed etiam mentium depellebat. ... Vindimialis vero ac Longinus
Eugenium, ille autem eos exorat, ut manus imponerent c a e c o . Quod
cum fecissent et manus super capud eius tenirent [!], sanctus Eugenius cru-

cem Christi super oculos caeci faciens ait: „In nomine Patris ... aperiantur oculi tui!" Et statim ablato dolore ad pristinam rediit sanitatem (Gregor von Tours, Historia Francorum II, 3 ed. Arndt, Monumenta Germaniae historica. Scriptores rerum Meroving. Bd. 1 [1884], S. 63, Z. 21 ff. bzw. S. 64, Z. 23 ff.).

Dieser Longinus teilt also jedesfalls mit unserem bekannten Longinus die Fähigkeit, auf wundersame Weise Blinde sehend zu machen. Denn die Legende des Speersoldaten Longinus erzählt von dessen Blindheitsheilungen.

Im Martyrologium Ados von Vienne (um 800—875), das vielleicht auch ältere Akten benutzt hat, wird des Longinus Opfertod zu Cäsarea ausführlich erzählt unter dem 1. September. Hier erscheint er bereits als erhöhte Figur. Die Apostel selbst haben ihn, den Bekehrten, getauft, und er ragt dann durch seine Heiligkeit hervor, um mit den Qualen des Martyriums zuletzt seine Treue zu besiegeln:

Kalendis Septembris. ... Item apud Caesaream Cappadociae beati Longini militis et martyris, quem tradunt illum esse, qui lancea latus Domini Jesu Christi pendentis in cruce aperuit. Hic postmodum baptizatus ab apostolis, cum apud Cappadociam Sanctitate praecipuus degeret, tandem ab Octavio praeside comprehensus, post confessionem fidei, lingua abscisa et dentibus excussis capite truncatus est. Simul cum eo coronatus est Aphrodisius (Rosweyde, a. a. O. S. 147).

Noch mehr weiß des H r a b a n u s M a u r u s etwa um die Mitte des neunten Jahrhunderts kompiliertes Martyrologium von den näheren Umständen zu melden, unter denen sich des Longinus Bekehrung und späteres Leben abgespielt hat. Es beruft sich bereits auf ein Buch *(libellus)* vom Martyrium des Longinus und gibt an, er habe einst unter einem römischen Hauptmann gedient, dem Herrn bei seiner P a s s i o n am Kreuz die Seite mit der Lanze geöffnet und angesichts der Zeichen und Wunder, die dem Tode des Gekreuzigten folgten, zu Christus sich bekehrt, Reue über sein bisheriges Leben empfunden, viele dem Christentum gewonnen und als Märtyrer sein Ende gefunden. Seine letzte Tat sei die Heilung des von Gott mit Blindheit gestraften Präfekten Oktavius gewesen, dem er durch seinen Märtyrertod das Gesicht wiederverliehen habe:

In Cappadocia passio St. Longini martyris, de quo in libello martyrii eius narratur, quod aliquando m i l i t a n s sub c e n t u r i o n e R o m a n o in p a s s i o n e Domini latus eius cum lancea in cruce aperiret et viso

*terraemotu et signis, quae fiebant, crediderit in Christum poenitentiam
agens de operibus suis pristinis: postea monachus factus per XXX et IV
annos Christo militavit multos convertens ad fidem Dei: ad extremum
vero martyrizavit in Cappadocia sub Octavio praeside, quem propter in-
fidelitatem suam divino iudicio percussum corporea caecitate post martyrium suum illuminavit* (Migne, P.L. Bd. 110, S. 1135 C). Der Zug, daß
Longinus unter einem römischen Hauptmann der Passion Christi beigewohnt habe, verrät eine Verbindung von Matth. 27, 54 mit dem Johanneischen Bericht; siehe darüber oben S. 16.

Die Legende selbst ist bisher nur in den *Acta Sanctorum* der
Bollandisten mit ungenügender Charakteristik und Kritik der
Handschriften herausgegeben [2]) in einer nicht ursprünglichen Form,
die aber durch ihre Übereinstimmung mit den von Hrabanus
Maurus überlieferten Grundlinien der Tradition immerhin im
K e r n sich als alt erweist. Sie arbeitet das Motiv der Bekehrung
vom Weltleben zur Nachfolge Christi scharf heraus. Der richtende
Präfekt Oktavius, dem der wegen seiner christlichen Predigt ver-
haftete Longinus vorgeführt wird, fragt nach dem Grund seines
Aufenthalts und erhält zur Antwort: „I c h   w a r   e i n   M a n n
d e s   H o f e s   u n d   d i e n t e   i m   W e l t l e b e n ,   j e t z t   a b e r
d i e n e   i c h   a l s   S o l d a t   J e s u   C h r i s t o“:

> *Iudex dixit: „Propter quam causam venisti huc?“ S. Longinus dixit:
> „Curialis fui et m i l i t a v i in s e c u l o, nunc autem m i l i t o C h r i s t o
> J e s u.“ Praeses dixit: „Quis te ergo absolvit a militia?“ S. Longinus res-
> pondit: „Fratres meos rogavi, ut tollerent substantiam meam et ego ac-
> quirerem animam meam, et consenserunt mihi. Dabant autem mihi in
> sumptus s o l i d o s centum per singulos annos, quos expendebam in p a u -
> p e r e s C h r i s t i. Nunc autem deprecatus sum Dominum meum Jesum
> Christum, ut me educeret de c a r n a l i m i l i t i a et donaret mihi spiri-
> tualem* (Kap. 3; Acta Sanctorum, a. a. O. S. 379 D).

So hatte die Gestalt die Züge eines bestimmten Typus christlicher Hingabe und aufopfernder Energie erhalten: des weltlichen,
ungläubigen, schlichten Kriegsknechts, der dann im Dienst des Höchsten die alte soldatische Treue bewahrt. Es ist der *b o n u s   m i l e s
J e s u   C h r i s t i* der Paulinischen Briefe: *Hoc praeceptum com-*

---

2) Unter dem Titel *Acta Sancti Longini militis ex pluribus pervetustis
manuscriptis* (veröffentlicht in den Acta Sanctorum, März Bd. 2 [1865],
S. 379 f.). Die Legende bedarf durchaus einer neuen kritischen Ausgabe
auf Grund eines reicheren handschriftlichen Materials, namentlich auch
der griechischen Redaktionen. Vielleicht regen diese Untersuchungen dazu an.

mendo tibi, fili Timothee! secundum praecedentes in te prophetias,
ut m i l i t e s in illis b o n a m m i l i t i a m . . . (1. Timoth. 1, 18);
Labora sicut b o n u s m i l e s Christi Jesu (2. Timoth. 2, 3; dazu
auch 2, 4—5; vgl. ferner 2. Korinth. 10, 3—4).

Die oben angeführten Worte der lateinischen Legende klingen
wie eine Umschreibung des Kreuzzugsgedichtes Walthers von der
Vogelweide (124, 1 ff.), um dessen Erklärung willen diese ganze
Untersuchung begonnen wurde. Der Sänger reißt sich los aus dem
unechten Farbenglanz der täuschenden Welt und trachtet auf der
heiligen Fahrt gleich dem bekehrten Speersöldner im himmlischen
Kriegsdienst den reichsten Sold: die Krone des ewigen Lebens, das
Martyrium zu erringen:

> *ich wolte selbe krône êrveclichen tragen:*
> *die mohte ein* [jener] *soldener mit sîme*
> > *sper bejagen.*

(Walther von der Vogelweide 125, 7 f.)

Aber wir müssen von der lateinischen Legende, die bisher nur
in später Fassung uns bekannt geworden ist, versuchen, in die
Entstehungszeit der Fabel vorzudringen.

Die g r i e c h i s c h e Longinuslegende tritt uns in einer Andeutung zuerst im vierten Jahrhundert bei dem Kappadozier G r e g o r
v o n N y s s a [3]) entgegen; er bezeichnet den Christi Gottheit bekennenden Longinus als Hekatontarchen der Kreuzigung und seinen
Landsmann. Unter dem Namen eines Hesychius, Presbyters von
Jerusalem, existiert eine unzulänglich edierte Geschichte von
dem Hauptmann Longinus [4]) höchst verzerrter Art. Longinus hat
danach die Wache bei der Kreuzigung befehligt und angesichts der
göttlichen Wunder den Ruf getan: „Dieser ist wahrlich Gottes
Sohn." Das stimmt — abgesehen vom Namen — überein mit dem
Bericht Matth. 27, 54 und Mark. 15, 39 (vgl. auch Luk. 23, 47). Longinus hat dann auch die Bewachung des Grabes Christi geleitet. Trotz

3) Codex apocr. Bd. 1, S. 586 Anm. Die hier als ein ältestes griechisches Zeugnis für das Martyrium des Longinus zitierte Homilie des Theophanes Kerameus gehört indessen erst dem zwölften Jahrhundert an:
siehe Krumbacher, Byzant. Literatur, S. 172 f.

4) *Acta Sancti Longini centurionis auctore Sancto Hesychio Pres-
bytero Hierosolymitano* (Acta Sanctorum, März Bd. 2 [1865], S. 380 f.;
Migne, P.G. Bd. 93, S. 1545 ff.).

allen Verlockungen und Geldanerbietungen der Juden und des
Pilatus, denen die Mehrzahl der Wachsoldaten erlegen ist, ver-
schmäht er es, falsches Zeugnis abzulegen, sondern bekennt die
Göttlichkeit und die Auferstehung des Herrn. Als freudiger Christ
begibt er sich später zusammen mit z w e i g l e i c h g e s i n n t e n
S o l d a t e n nach Kappadozien und predigt als Apostel das Christentum, wird aber hier von der Rache der Juden ereilt, die Pilatus
bestimmen, Longinus beim Kaiser wegen Desertion und Verfüh-
rung des Volkes zum Christentum anzuklagen. Man erwirkt den
Befehl der Todesstrafe wider ihn und seine Genossen. Nun entsendet Pilatus zwei Mörder nach Kappadozien. Sie treffen Longinus, ohne ihn zu kennen, und fragen nach dem Aufenthalt des Gesuchten. Er durchschaut sogleich ihre Absicht und preist sich in
einem rhetorischen Monolog glücklich, des Martyriums gewürdigt
zu werden. Die beiden Sendlinge, die er in sein Haus aufgenommen
hat, entdecken ihm dann bald auch auf seine Frage, nachdem er
Stillschweigen eidlich gelobt hat, den ganzen Umfang ihres Auf-
trags und nennen auch die Namen der beiden andern Verurteilten.
Sofort schickt er Briefe an diese, sie möchten rasch zu ihm kommen, da ihrer das größte Glück warte. Zwei Tage lang bewirtet
er unterdessen die beiden „Liktoren", die immer noch nicht ahnen,
wer er ist, in seinem Hause auf das gastfreieste: er liegt mit ihnen
zusammen bei Tisch, und sie fühlen sich allmählich als seine Freunde.
Am dritten Tage führt er sie aufs Feld, und nachdem inzwischen die
benachrichtigten Freunde eingetroffen sind, eröffnet er ihnen alles.
Nach rührenden Beteuerungen der erschreckten Mörder, die einen
wortreichen Edelmut entfalten und den Gastfreund schonen wollen,
zwingt Longinus sie, ihres Amtes zu walten, und erleidet mit den
Gefährten fröhlich den Tod. Sein Haupt wird nach J e r u s a l e m
gebracht und von Pilatus vor dem Tore der Stadt in den Unrat geworfen, wo es versteckt liegen bleibt. Etliche Zeit später besucht
eine blinde Witwe aus Kappadozien mit ihrem Sohn Jerusalem in
der Hoffnung, durch Auflegung von Erde des heiligen Landes ihren
Augen die Sehkraft wieder zu verschaffen. Allein der Erfolg bleibt
aus, und es stirbt sogar ihr Knabe, ihre einzige Stütze. Da in der
höchsten Not und Verzweiflung, nahe vor dem Untergang, erscheint
ihr auf inbrünstiges Bitten zu Gott in einer Vision der heilige Longinus und fordert sie auf, sein Haupt aus seinem Versteck herauszu-

holen. In wunderbarer Weise geschieht das, und das gefundene
Haupt gibt der Frau das Augenlicht wieder. In der folgenden Nacht
erscheint ihr zum andernmal Longinus, zur Seite den verstorbenen
Sohn in hochzeitlichem Kleid, in der strahlenden Glorie des himmlischen Lebens. Beglückt kehrt sie auf Geheiß des Longinus in ihre
Heimat mit dem Haupte des Märtyrers und der Leiche ihres
Knaben zurück, deponiert jenes in Sandralis (*in vico, qui Sandralis nominatur* [Kap. 15; Acta Sanctorum a. a. O. S. 383 A];
ἐν κώμῃ λεγομένῃ Σανδράλης [Lesart: Σανδιάλη] [Migne, P.G. Bd. 93,
S. 1557 B]), dem Geburtsort des Heiligen, und preist vor allen Menschen laut die Wunder Gottes und ihr glückliches Loos.

Der Verfasser dieser Erzählung, die neben alten Motiven doch
sichtlich die Spuren später und geschmackloser Erfindung zeigt,
behauptet, auf Grund eines Manuskripts der Bibliothek der Ana-
stasiskirche zu Jerusalem gearbeitet zu haben: *Inveni autem martyrium eius in libello conscriptum in bibliotheca sanctae Resurrectionis et ipsius confessionem cum elogio composui* (Kap. 16; Acta
Sanctorum, a. a. O. S. 383 B). Sein Machwerk dient also offenbar dem
Kultus der Passionsreliquien, wie er auch nach meinen obigen Ausführungen (S. 108 ff.) in Jerusalem seit frühester Zeit im Schwunge
war und von Wallfahrern aller Lande fortwährend gesteigert
wurde.

Diese Gestalt der Legende findet sich überarbeitet auch in der
unter dem Namen des nach der Mitte des zehnten Jahrhunderts
lebenden Symeon Metaphrastes überlieferten Sammlung [5]). Hier ist
einzelnes in der Erzählung deutlicher motiviert oder bestimmter
ausgedrückt, der Stil rhetorischer, wort- und blumenreicher aufge-
putzt: Antithesen, Anaphern, Ausrufungen, Metaphern sind mehrfach neu eingeführt oder durch Zuspitzung mehr herausgearbeitet
worden. Der Inhalt blieb u n v e r ä n d e r t.

Eine a n d e r e Darstellung (Acta Sanctorum, a. a. O. S. 383 f.)
der griechischen Tradition berichtet unter dem Titel *Inventio capitis Sancti Longini centurionis,* die kranke Witwe, Namens Christina,
sei von einem bösen Dämon geplagt gewesen. Im Traum erscheint

---

5) Migne, P.G. Bd. 115, S. 32 ff. Über die Person und das Werk des
Metaphrasten sowie die schwierige Frage der Autorschaft der einzelnen
Legenden siehe Krumbacher, Byzant. Literatur, § 89, S. 200 ff. (vgl. zum
Folgenden auch S. 220 f.).

der zur Reise nach dem Osten „Entschlossenen" der enthaup-
tete Longinus und verheißt ihr Heilung, ihrem Sohn Christion
aber Aufnahme in den K r i e g s d i e n s t (*neque tu tantum sana-
bere, sed et filium tuum in m i l i t i a m assumam* [Kap. 1; Acta
Sanctorum, a. a. O. S. 383 E]), wenn sie sich nach Jerusalem begebe,
dort im Hause des Präfekten Lucius sein Haupt erwerbe und zurückgekehrt, dieses wieder dem begrabenen Körper anfüge. Die Frau
macht sich auf den Weg, nachdem sie vorher am Grabe des Heiligen
gebetet und durch eine unsichtbare Stimme dort ermutigt worden
ist, kauft in Jerusalem um 200 Denare das Haupt und läßt es nach
ihrer Rückkehr in ihrem Dorf feierlichst in das Grab des Longinus
legen. In der folgenden Nacht erscheint Longinus abermals der
Christina, verkündet ihr ihre Genesung und richtet an sie die Frage,
ob er ihren Sohn in den i r d i s c h e n oder den h i m m l i s c h e n
K r i e g s d i e n s t aufnehmen solle: „*Quaero autem de filio tuo,
terrestrine an coelesti militiae adscripturus eum sim?*" *Respondit illa
tremens ac pavida: „Obsecro, Domine, coelesti militiae adscribe
illum*" (Kap. 4; Acta, Sanctorum, a. a. O. S. 383 F). Am Nachmittag
darauf erscheint er auch dem Sohn, der im Weingarten arbeitet.
Auch ihn fragt er: „Willst du, deinem Namen gemäß, in den
K r i e g s d i e n s t   C h r i s t i aufgenommen werden?"

> „*Adolescens Christion, vi[s] secundum nomen tuum in militiam Christi
> adlegi?*" *Qui suspiciens vidit eum instar fulminis micantem, et ait ei:
> „Quis es, Domine, qui me in militiam vis adlegere?*" — „*Ego sum, inquit
> Longinus, capite donatus a matre tua: sicut autem illa adduxit mihi caput
> meum, sic et ego te volo ad Deum adducere.*" *Ad haec respondit Christion:
> „Si ita est, fiat mihi secundum verbum tuum*" (a. a. O. S. 383 f.).

Der Jüngling, da er erfahren, wer die leuchtende Gestalt sei, will
also zu Gott geführt werden. Und auf der Stelle verscheidet er.
Tot findet ihn am Abend die Mutter im Weingarten. Da schlägt sie
auf die Erde der Länge nach mit dem Gesicht hin und liegt bewußt-
los wie eine Tote. Ein Engel aber tritt tröstend zu ihr: den Sohn
solle sie im Grabmal des heiligen Longinus bestatten und ihn dann
nach drei Tagen im h i m m l i s c h e n K r i e g s d i e n s t erblicken.
So geschieht es. Engel vollenden das Tröstungswerk und klären den
Bischof von Tyana Paphnutius über alles auf. Unter dessen Leitung
wird das Begräbnis vollzogen. In der nächsten Nacht erscheint ihr
nochmals Longinus: „Ich bin es, derjenige, der deinen Sohn in den

Kriegsdienst aufgenommen hat." Da überwältigt die Christina die Erinnerung an den Verlorenen, sie schreit auf: „Wenn du ihn, Herr, in den Kriegsdienst aufgenommen hättest, würdest du ihn nicht getötet haben." Aber Longinus wirft ihr Gotteslästerung vor, heißt sie aufstehen und hinausgehen, um den Sohn im Kriegsdienst zu sehen. Er nimmt sie bei der Hand und führt sie hinaus: da sieht sie den Himmel offen und ein großes Licht in der Nacht; wie sie aber aufblickt und in Verzückung fällt, gewahrt sie den himmlischen Kriegsherrn und vor ihm schreitend ihren Sohn. Wiederum fragt Longinus: „Hast du nun deinen Sohn gesehen und glaubst du, daß er in den Kriegsdienst aufgenommen ist?"

„Quis es, inquit, Domine mi?" At ille: „Ego sum, qui filium tuum in militiam adscivi." Christina vero filii sui recordata exclamavit et ait: „Domine, si in militiam adscripsisses, non utique occidisses eum." Rursus autem ad eam fidelissimus Longinus: „Ecce etiam nunc blasphemias loqueris. Noli porro; sed surge et egredere e domo tua et videbis, quod militet filius tuus." Arreptaque illius manu eduxit eam et conspexit apertum coelum ac magnum lumen ipsa in nocte: suspiciens autem raptaque in extasim vidit coelestem Regem et gradientem ante ipsum filium suum. Tunc dixit ei S. Longinus: „Jamne vidisti filium tuum et credidisti, quia in militiam adscriptus est?" Cui illa: „Sufficit mihi, sicut locuta sum tibi, Domine", et ipse continuo disparuit ab ea (Kap. 7; a. a. O. S. 384 D).

Jetzt gibt sich die Mutter zufrieden und der Heilige verläßt sie. Sie aber lebt weiter in frommem Wandel, Gott lobend bis ans Ende.

Auch diese Fassung kann schwerlich für besonders alt gelten, wenn auch ein Ton echten Gefühls wohltuend daraus hervorklingt. Die eigentümliche Durchführung der Antithese des himmlischen und irdischen Kriegsdienstes scheint indessen wohl ein ursprünglicher Zug zu sein, der ja auch in der lateinischen Legende begegnet. In der griechischen Tradition fällt auf, daß Longinus gleichsam als der Werber geistlicher Rekruten waltet. Ist auch dies ein verbreitetes Motiv der Longinuslegende gewesen oder geworden? Hat man es auch im Abendlande gekannt? Wenn im Sommer 1228 Walther von der Vogelweide seinen poetischen Aufruf zum Kreuzzug Friedrichs II. (siehe oben S. 213) mit dem sehnsuchtsvollen Wunsch schließt, selbst im himmlischen Kriegsdienst ein Soldat zu werden und als Sold die ewige Krone zu erringen, und wenn er dabei als

sein Vorbild jenen Söldner nennt, der dort, wohin die Kreuzfahrt
strebt, einst mit seinem Speer diese Krone gewonnen hat, so möchte
man beinahe glauben, es sei auch dem Dichter aus der Legende
Longinus als Patron und Anwerber der Söldner des himmlischen
Kriegsdienstes bekannt gewesen.

Wie es sich damit auch verhalte, die griechische Legende, deren
Geschichte bei dem gegenwärtigen Zustand der Quellen [6]) zu untersuchen mir unmöglich ist, teilt mit der lateinischen einzig die Antithese des irdischen und himmlischen Kriegsdienstes und das Motiv
von wunderbarer Blindheitsheilung, aber sie bringt beides in einen
ganz andern Zusammenhang. Sie hat ihrem eigentlichen Kern nach
im Abendland, wenigstens bis zum Beginn des hohen Mittelalters,
keinerlei Wirkung gehabt. In ihren ältesten Fassungen hält sie, wie
sich oben zeigte, den Hauptmann (Hekatontarch, Centurio) Longinus als bekennenden, sich bekehrenden Befehlshaber der Kreuzi-
gungs- und Grabeswache streng getrennt von dem die Seite Christi
öffnenden Speersoldaten. Aber später vermischen sich in der
Legende beide Personen, der Hauptmann aus Matth. 27, 54 und
Mark. 15, 39 (vgl. Luk. 23, 47), der vor dem Kreuz — erschüttert durch
die göttlichen Zeichen — die Gottessohnschaft des Gekreuzigten laut
bezeugte, und der Kriegsknecht des vierten Evangeliums. Wann und
wo geschah das zuerst?

Eine solche Vermischung der beiden Personen kann sehr alt sein
und bis in die Evangelien und ihre Quellen selbst zurückreichen.
Denn die Erzählung nach Matthäus weiß, daß nicht bloß der Hauptmann der Wache, sondern auch seine Leute, darunter doch dann
auch jener Soldat, der mit dem Speerstich beauftragt war, jenen
gläubigen Bekenntnisruf taten: ὁ δὲ ἑκατόνταρχος καὶ οἱ μετ᾽ αὐ-

6) Vgl. im allgemeinen Le Blant, Les actes des matryrs. Paris 1882,
S. 51. 147 (Mémoires de l'Académie des inscriptions et belles-lettres XXX,
2); Lipsius, Die Pilatusakten. Kiel [2] 1886, S. 38; besonders Krumbacher,
Byzant. Literatur, S. 185: Codex Coisl. 26 Fragm. vitae Longini saec.
9 fol. 580—581 (also vielleicht älter als Simeon Metaphrastes). — Nichts
Klares ergibt sich für die Legende aus den wenigen verstümmelten Zeilen
eines griechischen liturgischen Fragments in einem koptischen
Papyrus des siebenten oder achten Jahrhunderts: Grenfell and Hunt, The
Amherst Papyri. Bd. 1 (London 1900), S. 44. Bemerkenswert, aber vorläufig unverständlich ist, daß hier der Hekatontarch Longinus in Verbindung mit der *Assumptio* der Maria erscheint.

τοῦ τηροῦντες τὸν Ἰησοῦν, ἰδόντες τὸν σεισμὸν καὶ τὰ γινόμενα
ἐφοβήθησαν σφόδρα, λέγοντες· „Ἀληθῶς υἱὸς θεοῦ ἦν οὗτος"
(Matth. 27, 54).

In dem wunderbaren Euripidisierenden byzantinischen D r a m a
vom l e i d e n d e n C h r i s t u s, das in den Handschriften dem Gregor von Nazianz beigelegt, von der modernen Kritik aber bis
ins zwölfte Jahrhundert [7]) hinabgerückt wird, führt den Speerstoß
gegen den toten Christus „ein Jüngling aus dem Volke der Auso-
nier", dessen militärischer Rang unklar gelassen wird und dessen
Name ungenannt bleibt, und als er aus der Seite des Blutes und des
Wassers doppelten Strom hervorbrechen sieht, bekennt er nicht nur
— wie der Centurio bei Matthäus und Markus — die Gottessohnschaft des Gekreuzigten, sondern er umfaßt flehend das Kreuz, sinkt
zur Erde, schlägt sich verzweifelnd die Brust, schöpft aus dem der
Seite immer noch entfließenden Blut mit seinen Händen und s a l b t
sich damit das Haupt, um sich zu entsündigen. Dieser unbiblische
Zug stammt, was die bisherigen Kommentatoren nicht bemerkt zu
haben scheinen, aus der griechischen Abendmahlsliturgie und ihrer
mystagogischen Auslegung durch Chrysostomos und seine Nachfolger. Das Drama stellt wirklich als szenische Handlung dar, was
jene in ihrer sinnlich-realistischen Allegorik vorgebildet hatten: der
Kriegsknecht vollzieht an sich selbst mit dem Blutstrom das Sakrament der heiligenden Taufe und der weihenden Salbung, er zeichnet
sich mit dem Symbol der Bekehrung und Wiedergeburt und des
künftigen Martyriums:

ΘΕΟΤΟΚΟΣ.   Κατίδετ᾽ ἴδεθ᾽ αἷμα νυγέντος νεκροῦ,
            ὁρᾶθ᾽ ὁρᾶτε, πῶς διπλοῦς κρουνοὺς ῥέει·
            πλευρᾶς γὰρ αἷμα κοὐ πεφυρμένον ποτὸν
            ἔβλυσεν εὐθύς, ὡς ἐνύγη τῷ Ξίφει
            ἡβῶντος ἀνδρὸς δυσμενῶν ἐξ Αὐσόνων.
            Διπλοῦς ἔτι βλύζει τε κρουνὸς αὐτόθεν·
            αὐτὸς δ᾽ ὁ νύξας ἐκπλαγεὶς κέκραγέ πως,
            ὡς „ἔστιν ὄντως Παῖς Θεοῦ νέκυς ὅδε ·"
            τρέχει δ᾽, ὁρᾶτε, καί γε προσπίτνει Ξύλῳ,
            πίπτει τ᾽ ἐπ᾽ οὖδας τῇ θέᾳ νικώμενος
            στήθός τε παίει καὶ περιπτύσσει πέδον,

7) Ob wohl mit Recht? Daß der Kriegsknecht mit der Lanze ohne
Namen erscheint und daß der Zug der späteren Legende, seine Blindheit,
fehlt, macht mir eine frühere Entstehung wahrscheinlich.

ἔνθ' ἱκρίον πέπηγεν ἐμπεφυρμένον
ῥείθρῳ καταρρέοντι τῆς πλεμρᾶς ἔτι,
ἀρύεταί τε χερσὶ κρουνοῦ καὶ κάραν
ἔχρισεν, ὡς ἔοικεν, ὡς ἄγνισμ', ἔχῃ.

ΧΟΡΟΣ.   Ἔστι γὰρ ὄντως θαῦμα φρικτὸν εἰσορᾶν·
ὁ μὲν γὰρ ὧσε κατὰ πλευρᾶς που δόρυ,
πλευρᾶς νενυγμένης δὲ θαυμαστὸν νάμα
ἔσταξεν εὐθὺς αἷμά τ' οὐ πεφυρμένον,
φρικτὸν θέαμα, καὶ τρόμος μ' ὁρᾶν ἔχει.
. . .
αὐτὸς δ' ὁ νύξας ἔντρομος πεσὼν θίγει.

(Christus patiens [Χριστὸς πάσχων], V. 1080—1094. 1101—1109; ed.
J. G. Brambs. Leipzig 1885, S. 89 f.)

Eine wichtige Quelle für die Kenntnis der griechischen Longinus-
auffassung des zwölften Jahrhunderts ist uns durch Heisenberg [8])
erschlossen in der von ihm entdeckten Beschreibung der Konstantinischen Apostelkirche zu Konstantinopel, die zwischen 1199—1203
Nikolaos Mesarites, der „Geräteaufseher der Gotteshäuser in dem
großen Palast", verfaßt hat. Diese von Konstantin gegründete
Kirche war von Justinian durch einen glänzenden Neubau ersetzt,
später von Basileios I. (867—886) erneuert worden und behielt neben
der Hagia Sophia als Gruftkirche der kaiserlichen Familien ihren
hohen Rang. Mesarites hat zu den Mosaiken dieser Kirche Erläute-
rungen gegeben. Darunter befindet sich eine Szene, die darstellt,
wie die Juden die zu Grabeshütern bestellten Soldaten bestechen,
damit jene melden sollten, der Leichnam des Heilands sei gestohlen
worden und nicht auferstanden. Wörtlich spricht darüber Mesarites
folgendes: „So ließ sich der unter einem Hauptmann stehende Sol-
datenhaufe auf die eben erzählte Art von den Übeltätern bestechen.
Wie stand es aber mit ihrem H a u p t m a n n , dem Hekatontarchen
Longinus? Vermochten sie auch seinen Sinn, was den Glauben an
den Heiland und seine Meinung über ihn betrifft, zu bestechen?
Keineswegs. Vielmehr wollen sie sich für sein Bekenntnis zu Christus an ihm rächen und trachten danach, sich vom erhabenen Kaiser
(ἐξ Αὐγούστου καὶ Καίσαρος) durch Vermittlung des Pilatus seine
Enthauptung zu erkaufen" (Heisenberg, a. a. O. II, S. 66).

Daraus ergibt sich also, daß Mesarites den Hauptmann der Grabeswache Longinus nannte und ihn für dieselbe Person hielt wie

8) Heisenberg, Grabes- und Apostelkirche (Leipzig 1908) II, S. 2—96.

den nach dem Bericht der synoptischen Evangelien am Kreuze
Christi sich zum Glauben an den Heiland bekehrenden Hauptmann
(vgl. Heisenberg, a. a. O. II, S. 192).

Die k i r c h l i c h e Tradition der Longinussage ist im Abendland
bis gegen die Neige des Mittelalters wenigstens von der griechischen
Darstellung[9]) insoweit unberührt, als ihr Longinus der schlichte
miles im alten römischen Wortsinn, d. h. der Kriegsknecht und der
Märtyrer, ist und bleibt. Allerdings prägen sich auch ihr früh Züge
aus der Geschichte des Matthäus und Markus vom rufenden und bekennenden Centurio ein, wenn ich das aus der einen vielfach inter-
polierten Text bietenden Ausgabe der Acta Sanctorum (siehe oben
S. 211 ff.) schließen kann.

In der Fassung der Bollandisten lautet der Anfang: *In diebus Domini
nostri Jesu Christi fuit quidam m i l e s, nomine Longinus, qui illo tempore
cruci Domini astans missus a Pontio Pilato Praeside latus Domini lancea
percutiens aperuit; et videns signa, quae fiebant propter eum sole obscurato
et terra commota, credidit in Dominum Jesum Christum et percutiens pec-
tus suum voce magna dicebat: „Vere filius dei est hic"* (Kap. 1; Acta Sanctorum, a. a. O. S. 379). Wer will aber sagen, was hier späterer Zusatz, was
alte Legende ist? Wie greulich entstellt die von den Bollandisten *pluribus
pervetustis manuscriptis* (die natürlich nicht nachgewiesen werden) herausgegebene Redaktion ist, zeigt die oberflächlichste Prüfung: z. B. wird die
Zunge dem Longinus hier zweimal ausgeschnitten!

Der kirchliche Kultus des Westens bewahrte jedesfalls den Typus
des Kriegsknechts treu: der Tag des Soldaten Longinus bleibt hinfort trotz mancher Schwankungen (bald 15. März oder in der Woche
nach Ostern, bald 2. Dezember) streng geschieden von dem in der
griechischen Kirche für den H a u p t m a n n Longinus angesetzten

---

9) Der Wortlaut des Johannesevangeliums schließt es völlig aus, daß
der Speerträger zu Pferde war. Doch kann es eine alte orientalische
Tradition sein (siehe unten S. 222). Freilich aus dem von Thom. Bartholinus
(De latere Christi. Lugduni Batavorum 1646, S. 63) und von Salmasius
(De cruce epistola; ebd. S. 444) herangezogenen apokryphen Persischen
Evangelium des Jesuiten Hieronym. Xaverius (Historia Christi persice
conscripta a p. H. Xavier, latine reddita a Ludovico de Dien. Lugduni
Batavorum 1639, S. 489) darf man keinerlei Schlüsse ziehen, denn das ist
ein im Jahre 1602 zu Missionszwecken abgefaßtes, aus dem Französischen
erst ins Persische übersetztes Sammelsurium ohne jeden geschichtlichen
Wert.

(16. Oktober) [10]). Erst seit dem ausgehenden dreizehnten Jahrhundert wird der Einfluß der griechischen Auffassung im Abendlande ganz offen sichtbar: fortan wächst der einfache Fußsoldat empor zu einem Centurio, zu einem Reiter zu Pferde, einem Ritter. Die byzantinischen kirchlichen W a n d m a l e r e i e n, die wir aber erst seit dem vierzehnten Jahrhundert verfolgen können, stellen Longinus als Hekatontarch dar. In der Legende, die J a c o b u s d e V o r a g i n e (Jakob von Varazze) in seine weithin wirkende Sammlung aufgenommen hat [11]), erscheint der Lanzenstecher als Ritter: hier sind offenbar Motive aus der Erzählung der synoptischen Evangelien über den rufenden Hauptmann auf Longinus übertragen; sie beginnt:

> *Longinus fuit quidam centurio, qui cum aliis militibus cruci domini adstans iussu Pylati latus domini lancea perforavit et videns signa, quae fiebant, solem scilicet obscuratum et terrae motum, in Christum credidit.* Das steht der Erzählung im Matthäusevangelium am nächsten (27, 54): *Centurio autem et qui cum eo erant custodientes Jesum* [darunter suchte man dann auch den Speersoldaten des Johannes, der die Seite öffnet], *viso terrae motu et his, quae fiebant, timuerunt valde, dicentes: „Vere Filius Dei erat iste."* Hier spricht also die g a n z e W a c h e, Hauptmann und Soldaten, angesichts der Zeichen das Bekenntnis der Gottessohnschaft: man konnte leicht den Speersoldaten herausgreifen [12]).

Aus dem Gedicht Walthers von der Vogelweide *Owê war sint verswunden alliu mîniu jâr* (124, 1 ff.) geht indessen mit Sicherheit hervor, daß der *soldener mit sîme sper*, d. h. Longinus, nach des Dichters Anschauung ein Ritter, ja der erste christliche Ritter, der das Martyrium erwarb, gewesen ist. Als Ritter hoch zu Roß hat dann die Malerei der Renaissance den Longinus festgehalten.

---

10) Grotefund, Zeitrechnung des Mittelalters und der Neuzeit. Hannover 1892, Bd. 2, Abt. 2, S. 130; Menologium bei Ughelli, Italia Sacra VI, S. 1105.

11) Legenda aurea Nr. 47 (hrsg. von Grässe, Breslau 1890, S. 202). — In dem Malerbuch vom Berge Athos ist der Lanzenträger zwar zu Pferde dargestellt, bleibt aber ohne Namen und wird ausdrücklich als Soldat bezeichnet, während der bekehrte rufende Hauptmann der synoptischen Evangelien den Namen Longinus trägt. Vgl. Brockhaus, Die Kunst in den Athosklöstern. Leipzig 1891, S. 128. 129. 161.

12) Die Verfinsterung der Sonne hat des Jacobus de Voragine Fassung freilich aus Luk. 23, 45. 47 entnommen.

Nichts auch scheint das Abendland während des früheren Mittelalters von der Rolle zu wissen, die nach der oben mitgeteilten griechischen Legende Longinus als Wächter oder Offizier der Wache des Grabes Christi gespielt haben soll.

Im ausgehenden Mittelalter treten uns allerdings Überlieferungen entgegen, die Einfluß der griechischen Legende von der Bestattung des Longinus-Hauptes verraten: im südlichen Frankreich, zumal in L y o n , lokalisierte sich ein neuer Kultus des Longinus, dessen Grab man nun dorthin verlegt, vielleicht unter Vermischung mit dem unten (Kap. 15) erwähnten südgallischen Märtyrer Longinus des dritten Jahrhunderts.

Fünfzehntes Kapitel.

Herkunft und Alter des Namens Longinus.

Das älteste, genau datierbare urkundliche Zeugnis für den Namen Longinus wäre die Beischrift auf dem Kreuzigungsbilde der syrischen Evangelienhandschrift des Rabulas von 586, wenn die volle Ursprünglichkeit dieses Bildes ganz außer Zweifel stünde (siehe auch unten Kap. 17).

Im Kreise der A p o k r y p h e n - N o v e l l i s t i k können wir das Auftreten des Longinus bis in das fünfte Jahrhundert, vielleicht sogar bis in die zweite Hälfte des vierten zurückverfolgen.

Die *Acta Pilati*, deren Grundschrift ihr umständlichster Erforscher Lipsius in die Zeit Kaiser Julians verlegt, während ihre Bearbeitung durch Ananias nach ihm ins Jahr 425 fällt, enthalten Namen und Person an einer Stelle ganz sicher; an einer zweiten gibt ihn wenigstens der Zusatz einer griechischen Handschrift und eine Anzahl jüngerer lateinischer Codizes:

Καὶ ὅτι λόγχῃ τὴν πλευρὰν αὐτοῦ ἐξεκέντησεν Λογγῖνος ὁ στρατιώτης [Varianten: ὁ ἑκατόνταρχος, ὁ στρατηγός] (Acta Pilati Kap. 16; Evang. apocr. S. 283); lateinische Übersetzung auf Grund des Einsiedler Codex ante saec. X: *Jesus autem traditus est Pilato, flagellatus, sputatus, spinis coronatus, l a n c e a percussus et crucifixus, in ligno mortuus et sepultus est,* also ohne Namen und mit freier Reihenfolge der Passionsakte (Codex apocr. Bd. 1, S. 663/5); nach anderen Handschriften ohne diese Abweichung von der Chronologie: *et lancea latus eius perforavit L o n g i n u s m i l e s* (Evang. apocr. S. 387). — Acta Pilati Kap. 10 Zusatz der Handschrift B (Evang. apocr. S. 247): καὶ λαβὼν Λογγῖνος ὁ στρατιώτης λόγχην ἔνυξεν αὐτοῦ τὴν πλευρὰν καὶ ἐξῆλθεν αἷμα καὶ ὕθωρ; die lateinischen Handschriften haben hier: *A c c i p i e n s autem L o n g i n u s m i l e s lanceam, aperuit latus eius et exiit de latere eius sanguis et aqua* (Codex apocr. Bd. 1, S. 585 bis 589); die Klasse D: *Accipiens* usw. *eius et continuo exivit sanguis et aqua;* die Klasse C: *Et accipiens* usw. bis *lanceam et fixit eam in latus eius et statim exivit sanguis et aqua* (Gesta Pilati Kap. 10; Evang. apocr. S. 362). Nach den Acta Pilati Kap. 16 hat der koptische Text (Papyrus des fünften Jahrhunderts) in lateinischer Übersetzung: *atque latus eius lancea transfixum a m i l i t e Longino* (Evang. apocr. S. 284).

Longinus erscheint hier demnach als einfacher römischer Soldat, der bei der Kreuzigung im Dienste des Pilatus beschäftigt ist.

Ist dieses auch der ursprüngliche Charakter der Gestalt? Und ist die lateinische Tradition, indem sie ihn bewahrt, altertümlicher als die griechische? Manches scheint in der Tat dafür zu sprechen.

Es würde bereits aus dem Namen folgen, falls die beliebte Herleitung von λόγχη, die ihn mit „Lanzenträger" übersetzt und für eine lediglich und direkt aus den W o r t e n d e s J o h a n n e s - E v a n g e l i u m s geflossene Erfindung hält[1]), das Richtige träfe. Ich bin indessen überzeugt, daß sie völlig verfehlt ist, und werde (unten S. 227 ff.) den Beweis dafür zu führen suchen. Aber auch der Märtyrer Longinus, der zur Zeit Diokletians in M a s s i l i a den Tod erlitt, wird zusammen mit seinen Gefährten Alexander und Felicianus als S o l d a t bezeichnet[2]).

Die drei bewachten den heiligen Viktor, den der Augustus Maximian hatte einkerkern lassen. Maximian war von 286—310 Augustus, seit 306 in Gallien und hielt sich 290 und 300 bei Massilia auf.

Durch eine himmlische Engelerscheinung, die den Heiligen im Gefängnis tröstete, ergriffen, begehren die Wächter die Taufe. Der heilige Viktor unterweist sie und führt sie nachts zum Meer, wo er sie tauft. Nun erleiden auch sie freudig das Martyrium. Diese Geschichte zeigt, was bisher niemand beachtet hat, die unleugbarste Verwandtschaft mit der Bekehrung der beiden Präfekten Longinus und Megistus nach der Erzählung der Akten des Paulus: auch diese bewachen den Märtyrer, auch sie werden durch himmlische Erscheinungen bekehrt, auch sie lassen sich in feierlicher Weise (von Titus und Lukas) taufen. Einen Zusammenhang zwischen diesem Präfekten Longinus und dem Lanzenträger Longinus in der Passion Christi hat man mit Recht angenommen[3]). Schwerlich aber darf man Lipsius folgen und den Namen Longinus in der Passionslegende Christi

---

1) Vgl. z. B. F. X. Kraus, Die Miniaturen des Codex Egberti. Freiburg i. Br. 1884, S. 25 (Erläuterung zu Tafel XLIX).

2) Ruinart, Acta martyrum. Verona 1731, S. 255 ff. Ihr Tag ist der 21. Juli: Acta Sanctorum, Juli Bd. 5, S. 142 ff.

3) Codex apocr. Bd. 1, S. 586, Anm.; Lipsius, Pilatusakten. Kiel 1871, S. 38 f.

als eine E n t l e h n u n g aus den *Acta Petri et Pauli* [4]) und als eine
Umformung des dort vorkommenden Präfekten Longinus, der Paulus zur Richtstätte führt, betrachten. Die umgekehrte Annahme ist
offenbar allein natürlich: nur sie entspricht der auch sonst wahr-
nehmbaren Tendenz dieser Paulusakten, an die Passionsgeschichte
nachahmend und unterbietend anzuknüpfen, wovon später (siehe
unten Kap. 20) noch die Rede sein wird. Gerade weil bereits ein
S o l d a t Namens Longinus als beteiligt bei der Kreuzigung Christi
bekannt war, konnte man darauf verfallen, auch in das Martyrium
des Paulus einen H a u p t m a n n desselben Namens einzuführen.
Allerdings wäre auch denkbar, daß die griechische Überlieferung
der Passionsgeschichte C h r i s t i bereits vorher die Gleichsetzung des
Johanneischen Lanzensoldaten mit dem rufenden Centurio der
Synoptiker durchgeführt hatte und daß aus ihr jener Präfekt Longinus in die Paulusakten gekommen sei, mithin der Präfekt Longinus
ein Sprößling des Hauptmanns Longinus ist. Fest steht für mich
jedesfalls: der Name Longinus in den Paulusakten stammt aus der
Passionslegende Christi und ist nicht erst in diese aus jenen eingedrungen. Und er kann nicht bloß aus der Johannesstelle durch etymologische Spielerei mit λόγχη gefolgert sein: denn der Massilische
Märtyrer und Soldat Longinus der Diokletianischen Zeit trägt Züge,
die einen Zusammenhang mit dem Präfekten Longinus der Paulusakten haben.

So kommen wir für die Entstehung des Namens Longinus in der
Passionslegende Christi zeitlich über diejenige Fassung der *Acta
Pauli* zurück, die den Präfekten Longinus in die Geschichte des
Paulus hineinstellte. Nach Lipsius tat das erst die sogenannte
Linus-Rezension, d. h. die längere Rezension der *Passio Pauli*.
Ob nicht auch schon die ursprüngliche Gestalt dieser Schrift, die
Πράξεις Παύλου, die im dritten Jahrhundert zu Alexandrien in
hohem Ansehen standen, von Hippolyt, Origenes, Clemens Alex-
andrinus, Eusebius geschätzt und benutzt wurden und deren Ab-

---

4) *Passio sancti Pauli,* Kap. VII (Acta apostol. apocr. Bd. 1, S. 30, Z. 16);
Kap. IX (a. a. O. S. 32, Z. 12) und öfter. Auch schon *Passionis Pauli fragm.*
Kap. III (a. a. O. S. 113, Z. 7), das nach Zahn den alten Πράξεις Παύλου
angehört. Im griechischen Text dieser Rezension heißt der Präfekt Λόγγος
(a. a. O. S. 112, Z. 4).

fassung man [5]) zwischen 120 und 175 n. Chr. setzt, das entzieht sich unserer Kenntnis, da der nähere Inhalt dieser Πράξεις sich nicht bestimmen läßt. Immerhin gewinnen wir für den Namen Longinus im Passionsdrama ein Zeugnis, das älter ist als die Grundschrift der *Gesta Pilati* oder mindestens älter als deren Bearbeitung durch Ananias, die Harnack [6]) mit Lipsius ins Jahr 425 verlegt. Und dazu stimmt, daß im koptischen Papyrus des fünften Jahrhunderts bereits der *Longinus miles* vorkommt (siehe oben S. 224). Die Annahme, der Name sei nichts als eine etymologische Fiktion auf Grund des Johanneischen Wortlauts, scheitert schon an der Tatsache seines sonstigen häufigen Vorkommens.

Es sei abgesehen davon, daß der Name Longinus bzw. Longus [7]) häufiges Cognomen in der römischen *gens Cassia* war und daß es verschiedene mehr oder minder bekannte Persönlichkeiten des Namen Longinus oder Longus gibt, unter denen der bekannteste wohl der Neuplatoniker *Cassius Longinus* mit dem Beinamen *Philologus* ist, dem man früher auch die Schrift Περὶ ὕψους beilegte. Aber wir kennen in **nächster zeitlicher und geographischer Nachbarschaft** mit dem Lebensdrama Jesu den Namen als einen in den römischen Garnisonen des Orients verbreiteten. Aus römischem Militär muß die Wache, die bei Christi Kreuzigung mitwirkte, bestanden haben.

Für die Prozedur einer römischen Militärhinrichtung bezeugt eine Exekutivmannschaft von Soldaten unter einem Centurio Seneca (De ira 1, 184; ed. Fr. Haase. Leipzig 1852. Bd. 1, S. 50). Im neuen Testament werden wiederholt Centurionen als Führer von Begleitmannschaften erwähnt: Acta apostol. 24, 23; 27, 1 ff. (*centurio Julius cohortis Augustae* für die Eskorte des Paulus nach Italien); 23, 23 (für des Paulus Abführung nach Caesarea zwei Centurionen [Hekatontarchen], 200 *milites* [στρατιώτας], 70 *equites* [ἱππεῖς], 200 *lancearios* [δεξιολάβους]; 22, 25. 26 (Centurio als

---

5) Zahn, Geschichte des neutestamentlichen Kanons. Erlangen und Leipzig 1889 ff. Bd. 2, S. 865 ff. 872 ff. 895 ff.; Harnack, Geschichte der altchristlichen Literatur bis Eusebius. Leipzig 1893 ff. Bd. 1, S. 130 f.; Bd. 2, S. 491 ff. 641.

6) Harnack, Geschichte der altchristlichen Literatur, a. a. O. Bd. 2, S. 604, Anm. 1.

7) Vgl. hierüber Prosopographia Imperii Romani, Pars II (Berlin 1897), S. 298 f., Nr. 245 ff. und S. 299, Nr. 252.

Aufseher für die Geißelung des Paulus). Dazu die Angabe des Matthäus-
Evangeliums 27, 54 über das Personal bei der Kreuzigung Christi: *centurio
... et qui cum eo erant, custodientes Jesum.*

Sowohl der Hauptmann (Centurio, Hekatontarch), dessen alle
drei synoptischen Evangelien gedenken, als seine soldatische Umgebung, die das Matthäusevangelium erwähnt, als endlich der die
Seite öffnende einzelne Kriegsknecht, den der Bericht des Johannes
hervorhebt, müssen der Abteilung Auxiliartruppen, die unter dem
römischen Prokurator Pilatus in Judäa stationiert war [8]), angehört
haben. Nun meldet aber der zuverlässigste Gewährsmann für die
jüdische Geschichte des ersten Jahrhunderts J o s e p h u s , dem wir
das älteste erhaltene Zeugnis über den historischen Jesus von Naza-
reth verdanken, von mehreren Mitgliedern des römischen Heeres,
die den Namen Longinus trugen.

Ein römischer Militärtribun Longinus fällt unter dem Landvogt
von Syrien Cestius im Jahre 68 nach Christus im Kampf gegen
die Juden zusammen mit den Befehlshabern Aemilius Jucundus
und Priscus (De bell. jud. II 19, 7; Niese, a. a. O. Bd. 6 [1895],
S. 193). Einen römischen Legaten in Syrien Cassius Longinus nennt
wiederholt des Josephus Jüdische Archäologie (Antiquit. Jud. XV,
11, 4; XX 1, 1; Niese, a. a. O. Bd. 3 [1892], S. 324, Z. 9 bzw. Bd. 4
[1890], S. 235, Z. 3. 29). Ein römischer Jüngling, der bei Josephus
den Namen Longus, in den meisten Handschriften der lateinischen Übersetzung des Hegesippus dagegen den Namen Longinus führt, gerät bei der Bestürmung des Tempels von Jerusalem in eine von den Juden gestellte Falle und läuft Gefahr, mit
den übrigen Stürmenden zu verbrennen. Aufgefordert von den
Juden, sich zu ergeben unter Zusage des freien Geleites, entzieht
er sich der Schmach, indem er sich mit seinem Schwert ersticht:

*Longinus tamen vir virtutis egregiae, cum provocaretur a Judaeis, ut
sese hiis committeret promissa salutis securitate, maluit se transfigere*

---

8) In Cäsarea stand die *cohors Italica*, als deren *Centurio* Cornelius
genannt wird (Acta apostol. 10, 1). Den Paulus soll nach Italien der
Centurio Julius mit einer Wache aus der *cohors Augusta* eskortiert haben:
παρεδίδουν τόν τε Παῦλον καί τινας ἑτέρους δεσμώτας ἑκατοντάρχῃ ὀνόματι
Ἰουλίῳ σπείρης Σεβαστῆς (Acta apostol. 27, 1 ff.); über die Sebastener
in Cäsarea siehe Josephus, Antiquit. Jud. XIX, 9, 1—2; XX, 6, 1. 8, 7; De
bell. jud. II, 12, 5 (Flavii Josephi opera. Hrsg. von B. Niese, editio minor.
Bd. 4 [Leipzig 1890], S. 230 ff. 249 f. 257 f.; Bd. 6 [Leipzig 1895], S. 153 f.).

gladio quam maculare probro Romanae indolis fortitudinem (De bell. jud.
VI, 3, 2; in der latein. Übersetzung des Hegesippus, lib. V, Kap. 39
[hrsg. von Carl Fr. Weber und Carl J. Caesar. Univ. Progr. Marburg
1857-63, part. VII]. Die im griech. Text vorkommende Namensform Λόγγος
kann für Λογγῖνος stehen [siehe den Text des Hegesippus u. S. 226 Anm. 4]).

Der dritte Longinus des Josephus endlich ist ein r ö m i s c h e r
R i t t e r , der bei der Belagerung Jerusalems durch Titus sich
heldenhaft auszeichnet. Als nach der Eroberung der ersten Mauer
die Fortschritte der Römer ein hartnäckiger heftiger Widerstand
aufhält, bricht dieser Longinus mitten aus der Schlachtreihe vor,
stürzt sich auf das jüdische Heer und erlegt zwei der hervorragendsten Feinde, indem er einen durch den Mund, den andern mit demselben S p e e r i n d i e S e i t e trifft:

Παραταξαμένων γοῦν κατὰ ταύτας τὰς ἡμέρας τῶν ᾽Ιουδαίων πρὸ τοῦ
τείχους καρτερῷ στίφει καὶ διακοντιζομένων ἔτι πόρρωθεν τῶν ταγμάτων
ἑκατέρων Λογγῖνός τις τῶν ἱππέων ἐξαλλόμενος τῆς ῾Ρωμαϊκῆς τάξεως ἐμπηδᾷ
μέσῃ τῇ τῶν ᾽Ιουδαίων φάλαγγι καὶ διασκεδασθέντων πρὸς τὴν ἐμβολὴν δύο τοὺς
γενναιοτάτους ἀναιρεῖ, τὸν μὲν κατὰ στόμα πλήξας ὑπαντιάσαντα, τὸν δ᾽ ἀνα-
σπάσας ἐκ τοῦ προτέρου τὸ δόρυ κατὰ πλευρὰν διαπείρει τραπόμενον, ἐκ μέσων
τε τῶν πολεμίων ἄτρωτος εἰς τοὺς σφετέρους ἔδραμεν (De bell. jud. V, 7, 3;
Niese, a. a. O. Bd. 6 [1895], S. 359 f.).

In der Übersetzung des Rufinus (Flavii Josephi Opera quae extant.
Aurel. Allobrog. 1611, pag. 924 C): *Denique istis ipsis diebus validissima
Judaeorum acie instructa pro moenibus telisque vtrimque missis q u i d a m
L o n g i n u s d e n u m e r o e q u i t u m ex acie Romana progressus in
mediam aciem Judaeorum irruit: hisque disiectis hoc impetu duos fortissi-
mos perimit vnius obviam tendentis ore percusso, alterius eodem telo,
quod priori extraxerat, transfixo latere refugientis, et ex mediis hostibus
ad suos primus occurrit. Ille igitur ob virtutem insignis erat.* In der
Übersetzung des Hegesippus (lib. V, Kap. 12; a. a. O. part. VI): *Armabat
eos [Romanos] vincendi consuetudo et cedendi ignorantia, praecipueque
praesens uniuscuiusque virtutis arbiter Titus.... eo incentivo L o n g i n u s
e q u e s t r i s m i l i t a e vir excitus adversas pro muris videns Judaeorum catervas tamquam indignatus, quod Romanos bello lacesserent et
ex aequo prodire auderent, desilivit equo atque in medios se iniecit
hostes; et unum in ore ipso parantem occurrere telo percussit simulque
eius vocem et animam rapit, alteri ereptum de corpore prostrato telum
infigit et ad suos victor sese recepit* [9]).

---

9) Über diese beiden lateinischen Bearbeitungen des J o s e p h u s, die
christlich umfärbende, bald exzerpierende, bald erweiternde des Hegesippus
und die im Mittelalter ungeheuer verbreitete, treuere des Rufinus vgl. Niese,
a. a. O., editio maior. Bd. 6, praefatio S. XIX f. und Teuffel, Geschichte der
römischen Literatur. Leipzig [5] 1890. Bd. 2, S. 1108, § 433, 5; S. 1117 f., § 435, 1.

Es läßt sich kaum begreifen, daß in der riesigen Literatur über den Longinus der Kreuzigung dieser Namensvettern bei Josephus, insbesondere der beiden letzten, niemals gedacht wird. Der römische Jüngling, der den Tod selbst einer ehrenvollen Ergebung an die Juden vorzieht, teilt mit seinem Namensgenossen aus der Passionslegende die römische Abstammung, die soldatische Tapferkeit, den Gegensatz zum Judentum, den die spätere Longinussage so scharf hervorhebt.

Die Geschichte des römischen Ritters Longinus bei Josephus erinnert aber vollends in einem Hauptzuge so stark an die Erzählung von dem Longinus der Passion Christi, daß irgendein Zusammenhang zwischen beiden bestehen muß. Dort ein römischer Ritter Longinus, der einem hervorragenden Juden seinen Speer in die Seite stößt, hier ein römischer Soldat, und zwar nach einem Teil der Quellen gleichfalls ein Ritter, der dem König der Juden, Jesus, gleichfalls seinen Speer in die Seite bohrt. Diese Ähnlichkeit kann nimmermehr auf Zufall beruhen.

Welcher Art der notwendig anzunehmende Zusammenhang sei wage ich indessen nicht mit Sicherheit zu entscheiden. Der Möglichkeiten sind zu viele. Hängt schon der Bericht des vierten Evangeliums von Josephus ab? Oder liegt ihm und Josephus ein und dieselbe Tradition zugrunde, die jeder in seiner Weise umbildete, der eine in seinem mystisch-christlichen, der andere in seinem national-jüdischen Sinne, vielleicht rationalistisch parodierend? Oder kannte das Evangelium überhaupt noch keinen Namen für den Kriegsknecht, der mit seiner Lanze Christus die Brust öffnet, und ist der Name erst später in die Longinuslegende aus der Darstellung des Josephus übertragen worden? Ist die griechische Überlieferung, daß der Lanzenstoß gegen die Seite Christi von einem Hauptmann, einem Centurio, einem Ritter geführt worden sei, wegen ihrer größeren Übereinstimmung mit der Notiz des jüdischen Historikers älter und echter als die lateinische Sage, die nur von einem Soldaten weiß, oder ist sie eine jüngere Angleichung der Passionsgeschichte an die historische Anekdote des Josephus, die man in Griechenland besser kennen mochte als im Abendland? Und spielte dabei eine etymologische Ausdeutung des Namens mit, die ihn gleichsam appellativisch als den mit der Lanze Stoßenden verstand?

Ohne künftiger Untersuchung von sachkundiger Seite vorgreifen zu wollen, möchte ich doch meine Vermutungen über den Zusammenhang nicht verschweigen. In der Erzählung der Passion Christi kommt allein einem Soldaten die Öffnung der Seite als angemessene Rolle zu. Dieser Akt, welcher das Beinbrechen der Schächer bei Christus ersetzt, war unzweifelhaft die Aufgabe eines niedrigen Gehilfen der Exekution. Ein *lancearius*, d. h. ein Kriegsknecht aus jener Klasse, wie sie von der Apostelgeschichte als letzte in der Eskorte des Paulus aufgezählt wird: *centuriones, milites, equites, lancearios* (Acta apostol. 23, 23), das ist nach dem Sinn des Johanneischen Evangeliums die passendste Person, das jammervolle Schauspiel der Hinrichtung des Herrn zu vollenden: der geringste unter all den willenlosen Dienern des ungeheuren Frevels führt die letzte entehrende Handlung aus. Der Centurio, welchem die Leitung der ganzen Exekution und die Aufsicht über alle Anwesenden zufiel, konnte unmöglich diese niedrigste Schlußverrichtung des Supplicium selbst vollziehen. Von ihm mochte die ältere christliche Tradition des Matthäus und Markus dies Bekenntnis der Gottessohnschaft berichten, die von manchen, wie z. B. der Quelle des Evangeliums nach Matthäus auch auf alle beteiligten Soldaten [10]) ausgedehnt wurde.

Auf die Identifikation des bekehrten Centurio und des Johanneischen Kriegsknechts mit der Lanze hat dann die Geschichte bei Josephus eingewirkt und sie lieferte auch den Namen. Ob aber die Anekdote des nationaljüdischen Historikers nicht am Ende ihrerseits schon als ein tendenziös entstellter Reflex alter christlicher Tradition und demgemäß der Kern der Johanneischen Erzählung vom Lanzenstoß als ganz alt und echt anzusehen sei, darüber muß ich mich jedes Urteils enthalten.

Unbedingt fest steht für mich: der Name Longinus stammt nicht erst aus den *Acta Pilati* des fünften Jahrhunderts und beruht nicht allein auf einer etymologischen Ausbeutung der Johanneischen Erzählung, sondern er ist aus dem Josephus oder aus einer sei es diesem vorliegenden, sei es ihm parallelen Überlieferung geschöpft, k a n n also wesentlich älter sein.

---

10) Mithin auch auf d e n Soldaten, der die Seite Christi öffnete, falls diese Figur und dieses Motiv schon in die Zeit der synoptischen Evangelien zurückreicht.

Möglicherweise ist — um noch eine letzte V e r m u t u n g aus-
zusprechen — auch eine andere historische Persönlichkeit bei der
Entstehung des Namens im Spiele: Cassius Longinus, aus der durch
zahlreiche hervorragende Mitglieder bekannten römischen *gens Lon-*
gina[11]): d e r M ö r d e r C ä s a r s.

Unserm modernen Gefühl mag er weit abzustehen scheinen. Aber
man erinnere sich daran, daß der Schlußgesang von Dantes Inferno
Judas Ischarioth und Cassius mit Brutus als die drei Erzverräter,
die Urfrevler an den höchsten Wohltätern und Gebietern der Menschheit, an dem geistlichen König und dem Stifter des Weltkaisertums
zu gleicher Strafe durch das dreifache fürchterliche Greifergebiß
Luzifers im untersten Höllenraum zusammenkoppelt[12]). Ähnlich
könnte wohl auch in den ersten synkretistischen Jahrhunderten
unserer Zeitrechnung der Name des Mannes, der dem ersten weltlichen Cäsar den tödlichen Stahl in die Brust gestoßen hat, typisch
geworden sein zur Bezeichnung einer Gewalttat gegen den obersten,
geheiligten Herrn und so sich an jene Persönlichkeit geheftet haben,
die nach der christlichen Sage dem göttlichen Messias, dem Himmels-
kaiser, dem Stifter des neuen überirdischen Reichs, das Eisen in die
Seite getrieben haben sollte.

---

11) Aus dieser *gens* stammt auch der Legat in Syrien bei Josephus,
ferner der aus Cicero und sonst bekannte Lucius Cassius Longinus
Ravilla, der Typus des weisen und strengen Richters, Verfasser der *Lex*
tabellaria Cassia (siehe Pauly-Wissowa, RE. III [6], S. 1742, Nr. 72),
der Jurist Gaius Cassius Longinus zur Zeit des Tiberius und der folgenden Julischen Kaiser (siehe Pauly-Wissowa, RE., a. a. O. S. 1736. Nr. 60)
und viele andere (die a. a. O. Nr. 53 ff. aufgezählt werden).

12) Dante, Divina Commedia, Inferno. Canto XXXIV, V. 1—67.

Sechzehntes Kapitel.

Motiv und Wirkung der Tat des Longinus.

Aus dem oben (S. 224) wiedergegebenen Einschiebsel der *Acta Pilati* (Kap. 16), in dem der Lanzenstoß genannt wird ohne strenge Einhaltung der Reihenfolge der einzelnen Passionsakte — es heißt da: *spinis coronatus, lancea percussus et crucifixus, in ligno mortuus* —, hat Sophus Bugge[1]) geschlossen, daß schon hier die spätere Vorstellung von der Tat des Longinus durchbreche, wonach der Stich in die Seite nicht an dem toten Christus vollzogen wird, sondern als Akt der Barmherzigkeit den Tod des Gemarterten erst herbeiführt. Schwerlich darf man auf dieses Hysteronproteron einer einzigen Handschrift so viel bauen. Die Texte der *Acta Pilati* melden an anderen Stellen (siehe oben S. 224) gerade wie das Evangelium, daß als Wirkung des Lanzenstoßes Wasser und Blut hervorfloß; sie werden also wohl auch darin mit dem Evangelium übereinstimmen, daß sie die Verwundung eines Toten annehmen.

Bedenklich erscheint es auch, die jüngere Motivierung des Speerstiches abzuleiten aus einer Rede Satans zum Hades im zweiten älteren Teil des sogenannten *Evangelium Nicodemi*, dem *Descensus Christi ad inferos*. Da sagt Satan: „Was zögerst du, jenen Jesus, deinen und meinen Feind, aufzunehmen? Ich habe die Juden gegen ihn aufgereizt, ich habe die L a n z e zu seiner D u r c h b o h r u n g geschärft, den Trank von Galle und Essig für ihn gemischt, das Holz zu seiner Kreuzigung und die Dornen zu seiner Krönung bereitet und nahe ist sein Tod, auf daß ich ihn dir als deinen und meinen Untertanen zuführe":

Respondens autem Satan, princeps tartari, dixit: „Quid dubitasti et timuisti suscipere illum Jesum, adversarium tuum et meum? Ego enim tentavi illum et populum meum antiquum Judaicum excitavi zelo et ira adversus eum; l a n c e a m exacui ad percussionem eius, fel et acetum

1) Bugge, Studien über die Entstehung der nordischen Götter- und Heldensagen. Übersetzung von O. Brenner. München 1889, S. 42.

*miscui dare ei potum, et lignum praeparavi ad crucifigendum eum et
aculeos ad configendum, et in proximo est eius mors, ut per-
ducam eum ad te subiectum tibi et mihi* (Evang. Nicod. Kap. IV |XX|;
Evang. apocr. S. 395 f.).

Eine chronologische Treue braucht man in dieser ruhmredigen
Prahlerei des Satan nicht zu erwarten: in diesem Augenblick, wo
er den Tod Christi als unmittelbar bevorstehend erwartet, nennt er
alle einzelnen Akte seines Martyriums, auch die Lanze, obgleich sie,
während er spricht, noch nicht in Aktion getreten sein mochte. In
der Rezension B des *Descensus Christi ad inferos* Kap. III (Evang.
apocr. S. 424) heißt es z. B. an der ganz entsprechenden Stelle deutlich
modo levatus in cruce pendit. Der Satan greift also schon in die
nächste Zukunft vor, da er als voraus überlegender Regisseur aller
Leiden Christi bis zur letzten Schändung seines Leichnams gedacht ist.

Auch wenn alte in I r l a n d geschriebene Evangelienhandschriften im Matthäus (Kap. 27) nach der Verspottung „Laßt uns sehen,
ob Elias komme und ihm helfe" und noch vor den Worten „Jesus
rief abermals laut und gab seinen Geist auf", also vor seinem Tode
die kurze Notiz über den Lanzenstoß des Longinus aus dem Johannesevangelium einfügen: *alius autem accepta lancea pupugit latus
eius et exiit aqua et sanguis* (siehe oben S. 4 f. und Anm. 4), so ist damit an sich noch nicht b e w i e s e n , daß sie sich den Herrn erst durch
Longinus g e t ö t e t denken. Der Zusatz könnte ja bloß fehlerhaft an falscher Stelle stehen und sich auch hier auf einen bereits
Toten beziehen. Allerdings hat diese Interpolation ohne Zweifel dazu beigetragen, die später vielfach (namentlich in den deutschen
Passionsspielen) hervortretende Auffassung zu verbreiten, daß der
Lanzenstich als Gnadenstoß den Tod Christi erst herbeigeführt
habe (siehe auch unten Kap. 17).

In der ersten Hälfte des neunten Jahrhunderts war indessen tatsächlich, wie ich nachweisen kann, die unbiblische Auffassung, daß
der Lanzenstich des Kriegsknechts Christus erst getötet habe, bereits
weit verbreitet. Damals war sie sogar schon in das gallikanisierte
Antiphonar, wie es aus dem römischen in Frankreich sich entwickelt
hatte, übergegangen. Ein unter dem Namen Gregors d. G. in einer
Handschrift des ausgehenden neunten Jahrhunderts aus Compiègne
überlieferter *Liber responsalis sive Antiphonarius* gibt diesen galli-

kanischen Typus, wahrscheinlich nach der Redaktion des Amalar, also in der Gestalt, die er um 830 gewonnen hatte, wesentlich treu wieder [2]): hier nun findet sich als Responsorium für die zweite Karfreitags-Nokturne eine Darstellung, die dem Speerstich die Rolle des Gnadenstoßes zuweist. Es heißt hier: „Dunkelheit brach herein, als die Juden Jesus an das Kreuz geschlagen hatten, und um die neunte Stunde rief Jesus mit lauter Stimme: ‚Gott, Gott, warum hast du mich verlassen?‘ Darauf durchbohrte einer von den Soldaten mit der Lanze seine Seite, und er neigte sein Haupt und g a b s e i n e n G e i s t a u f“:

> *Tenebrae factae sunt, dum crucifixissent Jesum Judaei, et circa horam nonam exclamavit Jesus voce magna: „Deus, Deus, ut quid me dereliquisti?“ Tunc unus ex militibus lancea latus eius p e r f o r a v i t et inclinato capite emisit spiritum* (Migne, P.L. Bd. 78, S. 766 D).

Wäre noch ein Zweifel möglich, ob nicht auch hier ein rhetorisches Hysteronproteron vorliegt, so zerstreut ihn die heftige Polemik, die der Feind apokrypher Fabeleien und Erdichtungen Erzbischof Agobard von Lyon vor 840 dagegen richtete. Nachdem er die Stelle ihrem ganzen Wortlaut nach zitiert hat, bemerkt er: nicht durch schmerzhafte Gewalt gezwungen, sondern aus freiem Entschluß ist der Heiland für uns gestorben und freiwillig ließ er die Seele fahren; die Umkehrung der Ordnung des evangelischen Berichts, die zunächst die Lanze des Herrn Seite durchbohren und dann erst den Tod eintreten läßt, ist durchaus h e i d n i s c h ; das Evangelium gibt deutlich genug den Grund an, warum die Seite des bereits verschiedenen Jesus g e ö f f n e t, nicht aber, wie jener Unbedachte es ausdrückt, d u r c h b o h r t worden ist:

> *Aliud quoque responsorium de verbis Evangelii, sed non o r d i n e evangelico, quod iam utique correctum a vestra dilectione* [die Schrift ist gewidmet *fratribus et praecipue cantoribus Ecclesiae Lugdunensis] psallitur, nescio quis composuit, dicens:* [folgt der oben bereits gegebene Wortlaut]. *Nempe omnibus fidelibus certum est, quod Salvator noster non aliqua doloris violentia coactus, sed spontanee pro nobis est mortuus, nec animam necessitate amisit, sed potestate posuit.... Sed iste evangelici ordinis et fidei veritatis ignarus prius dixit lancea a militibus latus Domini perforatum et tunc ab eo spiritum emissum, quod omnino paganum est....*

---

2) Vgl. hierzu Suitbert Bäumer, Zur Geschichte des Breviers (Der Katholik. N.F. Bd. 61 [1889], S. 624 f.); Ders., Geschichte des Breviers. Freiburg i. Br. 1895, S. 283, Anm. 1.

*Quam mortem Christi in tantum milites, qui aderant, admirati sunt, ut
continuo Deum glorificasse eumque Dei Filium confessi esse referantur
ac postea Judaeis petentibus latronum crura* ... *Pilatus frangi concesserit,
Jesu autem iam m o r t u i non crura confracta, sed militis lancea latus
narraretur a p e r t u m , non, ut iste imperite protulit, perforatum* (Liber
de correctione Antiphonarii Kap. 8; Migne, P.L. Bd. 104, S. 332 f.).

Mag in Agobards Argumentation die doketische Annahme des
zwanglosen Geistaufgebens und die Augustin folgende (siehe oben
S. 94 f.) Betonung der Lesart *aperuit* (siehe oben S. 1. 7 f.) irrig sein,
seine Kritik trifft sachlich durchaus zu. Und sie bezeugt uns mit
Sicherheit, daß damals eine neue Anschauung über den Zweck und die
Wirkung des Lanzenstichs aus der Sphäre apokrypher Erdichtung
emporgestiegen war in die höheren Schichten des religiösen Lebens,
in die kirchliche Liturgie. Wir sehen hier eine Stelle, wo jene oben
(Kap. 14) unterschiedenen beiden Strömungen, die kirchliche und
die volkstümliche, fabulose, sich mischen. Woher diese neue Anschauung über die Rolle des Speerstichs stammt, ergibt sich daraus
freilich nicht. Wahrscheinlich wendet sich Agobards Tadel gegen
das von Amalar redigierte und herausgegebene Antiphonar.

Bäumer, Zur Geschichte des Breviers (a. a. O. Bd. 61 [1889],
S. 625) weist auf den Kodex der Pariser Nationalbibliothek (Fonds
latin 17436, saec. IX) hin, in dem er die dem Amalar als Vorlage
dienende Bearbeitung des Responsale von Elisagar, dem einstigen
Kanzler Ludwigs des Frommen, erkennt. Hier fehlt der Passus
latus eius perforavit et inclinato capite emisit spiritum (siehe oben
S. 235). Danach scheint erst Amalar bei seiner Revision die von Agobard beanstandete Wendung eingesetzt zu haben.

Da Amalar, wie unten Kap. 23 ausgeführt wird, seine liturgischen Allegoresen im wesentlichen aus griechischen Quellen geschöpft hat, wäre es auch denkbar, daß jenes Responsorium, das
Agobard als heidnisch mißfiel, auf eine griechische Vorlage zurückgeht. Aber irgendwelche Indizien haben wir dafür nicht. Die
nächste Quelle für Amalar könnte auch eine irisch-englische Tradition gewesen sein und für diese ihrerseits wieder eine griechische.
Im nächsten Kapitel wird indessen noch ein anderer Einfluß beleuchtet werden, der dabei meiner Ansicht nach im Spiele war: der
Einfluß der bildenden Kunst.

Die Hauptsache bleibt: wie in dem gallikanisierten Antiphonar Frankreichs wird dieses Responsorium auch in dem Antiphonar Englands gestanden haben. Wir sind danach doch berechtigt, der oben (S. 4 f. 234) besprochenen unbiblischen Anordnung der Passionsakte in den irischen Evangelienhandschriften gleichfalls den Sinn beizulegen, daß damit die Chronologie der Vorgänge absichtlich verschoben und der Lanzenstoß zur Ursache des Todes Christi erhoben ist.

Bugge hat nun versucht, es als eine a l t e , weit verbreitete Schilderung von Christi Tod nachzuweisen, daß man dem b l i n d e n Longinus, der dabeisteht oder vorbeikommt, eine L a n z e i n d i e H a n d gibt, um damit den am Kreuze hängenden Christus zu durchstoßen, daß er herangeführt wird, einer der Knechte ihm die Richtung weist und dann die Lanze Christi Herz durchbohrt. Die Beweisführung für diese Behauptung hat er sich unerlaubt leicht gemacht und sich dabei um eine kritisch-historische Interpretation der Quellen nicht im geringsten bemüht (a. a. O. S. 38ff.).

Der Zug, daß dem Longinus die Lanze in die Hand gegeben werde, weil er b l i n d war, soll schon aus den Zusätzen zum *Evangelium Nicodemi* hervorgehen und, wie schon bemerkt, auch die Tötung Christi durch den Lanzenstich: „Schon in Handschriften des Nicodemus-Evangeliums heißt es, daß man Longinus die Lanze gibt": *Accipiens autem Longinus miles lanceam aperuit latus eius* (Evang. apocr. S. 362; dazu Bugge, a. a. O. S. 41). Leider hat sich Bugge dabei durch die Tendenz seiner Arbeit in die Irre führen lassen. Er wollte gar zu gerne eine altchristliche Sage ermitteln, in welcher Gottchristus erstochen wird von einer spitzen Waffe, die ein Blinder führt, dem die Hand gelenkt wird, d. h. ein altchristliches Vorbild zu der altnordischen Geschichte vom Tode Baldrs, den der blinde Hödr mit dem Mistelzweige erschießt, der ihm in die Hand gedrückt wird. Wer aber ohne eine solche vorgefaßte Absicht jene Zusätze der lateinischen Handschriften anschaut, der wird aus dem einen Wort *accipiens* mit nichten jene ganze Motivreihe herauslesen. Wenn es ihm das entsprechende Wort des griechischen Originals (λαβών) noch nicht verrät, wenn er sich nicht erinnert, daß im Johannes-Evangelium *acceperunt* im Sinne von „sie ergriffen" steht: *In crastinum autem turba multa, quae venerat ad diem festum, cum audissent, quia venit Jesus Jerosolymam, a c c e p e r u n t ramos palmarum* . . . (Joh. 12, 12 f.), und daß im 2. Korintherbrief *accipit* das griechische λαμβάνει in der Bedeutung „reißt" übersetzt: *sustinetis enim, si quis vos in servitutem redigit, si quis devorat, si quis a c c i p i t* (Grundtext: λαμβάνει), *si quis extollitur, si quis in faciem vos caedit* (2. Korinth. 11, 20), so wird er die landläufigen Wörterbücher befragen [3]). Sie lassen darüber keinen Zweifel, daß bereits in der silbernen Latinität der Kaiserzeit *accipere* die Rolle von *sumere,* selbst von *arripere* übernimmt. Bugges Schlüsse sind demnach völlig verfehlt. Das mit allem Nachdruck noch einmal hervorzuheben erscheint darum geboten, weil auch ein sehr viel gründlicherer deutscher Gelehrter, R i c h a r d   H e i n z e l, sich auf diesen Irrweg hat leiten lassen und mit dem nordischen Forscher geglaubt hat [4]), daß im sogenannten *Evangelium Nicodemi* die Lanze des Longinus Christus t ö t e t.

Das Motiv der Blindheit des Longinus können wir mit Sicherheit erst erheblich später, als Bugge wollte, in der Tradition über ihn nachweisen, und nicht gleichzeitig damit, sondern wiederum noch beträchtlich jünger ist das weitere Motiv, daß ihm die Hand geführt wird. Dieses letzte läßt sich frühestens im d r e i z e h n t e n   J a h r h u n d e r t belegen, also sicherlich später, als die Sage vom blinden Hödr, der den lichten Baldr erschoß, entstanden sein muß.

---

3) Die bekanntesten Wörterbücher, z. B. Georges' Handwörterbuch ([8] 1913. Bd. 1, S. 61 f.), belegen Wendungen wie „ein Gewand usw. anziehen, anlegen": *vestem, togam, purpuram, loricas accipere;* „zur Hand nehmen": *stilum* (Plinius Brief), *libros Graecos* (Vopiscus) *accipere;* selbst „nehmen, wegnehmen": *panes, spolia eorum* (Vulgata). Das nicht gerade entlegene Buch von Rönsch, Itala und Vulgata. Marburg 1875 (also mehrere Jahre v o r Bugges Untersuchungen erschienen!) bringt S. 347 aus der Vulgata und namentlich aus der Itala viele Beispiele für diesen Gebrauch: Genes. 2, 21 *Dominus a c c e p i t unam de costis eius* (bei der Erschaffung der Eva), wo die Vulgata *tulit* hat; Genes. 32, 22 [Jacob] *accepit duas uxores suas et totidem famulas cum undecim filiis et transivit vadum* (Vulgata *tulit),* wo Augustin die Italalesart bereits *consuetudine scripturarum* erklärt, wie auch die Stelle des Korintherbriefs oft und sehr früh ob ihrer sprachlichen Eigenheit kommentiert wurde. Vgl. auch Carl von Paucker, De latinitate Scriptorum historiae Augustae. Berlin 1875. Noch früher hatte F. Kaulen (Handbuch zur Vulgata. Mainz 1870, S. 149) diesen Gebrauch hervorgehoben.

4) Heinzel, Über die französischen Gralromane. Wien 1891, S. 9. (Denkschriften der kaiserlichen Akademie der Wissenschaften in Wien, phil.-histor. Kl. Bd. 40).

Siebzehntes Kapitel.

Die ältesten bildlichen Darstellungen des Longinus.

Für die Metamorphosen der Longinustraditionen kommt uns, wo die schriftlichen Quellen schweigen, von a n d e r e r Seite Licht: von den Denkmälern der b i l d e n d e n K u n s t, die so oft der Sagen- und Literaturgeschichte Aufklärung bringen. Leider ist die nachfolgende Untersuchung durch die Ungenauigkeit und Undeutlichkeit der Beschreibungen und Nachbildungen, die für die in Betracht kommenden Skulpturen und Bilder zu Gebote stehen, stark erschwert, ja stellenweise völlig behindert. Die wichtigsten Fragen, die man angesichts der bildlichen Darstellungen der Kreuzigung erheben muß, sind bisher nur selten von den Beschreibungen und Reproduktionen berücksichtigt worden [1]): ob Christus lebend, tot oder im Todeskampf erscheint, ob frei schwebend, stehend oder hängend, mit oder ohne sichtbare Kreuznägel und Wunde, ob in gerader oder in verkrümmter Haltung, ob Longinus sehend, blind oder von Blindheit befreit, vor oder nach dem Stoß oder im Augenblick des Zustoßens aufgefaßt ist, ob Achselhöhlenstich oder Bruststich? Und leider müssen bei dieser Sachlage solche Fragen auch heute noch teilweise unbeantwortet bleiben.

Die ungeheure Masse aller Kreuzigungsbilder läßt sich auf z w e i T y p e n zurückführen, die seit alter Zeit bis auf die Gegenwart neben einander bestehen. Der eine — ich nenne ihn den d r e i f i g u r i g e n — zeigt außer dem Herrn nur Maria und Johannes in trauernder Haltung zu beiden Seiten des Kreuzes. Er ist wohl der ältere, beruht auf der Darstellung der s y n o p t i - s c h e n Evangelien und erscheint zuerst in voller Erhabenheit in

---

1) Ansätze zu derartiger Fragestellung gaben seinerzeit allerdings schon H. Otte und E. aus'm Werth im Resümé ihrer Abhandlung „Zur Ikonographie des Kruzifixus" (Bonner Jahrbücher des Vereins von Altertumsfreunden im Rheinlande Heft 44/45 [1868], S. 227—233; Heft 47/48 [1869], S. 146 ff.), aber ihre Aufstellungen sind heute durch die ausgebreitetere und eingehendere Kenntnis der Denkmäler weit überholt.

den M o s a i k e n. Es ist der unendlich viel verbreitetere. Tausendfältig hat diese Dreiheit von Figuren in ihren unmittelbar packen-
den Stellungen durch das Auge auf Phantasie und Gemüt der
mittelalterlichen Menschen gewirkt, bis endlich die sprechende Haltung dieser stummen Gestalten selbst Sprache und Bewegung gewann: in den Anfängen der Osterspiele, in den Klagen der Maria
und dem Trialog zwischen ihr, Johannes und Christus.

Der neuere Typus der Kreuzigung — ich nenne ihn den a u s -
f ü h r l i c h e n oder m e h r f i g u r i g e n — bringt ein größeres
Personal, dessen Zusammensetzung wechselt: außer Maria und
Johannes treten am häufigsten die beiden Kriegsknechte und die
beiden Schächer auf, daneben die allegorischen Gestalten Kirche und
Synagoge, die beiden Marien, Nikodemus, Joseph von Arimathia,
der Hauptmann. Nur der zweite Typus, und zwar in seiner älteren,
beschränkteren Gestalt, kommt für die vorliegende Untersuchung in
Betracht.

Diese Darstellungen des Longinus auf den Kreuzigungsbildern
haben, wie ich überzeugt bin, die Gestaltung der populären Traditionen über ihn recht kräftig beeinflußt. Es war dabei z w e i e r l e i
entscheidend: die V e r d u n k l u n g d e r C h r o n o l o g i e der
Passionsakte und die eigentümliche B e h a n d l u n g d e r P e r s o n
Christi.

Bekanntlich beherrscht die altchristliche und mittelalterliche
Kunst das aus antikem Brauch überkommene Stilgesetz, zeitlich ge-
trennte, aufeinander folgende Vorgänge in einem und demselben
Bilde als scheinbar gleichzeitig vorzuführen. Dieser Brauch zeigt
sich bekanntlich schon auf mythologischen Wandgemälden in Pom-
peji, auf spätantiken Sarkophagen, in antiken Miniaturhandschrif-
ten (z. B. Ilias der Ambrosiana) und wird auch von den Bilderbeschreibungen des Philostratus vorausgesetzt [2]).

Nach der Erzählung der Evangelien folgten nacheinander die
Kreuzigung, die Darreichung des Schwammes, Christi Verscheiden,
die Öffnung der Seite durch den Speer. Die bildende Kunst, wo sie
die Kreuzigung in dem ausführlichen, mehrfigurigen Typus darstellte, brachte diese vier Momente stets auf e i n e m Bilde zur An-

2) Siehe Wickhoff, Wiener Genesis (Jahrbuch der Kunstsammlungen
des allerhöchsten Kaiserhauses 1895, S. 79 ff.).

schauung. Das Gefühl für die Reihenfolge mußte sich dadurch im Beschauer abschwächen und unsicher werden. Das ist das eine.

Das andere ist: die Kreuzigungsbilder führten den gekreuzigten Christus in der älteren Zeit noch l e b e n d vor mit geöffneten Augen, herabblickend auf die jammernde Mutter, daneben zu seiner Linken den Schwammträger, wie er auf dem Rohr den Essigtrank darreicht, auf der andern Seite den Söldner mit dem Speer, den er in die Seite des Gekreuzigten sticht.

Es hat bekanntlich lange gedauert, bis man die Scheu überwand, den Sohn Gottes, den Herrn und König im himmlischen Reich, darzustellen in dem Zustand der tiefsten menschlichen Qual und Hilflosigkeit, in der Marter des Kreuzestodes. Anfangs hatte man sich durch Symbole geholfen: das Lamm und das Kreuz mochten die Passion Christi genugsam verdeutlichen. Aber das Göttliche in natürlicher irdischer Gestalt mit allen Schrecken irdischer Sterblichkeit zu vergegenwärtigen, hinderte die ersten christlichen Jahrhunderte der stark d o k e t i s c h e Zug ihrer Christologie, d. h. jene Auffassung, welche die volle Wirklichkeit und Leibhaftigkeit der Menschnatur Christi bestritt oder wenigstens vor seiner Gottheit zurücktreten ließ.

Allmählich fielen diese Bedenken: die Kunst begann den Gottmenschen auch in seinem Tode in voller Gegenwart seiner Person ohne vertretendes Symbol sichtbar zu machen.

Wann geschah das zum ersten Male? Im Dittochäum des P r u - d e n t i u s , das in Spanien zu Anfang des fünften Jahrhunderts gedichtet worden ist, haben wir ein Epigramm von vier Hexametern, das gleich den übrigen dieses Werkes sich als einen Titulus, als eine erläuternde Unterschrift zu einem Gemälde gibt: als Gegenstand nennt es die *Passio Salvatoris*. Im Anschluß an den Johanneischen Bericht führt es uns Christus durch b e i d e Seiten durchbohrt, also tot, vor, in dem Augenblick, wo aus dem Verschiedenen Wasser und Blut, die Zeichen des Bades der Taufe und des siegreich bestandenen Martyriums, hervorströmen, rechts und links die beiden Schächer [3]).

Man hat an diesen Bilderbeschreibungen des Prudentius vielfach Anstoß genommen. Während die einen sie auf Wandgemälde, die

---

3) Dittochaeum Carm. 42: Passio Salvatoris (Migne, P.L. Bd. 60. S. 108 A); siehe den Abdruck der Verse oben S. 114.

andern auf Miniaturen, auf eine sogenannte Bilderbibel bezogen,
hat man anderseits mit Recht sich gewundert über die reichen
detaillierten Angaben, die sie enthalten, und gezweifelt, daß dergleichen damals wirklich auf abgeschlossenen Bildern dem Dichter
vor Augen stand. F. X. Kraus [4]) hat deshalb, wie schon manche
Gelehrte vor ihm, die Echtheit des Werkes bezweifelt. Ich will darüber keine Entscheidung versuchen [5]). Aber ich glaube, aus der
alten, zuerst in Alexandrinischer Dichtung ausgebildeten literarischen Tradition, Bilder in Epigrammen zu erläutern, ließe es sich
unschwer begreifen, wenn auch Prudentius, wie so viele seiner Vorgänger, die Kunstwerke, die er schildert, zum Teil wenigstens fin-
giert hätte. Immerhin bliebe das Gedicht, selbst wenn es nicht von
ihm herrührte, wichtig als Zeugnis dafür, daß man bereits zu Anfang oder mindestens im Verlauf des fünften Jahrhunderts [6]) die
alten christlichen Vorurteile überwunden hatte und sich vorstellen
konnte, daß der Lanzenstich des Soldaten und seine Folgen in voller
Wirklichkeit abgebildet worden seien.

Auf die Kunstwerke, die wir kennen, hat die Beschreibung des
Prudentius nicht den geringsten Einfluß geübt. Überall, wo man
sich an eine bildliche Gestaltung der Szene des Speerwunders heran-
wagte, hat man nur e i n e Wunde, auf der rechten Seite des Erlösers, dargestellt. Ja zunächst hat man überhaupt keine Wunde
sichtbar gemacht. Man stellte den Soldaten mit seiner Waffe in
verschiedenen Momenten neben den Gekreuzigten. Aber die b l u t i -
g e n S p u r e n seines Stoßes hat man in den ältesten Passionsbil-
dern n i c h t markiert.

Immer noch wirkte die altchristliche Scheu, sich in der Auffassung von der Gottnatur des Herrn etwas zu vergeben, wenn man ihn
anders als mit o f f e n e n Augen am Kreuz zeigte. Auch die Nägel
ließ man vielfach noch weg. Man begnügte sich lange Zeit, den

---

4) Kraus, Christl. Kunst. Bd. 1, S. 389.

5) Für die Echtheit tritt nachdrücklich ein Ad. Ebert, Allgem. Geschichte
der Literatur des Mittelalters im Abendlande. Leipzig ² 1889. Bd. 1, S. 289,
Anm. 1; ebenso ohne neue durchschlagende Gründe S. Merkle, Prudentius'
Dittochaeum. Freiburg i. Br. 1897, S. 33 ff. (Festschrift zum elfhundertjäh-
rigen Jubiläum des deutschen Campo Santo in Rom).

6) Es über die Mitte des fünften Jahrhunderts hinabzurücken, verbietet die Hindeutung des Gennadius (siehe Ebert, a. a. O. Bd. 1, S. 289:
Kraus, Christl. Kunst. Bd. 1, S. 389).

Körper des Heilands aufrecht, in gerader Haltung, mit waagerecht ausgestreckten Armen am Kreuze s c h w e b e n oder, seitdem man ihm die Füße durch das *scabellum* oder *suppedaneum* stützte, auf diesem unteren immer breiter herauswachsenden Vorsprung des Kreuzes ungezwungen s t e h e n zu lassen. Dieses *scabellum* verdankt seine Entstehung der christologischen Deutung von Psalm 98, 5 *Exaltate Dominum Deum nostrum* [man verstand: am Kreuze] *et adorate s c a b e l l u m pedum eius, quoniam sanctus est.*

Die ältesten Kreuzigungsbilder erwecken oft den Eindruck, als wollte der Herr herabsteigen von seinem Marterholz und t r ö s t e n d, a u f r i c h t e n d unter die treten, die um ihn trauern. Nicht überall erscheinen diese genannten Eigentümlichkeiten der Darstellung zusammen vereint, und ebenso verschwinden sie nicht alle auf einmal, sondern sukzessive. Die Aufgabe der kunstgeschichtlichen Analyse ist es, das allmähliche Abfluten dieser altchristlichen doketischen Auffassung Christi durch alle Schwankungen und Stufen der ikonographischen Entwicklung zu verfolgen. Das Leitmotiv freilich dieser christologischen Anschauung und ihrer künstlerischen Spiegelung ist die typologische Deutung von Psalm 95, 10 *Dicite in gentibus, quia Dominus regnavit*[7]), die früh schon an den Zusatz zu diesen Worten *a ligno* anknüpfte. Dieser Zusatz wurde bereits von dem zwischen 155 und 161 verfaßten Dialog des Justinus Martyr für authentisch erklärt und findet sich dann bei den abendländischen Vätern fast durchweg — z. B. bei Tertullian (Advers. Marcionem lib. III, Kap. 19; ed. Oehler [3 Bde., Leipzig 1851 ff.] Bd. 2, S. 147 f.), bei Laktanz, Augustin, Leo, Ambrosius —, drang auch in

---

7) So in der hieronymianischen Fassung der Vulgata; dagegen hat die Itala den Zusatz *a ligno.* (Vgl. V. Thalhofer, Erklärung der Psalmen... Regensburg [7] 1904, S. 557, Anm. 6; Carmina scripturarum ed. C. Marbach. Argentorati 1907, S. 197.) [„Psalm 95, 10 ἀπὸ ξύλου steht in unseren Handschriften der Septuaginta nicht, ist aber auch in Ägypten gelesen worden: die koptischen Übersetzungen haben den Zusatz. Außer Justinus im Dial. 73, 1 (um 150) scheint sogar schon der Barnabasbrief 8, 5 um 132 diese Lesart zu kennen. Natürlich stand diese Lesart in den Septuagintahandschriften, welche diese Kirchenväter benutzten — so gut sie in den griechischen Bibeln stand, aus denen die ägyptischen Übersetzungen und die altlateinischen Psalterien geflossen sind. (Vgl. auch die Göttinger Septuaginta, Vol. X Psalmi, ed. Rahlfs, S. 31.) So hat das griechisch-lateinische Psalterium R die Lesart." L i e t z m a n n.]

das Psalterium Romanum, Psalterium Veronense und die liturgischen Antiphonen verschiedener Kirchenfeste ein: „Der Herr regiert
als König vom Kreuzesholz." Diese Vorstellung ist auch dann nicht
verklungen, als in der Kunst das Bild des Gekreuzigten nicht mehr
bloße schematische Verkörperung der im Grunde doch nicht dar-
stellbaren göttlichen Herrschermajestät war: im sechsten Jahrhundert trat jenes *a ligno* am Ende der dritten Strophe des brausenden
Kreuzhymnus von Venantius Fortunatus „*Vexilla regis prodeunt*"
wirkungsvoll hervor, und so ertönt der alte Zusatz, nachdem er aus
dem alten rezipierten lateinischen Bibeltext längst verschwunden
ist, immer noch in der kirchlichen Liturgie (vgl. oben S. 195 ff.).

Auch die Kreuzigungsbilder im Sinne des entgegengesetzten
christologischen Dogmas, das im Herrn die Menschennatur betonte,
waren von jedem Realismus des Todes weit entfernt. Ihre Grenze
steckte ihnen das oft wiederholte, tausendfältig wirksame Wort
Augustins: „Christus, der zweite Adam, s c h l i e f, den Kopf zur
Seite geneigt, am Kreuze": *[Christus] secundus Adam inclinato
capite in cruce dormivit* (In Joannis evang. Tractat. CXX, Kap. 19,
2; Migne, P.L. Bd. 35, S. 1953; siehe auch oben S. 95).

Die Kompilatoren Beda und Alkuin nahmen das in ihre Kommentare auf und gaben ihm unermeßliche Verbreitung in den nord-
westeuropäischen Ländern. Wer wollte zählen, wie oft dieses Wort
Gestalt gewonnen hat in den Kruzifixdarstellungen der frühmittelalterlichen Jahrhunderte?

Wo nun der Speersoldat in diesen bildlichen Darstellungen der
ältesten Zeit erscheint, bleibt jedes bestimmtere Zeitmoment vielfach
unbezeichnet; die Situation ist also eigentlich nicht direkt ausgedrückt, sondern die aufeinanderfolgenden Akte sind in einer gewissen symbolischen Idealisierung gleichsam summiert. Nimmt man
hinzu nun die Tatsache, daß Christus eben nicht in der Haltung
eines Toten oder Sterbenden, sondern eines starr aufrecht stehenden
Lebenden dem Beschauer in diesen ältesten Kruzifixdenkmälern
entgegentritt, so konnte sich leicht der Eindruck einprägen: der
Kriegsknecht durchbohrt oder will durchbohren den noch l e b e n -
d e n Christus, um seine Marter a b z u k ü r z e n.

Diese Auffassung, die auch der oben (S. 4 f. 234) besprochenen Interpolation im Matthäus-Evangelium zugrunde liegt und die dem
Wortlaut bei Johannes und dem Zusammenhang der dortigen Erzäh-

lung unzweifelhaft widerspricht, mochte, abgesehen davon, daß sie
den Vorgang überhaupt leichter verständlich machte, auch hervorgerufen oder gefördert sein durch die Erinnerung an eine Notiz des
Origenes. Er bezeugt nämlich in seinem Matthäuskommentar als
römische Sitte, daß man bei Kreuzigungen öfter die Leiden des Gemarterten durch einen Lanzenstich unter die Achsel abgekürzt habe:

... *forte praestare volens Pilatus populo universo, qui dixerat: „crucifige, crucifige eum", et timens populi totius tumultum, non iussit, secundum
consuetudinem Romanorum de his, qui crucifiguntur, percuti sub
alas corporis Jesu, quod faciunt aliquando, qui condemnant eos, qui
in maioribus sceleribus sunt inventi (quoniam ergo maiorem sustinent
cruciatum qui non percutiuntur post fixionem, sed vivunt cum plurimo
cruciatu, aliquando autem et tota nocte et adhuc post eam tota die). Jesus
ergo cum non fuisset percussus et speraretur diu pendens in cruce maiora
pati tormenta, oravit patrem et exauditus est* (Origenes, Matthäuserklärung
[27, 54]; Ausgabe der Preußischen Akademie der Wissenschaften, besorgt
von E. Klostermann. Bd. 11 [Leipzig 1933], S. 290, Z. 12 ff.).

Viele Longinusbilder versinnlichen nun gerade diese speziell
römische Art der Seitenöffnung: den Gnadenstoß in die
Achselhöhle. Daneben tritt die dem Evangelium nach Johannes entsprechende Darstellung einer Durchbohrung der Brustseite
in der unteren Rippengegend, die durch die patristische Parallelisierung mit der Schaffung der Eva aus der geöffneten Seite des
Adam (siehe oben S. 53 ff. 95 f.) gestützt war, beinahe zurück. Doch
ist die Bemerkung Ottes (Handbuch der kirchlichen Kunstarchäologie ... Leipzig [5] 1883 f. Bd. 1, S. 539, Anm. 4): „Und zwar geht der
Stoß regelmäßig nach der Achselhöhle" weit übertrieben. Gleichfalls in die Irre führt die Äußerung von Kraus (Christl. Kunst.
Bd. 2, S. 338): „In der Rabulashandschrift sticht Longinus nach der
Achselhöhle des Herrn, sonst nach der Seite." Er selbst bringt (S. 332,
Figur 234) eine Abbildung des Reliefs von Gigors aus dem zwölften
Jahrhundert und (S. 342, Figur 237) eine des Elfenbeinbuchdeckels
des Bamberger Evangeliars (Münchener Staatsbibl. Cim. 57): beide
zeigen den Achselhöhlenstich des Speerträgers. Ebenso auch das
Echternacher Evangeliar zu Gotha, das hölzerne Domkreuz in Köln
(Beschreibung und Abbildung bei Otte und E. aus'm Werth, Zur
Ikonographie des Kruzifixus, a. a. O. Heft 44/45, S. 232, Tafel XIV).
Auch wo Longinus selbst fehlt, erscheint die Wunde oft unter der
Achsel.

Die älteste u n b e s t r i t t e n e Darstellung der Szene, das E n -
k o l p i o n v o n M o n z a [8]) aus dem sechsten Jahrhundert, ist, wie
seine griechischen Inschriften und sein künstlerischer Charakter
beweisen, byzantinischen Ursprungs. Hier zeigt sich Christus, wie es
scheint, lebend und mit offenen Augen am Kreuz hängend zwischen
Maria und Johannes, hinter denen zur Rechten und Linken des
Herrn ihm näher Longinus und der Schwammträger, beide als
Kriegsknechte, stehen. Jener zielt mit seiner Lanze auf die rechte
Achselhöhle Christi, dieser streckt mit der Stange den Schwamm
empor. Es ist ganz unbegreiflich, wie K r a u s in seiner Übersicht über
die Ikonographie des Kruzifixus sagen kann: „Dann erscheint Longinus, der mit der Lanze nach der Seite des Herrn sticht, s c h w e r -
l i c h vor dem zehnten Jahrhundert, wo wir ihn in der Egberthand-
schrift und in einer anglosächsischen Handschrift des Britischen
Museum treffen" (Christl. Kunst. Bd. 2, S. 338).

Auch die Kreuzigung auf der E l f e n b e i n t a f e l d e s B r i t i -
s c h e n M u s e u m s [9]) aus dem fünften Jahrhundert, ein Stück ita-
lischer Arbeit, möchte ich trotz laut gewordenem Widerspruch hierher ziehen: zur L i n k e n Christi, also n i c h t auf der traditionellen
Seite des Longinus, steht eine Figur mit erhobener, geballter rechter
Hand ohne Waffe oder Stange. An den Hauptmann, der Gottes
Sohn anerkannte, mit de Waal zu denken, verbietet nicht bloß das
Kostüm, sondern vor allem die Gebärde, die so markant das Um-
klammern eines Gegenstandes zum Stoßen ausspricht, daß ich trotz
der fehlenden Lanze nicht umhin kann, hier den Longinus zu
finden. Übrigens ist auf Dobberts Reproduktionen wie bei H. Gräven [10]) deutlich der Rest eines Instruments wie eines Schaftes oder

8) Beschrieben und abgebildet bei Garrucci, Storia dell' arte cristiana.
Bd. 6 (Prato 1880), S. 44, Tavola 433, Nr. 4 und Kraus, RE. Bd. 2, S. 241.

9) Vgl. Kraus, Über Begriff, Umfang, Geschichte der christlichen Archäologie. Freiburg i. Br. 1879, S. 26; Ders., RE. Bd. 1, S. 410; Bd. 2, S. 240;
Ders., Christl. Kunst. Bd. 1, S. 174; Garrucci, Storia a. a. O. Bd. 3
(Prato 1876), S. 61; Bd. 6 (Prato 1880), S. 67, Tavola 446, Nr. 2; Dobbert,
Zur Entstehungsgeschichte des Crucifixes (Jahrb. d. preuß. Kunstsammlungen. Bd. 1 [1880], S. 46); de Waal, Das Kleid des Herrn auf den frühchristlichen Denkmälern. Freiburg i. Br. 1891, S. 20; Stuhlfauth, Die altchristliche Elfenbeinplastik. Freiburg i. Br. u. Leipzig 1896, S. 33, Anm. 1;
S. 35, Anm. 3.

10) Gräven, Frühchristliche und mittelalterliche Elfenbeinwerke in
photographischer Nachbildung. Serie 1: Aus Sammlungen in England.

Dolches sichtbar. Die übrigen Abbildungen zeigen es weniger klar. U n z w e i f e l h a f t erscheint die Longinusszene in der Miniatur der berühmten syrischen Handschrift des R a b u l a s vom Jahre 586 zu Florenz [11]). Christus bärtig in weitem, bis über die Knie herabreichendem ärmellosem *colobium,* noch l e b e n d , mit waagerecht ausgestreckten Armen und leichter Kopfneigung zur Rechten; der Kriegsknecht mit der Beischrift 'Longinus' in griechischen Buchstaben setzt den Speer ziemlich weit oben, bereits in der Nähe der Achselhöhle, an und ist im Kostüm von Stephaton [12]) durch Gürtel und Schwert, kurzen Rock, gamaschenartige Beinlinge unterschieden. Stephaton mit Rohr, Schwamm und Eimer trägt ein weites, umgürtetes hemdartiges Gewand. An den äußeren Seiten der Schächerkreuze, und durch diese von Christus getrennt, stehen zur Rechten Maria und Johannes, zur Linken drei Frauen mit Klagegebärden. Am Fuße des Kreuzes hocken drei Soldaten und losen über das Gewand des Herrn. In der unteren Bildhälfte ist die Szene des Engels und der Frauen am Grabe Christi dargestellt. Die Verbindung dieser beiden Situationen mit dem Vorgang des Lanzenstichs zeigt uns zum ersten Mal einen T y p u s b y z a n t i n i s c h - o r i e n t a l i s c h e r Ikonographie, der später im zehnten Jahrhundert in der deutschen Miniaturmalerei nachgebildet worden ist. Insbesondere wichtig und für die gesamte Auffassung der Longinuslegende hochbedeutsam ist die Verknüpfung des Lanzenstichs mit der A u f e r s t e h u n g: dadurch ist jener m y s t i s c h e G r u n d - g e d a n k e des Johanneischen Evangeliums, des Physiologus und der ältesten Exegeten künstlerisch verkörpert, den, wie ich oben darlegte, die griechische Dogmatik und Liturgie am stärksten betont,

---

Rom 1898, Nr. 24, dazu S. 12. Vgl. hierzu auch Reil, Christus am Kreuz in der Bildkunst der Karolingerzeit. Leipzig 1930, S. 6 (Studien über christliche Denkmäler. N.F. Heft 21).

11) Laurenziana, Plut. I Syr. Cod. 56. Beschreibung und schlechte Abbildung bei Stockbauer, Kunstgeschichte des Kreuzes. Schaffhausen 1870, S. 165 f.; besser bei Garrucci, Storia a. a. O. Bd. 3 (Prato 1876), Tav. 139, Nr. 1; F. X. Kraus, Christl. Kunst. Bd. 1, S. 175, Fig. 138 (dazu Ders., RE. Bd. 2, S. 240); auch bei de Waal, Kleid des Herrn, a. a. O. (Schlußtafel).

12) Ich verwende hinfort der Bequemlichkeit wegen für den Schwammreicher diesen legendarischen Namen, über dessen seltene Bezeugung zu vergleichen ist Kraus, Christl. Kunst. Bd. 2, S. 338, Anm. 6.

am zähesten festgehalten und mit dem weitgehendsten R e a l i s -
m u s vergegenwärtigt hat. Damit ist aber zugleich auch der mystische
Kern des eucharistischen Sakraments des Kelches, mit dem das
Speerwunder möglicherweise schon seit seinem ersten Auftauchen,
sicherlich seit dem dritten Jahrhundert, u n t r e n n b a r verwachsen
war, greifbar vor Augen gestellt: das „H e i l m i t t e l der Unsterblichkeit", das schon in der kleinasiatischen christlichen Theologie des
zweiten Jahrhunderts so nachdrücklich betont wurde ¹³) und auch
das Leitmotiv der eucharistischen Spekulationen des Clemens Alexandrinus ¹⁴) bildete, dann aber vor allem sich durch des Chrysostomos enthusiastische Phantasie über das Abendmahl wie ein leuch-
tender Faden hindurchzieht (siehe oben Kap. 6) und immer der
eigentliche m a g i s c h - t h e u r g i s c h e Mittelpunkt der orientalischen Abendmahlsdoktrin geblieben ist.

Die Miniatur des R a b u l a s gäbe uns eine fest datierbare
Grundlage für die gesamte Entwicklung des orientalischen Kreuzigungstypus und sie wäre zugleich das älteste sichere Datum für
den Namen Longinus. Aber leider ist gegen sie von Kennern der
Verdacht ausgesprochen worden, daß sie nur die Kopie oder Über-
malung des elften Jahrhunderts nach der alten Vorlage des sechsten
Jahrhunderts sei ¹⁵). So muß also über diese Darstellung das Urteil
sich sehr zurückhalten.

In Stockbauers Kunstgeschichte des Kreuzes (a. a. O. S. 164) wird
das Kreuzigungsbild, welches A n a s t a s i u s   S i n a i t a in das
zwölfte Kapitel seines Werks gegen die Monophysiten aufnahm und
zur Vervielfältigung allen rechtgläubigen Christen dringend empfahl ¹⁶), „von allen Kruzifixbildern, die wir kennen, das älteste und

---

13) Fr. Loofs, Leitfaden der Dogmengeschichte. Halle a. S. ³ 1893,
S. 92 ff. Die Stelle (Ignatius, Ad Ephesios Kap. 20, 2: Patrum apostolorum
opera rec. de Gebhardt, Harnack, Zahn. Bd. 2 [Leipzig ³ 1876], S. 26)
lautet: ἕνα ἄρτον κλῶντες, ὅς ἐστιν φάρμακον ἀθανασίας, ἀντίδοτος τοῦ μὴ
ἀποθανεῖν, ἀλλὰ ζῆν ἐν Ἰησοῦ Χριστῷ διὰ παντός.

14) Vgl. Harnack, Dogmengeschichte ³ Bd. 1, S. 437, Anm. 1: für ihn
„handelt es sich bei der Mahlzeit um die E i n w e i h u n g in die Erkennt-
niß und U n s t e r b l i c h k e i t". Er braucht dafür den Ausdruck ἀφθαρσία.

15) Ag. Morini, Origini del culto alla Addolorata. Rom 1893. Appen-
dice D, S. 131—141; Kraus, Christl. Kunst. Bd. 2, S. 311, Anm. 1.

16) Anastasius vom Sinai, Viae dux Kap. 12: Περὶ τοῦ σωτηρίου πάθους
Χριστοῦ (Migne, P.G. Bd. 89, S. 197).

wichtigste" genannt mit der Begründung: „alle Kreuzigungsdarstellungen des Orients sind nach diesem Bild kopiert bis auf den heutigen Tag." Das hindert den Verfasser, der diese Schrift „um das Jahr 600" ansetzt, aber nicht, gleich darauf das Bild der Rabulashandschrift von 586 als „nur um weniges älter" einzuführen (S. 165). Indessen diese ganze Aufstellung, die das unverdiente Schicksal gefunden hat, von anderen Autoren ungeprüft übernommen zu werden und in vielgelesenen Handbüchern [17]) immer noch fortlebt, bedarf gar sehr der Einschränkung. Anthropomorphische Kreuzigungsdarstellungen gab es auch im Osten schon vor Anastasius Sinaïta, der nicht um 600, sondern um die Mitte und in der zweiten Hälfte des siebenten Jahrhunderts bis nach 700 gewirkt hat [18]). Und die Miniatur der Wiener Handschrift, auf deren Reproduktion in der von Kollar besorgten Ausgabe des Buchs von Lambecius [19]) diese ganze fragwürdige Hypothese beruht, gibt offenbar den Originaltypus der von Anastasius entworfenen Zeichnung nicht ohne zeitgemäße Veränderungen wieder. Der Kodex selbst, in dem sie uns vorliegt, enthält unter anderem Briefe aus dem dogmatischen Streit des Patriarchen Michael Caerularius, gehört also, falls darin nicht selbständige Bestandteile ganz verschiedenen Alters zusammengebunden sind, frühestens dem elften Jahrhundert an. Allerdings war einer der Streitpunkte damals auch die Darstellung des Kruzifixus, und es ist wahrscheinlich, daß die byzantinische Tradition, die den Schmerzensmann realistisch am Kreuze verkörpern wollte, sich berief auf des Anastasius Bild und Anweisung und daß sie im letzten Grunde wurzelt in dem Kampf gegen die sogenannten Aphthartodoketen [20]) unter den Monophysiten, d. h. gegen die Richtung, die das Fleisch Christi von dem Augenblick seiner Menschwerdung an und nicht erst seit der Auferstehung für vergottet und daher leidens-

---

17) So J. H. Kurtz, Lehrbuch der Kirchengeschichte (Leipzig [13] 1899), § 62, 6, S. 325, obwohl die Bearbeitung der kirchlich-archäologischen Abschnitte in dieser Auflage „der sachkundigen Feder Viktor Schultzes entstammt".

18) Kumpfmüller, De Anastasio Sinaïta. Diss. Würzburg 1865; Krumbacher, Byzant. Literatur, S. 64 ff.

19) Lambecius, Commentariorum de Bibliotheca Vindobonensi libri 8, ed. Kollar. Wien 1665 f. Tom. III, S. 405 (Cod. graec. Nr. 77).

20) Vgl. über sie Harnack, Dogmengeschichte [3] Bd. 2, S. 386 f. 392. 398. 427. 436.

unfähig und sterbensunfähig hielten, eine Richtung, die im Orient
auch nach dem sechsten Jahrhundert, wo sie zuerst hervortrat, fort-
gedauert und namentlich die immer zunehmende materialistische
Mystagogie beherrscht hat. Die quer über den oberen Kreuzarm
gelegte Tafel mit dem Titulus, die dem Kreuz das Aussehen einer
Krücke gibt, die Blut hervorsprudelnde rechte Seitenwunde, die
geschlossenen Augen und die starke Neigung des Hauptes, vielleicht
auch die leichte Biegung des Körpers und der kurze Lendenschurz
mögen auf dem Wiener Bild richtig festgehalten sein.

Aber gewiß eine jüngere und nicht dem Anastasius zuzuschrei-
bende Umgestaltung ist die schräge Stellung der wirklich h ä n g e n -
d e n Arme und das breite *suppedaneum*.

Gegen 752 bringt das E l f e n b e i n - P a x k r e u z [21]) des Herzogs Ursus zu C i v i d a l e Longinus vor der Maria stehend, jugendlich, bartlos, als Knecht, ohne Schwert, den Speer in die Achselhöhle
des Gekreuzigten setzend, der in gerader Haltung und mit straffem
Körper modelliert ist; auf der andern Seite des Kreuzes den
Schwammträger mit dem Eimer und Johannes.

Auch die älteste im Abendland entstandene m a l e r i s c h e Behandlung des mehrfigurigen Typus der Kreuzigungsdarstellung,
von der wir mit Sicherheit Kunde haben, ist uns vollständig leider
nur in Abzeichnungen des siebzehnten Jahrhunderts erhalten: das
Mosaikbild, welches Papst J o h a n n VII. (705—707) zu St. Peter
für das Oratorium der heiligen Jungfrau Maria *ad praesepe* herstellen ließ [22]). Es zeigte, soweit man danach urteilen kann, Christus mit Nimbus in horizontaler Armstellung, bärtig, von langem

---

21) Undeutliche Abbildung bei Garrucci, Storia a. a. O. Bd. 6 (Prato
1880), Tav. 459, Nr. 2 (dazu S. 87); besser beschrieben und abgebildet von
Eitelberger, Gesammelte kunsthistorische Schriften. Wien 1884. Bd. 3, S. 351,
Figur 9; de Waal, Kleid des Herrn, a. a. O. S. 33. Gute Photographie
auch bei Gräven, Frühchristliche und mittelalterliche Elfenbeinwerke. Aus
Sammlungen in Italien. Rom 1900, Nr. 17 (dazu S. 14 f.); vgl. auch Stuhlfauth, Altchristliche Elfenbeinplastik, a. a. O. S. 163.

22) Nach den Kopien Grimaldis und den in den Vatikan. Grotten erhal-
tenen Fragmenten abgebildet bei Garrucci, Storia a. a. O. Bd. 4 (Prato 1877),
Tav. 279, Nr. 1; Tav. 280, Nr. 8; Tav. 281, Nr. 4 (dazu S. 97 ff.); M. Engels,
Die Kreuzigung Christi in der bildenden Kunst. Luxemburg 1899
(Tafel 9, Fig. 30). Vgl. Kraus, Christl. Kunst. Bd. 1, S. 421 f. und Reil,
Die frühchristlichen Darstellungen der Kreuzigung Christi. Leipzig 1904,
S. 73 (Studien über christliche Denkmäler. N.F. Heft 2).

ärmellosem Gewand bekleidet, mit aufrechter Kopfhaltung und (wie
es scheint) offenen Augen, also lebend. Zu seiner Rechten setzt der
Kriegsknecht einen kurzen Speer mit langem Eisen ihm an den Leib.
Der zweite Kriegsknecht hält den Schwamm empor. Maria und
Johannes, sowie rechts und links Sonne und Mond vollenden die
Hauptgruppe. Rechts davon und im Hintergrund ist aber zugleich
das Wunder der A u f e r s t e h u n g dargestellt: in der Mandorla,
der lichtumflossenen Glorienwolke, erscheint der Herr, wie er dem
vor ihm knienden nackten Adam die Kette von den ausgestreckten
Händen abstreift und ihn emporhebt aus der Erbsünde; aus den
Gräbern erheben sich andere Tote. Weiter zurück gewahrt man die
z e i t l i c h v o r a u f l i e g e n d e Szene der d r e i F r a u e n mit
dem Engel am leeren Grabe des auferstandenen Christus. Die Gestalt des Longinus ist in den verschiedenen Kopien weder hinsichtlich der Tracht noch der Aktion übereinstimmend wiedergegeben:
ob Longinus die Lanze näher der Achselhöhle oder der Rippengegend angesetzt, ob er schon zugestoßen hat oder erst zustoßen
will, bleibt unsicher. Aus dem erhaltenen Mosaikfragment seines
Oberkörpers in den Krypten der vatikanischen Basilika ersieht man
jedoch, daß er als Soldat in einem am Hals und Kinn geschlossenen,
vom Hinterhaupt bis über die Stirn reichenden Helm aufblickend
mit dem Ausdruck der Anbetung dargestellt war. Vor allem wichtig aber bleibt die Tatsache: wie in der mystischen Auffassung des
Johanneischen Evangeliums, wie in der Mystik der liturgischen
Handlung der Eucharistie bringt auch dieses Mosaik die Handlung
des Lanzenträgers in engste Verbindung mit dem Mysterium der
A u f e r s t e h u n g des Herrn, der Auferstehung aller Menschen,
der Erlösung des sündenbeladenen Adam. Der Urheber dieses Mo-
saiks war ein Kalabreser aus Rossano. Er stammte aus einem Ge-
biet, das damals noch byzantinischer Herrschaft unterworfen war.
Byzantinische Elemente finden sich in den übrigen Szenen dieses
Zyklus von biblisch-historischen Mosaiken: auch die Darstellung des
Lanzenstoßes wird b y z a n t i n i s c h e r Tradition entsprochen haben.

Bestritten ist es, ob das G o l d r e l i e f auf der rechten Vorderseite des Hochaltars von S a n t' A m b r o g i o in M a i l a n d dem
neunten oder dem zwölften Jahrhundert angehört[23]). Nach der

---

23) Vgl. de Waal, Kleid des Herrn, a. a. O. S. 37, der auf die Abbildung bei d'Agincourt verweist. Ich habe die Reproduktion benutzt in

älteren Ansicht galt das Werk als eine Stiftung des Bischofs A n g i l-
b e r t II., von dem urkundlich bezeugt wird, daß er 835 den Altar des
heiligen Ambrosius neu erbaut habe. In neuerer Zeit hat man wegen
der Technik der Fassung der Edelsteine die Arbeit um zweieinhalb
bis drei Jahrhunderte später gesetzt [24]) und, da wir wissen, daß im
Jahre 1196 Kirche und *Ciborium* nach dem Einsturz der Kuppel erneuert worden sind, versucht, die Entstehung an dieses Datum anzuknüpfen [25]). Demgegenüber wurde indessen auch wieder die her-
gebrachte Datierung auf 835 verteidigt: Tikkanen (Die Psalterillustrationen im Mittelalter. Helsingfors und Leipzig 1895. Bd. 1, S. 189
Anm.) und M. A. Schmid (Zur Geschichte der Karolingischen Plastik
im Repertorium für Kunstwissenschaft Bd. 23 [1900], S. 199 ff.) wollen auf Grund stilistischer Übereinstimmung mit den Miniaturen des
Münchner Evangeliars im sogenannten C o d e x a u r e u s (Clm.
14000) Karls des Kahlen (870), den Goldblechreliefs auf dem Deckel
des Kodex sowie den Reliefs in König Arnulfs Feldaltärchen (München, Reiche Kapelle) den Paliotto der karolingischen, französischen
Goldschmiedekunst zuweisen. Auf diesem Paliotto erscheint Christus mit leise nach seiner Rechten geneigtem Haupt, über den Kreu-
zesarmen die Halbfiguren zweier Engel. Unter dem Kreuze stehen,
dem Herrn zunächst, in kleiner Gestalt Longinus mit der Lanze —

dessen „Sammlung der vorzüglichsten Denkmäler der Skulptur vorzugs-
weise in Italien vom IV. bis zum XVI. Jahrhundert" (gesammelt durch
S. d'Agincourt, revidiert von A. F. von Quast. Berlin o. J., Tav. XXVI A).
Eine bessere Gesamtansicht der Vorderseite jetzt bei M. G. Zimmermann
(Oberitalische Plastik im frühen und hohen Mittelalter. Leipzig 1897,
Abb. 60): hier ist leider das Kreuzigungsrelief sehr klein und undeutlich,
auch die Beschreibung (S. 186) ziemlich flüchtig; über die Art der Lanzen-
haltung wird nichts gesagt. Auch die Arbeit von C. Romussi (San Am-
brogio: i tempi, l'uomo, la basilica. Mailand 1897) bringt auf Tav. VIII
nur eine Reproduktion in ungenügenden Dimensionen.

24) Kondakov, Geschichte und Denkmäler des byzantinischen Emails.
Frankfurt a. M. 1892 (Publikation der Sammlung byzantinischer Zellen-
emails, hrsg. von A. W. Swenigowdskvi) [mir nicht aus eigener Anschauung
bekannt].

25) Zimmermann, Spuren der Langobarden in der italienischen Plastik.
Leipzig 1894, S. 26; Ders., Oberitalische Plastik, a. a. O. S. 180. 196; Ders.,
Giotto und die Kunst Italiens im Mittelalter. Leipzig 1899. Bd. 1, S. 119
Anm.

er scheint eben zustoßen zu wollen — und der Kriegsknecht, der den Schwamm auf dem Rohr darreicht. Dann folgen rechts und links Maria und Johannes mit klagenden Gebärden. Ob Christus die Augen offen oder geschlossen hat, kann ich nicht feststellen.

Das vor einigen Jahren in Rom auf dem *C a e l i u s* unter der Kirche der heiligen Johannes und Paulus entdeckte Passionsbild gibt dem Longinus zu dem Speer, mit dem er die Seite des Herrn durchbohrt, noch ein Schwert entsprechend der Bewaffnung römischer Soldaten (vgl. die Beschreibung bei de Waal, Kleid des Herrn, a. a. O. S. 36).

Achtzehntes Kapitel

Die frühmittelalterlichen Longinusbilder in Frankreich und Deutschland.

Seit dem karolingischen und ottonischen Zeitalter wird das Longinusmotiv auch in Deutschland weiteren Kreisen eingeprägt durch die bildende Kunst. Immer häufiger bevorzugt sie dabei den reicheren, vielfigurigen Typus der Kreuzigung. Die Entwicklung im einzelnen ist noch lange nicht aufgehellt. Ja viele entscheidende Fragen sind noch nicht einmal gestellt worden (vgl. oben S. 239 f.). Erst in allerneuester Zeit versucht man es ja methodisch, in der Geschichte der frühmittelalterlichen Kunst den syrischen, den italienisch-römischen und den byzantinischen Einfluß zu bestimmen und zu sondern. Für Deutschland kommt während des achten bis zehnten Jahrhunderts außer dem direkten Import dabei auch eine doppelte Vermischung in Betracht: die vom merowingisch-karolingischen Frankreich und die vom irisch-angelsächsischen England.

Die ikonographische Tradition der Kreuzigungsdarstellung haben nach Deutschland die merowingischen und karolingischen E l f e n - b e i n r e l i e f s des siebenten bis neunten Jahrhunderts überführt. Aus der Zentralschule, die das Gebiet von Tours, Poitiers und Sens umfaßte, stammt eine längliche Tafel, die Hälfte eines Diptychon, in der Kathedrale zu N a n c y: außer dem Gekreuzigten nebst Maria und Johannes die beiden Kriegsknechte Longinus und Stephaton, oben Sonne und Mond, in der unteren Bildhälfte die beiden Marien am Grabe, davor ein Engel sitzend, tiefer drei schlafende Soldaten [1]). Es ist, wie man sieht, die Darstellung der A u f e r s t e - h u n g mit dem Longinusbild verknüpft: genau in der alten mystischen Auffassung, die den Lanzenstich als Symbol der Unsterblichkeit, der ἀφθαρσία und ἀθανασία, nimmt, wie wir das aus der Deu-

---

1) Paul Clemen, Merowingische und karolingische Plastik (Bonner Jahrbücher des Vereins von Altertumsfreunden im Rheinlande Heft 92 [1892], S. 121).

tung des Physiologus (siehe oben S. 39. 41) und aus der Spekulation der griechischen Dogmatik und Liturgik kennen (siehe oben
Kap. 4 und 9). Derselben Schule weist Clemen [2]) noch eine Kreuzigung des fünffigurigen Typus im Britischen Museum zu.

Auf einer Liverpooler Elfenbeintafel des neunten Jahrhunderts,
dem Werk eines karolingischen Künstlers, hat Longinus im Knechts-
gewand, nach vollbrachtem Stoß, die Lanze auf den Boden gestützt
und schaut andächtig mit hinaufweisendem rechten Arm zum Gekreuzigten empor [3]). Verfehlt scheint es mir, in „dieser ungewöhn-
lichen Stellung [des Longinus] eine Beeinflussung durch die Gestalt
der Ekklesia [in andern Darstellungen] zu erkennen", wie Leitschuh
(Geschichte der karolingischen Malerei. Berlin 1894, S. 173) „ohne
Bedenken" will. Die Gebärde des andachtvollen Bekennens ergab
sich aus der alten Vermischung mit dem synoptischen Centurio (siehe
oben S. 213 f. 218 f.), dessen bekennende Rede hier Longinus in den
Mund gelegt zu sein scheint.

Auf der andern Seite des Kreuzes steht Stephaton, in der einen
Hand das Rohr, in der anderen den Schwamm erhebend, neben ihm
ein Eimer. Zu beiden Seiten erhöht Maria mit typischer Trauer-
haltung des Gewands und Johannes, oben Sonne und Mond als
Brustbilder. Die kleine untere Hälfte der Tafel bildet wiederum die
Szene zwischen den F r a u e n und dem Engel a m G r a b e
Christi ab.

Das Werk zeichnet sich durch auffallende Lebendigkeit in Haltung und Bewegung der Figuren aus: die beiden Kriegsknechte
stehen mit dem Rücken gegen den Beschauer, den Kopf nach oben

---

2) Paul Clemen, Merowingische und karolingische Plastik, a. a. O.
S. 122 (Mediaeval Room, Schrank 23). Dagegen gibt die „einfachere Gruppe
in der Sammlung Spitzer in Paris" nicht den ausführlichen Typus, sondern
den dreifigurigen, verbunden mit einer Darstellung der drei Frauen
und des Engels am Grabe Christi (siehe die Abbildung in der Gazette des
Beaux-Arts 1890. 3. Période. Tome 1, S. 241).

3) Vgl. Garrucci, Storia dell' arte cristiana. Bd. 6 (Prato 1880), S. 87,
Tav. 459, Nr. 3; Bode, Geschichte der deutschen Plastik. Berlin 1887, S. 17 f.
(mit Abbildung im Gegensinn des Originals); Stuhlfauth, Die altchristliche Elfenbeinplastik. Freiburg i. Br. und Leipzig 1896, S. 158 f.; H. Gräven,
Frühchristliche und mittelalterliche Elfenbeinwerke in photographischer
Nachbildung. Serie 1: Aus Sammlungen in England. Rom 1898, Nr. 1,
dazu S. 4.

256   Achtzehntes Kapitel:

und in halber Drehung nach dem Kreuze seitwärtsgebogen, so daß
sie im Profil sichtbar sind. Da der untere Teil in den drei Marien
und dem Engel am G r a b e ein frühchristliches römisches Relief ⁴)
des vierten oder fünften Jahrhunderts treu kopiert, das sich unter
den Kunstschätzen Kaiser Heinrichs II. befand, die nach seinem
Tode in den Dom zu Bamberg und von da in unserer Zeit zum
größten Teil nach München in die Hof- und Staatsbibliothek und
in das Nationalmuseum kamen, so mag auch in der kühnen und
malerischen Darstellung der Kreuzigung ein römisches Vorbild
nachklingen. Christus nur mit langem Lendenschurz bekleidet, von
gut proportionierten Armen, hat das Haupt leicht zur Rechten gesenkt, zeigt sonst aber keine Entstellung des Leidens oder des Todes.
    Jenes frühchristliche Relief in Bamberg verbindet die Szene am
Grabe ⁵) des auferstandenen Herrn mit Christi Himmelfahrt. Das
Liverpooler Diptychon dagegen verbindet sie mit der Kreuzigung
und dem Lanzenstich. Der Unterschied ist sehr bemerkenswert, und
Stuhlfauth hat mit Recht darauf hingewiesen. Aber es genügt nicht,
wenn er die Zusammenfügung von Grabesszene und Kreuzigung
aus einer Wandlung der dogmatischen Anschauungen, aus einem
Gegensatz der religiösen Bedürfnisse des mittelalterlichen Christen
und des Christen der ersten Jahrhunderte ableitet ⁶). Es muß hinzugesetzt werden: die mystische Verbindung des Lanzenstichs bei

---

    4) Seit 1859 im Bayerischen Nationalmuseum zu München (aus der
Sammlung des unvergeßlichen, um die Kunstgeschichte Bambergs und
Bayerns hochverdienten Professors Martin Joseph v o n R e i d e r [siehe
über ihn Leitschuh, Allgemeine Deutsche Biographie. Bd. 27, S. 683 f. und
J. G. von Hefner-Alteneck, Entstehung, Zweck und Einrichtung des Baye-
rischen Nationalmuseums in München. Bamberg 1890, S. 8 ff.]): vgl. „Kunst-
schätze aus dem Bayerischen Nationalmuseum", geordnet und beschrieben
von Dr. J. G. Hefner-Alteneck. In unveränderlichem Lichtdruck von
J. C. Obernatter. München o. J., Bl. 162; „Kataloge des Bayerischen
Nationalmuseums". Bd. 5. München 1890 (Romanische Altertümer, bearbeitet von Hugo Graf), S. 21, Nr. 21, mit Abbildung Tafel VI. Vgl. auch
Garrucci, Storia a. a. O. Bd. 6 (Prato 1880), Tav. 459, Nr. 3; Viktor Schultze.
Archäologie der altchristlichen Kunst. München 1895, S. 272, Figur 85; Stuhl-
fauth, Altchristliche Elfenbeinplastik, a. a. O. S. 85 f. (daselbst weitere Lite-
raturnachweise). Über die Architektur des Grabmals siehe unten Kap. 21.
    5) Über die Form des dargestellten Grabmonuments siehe unten
Kap. 21.
    6) Stuhlfauth, Altchristliche Elfenbeinplastik, a. a. O. S. 61.

der Kreuzigung mit der A u f e r s t e h u n g ist u r a l t und war
auch den Christen der ersten Jahrhunderte in ihren Vorstellungen
und liturgischen Gebräuchen durchaus geläufig. Aber allerdings hat
man sich in den frühchristlichen Zeiten gescheut, die Schrecken der
Marter und körperlichen Verstümmelung des Gottessohns unmittelbar abzubilden. Von dem Augenblick jedoch, wo man es wagte, die
Kreuzigung selbst darzustellen, war es sofort gegeben, die Auferstehung zu kombinieren mit dem Vorgang des Lanzenstichs, der
jene nach der alten Johanneischen Mystik äußerlich legitimierte und
in der griechischen Meßliturgie, etwa seit dem fünften Jahrhundert,
fest mit ihr verwachsen war.

Eine neue Sphäre der Kreuzigungsdarstellung eröffnet seit dem
neunten Jahrhundert der künstlerische Schmuck der l i t u r g i -
s c h e n B ü c h e r.

Im frühen Mittelalter hatte man den für die Messe und die
täglichen Gebetsoffizien notwendigen liturgischen Stoff noch nicht
in den später üblichen beiden Hauptkompendien, dem *Missale* und
dem *Breviarium,* zusammengefaßt, es bestanden auch noch nicht
wie heute fest gegliederte und geschiedene rubrizistische und Formu-
larienbücher *(Caeremoniale episcoporum, Pontificale, Rituale Romanum)* und ebensowenig davon gesonderte liturgische Gesangbücher
(Antiphonare, Graduale). Vielmehr gab es eine ganze Reihe liturgischer Hilfsmittel weniger umfassender Art: das *Psalterium per
hebdomadam;* das *Sacramentarium* (Gebete und Kanon der Messe);
die Lektionarien, nämlich das *Evangeliarium* (voller Text der Evangelien), das *Evangelistarium* (Perikopen der Evangelien), das *Episto-
larium* oder der *Apostolus* (Episteln); ferner der *Antiphonarius
(missae et officii:* die antiphonischen und responsorialen Gesänge
der Messe und der Stundenoffizien); endlich ein Hymnar. Sie alle
wurden nach und nach in zunehmendem Maße mit künstlerischem
Schmuck versehen. Die Sakramentarien[7]) erhielten zunächst längere

---

7) Vgl. L. Delisle, Mémoire sur d'anciens sacramentaires. Paris 1886;
A. Springer, Der Bilderschmuck in den Sakramentarien des frühen
Mittelalters. Leipzig 1889 (Abhandlungen der kgl. sächsischen Gesellschaft
der Wissenschaften, phil.-histor. Kl. Bd. 11); A. Ebner, Der künstlerische
Schmuck der Sakramentarien und Missalien nach seiner historischen Ent-
wicklung (in seinen „Quellen und Forschungen zur Geschichte und Kunst-
geschichte des *Missale Romanum* im Mittelalter". Freiburg i. Br. 1896,
S. 429—454).

Zeit nur reiche Initialornamentik. Am frühesten und in weiterem
Umfang fügte man Miniaturen zum Psalterium und Evangeliar
und legte auf ihre kostbaren mit Gold und Edelsteinen besetzten
Einbanddeckel E l f e n b e i n r e l i e f t a f e l n , die vielfach älterer
und fremder Herkunft waren.

So entstammt z. B. der Lothringer Schule des neunten Jahrhunderts das Elfenbeinrelief auf dem Buchdeckel des Sakramentars
Heinrichs II. im Bamberger Domschatz [8]). Christus bärtig, nur mit
Lendenschurz, in wohlgebildeten Formen, auf einem breiten *suppedaneum* stehend, die Arme waagerecht, das Haupt leicht zur Rechten
geneigt, noch lebend. Auf den beiden Seiten auswärts Maria und
Johannes. Von der rechten eilt Longinus ausschreitend mit dem
Speer herbei, den er Christus unter die Achsel setzt; auf der anderen Seite agiert Stephaton mit dem Schwamm. Beide haben nur
ein kurzes hemdartiges Gewand, keine Hosen oder Schuhe; aber
Stephaton zeichnet sich durch einen spitzen Hut vor Longinus, der
barhäuptig ist, als Jude aus. Über dem Kreuz erscheinen Sonne und
Mond als Köpfe und noch höher je drei Engelsköpfe in Wolken.
Um den Fuß des Kreuzes windet sich die Schlange; rechts und links
richten sich aus Sarkophagen auferstehende Tote mit ausgestreckten Armen empor (nach Matth. 27, 52 f.). Noch tiefer erblickt man
wieder die G r a b e s s z e n e : zwei schlafende Wächter, das Grabmonument als G r a b e s k i r c h e , der Engel auf dem abgewälzten
Stein sitzend, die drei Frauen mit Salbenbüchsen stehend. Ein
anderes Beispiel für die spätere Verwendung karolingischer Elfen-
beinreliefs bietet das Evangelistar Heinrichs II., auf das ich unten
(Kap. 21) noch zu sprechen komme. Hinweisen möchte ich hier
wenigstens auf das Elfenbeinrelief im Münchener Nationalmuseum [9]). Es zeigt den vielfigurigen Kreuzigungstypus mit den
Halbfiguren von Sonne und Mond in Medaillons, *Terra* und *Ocea-*

---

8) Jetzt in der Münchener Hof- und Staatsbibliothek: Clm. 4456
(= Cimel. 60). Abbildung bei C. Förster, Denkmale deutscher Baukunst,
Bildnerei, Malerei. Leipzig 1855 ff. Bd. 2, Abt. Bildnerei: Tafel 1 (dazu
S. 1 ff.); Cahier-Martin, Mélanges. Bd. 2 (1851), S. 43.

9) Vgl. Kunstschätze aus dem Bayerischen Nationalmuseum, a. a. O.
Bl. 166; Kataloge des Bayerischen Nationalmuseums, a. a. O. S. 21, mit
Abbildungen auf Tafel VII, Figur 160; Cahier-Martin, Mélanges. Bd. 2
(1851), S. 39 ff. mit Abbildungen auf Tafel VIII.

nus, darunter die Szene am Grabe. Longinus bärtig, den Kopf zurückbeugend, indem er den Speer in die Achselhöhle setzt, Stephaton mit sehr großem Henkeleimer und erhobenem Schwammstab, gleichfalls bärtig; im Kostüm der beiden kein Unterschied; beide mit starker O-Krümmung der Beine behaftet. Maria mit Klagegebärde: die linke ausgestreckte Hand ungeheuer plump und groß; Christus bärtig, mit kurzem Lendenschurz, fleischig und muskulös, Armstellung schräg, leicht hängend. Das Kreuz krückenförmig, das *suppedaneum* über Eck gestellt. Gräven setzt, wie er mir auf freundliche Anfrage schreibt, das Werk in den Ausgang der karolingischen Zeit. Ich möchte jedesfalls es nicht früher datieren als gegen das Ende des zehnten Jahrhunderts. Die weitere Entwicklung der Kreuzigungsdarstellungen in der jüngeren Elfenbeinplastik erörtert Kap. 21.

Eine stärkere Wirkung als diese Skulpturen-Einbände haben auf die Phantasie die M i n i a t u r e n der liturgischen Handschriften ausgeübt.

Am meisten läßt sich das erwarten von dem Kreuzigungsbild, das ein notwendiger, bestimmt vorgeschriebener Bestandteil des S a k r a m e n t a r s wurde, vor den Worten *Te igitur* seine Stelle erhielt und zu Beginn des Kanons der Messe an der Zeremonie selbst teilnahm, indem es vom zelebrierenden Priester gezeigt und geküßt werden mußte. Aber dieses Bild wurde erst seit dem elften bzw. zwölften Jahrhundert dem Kanon ständig beigegeben, und es erscheint darin durchaus überwiegend der kürzere, d r e i - f i g u r i g e (synoptische) Typus der Kreuzigung, ohne Longinus.

So stehen denn für unsere Untersuchung die Illustrationen des Psalteriums [10]) voran. Die Grundlage bilden die b y z a n t i n i - s c h e n , und von diesen sind die ältesten die griechischen der römisch-theologischen Redaktion.

---

10) A. Springer, Die Psalterillustrationen im frühen Mittelalter. Leipzig 1880 (Abhandlungen der kgl. sächsischen Gesellschaft der Wissenschaften, phil.-hist. Kl. Bd. 8, 2); J. J. Tikkanen, Die Psalterillustrationen im Mittelalter. Helsingfors und Leipzig 1895. Bd. 1, Heft 1. 2 (Byzantinische Psalterillustration); Adolph Goldschmidt, Der Albanipsalter in Hildesheim. Berlin 1895, S. 1—25 (Einleitung: Über die Psalterillustration des Mittelalters).

Das P s a l t e r i u m C h l u d o v in Moskau aus dem neunten
Jahrhundert enthält dreimal ein Bild des Passionsdramas: das eine
zur Illustration von Psalm 45, 4 *Sonuerunt et turbatae sunt aquae
eorum: c o n t u r b a t i sunt montes in fortitudine eius* (siehe
Springer, a. a. O. S. 248) zeigt Christus zwischen den beiden
Schächern am Kreuz, das Haupt zur Seite geneigt, also t o t , während zwei Soldaten sich anschicken, den Schächern die Beine zu zerbrechen, und daneben die Ältesten der Juden in Schrecken und
Verwirrung, die Jünger in ruhiger Haltung stehend. Der Lanzenträger fehlt. Das zweite Bild zu Psalm 68, 22 *Et dederunt in escam
meam fel et in siti mea potaverunt me aceto* (Springer, a. a. O.
S. 258) führt den Gekreuzigten zwischen Longinus und dem
Schwammträger vor; das dritte zu Psalm 73, 12 *Deus autem rex
noster ante saecula; operatus est salutem in medio terrae* (Springer, a. a. O. S. 260) stellt Christus mit horizontalen Armen dar, links
sticht Longinus die Lanze in seine Seite, rechts stehen Maria und
hinter ihr Johannes klagend [11]).

Ein jüngerer Repräsentant dieser altbyzantinischen Psalterillustration, der aber die ursprüngliche Tradition im ganzen treu be-
wahrt, der 1066 in Konstantinopel geschriebene K o d e x d e s
B r i t i s c h e n M u s e u m s [12]) in London, bringt ein Kreuzigungsbild zu den Psalmworten (68, 22): „Und sie gaben mir als Speise
Galle und für meinen Durst tränkten sie mich mit Essig", die nach
Tikkanens treffender Beobachtung in der orientalischen L i t u r -
g i e des Gründonnerstags und Karfreitags vorgetragen wurden:
Christus steht in aufrechter, gerader Haltung, das Haupt leicht zur
Linken gewendet, auf einem breiten Hypopodium im langen ärmellosen *colobium,* in seine l i n k e Achselhöhle — nicht wie sonst fast
immer in seine rechte — stößt ein schildtragender Soldat den Speer,
während ein zweiter auf der rechten Seite Wache zu halten
scheint [13]).

---

11) Vgl. die Übersicht über die Kreuzigungsbilder in byzantinischen Psalterien bei Josef Strzygowski, Der Bildkreis des griechischen
Physiologus. Leipzig 1899, S. 85 f.

12) Signatur: Add. Nr. 19, 352; vgl. Piper, Verschollene und aufgefundene Denkmäler und Handschriften (Theologische Studien und Kri-
tiken. Jahrg. 34, Bd. 2 [1861], S. 481 ff.).

13) Vgl. Tikkanen, Psalterillustration, a. a. O. S. 58 f. (Figur 74).

Viel bedeutungsvoller ist der U t r e c h t e r Psalter[14]) aus der ersten Hälfte des neunten Jahrhunderts, für den ich karolingischen, westfränkischen Ursprung sowie eine frühbyzantinische Vorlage annehme. Darin erscheint die K r e u z i g u n g   v i e r m a l   d a r - g e s t e l l t. Auf dem e r s t e n Bilde (zu Psalm 88, 39 *Tu vero repulisti et despexisti: distulisti Christum tuum* oder 88, 52 *Quod exprobraverunt inimici tui, Domine, quod exprobraverunt commutationem Christi tui* [Springer, a. a. O. S. 266; Tikkanen, a. a. O. Bd. 1, S. 280 f.]) stößt ein Mann dem mit kurzem Schurz bekleideten Gekreuzigten die Lanze in die B r u s t, während ein anderer an einer Stange den essiggetränkten Schwamm hochhält. Ein a n d e r e s Bild illustriert typologisch-mystisch den Gesang des Habakuk durch einen ganzen Zyklus von Szenen: unterhalb der Darstellung Gottes in Kriegstracht auf Wolken führt es im Mittelgrund außer der Verkündigung, der Geburt, der Geißelung, der Himmelfahrt Christi, den Herrn kurzgewandig am Kreuz vor, z w i s c h e n   d e n   b e i d e n   S c h ä c h e r n, in der bemerkenswerten Stellung mit übereinandergelegten Beinen, und läßt Longinus den Stoß in die A c h s e l h ö h l e führen, außerdem den zweiten Kriegsknecht in gewöhnlicher Weise den Schwamm darreichen: *Egressus es in salutem populi tui, in salutem cum Christo tuo* (Hab. 3, 13).

Auch Hab. 3, 2 ist in der Illustration berücksichtigt. Es heißt dort nach der Lesart der Itala: *In medio duorum animalium innotesceris,* und ebenso im Traktat der Karfreitagsmesse mit traditioneller Beziehung auf die zwei Schächer, zwischen denen Christus gekreuzigt ward. In der Vulgata steht: *In medio annorum notum facies,* und ebenso im Text des

---

14) Aus der reichen Literatur seien genannt: Latin Psalter in the University Library of Utrecht. (Formerly Cotton MS. Claudius, c. VII.) Photographed and produced in facsimile by the permanent autotype process of Spencer, Sawyer, Bird and Co. London s. a. [1875]; Springer, Psalterillustrationen, a. a. O.; Goldschmidt, Der Utrechtpsalter (Repertorium für Kunstwissenschaft Bd. 15 [1892], S. 156 ff.); Ders., Der Albanipsalter, a. a. O. S. 12 f.; Gräven, Die Vorlage des Utrechtpsalters (Repertorium für Kunstwissenschaft Bd. 21 [1898], S. 28 ff.); Tikkanen, Psalterillustration, a. a. O. Bd. 1, Heft 3, S. 172 ff.; E. T. De Wald, The illustrations of the Utrecht-Psalter. Princeton, London und Leipzig 1933 (dazu Deutsche Literaturzeitung 1934, Sp. 455 ff.); Gertrude R. Benson und Dimitris T. Tselos, New Light on the Origin of the Utrecht Psalter (Art Bulletin Vol. 13 [1931], S. 3—69).

Utrechter Psalters. Die Symbolik des I l l u s t r a t o r s schließt sich also
an die ä l t e r e Lesart an! Vgl. Springer, a. a. O. S. 291; Tikkanen, a. a. O.
S. 276, Figur 210 und S. 282.

Ein d r i t t e s Bild bezieht sich auf das apostolische Glaubensbekenntnis, das durch eine ganze Bilderfolge versinnlicht wird[15]):
Christus allein am Kreuz mit gekreuzten Beinen, im Hemd *(colobium)* mit äußerst kurzen Ärmeln; Longinus stößt den Speer in
die l i n k e Brust, in die obere Rippengegend, der Schwammträger
steht auf der anderen Seite, rechts und links vom Kreuz Maria und
Johannes mit den typischen Klagegebärden; etwas erhöht ein Mann
in reicherem Gewand, der auf Christus mit der Hand weist, ich
denke, es ist der bekennende Hauptmann, der hier also von Longinus unterschieden ist.

Viel wichtiger aber ist die v i e r t e Darstellung[16]) der Kreuzigung zu Psalm 115, 4 *Calicem salutaris accipiam et nomen Domini
invocabo,* in der sich die volle l i t u r g i s c h e Bedeutung dieser
mystischen Interpretationen enthüllt. Wir sehen hier Christus allein
am Kreuz im kurzärmeligen *colobium* mit Nimbus, über dem Kreuz
eine Schrifttafel und ein Siegeskreuz, Zeichen des Triumphes nach
geistlichem Sprachgebrauch, zugleich das Zeichen seines Königtums.
Er hat vollendet, wie das auf seine rechte Schulter herabgesenkte
Haupt andeutet. Die Aktion des Speerträgers ist vorbei, aber ihre
Wirkung wird veranschaulicht: aus der rechten A c h s e l h ö h l e
des Herrn strömt das erlösende Blut, das ein bloß mit einem Schurzfell bekleideter Mann in einem K e l c h auffängt, den seine weit
ausgestreckte Linke trägt, während seine Rechte eine S c h ü s s e l
m i t f ü n f H o s t i e n gegen den Altar in einer offenen Kirchen-
halle hält. Im Vordergrunde steht in schreitender oder eilender
Stellung ein Lanzenträger, den sowohl Springer als Tikkanen

---

15) Vgl. Springer, Psalterillustrationen, a. a. O. S. 293 und Tafel X;
Tikkanen, a. a. O. S. 280. — Auf der von Springer gegebenen Abbildung
ist das Gewand Christi sehr undeutlich, nach Tikkanen gibt das Original
ein (nahezu ärmelloses) Hemd.

16) Vgl. Springer, a. a. O. S. 277; Tikkanen, a. a. O. S. 280, Figur 211.
Springers Angabe „mit einem Schurzfell bekleidet" ist falsch, wie die
Reproduktion bei Tikkanen und das Londoner Faksimile lehren. Auch
sonst deckt sich seine Beschreibung nicht mit der Abbildung bei Tikkanen;
das beruht aber darauf, daß diese die ganze rechte Hälfte der Darstellung
fortgelassen hat.

unrichtig erklärt haben. Nicht ist es ein Feind, der den Kelchträger bedroht. Es ist vielmehr der Kriegsknecht Longinus, der durch seinen Speerstich das blutige Opfer vollführt hat und nun in innerster Ergriffenheit, zum Glauben an den Heiland bekehrt, auf den Altar hinstrebt. Er gehört unzweifelhaft zum Altar und der Beschauer soll ihn mystisch mit dem Altar in Verbindung bringen. Wir befinden uns hier durchaus in der Sphäre des Abendmahlsmysteriums. Tikkanen hat völlig richtig gesehen, daß diese Illustration der Worte des 115. Psalms (Vers 4 und 8; nach Luther 116, 13 und 17): „Den Kelch des Heils will ich nehmen" und „Ich werde dir das Opfer meines Lobes darbringen" nicht einfach typologisch, sondern als g e n a u e Wiedergabe der m y s t i s c h e n Handlungen und Gesänge der Abendmahls l i t u r g i e zu verstehen ist, wo noch heute der erste dieser beiden Verse im Kanon der Messe während der Kommunion ertönt. Aber in der griechischen Liturgie ist, wie oben (S. 130 ff., besonders S. 140) bereits dargelegt wurde, das Meßopfer nichts anderes als die dramatisch-allegorische Darstellung des w i r k l i c h e n Opfertodes Christi, und hierin spielt der L a n z e n t r ä g e r , der die Seite öffnet, der Kelch, der das daraus hervorströmende Blut auffängt und mit dem eucharistischen Kelch gleichgesetzt wird, die Hauptrolle. Der von Springer und Tikkanen nicht erklärte Kniende, der den Schwertstreich von einem Manne empfängt, muß entweder Isaak sein, den sein Vater Abraham opfert, oder ein Märtyrer. Es ist gleichfalls oben (S. 167) genügend hervorgehoben, daß das Opfer Abrahams in der Meßliturgie seit frühester Zeit als Typus des eucharistischen Opfers seine feste Stelle hatte. Tikkanens Reproduktion ist hier ganz undeutlich. Die zwei Toten, die neben dem Tempel liegen, sind Märtyrer und illustrieren den Psalmvers: „Kostbar ist im Angesicht des Herrn der Tod seinen Heiligen": *Pretiosa in conspectu Domini mors Sanctorum eius* (Psalm 115, 6). Dabei muß man sich erinnern, daß das Blut der Seite Christi ja nicht bloß auf das Sakrament des Abendmahls, sondern auch auf das der Bluttaufe des Martyriums gedeutet wurde (siehe oben S. 51 ff. 65). Der unmittelbar an der Ringmauer stehende Mann legt die Hand an den Mund des Nächststehenden; daß er, wie Springer behauptet, in der anderen Hand eine Schüssel halte, vermag ich auf dem Londoner Faksimile nicht zu erkennen; möglicherweise hält die zweite Person in der Höhe der Körpermitte eine

Schüssel. Der größere Volkshaufe und die Gruppe Bewaffneter
außerhalb der Ringmauer finden ihre Erklärung nicht oder wenigstens nicht ausschließlich aus der Situation der historischen Kreuzigung. Möglicherweise mischen sich hier wieder l i t u r g i s c h e Vorstellungen ein aus der g r i e c h i s c h e n Abendmahlshandlung.
Es könnte auf die Kommunion des Klerus angespielt sein: jene
Handgebärde und die nach Springer dargestellte Schüssel könnten
hinweisen auf den Vorgang in der Chrysostomos-Liturgie, wo der
Diakon beim Empfang der Hostie die ihm das Brot mitteilende Hand
küßt: ῾Ο δὲ ἱερεὺς κρατῶν τὸν ἅγιον ἄρτον, δίδωσι τῷ διακόνῳ· καὶ
ἀσπασάμενος ὁ διάκονος τὴν μεταδιδοῦσαν αὐτῷ χεῖρα,
λαμβάνει τὸν ἅγιον ἄρτον (Goar, Euchologion S. 66, ii. 169; Codex
liturg. Bd. 4, S. 367, Nr. XXXV). Der größere Volkshaufe könnte
etwa die nachher kommunizierenden Laien bedeuten, denen der
Priester B r o t u n d W e i n i m K e l c h v e r m i s c h t austeilt.
Endlich die Gruppe Bewaffneter außerhalb der Ringmauer könnten
die im Vortempel (πρόναος) weilenden Katechumenen, Exkommunizierten und Ungläubigen sein, also der ungeweihte Teil der Gemeinde.

Jedoch möchte ich eine ganz andere Deutung vorziehen und hiermit den Kennern zur Erwägung empfehlen. Der Ausdruck in den
Bewegungen und der Haltung jenes ganzen größeren Volkshaufens
ist der des Abscheus oder des Erschreckens, jedesfalls einer Abwehr.
Es soll also wohl die verstockte S y n a g o g e dargestellt sein, die
von dem Wunder des Kreuzopfers und der Erlösung nichts wissen
will und sich davon zurückzieht [17]). Dann liegt hier, freilich in sehr
anderer Ausprägung, die Antithese vor, welche in dem abendländischen Kreuzigungstypus so stark herausgearbeitet worden ist.

Erklärung fordert noch die nackte, nur mit einem Lendenschurz
bekleidete männliche Gestalt, welche das Blut der Achselhöhle des
Herrn in dem Kelch auffängt und gleichzeitig den Diskus mit den
fünf geweihten Opferbroten gegen den Altar ausstreckt. Darin den
Priester zu erblicken, geht nicht an. Kaum läßt sich daran denken,
daß auch dies Longinus sein sollte, der dann doppelt, einmal vor
der Aktion mit dem Speer, sodann nachher mit den beiden heiligen

17) Vgl. hierzu unten S. 289 f. und die (S. 291) aus dem Matthäus-Kommentar des Hrabanus Maurus zitierte Stelle.

Opfergefäßen, dargestellt sein müßte. Eher könnte man fragen, ob nicht Christus selbst gemeint sei als Auferstandener und daher nicht mehr wie daneben am Kreuz mit dem ärmellosen *colobium*, sondern bloß mit dem Leichentuch bekleidet. Nach der Lehre des für die byzantinische Dogmatik autoritativen Chrysostomos bereitet Christus, der für uns Gekreuzigte, s e l b s t jedesmal den Opfertisch des liturgischen Abendmahls und bewirkt, daß die vorliegenden Opfergaben Brot und Wein zu seinem eigenen Leibe und Blute werden: er ist der eigentliche Priester und der irdische Priester nur sein Stellvertreter, der die bestimmten Worte ausspricht, während die Kraft und Gnade Gottes sie verwirklicht:

Πάρεστιν ὁ Χριστὸς καὶ νῦν ἐκεῖνος ὁ τ ὴ ν τ ρ ά π ε Ζ α ν διακοσμήσας ἐκείνην, ο ὗ τ ο ς κ α ὶ τ α ύ τ η ν δ ι α κ ο σ μ ε ῖ ν ῦ ν. Οὐδὲ γὰρ ἄνθρωπός ἐστιν ὁ ποιῶν τὰ προκείμενα γενέσθαι σῶμα καὶ αἷμα Χριστοῦ, ἀλλ' α ὐ τ ὸ ς ὁ σ τ α υ ρ ω θ ε ὶ ς ὑ π ὲ ρ ἡ μ ῶ ν Χ ρ ι σ τ ό ς · σχῆμα πληρῶν ἕστηκεν ὁ ἱερεύς, τὰ ῥήματα φθεγγόμενος ἐκεῖνα· ἡ δὲ δ ύ ν α μ ι ς καὶ ἡ χάρις τοῦ Θεοῦ ἐστι. „Τοῦτό μου ἐστὶ τὸ σῶμα", φησί. τοῦτο τὸ ῥῆμα μεταρρυθμίζει τὰ προκείμενα (De proditione Judae, homil. 1 Kap. 6; Migne, P.G. Bd. 49, S. 380 ; siehe auch oben S. 83 f.).

Wollte der Illustrator diese mystische Theorie von der persönlichen Teilnahme des göttlichen Priesters am eucharistischen Werk gestalten und ließ er darum Christus doppelt auftreten? Dafür könnte sprechen, daß sie sehr scharf herausgearbeitet hat z. B. auch der alte syrische Hymnendichter C y r i l l o n a s [18]): Christi Einsetzung der Eucharistie beim letzten Passahmahl erscheint bei ihm als sakramentales Selbstopfer, als mystische Vorausnahme der wirklichen Kreuzigung. Übrigens lehrt auch die moderne katholische Kirche, „daß die erstmalige Feier der Eucharistie, welche der Herr mit seinen Aposteln am Vorabend seines Leidens veranstaltete, ein w a h r e s O p f e r und O p f e r m a h l gewesen sei", daß die Einsetzungsworte Christi „bezeichnen und bezeugen die in j e n e m A u g e n b l i c k e stattfindende Hingabe des eucharistischen Leibes und ebenso die i m K e l c h e vor sich gehende Vergießung des eucharistischen Blutes" und daß die Worte des Herrn „u n m i t t e l b a r und a u s d r ü c k l i c h die Opferung seines B l u t e s durch mystische oder geheimnisvolle V e r g i e ß u n g i m K e l c h e, nicht jene

18) Vgl. G. Bickell, Ausgewählte Schriften der syrischen Kirchenväter (In V. Thalhofers „Bibliothek der Kirchenväter". [Bd. 38], Kempten 1874, S. 418 f.).

durch wahre und eigentliche Vergießung am Kreuze bezeichnen"
(Nikolaus Gihr, Das heilige Meßopfer. Freiburg i. B. 11—13 1912,
S. 75 bzw. 73). Danach ist also das Meßopfer jedesmal nur eine
Erneuerung des ersten Meßopfers, das der Priester Christus genau
ebenso am Abend vor seinem Tode darbrachte, und der h i s t o -
r i s c h e Akt der Kreuzigung, des faktischen Kreuzopfers, ausge-
schaltet und gleichsam nur in einer z w e i t e n Abspiegelung
wiedergegeben. Die g r i e c h i s c h e Liturgie scheint dieser
Verflüchtigung des geschichtlichen Dramas von Golgotha zu
einer mystischen Szene auf das strengste zu widersprechen,
insofern sie in der Messe d u r c h a u s m i m e t i s c h das t a t -
s ä c h l i c h e Geschehnis des Kreuzopfers für die Anschauung
und Phantasie d a r s t e l l t. Der tiefe fundamentale Gegensatz
östlicher und westlicher Dogmatik tritt auch hieraus lebendig hervor: diese wandelt das historische Element des Sakraments in eine
mystische Präexistenz, jene hält es mit r e a l i s t i s c h e r Auffassung fest und bildet es durch ein symbolisches Drama nach.

Ich möchte aber einer anderen Deutung der Illustration den
Vorzug geben: ich sehe gemäß der sonstigen Neigung byzantinischer
Kunst und gemäß auch der späteren ikonographischen Tradition [19])
der Kreuzigungsszene in dem Träger der beiden Opfergefäße eine
Allegorie des Menschen, genauer des A d a m, des Repräsentanten
der sündigen, durch Christi Tod erlösten Menschheit. Nach alter,
von Origenes, Chrysostomos, Ambrosius, Hieronymus und anderen
Kirchenvätern bezeugter jüdischer Sage stand das Kreuz Christi an
der Stelle, wo A d a m begraben war, an dem von den Evangelien
als Golgotha, d. h. Schädelstätte, bezeichneten Platz. Der christliche
Mythus hat sich diese Vorstellung ganz früh angeeignet und sie
niemals wieder losgelassen. Sie begegnet zuerst seit dem Ausgang
des vierten Jahrhunderts bei Schriftstellern des Ostens. Dem
Abendland blieb sie zunächst fremd, da die lateinischen Kirchenlehrer ebenso wie die scholastischen Theologen Adams Grab nach
Hebron verlegten und Golgothas Namen „Schädelstätte" als Hin-
richtungsstätte der Verurteilten erklärten. Doch bemächtigte sich
dieses Motivs die religiöse Phantasie auch des Abendlandes durch
Vermittlung der in griechischer und in mehreren orientalischen Fas-

---

19) Vgl. z. B. Kraus, Christl. Kunst. Bd. 2, S. 345, Z. 5—17.

sungen verbreiteten, in lateinischer Bearbeitung als *Vita Adae et Evae* weithin wirkenden A d a m s - L e g e n d e [20]). Volkstümlich wird die Vorstellung dann durch die bildende Kunst des südlichen Frankreichs im fünften bis sechsten Jahrhundert. Dort wird sie in die bildliche Darstellung der Passion aufgenommen, offensichtlich unter dem Einfluß der Beziehungen dieses Gebietes zu S y r i e n : Kreuzigungsreliefs und Miniaturen benutzen sie im Einklang mit der Paulinischen Antithese von Adam, dem Bringer des Todes, und Christus, dem Überwinder des Todes und Bringer des ewigen Lebens (Röm. 5, 12—21; 1. Korinth. 15, 20—22). Am bekanntesten ist uns heute wohl eine deutsche Gestaltung dieses bildnerischen Motivs: das hölzerne Triumphkreuz der Klosterkirche zu W e c h - s e l b u r g in Obersachsen (um 1230). Hier liegt am Fuße des Kreuzes, halb sich aufrichtend, A d a m als Greis und fängt in einem K e l c h , dem Abendmahlskelch, für seine durch ihn mit der Erbsünde belasteten Nachkommen das aus der Nagelwunde der Füße herabträufelnde Blut auf [21]). Daß die Quelle dieser Darstellung die I d e e d e s G r a l s i s t , unterliegt keinem Zweifel. Auch die Begleitfiguren rechts und links von Adam, die allegorischen Gestalten des Judentums und Heidentums, n i e d e r g e t r e - t e n durch die Füße von Maria und Johannes als B e s i e g t e nach uraltem antiken Triumphalmotiv auf Kaisermünzen und Kaiserinschriften, bestätigen ebenso wie das Bild Gottvaters mit der Taube des heiligen Geistes über dem Kreuz mit ihrer universalen Bedeutung diese Auffassung.

Beide Gestalten vereint, also zwei Kelche, den einen in der Hand der Ekklesia zur Aufnahme des Blutes der Seitenwunde, den anderen unter dem Kreuz zur Aufnahme des Blutes der Fußwunden über dem aus dem Grabe in Halbfigur Haupt und Hand zum Erlöser erhebenden Adam zeigt ein E l f e n b e i n s c h n i t z -

---

20) Vgl. über diese A d a m s - B ü c h e r Fuchs bei Kautzsch, Die Apokalypsen und Pseudepigraphen des Alten Testaments. Bd. 2 (Tübingen 1900), S. 605 ff.; G. Beer in Hauck, RE. Bd. 16 (1905), S. 263 f.; Emil Schürer, Geschichte des jüdischen Volkes im Zeitalter Jesu Christi. Bd. 2 (Leipzig [4] 1907), S. 404, Anm. 32; Bd. 3 ([4] 1909), S. 396—399; ferner Guthe, Das heilige Grab und Golgotha in Jerusalem (in Hauck, RE. Bd. 7 [1899], S. 45 f.).

21) Georg Dehio, Geschichte der deutschen Kunst. Bd. 1 (Berlin [3] 1923), S. 315, Abbildung Nr. 427; farbige Wiedergabe in Brockhaus' Konversationslexikon, s. v. Kruzifixus ([4] Bd. 4, S. 608).

w e r k des z w ö l f t e n Jahrhunderts im Landesmuseum zu
D a r m s t a d t [22]). Auf dem Metall-Kruzifix der M a u r i t i u s -
k i r c h e in M ü n s t e r aus dem Ende des elften Jahrhunderts
erscheint ein Kelch unter den Füßen des Gekreuzigten und unter
dem Kelch eine im Grabe erstehende Gestalt, die ihre Hände
flehend emporstreckt zum Leben spendenden Erlöser, offenbar
Adam, während noch tiefer Figuren jene Schar der entschlafenen
Heiligen darstellen, deren Leiber nach Matth. 27, 52 aus den sich
öffnenden Gräbern bei Christi Tod hervorgingen [23]). Ein Glas-
gemälde in der Kathedrale zu B e a u v a i s zeigt Adam aus dem
Grabe sich erhebend, um in einem goldenen Kelche das ihn und
die ganze Menschheit erlösende Blut aufzufangen.

Man fabulierte, durch einen Felsspalt seien Tropfen vom Blute
des Gekreuzigten auf den Schädel des darunter begrabenen Adam
gefallen, und so sei der erste Adam durch den zweiten Adam, den
Mensch gewordenen Gottessohn, erlöst worden [24]). Der menschliche
Kopf oder die menschliche nackte Figur, die auf vielen späteren
Kreuzigungsbildern sich am Fuße des Kreuzes aufrichtet, stellt
diesen erlösten Adam dar, wie er dann symbolisch fortlebt in dem
auch am modernen Kruzifix niemals fehlenden Schädel und Men-
schengebein. Ich hege kein Bedenken, in dem nackten Kelchträger
den a u f e r s t a n d e n e n Adam zu erblicken.

Eigentümlich erscheint in der Kreuzigungsillustration des Utrechter Psalters die Darstellung des Blutstroms, der aus der Achsel
Christi quillt. Er fließt in den nah heran gehaltenen Kelch, aber
gleichzeitig, als ob dieser ihn nicht fassen könnte, über den ausgestreckten Arm des Kelchträgers und weiter zu Boden in die
Richtung des emporgehobenen Arms des Speerträgers. Soll damit
auf die Bekehrung und die Taufe des Longinus hingedeutet werden
oder gar schon auf die Heilung seiner Blindheit durch das herab-

---

22) Vgl. Adolf Goldschmidt, Die Elfenbeinskulpturen aus der Zeit
der karolingischen und sächsischen Kaiser (8.—9. Jahrh.). Bd. 2 (1918), S. 59.
23) Wilhelm Lübke, Die mittelalterliche Kunst in Westfalen. Berlin
1853, S. 412 f.
24) Vgl. hierüber Guthe, Das heilige Grab und Golgotha in Jerusalem,
a. a. O. S. 45 f. 52. Grundlegend hat die Verbreitung der Sage von „Adams
Grab auf Golgotha", ihre Beurteilung in der Patristik und Scholastik wie
ihre Gestaltung in den mittelalterlichen Kruzifixen behandelt Ferdinand
Piper, Evangelischer Kalender für 1861. Jahrg. 12, S. 17—29.

träufelnde Blut? Es ist unmöglich, darüber ins Klare zu kommen. Aber soviel ist gewiß: da beide, der erlöste Kriegsknecht Longinus, der römische Heide, wie der erlöste Vater des Menschengeschlechts, der auferstandene Adam, nach der christlichen Mythologie durch den Blutstrom des Gekreuzigten erlöst werden, wäre die gewählte Darstellung dafür ein ganz passender Ausdruck.

Auf alle Fälle, man mag nun über den nackten Kelchträger urteilen wie auch immer: ich glaube eine Beziehung auf die s p e z i f i s c h   b y z a n t i n i s c h e   Form der Messe durch die übrigen, oben gedeuteten Motive in diesem Bilde erwiesen zu haben. Und daraus ergibt sich ein neuer und wie mir scheint zwingender Grund für die Ableitung der Bilder des Utrechter Psalters aus einer byzantinischen Vorlage. Eine weitere Begründung und zugleich eine allgemeine geschichtliche Beleuchtung und Erklärung dieses Ursprungs wird das Kapitel 21 bringen.

Über andere Kreuzigungsdarstellungen   im   Bilderkreis   des g r i e c h i s c h e n P h y s i o l o g u s   gibt jetzt Strzygowski (a. a. O. S. 84 f.) auf Grund einer Handschrift der Εὐαγγελική σχολή in Smyrna aus dem elften Jahrhundert Nachweise. Ich bemerke dazu folgendes: 1. Tafel 18 (Physiol. Kap. 36: Ichneumon), sehr undeutlich: der Mann mit der Keule bezieht sich doch vielleicht auf den nicht dargestellten Schächer oder hat rein symbolische Bedeutung als Illustration des Gedankens von Chrysostomos, daß in der Eucharistie Christus auch das Brechen seiner Gebeine erleidet, was er in der Passion selbst nicht erlitten hat (siehe oben S. 91). Das Messer, welches Christus in die Achselhöhle (nicht „in die Brust") gestoßen wird an Stelle der Lanze, beruht vielleicht auf einem Mißverständnis einer Stelle in des Nonnos von Pannopolis Paraphrase des Johannes-Evangeliums (lib. 19, V. 178 ff.; ed. Scheindler, Leipzig 1881, S. 207): dort wird der λόγχη der Johanneischen Erzählung noch ein synonymes μάχαιρα hinzugesetzt. In der älteren gelehrten Literatur ist über diesen Ausdruck recht töricht debattiert worden (z. B. von Salmasius). Doch könnte man die ungewöhnliche bildliche Darstellung auch aus einem Einfluß der messerartigen λόγχη der byzantinischen Liturgie erklären. Übrigens kommt die gleiche Darstellung auch auf einem byzantinischen Kreuzigungsrelief des zwölften Jahrhunderts in der Sammlung des Grafen Stroganoff zu Rom vor (Gräven, Frühchristliche und mittelalterliche Elfenbein-

werke. Aus Sammlungen in Italien. Rom 1900, Nr. 70); beachtenswert erscheint besonders in dem Physiologusbild die krampfartige
S-förmige Verkrümmung des Körpers Christi. 2. Tafel 23 (Physiologus Kap. 53: Maulbeerfeige): Strzygowskis Beschreibung („Die
Personifikation der Kirche, welche das Blut in einer Schale auffängt") kann ich angesichts der Reproduktion nicht für zutreffend
erachten; die undeutliche, kleine kindhafte Figur, die am Fuß des
Kreuzes kauert, ist gewiß nicht die Ekklesia, sondern Adam (siehe
oben S. 266 f.), der, nachdem Longinus seinen Stoß vollführt hat und
mit aufgerichteter Lanze hinter die von Johannes umschlungene
Maria getreten ist, das aus Christi Seitenwunde strömende Blut in
einem Gefäß auffängt, welches halb Schale, halb Kelch, d. h. ein
G r a l ist; der Körper Christi erscheint gerade, auf breitem *suppedaneum* die Füße aufeinander gelegt, das Haupt nur wenig zur
Rechten geneigt.

Neunzehntes Kapitel

Kreuz und Speerstich
in der englischen und deutschen Poesie des achten und neunten Jahrhunderts.

Die älteren bildlichen Darstellungen der Kreuzigung haben durch die aufrechte, lebende Körperhaltung Christi, durch das Motiv des A c h s e l s t i c h s und durch das Fehlen jeder sichtbaren Seitenwunde in der Phantasie des Beschauers der Auffassung Vorschub geleistet, daß Longinus aus Mitleid die Qualen des Gemarterten abgekürzt habe. Sie kamen dadurch dem naiven poetischen und sittlichen Bedürfnis des Volkes entgegen, das nach einer p s y c h o l o g i s c h e n E r k l ä r u n g der frevelhaften Antastung des Heilands verlangte. Aber das künstlerische Verlangen, die Person, welche Christus den Todesstoß gegeben, sein heiliges Opfer damit gleichsam besiegelt und den Mysterien der Erlösung die Bahn freigemacht hat, menschlich dem Gemüte nahe zu bringen, war noch nicht zufrieden. Auch die W i r k u n g dieser ruchlos-frommen Tat mußte deutlich und begreifbar gemacht werden. Es geschah, indem man sowohl den Urheber als die Menschheit ins Auge faßte, aus dem Geiste mystischer Allegorie heraus, der mit der Verbreitung religiöser Bildung auch außerhalb der eigentlichen Kirche die Herrschaft über die Gefühle der Massen zu gewinnen sich anschickte.

Möglicherweise ging diese Wendung in der populären Umformung des abendländischen Zweiges der Sage von E n g l a n d aus, wo ja die christliche Kultur so viele eigenartige und lebenskräftige Blüten hervortrieb, wo auch die Nachrichten des apokryphen *Evangelium Nicodemi* zuerst für die nationale Literatur fruchtbar geworden sind.

Im Jahre 609 suchten die vom römischen Stuhl entsandten Missionare in der angelsächsischen Kirche bei den Bischöfen und Äbten von Irland Kirchengemeinschaft nach, erfuhren dabei allerdings

zunächst ein geringes Entgegenkommen [1]). Aber das junge angelsächsische Christentum, wenn es auch von Rom organisiert worden
war, bezog seine Bildung überwiegend doch von der älteren irischen
Kirche. Zu Anfang des achten Jahrhunderts verdichtet sich hier die
Sehnsucht nach den heiligen Stätten Palästinas mit den frommen
Wonneschauern, die Jerusalempilger des Landes erlebt und nach
ihrer Heimkehr gleich dem oben (S. 116 ff.) erwähnten Bischof von
Périgueux anderen kundgemacht haben mochten, zu einer grandiosen poetischen V i s i o n v o m h e i l i g e n K r e u z. Es ist eine
Schöpfung von wunderbar originalem Wurf. Eine Hymne, jedoch
eingekleidet in einen epischen Bericht über das Traumgesicht, der
dann aber eine dramatische Wendung nimmt, indem das Kreuz
selbst, in kühner Personifikation, die schrecklichen und erhabenen
Vorgänge der Passion Christi wie eigenste persönliche Erlebnisse
mit innigster Teilnahme beschreibt. Also subjektivste Empfindung,
gehüllt in eine scheinbar objektive Form des Vortrags, Beschreibung
aufgelöst in Erzählung von Handlungen. Und das große Mysterium
der auf Englands Boden noch so jungen Religion in der leidenschaftlich bewegten, wortreichen, naturwüchsigen, einfältigen
Pracht des national-germanischen Alliterationsstils.

Der Dichter sah einst im Traum das Kreuz, das er im Einklang
mit alten, später literarisch ausgebildeten Vorstellungen als B a u m
betrachtet — nach der Sage hat ihn Seth, Adams Sohn, aus dem
Paradiese geholt —, leuchten in seiner Glorie, im köstlichen Schmuck
von Gold und Edelsteinen. Aber plötzlich bricht die Erinnerung des
vergangenen Entsetzlichen hervor: es beginnt an seiner r e c h t e n
Seite, d. h. dort, wo nach alter Tradition Longinus seinen Stoß
auf den Leib des Herrn geführt hatte, von B l u t z u t r i e f e n.
Und nun wechselt das Bild in der angstvollen Unruhe des Schlafenden: bald ist der Siegesbaum wieder mit Schmuck bekleidet, bald
von rinnendem W a s s e r benetzt und von fließendem B l u t befleckt. Nach langem Anschauen beginnt der edelste der Waldbäume
selbst klagevoll zu reden. Er erzählt, wie er einst im Walde gefällt
wurde, wie er dann den mächtigen König, den Herrn des Himmels
tragen mußte. Wie sie ihn mit dunklen (dämonischen) Nägeln
durchbohrten, wie sie ihn um seiner Last willen höhnten. „All war

---

1) Beda, Historia eccles. lib. II, Kap. 4; Migne, P.L. Bd. 95, S. 86 ff.

ich mit Blute benetzt, begossen aus des Mannes S e i t e , nachdem
er seinen Geist aufgegeben hatte":

> „Eall ic wæs mid blode bestemed,
> beʒoten of þæs ʒuman sidan, siððan he hæfde his
> ʒast onsended."
>
> (Vers 48 f.; Grein-Wülker Bd. 2, S. 120.)

Die furchtbaren Zeichen verkündeten den begangenen Frevel;
es wehklagte die ganze Schöpfung: *Pendente enim in patibulo
creatore, universa creatura congemuit et crucis clavos omnia simul
elementa senserunt* (Leo Magnus, Sermo 57 Kap. 4; Migne, P.L.
Bd. 54, S. 330 C). Aber eilig kamen aus der Ferne hilfsbereite Männer — Joseph von Arimathia und Nikodemus sind gemeint, werden
aber nicht genannt —; ihnen neigte sich das Kreuz, und sie nahmen
den allmächtigen Gott ab und huben ihn zur Erde. „Mich aber —
so klagt das Kreuz weiter — ließen die Kriegsmänner stehen von
Nässe bedeckt, all war ich von Pfeilen verwundet." Ein wahrlich
lebensvolles Bild der Deposition: der Kreuzbaum bleibt leer zurück, aber von den Nägeln, die bei der Abnahme des Leichnams mit
Zangen herausgezogen sind, ist er zerfetzt und trieft von dem vergossenen Blut und Wasser wie aus eigenen Wunden, als ob er mit
Pfeilen oder Wurfspießen getroffen wäre. Die leicht verständliche
Metapher ist dennoch mißverstanden worden: man hat darin wie in
dem Weinen der Schöpfung um ihres Königs Tod den nordischen
Baldrmythus durchscheinen sehen wollen, weil Christus von der
Lanze, Baldr aber von Wurfgeschossen durchbohrt worden sei. An
die um ihn weinenden Geschöpfe hat man oft erinnert. Aber z u -
n ä c h s t leitete den englischen Dichter jedesfalls die c h r i s t -
l i c h e Tradition.

Das Motiv der Kreuzeswunde hat zuerst, wie ich aus Bugge [2]) ent-
nehme, an die Baldrsage angeknüpft G. Stephens, The old northern runic
monuments of Scandinavia and England. Kopenhagen 1867—1868 (mir
unzugänglich). Wiederholt ist sie von Frederik Hammerich, De episk-
kristelige oldquad hos de Gothiske folk. Kopenhagen 1873. Deutsch von
A. Michelsen unter dem Titel „Älteste christliche Epik der Angelsachsen,

---

2) Sophus Bugge, Studien über die Entstehung der nordischen Götter-
und Heldensage. Übersetzung von O. Brenner. München 1889, S. 44.

Deutschen und Nordländer. Ein Beitrag zur Kirchengeschichte". Gütersloh
1874: ein zwar aus zweiter Hand schöpfendes, aber liebenswürdiges und
seiner Zeit recht verdienstliches Werk, das bei seinem Erscheinen von der
germanistischen Zunft totgeschwiegen oder wenigstens nicht beachtet wurde.
Ich lernte es früh aus Adolf Eberts Vorlesungen des Jahres 1877 kennen
und verdanke ihm die ersten tiefen, unauslöschbaren Eindrücke der herrlichen altenglischen christlichen Epik, die dann einige Zeit nachher ten
Brinks Literaturgeschichte verfeinerte und ordnete. Die Bemerkung über
das angebliche Motiv aus der Baldrsage steht S. 28, Anm. 1. 3 der Übersetzung (vgl. auch S. 87 f.). Die in Betracht kommenden Verse lauten:

> „ʒenamon hie þær ælmihtiʒne ʒod,
> ahofon hine of ðam hefian wite; forleton me þa hilderincas
> standan steame bedrifenne: eall ic [d.h. das Kreuz, nicht Christus!]
> wæs mid strælum forwundod."
> (Vers 60 ff.; Grein-Wülker Bd. 2, S. 120 f.)

Sophus Bugge, der offenbar von der unglücklichen Interpretation des
Dilettanten Stephens zu seiner Hypothese über den christlichen Ursprung
der Baldrsage die erste Anregung empfangen hat, übersetzt (a. a. O. S. 43)
ganz richtig: „In diesem Gedicht ... s a g t d a s K r e u z ...: 'Überall war
i c h verwundet mit Pfeilen'." Um so erstaunlicher ist es, daß er unmittelbar darauf fortfährt: „Nach der Darstellung der englischen Gedichte haben
also [!] viele Kriegsknechte mit Speeren und Pfeilen auf C h r i s t u s [!]
geschossen, als er am Kreuze hing." Eine so leichtfertige Beweisführung
steht unter jeder wissenschaftlichen Diskussion. Denn hier ist nicht von
einer Verwundung Christi, sondern von den Wunden des Kreuzholzes
selbst die Rede, das ja von sich in eigener Person spricht.

Das Kreuz erzählt seine weiteren Schicksale: wie es in tiefer
Grube verborgen, dann aber durch Gottes Diener später wieder
entdeckt, aus der Erde erhoben und mit Silber und Gold geschmückt ward und nun nicht mehr wie einst das gefürchtetste Marterholz für schwere Verbrecher, sondern hochgeehrt vor allen anderen Waldesbäumen in der Glorie dasteht. Es fordert den Träumen-
den auf, Bekenntnis abzulegen von den Wunden des Kreuzes, von
der Auferstehung und Himmelfahrt des Herrn und seiner bevor-
stehenden Wiederkunft zum allgemeinen Gericht. Erwacht betete
der Visionär zu dem vor ihm stehenden Baum des Kreuzes am ein-
samen Ort und fortan wartet er, der Alternde, dem viele der
Freunde schon vorangegangen sind zum Hochvater im Himmel, des
Tages, da ihn das auf Erden erschaute Kreuz des Herrn abrufe
und dahin führe, wo immerwährend Freude ist, zur Herrlichkeit

im Reiche Gottes, wohin der siegmächtige Sohn auf seiner Triumph-
fahrt einzog, zum Erbsitz des allmächtigen Herrn.

Bruchstücke dieses Gedichtes finden sich in jüngerer Runen-
schrift auch auf dem Steinkreuz[3]) bei dem Dorf Ruthwell im südlichen Schottland verzeichnet und zugleich mit bildlichen Darstellungen erläutert, von denen die Kreuzigung leider fast ganz zerstört ist und nur noch Sonne und Mond und verwischte Reste einiger
Figuren erkennen läßt. Es hat etwas Verführerisches, sich Dichtung
und Bildkreuz gleichzeitig entstanden und für einander bestimmt zu
denken. Aber runologische wie namentlich archäologische Gründe
raten, das Kreuz und seine Bilder wesentlich herabzurücken, bis
etwa zur Wende des ersten Jahrtausends, und es damit loszulösen
von dem Ursprung der Dichtung.

Unzweifelhaft dagegen in engstem innerem Zusammenhang
steht diese mit der prachtvollen poetischen Legende K y n e w u l f s
über die K r e u z v i s i o n   K a i s e r   K o n s t a n t i n s , seinen
siegreichen Kampf gegen die Hunnen und die A u f f i n d u n g
und Ermittlung des echten K r e u z e s durch seine Mutter H e l e n a.
Der Epilog dieser Verse berührt sich mit den Gedanken der besprochenen Dichtung so nahe, daß diese deswegen von manchen
Forschern gleichfalls für eine Schöpfung Kynewulfs erklärt worden ist.

Wie man hierüber auch denke: aus derselben Zeitstimmung, aus
der gleichen religiösen und kirchlichen Atmosphäre, aus verwandter
persönlicher Gemütsverfassung sind beide Werke erwachsen. Ich
betrachte sie als lebensfrische, unendlich glaubensstarke Zeugen für
den in England aufgehenden jungen Kultus der Kreuzreliquie. Es
sind Früchte der damals aufflammenden heißen Devotionsgluten
und der so menschlichen Sehnsucht nach konkreter greifbarer Nähe
der göttlichen Wunder. Es zittert darin der e c h t   r e l i g i ö s e
Schauer übersinnlicher Ahnung, aber auch der echt germanische, der
echt heidnische Glaube an die Siegeskraft göttlicher Zeichen. Das
Labarum Konstantins, das zum Siege an der Donau führte, das
redende und anfeuernde Kreuz — was ist es diesen altenglischen
christlichen Dichtern und ihren christlichen Hörern anders als jene

---

3) Vgl. Grein-Wülker Bd. 2, S. 111 ff. Abbildung bei G. Stephens,
The old northern runic monuments, a. a. O. Bd. 2; Hammerich, a. a. O.

heiligen, durch Tacitus (Germania Kap. 7) bekannten Insignien und Fahnen in den ehrwürdigen Hainen der alten Germanen, die in der Schlacht vorausschreiten mußten, um die Anwesenheit der Götter und ihren Beistand zu verbürgen?

Es waren erst wenig mehr als hundert Jahre vergangen, seitdem im Frühjahr 597 die vom Papst Gregor entsandten christlichen Glaubensboten, an ihrer Spitze der römische Propst Augustinus und ihm zur Seite auch fränkische Geistliche, in die alte, noch aus der christlichen Römerzeit stehende Kirche zu Canterbury eingezogen waren, dem sächsischen Volk die Religion und den Kultus der römischen Kirche zu bringen. Unter dem in mächtigem Hallelujah ausklingenden Gesang der Litanei hatte man damals ein K r e u z und das gemalte Bild Christi als Wahrzeichen des neuen Glaubens vorangetragen. Tief und siegreich war die Wirkung gewesen. Aber an heidnischem Widerstand und an heidnischen Rückfällen sollte es nicht fehlen. In langsamem, zähem Kampf mußte das Christentum der Sendlinge des römischen Papstes sich den Boden erobern. Und als im Jahre 635 an der Piktenmauer bei Hexham König O s w a l d sein kleines Heer aufbot gegen die Herrschaft der mit den Heiden verbündeten christlichen Briten, scharte er es um ein hölzernes K r e u z , das er mit eigener Hand in den Boden einstoßen half, um davor mit den Seinigen Sieg und Rettung von dem neuen Gott zu erflehen. Noch zur Zeit Bedas, der 735 starb, zeigte man sich jenes Holzkreuz und gedachte des dort errungenen Sieges auf dem „Himmelsfeld". Andächtige schnitten sich von dem Kreuz Splitter ab, die sie in Wasser legten und mit denen sie dann Krankheiten von Mensch und Vieh heilten. Zahlreiche andere Wunder fanden hier statt. Und bald erhob sich eine Kirche an dieser heiligen Stätte zum Gedächtnis der vom Kreuz gebrachten nationalen Hilfe:

Ostenditur autem usque hodie et in magna veneratione habetur locus ille, ubi venturus ad hanc pugnam Osuald signum sanctae crucis erexit ac flexis genibus Dominum deprecatus est, ut in tanta rerum necessitate suis cultoribus caelesti succurreret auxilio. Denique fertur, quia facta citato opere cruce ac fovea praeparata, in qua statui deberet, ipse fide fervens hanc arripuerit ac foveae imposuerit atque utraque manu erectam tenuerit, donec adgesto a militibus pulvere terrae figeretur; et hoc facto, elata in altum voce cuncto exercitui proclamaverit: „Flectamus omnes

genua et Dominum omnipotentem vivum ac verum in commune deprece-
mur, ut nos ab hoste superbo ac feroce sua miseratione defendat, ... quia
i u s t a p r o s a l u t e g e n t i s·nostrae bella suscepimus." ... *In cuius loco*
orationis innumerae virtutes sanitatum noscuntur esse patratae, ad in-
dicium videlicet ac memoriam fidei regis. Nam et usque hodie multi de
ipso ligno sacrosanctae crucis astulas excidere solent, quas cum in aquas
miserint eisque languentes homines aut pecudes potaverint sive asperserint,
mox sanitati restituuntur (Beda, Historia eccles. lib. III, Kap. 2; Migne,
P.L. Bd. 95, S. 117 f.) [4]).

Aus dieser Zeit und dieser Stimmung eines kindlich jungen Ent-
husiasmus des Glaubens ist das Gedicht vom Kreuzesholz geflossen.
Die Visionsgeschichten des Venerabilis geben ihm den historischen
Hintergrund.

Die Vision zwingt diese brandende Devotion eines ganzen Zeitalters in den Rahmen eines persönlichen Erlebnisses, des unmittel-
baren Eindrucks einer einzelnen frommen Seele. Kynewulfs Legende von der Helena gestaltet sie mehr vom Standpunkt der Gesamtheit: wie wenn ihm König Oswald mit dem Holzkreuz des
„Himmelsfelds" als zweiter, als ein mythischer Konstantin in seinem siegreichen Kampf gegen die nationalen Feinde vor Augen
stünde.

In der zweiten Hälfte des achten Jahrhunderts stellt K y n e -
w u l f s Dichtung „C h r i s t" (halb Homilie, halb Hymne) den
Speerstich, den er Gott selbst am jüngsten Gericht dem Menschen
zürnend und drohend vorhalten läßt als sündige Frevel wider den
liebenden Erlöser, bedeutungsvoll an den Schluß der Passionsakte [5]). Mit Unterbrechung der chronologischen Reihe werden
aufgezählt: Schläge aufs Haupt und Anspeien (vor dem jüdischen
Synedrium); Darbietung des Tranks von Essig und Galle; Geißelung, Verspottung, Dornenkrönung. Dann fährt der Dichter fort:
„Als ich aufgehängt war am hohen Baum, befestigt am Kreuze, da
vergossen sie alsbald [oder: schnell?] aus meiner Seite Blut, daß es

---

4) Wie diese Geschichte auf die Ausbildung der Karfreitagsliturgie
(vgl. Kap. 13) gewirkt hat, zeigt die ausführliche Erwähnung in dem Werk
des Metzer Liturgikers A m a l a r (De ecclesiasticis officiis lib. I Kap. 14
„De adoratione sanctae crucis"; Migne, P.L. Bd. 105, S. 1029 D). Vgl. über
Amalar unten Kap. 23.
5) Vers 1429 ff. (Grein-Wülker Bd. 3, S. 46 f.).

zur Erde träufelte, damit du [der Mensch] dadurch aus des Teufels
Zwangsgewalt gerettet am Leben bliebest. Da duldete ich schuldlos
Marter, unselige Qualen, bis ich fahren ließ aus meinem Leibe den
lebenden Geist. Sehet nun die Todesmale, die sie vorher schlugen
an meinen Händen und Füßen zugleich, durch die ich hing hart
befestigt: ihr könnt hier auch sehen o f f e n n o c h i m m e r an
meiner Seite die blutende Wunde":

> Da ic wæs ahonʒen on heanne beam
> rode ʒefæstnad, ða hi ricene mid spere
> of minre sidan swat ut ʒutun,
> dreor to foldan, þæt þu of deofles þurh þæt
> nydʒewalde ʒenered wurde.
> Da ic womma leas wite þolade,
> yfel earfeþu, oþþæt ic anne forlet
> of minum lichoman lifʒendne ʒæst.
> ʒeseoð nu þa feorhdolʒ, þe ʒe fremedun ær
> on minum folmum J on fotum swa some,
> þurh þa ic honʒade hearde ʒefæstnad:
> meaht her eac ʒeseon orʒete nu ʒen
> on minre sidan swatʒe wunde.

(Vers 1447/59; Grein-Wülker Bd. 3, S. 47.)

Bugge hat daraus (a. a. O. S. 43) ohne weiteres geschlossen:
„Hiernach wird also Jesus vor seinem Tode mit dem Speer durchstochen." Allein diese Auffassung ist keineswegs mit Sicherheit aus
der Stelle zu entnehmen, wenn man sie in vollem Zusammenhang
erwägt. Der resümierende Schlußsatz „da litt ich Qual, bis ich
meinen Geist aufgab" braucht eben nicht bloß den zuletzt erwähnten Speerstich zu meinen, vielmehr faßt er alle Martern zusammen,
die genannten und auch die ungenannten, die der Dichter aber
als allgemein bekannt voraussetzt, vor allem die Durchbohrung mit
den Kreuzigungsnägeln. Eine vollständige und eine chronologisch
genaue Anführung aller einzelnen Passionsakte hat der Dichter ja
nicht beabsichtigt: er nennt den Trank von Essig = Galle, der doch
erst nach der Ankunft auf der entfernten Kreuzigungsstätte Golgotha gereicht wurde, antizipierend vor der Geißelung, die unmittelbar auf die Auslieferung durch Pilatus folgte, und vor der sich
daran anschließenden Verspottung und Dornenkrönung durch die
römischen Soldaten im Prätorium. So kann auch der Lanzenstoß

ohne Rücksicht auf seine eigentliche chronologische Stelle genannt
sein. Hätte ausgedrückt werden sollen, daß er das Leiden endete
und den Tod herbeiführte, so würde der folgende Satz unmittelbarer
und bestimmter hieran angeknüpft haben.

Noch einmal, ein Jahrhundert etwa später, gestaltet die altenglische Alliterationsepik die Szene: in dem Gedicht, das Grein
„C h r i s t   u n d   S a t a n" nannte, und zwar in dem Teil,
welchen ten Brink als das Fragment erkannte eines selbständigen
Poems von „Christi Höllenfahrt, Auferstehung, Himmelfahrt und
Kommen zum jüngsten Gericht", wird die Konzeption Kynewulfs
sichtlich benutzt und nachgeahmt. Auch hier redet Gott-Christus,
als er nach seiner Auferstehung die Hölle besucht: „Eure Sache
führte ich, als mich am Stamme des Kreuzes durchbohrten die
Krieger mit spitzen Eisennägeln an dem Galgen und mich der
Jüngling traf":

> ... ic eoro þinᵹade,
> þa me on beame beornas sticedon,
> ᵹarum on ᵹalᵹum, heoro se ᵹiunᵹa þær.

> (Vers 144 ff.; Grein-Wülker Bd. 2, S. 549.)

Bald darauf wird die Geschichte vom ungläubigen Thomas erzählt, der den Heiland „mit seinen Händen an der Seite berührte,
von wo er sein Blut z u r   E r d e   f a l l e n   l i e ß , das Bad der
T a u f e" :

> ær he mid hondum hælend ᵹenom
> sylfne be sidan, þær he his sroat forlet
> feallon to foldan, fulroihtes bæð.

> (Vers 179 ff.; Grein-Wülker Bd. 2, S. 551.)

Auch hier ist der Anklang an Kynewulfs Worte unverkennbar.
Mit dem von Pfeilen getroffenen Baldr, an den Bugge (a. a. O. S. 43 f.)
erinnert, hat aber all dies wiederum nicht das mindeste zu tun.
Die Krieger, welche Christus mit ᵹarum stechen, sind die Soldaten,
welche die Kreuzigungsnägel eintreiben. Bugge bemerkt selbst
(a. a. O. S. 44, Anm. 7) richtig, daß dieses Wort überhaupt nur „ein
spitzes Geräthe, das durchbohrt" bezeichne.

Das eigenartig Neue dieser altenglischen Darstellungen der
Longinusszene tritt erst voll hervor neben den verwandten, unge-

fähr gleichzeitigen Evangeliendichtungen des d e u t s c h e n K o n -
t i n e n t s. Wie treu folgen sie dem Bericht des Johannes! Der
s ä c h s i s c h e Poet sucht wohl das Mitleid seiner Hörer bei
dieser Gelegenheit noch einmal zu bestürmen: selbst nach dem
Tode frevelt Neid und Haß gegen den Leib des Erlösers. Aber
für das Mysterium der fließenden Wunde hat er kein deutlicheres
oder lebhafteres Wort: „zum Frommen des Menschengeschlechts
nach dem Willen und der Vorherbestimmung des Herrn sprangen
Wasser und Blut hervor; da war nun alles so erfüllt":

> is seola uuas gisendid   an suothan uueg,
> an langsam lioht,   is lithi c o l o d u n.
> ... Thuo geng im en thero fiondo tuo
> an nithhugi: druog negilid sper
> hard an is handon,   mid heruthrummeon stac,
> liet uuapnes ord   uuundum snithan,
> that an selbes uuarth   sidu Cristes
> antlocan is lichamo.   Thia liudi gisauun
> that thanan b l u o d endi u u a t e r   bethiu sprungun,
> uuellun fan thero uuundun,   all so is uuillio geng
> endi hie habda gimarcod er   manno cunnie,
> firio barnon te f r u m u: thuo uuas it all gifullid so.

(Heliand Vers 5701 ff.; ed. Sievers. Halle 1878. S. 376.)

Auch Otfrid trägt an dieser Stelle keine Farbe auf; das Einzige,
was er dem Bericht der Quelle hinzufügt, ist ein blasser Zug Augustinischer Dogmatik, die er aus Alkuin entnahm: „Der Speer öffnet
uns den Eingang des Himmelreichs; Blut und Wasser haben uns
erlöst":

> Sar io thía roila   so liaz er séla sina
>   in sínes sélben fáter hánt,   so er quád hiar fóra, theist gizált.
> Ein thero knéhto thiz gisáh   joh zi férehe er nan stáh,
>   mit spéru er tharzúa giilta,   indéta mo thia sita.
> I n d á n uns ward thar ana roáng   t h e s h í m i l r i c h e s í n g a n g,
>   thia fílu langun bita   indét uns tho thiu síta.
> Slíumo floz thar úz sar   b l ú a t i n t i roá z a r;
>   i r l o s i t, ságen ih thir éin,   roúrtun roir mit t h é n z u e i n.

(Buch IV. Kap. 33, Vers 25 ff.; ed. Erdmann. Halle 1882, S. 253.)

Überschauen wir nun das Ergebnis:

Im Zusammenhang mit der neuen von R o m und F r a n k r e i c h ein-
dringenden Liturgie, mit der Einbürgerung des Festes der Kreuz-

findung und der Zeremonie der *Adoratio crucis* in dem Karfreitags-
gottesdienst ergreift in England die landessprachliche Dichtung jene
lyrisch-dramatischen Motive, die der ins Ekstatische sich steigernde
Kultus des Kreuzes und der Passionswerkzeuge in sich schloß. Und
dabei trat auch die Wirkung der h e i l i g e n L a n z e des Kriegsknechts auf die vorderste Schwelle der Phantasie. Hier gewahren
wir nun eine doppelte n e u e poetische Erfindung.

E r s t e n s. Das Kreuz erscheint b l u t e n d von der S e i t e n -
w u n d e Christi: das Blut t r o p f t h e r n i e d e r. Darin haben
wir den Keim zu dem Motiv der Lanze mit den herabfallenden Blutstropfen, das im zwölften und dreizehnten Jahrhundert in den keltischen (wallisischen) und anglonormannischen Sagen und Dichtungen vom h e i l i g e n G r a l eine so bedeutungsvolle Rolle spielen
sollte.

Z w e i t e n s. Die Wirkung des vom Speer vergossenen Blutes
wird allerdings noch im Sinn der mystischen Spekulation Augustins und seiner Ausschreiber Beda und Alkuin als reinigendes,
erlösendes T a u f b a d verstanden, aber es wird dafür ein eigentümlich drastisch d e t a i l l i e r t e s Bild geprägt. Das Blut
t r ä u f e l t aus der Speerwunde zur E r d e hernieder: es wirkt
magisch, wie ein Zaubermittel p h y s i s c h heilend und erlösend,
indem es die Macht des Teufels bricht und dem Befreiten das Leben
gibt. Das ist immer noch im Geist der alten theologischen allegorisierenden Interpretation, aber doch schon bemerkenswert supersti-
tiös und naturalistisch. Es regt sich darin, noch schlafend gleichsam,
die alte palästinensische Lokalsage, die später in allen Literaturen
ausgestaltet wird: unter dem Kreuze ruht in seinem Grabe Adam,
den das durch einen E r d s p a l t h e r a b t r ä u f e l n d e Blut der
Seitenwunde Christi aufweckt, d. h. vom Tode errettet zum unsterblichen Leben. Unendlich oft hatte das Malerei und Plastik auf ihren
Longinusdarstellungen den Beschauern eingeprägt: die aus der Tiefe
am Fuße des Kreuzes auferstehenden Toten drücken den Gedanken
nur noch nicht so völlig konzentriert aus. Aber innerhalb dieser
Vorstellungssphäre war es von dem naturalistischen Motiv der zur
Erde fallenden Blutstropfen, das die altenglische Dichtung so tief

der Phantasie eingrub, nur ein kleiner Schritt, und man ließ die
Heilwirkung zunächst an dem K r i e g s k n e c h t s e l b s t, der
nach der Legende sich bekehrte und ein Märtyrer wurde, sich vollziehen: ihn selbst rettete das Blut, das er mit seinem Speer aus der
Seite des Herrn hervorlockte, indem es ihn l e i b l i c h heilte.

Es scheint, als ob tatsächlich zuerst in England die abendländische
Gestalt der Legende vom Speerstich diese Wendung genommen hat.
Und zwar in der k e l t i s c h e n Überlieferung: für uns nachweis-
bar zuerst in einer irischen Miniatur.

Zwanzigstes Kapitel

Die Blindheit des Longinus und ihre Heilung durch das herabträufelnde Blut des Speerstichs.

Ich habe oben (Kap. 16) den unmethodischen Versuch Bugges abgewiesen, das Motiv der Blindheit und der geführten Hand in der Longinuslegende aus dem Wortlaut der *Gesta Pilati* als alt zu erschließen.

Allerdings könnte eine a n d e r e nicht ganz abzulehnende Erwägung, die Bugge nicht angestellt hat, für den Zug der Blindheit des Longinus doch schon ein ziemlich hohes Alter zu sichern scheinen.

In den apokryphen P a u l u s a k t e n leiht die christliche Matrone P e r p e t u a, die auf einem Auge erblindet ist, Paulus auf seinem letzten Gange ihr Kopftuch, damit er es sich bei seiner Hinrichtung vor die Augen binde. Auf wunderbare Weise erhält sie es zurück und wird durch das Blut des Apostels, mit dem es durchtränkt ist, auf ihrem blinden Auge sehend [1]). Ein Zusammenhang zwischen dieser Erzählung und der jüngeren Tradition über Longinus, derzufolge der Soldat, der Christi Seite durchbohrt hat, blind gewesen und durch das aus der Wunde herabträufelnde Blut von seiner Blindheit geheilt worden sei, ist unverkennbar und wird durch die oben erwähnte Gemeinsamkeit des Namens Longinus über allen Zweifel erhoben. Lipsius wollte [2]) die Geschichte von der Heilung der Blindheit des Longinus für eine Entlehnung aus der Perpetua-Episode [3]) der Paulusakten ansehen. Aber wie man auch sonst

1) Acta Petri et Pauli, Kap. 80. 84 (Acta apostol. apocr. Bd. 1, S. 213. 217 ff.).

2) Lipsius, Die Pilatusakten. Kiel 1871, S. 38 f.; Ders., Die Quellen der römischen Petrussage. Kiel 1872, S. 147 ff.; Ders., Die apokryphen Apostelgeschichten und Apostellegenden. Braunschweig 1883 ff. Bd. 2, S. 171 ff.; Ders., Die Edessenische Abgarsage. Braunschweig 1880, S. 52 ff.

3) Die historische Perpetua starb 354; siehe über sie und ihre Passion Harnack, Geschichte der altchristlichen Literatur bis Eusebius. Leipzig 1893 ff. Bd. 1, S. 818 f.

seinen undurchsichtigen und künstlichen kritischen Aufstellungen
vom philologischen Standpunkt aus nur mit Widerstreben folgen
kann, muß ihm hier jede methodische Untersuchung des Problems
widersprechen. Schönbachs Urteil (Anzeiger für Deutsches Altertum Bd. 2 [1876], S. 155), der die Abhandlung über die Pilatusakten
„meisterhaft" nennt, vermag ich leider nicht zu unterschreiben.

Die Tendenz dieser Paulus- und Petrusakten ergibt sich aus der
Rede des Petrus in den *Acta Petri*, er wolle mit dem Kopf nach
unten gekreuzigt werden, da er der aufrechten Kreuzigung, die
Christus erlitten habe, sich nicht wert halte. Es sind freie Imitationen der Leidensgeschichte Christi mit einer gewissen Pedanterie in
der — sozusagen moralischen — Abschwächung der Motive jener.
Petrus wird nun verkehrt ans Kreuz geschlagen, weil er nicht dieselbe Stufe des Martyriums erreichen darf wie der Herr. Und ebenso: Christi Blut heilte z w e i Augen, Pauli Blut darf nur e i n Auge
gesund machen. Endlich: Christus wird als Leichnam noch von dem
niedrigsten Kriegsknecht Longinus, einem einfachen *lancearius*
durchstochen, Paulus dagegen wird von dem P r ä f e k t e n Longinus
zum Richtplatz geführt (siehe oben S. 225 f.).

Demnach wäre also das Motiv der Blindheit des Longinus und
seiner Heilung durch das Blut des Erlösers ä l t e r als die Perpetua-
geschichte in den *Acta Pauli* oder, wenn man Lipsius beipflichtet,
älter als die Linustexte dieser Akten, d. h. als das sechste Jahrhundert. In der *Passio Sancti Pauli* [4]) wird die Geschichte von dem ge-
liehenen Kopftuch an die christliche Frau P l a u t i l l a geknüpft
und es fehlt noch das Motiv der Blindheit. Anderwärts heißt die
Frau Lemobia. Die Wurzel des Tuchmotivs mag wohl die etwa um
die Mitte des vierten Jahrhunderts entstandene Sage vom König
Abgar von Edessa bieten, der durch ein gemaltes Bild Christi oder
nach jüngerer Fassung durch den Abdruck seines Antlitzes auf ein
ihm dargebotenes Linnentuch geheilt wird, und diese Sage berührt
sich offenbar wieder mit der Geschichte von der syrischen Christin
Hypatia oder der syrischen Fürstentochter Berenike oder dem blut-
flüssigen Weibe des Evangeliums, d. h. mit der bekannten V e r o -
n i k a s a g e [5]).

---

4) Acta apostol. apocr. Bd. 1, S. 39. 40. 41.

5) Vgl. über diese Sagenkomplexe Wilhelm Grimm, Die Sage vom
Ursprung der Christusbilder (Abhandlungen der Preußischen Akademie

Indessen sind durch diese Betrachtungen, man schreibe ihnen nun geringere oder größere Beweiskraft zu, bestimmte Ergebnisse für das Alter des Blindheitsmotivs in der Longinussage schon deshalb nicht zu gewinnen, weil die Datierung der einzelnen Bearbeitungen der Paulusakten und ebenso ihr Inhalt sehr problematisch bleiben.

Auch in der Kreuzigungsdarstellung des auf griechischer Vorlage ruhenden Utrechter Psalters konnte ich nicht mit irgendwelcher Sicherheit das Motiv der Blindheit feststellen (siehe oben S. 268 f.).

Ich kenne kein klares Zeugnis dafür vor dem ausgehenden achten Jahrhundert. Wiederum werden wir in die Kultursphäre der britischen Inseln gewiesen. Und es scheint, als ob, wie so oft, auch in diesem Fall Kohlen aus fernen Feuerstätten hier einen hütenden Herd fanden, der sie am Leben hielt und zu neuer Glut entfachte.

Ein oft — auch von Bugge — erörtertes illustriertes lateinisches Evangeliar zu St. Gallen [6]), das gegen Ende des achten Jahrhunderts

der Wissenschaften, phil.-histor. Kl. 1842 [Berlin 1844], S. 121—175); Lipsius, Pilatusakten, a. a. O. S. 38 f.; Ders., Quellen der römischen Petrussage, a. a. O. S. 147 ff.; Ders., Die Edessenische Abgarsage, a. a. O. S. 52 ff.; Ders., Die apokryphen Apostelgeschichten, a. a. O. Bd. 2, S. 171 ff.; Schönbach, a. a. O. S. 161 ff.; N. Müller, Christusbilder (in Hauck, RE. Bd. 4, S. 65 ff.); G. Krüger, Geschichte der altchristlichen Literatur in den ersten drei Jahrhunderten. Freiburg i. Br. und Leipzig 1-2 1895/97, S. 228 f. — Nach dem Abschluß obiger Darlegungen lernte ich — in Upsala! — kennen: von Dobschütz, Christusbilder. Untersuchungen zur christlichen Legende. Leipzig 1898 f. (Gebhardt und Harnack, Texte und Untersuchungen Bd. 3): in dem vortrefflichen Werk sind besonders die Seiten 197 ff. 203 ff. 253 f. 273 ff. für die vorliegende Frage wichtig.

6) Codex Nr. 51, Bl. 266: vgl. Ferdinand Keller, Bilder und Schriftzüge in den irischen Manuskripten der schweizerischen Bibliotheken (Mitteilungen der antiquarischen Gesellschaft in Zürich. Bd. 7 [1853], S. 91 und Tafel 5); G. Scherrer, Verzeichnis der Handschriften der Staatsbibliothek von St. Gallen. Halle a. d. Saale 1875, S. 22 f.; Stockbauer, Kunstgeschichte des Kreuzes. Schaffhausen 1870, S. 198; Rahn, Geschichte der bildenden Künste in der Schweiz. Zürich 1873. Bd. 1, S. 125 ff.; Reil, Die frühchristlichen Darstellungen der Kreuzigung Christi. Leipzig 1904, S. 113 ff., besonders S. 116 f. (Studien über christliche Denkmäler. N.F. Heft 2); Ders., Christus am Kreuz in der Bildkunst der Karolingerzeit. Leipzig 1930, S. 8, Anm. 45; S. 32 (Studien über christliche Denkmäler. N.F. Heft 21); Die Malerei und Plastik des Mittelalters. Bd. 2: ... in Deutsch-

von einem I r e n hergestellt worden und im zehnten Jahrhundert nach St. Gallen gekommen ist, also zu der Zeit etwa, wo der Trierer *Codex Egberti* im nahen Reichenau die Longinusfabel streng nach dem Evangelium, aber unter dem Einfluß byzantinischer Kunst darstellte, enthält ein Kreuzigungsbild, welches Longinus als Blinden vorführt, der durch das nach dem Speerstoß auf seine Augen h e r - a b t r ä u f e l n d e Blut Christi geheilt, d. h. wieder sehend wird. In kindlicher Weise ist dieser Vorgang hier durch eine rote Zickzacklinie versinnlicht, die von der Seite des Gekreuzigten zu dem augapfellosen Gesicht des Soldaten hinläuft.

Die Möglichkeit besteht, daß diese rote Linie nicht vom Maler des Bildes herrührte, sondern erst in späterer Zeit von irgendeinem Leser hinzugefügt wäre. Ich wandte mich deshalb an den Bibliothekar der St. Galler Stiftsbibliothek, Herrn Dr. Ad. Fäh, mit der Bitte, in dieser Richtung eine genauere Prüfung anzustellen. Er hatte die Gefälligkeit, mir darüber folgende Auskunft zu erteilen, für die ich ihm auch hier meinen besten Dank sage: „Unstreitig ist die Linie an der Seite des Gekreuzigten zum Longinus-Auge (Codex Nr. 51, S. 266) aus der Zeit des Bildes selbst, denn es ist die nämliche braunrote Farbe, wie sie sich in den Nimben der Hauptpersonen, an den Haaren und Kleidern der übrigen Figuren findet. Herr Professor Sepulcri aus Verona, der eben hier arbeitet, teilt ganz diese Ansicht. Nur die Beobachtung, daß die rote Linie die Umrißlinie des Ohrs und Gesichts durchschneidet, könnte für eine nachträgliche Eintragung sprechen. Allein bei so primitiven Zeichnungen kann dieses Moment kaum entscheidend in die Wagschale fallen."

Selbstverständlich stellte der Zeichner nur dar, was damals bereits von der ihm bekannten Sage aufgenommen und seinem Publikum allgemein bekannt gewesen ist. Der Gegensatz zwischen dem einstigen Unglauben des heidnischen Kriegsknechts und dem nachfolgenden zum Martyrium führenden Bekennen, von dem die älteste Legende des Longinus, wie oben (Kap. 14) erörtert wurde, berichtete, diese innere Umwandlung und Neugeburt wird leiblich betrachtet als Heilung der Blindheit. K. Hofmann (in den Sitzungsberichten der königlich bayerischen Akademie der Wissenschaften, phil.-hist. Kl. Bd. 2 [1867], S. 213 Anm.) hat diese Wendung aus wörtlicher Interpretation der Worte des Johannesevangeliums „Und

land, Frankreich und Britannien. Von Julius Baum. Wildpark-Potsdam 1930 [-33], S. 66 f. (Handbuch der Kunstwissenschaft); dazu Forschungen und Fortschritte 1935, S. 222 f.

sehend legte er Zeugnis ab" hergeleitet: man habe das „er" auf den
Kriegsknecht statt auf den Evangelisten, der erzählt, bezogen; die
Logik habe dann hier sagebildend gewirkt, indem sie zu dem „sehend"
ein vorhergehendes „nicht sehend", also ein Blindsein postulierte.
Indessen so sehr diese Lösung zunächst besticht [7]), man darf gewiß
nicht außer acht lassen, daß hier mehrere andere Kräfte mitgewirkt
haben (siehe auch oben S. 16 f.).

Zunächst ist oben (S. 283 f.) bereits von mir wahrscheinlich gemacht worden, daß die Heilung des blinden Longinus älter ist als
ihre Nachahmung in der Geschichte der durch Pauli Blut von ihrer
Einäugigkeit befreiten Perpetua in den Akten des Paulus und
jünger als ihr Vorbild in der Sage von dem Schweißtuch der Veronika und dem Bilde des Abgar, d. h. als die Mitte des vierten Jahrhunderts nach Christus.

Die Blindheit des Longinus floß aber aus der von der ältesten
Form seiner Legende schon angenommenen Bekehrung gemäß einem
a l t e n , völlig eingewurzelten c h r i s t l i c h e n B i l d e . Seit den
jüdischen Propheten wird im geistlichen Bereich des Denkens Un-
glaube und Zweifel, Sündhaftigkeit als Blindheit, dagegen innere
Umkehr als Befreiung von Blindheit bezeichnet:

*Illumina oculos meos, ne unquam obdormiam in morte; revela oculos
meos et considerabo mirabilia tua* (Psalm 118, 18); *Dominus illuminat
caecos* (Psalm 145, 8); *Et de tenebris et caligine oculi caecorum videbunt*
(Isa. 29, 18); *Deus ipse veniet et salvabit vos. Tunc aperientur oculi caecorum* (Isa. 35, 4 f.); *...ut aperires* (sc. *Deus*) *oculos caecorum* (Isa. 42, 7);
vgl. auch *E x c a e c a c o r p o p u l i huius et aures eius aggrava et o c u -
l o s e i u s c l a u d e , ne forte v i d e a t o c u l i s s u i s e t a u r i b u s
s u i s a u d i a t e t c o r d e s u o i n t e l l i g a t e t c o n v e r t a t u r ...*
(Isa. 6, 10); *Cecidit corona capitis nostri : vae nobis, quia peccavimus;
propterea moestum factum est cor nostrum, ideo contenebrati sunt oculi
nostri* (Klagelieder Jerem. 5, 16 f.). — Im Neuen Testament dann ganz
ethisch gewendet die *caecitas cordis:* Mark 3, 5; Röm. 11, 25; Ephes. 4, 18.

---

[7]) Stockbauer (Kunstgeschichte des Kreuzes, a. a. O. S. 269) nimmt sie
ohne jeden Vorbehalt an. Bugge (Studien über die Entstehung der nordischen Götter- und Heldensagen. Übersetzung von O. Brenner. München
1889, S. 39) akzeptiert sie gleichfalls, ohne auf die Geschichte von der Perpetua in den Paulusakten Rücksicht zu nehmen, während er doch den
Namen Longinus mit Lipsius aus den Paulusakten (siehe oben S. 225 f.)
ableitet!

Dies mag nun zwar die neue Motivierung des Speerstichs und
die neue Charakterisierung des Longinus innerhalb der p o p u -
l ä r e n Überlieferung erklären helfen. Schwerlich reicht es aber aus.
Durchgedrungen ist die neue Wendung gewiß nur unter dem Einfluß der künstlerischen Ökonomie des vielfigurigen Kreuzigungstypus der bildlichen Darstellungen. Die Antithese, welche in diese
gestaltend eindrang, die Charakteristik des G e g e n s p i e l e r s,
des Stephaton, oder vielmehr der Gegenseite, tat, denke ich, das
Entscheidende.

Der Schwammträger war sehr früh ein Typus der verstockten
Bösartigkeit des Judentums geworden: zu seinem Essigtrank, der
ja eigentlich nichts weiter ist als das gewöhnliche Erquickungsmittel
römischer Soldaten, also durchaus gut gemeint, fügten unter dem
Einfluß des 68. Psalms: *Et dederunt in escam meam fel et in siti
mea potaverunt me aceto* (Vers 22; vgl. über die liturgische Verwendung dieser Worte oben S. 260) schon die Evangelien nach
Matthäus und Markus die bittere Galle und wandelten so die Gabe
des Erbarmens in eine grausame Quälerei:

Καὶ ἐλθόντες εἰς τὸν τόπον τὸν λεγόμενον Γολγοθᾶ, ὅ ἐστιν Κρανίου τόπος
λεγόμενος, ἔδωκαν αὐτῷ πιεῖν οἶνον μετὰ χολῆς μεμιγμένον, καὶ γευσάμενος
οὐκ ἠθέλησεν πιεῖν (Matth. 27, 33 f.). Dann aber nach der Kreuzigung, kurz
vor der Agonie: Τινὲς δὲ τῶν ἐκεῖ ἑστηκότων [also von dem umstehenden
V o l k] ἀκούσαντες ἔλεγον ὅτι Ἠλίαν φωνεῖ οὗτος. καὶ εὐθέως δραμὼν εἷς
ἐξ αὐτῶν καὶ λαβὼν σπόγγον πλήσας τε ὄξους καὶ περιθεὶς καλάμῳ ἐπότιζεν
αὐτόν (27, 47 f.). Im Markusevangelium erscheint dafür erst der Myrrhenwein:
Καὶ φέρουσιν αὐτὸν ἐπὶ τὸν Γολγοθᾶ τόπον, ὅ ἐστιν μεθερμηνευόμενος Κρανίου τόπος. Καὶ ἐδίδουν αὐτῷ ἐσμυρνισμένον οἶνον· ὁ δὲ οὐκ ἔλαβεν (15, 22 f.);
dann aber außerdem wieder, nachdem die Anschlagung ans Kreuz vollzogen ist: Δραμὼν δέ τις γεμίσας σπόγγον ὄξους περιθεὶς καλάμῳ ἐπότιζεν
αὐτόν (V. 36) — also k e i n Soldat, sondern ein Hinzugelaufener aus dem
umstehenden Volk. Das Lukasevangelium läßt den Trank nur einmal von
hinzutretenden S o l d a t e n dem am Kreuz hängenden zum H o h n reichen:
Ἐνέπαιξαν δὲ αὐτῷ καὶ οἱ στρατιῶται προσερχόμενοι ὄξος προσφέροντες αὐτῷ
καὶ λέγοντες· Εἰ σὺ εἶ ὁ βασιλεὺς τῶν Ἰουδαίων, σῶσον σεαυτόν (23, 36 f.).
Im Johannes-Evangelium erhält Jesus kurz vor seinem Verscheiden von
Umstehenden den Schwamm: Μετὰ τοῦτο Ἰησοῦς εἰδὼς ὅτι ἤδη πάντα τετέ-
λεσται, ἵνα τελειωθῇ ἡ γραφή, λέγει· Διψῶ. σκεῦος ἔκειτο ὄξους μεστόν·
σπόγγον οὖν μεστὸν ὄξους ὑσσώπῳ περιθέντες προσήνεγκαν αὐτοῦ τῷ στόματι
(19, 28 f.), hier also unzweifelhaft ein letzter Gnadenakt, k e i n Spott.

Man sieht: die Berichte der Evangelien widersprechen sich genug, um der
erfindenden Phantasie volle Freiheit für die Auffassung dieses Vorgangs
zu lassen.

Nun verlangte es die Konsequenz der Antithese, daß die Handlung des anderen Kriegsknechts in gutes Licht gesetzt wurde: er
stieß den Speer nicht um zu schänden, wie viele, z. B. Origenes und
Chrysostomos glaubten (siehe oben S. 90), sondern um die Leiden
abzukürzen. Seine Bekehrung aber verlegte man in den Moment
dieser menschlichen Tat und ihrer Folgen: seine Tat machte ihn
sehend, sie öffnete ihm seine Augen über die Göttlichkeit des Gekreuzigten; er war mithin vorher blind gewesen. Und diese figürliche Blindheit des alten biblischen Sprachgebrauchs veranschau-
lichte mittelalterliche Kunst, die keine bessere Exegetin war als die
Realität und Gleichnis fortwährend vermischende Patristik, durch
eine wirkliche Blindheit, wobei ihrer Auffassung noch eine andere
Vorstellungsreihe zu Hilfe kam.

In einer bestimmten Gruppe bildlicher Darstellungen wird mit
jener Antithese der beiden Kriegsknechte eine andere in Parallelismus gebracht: der Gegensatz zwischen der E k k l e s i a und der
S y n a g o g e. Neben Longinus stellen sie die triumphierende Kirche
als Frauengestalt mit Siegesfahne und Kreuzlanze, Krone oder
Helm, die das von des Kriegsknechts Speerstoß vergossene Blut, das
aus Christi Brust oder Achselhöhle hervorströmt, in einem Kelch
auffängt. Neben den Schwammträger Stephaton stellen sie die gestürzte Synagoge als ein Weib, das mit zerbrochener Lanze verstört
sich zur Flucht wendet. Ich erinnere an die oben (S. 53, 95 f.) angeführten Worte Tertullians und Augustins, die den Speerstich des
Longinus als Geburtsakt der Ekklesia und ihrer Sakramente bezeichnen, sowie ihre Verbreitung durch die Kommentare des Beda
und Alkuin: damit war die Verbindung zwischen der Personifikation der Kirche und dem Speerträger gegeben.

Die Synagoge bedeutet dasselbe wie die Personifikation Jerusalems. Von Jerusalem und seinem Volke hatte die Sprache der alttestamentlichen Propheten das Bild der B l i n d h e i t gebraucht, um
ihren Trotz und Unglauben und Abfall von Gott zu bezeichnen
(siehe oben S. 287). Die neutestamentlichen Schriften nahmen dies
Gleichnis auf: die Pharisäer der Synagoge werfen Jesus, als er am
Sabbat die verdorrte Hand heilt, Entheiligung des Feiertags in ihrer

B l i n d h e i t des Herzens vor: *Et circumspiciens eos cum ira con-tristatus super c a e c i t a t e cordis eorum* [der Pharisäer in der Synagoge] (Mark. 3, 5); Paulus erwartet für das b l i n d e Israel Heilung von der Menge der Heiden:

Nolo enim vos ignorare, fratres, mysterium hoc ..., quia c a e c i t a s ex parte contigit in Israel, donec plenitudo gentium intraret et sic omnis Israel salvus fieret (Röm. 11, 25 f.); *Tenebris obscuratum habentes intellec-tum, alienati a vita Dei per ignorantiam, quae est in illis propter c a e c i-t a t e m c o r d i s ipsorum* (Ephes. 4, 18).

Der K e r n a l l d i e s e r B i l d e r liegt in Exod. 34, 33—35: *Impletisque sermonibus posuit velamen super faciem suam. Quod ingressus ad Domi-num et loquens cum eo auferebat ...; sed operiebat ille rursus faciem suam, si quando loquebatur ad eos* in Verbindung mit 2. Korinth. 3, 13—16: *Et non sicut Moyses ponebat velamen super faciem suam, ut non intende-rent filii Israel in faciem eius, quod evacuatur, sed obtusi sunt sensus eorum. Usque in hodiernum enim diem idipsum v e l a m e n in lectione veteris testamenti manet non revelatum (quoniam in Christo evacuatur), sed usque in hodiernum diem, cum legitur Moyses, velamen positum est super cor eorum. Cum autem c o n v e r s u s f u e r i t a d D o m i n u m a u f e r e t u r v e l a m e n.*

Das notwendige G e g e n b i l d zur Blendung der Synagoge, welche die bildende Kunst des Mittelalters durch eine um die Augen gelegte Binde darstellt, ist die H e i l u n g der e i n s t i g e n Blind-heit des Heidentums. Und diese wird in der Person des Lanzen-trägers dargestellt, der blind Christi Seite geöffnet hat und nun sehend geworden ist, d. h. sich von seinem Heidentum zum Glauben an den Erlöser bekehrt hat. Die Lanze aber mit dem Kreuz statt der Spitze, in den Händen der triumphierenden Ekklesia, soll offen-bar die Waffe sein, die der sehend gewordene Söldner, der nun seinem Kriegsdienst Valet gesagt hat und „der gute Soldat Christi" (siehe oben S. 212 f.) geworden ist, an sie abgegeben hat, wie er dann in den bildlichen Darstellungen[8]) dieser Gruppe da, wo die Ekklesia außer der Fahne auch die Lanze führt, selbst ohne Lanze erscheint.

Dem Gedankenkreis der karolingischen Evangelienexegese, wie sie des Viellesers Hrabanus Maurus aus Augustin und anderen älte-ren Quellen kompilierte Kommentare am sichersten darstellen, sind derartige Vorstellungen geläufig gewesen. Es tut dabei nichts zur

---

8) Vgl. Paul Weber, Christliches Schauspiel und kirchliche Kunst. Stuttgart 1894, S. 22 f. 30; Tafel III. IV.

Sache, daß vielfach mehr der bekennende Hauptmann als der Kriegsknecht mit dem Speer in den Vordergrund geschoben wird. Denn ausdrücklich hob man hervor, daß auch die Soldaten, die unter des Hauptmanns Befehl die Kreuzigung exekutierten, gleich jenem von der Größe der Wunder ergriffen, die Gottheit Christi bekannten. Sie alle werden als b e k e n n e n d e H e i d e n der verstockten, der blinden Synagoge als Muster gegenübergestellt:

> *Simulque perpendendum quod non solus centurio glorificavit Deum, sed et m i l i t e s , qui cum eo erant custodientes Jesum, viso terrae motu et his, quae fiebant, timuerunt valde dicentes: „Vere Dei Filius est iste." Quanta ergo c a e c i t a s Judaeorum, qui tot per Dominum virtutibus factis, tantis in morte eius apparentibus signis, credere respuerunt et i n s e n s i b i l i o r e s g e n t i l i b u s Dominum glorificare vel timere contempserunt. Unde merito per centurionem f i d e s E c c l e s i a e designatur, quae velo mysteriorum coelestium per mortem Domini reserato, continuo Jesum et vere justum hominem et vere Dei filium s y n a g o g a t a c e n t e confirmat* (Hrabanus Maurus, Comment. in Matth. lib. 8, Kap. 27 [zu Matth. 27, 54]; Migne, P.L. Bd. 107, S. 1145 A).

Vgl. ferner Leo Magnus, Sermo 68 (De passione Domini XVII, Kap. 3):
> *Offerebatur enim Deo pro salute mundi hostia s i n g u l a r i s et occisio Christi veri Agni per tot saecula praedicata promissionis filios in l i b e r - t a t e m f i d e i transferebat. Confirmabatur quoque Testamentum novum. ... Tunc a lege ad Evangelium, a S y n a g o g a ad E c c l e s i a m , a m u l t i s sacrificiis ad u n a m hostiam evidens est facta translatio.* Dann vom Bekenntnis des Centurio: *ut appareat paratiores ad intelligendum Filium Dei tunc fuisse Romanos m i l i t e s quam Israeliticos s a c e r - d o t e s* (Migne, P.L. Bd. 54, S. 374 f.).

Schwerlich ist mit der vorstehenden Erörterung die Entstehungsweise und namentlich die H e r k u n f t des Motivs der Blindheit in der Longinusfabel schon genügend aufgehellt.

Die eigentliche Q u e l l e müssen wir meiner Ansicht nach durchaus im Orient suchen. Dort wird man zuerst von den geheilten blinden Augen des Longinus fabuliert haben. Und das muß, wie so vieles, nach den fernen britischen Inseln übertragen worden sein. Die Osterberechnung der i r i s c h - b r i t i s c h e n Kirche, um die seit dem siebenten Jahrhundert so lebhaft gestritten wurde und die zuerst 636 aus Südirland vor der römischen Liturgie zurückwich, wurde zurückgeführt auf die Ostertafel des Anatolius, Bischofs von Laodicea in Syrien (vgl. Bellesheim, Geschichte der katholischen Kirche in Irland. Mainz 1890, Bd. 1, S. 181 ff.). Bei der von Rom aus geleiteten Organisation der e n g l i s c h e n Kirche wurde zum Erzbischof von Canterbury der Grieche Theodorus von Tarsus gemacht. Auch der mit diesem gleichzeitig angekommene Abt Hadrian in Kent besaß Kenntnis des Griechischen. Und dieser unterrichtete den A n g e l s a c h s e n Aldhelm: den Vater der englischen literarischen Bildung.

K y r i l l v o n J e r u s a l e m in der letzten seiner berühmten, viel gelesenen und viel benutzten Katechesen spricht sich über das Abendmahl also aus [9]): „Wenn du also hinzutrittst zum Altar, so gehe nicht hin mit ausgestreckten flachen Händen oder mit auseinander gespreizten Fingern, um das konsekrierte Brot in Empfang zu nehmen, sondern stelle die linke Hand gleichsam wie einen Thronsessel unter die rechte, die den König aufnehmen soll, und nimm mit hohler Hand den Leib Christi entgegen und sprich das Amen dazu. Nachdem du aber dann behutsam d e i n e A u g e n g e h e i l i g t hast durch Berührung des heiligen Leibes, so genieße diesen. Hüte dich aber dabei wohl, daß dir etwas davon verloren gehe. Denn was du davon verlierst, das büßest du von deinen eigenen Gliedern ein. Denn sage mir, wenn dir jemand Goldkörnchen gäbe, würdest du sie nicht mit der größten Sorgfalt aufbewahren, daß dir nichts davon verloren gehe und du keinen Schaden leidest? Wie viel mehr mußt du sorgfältig darauf achten, daß dir nicht ein Krümchen von dem entfalle, was weit w e r t v o l l e r ist a l s G o l d und E d e l - s t e i n e? Danach, wenn du teilgenommen hast an dem Leibe Christi, tritt auch hinzu zum Kelche des Blutes, nicht mit ausgestreckten Händen, sondern mit ehrfurchtsvoll vorgebeugtem Körper, wie es bei der Anbetung üblich ist, und sprich dein Amen. Durch dieses Blut, das du genießest, heiligst du dich. Wenn aber noch Feuchtigkeit davon an deinen Lippen ist, berühre sie mit den Händen und heilige [d. h. benetze] damit die A u g e n und die Stirne und die übrigen Sinne."

Im fünften Jahrhundert erklingen ähnliche Töne in dem mystischen Kommentar des T h e o d o r e t v o n C y r u s zum Hohenlied. Die Braut ist es nach ihm, die zum Vater des Geliebten die Worte ruft: „Er küsse mich mit den Küssen seines Mundes." Und um diese Küsse alles Anstößigen zu berauben, erinnert er an „die mysti-

---

9) 5. mystagogische Katechese, Kap. 21 f.; Migne, P.G. Bd. 33, S. 1124 f.

sche Stunde", d. h. an die Eucharistie, in der die Gläubigen die
Glieder ihres Bräutigams fassen, umarmen und küssen, sie mit den
Augen auch in ihr Herz aufnehmen, und in ihrem Geist gleichsam
hochzeitliche Umarmungen empfinden:

Σκοπείτω δὲ ὡς καὶ ἐν τῷ μυστικῷ καιρῷ τοῦ νυμφίου τὰ μέλη δεχόμενοι,
καταφιλοῦμέν τε καὶ περιπτυσσόμεθα καὶ τοῖς ὀφθαλμοῖς ἐπιτίθεμεν τῇ
καρδίᾳ καὶ οἱονεὶ περίληψίν τινα φανταζόμεθα νυμφικὴν καὶ αὐτῷ συνεῖναι
ἡγούμεθα, καὶ αὐτὸν περιπτύσσεσθαι καὶ καταφιλεῖν . . . (In Canticum cantic.
lib. I, Kap. 1, V. 1; Migne, P.G. Bd. 81, S. 53 C).

Wer will in diesem Rausch mystischer Erotik, der aus dem Feuer-
wein des Chrysostomos stammt (vgl. oben S. 80 ff.), sagen, was hier
in eigentlichem, was in figürlichem Sinn gemeint sei und ob der
Verfasser an die körperliche Berührung der Augen mit dem konsekrierten Brot oder nur an die Tätigkeit des Anschauens denke?

Daß die naturalistische Erklärung die richtige sei, scheint des
J o h a n n e s v o n D a m a s k u s „Orthodoxe Glaubenslehre" zu
beweisen, die bekanntlich die gesamte orientalische Dogmatik in
einem umfassenden, abgeschlossenen System vorträgt und auch auf
das Abendland bestimmend gewirkt hat. „Treten wir hin zu ihm in
der Eucharistie mit glühendem Verlangen, und die Hände gekreuzt
wollen wir den Leib des Gekreuzigten empfangen: A u g e n , L i p -
p e n und Stirne hinzuhaltend, wollen wir die göttliche, feurige
Kohle nehmen, damit das Feuer des Verlangens in uns an der Glut
der Kohle auflodere, unsere Sünden verbrenne, unsere Herzen e r -
l e u c h t e und wir durch die Teilnahme an dem göttlichen Feuer
selbst durchglüht und v e r g o t t e t werden":

Προσέλθωμεν αὐτῷ πόθῳ διακαεῖ καὶ σταυροειδῶς τὰς παλάμας τυπώ-
σαντες, τοῦ ἐσταυρωμένου τὸ σῶμα ὑποδεξώμεθα · καὶ ἐπιθέντες ὀφθαλ-
μοὺς καὶ χείλη καὶ μέτωπα τοῦ θείου ἄνθρακος [über die feurige göttliche
K o h l e siehe oben S. 88. 152] μεταλάβωμεν, ἵνα τὸ πῦρ τοῦ ἐν ἡμῖν πό-
θου προσλαβὸν τὴν ἐκ τοῦ ἄνθρακος πύρωσιν, καταφλέξῃ ἡμῶν τὰς ἁμαρτίας καὶ φωτίσῃ ἡμῶν τὰς καρδίας, καὶ τῇ μετουσίᾳ τοῦ θείου πυρὸς πυρω-
θῶμεν καὶ θεωθῶμεν (De fide orthodoxa lib. IV, Kap. 13; Migne, P.G.
Bd. 94, S. 1149 AB). Die alten m y s t a g o g i s c h e n Stichworte des
Areopagiten und der hellenischen Mysterien: himmlisches Feuer, Durch-
glühung, Erleuchtung, Vergottung!

Seit alter Zeit war der Speer des Longinus in der griechischen
Liturgie und Dogmatik eng verbunden mit dem eucharistischen Akt

und seinen Mysterien: war dieses heilige Opfer der Messe eine allegorische Imitation der Handlung des speerstoßenden Kriegsknechts,
so lag es nahe, auch für die Zeremonie der Augenberührung bei dem
geschichtlichen Vorbild ein Analogon zu suchen. Wie
der Empfänger des Abendmahls die Weintropfen an die Augen
führt und sich damit zu heiligen wähnt, so mochten auch die Augen
des Longinus einst von den Blutstropfen aus der Seitenwunde des
Gekreuzigten getroffen und geheiligt worden sein. Die tief superstitiöse Auffassung, die diese ganze Sphäre eucharistischer Mystik
ausfüllt, zog dann bloß die Konsequenz ihres naturalistischen Denkens: die Blutstropfen mußten Heilkraft im körperlichen Sinne
haben; also mußten die Augen heilbedürftig, d. h. blind sein.
So war das Motiv der Blindheit des Longinus fertig. Und die alten,
traditionellen Metaphern von der Blindheit im geistlichen Sinn
konnten immerhin mit hineinspielen, denn die Grenze zwischen
Realität und Idee war im Bereich der christlichen Dogmatik und
Poesie stets eine fließende.

An und für sich wäre allerdings auch die Möglichkeit nicht ausgeschlossen, daß die zuerst von Kyrill bezeugte Sitte, die Augen
beim Abendmahl mit den auf den Lippen zurückgebliebenen
Tropfen des gewandelten Weins zu benetzen (vgl. oben S. 292), bereits ein Reflex sei der Sage von der Blindheit des Longinus.
Allein aus einer zusammenhängenden Erwägung aller in Betracht
kommender Momente glaube ich diese Möglichkeit ablehnen und
der oben dargelegten Entwicklung den Vorzug einräumen zu
müssen.

In den Zusammenhang dieser Vorstellungen der griechischen
Meßopfermystik gehört dann noch die folgende Tatsache. Aus dem
Kultus der heiligen Lanze in Konstantinopel, den ich oben (Kap. 8)
beschrieben habe, entwickelte sich der Aberglaube, daß die Be-
rührung mit dieser Lanze körperliche Krankheiten heilen
könne. Leidende aller Art, zumal aber diejenigen, die an einer
Wunde Schmerz litten, begehrten vom Priester, daß er die heilige
Lanze in dem Zeichen des Kreuzes über sie führe und auflege, in der
Hoffnung, dadurch Genesung zu finden. In dem griechischen Euchologion, der offiziellen Sammlung liturgischer Gebete, finden sich Ora-

tionen [10]), welche dann rezitiert werden, „wenn der Priester den Schmerz einer Krankheit bekreuzigt mit der heiligen Lanze".

Hier liegt, wie jeder Unbefangene sieht, der Kern jener wichtigen Rolle, die der bluttropfende Speer in den f r a n z ö s i s c h - e n g l i s c h e n   G r a l r o m a n e n des zwölften und dreizehnten Jahrhunderts spielt: der auf seine Wunde gelegte heilige Speer heilt den siechen König.

Ich komme auf die Geschichte dieses Motivs weiter unten noch zurück. Hier genügt es festzustellen: in E n g l a n d hat die landessprachliche Dichtung zuerst den bluttriefenden Speer und seine erlösende, L e b e n gebende Kraft, die bildende Kunst zuerst die Blindheit des Longinus und ihre Heilung durch das vom Speer herabträufelnde Blut der Phantasie des Volkes eingeprägt. In dieser mußten damit die Voraussetzungen der Gralsage lebendig werden: mit dem geheimnisvollen Wunder e w i g e n   L e b e n s untrennbar zusammenhängt eine bluttriefende Lanze, die Wunden und Gebrechen zauberhaft heilt.

---

10) Anna Comnena Alexias (editio Bonn. Vol. 2, S. 587: Caroli Ducangii Notae). Mir war keine der Originalausgaben des Euchologion zugängig. Bei Goar fehlt, soviel ich sehe, das Gebet.

Einundzwanzigstes Kapitel.

Der Speersöldner und die blutauffangende Ekklesia mit dem Kelch.

Der mit diesen Worten umschriebene ikonographische Typus ist von weitgreifender Bedeutung geworden. Ausgebildet hat ihn zuerst die Elfenbeinplastik der Gegend zwischen Mosel, Maas und Schelde, deren Anfänge oben im 18. Kap. zur Sprache kamen, und von der neuesten kunstgeschichtlichen Forschung wird er mit aller Wahrscheinlichkeit an die Metzer Schule geknüpft[1]), deren uns bekannte Werke aus dem neunten und zehnten Jahrhundert stammen. Im späteren Verlauf dieser Untersuchungen (Kap. 23) werde ich zeigen, wie dieser Bildtypus in engstem Zusammenhang mit der führenden und neuernden kirchlichen Bewegung steht, die im zweiten

---

1) Vgl. Clemen, Merowingische und karolingische Plastik (Bonner Jahrb. des Vereins von Altertumsfreunden im Rheinlande Heft 92 [1892], S. 125 ff.); Paul Weber, Christliches Schauspiel und kirchliche Kunst. Stuttgart 1894, S. 19 ff. Die beiden Gelehrten stimmen in der Lokalisierung ganz überein: Clemen rechnet a. a. O. S. 122 im ganzen vier Kreuzigungsplatten dieses ikonographischen Typus noch zur zentralfranzösischen Schule. Auch nach diesen beiden neueren Arbeiten behält ihren Wert die gelehrte, grundlegende Untersuchung des großen bahnbrechenden Kunsthistorikers Charles Cahier (in: Cahier-Martin, Mélanges. Bd. 2, S. 39 ff.). Über die Gesamtheit der 1674 und 1802 zwangsweise nach Paris geschenkten Metzer Handschriften mit Elfenbeinbuchdeckeln unterrichtet zusammenfassend auf Grund eines alten Inventars und selbständiger neuer Untersuchung eingehend F. X. Kraus, Kunst und Altertum in Elsaß-Lothringen. Straßburg 1889. Bd. 3, S. 567 ff. Vgl. auch Delisle, Inventaire des Manuscrits conservés à la bibliothèque impériale (Bibliothèque de l'Ecole des Chartes [Jahrgang 23]. Bd. 3 [1862], S. 469 f.); Ders., Le Cabinet des manuscrits de la Bibliothèque nationale. Tome I (Paris 1868), S. 448 ff.; Tome II (Paris 1874), S. 14. Unzugänglich war mir Abel, Essay sur l'anciens ivoires sculptés de la cathédrale de Metz (Mémoires de la Société d'archéologie et d'histoire de la Moselle Bd. 10 [1868], S. 207 ff. [mit Abbildungen]). Vgl. auch Johannes Reil, Christus am Kreuz in der Bildkunst der Karolingerzeit. Leipzig 1930 (Studien über christliche Denkmäler, N.F. Heft 21).

Drittel des neunten Jahrhunderts von dem Gebiet des nordwest-
lichen Frankreichs und Lothringens ihren Ausgang nimmt und durch
die Namen Paschasius Radbertus, Amalarius von Metz, Hinkmar
von Reims bezeichnet ist. Hier will ich einstweilen nur die künstlerische Seite erörtern.

Die Brücke zwischen der älteren, byzantinischen Tradition und
diesem neuen abendländischen Typus scheint die M i n i a t u r -
m a l e r e i geschlagen zu haben. Nach byzantinischer Vorlage hatte
in der Diözese R e i m s im ersten   Drittel des neunten Jahrhunderts, wie sich zeigte (oben S. 269 ff.), der U t r e c h t p s a l t e r den
Speerträger und eine problematische nackte Gestalt, die das von
ihm vergossene Blut der Seite Christi auffängt und die geweihten
Hostien hält, mit der Darstellung der Kreuzigung verbunden. Gegen
die Mitte des neunten Jahrhunderts hat diese Motive das für den
Bischof D r o g o in M e t z hergestellte Sakramentar [2]) aufgenommen
und nur leise modifiziert: sein Illustrator behält in dem Initialbilde
zur *Collecta* des Palmsonntags Johannes und Maria neben dem
Gekreuzigten bei, stellt sie erhöht zu beiden Seiten des krücken-
förmigen Kreuzes auf, gesellt dazu die Personifikationen von Sonne
und Mond sowie schwebende Engelhalbfiguren und den Siegeskranz
in der Höhe, ferner am Fuß des Kreuzes eine sich ringelnde
Schlange und einen a u f e r s t e h e n d e n T o t e n; an Stelle der
nackten Figur des Utrechtpsalters mit seiner Doppelaktion führt er
zwei Gestalten ein: zur Rechten des Herrn fängt eine nimbierte
Frauengestalt, die in der Hand eine Fahne trägt, das aus der Achselhöhle hervorquellende Blut auf, während zur Linken ein Mann mit
weißem Haar und Bart steht, der mit der einen Hand bekennend
auf Christus hinweist, in der andern eine runde scheibenförmige
Schüssel trägt. Eucharistischer Kelch und eucharistische Patene, die
im Utrechtpsalter von einer Person gehalten werden, sind hier an
die Ekklesia und an einen Alten verteilt, den wir wohl für Joseph

---

2) Bibliothèque nationale Fonds latin. Nr. 9428: Notice des objets
exposés. Département des manuscrits. Paris 1881. S. 51, Nr. 270; vgl.
H. Janitschek, Geschichte der deutschen Malerei. Berlin 1890, S. 29. 33 f.;
F. X. Kraus, Kunst und Altertum aus Elsaß-Lothringen, a. a. O. Bd. 3,
S. 577 f. (hier Verzeichnis der Literatur); A b b i l d u n g der oben be-
sprochenen Miniatur z. B. bei Cahier-Martin, Mélanges. Bd. 2, S. 52 und
P. Weber, Christliches Schauspiel, a. a. O. S. 16.

von Arimathia oder auch nur für einen Priester anzusehen haben.
Jedesfalls liegt hier die bildliche Transskription des Augustinischen
Gedankens (siehe oben S. 94 ff.) vor, daß die Kirche in innerster
und nächster Beziehung stehe zu dem vom Speere des Kriegsknechts
vergossenen Blute Christi. Ein z w e i t e r M e t z e r liturgischer
Kodex, der mehr als hundert Jahre jünger ist, ein E v a n g e l i a r,
stellt auf dem letzten Blatt in flotter Federzeichnung gleichfalls
die gekrönte Kirche dar, die das aus der A c h s e l h ö h l e des Gekreuzigten entströmende Blut in einem Kelch sammelt [3]).

Ein neues Motiv in diesen Gedankenkreis, durch den ein neuer
ikonographischer Typus entsteht, bringen dann aber jene E l f e n -
b e i n r e l i e f s der Schule von Tournai und Metz. Hier erscheint
als Teilnehmer des Kreuzigungsdramas nicht bloß e i n e allegorische
Gestalt, die Kirche, sondern ein antithetisches P a a r: Ekklesia und
Synagoge. So in dem altertümlichen Diptychon des heiligen Nike-
sius im Domschatz zu Tournai [4]): unbedeckten Hauptes, in weitem
Mantel steht die Ekklesia zur Rechten des Gekreuzigten und hält
mit der rechten Hand unter das aus der Seitenwunde fließende Blut
einen Kelch; auf der andern Seite ihr gegenüber Hierusalem, ein
Weib, mit einer Handgebärde des Schreckens zu Christus auf-
schauend. Ähnlich ist die Szene gestaltet in der Emailplatte des
Buchdeckels einer Hildesheimer Handschrift im Domschatz zu Trier
und anderen nah verwandten Kunstwerken [5]).

In der Elfenbeinplastik von Metz entsteht während derselben
Zeit endlich noch ein reicheres Schema: sie verbindet die antithetische
Allegorie Kirche — Jerusalem (Synagoge) mit dem v i e l f i g u r i -
g e n alten Typus der Kreuzigung, in welchem auch Longinus und
Stephaton auftreten.

Die F r a g e nach dem U r s p r u n g dieser beiden Kontrastfiguren
Kirche und Synagoge ist verwickelt. Der patristischen Literatur

3) Bibliothèque nationale Fonds latin. Nr. 9453; P. Weber, Christliches
Schauspiel, a. a. O. S. 18.

4) De Linas, Le Diptyque de St. Nicaise au trésor de la cathédrale de
Tournai (Gazette archéologique. Bd. 10 [1885], S. 309, Planche 36);
vgl. P. Weber, Christliches Schauspiel, a. a. O. S. 20 und Bode, Ein roma-
nisches Kästchen in der Elfenbeinsammlung des Berliner Museums (Zeitschrift für christliche Kunst Bd. 4 [1891], S. 94).

5) Vgl. Cahier-Martin, Mélanges. Bd. 2, Pl. VI (Elfenbeinrelief des
Domschatzes zu Tongern); P. Weber, a. a. O. S. 20 f., Nr. 3—6.

war ihre Gegenüberstellung von jeher geläufig: wurzelte sie doch in der dialektischen Spekulation des Paulus und des Hebräerbriefes. In der Kunst läßt sie sich seit dem fünften Jahrhundert nachweisen. Das früheste mir bekannte Beispiel bietet das prächtige Mosaik auf dem Aventin, wo die *Ecclesia ex circumcisione* und die *Ecclesia gentium* beide mit geöffneten Büchern ohne die später beliebte äußere Charakterisierung ihres Wertes und ihres Erfolges gegenüberstehen.

Wie aber, wo und wann ward sie in den ikonographischen Typus der Kreuzigung eingeschaltet? Man hat dabei ein altes pseudo-Augustinisches Streitgespräch zwischen Christentum und Judentum [6]), auch die Hymnen der Liturgie wirksam sein lassen [7]). Das ist wohl glaublich. Auch scheint es in der Tat — nach dem Stand unserer gegenwärtigen, freilich sehr fragmentarischen Kenntnis —, als ob sowohl die Antithese der beiden Personifikationen wie ihre Verbindung mit dem Typus der Kreuzigung von der a b e n d l ä n - d i s c h e n Kunst ausgegangen und erst später auch in die des Orients eingedrungen wäre [8]). Eine abgekürzte, sozusagen kòmpri-mierte Form dieses Schemas bietet eine Miniatur in der griechischen Handschrift der Werke des Gregor von Nazianz aus der Zeit von 880—885 (Bibliothèque nationale Fonds grec. Nr. 510, Folio 885 r): als Darstellung des Osterfestes erblickt man oben den die Auferstehung verkündenden Engel, unten eine nimbierte Gestalt, die den heiligen Gregor nach oben weist, und die heilige *P a r a s c e v e*, d. h. die Personifikation des Karfreitags mit L a n z e , Schwammstab und Wasserkessel nebst einem kleinen M e s s e r , also mit den Attri-buten der nicht abgebildeten beiden Knechte, neben ihr eine Gestalt in kaiserlichen Gewändern, Helena oder Konstantin oder eine Per-sonifikation [9]).

6) De altercatione Ecclesiae et Synagogae dialogus (Migne, P.L. Bd. 42, S. 1131 ff.).

7) Vgl. P. Weber, Christliches Schauspiel, a. a. O. S. 25 ff.

8) Vgl. darüber P. Weber, a. a. O. S.133 f. (doch siehe auch oben S. 288 ff.).

9) Vgl. die Reproduktion bei Hertzberg, Geschichte der Byzantiner und des Osmanischen Reiches. Berlin 1883 (zu S. 148); Strzygowski, Beiträge zur Geschichte der spätantiken und frühchristlichen Kunst: Orient oder Rom. Leipzig 1901, S. 136, Anm. 2.

Man erinnere sich der oben (S. 98) belegten, bei Augustin häufig vorkommenden Antithese: die Juden hat die Kreuzigung blind gemacht, die Gläubigen hat sie erleuchtet, sehend gemacht. Von einem Einfluß angeblicher „Passionsdramen" des neunten Jahrhunderts, der behauptet worden ist [10]), kann wohl nicht die Rede sein. Die eigentliche Brücke der Verbindung zwischen der Kreuzigung und jener Gegenüberstellung der beiden Allegorien erkenne ich vielmehr in der Rolle des Speerträgers und seines Partners am Fuße des Kreuzes und in der eigentümlichen, parallelen Kontrastierung des Charakters dieser beiden. Man hat darauf nicht geachtet, obgleich schon vor Jahren französische Forscher [11]) die merkwürdige antithetische Charakterisierung der beiden Kriegsknechte richtig beobachteten und hervorhoben und meines Erachtens nur darin irrten, daß sie den Speerträger als bloße akzessorische Gestalt ansahen, während er zu der mystischen (Johanneischen) Darstellung des alten vielfigurigen Typus der Kreuzigung von Anfang an als notwendiger Haupt-Akteur gehört hat. Als den Ausgangspunkt der fraglichen Kontamination betrachte ich die vornehmlich von Augustin (siehe oben S. 95 ff.) eingeprägte Vorstellung über die Entstehung der Kirche und ihrer Sakramente aus dem Blut der vom Speer geöffneten Seite des Herrn.

Inwieweit diese Darstellungen das Motiv der Blindheit voraussetzen oder selbst zum Ausdruck bringen wollen, läßt sich sehr schwer sagen. Die meisten Reproduktionen und völlig die von den Kunsthistorikern gegebenen Beschreibungen lassen hier im Stich. Aber auch die sorgfältigste Autopsie der Originale hebt oftmals nicht den Zweifel. Die unzulängliche Technik des Künstlers, die Kleinheit der Dimensionen dieser Reliefs, endlich die im Laufe der Zeit hinzugekommenen Beschädigungen vereiteln häufig jede bestimmte Entscheidung. Ich selbst habe bei meinem Aufenthalt in Paris (Oktober 1899) vier Elfenbeinbuchdeckeln der dortigen Nationalbibliothek bei verschiedener Beleuchtung, und indem ich sie aus den verdunkelnden Glaskästen der Galerie Mazarin herausnahm

---

10) P. Weber, Christliches Schauspiel, a. a. O. S. 31 ff.

11) Cahier-Martin, Mélanges. Bd. 2, S. 69 f.; Grimouard de Saint-Laurent, Iconographie de la croix et du crucifix (in Didron, Annales archéologiques Tome 26 [1869], S. 223 ff. 374; Tome 27 [1870], S. 1 ff.).

und am Fenster lange, auch mit der Lupe, und wiederholt betrachtete, nur teilweise eine sichere Überzeugung abgewinnen können.

Der Buchdeckel des ältesten Manuskriptes, eines Metzer Evangeliars des sechsten Jahrhunderts, zeigt auf seinem Elfenbeinrelief [12]) aus dem achten oder neunten Jahrhundert die Kreuzigung in folgender Situation: zur Linken des Kreuzes Maria und Johannes mit Klagegebärden, zur Rechten zwei Frauen, von denen die sitzende in einer Hand einen Speer mit Fahne, in der andern Hand ein problematisches Instrument (Zirkumzisionsmesser?), die stehende dagegen eine Fahne hält, deren Stab oben in einen Knauf ausläuft; tiefer stehen, in kleinerem Größenverhältnis, rechts und links vom Kreuzstamm Longinus und Stephaton, beide bärtige Knechte, jener mit erhobener Lanze, dieser mit ausgestrecktem Schwammrohr. Dem Anschein nach hat der Künstler die Absicht gehabt, an dem einzigen sichtbaren rechten Auge des Longinus B l i n d h e i t zu markieren: die Augen des bärtigen Christus, der das Haupt leicht nach der Seite, wo Maria steht, geneigt hat, stehen offen, seine Haltung ist gerade und aufrecht, die Arme gestreckt, der Körper, den nur ein geknotetes, ziemlich schematisch gefaltetes Lendentuch bekleidet, kräftig und muskulös mit auffallender Herausarbeitung des Brustbeins, aller Rippen, der Arm- und Beinknochen. Man empfängt also den Eindruck: der Gekreuzigte ist noch am L e b e n , der Lanzenstoß soll erst erfolgen, die Blindheit des Longinus, der in breitbeinigem Schritt dazu ausholt, besteht noch. Das eigentliche Bild ist in z w e i E t a g e n komponiert, die der Kreuzstamm ganz ausfüllt: Maria, Johannes und die beiden allegorischen Gestalten stehen in der oberen, die beiden Kriegsknechte in der unteren. Den Abschluß des Ganzen bilden aber noch zwei Stockwerke: ein oberstes, über dem Kreuzhaupt, mit den vier schreibenden Evangelisten und ihren

---

12) Bibliothèque nationale Fonds latin. Nr. 9383: Notice des objets exposés. Département des manuscrits. Paris 1881, S. 50, Nr. 266. A b - b i l d u n g des Reliefs: Cahier-Martin, Mélanges. Bd. 2, Pl. V; F. X. Kraus, Kunst und Altertum aus Elsaß-Lothringen, a. a. O. Bd. 3, S. 571 f., Fig. 117; P. Weber, Christliches Schauspiel, a. a. O. S. 22, Nr. 12, Taf. III. Beschreibung ohne Bild: Vöge, Eine deutsche Malerschule um die Wende des ersten Jahrtausends. Trier 1891, S. 118, Anm. 3 (Westdeutsche Zeitschrift für Geschichte und Kunst. Ergänzungsheft 7); Reil, Christus am Kreuz, a. a. O. S. 117 f.

Symbolen, und ein unterstes, in dem eine dritte Frauengestalt mit
Speerfahne und W e l t k u g e l [13]), umgeben von allegorischen
Flußgestalten, erscheint. Hier ist ein n e u e r A k t e u r in das Lon-
ginusdrama eingeführt: die R o m a , die Göttin der Weltherrschaft.
Sie sieht empor zu dem Gekreuzigten; das heißt: die Heidenwelt,
deren Mittelpunkt Rom ist, bekehrt und bekennt sich infolge der
Tat des Longinus zu dem göttlichen Herrn des Erdballs.

Ein a n d e r e s M e t z e r E v a n g e l i a r, etwas jünger, aber
noch im zehnten Jahrhundert entstanden, ist geschmückt mit einer
höchst kunstvollen Skulptur, die in drei Stockwerken Christi Passion vorführt. Die beiden oberen sind geteilt und enthalten je zwei
Szenen. Das erste unter rundbogigen Arkaden links den Judaskuß,
rechts die Gefangennahme Christi; das mittlere links die Verleug-
nung Petri, rechts Christus vor Pilatus. Unten, im dritten Stockwerk, nimmt die Kreuzigung die ganze Breite der Platte ein. Es
erscheint hier der letzte Moment des Dramas verbildlicht: Christus
zwischen den beiden Schächern, rechts Johannes, links Maria auf
einer Art Hügel, tiefer in gleicher Höhe mit dem Kreuzfuß die beiden Soldaten in Aktion; Longinus, mit linkem — allein sichtbarem —
g e s c h l o s s e n e m Auge, also blind, sticht in die Brust des Herrn,
dessen Gesicht undeutlich, dessen Haltung aber die eines Zusammen-
brechenden ist [14]). Dieser Künstler, der über eine sehr fortgeschrit-
tene Technik verfügt und sich durch eine leidenschaftliche Bewegt-
heit seiner Figuren auszeichnet, versucht also das Entsetzliche ganz
unmittelbar gleichzeitig vor Augen zu bringen.

Ein Elfenbeinrelief, das zu einem d r i t t e n M e t z e r K o d e x,
einem E v a n g e l i s t a r [15]) aus dem elften Jahrhundert, gehört,
stellt Christus mit fest geschlossenen Augen dar, während die Augen
des Longinus sich der Beurteilung entziehen.

---

13) Wenn Weber (Christliches Schauspiel, a. a. O. S. 22) nur einen
„runden Gegenstand" sieht, so muß ich dem widersprechen. Es ist deutlich eine Kugel; vgl. auch Reil, Christus am Kreuz, a. a. O. S. 117 unten.

14) Bibliothèque nationale Fonds latin. Nr. 9388: Notice... S. 50,
Nr. 268; F. X. Kraus, Kunst und Altertum aus Elsaß-Lothringen, a. a. O.
Bd. 3, S. 574, mit A b b i l d u n g auf Taf. XVII.

15) Bibliothèque nationale Fonds latin. Nr. 10 438: Notice... S. 51,
Nr. 272; F. X. Kraus, Kunst und Altertum aus Elsaß-Lothringen, a. a. O.
Bd. 3, S. 579.

Endlich gruppiert ein k a r o l i n g i s c h e s R e l i e f [16]), das für ein Evangelistar des elften Jahrhunderts als Buchdeckel verwendet ward, die Kreuzigungsszene folgendermaßen: oben schweben Engel herab, zu den Wundmalen des Gekreuzigten sich neigend, auf der linken Seite des Kreuzes steht zu äußerst Maria, dann neben ihr eine Frauengestalt, die das direkt aus der Achselhöhle fließende Blut in einem Gefäß auffängt, zur Rechten des Kreuzes scheint eine Frau mit einer (zerbrochenen?) Fahne sich zum Gehen zu wenden; neben ihr, entfernter, Johannes. Tiefer stehen Longinus mit hoch erhobenem Speer, sehend, und Stephaton; noch tiefer die A u f - e r s t e h u n g der Toten.

In diesen Kreis der Metzer Elfenbeinplastik einzureihen ist ein nah verwandtes Relief, das nur in einem Gipsabguß erhalten zu sein scheint [17]): oben im Rundmedaillon Brustbilder von Sonne und Mond, vier herabschwebende Engel; Christus an breitem, krückenförmigem Kreuz mit fast waagerechten, sehr dünnen Armen, geschlossenen Augen, bärtig, ohne Nägel, zu seiner Rechten die Ekklesia das aus der Achselhöhle strömende Blut in einem mit beiden Händen gehaltenen faßartigen Kelch auffangend, neben ihr mit erhobenen, klagenden Armen Maria; auf der andern Seite die Synagoge mit Fahne zum Fortgehen sich wendend, weiterhin Johannes aufblickend zum Kreuz mit ausgestreckter rechter Handfläche; tiefer am verlängerten Kreuzfuß, den der Drache umwindet, die beiden gleichgekleideten Kriegsknechte mit ihren erhobenen Attributen, rechts und links ein Grabmonument mit je zwei auferstehenden Toten; im untersten Stockwerk, noch tiefer, das Grab Christi, der auf der Platte sitzende Engel, drei Frauen mit Salbenbüchsen.

Viel stärkeres Interesse verdient aber das zierliche Schnitzwerk einer Elfenbeinplatte [18]) des Metzer Domschatzes, zu einem Evangeliar des zehnten Jahrhunderts gehörig. Es komponiert seine Darstellung in fünf Stockwerken. Im obersten halten, in Wolken

---

16) Bibliothèque nationale Fonds latin. Nr. 9453: Notice ... S. 52, Nr. 273; F. X. Kraus, a. a. O. S. 579 f.; Reil, Christus am Kreuz, a. a. O. S. 117; dazu S. 112 f.

17) Cahier-Martin, Mélanges. Bd. 2, Pl. VII; vgl. auch F. X. Kraus, a. a. O. S. 580.

18) Jetzt im städtischen Museum zu Metz. Beschreibung und (ziemlich undeutliche) Abbildung bei F. X. Kraus, a. a. O. S. 580 ff. (Fig. 119).

stehend, die gebeugten Gestalten zweier Engel den Kreuztitel; neben ihnen rechts und links die Brustbilder der Personifikationen *Sol* und *Luna* in Medaillons. Durch die Mitte der vier folgenden Stockwerke reicht das Kreuz, dessen Fuß um die volle Länge des ganzen Stammes nach unten sich höchst eigentümlich fortsetzt. Christus erscheint mit Kreuznimbus, bartlos, in fast gerader Armstellung, bekleidet nur mit sehr kurzem, zur rechten Seite verschobenem Schurz. Sein Gesicht ist verzerrt im Todeskampf: die Augen — soweit die von Kraus gegebene Reproduktion urteilen läßt — geschlossen [19]). Unter dem rechten Kreuzarm — von unten gerechnet also im vierten Stockwerk — steht in anzweifelnder Haltung, mit Klagegebärde der Hände, das Gesicht nach oben emporgeworfen, Maria; unter dem linken Kreuzarm Johannes. Näher am Kreuz erblickt man rechts und links zwei kleine Gestalten: vor der Maria die Ekklesia, die in einem kleinen Kelchgefäß das aus der A c h s e l h ö h l e des Gekreuzigten hervorströmende Blut auffängt; vor Johannes die Synagoge mit einer Fahne, dem Kreuz den Rücken zukehrend, aber danach mit einer Verwünschung zurückblickend. Tiefer, im dritten Stockwerk, zur Rechten des Kreuzes Longinus, bärtig, die Lanze hoch, senkrecht emporhaltend, zur Linken Stephaton, gleichfalls den Schwammstab senkrecht in die Höhe streckend. Neben ihnen sieht man je einen zweistöckigen Grabrundbau, aus dem in langen Gewändern die Toten auferstehen. Darunter, im zweiten Stockwerk von unten, sitzen die vier Evangelisten mit den Köpfen ihrer symbolischen Tiere, je zwei auf jeder Seite des Kreuzes. Noch tiefer endlich, im ersten Stockwerk (von unten gerechnet), lagern sich *Oceanus* auf einem Meerungeheuer und die bis zum Nabel entblößte *Terra,* deren rechter Arm von Schlangen umwunden ist, während der linke zwei kleine Kinder trägt. Das Merkwürdigste an der ganzen Skulptur ist aber die erwähnte Verlängerung des Kreuzfußes: das ganze Kreuz steht auf einer romanischen, reich mit Weinlaub ornamentierten Säule, deren Kapitell in mächtiges Weingerank ausläuft. Zwischen ihm gewahrt man das Elternpaar: Adam sitzt

---

19) F. X. Kraus, a. a. O. S. 580 gibt an, der Gekreuzigte sei „noch lebend" dargestellt. Auf der beigefügten Abbildung läßt sich das nicht erkennen.

in tiefe Trauer versunken, Eva küßt die verführende Schlange [20]). Im Sockel der Säule befindet sich eine offene Nische, aus der das Brustbild eines Mannes herausschaut. Um den Rand zieht sich die Inschrift: *Adalbero crucis Christi servus*. Damit ist das Bild als das des Donators bezeichnet. Es kann kaum ein anderer sein als der Metzer Bischof Adalbero I. Das Werk fällt also in die Mitte des zehnten Jahrhunderts.

Ganz nah verwandt diesen Metzer Darstellungen der karolingischen Zeit ist ein E l f e n b e i n r e l i e f im B a r g e l l o zu Florenz, doch wohl französischer Provenienz. Merkwürdig ist hier das reiche Personal: Johannes, Maria, Mond, Sonne, die Hand Gottes in den Wolken ein Diadem tragend, vier schwebende Engel, unten sechs G r ä b e r mit A u f e r s t e h e n d e n, am Fuß des Kreuzes die aufzüngelnde Schlange. Der Akt des Longinus ist soeben vollendet: er hat die Lanze in die Achselhöhle eingestoßen und wieder herausgezogen, er hält sie noch erstaunt in ganz kurzer Entfernung vom Leibe des Herrn, während über ihn hinweg die Ekklesia das hervorschießende Blut in einem sehr kleinen Kelch auffängt. Auf der andern Seite Stephaton mit Schwamm und Eimer und die Synagoge, verzweifelnd die Hände erhebend und abziehend [21]).

Ein Elfenbein im S o u t h - K e n s i n g t o n - M u s e u m zu London [22]) stellt in drei Stockwerken das Passionsdrama dar: oben

---

20) Nach der Beschreibung von F. X. Kraus, a. a. O. S. 582; die Reproduktion läßt hier wieder im Stich.

21) Florenz, Museo Nazionale Bargello, Collezione Carrand, Nr. 32; vgl. P. Weber, Christliches Schauspiel, a. a. O. S. 20. Abbildung bei V e n t u r i (Madonna. Das Bild der Maria in seiner kunstgeschichtlichen Entwicklung in Italien. [Bearbeitet von Th. Schreiber.] Leipzig o. J. [1900], S. 334) und bei Gräven (Frühchristliche und mittelalterliche Elfenbeinwerke. Aus Sammlungen in Italien. Rom 1900, Nr. 24, dazu S. 18 f.). Sehr nahe verwandt das Elfenbeinrelief im S o u t h - K e n s i n g t o n - M u s e u m zu London (Abbildung bei Gräven, Frühchristliche und mittelalterliche Elfenbeinwerke in photographischer Nachbildung. Serie 1: Aus Sammlungen in England. Rom 1898, Nr. 66, dazu S. 23) und ein anderes im L o u v r e (Abbildung in der Gazette des Beaux-Arts 1898. 3. Période. Tome 20, S. 487).

22) J. O. Westwood, A descriptive catalogue of the fictile ivories in the South Kensington Museum. London 1876, Nr. 255; Beschreibung bei Clemen, Merowingische und karolingische Plastik, a. a. O. S. 123 und Anm. 302; P. Weber, Christliches Schauspiel, a. a. O. S. 23, Nr. 15 (Abb. Taf. II).

Christus bartlos, in langem, weitem, ärmellosem *colobium*, die Arme
waagerecht, gerade auf einem breiten *suppedaneum* stehend, mit
starker Einschnürung des Gürtels, zu beiden Seiten die Schächer,
näher am Kreuz Maria und Johannes mit Trauergesten, ganz nah Longinus von rückwärts genommen wie auf der Liverpooler Elfenbeintafel (siehe oben S. 255 f.), den Kopf zum Beschauer herumgedreht, in
Profilstellung und soweit zurückgebeugt, daß die Linie von der
Stirn über die Nase zum Kinn nahezu eine waagerechte bildet,
den Speer schräg auf den Boden gestemmt und direkt in die Achselhöhle gelegt; in der eigentümlichen Kopfhaltung und in der Behandlung des einen sichtbaren Auges ist möglicherweise die B l i n d-
h e i t angedeutet. Auf der andern Seite des Kreuzes steht der
Schwammträger mit erhobener Rechten, bärtig und in gleicher
Tracht eines Knechtes wie sein Partner, neben sich am Boden ein
ziemlich hohes Gefäß. Im mittleren Stockwerk spielt sich oben die
Vertreibung der sitzenden fahnentragenden Synagoge durch die
auf sie eindringende Ekklesia und tiefer die S z e n e a m
G r a b e mit den drei Frauen, dem Engel, den schlafenden Wächtern ab. Das Grabmonument des Herrn, vor dem der Engel sitzt,
ist ein kirchenartiger R u n d b a u mit hohem Unterbau, Tambour
und Kuppel, der an dieser Stelle in den ikonographisch verwandten
Darstellungen typisch wird. Ich entsinne mich nicht, in der kunst-
historischen Literatur eine Erklärung dafür gefunden zu haben.
Und doch ist eine solche sehr notwendig. Denn das historische Grabmal Christi konnte man unmöglich hiermit meinen. Ich zweifle
nicht, daß die von Konstantin dem Großen über dem heiligen Grabe
erbaute zweistöckige Kuppelrotunde, die unter dem Namen *Anastasis* oder *Resurrectio* als „Denkmal der Unsterblichkeit" allen
Jerusalempilgern und im ganzen Abendland bekannt war, wiedergegeben sein soll.

Über ihre Anlage siehe Karl Mommert, Die heilige Grabeskirche zu
Jerusalem in ihrem ursprünglichen Zustand. Leipzig 1898; Ders., Golgotha und das heilige Grab zu Jerusalem. Leipzig 1900; dazu Guthe in
Hauck, RE. Bd. 7, S. 50 f. Auch der N e u b a u des M o d e s t u s nach
der Eroberung durch die Perser bewahrte den alten Charakter: Mommert,
Die Grabeskirche des Modestus nach Arkulfs Bericht (Zeitschrift des deutschen Palästinavereins Bd. 20 [1897], S. 34 ff.). Doch ist Mommerts Deutung von Arkulfs Beschreibung und Plan schlechterdings unmöglich: die

drei Wände (*parietes*), in denen nach ihm die Grabrotunde sich erhebt und zwischen denen sich breite Umgänge (*latum spatium viae*) befinden sollen, können nach dem Wortlaut, dem die beigegebene Abzeichnung genau entspricht, nur n e b e n , nicht, wie Mommert will, ü b e r einander gedacht sein. Gemeint ist die äußere geschlossene Rundmauer, der innere Doppelkreis (siehe Arkulfs Zeichnung) von Säulen, die den Tambour und die Kuppel tragen, und eine um das Äußere der Kirche herumlaufende Säulenreihe. Die Anlage muß mit der etwa gleichzeitigen von *Santa Costanza* vor der *Porta Pia* in Rom, der Grabstätte der Schwester und der Töchter Konstantins, und von *Santo Stefano Rotondo,* dem etwas späteren Bau auf dem *Caelius,* nah verwandt gewesen sein. Sicherlich war die Grabrotunde zweigeschossig. (Vgl. besonders Strzygowski, a. a. O. S. 127 ff.)

Mit dieser Kuppelrotunde war man durch zahlreiche alte Nachbildungen allgemein vertraut: z. B. im Innern von *S. Stefano* zu Bologna (um 432); die 820—822 nach Entwürfen des Hrabanus Maurus erbaute Michaeliskirche zu Fulda, das achtseitige Grab Christi im Dom von Konstanz (aus dem zehnten Jahrhundert); die Jerusalemskirche zu Bußdorf bei Paderborn (elftes Jahrhundert).

Auch in Frankreich und Spanien fehlt es nicht an ähnlichen Imitationen, siehe Mommert, Golgotha, a. a. O. S. 279. Unverständlich ist mir die Bemerkung von Kraus, Christliche Kunst. Bd. 1, S. 366: „Das Zeitalter der Kreuzzüge hat eine Reihe von Nachbildungen der Heiliggrabkirche im Abendlande hervorgerufen: in Deutschland sind diejenigen zu Fulda, Konstanz und Paderborn zu nennen." Seit wann gehört denn das neunte und zehnte Jahrhundert zum Zeitalter der Kreuzzüge? Kraus spricht von der Bedeutung der Anastasisrotunde. Aber aus seiner Darstellung der Geschichte der abendländischen Zentralbauten tritt sie wahrlich nicht hervor. Ich zweifle nicht, daß bei dem Aufkommen der Rotunden und Oktogone für die Baptisterien und Grabkirchen Italiens und der übrigen Länder des Westens der Bau des Konstantin in Jerusalem entscheidend mitgewirkt hat. Auch die Taufkapellen sollten das Bild des heiligen Grabes Christi symbolisch wiederholen nach den für das Dogma von der Taufe und Wiedergeburt konstituierten Anschauungen des Paulus (Röm. 6, 3—8; 1. Korinth. 15, 29). Das hat man schon längst richtig erkannt. (Vgl. z. B. Otte, Handbuch der kirchlichen Kunstarchäologie des deutschen Mittelalters. Leipzig [5] 1883 f. Bd. 1, S. 23 f.) Dabei ist natürlich der Einfluß der antiken Grabtumuli und Mausoleen in Rotundenform (*Caecilia Metella;* Grabmal Hadrians) nicht gering anzuschlagen. Das Grabmal Christi auf dem spätantiken Bamberger Elfenbeinrelief im Bairischen Nationalmuseum (siehe oben Kap. 18, Anm. 4) zeigt offenbar den antiken Typus mit q u a d r a t i s c h e m Untergeschoß, kann also nicht als eine treue Nachbildung der Konstantinischen von G r u n d aus als Rotunde

erbauten Grabkapelle gelten, wofür sie Messmer, Die älteste bildliche
Darstellung der heiligen Grabeskapelle auf einem Elfenbeinrelief im
Königlichen Nationalmuseum in München (Mitteilungen der k. und k. Zen-
tralkommission zur Erforschung und Erhaltung der Baudenkmale. Bd. 7
[1862] S. 88 f.) ausgegeben hat. Aber sicherlich hat auch ihrem Urheber
dabei die Tatsache vorgeschwebt, daß auf dem Grabe Christi Konstantin
einen monumentalen Rundbau errichtet hatte; denn die Evangelien führten ihn ja nur auf ein Felshöhlengrab. — Nachdem dies geschrieben
war, lernte ich Grisars Analecta Romana (Rom 1899) kennen, wo (S. 564 ff.)
mit Recht, wie mir scheint, der Rundbau in der Architekturdarstellung
des Apsismosaiks von *S. Pudenciana* in Rom (Abbildung bei Kraus,
Christliche Kunst. Bd. 1) als Imitation der Konstantinischen Anastasis
erklärt und (S. 573 f.) andere abendländische Nachbildungen dieses Bau-
werks auf altchristlichen Reliefs und Mosaiken nachgewiesen werden.

Eusebius in seiner vielgelesenen Biographie Konstantins faßt
diesen Bau mystisch als das neue Jerusalem auf, das die Propheten
Isaias und Ezechiel und die Apokalypse vorhergesagt hatten, und
stellt es gegenüber dem zerstörten jüdischen Tempel als Antityp
und als Trophäe des Sieges Christi über den Tod. Die heilige Grabeshöhle gilt ihm als das Haupt des ganzen Werks: „Das göttliche
Denkmal, neben dem der lichtstrahlende Engel die Wiedergeburt,
die der Heiland durch seine Auferstehung offenkundig gemacht
hatte, allen Menschen als frohe Botschaft verkündigte":

Καὶ δὴ κατ' αὐτὸ τὸ σωτήριον μαρτύριον ἡ νέα κατεσκευάζετο
Ἱερουσαλήμ, ἀντιπρόσωπος τῇ πάλαι βοωμένῃ. . . . Ταύτης δ'
οὖν ἄντικρυς βασιλεὺς τὴν κατὰ τοῦ θανάτου σωτήριον νίκην πλουσίαις, καὶ
δαψιλέσιν ἀνύψου φιλοτιμίαις, τάχα που ταύτην οὖσαν τὴν διὰ προφητικῶν
θεσπισμάτων κεκηρυγμένην καινὴν καὶ νέαν Ἱερουσαλήμ, ἧς πέρι μακροὶ λόγοι
μυρία δι' ἐνθέου πνεύματος θεσπίζοντες ἀνυμνοῦσι [Isa. 62, 2, Ezech. 48, 35;
Apocal. 3, 12. 21, 2]. Καὶ δὴ τοῦ παντὸς ὥσπερ τινὰ κεφαλὴν πρῶτον
ἁπάντων τὸ ἱερὸν ἄντρον ἐκόσμει ˙ . . . μνῆμα θεσπέσιον, παρ'
ᾧ φῶς ἐξαστράπτων ποτὲ ἄγγελος τὴν διὰ τοῦ σωτῆρος ἐνδεικνυμέ-
νην παλιγγενεσίαν τοῖς πᾶσιν εὐηγγελίζετο (Vita Constantini
lib. III, Kap. 33; Eusebius, Werke Bd. 1: Über das Leben Konstantins
[hrsg. von J. A. Heikel]. Leipzig 1902, S. 93 = Die griech. christl. Schriftsteller der ersten drei Jahrhunderte [7. Bd.]; Migne, P.L. Bd. 8, S. 58 B).

Da haben wir den ganzen Gedankenkreis unserer karolingischen
Kreuzigungsskulptur und aller ihrer ikonographischen Verwandten,
bis in die einzelnen Züge; die Antithese der in der Siegeskrone
triumphierenden Ekklesia und des bestraften gestürzten alten
Jerusalem; die Szene am leeren Grab des Auferstandenen und die

Botschaft des Engels. Die Eusebianische Vorstellung blieb in Jerusalem, blieb in allen Jerusalempilgern und in dem christlichen Geist des Mittelalters überhaupt, wo er sich mit dem Geheimnis der Auferstehung beschäftigte, lebendig: in den Konstantinischen Kirchenbauten sah man das erhöhte Gegenstück zu dem Salomonischen Tempel; man legte das größte Gewicht darauf, die christlichen Reliquien der heiligen Orte zu verknüpfen mit angeblichen Resten der alttestamentlichen Königszeit und sie ihnen gegenüberzustellen. So stellte sich der künstlerischen Phantasie des Mittelalters, wollte sie den Kontrast von altem und neuem Bund, von altem und neuem Jerusalem bildlich gestalten, von selbst der Mittelpunkt jener Konstantinischen Bauten auf den vermeintlichen Ruinen der altjüdischen Glanzzeit, die heilige Grabkapelle, vor Augen. Zum Überfluß läßt sich aus einer byzantinischen Münze [23]) des neunten Jahrhunderts der Beweis führen, daß meine Auffassung das Rechte trifft: sie zeigt auf der einen Seite einen bärtigen kreuznimbierten Christuskopf, auf der andern einen kleinen Kirchenrundbau mit Kuppel, deren Umfassungsmauer durch Simse und Säulenreihen dreifach gegliedert ist, daneben zwei schlafend liegende Soldaten mit Rundschilden, über dem Ganzen aber in griechischen Buchstaben die Umschrift *Anastasis*. Damit ist, wie Mommert richtig annimmt, die von Modestus renovierte Grabesrotunde gemeint. Und ihre architektonische Ähnlichkeit mit der fraglichen Darstellung der karolingischen Elfenbeintafeln erhält entscheidende Bedeutung durch die beiden schlafenden Wächter, die gerade im ikonographischen Typus der Kreuzigung zum ständigen Personal gehören.

Für die deutsche Kunstentwicklung besonders bedeutungsvoll ist ein ikonographisch der Metzer Schule nahestehendes Elfenbeinrelief, das in den Einbanddeckel einer berühmten Handschrift bei deren Herstellung eingefügt ward: dem Evangelistar, das Kaiser H e i n r i c h II. vor 1014 dem Dom von B a m b e r g zum Geschenk machte [24]). Es ist eine f ü n f s t ö c k i g e Komposition von merk-

23) Hieron. Tanini, Numismatum imperatorum Romanorum ab Ans. Bandurio editorum supplementum. Rom 1791, Tab. 5; Mommert, Die Grabeskirche des Modestus nach Arkulfs Bericht, a. a. O. S. 53, Fig. 4.

24) Jetzt in der Münchener Staatsbibliothek Clm 4452 (= Cimel. 57). Eingehende Beschreibung der Handschrift und weitere Literaturnachweise bei Vöge, Eine deutsche Malerschule um die Wende des ersten Jahrtausends,

würdigem Reichtum. In dem obersten, dem himmlischen Stockwerk, gewahrt man aus Wolken hervorlangend die Hand Gottes, links und rechts davon in runden Kranzmedaillons *Sol* auf einem Viergespann mit Rossen, *Luna* auf einem Viergespann mit Rindern[25]). Etwas tiefer, hart über dem Kreuz, schweben in mannigfacher Bewegung drei Engel tröstend und trauernd zum Erlöser herab. In dem darunter liegenden Stockwerk, dem vierten von unten, spielt sich die Hauptszene der göttlichen Marter ab: der Herr, nur mit geknotetem Lendenschurz bekleidet, von wohlgebauten, gerundeten und muskulösen Körperformen, hängt tot mit geschlossenen Augen, das Haupt leicht auf seine rechte Seite geneigt, am Kreuz; die Arme befinden sich dieser Lage gemäß nicht in völlig waagerechter, sondern etwas schräger Stellung. Zu seiner Rechten steht eine weibliche Figur, die Ekklesia, und hält mit der Linken eine Fahne, während sie mit der Rechten einen Kelch hoch emporstreckt, in den aus der Achselhöhle des Gekreuzigten das Blut fließt. Neben ihr, etwas tiefer und ein wenig weiter zurück, steht Longinus und trägt mit beiden Händen den Speer, der hinter dem Kopf der Ekklesia vorbei noch bis in die Achselhöhle gestreckt ist: offenbar ist der Stich in diesem Augenblick erst erfolgt, und die Ekklesia hat sogleich das hervorsprudelnde Blut aufgefangen. Im Hintergrund, etwas höher, nahen fünf weibliche Gestalten, das Haupt verhüllt, das Gewand mit der Gebärde der Trauer zum Gesicht emporhebend. Auf der andern Seite des Kreuzes gewahren wir Stephaton mit dem Rohr, den Schwamm zum Haupt des Erlösers hinhaltend, vor ihm ein urnenartiges Gefäß. Er ist barfuß, während Longinus eine Beinbekleidung zu haben scheint. Hinter Stephaton, etwas erhöht, sieht man Johannes, das Übergewand klagend zum Gesicht emporführend; weiter zur Seite zwei weibliche Personen, die bisher

---

a. a. O. S. 112 ff. Unvollständige Beschreibung und Reproduktion des Kreuzigungsreliefs bei P. Weber, Christliches Schauspiel, a. a. O. S. 22 f., Taf. IV. Auch bei Cahier-Martin, Mélanges. Bd. 2, Pl. IV; Ernst Förster, Denkmale deutscher Baukunst, Bildnerei, Malerei. Leipzig 1855 ff. Bd 1 (Abteilung Bildnerei), S. 9 f., Taf. 6; Kraus, Christliche Kunst. Bd. 2, S. 342 (Fig. 237).

25) Reichhaltige Nachweise dieses aus antiker Überlieferung stammenden Motivs gibt Vöge, Malerschule, a. a. O. S. 116, Anm. 1.

nicht sicher erklärt worden sind [26]). Die erste trägt in der Linken
eine Fahne, mit der Rechten nimmt oder reicht sie einen Diskus,
den eine vor einer Architektur sitzende, eine Mauerkrone tragende
Frau mit einer Hand gefaßt hat. Die stehende Figur wird als Personifikation der jüdischen Synagoge gedeutet: sie trägt ihr Kopftuch tief
herabgezogen über das Haupt, vielleicht über einem darunter be-
findlichen *Gebende,* das sich als eine sonst nicht erklärliche Spitze
markiert [27]). Die sitzende Frau ist ohne Zweifel die Stadt Jerusalem. Aber die stehende? Gehört auch sie zum alten Bunde? Und
darf man dabei wirklich an die Synagoge denken? Diese wird
sonst als i d e n t i s c h mit Jerusalem behandelt und nicht neben
dieser dargestellt. Auch befremdet die aufrecht getragene Fahne. Ich
glaube, es bleibt keine Wahl: die stehende Figur zeigt noch einmal
die Ekklesia, in derselben Ausrüstung wie auf der anderen Seite
des Kreuzes, aber in einer anderen Situation. Das Relief stellt
nach alter Weise zwei aufeinander folgende Szenen nebeneinander
dar: dort fängt die Ekklesia das B l u t d e s E r l ö s e r s auf,
hier nimmt sie aus den Händen der abgesetzten Jerusalem den
Diskus, die Opferschüssel des alten Bundes, der hohenpriesterlichen
Opfer, um sie fortan als Opferschüssel bei der Eucharistie, bei dem
Opfer des neuen Bundes zu verwenden. Die mystische Wirkung
der Opferung Christi will dieses Relief einprägen: die Überwindung des Todes, die Gewinnung der U n s t e r b l i c h k e i t. Am
Fuß des Kreuzes erscheint in auffallender Größe die fürchterlich
geringelte Schlange. Darunter, im dritten Stockwerk des ganzen

---

26) Vöge, Malerschule, a. a. O. S. 120 Anm.: „In Cimel. 57 hält die
stehende Figur eine Fahne, mit der rechten Hand hat sie der sitzenden
den Diskus eben ü b e r r e i c h t, die Hand ruht noch am Rande desselben, es scheint, sie wird ihr auch die Fahne reichen." Dagegen Weber,
Christliches Schauspiel, a. a. O.: „Eine Frau mit Mauerkrone hält im Arm
eine runde verzierte Scheibe, auf welche eine vor ihr stehende weibliche
Gestalt, mit Mantel, Fahne und Kopftuch ausgestattet, g e b i e t e r i s c h
i h r e H a n d l e g t."

27) Herr Professor Weber bestätigte mir auf Anfrage brieflich, daß
die stehende Gestalt unzweifelhaft als Frau aufzufassen sei: die von
ihm in seiner obengenannten Schrift gegebene Reproduktion bietet einen
Schatten im Gesicht, der wie ein männlicher Bart erscheint und an Moses
zu denken veranlassen könnte. Professor Weber vermutet, wie er mir
schrieb, in der Erhöhung des Kopftuchs einen „Vorläufer des später
offiziell und allgemein eingeführten Judenhutes."

Bildwerks, die **Auferstehung** des Herrn: vor dem leeren, in drei Etagen aufragenden Grabmal sitzt der Engel auf der Steinplatte, die den Eingang verschloß, und bedeutet die drei Frauen, die mit Salbenfläschchen genaht sind, während seitwärts links die schlafenden Wächter mit Lanzen und Rundschilden sichtbar sind. Tiefer, im zweiten Stockwerk von unten, zeigt sich die **auferstehende Menschheit**: aus Sarkophagen und Grabhöhlen springen die Toten auf. Im untersten Stockwerk endlich wird die **Eroberung der Welt** dargestellt: zwischen den allegorischen Gestalten der *Terra* und des *Oceanus* sitzt auf ihrem Thron mit lang wallendem Haar, die rechte Brust entblößt, ein königliches Weib, die Weltbeherrscherin *Roma* und blickt mit emporweisender Rechten andächtig staunend auf zum Gekreuzigten. Jene Idee, die später oftmals mit deutlichen Worten ausgesprochen worden ist, liegt schon dieser Bildsymbolik zugrunde: der Speer, der die Seite des Gekreuzigten durchbohrte, eröffnete die Sakramente der Kirche, schuf die Gewißheit der Auferstehung und Unsterblichkeit, begründete das neue christliche Regiment über den **Erdkreis**. Es ist derselbe Gedanke, der sich später verdichtete zu der Überzeugung: der Speer des Longinus ist der Speer des **Konstantin**, ist der Speer des christlichen **Weltimperiums**!

Longinus in der deutschen bildenden Kunst des zehnten bis zwölften Jahrhunderts.

Im zehnten Jahrhundert erleidet der ausführliche ikonographische Typus der Kreuzigung in Deutschland starke b y z a n t i n i s c h e Einflüsse. Es ist ein n e u e r Import byzantinischer Kunsttradition, der im Zusammenhang steht mit der politischen Konstellation und den Familienbeziehungen des kaiserlichen Hofes im Ottonischen Zeitalter. Drei Miniaturgemälde zeigen vor allem die neue Wendung: die Kreuzigung im sogenannten *Codex Egberti* der Stadtbibliothek zu Trier (E), in den beiden Ottonenhandschriften des Aachener Münsters (A) und des Bamberger Domschatzes (M).

Die Trierer Handschrift [1]), eine Zusammenstellung der evangelischen Lektionen der Messe für die Sonntage und *Feriae quartae* und *sextae* (Mittwochtage und Freitage) aus dem sogenannten *Comes* [2]), dem seit dem fünften Jahrhundert nachweisbaren, seit der Karolingerzeit für die fränkische Kirche offiziell geltenden *Lectionarium*, wurde für Erzbischof E g b e r t v o n T r i e r , den früheren Kanzler der Reichskanzlei unter Otto II., an dessen Seite er in Italien politisch gewirkt hatte, in R e i c h e n a u als Gastgeschenk angefertigt oder vielmehr hergerichtet. Die Dedikation erfolgte wahrscheinlich bei der Durchreise des Metropoliten; vielleicht war die Verbindung mit dem alemannischen Kloster durch den Bischof D i e t r i c h v o n M e t z , einen Zögling des nahen St. Gallen, vermittelt, der Egbert nahestand und nach einem nicht unglaubwürdigen Bericht etwa 970—973 mit ihm in Italien Reliquien gesammelt

---

1) Beschreibung: K. Lamprecht, Der Bilderschmuck des Codex Egberti zu Trier und des Codex Epternacensis zu Gotha (Bonner Jahrbücher des Vereins von Altertumsfreunden im Rheinlande. Heft 70 [1881], S. 56—112). Ausgabe der Bilder: Kraus, Die Miniaturen des Codex Egberti. Freiburg i. Br. 1884 (vgl. dazu auch Ders., Christliche Kunst. Bd. 2, S. 51 f.); die beiden Kreuzigungsbilder: Kraus, a. a. O. S. 25, Taf. 49. 50.

2) Eine sehr vollständige Redaktion herausgegeben von Stephan Baluze, Capitularia regum Francorum. Paris 1670 (nov. edit. mit gleichen Seitenzahlen von Petro de Chiniac 1780). Bd. 2, S. 1309—1351.

hatte. Die Aachener [3]) und Bamberger [4]) Handschrift sind für
Otto II. und Otto III., vielleicht beide für Otto III. hergestellt. Alle
drei Handschriften stehen in naher ikonographischer Verwandtschaft miteinander.

In der Kreuzigungsszene gehen die Aachener und die Trierer
Handschrift am engsten zusammen. Beide lösen den alten überlieferten einheitlichen Typus in z w e i , aufeinander folgende
A k t e auf: sie geben im strengen Anschluß an die Erzählung der
synoptischen Evangelien einerseits und das vierte Evangelium anderseits ein e r s t e s Bild des Kruzifixus mit der Schwammreichung,
ein z w e i t e s mit dem Lanzenstich. So entsteht die Illustration
einer fortschreitenden Handlung: das erste Blatt zeigt in beiden
Handschriften Christus lebend, in langem Gewand, das Haupt
wenig auf die rechte Schulter geneigt, mit offenen Augen. Das
zweite Blatt stellt mit k r a s s e m N a t u r a l i s m u s den Toten
dar, in der erbarmungswürdigsten Gestalt, die letztes Leiden und
Todeskampf geschaffen haben, als ein wahres Jammerbild. Am
weitesten geht darin die A a c h e n e r Handschrift: der Kopf mit
geschlossenen Augen ist förmlich zur Rechten herumgedreht, das
Gewand am Hals blutbespritzt, der Brustkasten nach der linken
Seite zu wie ausgerenkt, die Beine mit etwas eingebogenen Knien
seitwärts zur linken Seite herumgedreht, die Arme noch ziemlich
gerade, nur in leichter Krümmung, wie auf dem ersten Bild, aber
die Hände jetzt welk herunterhängend. Die T r i e r e r Handschrift
führt die widerwärtige Häßlichkeit des zu Tode Gemarterten nicht
ganz so abstoßend vor Augen; aber da ihr erstes Bild den Gekreu-

---

3) A u s g a b e der Bilder: Stephan Beissel, Die Bilder der Handschrift
des Kaisers Otto im Münster zu Aachen in 33 Lichtdrucktafeln. Aachen
1886; über die E n t s t e h u n g s z e i t : Vöge, Eine deutsche Malerschule
um die Wende des ersten Jahrtausends. Trier 1891, S. 14 ff. (Westdeutsche
Zeitschrift für Geschichte und Kunst, Ergänzungsheft 7). — Die K r e u z i -
g u n g s d a r s t e l l u n g e n bei Beissel, a. a. O. S. 98—100 und Taf. 30. 31.

4) Jetzt in der Münchener Hof- und Staatsbibliothek: Clm. 4453
(= Cimel. 58). B e s c h r e i b u n g : Vöge, Malerschule, a. a. O. S. 8—43.
Literatur: Vöge, a. a. O. S. 11 Anm. (letzter Absatz); E n t s t e h u n g s -
z e i t : Vöge, a. a. O. S. 13—24. Der Einbanddeckel enthält ein Elfenbeinrelief mit dem Tode der Maria: eine byzantinische Originalarbeit des zehnten Jahrhunderts (Literatur und Reproduktionen: Vöge, a. a. O. Anm. 3
[zu S. 8!] auf S. 12). Das K r e u z i g u n g s b i l d bei Vöge, a. a. O. S. 61
(Abb. 8).

zigten in völlig natürlicher gerader Haltung als einen gesunden, vollwangigen Menschen darstellt, bringt ihr zweites Bild trotzdem einen vielleicht noch stärkeren Kontrast. Auch hier erscheint wie auf der entsprechenden Illustration des Aachener Kodex das Haupt mit geschlossenen Augen stark zur Seite gebeugt; auch hier die Knie gekrümmt und die Beine seitwärts nach der linken Körperseite herumgebogen; die Hände welk herabhängend; dagegen ist der Brustkasten in normaler Stellung, während auch die Arme herabgesunken einen stärkeren Bogen bilden als auf dem Aachener Gegenstück.

Diese n a t u r a l i s t i s c h e Darstellung soll die furchtbaren Verrenkungen und inneren Lageveränderungen, die nach dem Gutachten moderner Mediziner durch die Kreuzigung notwendig hervorgerufen werden, sowie die Krämpfe der Agonie wiedergeben.

Vöge (Malerschule, a. a. O. S. 78) hat die Lanzenstichbilder der beiden Codices in stilistischer Hinsicht verglichen und zutreffend bemerkt, daß der Aachener die Bewegungen natürlicher und lebendiger, der Trierer gebunden, unnatürlich, maniriert behandelt. Der Reichenauer Meister läßt die Arme Christi „an den Schultern und Händen gleichsam geheftet, zwischen diesen festen Punkten wie ein Tau" herabhängen, den Kopf „künstlich balancieren" (a. a. O. S. 79).

Ein prachtvolles byzantinisches Goldemail [5]) in der Reichen Kapelle zu München, das noch ins neunte Jahrhundert gesetzt wird, stellt die Kreuzigung in einem Typus dar, der jenem nahe verwandt ist, aus dem die besprochenen deutschen Nachbildungen flossen. Das Kreuz ist krückenförmig gestaltet, mit breitem *suppedaneum,* Christus in sehr mageren Körperformen, mit auffallend dünnen, ganz wenig gebogenen Armen, aber mit starker S-förmiger Verrenkung des Leibes und der Beine, sein Haupt, das ein Kreuznimbus umgibt, tief auf die rechte Schulter gedreht, bekleidet nur von einem Lendenschurz, der bis zu den Knien reicht. Auf der rechten Seite des Kreuzes stehen die beiden Marien klagend, auf der andern Seite Johannes, die Hand an die Wange legend, in der Linken ein Buch haltend; neben ihm, entfernter vom Kreuz, der bekennende Hauptmann, der mit zurückgebeugtem Kopf und hinweisend gehobener Rechten zum Kreuz aufschaut. Ein Heiligenschein deutet auf seine Bekehrung und sein Martyrium. Aus der

---

5) Abbildung bei v. Hefner-Alteneck, Trachten, Kunstwerke und Gerätschaften. Frankfurt ²1881. Bd. 1, Taf. 15.

316 Zweiundzwanzigstes Kapitel:

rechten Seite der Brust des Herrn, an der obersten Rippe, strömt im Bogen das Blut des Lanzenstichs herab in ein auf dem Boden stehendes vasenartiges Gefäß mit Doppelhenkel. Von dem Speer und seiner Aktion sieht man nichts, und es bleibt in dieser Darstellung ganz dunkel, ob der heilige Bekenner auf der andern Seite des Kreuzes zu dem Lanzenstich überhaupt eine Beziehung hat. Am Fuß des Kreuzes erscheint der Schädel Adams. Tiefer sind drei kauernde römische Soldaten dargestellt, die den Rock des Gekreuzigten ergreifen, um ihn zu verteilen und auszulosen. Wie bereits in der syrischen Handschrift des Rabulas (siehe oben Kap. 17, S. 247 f.) sich zeigte, gehört diese Szene als ein fester Bestandteil zum byzantinischen Kreuzigungstypus. Über den Kreuzarmen schweben die Halbfiguren von vier Engeln, während Sonne und Mond in ganz kleiner Zeichnung natürlich, ohne Personifikation, dargestellt sind.

Es ist uns auch urkundlich bezeugt, daß der analysierte Typus der Kreuzigung in Byzanz ausgebildet und üblich geworden war, daß er in der abendländischen Welt auffiel und bald nachher Anstoß erregte. Als im Jahre 1054 der endgültige Bruch zwischen der römischen und der griechischen Kirche eintrat, spielte neben den von abendländischer Seite hinsichtlich des Dogmas und Ritus erhobenen Vorwürfen auch die Beschwerde über den griechischen K r u z i f i x u s eine Rolle. Der römische Kardinal Humbert, einer der Legaten, die Papst Leo IX. auf Wunsch des Kaisers Konstantin IX. Monomachos zur Wiederherstellung des zerstörten Friedens zwischen den beiden Kirchen nach Konstantinopel gesandt hatte, überreichte dort einen polemischen Dialog, worin als Zeichen der Häresie und Neigung zur Grausamkeit den Griechen vorgerückt wird, daß sie dem Kruzifixbild das Aussehen eines s t e r b e n d e n Menschen geben und so am Kreuze Christi gleichsam den scheußlich häßlichen Antichrist zur Anbetung thronen lassen:

Nunquid etiam inde est, quod hominis morituri imaginem affligitis cruci fixae [lies *cruci fixi*] *imagini Christi, ita ut quidam Antichristus in cruce Christi sedeat ostendens se adorandum tanquam sit Deus?* (Humberti cardinalis Dialogus Kap. 66; Cornelius Will, Acta et scripta quae de controversiis ecclesiae Graecae et Latinae saeculo XI. composita extant. Leipzig und Marburg 1861, S. 126 b, Z. 6—10). Will verlegt (a. a. O. S. 93, Anm. 1, Abs. 3) auf Grund einer Notiz von Wibertus in seiner Vita Leonis IX. die Entstehung dieser Schrift in die Zeit des Konstantinopolitanischen Aufenthalts. Hefele (Konziliengeschichte Bd. 4 [² 1879],

S. 774) läßt den Verfasser sie von Italien bereits mitbringen. Irrtümlich liest übrigens Hefele (a. a. O. S. 776) aus dem Synodalschreiben des Patriarchen Michael Caerularius über sein bald danach abgehaltenes Konzil eine Beziehung auf diesen Vorwurf heraus: „Einige Gottlose aus Hesperien hätten ... es den Griechen zum Vorwurf gemacht, daß sie (ihre Priester) den Bart nicht scheeren, und d i e n a t ü r l i c h e menschliche Gestalt (beim Kruzifixbild) nicht naturwidrig (παρὰ φύσιν) verändern lassen." Die Stelle lautet im Original: ἐγκαλέσαντες ἡμῖν ἄλλα τέ τινα, καὶ ὅτι τοὺς πώγωνας[bar-bas] παραπλησίως ἐκείνοις ξυρᾶν καὶ τὴν κατὰ φύσιν ἀνθρώπου μορφὴν παρὰ φύσιν ἐξαλλάσσειν οὐκ ἀνεχόμεθα (Mansi, Conciliorum collectio Bd. 19 [Venedig 1774], S. 813 C; Will, a. a. O. S. 157/158). Man sieht, es ist hier lediglich von der Bartfrage die Rede: das Scheren erscheint dem Griechen als eine „naturwidrige Veränderung der naturgemäßen Gestalt des M e n s c h e n"; Hefeles in Parenthese gegebener Zusatz „beim Kruzifixbild" ist gegen den Sinn und gegen die sprachliche Formulierung des Gedankens eine völlig willkürliche Entstellung. Trotzdem übernimmt Kraus, Christl. Kunst. Bd. 2, S. 316 diese Paraphrase wörtlich, und vorher schon hatte Stockbauer (Kunstgeschichte des Kreuzes. Schaffhausen 1870, S. 201) auf Grund der Gewaltinterpretation Hefeles sich einen frei erfundenen Text gleichen Sinnes zusammenphantasiert.

Den oben erwähnten byzantinischen Typus hat die Aachener Handschrift völlig konsequent nachgebildet. Dazu gehört auch die Gestaltung des Kostüms. Auf allen drei Bildern (in A, E, M) trägt Christus nach alter Tradition das lange weite *colobium*. Aber nur A hat ihm nach byzantinischer Manier [6]) die kurzen Ärmelansätze gegeben, die noch nicht die Hälfte des Oberarms bedecken. Der Reichenauer Künstler in E und der Maler von M verlängern nach abendländischer [7]) Gewohnheit die Ärmel des Gekreuzigten bis über den Ellenbogen. Ebenso folgt A treu seinem byzantinischen Vorbild in dem Kostüm der Soldaten und Knechte: der Schwammträger hat eine lange Tunika, deren unterer Teil aufwirbelt wie vom Wind gepeitscht — ein e c h t b y z a n t i n i s c h e s Motiv, das wie eine Vorahnung Berninis und seiner Sippe anmutet! —, aber seine Beine und Füße sind unbekleidet; auch den beinzerbrechenden Tortores fehlen alle Bein- und Fußhüllen; der eine von ihnen trägt aber einen violetten Mantel. Ganz abweichend ist die Tracht des L a n z e n - s t e c h e r s : er hat einen r o t e n P u r p u r m a n t e l, hellblaue strumpfartige Stiefel und violette Beinkleider. Ohne Frage soll er dadurch wie auch durch seine etwas größere Figur den gemeinen

---

6) Belege bei Vöge, Malerschule, a. a. O. S. 265, Anm. 3. 5.

7) Belege bei Vöge, Malerschule, a. a. O. S. 266, Anm. 3.

Knechten gegenüber als eine v o r n e h m e r e Person charakterisiert
werden. Er soll der C e n t u r i o sein: nach byzantinischer Überlieferung (siehe oben S. 213 ff. 218) ist hier der Speerträger und der
bekennende und adorierende Hekatontarch in eins verschmolzen.

Der R e i c h e n a u e r Illustrator verläßt hier den byzantinischen
Weg: er läßt die Standesunterscheidung fallen und gibt a l l e n
vier Personen, Longinus und Stephaton wie den Keulenträgern,
Hosen und Stiefel. Für ihn ist also der Lanzenträger nach l a t e i -
n i s c h e r Auffassung wieder der gemeine K r i e g s k n e c h t.

Der Maler der B a m b e r g e r Handschrift (M) hat abweichend
von der gemeinsamen Grundlage die beiden Kreuzigungsszenen wieder nach der alten abendländischen Art zusammengezogen in e i n
Bild. Er hat auf die naturalistische Darstellung des Todeskampfes,
die ihm sein byzantinisches oder byzantinisierendes Muster bot, ver-
zichtet: sein Kruzifixus hängt frei schwebend, mit offenen Augen,
wie ein Lebender am Kreuze, nach der altchristlich-abendländischen
Vorstellung als u n z e r s t ö r b a r e r Sohn Gottes. Aber die beiden
gleichzeitig in Aktion dargestellten Männer scheidet er durch ihre
Tracht: nur Longinus hat Purpurmantel, Beinlinge und die strumpf-
artigen Stiefel; Stephaton, in einer einfachen Tunika, die Beine und
Füße bloß.

Der *Codex Egberti,* die Aachener und die Münchener Handschrift
zeigen in ihren Kreuzigungsbildern sozusagen den ersten Vorstoß
eines byzantinischen naturalistischen Typus, der in der nächsten
Zeit bei uns noch keine Nachfolger fand. Aber in der Zukunft sollte
er sich durchsetzen. Mit der Herrschaft des g o t i s c h e n Stils wird
die S-förmige Verrenkung des Gekreuzigten als manirierter Ausdruck der Todesmarter allgemein üblich, zugleich mit dem hängenden Herabsinken der immer schräger gestellten Arme, die schließlich
fast vertikal stehen. Indessen schon lange vorher, seit dem Ausgang
des elften Jahrhunderts, kündigt sich dieser byzantinisch-gotische
Kruzifixus in einzelnen Vorläufern an: 1. Im Antiphonar des Benediktinerklosters St. Peter zu Salzburg [8]) aus dem zweiten oder dritten Jahrzehnt des zwölften Jahrhunderts.

---

8) In der Salzburger Stiftsbibliothek. Vgl. K. Lind, Ein Antiphona-
rium im Stifte St. Peter zu Salzburg (Mitteilungen der k. und k. Zentral-
kommission zur Erforschung und Erhaltung der Baudenkmale. Jahrg. 14
[1869], S. 179 [ungenügende Beschreibung] und Tafel XIV); wiederholt

Hier erscheint Christus tot, mit geschlossenen Augen, gesenktem Haupt und breiter B r u s t wunde, nackt bis auf den Lendenschurz und stark ausgebogen; er hängt mit ganz wenig schräggestellten abgemagerten Armen am Kreuz. Darüber in den Rundmedaillons die Brustbilder von Sonne und Mond weinend; unten zu beiden Seiten Maria und Johannes; unmittelbar am Kreuz die gekrönte und nimbierte E k k l e s i a im Prunkmantel: sie hält andächtig mit zurückgebeugtem Kopf aufblickend einen Kelch in die Höhe, den die Patene mit daraufliegender Hostie bedeckt; auf der andern Seite die S y n a g o g e mit verhülltem Haupt, traurig hinweisend auf ein Instrument in ihrer Linken, das Lind für ein Joch erklärt, das aber wohl die abgerissene Mauerkrone der Stadt Jerusalem sein soll. Es f e h l e n Longinus und Stephaton.

2. In dem nicht ganz hundert Jahre jüngeren Psalterium des Landgrafen Hermann von Thüringen [9]).

Christus ist hier nur mit geknotetem Schurzfell bekleidet, tot, das Haupt stark heruntergeneigt, der Körper ausgebogen, die B e i n e ü b e r e i n a n d e r g e l e g t und die Füße nur mit e i n e m Nagel durchbohrt; mit B r u s t wunde, die gleich den d r e i anderen Wundmalen blutet; sehr breites *suppedaneum;* rechts und links Maria und der schon in der gotischen Manier der Kopfhaltung behandelte Johannes. Außer den Medaillons mit Sonne und Mond am oberen und unteren Ende des Kreuzstammes zwei größere Rundmedaillons: in jenem die K i r c h e , gekrönt, mit Kreuzfahne und Kelch; in diesem die S y n a g o g e , die Augen von einer Binde verhüllt, in der einen Hand eine L a n z e o h n e S p i t z e , mit der andern nach dem Kopf eines Opferbockes fassend, in der Luft eine herniederfallende Krone. Es f e h l e n Longinus und Stephaton.

Mehrere Handschriften, die Vöge derselben Malerschule wie die eben besprochenen zuweisen will, vereinfachen die Kreuzigungsszenerie: sie vollziehen den Übergang von dem vielfigurigen zu dem kurzen, dreifigurigen Typus. Die beiden B a m b e r g e r E v a n g e l i s t a r e , von denen das eine [10]) Heinrich II. dem Dom, das andere [11])

in der vollständigen Sonderpublikation (Wien 1870, S. 15 und Tafel XI). — Über die Datierung der Handschrift vgl. H. Janitschek, Geschichte der deutschen Malerei. Berlin 1890, S. 102 Anm.

9) Kgl. Privatbibliothek zu Stuttgart. Handschr. Nr. 442. Vgl. Franz Kugler, Kleine Schriften und Studien zur Kunstgeschichte. 1. Teil (Stuttgart 1853), S. 71 f. (mit Abbildung). — Nach Janitschek (a. a. O. S. 138 Anm.) ist die Handschrift zwischen 1211 und 1216/17 entstanden.

10) Clm. 4452 (= Cimel. 57): siehe Vöge, Malerschule, a. a. O. S. 112 ff. 218 f.; vgl. auch oben S. 309 ff.

11) Handschrift der kgl. Bibliothek zu Bamberg, Nr. A II. 42 (Apokalypse und Evangelistar: siehe Vöge, Malerschule, a. a. O. S. 139 ff. 218 f.;

seine Gemahlin Kunigunde dem Kollegiatstift St. Stephan schenkte,
bringen Longinus und Stephaton entsprechend dem Bamberger-
Münchener Evangeliar (Cimel. 58), die übrigen Handschriften [12]) dagegen kehren zu dem einfachen Typus zurück. Der Ausdruck Vöges
„Das allmähliche Veröden einer ursprünglich so reichen Scenerie"
(Malerschule, a. a. O. S. 219) erweckt die Vorstellung (und setzt auch
voraus?), daß die figurenarme Darstellung sich aus der vielfigurigen
entwickelt habe. Allein der kurze, dreifigurige Typus bestand ja
seit ältester Zeit. Die fraglichen Illustrationen haben aber aus Bequemlichkeit oder aus liturgischen Rücksichten auf jenen alten Typus
wieder zurückgegriffen.

Das E c h t e r n a c h e r   E v a n g e l i a r der Gothaischen Bibliothek schmückt ein Elfenbeinrelief der Kreuzigung [13]), das, wie die
auf der Umrahmung in getriebener Arbeit dargestellten Figuren
der Geschenkgeber, der Kaiserin Theophano und ihres Sohnes
Otto III., beweisen, zwischen 983 und 991 entstanden ist. Christus
bärtig, bloß mit Schurz bekleidet, in gerader Haltung und waagerechter Armstellung, aber von mageren und etwas zu langen Körperformen, mit geschlossenen Augen, das Haupt wenig gesenkt; die
beiden Knechte bärtig, aber Longinus, der mit stark zurückgeboge-
nem, in die Höhe blickendem Kopf die Lanze in die Achselhöhle
setzt, trägt Schuhe und Beinlinge, die mit Binden umwunden sind.

Die Handschrift selbst, deren Entstehung nach Trier [14]) oder nach
Echternach verlegt wird, enthält ein Miniaturbild [15]) des vielfiguri-

---

Leitschuh, Katalog der Handschriften der Königlichen Bibliothek zu Bamberg. Bamberg 1895. Bd. 1, S. 117, Nr. 140 („Zehntes Jahrhundert").

12) Vgl. Vöge, Malerschule, a. a. O. S. 218 f. (Das Verzeichnis der in
Betracht kommenden Handschriften findet sich S. 129—151.)

13) Abbildung bei Otte, Handbuch der kirchlichen Kunstarchäologie
des deutschen Mittelalters. Leipzig ⁵ 1883 f. Bd. 1, S. 175. Literaturnachweise bei Vöge, Malerschule, a. a. O. S. 381 f.

14) Der Trierer Schule deutscher Emailletechnik, deren hervorragend-
ster Förderer Erzbischof Egbert war (siehe Lamprecht, Der Bilderschmuck
des Codex Egberti, a. a. O. S. 58 f.), gehört auch das Goldschmiede- und
Schmelzwerk an, das die Elfenbeinskulptur des Prunkdeckels umgibt:
die vorbildlichen Musterarbeiten in der Emaillekunst hat bekanntlich
B y z a n z geliefert.

15) Abbildung bei H. Otte und E. aus'm Werth, Zur Ikonographie des
Kruzifixus (Bonner Jahrbücher des Vereins von Altertumsfreunden im
Rheinland. Heft 47/48 [1869], Tafel XV).

gen Kreuzigungstypus. Es steht in naher ikonographischer Verwandtschaft zu den besprochenen Darstellungen im *Codex Egberti*, im Aachener Kodex und im Münchener Evangeliar (Cimel. 58).

Hier wie dort ist das zahlreiche Personal das gleiche: Maria, Johannes, die beiden Schächer, die Tortores, die losenden Soldaten, Longinus und Stephaton, Sonne und Mond. Wie in dem Münchener Kodex ist für die Aktion aller dieser Personen nur e i n Bild verwendet. Die Übereinstimmung zeigt sich besonders in der Stellung der Schächer, die mit rückwärts zusammengebundenen Armen über das T-förmige Kreuz gehängt sind, und in den am Fuß des Kreuzes sitzenden Soldaten, die das Gewand verlosen. Aber es treten doch auch starke Abweichungen hervor. Die Tortores tragen nicht Keulen, sondern Hämmer. Maria und Johannes sind als Hauptpersonen durch größere Gestalt vor den übrigen ausgezeichnet. Christus, bartlos und langhaarig, in weitem, langärmeligem Gewand, noch lebend, hängt gerade und mit fast waagerechten Armen am Kreuz, das Haupt zur Rechten geneigt. Longinus wie Stephaton erscheinen beide gleichzeitig in Tätigkeit: beide bärtig, in völlig gleicher Tracht, mit Beinlingen und Stiefeln. Longinus setzt die Lanze in der Nähe der Achselhöhle an. Unter der Kreuzigung ist die Kreuzabnahme und Grablegung dargestellt: hier treten Joseph von Arimathia und Nikodemus handelnd auf. Man sieht, der byzantinische Typus, der in den *Codex Egberti* und seine nächsten beiden Verwandten hineinspielte, ist hier wieder verlassen: keine Spur von naturalistischer Darstellung der Agonie, nichts von einer Antithese des Longinus und Stephaton.

Ganz nahe der Echternacher Miniatur steht die Kreuzigung in dem E v a n g e l i s t a r [16]) H e i n r i c h s III. zu Bremen, das aus der Echternacher Schreibschule hervorgegangen ist. Ikonographisch sind seine Illustrationen eine Kompilation aus dem *Codex Egberti* und dem Echternacher Evangeliar.

Eine der Glanzleistungen der romanischen Kunst in Deutschland, der berühmte Zyklus von Reliefs an den B r o n z e t ü r e n des Doms

---

16) Beissel, Die Bilder der Handschriften des Kaisers Otto, a. a. O. S. 28 ff. 100; Vöge, Malerschule, a. a. O. S. 383.

zu H i l d e s h e i m , eine Frucht der universellen Kunstbestrebun-
gen des großen Bischofs B e r n w a r d , nahm die Longinusszene [17])
als tiefsinniges Wahrzeichen des wichtigsten christlichen Mysteriums
auf in seine bildliche Übersicht der christlichen Heilsgeschichte und
Dogmatik. Auch hier noch setzt der Speerträger seine Waffe genau
in die rechte Achselhöhle des Heilands, der mit geneigtem Haupt
und halbgeschlossenen Augenlidern erscheint, und trägt gleich dem
Schwammspender kurzes Gewand wie ein gewöhnlicher Soldat oder
Knecht. Eine eigentümliche Behandlung des allein sichtbaren rechten
Augapfels könnte möglicherweise seine Blindheit andeuten sollen.
An diesem naiv großartigen Bildwerk strömte die gläubige Menge
täglich vorbei auf ihrem Wege zum Erlebnis des heiligsten Wunders, des kirchlichen Meßopfers. Aber nicht minder oft haben jene
in ihren ältesten und bedeutungsvollsten Vertretern charakterisier-
ten prächtigen Evangeliare und Evangelistare, die für den Königs-
hof und für die Kathedralen um die Wende des ersten Jahrtausends
in Deutschland hergestellt wurden, sei es bei dem Kanon der Messe,
sei es bei feierlichen Prozessionen [18]), sei es bei anderen Gelegen-
heiten, das Bild der Lanzenstichszene und ihren mystischen Sinn,
ihre Beziehung auf die A u f e r s t e h u n g und das e w i g e L e b e n,
andächtigen Blicken und Gedanken einprägen können. Diese kostbaren Codices sind auch vielfach weit umhergekommen, durch Geschenk und Tausch oder leihweise, und auf ihren Wanderungen
haben sie manchem Maler als V o r l a g e gedient, manchen Beschauer mit der Symbolik des h e i l i g e n S p e e r s bekannt gemacht. So möchte ich vermuten, daß ein für den Trierer Erzbischof
Egbert hergestelltes Relief der Passionsszene sich auch auf dem
Elfenbeinbuchdeckel seines Psalteriums von 977—981 befand, den
der Trierer Archidiakon Ruotbert seinem Metropoliten schenkte
und den jetzt das Kapitelsarchiv zu C i v i d a l e als *Codex Ger-*

17) Abbildung bei Otte, Handbuch der kirchlichen Kunstarchäologie,
a. a. O. Bd. 1, S. 539 (Fig. 288). Photographie von F. H. Bödeker in Hildesheim. Der ganze Reliefzyklus z. B. bei A. Bertram, Geschichte des Bistums Hildesheim. Hildesheim 1899, S. 76 (Abb. 12).

18) Vgl. das von Lamprecht (Der Bilderschmuck des Codex Egberti,
a. a. O. S. 57) für Egbert von Trier beigebrachte Zeugnis.

trudianus [19]) aufbewahrt. Gegenwärtig ist der alte Einband zwar
verschwunden, aber wir ersehen aus der ersten Miniatur des Kodex
selbst, die den Donator zeigt, wie er die Handschrift in Gold gefaßt
überreicht, daß er früher einen künstlerischen Elfenbeinschmuck
besaß. Da nun dieses Psalterium, das später Eigentum der h e i l i -
g e n E l i s a b e t h gewesen und durch Vermittlung des Patriarchen
B e r t h o l d v o n A q u i l e i a, ihres Oheims, nach Friaul gekommen ist, und ebenso ein Brevier des dreizehnten Jahrhunderts im
selben Kapitelsarchiv, das für Landgraf Hermann von Thüringen
und seine Gemahlin hergestellt wurde, danach auch der heiligen Elisa-
beth gehört hat und eben von ihr auf Wunsch Bertholds nach Cividale geschenkt sein soll, gleichermaßen einen Elfenbeindeckel mit
dem Relief der Kreuzigung enthalten, nehme ich an, auch jenen
verlorenen Einband des *Codex Gertrudianus* zierte gleich dem des
Trierer Evangeliars und gleich dem landgräflichen Brevier eine
Elfenbeintafel mit der Kreuzigungsszene. Und es ist sehr möglich,
daß diese verlorene Skulptur in einzelnen Zügen auf das Werk
des dreizehnten Jahrhunderts eingewirkt hat.

Um die Mitte des elften Jahrhunderts ist die christliche Ikonographie und die religiöse Symbolik für Deutschland in den Grund-
zügen fertig. Seit dieser Zeit steht auch die Tat des Longinus in
ihrer symbolischen Bedeutung vor aller Augen und lebt in allen Gemütern. Die Phantasie gesellt ihm unter dem Eindruck der bildlichen Darstellungen wie der liturgischen Formeln des Karfreitagsoffiziums die Gestalt der siegreichen Kirche mit dem blutauffangen-
den Kelch, die gestürzte, verblendete Synagoge und als dritte, die
aus der Tiefe zum Kreuz emporblickende bekehrte *Roma:* der
Speer, der das Blut des W e l t e r l ö s e r s vergoß, ist auch das
H e r r s c h e r z e i c h e n des neuen W e l t k ö n i g s, dem der Erdkreis christlicher Gläubigen sich beugt.

Aus der f r a n z ö s i s c h e n Kunst dieser Zeit will ich hier ein bedeut-
sames E l f e n b e i n r e l i e f aus der Kathedrale zu N a r b o n n e erwähnen, das bei Didron (Annales archéologiques Tome 27 [1870] vor

19) Vgl. Eitelberger, Gesammelte kunsthistorische Schriften. Bd. 3
(Wien 1884), S. 361—365; Lamprecht, a. a. O. S. 58 f.; Kraus, Codex Egberti,
a. a. O. S. 7; Reil, Christus am Kreuz in der Bildkunst der Karolingerzeit. Leipzig 1930, S. 42 ff. 73 (Studien über christliche Denkmäler, N.F.
Heft 21).

S. 5) abgebildet und von Grimouard de Saint-Laurent (ebd. Tome 26
[1869], S. 373; Tome 27, S. 15, Anm. 1) kurz besprochen worden ist
(siehe auch oben S. 300, Anm. 11). Es zeigt eine auffallend reiche Darstellung der an die Kreuzigung angelehnten christlichen Mysterien.
Die Gruppierung gliedert sich in vier Stockwerke. Über dem Kopf
des Kreuzes in der Mitte zwei Rundmedaillons mit den Brustbildern
von S o n n e und M o n d , links davon (für den Beschauer) die H i m -
m e l f a h r t (Christus nimbiert, Kreuz tragend, reicht in der Mandorla seine Rechte der herablangenden, in großen Verhältnissen gezeich-
neten Hand Gottes, unten Jünger und Volk hinaufschauend); rechts
d i e A u s g i e ß u n g d e s h e i l i g e n G e i s t e s (aus den gespreizten
fünf Fingern einer senkrecht nach unten gestreckten, sehr großen Hand
schießen Strahlen auf die daruntersitzende Versammlung). Das sehr breite
Kreuz zieht sich durch die drei anderen Stockwerke. Christus sehr fleischig
und muskulös, bartlos, volles Gesichtsoval, offene Augen, waagerechte
Armstreckung; aus Händen und Füßen ergießt sich ein Blutstrom; vier
Nägelmale; breites *scabellum*; als Bekleidung dient bloß ein kurzer
Schurz. Links setzt Longinus seinen Speer in die Achselhöhle, seitwärts
von ihm Maria und zwei Frauen; rechts Stephaton mit Eimer, den
Schwamm hochhaltend; an ihn sich anschließend Johannes und zwei
Männer. Tiefer, im dritten Stockwerk, links von dem unteren Teil des
Kreuzstammes die personenreiche Szene des J u d a s k u s s e s , rechts die
Szene der F r a u e n a m l e e r e n G r a b e (Kuppelrundbau!). Im vierten
Stockwerk in der Mitte vor dem Kreuzfuß zwei S o l d a t e n , C h r i s t i
G e w a n d z e r t e i l e n d , rechts das A b e n d m a h l C h r i s t i ,
links die Überführung des ungläubigen T h o m a s durch die W u n d e n
u n d M a l e . Die Verbindung des A b e n d m a h l s mit Kreuzigung und
Auferstehung gibt dem Kunstwerk seinen besonderen geschichtlichen Wert.
Hinter einem ovalen Tisch, auf dem signierte Brote (also e u c h a r i -
s t i s c h p r ä p a r i e r t e Hostien), drei F i s c h e , ein K e l c h und drei
mit niedrigem Fuß versehene S c h a l e n sich befinden, stehen oder sitzen
Christus und die Jünger. Der Herr faßt mit seiner Linken ein auf dem
Tisch liegendes Brot und reicht mit seiner Rechten dem Judas ein Stück
Brot an den Mund: *Ille est, cui ego i n t i n c t u m panem porrexero. Et
cum intinxisset panem, dedit Judae Simonis Iscariotae* (Joh. 13, 26). Hier
ist, wie man sieht, ein großer Teil d e r Requisiten für die Anschauung
sichtbar und für die Phantasie anregend vereinigt, die in den f r a n z ö s i -
s c h e n G r a l d i c h t u n g e n des zwölften Jahrhunderts sinnvoll verwendet sind. Das Relief, wohl als Einbanddeckel eines Evangeliars bestimmt, fällt in die Grenze des elften und zwölften Jahrhunderts.

Aus dem z w ö l f t e n Jahrhundert greife ich nur noch einzelne
Longinusbilder heraus.

Im *Hortus deliciarum* der H e r r a d v o n L a n d s b e r g (1159
bis 1175) erscheint der vielfigurige Typus der Kreuzigung besonders

reich gegliedert [20]). Unzweifelhaft macht sich darin die ikonographische und stilistische Tradition von Byzanz bemerkbar. Über dem Kreuz sieht man die Köpfe von Sonne und Mond verfinstert, weinend. Christus tot, mit Kreuznimbus, aber noch ohne Dornenkrone, mit geschlossenen Augen, stark zur Seite gedrehtem Haupt, S-f ö r - m i g g e k r ü m m t e m Körper, schräg stehenden, etwas hängenden d ü n n e n Armen, kurzem g e k n o t e t e m Lendenschurz, auf breitem *scabellum:* durchaus als S c h m e r z e n s m a n n , wie ihn die byzantinische Kunst geprägt und die gotische abendländische Kunst übernommen hat. Außer Johannes und Maria und den beiden gekreuzigten Schächern, deren Arme hinter das Querholz des Kreuzes gelegt sind, erscheint das antithetische Doppelpaar: auf der einen Seite des Kreuzes die triumphierende, Krone tragende, mit der Inschrift *ecclesia* bezeichnete K i r c h e mit offenem herabwallendem Haar, reitend auf einem Wundertier mit den vier Köpfen der Evangelistensymbole, in der Linken ein siegreich wehendes Lanzenbanner mit Kreuzspitze, in der Rechten den Kelch hochhebend, mit dem sie das aus Christi rechter Seite, aus der Gegend der oberen Rippe, in weitem Bogen hervorspritzende Blut und Wasser auffängt (die Beischrift: *Sub arbore malo suscitavi te* steht neben der Kirche, die Beischrift: *Ibi corrupta est genetrix* [Vulgata: *mater*] *tua* über der Synagoge. Beide Sätze sind ein Zitat aus Cant. 8, 5 und sollen die Geburt der Kirche und den Untergang der Synagoge unter dem Kreuze Christi bedeuten. Auch die darunter stehende Beischrift: *Revertere Sunamitis* [Vulgata: *Sulamitis*] aus Cant. 6, 12 beziehe ich auf die Kirche und ihr bräutliches Verhältnis zum Gottessohn [21]);

---

20) Vgl. Chr. M. Engelhardt, Herrad von Landsberg ... und ihr Werk Hortus deliciarum. Stuttgart und Tübingen 1818, S. 40 f. Abbildung bei Kraus, Christl. Kunst. Bd. 2, S. 237 (Fig. 177); Herrade de Landsberg, Hortus deliciarum. Texte explicatif commencé par A. Straub et archevé par G. Keller. Straßburg 1879—1899, Pl. 38 (Explication S. 29 ff.).

21) Die Straßburger Herausgeber des *Hortus deliciarum* erläutern allerdings anders: „Dispensatrice des dons de la miséricorde divine, la royale épouse invite son aînée à se retourner et à lever sa face pour reconnaître et adorer le Messie — *Revertere Sunamitis.* Soins perdus: la Synagogue est frappée d'aveuglement — *Excecata Synagoga*" (a. a. O. S. 30). Aber diese Auffassung scheint mir schon allein durch die räumliche Verteilung der beiden Sätze ausgeschlossen. — Mystische E r o t i k mischte schon Chrysostomos (siehe oben Kap. 6) in die Lehre vom Kreuz- und Abendmahls-

hinter der Ekklesia steht L o n g i n u s , bärtig und mit auf-
blickenden Augen, mit der linken Hand den aufgestützten Speer
haltend, mit der andern Hand bekennend auf Christus emporwei-
send, über ihm die Beischrift: *Longinus miles.*

Auf der andern Seite des Kreuzes auf zusammenbrechendem Esel
die S y n a g o g e mit verhüllendem Kopftuch, das Haare und Augen
zudeckt, und mit umgestürzter Lanze, die ihrer Hand entglitten ist,
den Opferwidder des Alten Testaments im Arm, das Opfermesser
(Zirkumzisionsmesser?) in der Hand, bezeichnet als *Sinagoga
excecata,* und mit der Beischrift : *Sub arbore crucis corrupta
est synagoga, quando scribe et pharisei dixerunt: Sanguis
eius super nos et super filios nostros.* Hinter ihr S t e p h a -
t o n , jugendlich und ohne Bart, mit Schwammstab und Eimer,
bezeichnet als *Stephaton iudeus,* also ausdrücklich als Vertreter
des J u d e n t u m s hier anerkannt. Unten im Vordergrund in
der Mitte eine Sargkiste, in der man ein Skelett erblickt: *sepulcrum
Ade* wie die Beischrift *Iheronimus refert, quod Adam sepultus fuerit
in calvarie loco, ubi crucifixus est dominus* verdeutlicht. Zur Seite
links ein Sarkophag, aus dem ein nackter Mann bis zur Hälfte des
Körpers hervorsteigt, aufwärts blickend und mit beiden Händen
zum Gekreuzigten emporzeigend; noch weiter seitwärts ein zweiter
kleinerer Sarkophag, aus dem sich zwei bekleidete Personen bis zur
Brust aufrichten, mit der Beischrift: *Monumenta aperta sunt et
multa corpora sanctorum ... surrexerunt* (Matth. 27, 52).

Aller Nachdruck ist hier, wie man sieht, auf den Gedanken der
Auferstehung gelegt. Der alte Kern der Vorstellung vom Speerwunder, der sich bereits in der Deutung des Physiologus enthüllte,
tritt hier scharf ausgeprägt in den drei Gräbern hervor. Die Kirche
trägt ein Lanzenbanner, dessen Speerspitze durch ein Kreuz ersetzt
ist; Longinus hat seine Lanze aufrecht in der Hand. Aber die ent-
setzte Synagoge hat ihr Lanzenbanner, dessen Spitze ein scharfes
Speereisen trägt, zu Boden fallen lassen.

---

opfer, die Töne aus den hochzeitlichen Melodien des mystisch verstandenen
Hohenliedes brachte wohl zuerst Theodoret von Cyrus († 457) in diesen
Gedankenkreis hinein (vgl. Steitz, Abendmahlslehre. Bd. 12 [1867], S. 232).
Zwischen ihm und der Äbtissin vom Odilienberg liegen aber natürlich viele
Mittelglieder.

Das als welfisches Hausgut durch die politische Tendenz seiner Illustrationen so hervorragend merkwürdige E v a n g e l i a r [22]) H e i n r i c h s   d e s   L ö w e n aus der Zeit zwischen 1174 und 1176 gibt ein Kreuzigungsbild mit Johannes, Maria, Sonne und Mond, worin die Kirche als gekrönte Frauengestalt das aus der Seitenwunde strömende Blut im Kelch auffängt. Wie hier, so ist Longinus auch fortgelassen in dem B r e v i a r i u m der heiligen E l i s a b e t h in Cividale [23]). Christus schwebt mit geschlossenen Augen, das Haupt ein wenig zur Rechten geneigt, ohne Nägel und *suppedaneum* frei an einem sehr breiten Kreuz, neben dem in trauernder Haltung Johannes und Maria stehen. Über dem Haupte Christi strebt eine Taube mit dem Kopf empor zu der aus Wolken herabreichenden Hand Gottes am oberen Kreuzarm. Von oben fliegen zwei Engel herab, fast senkrecht den Kopf nach unten gerichtet: sie inzensieren und sammeln mit Gefäßen das Blut des Herrn. Unten am Fuß des Kreuzes kniet die gekrönte Ekklesia mit einem großen Gefäß und Schlüssel und mit einer über die Schulter gelehnten Kreuzlanze. Links vom Kreuz geht die Synagoge in gedemütigter Haltung ab mit verbundenen Augen (also nicht sehend!) und umgekehrter Lanze, in der Linken das Haupt des alttestamentlichen Opferwidders haltend. Die Ekklesia trägt hier die zum Kreuzbanner gewandelte Waffe des Longinus und sammelt das von ihm vergossene heilige Blut.

22) Früher im Domschatz zu S. Veit in Prag, jetzt im Privatbesitz des Herzogs von Cumberland. Vgl. die Beschreibung bei Aug. Ambros, Der Dom zu Prag. Prag 1858, S. 297.

23) Eitelberger, Gesammelte kunsthistorische Schriften, a. a. O. S. 353 ff. (Abbildung S. 354, Fig. 10).

Dreiundzwanzigstes Kapitel.

Das Speerwunder in dem gräzisierten abend-
ländischen Dogma der Eucharistie.

I. Die Lehre des Paschasius Radbertus.

Seit frühester Zeit haben in der christlichen Kirche eine symbolische und eine materialistische Richtung der Dogmatik miteinander gerungen. Die Eucharistie, der Kern aller heiligen Handlungen, ward von diesem Widerstreit der Anschauungen, der zugleich aus einer Verschiedenheit des religiösen Bedürfnisses entsprang, am meisten betroffen. Wie vollzieht sich in ihr der geheimnisvolle Vorgang, der den Namen „Sakrament" führt? Welcher Art
sind seine Wirkungen auf den amtierenden Priester, auf die teilnehmenden Gemeindemitglieder?

In der abendländischen Kirche hatte Augustin darauf eine Antwort gegeben, die eine figürliche, eine moralische Erklärung der
sakramentalen Handlung begünstigte. Im Orient hatte der poetische
Enthusiasmus des Chrysostomos nach dem Vorgang Gregors von
Nyssa einen mystischen Realismus, eine übersinnliche Sinnlichkeit
von zauberhaftem, bestrickendem Glanz aufgeboten, um das Wunder
des Sakraments in seiner vollen und höchsten Göttlichkeit der religiösen Phantasie der Massen lebendig vorzuführen.

Die orientalische Strömung dringt langsam in die Kirche des
Westens. Schon Gregor der Große zeigt sich als Schüler des mystagogischen Pseudoareopagiten. Die Beeinflussung der Karfreitagsliturgie durch griechische Riten ist oben ausführlich geschildert worden. Seit dem neunten Jahrhundert nimmt die orientalische, d. h. die
byzantinische Flut in der abendländischen Dogmatik und Liturgik
beträchtlich zu. Das heidnische, superstitiöse, theurgische, das p o l y -
t h e i s t i s c h e Element, das sie enthält, entsprach dem religiösen
Bedürfnis der jungbekehrten Völker. Ihm war der mystische Feti-
schismus willkommener als die spiritualistische Anbetung im Geist

und in der Wahrheit. Die alten Götter hatte das Christentum erschlagen, die alten Mysterien ausgerottet. Aber andere G ö t t e r erstanden wieder, eine neue Arcandisziplin sorgte für den fortdauernden religiösen Trieb nach Rätseln und Geheimnissen: unaufhaltsam wälzt sich aus tausend Quellen der überwundenen alten Kultur der Strom eines neuen Polytheismus in die Kirche, die schlicht und offen allein dem einen Herrn Himmels und der Erde hatte dienen wollen. Es begann die unendliche Entwicklung des Christentums niederer Ordnung mit ungezählten Variationen und Abstufungen. Was war die mühselige dogmatische Festsetzung der Christologie, was die der Trinität anders als eine Rückkehr von dem reinen Monotheismus Jesu und seiner Apostel zu einem philosophisch sublimierten, dialektisch verschleierten Tritheismus? Und der allmählich immer höher anschwellende Kultus der jungfräulichen Gottgebärerin, der Märtyrer und Heiligen mit seiner wachsenden Fülle immer phantastischerer Mirakel, steigerte er nicht das polytheistische Element der christlichen Volksreligion ins Unübersehbare? Abschluß und Vollendung indessen gab diesem Prozeß, der allerdings niemals zum Stillstand kommt noch kommen kann, erst die dogmatisch beglaubigte Magisierung der abendländischen Liturgie: die Umwandlung des eucharistischen Sakraments in die m y s t i s c h e M e c h a n i k der Theurgie. Sie hat sich seit dem neunten Jahrhundert, vom n o r d ö s t l i c h e n F r a n k r e i c h aus, in mehreren Stößen vollzogen. Die Rolle des S p e e r w u n d e r s erhält dadurch in der abendländischen Kirche und vor allem in der religiösen Phantasie der abendländischen Völker, des Klerus wie der Laienwelt, eine erhöhte mystische Bedeutung, einen märchenhaften Charakter.

Schon Alkuin [1]) hatte gelehrt, daß in der Messe der Priester Brot und Wein zur S u b s t a n z des Leibes und Blutes Christi konsekriere. Sein Zeitgenosse T h e o d u l f , Bischof von Orleans († 821), hatte geschrieben: „Um das Leben zu erlangen, werden wir getauft und mit seinem Fleische g e s p e i s t und mit seinem Blute g e t r ä n k t , da wir auf keine Weise i n s e i n e n L e i b ü b e r g e h e n können, wenn wir nicht mit diesen Sakramenten genährt werden. Dieses geheimnisvolle Opfer feiert die Kirche, damit durch

---

1) Alkuin, Epistola 41 „Ad Paulinum Patriarcham" (Migne, P.L. Bd. 100, S. 203 A); siehe auch Josef Bach, Dogmengeschichte des Mittelalters. Wien 1873. Bd. 1, S. 162, Anm. 4.

das sichtbare Opfer der Priester und die unsichtbare K o n s e k r a -
t i o n d e s h e i l i g e n G e i s t e s [2]) Brot und Wein ü b e r g e h e n
(*transeant*) in die Würde des Leibes und Blutes des Herrn" [3]). Aber
er vermeidet dafür den bestimmten Ausdruck „Verwandlung" und
läßt den Kommunikanten selbst „in dem in ihn übertragenen
(*traiecto*) Leibe Christi bleiben".

Die Identität des historischen und des eucharistischen Leibes
Christi hat er noch nicht behauptet. Auch die griechische Anschauung,
daß im Meßopfer sich dramatisch eine Mimese der einzelnen realen
Akte der Passion vollziehe, liegt ihm fern. Die griechische Auffassung, daß in der Mischung von Wasser und Wein ein Abbild des
Speerwunders stattfinde, hat er zwar erwähnt — offenbar weil er
sie als Spanier aus der Mozarabischen Liturgie (vgl. oben Kap. 12)
kannte —, aber sie zurückgestellt hinter der von der Majorität der
Dogmatiker vertretenen spiritualistischeren Allegorie, die das abendländische Meßformular ausspricht:

> *Cui sanguini admiscetur aqua, s i v e q u i a d e l a t e r e D o m i n i*
> *c u m s a n g u i n e f l u x i t, sive quia, ut m a i o r e s intelligi volunt,*
> *sicut per vinum Christus ita et per aquam populus significatur. Vinum*
> *enim et aqua inseparabiliter in calice miscentur, quia et Ecclesia capiti*
> *suo Christo inseparabiliter iuncta cohaeret.* (De ordine baptismi Kap. 18;
> Migne, P.L. Bd. 105, S. 240 AB.)

Karl der Große wußte gleich Augustin wohl, daß Jesus bei seinem
letzten Mahl mit den Jüngern Brot gebrochen und Wein gereicht
habe als B i l d seines Körpers und Blutes, nicht also bereits, wie die
griechische Dogmatik und die spätere katholische lehrte (vgl. oben
Kap. 13), in mystischer Weise an ihnen das eucharistische Sakrament
vollzog und ihnen sich selbst zum übersinnlichen Genuß darbot:

> *Redemptor omnium coenando cum discipulis panem fregit et calicem*
> *pariter dedit eis in figuram corporis et sanguinis sui* (An Alkuin [Epistola
> 81]); Migne, P.L. Bd. 100, S. 265 AB). Vgl. hierzu: *Convivium, in quo*
> *corporis et sanguinis sui figuram discipulis commendavit et tradidit*
> (Augustin, Enarr. in psalm. 3, V. 1; Migne, P.L. Bd. 36, S. 73).

2) Zum Einfluß der griechischen Dogmatik und Liturgie vgl. oben
Kap. 13.

3) Theodulf von Orleans, De ordine baptismi Kap. 18 (Migne, P.L.
Bd. 105, S. 239 f.); siehe auch Joseph Schnitzer, Berengar von Tours. München 1890, S. 129. Die Widmung des Werkes an Karl d. Gr. ist von Jaffé
in den Monumenta Carolina (Bibliotheca rerum Germanicarum. Tom 4
[1867], S. 413, Nr. 38) auf die Jahre 809—812 angesetzt.

Im Orient hatte schon 787 die zweite Nicänische Synode gelehrt [4]),
die konsekrierten Elemente der Eucharistie seien nicht Typen und
Bilder, sondern „der Leib selbst und das Blut selbst Christi". Die
deutschen und französischen Theologen zur Zeit Karls des Großen
kamen in gelegentlichen Äußerungen dieser Lehre wohl schon nahe.
Namentlich Alkuin gebrauchte Formulierungen, die sich von Augustins Auffassung entfernten. Aber erst P a s c h a s i u s   R a d b e r t u s,
Mönch des Benediktinerklosters Corbie in der Pikardie, hat den
neuen Standpunkt des Dogmas mit voller Entschiedenheit fixiert.
Es geschah in seiner Monographie über die Messe [5]), die er Ende 831
oder Anfang 832 schrieb und dem Abte Placidius von Corvey, dem
jungen deutschen Tochterstift, an dessen Gründung er selbst auf
einer Gesandtschaftsreise nach Sachsen beteiligt gewesen war, widmete als Anleitung, die Mysterien des Altars den empfänglichen
Gemütern jener neu christianisierten Territorien einzuprägen. Eine
zweite Ausgabe des Buches überreichte er dann nach seiner Wahl
zum Abte von Corbie dem König Karl dem Kahlen Weihnachten 844.

Radbert hat zuerst eine bestimmte und ausführlich begründete
Antwort gegeben auf die Hauptfrage, in der die Meinungen vor ihm
besonders geteilt waren: in welcher Weise ist Christi Leib in dem
Meßopfer zugegen?

Kraft eines Wunders der Allmacht Gottes, das parallel steht der
Menschwerdung, wird in der Konsekration durch die von den Lippen
des Priesters ertönenden, in Wahrheit von Gott gesprochenen und
ausgehenden [6]) Einsetzungsworte Brot und Wein derselbe Leib

---

4) Mansi, Conciliorum collectio. Bd. 13 (Florenz 1767), S. 265.

5) Vgl. darüber Joseph Bach, Dogmengeschichte, a. a. O. Bd. 1, S. 172 ff.;
Schwann, Dogmengeschichte Bd. 3 (Freiburg i. B. 1882), S. 628 f.; Schnitzer,
Berengar, a. a. O. S. 134 ff.; Harnack, Dogmengeschichte [3] Bd. 3, S. 286 ff.;
Loofs, Leitfaden der Dogmengeschichte. Halle/Saale [3] 1893, S. 256; Joseph
Ernst, Die Lehre des heiligen Paschasius Radbertus von der Eucharistie.
Freiburg i. B. 1896, S. 1 ff. (dazu Hauck, Theologische Literaturzeitung,
Nr. 22 [1897], S. 588).

6) Dieser Gedanke ist, wenn er auch schon bei Epiphanius auftaucht,
doch wohl erst durch Chrysostomos geprägt und in Umlauf gebracht (siehe
oben S. 83 f.). Allerdings zitiert Radbert (Epist. ad Frudegardum; Migne,
P.L. Bd. 120, S. 1354 B) als Zeugnis dafür eine angebliche Stelle des Eusebius Emissenus (siehe über die Echtheit der unter diesem Namen gehenden
Schriften Bardenhewer, Patrologie, S. 210 f.).

Christi, der geboren ist aus der Jungfrau Maria, gelitten hat am
Kreuze und auferstand vom Grabe:

> *Et ideo nullus moveatur de hoc corpore Christi et sanguine, quod in
> m y s t e r i o v e r a sit caro et v e r u s sit sanguis, dum sic voluit ille, qui
> creavit: Omnia enim quaecunque voluit fecit in coelo et in terra* [Psalm 113,
> 3 bzw. 11], *et quia voluit, licet in figura* [Gestalt, Erscheinung] *panis et vini
> maneat, haec sic esse omnino nihilque aliud quam caro Cristi et sanguis
> post consecrationem credenda sunt ... et, ut m i r a b i l i u s* [!] *loquar, non
> alia plane quam quae nata est de Maria et passa in cruce et resurrexit
> de sepulcro.* (Paschasius Radbertus, De corpore et sanguine Domini
> Kap. I, 2; Migne, P.L. Bd. 120, S. 1269 AB.)

Freilich nicht in dem Sinne der historische Leib Christus, wie
ihn die Evangelien darstellen, wie ihn noch Augustin kannte, sondern der von der theologischen Spekulation spiritualisierte, ins Übersinnliche gehobene pneumatische Leib, der gegen die Natur durch
ein Wunder geboren ist. Das historische Abendmahl Jesu faßt Radbert demnach gleichfalls nicht mehr, wie noch Karl der Große (siehe
oben) als ein reales Mahl mit symbolischer Bedeutung, sondern bereits als ein Mysterium, als eine wunderbare Schöpfung pneumati-
scher Elemente: das Brot, das Jesus brach, der Wein, den er dar-
reichte, waren nicht mehr materieller Wein, materielles Brot, sondern
bereits sein verklärtes Fleisch und Blut, das die Jünger mystisch
genossen, obgleich e r s e l b s t i n s e i n e m F l e i s c h e n o c h
l e b e n d i g vor ihnen stand. Sehr treffend bemerkte Harnack
(Dogmengeschichte Bd. 3, S. 286 Anm.): „Waren nun schon über
den Leib des h i s t o r i s c h e n Christus so wunderbare Vorstellungen verbreitet, galt er mit einem Wort als ein p n e u m a t i s c h e r,
so war er eben damit ein s a k r a m e n t a l e r (mysteriöser). Dann
aber konnte es nicht ausbleiben, daß die Identifizierung mit jenem
s a k r a m e n t a l e n (mysteriösen) Leibe, der im Abendmahl geopfert wurde, endlich vollzogen wurde. Die von dem Inkarnationsdogma und die von dem Abendmahl her gezogenen Linien mußten
endlich konvergieren." Die Jünger Christi glaubten seinem schöpfe-
rischen Einsetzungswort, jenem „das ist", ohne zu fragen, und haben
so nach dem Grundsatz: „Wer schweigt, stimmt zu", anerkannt, daß
das gebrochene Brot und der gereichte Wein in vollem Wortsinn
wirklich Fleisch und Blut Jesu waren, d.h. durch ein Mirakel darin
verwandelt waren:

„Accipite, inquit, hoc est corpus meum"; et de calice: „Hic est
sanguis meus". *Poterant enim apostoli tunc, si non crederent verba vitae*
et veritatis, respondere vel quaerere, quomodo panis ille vel calix vini
c o r p u s e t s a n g u i s esset Christi, c u m i p s e i n t e g e r C h r i s t u s
i n c o r p o r e s u o c o r a m o c u l i s e o r u m e r a t. Sed quia credide-
runt, quod dixerat, silentio confitentur et accipiunt, quae nobis postea
tradiderunt. Tradiderunt autem non aliam quam ipsam eamdemque
coenam quam ipsi tunc manducaverunt et biberunt. ... Et notandum est
quod ait: „Benedixit et fregit", in qua nimirum benedictione ac fractione
n o v a c r e a t u r a efficitur ut panis in commemoratione mortis Christi
Deo fide oblatus [im eucharistischen Sakrament der christlichen Kirche]
caro eius iure credatur. Similiter et s a n g u i s in eadem gratiarum actione,
quam Deo patri egit, c r e a t u r, ut vere sanguis credatur, qui effusus est
pro multis in remissionem peccatorum (Epist. ad Frudegardum; Migne,
P.L. Bd. 120, S. 1359 f.). Ebenso vorher: *Necdum itaque erat fusus et*
tamen i p s e porrigitur in calice sanguis, qui effundendus erat. Erat
quidem jam in calice, qui adhuc tamen fundendus erat in pretium (a. a. O.
S. 1357 B; vgl. auch, Expositio in Matthaeum 12, 26; Migne, P.L. Bd. 120,
S. 891 A).

Das ist die Konsequenz der Antiochenischen Methode der Schrift-
erklärung nach dem Literalsinn und zugleich der griechisch-orientalischen materialistischen Mystik! Modernem Denken, das den gene-
tischen und den Begriff der Kausalität zur Grundlage hat, kommt
diese Vermischung von Gleichnis und Wirklichkeit, diese Aufhebung
von Raum und Zeit völlig sinnlos vor. Aber sie erscheint anders
vom Standpunkt platonischer und neuplatonischer Ideen oder himm-
lischer Urbilder und der jüdischen Vorstellung der Präexistenz [7]).
Dieser Standpunkt aber blieb für das Mittelalter bestimmend. Was
uns willkürlich oder unsinnig vorkommt, wurzelt in allgemein anerkannten Voraussetzungen der Zeit und ist, an ihnen gemessen,
logisch, konsequent und ohne Anstoß.

Ganz im Sinne der griechischen Dogmatik legt Radbert den
größten Nachdruck darauf, daß die eucharistische Speise U n s t e r b -
l i c h k e i t gibt. Ausdrücklich verwirft er die Lehre „Einiger", d. h.
einiger Abendländer, daß nur die Seele durch dieses Mysterium genährt wird: auch unser Fleisch wird dadurch zur Unzerstörbarkeit
wiederhergestellt:

---

[7]) Vgl. darüber die ausgezeichnete Darlegung in Harnacks Dogmengeschichte [3] Bd. 1, S. 98 ff. und Beigabe 1 (S. 755 ff.).

*Denique non, sicut quidam volunt, a n i m a   s o l a hoc mysterio pas-
citur ..., verum etiam et caro nostra per hoc ad immortalitatem et incor-
ruptionem reparatur. carni quidem nostrae caro Christi spiritaliter c o n -
v i s c e r a t a transformatur* (De corpore et sanguine Domini Kap. XIX, 1;
Migne, P.L. Bd. 120, S. 1327 A); siehe auch vorher: *Igitur in pane ideo
celebratur, quia Christus p a n i s est, q u i d e c o e l o d e s c e n d i t , ...
panis vero victum ad aeternitatem renatis inmortalitatis praebet* (Kap.
X, 1; Migne, a. a. O. S. 1303 D).

Völlig märchenhaft mutet es uns an, wenn er den Genuß der
eucharistischen Nahrung dem B a u m d e s L e b e n s i m P a r a -
d i e s e gleichstellt, weil er „durch Gesundheit des Leibes zur Unsterblichkeit kräftigt": *Nam et ideo l i g n u m v i t a e dicitur, quod
hanc virtutem divinitus acceperit, ut si quis ex eo manducaret sani-
tate corporis ad immortalitatem firmaretur* (Kap. VIII, 7; Migne,
a. a. O. S. 1292 B). Die heilige Kommunion ist die *alimonia immor-
talitatis,* der mit ihr genährte Körper empfängt den Samen des
ewigen Lebens: sie allein bewirkt, daß nicht nur die beim Tode vom
Körper sich trennende Seele Unvergänglichkeit gewinnt, sondern
auch am jüngsten Tage das Fleisch wieder aufersteht zur Unverweslichkeit und mit der unsterblichen Seele zur früheren Vollkommenheit wiederhergestellt wird:

*Comedit anima, comedit autem et corpus, quia talis esca non minus
pertinet ad animam quam et ad corpus, quibus usque ad finem vegetata
anima immortalis ad vitam transit, caro vero propter sententiam primi
hominis ad terram redit; sed quia Christo corporata per lavacrum et
i m m o r t a l i t a t i s a l i m o n i a m e n u t r i t a , s e m i n a v i t a e perci-
pit, nunquam post finem saeculi* [beim jüngsten Gericht] *in mortem
detineri poterit, imo quod in capite* [an Christus, dem Haupt des mystischen Leibes? oder einfach an der Seele im Gegensatz zu dem Fleisch,
den Gliedern?] *praecessit, membris praestabitur* [wird auch den Gliedern
zu Teil werden] (Kap. XI, 3; Migne, a. a. O. S. 1310 B). — *Hinc quoque
Dominus cum dixisset: „Qui manducat meam carnem et bibit meum
sanguinem, habet vitam aeternam", continuo subjecit: „Et ego resuscitabo
eum in novissimo die"* [Joh. 6, 55]. *„Habet" namque ideo dixit, quia mox
anima carne soluta intrat in vitae promptuaria, ubi sanctorum animae
requiescunt. Deinde, quod ad corpus pertinet, addidit: „Et ego resuscitabo
eum in novissimo die", ut sicut integre creatus est homo ita quoque
redemptus integre praedicetur; ac deinde in novissimo ad integrum repa-
randus credatur.* (Kap. XIX, 2; Migne, a. a. O. S. 1327 C f.).

Griechisch ist auch Radberts starke Betonung einer entscheidenden s c h a f f e n d e n Wirkung des heiligen Geistes bei der Konse-

kration und Verwendung der Abendmahlselemente. Griechisch vor allem auch seine direkte Gleichsetzung des Blutweins im Kelche mit dem aus der Seite des Gekreuzigten ergossenen:

Patet sensus quod iam caro frangitur, quia sanguis est in calice qui de latere manavit (Kap. XIX, 1; Migne, a. a. O. S. 1327). — *Ergo cum ait „hoc est corpus meum" vel caro mea seu „hic est sanguis meus", non aliam puto insinuasse quam propriam et quae nata est de Maria virgine et pependit in cruce neque sanguinem alium quam qui profusus est in cruce et tunc erat in proprio corpore* (Epist. ad Frudegardum; Migne, P.L. Bd. 120, S. 1351 B). — *Non credo quod aliud pependerit in cruce quam caro; neque aliud profluxerit de latere Christi quam sanguis et aqua. Et si hoc ita est, hoc accipiunt credentes id est carnem et sanguinem, cui admiscetur aqua, in quibus renati sunt sacramentis, et i d e o haec duo miscentur in calice. Aqua, in qua renati, sanguis quoque, in quo redempti sunt fideles* (a. a. O. S. 1352 C).

Griechisch ist ferner die damit zusammenhängende Begründung des Ritus der Mischung von Wasser und Wein im Abendmahl. Radbert widmet dieser Frage ein eigenes Kapitel in seiner Hauptschrift. Ganz im Einklang mit der byzantinischen Liturgie und den liturgischen Vorstellungen des Chrysostomos sowie seiner mystagogischen Nachfolger stellt er hier voran den Parallelismus zu dem Schlußakt der historischen Kreuzigung. Er zitiert den Johanneischen Bericht vom Speerstich des Kriegsknechts und bezeichnet das aus der Seite Christi hervorströmende Blut und Wasser direkt mit den Worten: „D a s   i s t   d e r   w a h r e Kelch, weil Christus in Wahrheit für unsere Rettung gelitten und nicht nur das Blut, den Preis des Loskaufens (der Erlösung), sondern auch das Wasser der Taufe (der Wiedergeburt) vergossen hat; und das, was damals aus dem Fleische des Gekreuzigten hervorquoll, das trinken jetzt die Gläubigen im Abendmahlskelch":

Plane aqua in sanguine quare misceatur, dum in natali calicis [bei der Einsetzung des Abendmahls] *factum fuisse non legimus, illa permaxima causa est, quia d e   l a t e r e   C h r i s t i, ubi passio completur, s a n g u i s   p a r i t e r   e t   a q u a   m a n a v i t ; quod recte mysterium apostoli plene intelligentes, fiendum in hoc calice consuerunt, ut nihil deesset nobis in hoc sacramento ad commemorationem passionis, quod tunc exstitit in cruce in consummationem nostrae redemptionis. Nam postquam emisit spiritum, veniens unus militum accepit lanceam et aperuit latus eius, unde quasi de vivo fonte manavit sanguis et aqua; et hic est verus calix, quia v e r a c i t e r passus pro salute nostra, non minus sanguinem pretii quam undam*

*baptismi fudit; et quod tunc de carne fluxit, hoc nunc credentes in calice
bibunt. Caro quidem datur in cibum, sanguis et aqua vere in potum, ut
quod simul de latere manavit, hoc totum noster homo his duobus reno-
vatus bibat, ut si quam peccati maculam post fontem* [nach der Taufe]
traxit, habeat in hoc u n d a m v e n i a e [das Wasser], *qua* d i l u a t u r
omnibus iniquitatibus suis, s a n a t i s *omnibus infirmitatibus suis, et
pretium suae redemptionis* [das Blut], *quo unusquisque redemptus de die
in diem rursus renovetur* (De corpore et sanguine Domini Kap. XI, 1;
Migne, P.L. Bd. 120, S. 1307 f.).

Obgleich bei der Einsetzung des Abendmahls von den Evangelien
nicht erzählt werde, daß Jesus in den eucharistischen Wein bei der
Einsetzung des Abendmahls Wasser hinzugegossen habe, sei doch
schon — so meint Radbert — bei den Aposteln mit Recht die liturgische Sitte aufgekommen, in dem Kelch Wein mit Wasser zu vermischen, um das Mysterium der Passionsopferung richtig n a c h z u -
b i l d e n. Er braucht freilich einen weniger realistisch-konkreten
Ausdruck: er sagt „zum Gedächtnis" sei es geschehen. Aber das ist
eine seiner Inkonsequenzen in der Terminologie, die sein auch sonst
erkennbares Schwanken zwischen der Augustinischen, mehr spiritualistischen, und der materialistisch-mystischen Auffassung des
Abendmahlssakraments erweisen. Im Sinn seiner neuen Lehre, nach
der doch in dem Mischtrank des eucharistischen Kelchs das wahre
Blut des Gekreuzigten gegenwärtig ist, hätte er sagen müssen: „zur
Darstellung" (*in repraesentationem*) oder „zur Wiederholung" (*in
reiterationem*).

Es ist ihm offenbar bei der Herübernahme der griechischen Deutung dieser Zeremonie, die eigentlich ihr volles Licht nur aus dem
ganzen Verlauf der griechischen Meßliturgie, insbesondere aber aus
der griechischen Vormesse (προσκομιδή) empfängt, nicht ganz wohl
zu Mute. Darum bringt er an zweiter Stelle auch die Augustinische
Erklärung des historischen Vorgangs: Symbol der beiden Sakramente und der Entstehung der durch Adam präfigurierten Kirche,
und verbindet damit, etwas verworren, die vulgär abendländische
Deutung der liturgischen Zeremonie, wie sie Cyprian und das abendländische Meßformular aussprechen: Symbol der Inkorporation
Christi in der Gemeinde [8]).

---

8) De corpore et sanguine Domini Kap. XI, 2 (Migne, P.L. Bd. 120,
S. 1308).

Radbert sucht, eben im Gefühl einer gewissen Unsicherheit seiner neuen Position, eifrig Mißverständnisse abzuwehren. Man dürfe nicht annehmen, daß Christi Leib in der Eucharistie sinnlich, d. h. *naturaliter* gegenwärtig sei, daß Brot und Wein durch die Konsekration für das leibliche Auge und den Geschmack wahrnehmbar gewandelt werden. Diese Vorgänge seien geistiger Art (*spiritalia*), die sich örtlich oder körperlich (*localiter, carnaliter*) vollzögen. Die göttliche Kraft wirke vielmehr für den Glauben, indem sie die S u b - s t a n z von Brot und Wein innerlich in Fleisch und Blut Christi umwandelt. Frivol ist es, bei diesem Mysterium an die Sekretion (*de stercore*) zu denken, damit es nicht gemischt werde in der Verdauung mit andern Speiseresten [9]).

Zweimal hat Radbert dann gleichwohl noch das Wort ergriffen, um seiner Schrift Anerkennung zu verschaffen und auf vielfach laut gewordene Angriffe [10]) zu antworten. Man merkt darin, wie sehr er sich bemüht, die Autorität der abendländischen Väter, des Gregorius, Ambrosius, Cyprianus, namentlich auch des Augustinus auf seine Seite zu ziehen. Dabei zitiert er — wohl in einer Polemik gegen Hrabanus Maurus — einen Satz Augustins „*in sermonibus ad neophytos*" (Epist. ad Frudegardum; Migne, P.L. Bd. 120, S. 1352 C): *Hoc accipite, inquit, in pane, quod pependit in ligno; et de calice: Hoc accipite, ait, in calice, quod m a n a v i t e x C h r i s t i l a t e r e.* In den genannten Sermones (Migne, P.L. Bd. 40, S. 1203 ff.), die übrigens unecht sind, hat die Stelle Rückert (Das Abendmahl. Leipzig 1856, S. 364 Anm.) vergeblich gesucht: sie findet sich in der Tat dort nicht. Wohl aber in einem freilich auch zweifelhaft beglaubigten Sermon über das Passah (Migne, P.L. Bd. 46, S. 827; siehe oben S. 99 f.). Radbert ändert den Wortlaut: für *agnoscite* setzt er das ihm willkommenere *accipite*. Für seine Meinung kann indessen die Stelle im Zusammenhang betrachtet, selbst wenn man nach dem späteren *accipite et edite* sich auch vorher ein *accipite* statt des *agnoscite* gefallen lassen wollte, nichts beweisen. — Weiter beruft sich Radbert, um seine Lehre zu stützen, auf Augustins Epistola ad Bonifatium (Epist. 98, 9; Migne, P.L. Bd. 33, S. 363 f.) und fährt nach einigen Augustinischen Worten folgendermaßen fort, wobei es unklar

---

9) Vgl. Bach, Dogmengeschichte, a. a. O. Bd. 1, S. 174 ff.
10) Vgl. Expositio in Matthaeum 12, 26 (Migne, P.L. Bd. 120, S. 890 D); ferner Epist. ad Frudegardum (Migne, a. a. O. S. 1351 A. 1357 D. 1361 D).

bleibt, ob er noch Augustin sprechen lassen will oder ihn nur paraphrasiert: *[Christus] immolatur pro nobis quotidie in mysterio, ut
percipiamus in pane, quod pependit in cruce, et bibamus in calice,
quod manavit ex Christi latere* (Migne, P.L. Bd. 120, S. 1354 f.).
Nun enthält aber gerade jene Stelle der Epistel Augustins vielleicht
das allerwichtigste Zeugnis für seine parabolisch-allegorische, figürliche Auffassung des Abendmahls und gibt den Schlüssel zum Verständnis auch der Äußerungen, die eine sinnliche metabolistische
Anschauung im Widerspruch damit zu enthalten scheinen: Augustin
spricht dort von der *similitudo.* Sie erlaube es, an jedem Ostersonntage zu sagen: *Hodie Dominus resurrexit, cum* [obgleich] *ex quo
resurrexit tot anni transierint.* „Keiner wird so töricht sein, uns bei
dieser Redeweise eine Lüge vorzuwerfen; denn wir benennen diese
Tage nach der Ähnlichkeit mit jenem, wo das Ereignis wirklich stattgefunden hat, so daß nur ein Tag 'der Tag selbst' heißt, der nicht
derselbe Tag ist, sondern nur nach dem Verlauf der Zeit jenem ähnlich ist, und daß gesagt wird, an jenem Tage geschehe, nämlich
wegen der Feier des Sakraments, was nicht an jenem Tage, sondern
[nur] einstmals geschehen ist *(ut ... dicatur illo die fieri propter
sacramenti celebrationem, quod non illo die, sed jam olim factum
est).* Wurde nicht auch Christus [nur] einmal in sich selbst geopfert
und wird er nicht dennoch [nach unserem metaphorischen Sprachgebrauch] im Sakrament bei allen Osterfestlichkeiten und Tag für
Tag den Völkern geopfert, ohne daß jemand lügt, der auf eine Frage
antwortet, er werde geopfert?“ *(Nonne semel immolatus est Christus
in seipso, et tamen in sacramento non solum per omnes Paschae solemnitates, sed omni die populis immolatur, nec utique mentitur, qui
interrogatus responderit immolari?)* Nach dieser Aussage Augustins
sind mehrere seiner scheinbar metabolistischen Formulierungen
gleichfalls als Metaphern zu erklären. Höchst sonderbar ist es jedoch,
daß M. M. Wilden (Die Lehre des heiligen Augustinus vom Opfer
der Eucharistie. Schaffhausen 1864, S. 63) n u r den ersten Teil des
Satzes völlig aus seinem Zusammenhang, in dem er allein Sinn
hat, losgerissen abdruckt und nun darin ein Zeugnis für „die P e r -
m a n e n z des neutestamentlichen Opfers“ [die tägliche Wiederholung in der Messe] erblicken kann. Mit demselben Rechte könnte
man aus der ganzen, unverstümmelten Stelle ein Zeugnis für die
Permanenz der Auferstehung Christi, d. h. für ihre ostertägliche

Wiederholung erschließen. Christus ist nur einmal auferstanden, aber man nennt die jedesmalige Erinnerungsfeier am Ostertage *ex similitudine* (metaphorisch) selbst Auferstehung. Ebenso — das ist der logische Schluß — nennt man das Sakrament des Abendmahls ein Opfer des Leibes und Blutes Christi, obgleich Christus nur einmal wirklich geopfert worden ist und geopfert sein kann: *ex hac similitudine plerumque* [die Sakramente] *etiam ipsarum rerum nomina accipiunt,* wie Augustin kurz danach sagt.

Radbert scheut bei dieser Berufung auf Augustin, wie man sieht, selbst vor Entstellungen nicht zurück und macht anderseits wieder Konzessionen an die spiritualistische Auffassung, die seinem eigenen Prinzip widersprechen. Jedesfalls gelingt es ihm nicht gegen alle Zweifel und Einwände klarzustellen, inwieweit die Eucharistie, die er *vera caro* nennt, auch ihm noch *character* oder *figura,* d. h. Zeichen oder Abbild heißen darf.

Unter allen Gegnern war, abgesehen von dem isolierten, zunächst einflußlosen Scotus Eriugena [11]), der Erzbischof von Mainz H r a - b a n u s M a u r u s der bedeutendste, mindestens der mächtigste und jedesfalls viel entschiedener und prinzipieller, viel konsequenter in seiner Polemik als Radberts Klostergenosse Ratramnus. Er, der Lehrer des spiritualistischen Otfrid, mußte an der Formulierung Radberts Anstoß nehmen, sofern sie eine grobsinnliche Identität des historischen und des eucharistischen Leibes wiederholt nahezulegen scheint. Den durch die Konsekration hervorgerufenen eucharistischen Leib nannte Radbert „ein neues Geschöpf" (siehe oben S. 333). Das erweckte die Vorstellung einer kreatürlichen materiellen Existenz. Auch Hraban hatte, fußend auf Augustin, (schon mehr als zwanzig Jahre vor Radbert) gelehrt, die konsekrierten Elemente seien das wahre Fleisch und das wahre Blut Christi:

Sacramentum enim in alimentum corporis redigitur, virtute autem sacramenti aeternae vitae d i g n i t a s adipiscitur. In sacramento fideles quique communicantes pactum societatis et pacis ineunt. In virtute enim sacramenti omnia membra capiti suo coniuncta et coadunata in aeterna claritate gaudebunt. Sicut ergo in nos id c o n v e r t i t u r, cum id manducamus et bibimus, sic et nos in corpus Christi convertimur, dum obedienter

---

11) Über seine, rationalistische, symbolische Auffassung des Abendmahls siehe Schnitzer, Berengar, a. a. O. S. 180 ff.

et pie vivimus (De clericorum institutione Kap. 31; Migne, P.L. Bd. 107,
S. 317 f.). Man sieht die rein figürliche, ethische Wendung und den von
Radberts Lehre völlig verschiedenen Verwandlungsbegriff.

Hraban hatte darunter nicht verstanden, was ein unbefangener
moderner und wohl auch ein ungeschulter mittelalterlicher Leser dabei sich denken müßte: den realen Leib und das reale Blut des wirklichen historischen Christus. Vielmehr brauchte er den Begriff
„mehr" im Sinne jener platonischen Anschauung, der das Urbild,
die Idee, die eigentlich wahre Existenz zu besitzen und die sinnliche Erscheinung nur ein trügerisches, schattenhaftes Spiegelbild zu
sein schien. Er scheidet das Sakrament, den äußeren, sichtbaren Vorgang der Eucharistie, und die Kraft (*virtus*) des Sakraments, die
geistige, übersinnliche Wirkung: jenes ist eine Nahrung des Körpers,
diese gewährt „die Würdigkeit des ewigen Lebens"; in jenem ver-
einen sich die Kommunizierenden durch ein irdisches Band der Gemeinschaft und des Friedens, in dieser aber werden sie alle Glieder
eines (unsichtbaren) Hauptes sein und im ewigen Leben vereint sich
freuen. Man sieht, um wie viel figürlicher, spiritueller, wie viel
weniger physiologisch diese Formulierung Hrabans war. Gegen sie,
gegen die Abtrennung der *virtus sacramenti* polemisierte Radbert
direkt: *Unde miror quid velint nunc quidam dicere, non in re esse
veritatem carnis Christi vel sanguinis, sed in sacramento v i r t u -
t e m carnis et non carnem, v i r t u t e m sanguinis et non sanguinem;
figuram et non veritatem, umbram et non corpus ...* (Expositio in
Matthaeum 12, 26; Migne, P.L. Bd. 120, S. 890 D). Aber Hraban seinerseits blieb, als er nach Übernahme des erzbischöflichen Stuhls in den
Streit eingriff, auf Radberts Darstellung die Verteidigung seines
Standpunkts nicht schuldig. Er wies es in einem Brief an Heribald
von Auxerre als einen Irrtum zurück, den eucharistischen Leib zu
identifizieren mit dem historischen, von der Jungfrau Maria geborenen, gekreuzigten und aus dem Grabe auferstandenen. Das Sakrament werde zwar aus sichtbaren und körperlichen Dingen bereitet,
aber es bewirke eine unsichtbare H e i l i g u n g — man beachte den
ethischen Ausdruck! — des Körpers und der Seele. Absurd sei es
vollends, zu spekulieren, was aus der konsekrierten Abendmahls-
speise nach dem Genuß werde, ob sie gleich den übrigen Speisen der
Verdauung unterworfen sei oder ob sie in den früheren, vor der
Konsekration vorhandenen Zustand zurückkehre:

Quod autem interrogastis, utrum Eucharistia, postquam consumitur et in secessum emittitur more aliorum ciborum, iterum redeat in naturam pristinam, quam habuerat antequam in altari consecraretur, superflua est huiusmodi quaestio, cum ipse Salvator dixerit in Evangelio: „Omne, quod intrat in os, in ventrem vadit et in secessum emittitur". Sacramentum [ergo] corporis et sanguinis ex rebus visibilibus et corporalibus conficitur, sed invisibilem tam corporis quam animae efficit s a n c t i f i c a t i o n e m [et] salutem. Quae est enim ratio ut hoc, quod stomacho digeritur et in secessum emittitur, iterum in statum pristinum redeat, cum nullus hoc unquam fieri (esse) asseruerit? Nam quidam nuper de ipso Sacramento corporis et sanguinis Domini n o n r i t e sentientes dixerunt, hoc ipsum [esse] corpus et sanguinem Domini, quod de Maria Virgine natum est et in quo ipse Dominus passus est in cruce et resurrexit de sepulcro. Cui e r r o r i, quantum potuimus, ad Egilum abbatem scribentes, de corpore ipso quid vere credendum sit, aperuimus (Hrabanus Maurus, Poenitentiale Kap. 33; Migne, P.L. Bd. 110, S. 492 f.).

Hraban muß derartige uns blasphemisch vorkommende Erwägungen einer wahrhaft heidnisch materiellen Betrachtung doch als Folgen der neuen Lehren gefürchtet oder gekannt haben. Radbert hatte freilich oft genug versichert, Christus könne nicht mit den Zähnen gekaut und verschlungen werden, z. B.:

... Quia Christum vorari fas dentibus non est, voluit in m y s t e r i o hunc panem et vinum vere carnem suam et sanguinem consecratione Spiritus sancti potentialiter c r e a r i, c r e a n d o vero quotidie pro mundi vita m y s t i c e immolari ... (De corpore et sanguine Domini Kap. IV, 1; Migne, P.L. Bd. 120, S. 1277 C; vgl. hierzu auch oben S. 337.)

Aber man las derartige Ungeheuerlichkeiten, die ja Chrysostomos bestimmt ausgesprochen hatte (siehe oben S. 80 ff.), aus manchen seiner Worte, aus den von ihm aufgetischten, kraß superstitiösen Abendmahlsmirakeln, die noch zur Sprache kommen werden (siehe unten S. 345 ff.) doch heraus. Man traute ihm zu und tadelte ihn deswegen, daß er den sinnlichen Leib Christi für die Kommunikanten gliedweise zerstückeln und austeilen wolle:

Audivi quosdam me reprehendere, quasi ego in eo libro, quem de Sacramentis Christi edideram, aliquid his dictis [„Qui manducat carnem meam et bibit sanguinem meum"; Joh. 6, 55] plus tribuere voluerim aut aliud quam ipsa Veritas repromittit, timentes forte hoc quod ipsi tunc timuerunt [die Juden in Kapernaum] quibus loquebatur, quod p a r t e s f a c e r e voluerim et eius per singulos m e m b r a d i v i d e r e c o n c i s a v e l d i s p e r s a ... (Epist. ad Frudegardum; Migne, P.L. Bd. 120, S. 1357 D).

Radbert hatte, gleich manchen griechischen Dogmatikern (siehe oben, besonders Kap. 10) und im Sinne jenes realistischen Parallelismus zwischen dem körperlich-historischen Opfer Christi und dem Opfer der eucharistischen Elemente (wie er auch der byzantinischen Liturgie zugrunde liegt) erklärt: „Im Kelch trinken wir n i c h t s a n d e r e s als das Blut Christi, im Brot dagegen nichts anderes außer dem Leibe" [12]); er hatte die Notwendigkeit der Kommunion unter beiden Gestalten mit der Versenkung der Hostienpartikel in den Kelch und mit der Erklärung gestützt, daß eine wahre Vereinigung mit dem ganzen Christus nur durch Genuß beider Gestalten, des Brotes und des Weines, erfolge [13]); er hatte nirgends den von der orthodoxen Kirche doch schon geforderten Satz ausgesprochen, daß der ganze Christus auch in jeder Partikel des Brotes gegenwärtig sei und empfangen werde. Das alles zusammen konnte wohl zu dem Zweifel veranlassen, ob ihn nicht, gleich manchen griechischen Häretiker, eine grob materialistische Vorstellung über die eucharistische Wandlung und Kommunion beherrsche.

In dem Schreiben an Heribald von Auxerre verweist [14]) Hraban auf einen früheren, an den Abt Eigil von Prüm gerichteten Brief, worin er die Irrlehre Radberts von der Identität des historischen und des eucharistischen Leibes und Opfers widerlegt und dargestellt habe, was in Wahrheit vom Leibe zu glauben sei. Dieser Brief ist uns unter Hrabans Namen nicht erhalten. Aber mit größter Wahrscheinlichkeit hat ihn Mabillon in einer anonymen Schrift gegen Radberts Abhandlung nachgewiesen (Migne, P.L. Bd. 112, S. 1510 ff.) [15]). Hier werden nun schärfere Töne gegen den Abt von Corbie angeschlagen. Sehr zutreffend wird das Widerspruchsvolle seiner Argumentation aufgedeckt [16]): einerseits solle, angeblich in Übereinstim-

---

12) De corpore et sanguine Domini Kap. XX, 3 (Migne, P.L. Bd. 120, S. 1332 A).

13) De corpore et sanguine Domini Kap. XIX, 1 (Migne, P.L. Bd. 120, S. 1327 A).

14) Hrabanus Maurus, Poenitentiale Kap. 33 (Migne, P.L. Bd. 110, S. 493 A).

15) Die Autorschaft Hrabans, früher von protestantischen Forschern vielfach bestritten, ist jetzt auch von Harnack, Dogmengeschichte [3] Bd. 3, S. 293, Anm. 3 anerkannt; soweit ich prüfen und urteilen kann, mit Recht.

16) Hrabanus Maurus, Epistola tertia („Ad Egilem Prumiensem Abbatem") Kap. 2; Migne, P.L. Bd. 112, S. 1513.

mung mit Ambrosius, die eucharistische Speise kein anderes Fleisch sein als jenes reale, historische, das von Maria geboren sei, am Kreuze gelitten habe und aus dem Grabe auferstanden sei; anderseits solle es, im Einklang mit Augustin, verwehrt sein, Christus [d. h. das Fleisch des historischen Christus] mit den Zähnen zu zermalmen. Erregt wird die Identität des historischen und des eucharistischen Leibes bestritten und an deren Stelle die dreifache Erscheinung des Leibes mit größtem Aufwand dialektischer Begriffsspalterei verfochten, wobei *natura* von ihm in anderem Sinne gebraucht wird als von Radbert: der historische, der eucharistische und der mystische Leib. Der dritte umfaßt Christus, das Haupt und die mit ihm geeinte Kirche als Glieder [17]). Für uns liegt die Hauptsache aber an einer anderen Stelle. Die totale Identität des historischen und des eucharistischen Leibes Christi schließt ein oder zieht unvermeidlich nach sich auch die Identität des historischen Opfers in der Kreuzigung und des eucharistischen Opfers in der Handlung des konsekrierenden Priesters: die Wiederholung des Kreuzopfers in der Messe wird notwendig zu einer wirklichen Wiederholung der r e a l e n P a s s i o n Christi. Diese Konsequenz der Lehre Radberts hat Hraban mit scharfem Blick erfaßt und sie mit aller Entschiedenheit bekämpft. Die Annahme, daß, so oft auf dem ganzen Erdkreis die Messe zelebriert werde, ebenso oft der Herr Christus aufs neue l e i d e , erscheint ihm absurd und frevelhaft, und er hält ihr den spöttischen Einwand entgegen, wer denn so oft dem Herrn dieses L e i d e n angetan habe, antue und in Zukunft antun werde, ob etwa der opfernde Priester oder Gott, der das Opfer heiligt, oder der Sohn Gottes, der die Kommunikanten lebendig macht, oder der heilige Geist oder das kommunizierende Volk, die Kirche. In Wahrheit habe vielmehr Christus nur einmal Leiden und Tod erduldet und könne es niemals wieder erdulden. „Nicht kommt er — so ruft Hraban „dem Feind der Wahrheit" im Schlußkapitel zu — zu uns in der Eucharistie, um noch einmal zu leiden, sondern er kommt, Brot und Wein in seinen Leib und sein Blut durch die Konsekration zu wandeln, was uns so nötig ist. Der auserlesene Teil der Welt, die Kirche Gottes, die Braut Christi, darf durchaus nicht und kann keinesfalls wünschen, daß Christus bei der Gelegenheit wiederum

---

17) Epistola tertia Kap. 3 (Migne, a. a. O. S. 1513 f.).

s t e r b e , wo er vielmehr mit seinem neuen Leib und Blut erscheint,
um jene Welt lebendig zu machen, zu speisen, zu tränken und durch
alle Zeit wahrhaft zu erneuern":

*Hic, si potest, oculos et aures aperiat et haec videat et audiat, qui quoties
toto terrarum orbe missarum solemnia celebrantur, t o t i e s D o m i n u m
C h r i s t u m p a t i praedicat, ob nihil videlicet aliud nisi propter hoc
solummodo, ut omnes reprobos, quos a Domino scit in cruce redemptos,
ipsa communione corporis et sanguinis Christi redemptos, redimi et redi-
mendos dicat, cum potius omnis reprobus indigne sacramentum ipsum
percipiens iudicium sibi manducat et bibit. Velim tamen nobis respondeat
et dicat, qui hoc ad suam (proh nefas!) et edentium perniciem praedicat,
quisnam D o m i n o passionem t o t i e s i n t u l e r i t , i n f e r a t et
i n f e r r e d e i n c e p s h a b e a t , utrum videlicet sacerdos, qui sacrificat,
an Pater, qui sacrificata sanctificat, an Filius, qui communicantes vivificat,
an Spiritus sanctus, per quem ea creat et consecrat et in quo sacerdos
ista fieri supplicat, an populus, id est Ecclesia et sponsa Christi, quae
communicat? Quorum quia nihil nisi nimis mendaciter et perniciosissime
potest dici, patet profecto Dominum s e m e l p a s s u m e t m o r t u u m ,
n u l l a t e n u s p o s t m o d u m potuisse vel posse (quod absit) p a t i ...
(Epistola tertia Kap. 6; Migne, P.L. Bd. 112, S. 1516 AB). Dominus Jesus
nullatenus illuc rursum pati venit, quod non potest esse; sed panem et
vinum in corpus et sanguinem suum consecrando venit vertere, quod nobis
nimis est necesse. Mundus igitur electus, Ecclesia Dei, sponsa Christi,
nullatenus debet nec utique potest ibi Dominum rursus mori desiderare,
ubi n o v o corpore et sanguine suo venit cum vivificare, pascere, potare et
per singulos dies vere † simul ac renovare (Kap. 7; Migne, a. a. O. S. 1517 C).*

Der aufmerksame Leser meiner früheren Darlegungen (Kap. 6.
9 und 10) wird nicht zweifeln, gegen welche Anschauungen Hrabanus
hier eigentlich streitet. Es sind die, welche in der eucharistischen
Phantasmagorie des Chrysostomos und in der Proskomide der erweiterten griechischen Liturgie lebten, welche von Isidor von Pelusium
und seinen mystagogischen Nachfolgern eigentümlich weitergebildet
waren: 1. die allgemein g r i e c h i s c h e Lehre, daß in der eucharistischen Handlung das historische Ereignis der Opferung des gekreuzigten und von der Lanze angestochenen Christus in einem a l l e g o -
r i s c h e n D r a m a r e a l i s t i s c h mit dem Werkzeug der heiligen
Lanze wiederholt wird, daß die Grablegung und Auferstehung und
Himmelfahrt darin gleichsam noch einmal sich vollziehe, und 2. die
alte nichtorthodoxe griechische Lehre, die im zwölften Jahrhundert
offene Kämpfe hervorrief, daß zwischen der Konsekration und dem
Genuß der Hostie diese der leidensfähige, sterbliche, vergängliche

und jedesmal aufs neue Schmerz empfindende und leidende
Christus sei.

Hrabanus Maurus ficht also bereits gegen die Ansicht, welche die
G r u n d v o r a u s s e t z u n g jener märchenhaften Nachdichtung
der griechischen großen Introitusprozession bildet, wie sie in den
G r a l r o m a n e n des zwölften und dreizehnten Jahrhunderts zutage trat. Diese Ansicht, daß der von der Lanze Durchbohrte noch
gegenwärtig und immer wieder leide, sobald die liturgische Handlung sich abspielt, floß aus der Überzeugung von der totalen Identität
des historischen und des eucharistischen Leibes Christi, seiner historischen und eucharistischen Opferung (wie gesagt) schon von selbst.

Sie folgte aber vor allem aus den von Radbert zur Erläuterung
seiner spekulativen Erörterungen mitgeteilten B e i s p i e l e n magischer, rein sinnlicher Formen und Wirkungen des eucharistischen
Prozesses. Diese Beispiele sind samt und sonders anderen Quellen
entlehnt. Und diese Quellen sind teils griechische, also solche, welche
die materialistische Mystagogie des Chrysostomos, der antiochenischen und der byzantinischen Liturgie widerspiegeln, teils stehen
sie dieser Sphäre eucharistischer Theurgie nahe (siehe unten).

Alle Befürchtungen der Gegner Radberts, der Anhänger der Augustinischen figürlich-ethischen Abendmahlslehre waren gewiß begründet, wenn man an die Wirkung der neuen Formulierung auf
die kirchliche P r a x i s , auf die religiöse Bildung des V o l k e s und
des niederen Klerus sein Augenmerk richtete.

Was half alle tiefsinnige Meditation, alle spitzeste Dialektik,
wenn die Früchte davon im L e b e n sich zeigten als Steigerung der
Superstition, als zunehmende Paganisierung des Kultus? Radbert
hatte ja selbst in den E x e m p e l n , die er seinen hochgespannten
Gedankengängen als Illustration zur Seite stellte, dafür gesorgt, daß
man den praktischen Erfolg seiner Lehre mit Händen greifen konnte.

Bei einem Abendmahlsmirakel, das er Gregor dem Großen entlehnt, also jenem abendländischen Theologen, der die Mystagogie
des Pseudo-Areopagiten und so viele superstitiöse Elemente der
griechischen Dogmatik und des griechischen Ritualismus der lateinischen Kirche zugeführt hat, bezeichnet Radbert seine eigene Tendenz aufs deutlichste. Gregor hatte die Wundergeschichte mit folgender erbaulicher Nutzanwendung geschlossen: „Es will der all-

mächtige Gott sich durch unser Gebet [bei dem Meßopfer] versöhnen lassen, er, der weiß, daß er von uns [den Priestern] nicht
erzürnt in Händen getragen werden kann [als Hostie]" [18]. Radbert
wiederholt dies, setzt aber den Satz also fort: „Besonders aber hilft
zu unserer Lossprechung die unter Tränen und mit gütevoller Gesinnung dargebrachte Hostie des heiligen Altars, weil der, welcher in
sich von den Toten auferstehend nicht mehr stirbt, doch bis jetzt
durch die Hostie in seinem Mysterium für uns i m m e r   w i e d e r
l e i d e t. Denn so oft wir ihm die Hostie seiner Person darbringen,
ebenso oft e r n e u e r n wir für uns zu unserer Absolution die Passion Christi":

> *Vult enim omnipotens Deus nostris placari precibus, qui scit, quia
> portari a nobis non possit iratus; singulariter autem ad absolutionem
> nostram oblata cum lacrymis et benignitatem [benignitate bei Gregor]
> mentis sacri altaris hostia suffragatur, quia is, qui in se resurgens a mortuis
> iam non moritur, adhuc per hanc in suo mysterio pro nobis i t e r u m
> p a t i t u r. Nam q u o t i e s e i h o s t i a m s u a e p a s s i o n i s o f f e r i -
> m u s , t o t i e s nobis ad absolutionem nostram passionem illius reparamus*
> (De corpore et sanguine Domini Kap. IX, 11; Migne, P.L. Bd. 120, S. 1302 B).

Diese Äußerung — jeder Zweifel muß verstummen — ist es,
gegen die Hrabans Brief an Eigil von Prüm (wie sich oben S. 342 ff.
zeigte) so heftig polemisierte. Nur aus der griechischen Liturgie, nur
aus der Phantasmagorie des Chrysostomos, nur aus den Gedanken
Isidors von Pelusium und der gesinnungsgleichen Mystagogen ist sie
abzuleiten. Griechische, u n o r t h o d o x e Abendmahlstheurgie wird
hier in die modernste abendländische Dialektik und Spekulation
übertragen, und so entsteht die Atmosphäre der französischen Gral-
legenden, in denen sich immer wieder das Schauspiel des umhergetragenen, von der Lanze durchbohrten leidenden Königs und der
ihn begleitenden blutträufelnden Speerwaffe abspielt.

Wer wäre nicht geneigt, der des Paschasius Radbertus geschichtliche Stellung kennt, diese von Hraban so zornig bekämpften Worte
als sein Eigentum, als älteste abendländische Formulierung der griechischen Abendmahlstheurgie anzusehen? In Wirklichkeit aber ist
auch diese Äußerung von ihm seinem Gewährsmann n a c h -

---

18) Homil. in Evang. lib. II, homil. 37, Kap. 10 (Migne, P.L. Bd. 76,
S. 1281 BC).

g e s c h r i e b e n. Gregor selbst hat sie wörtlich ebenso in derselben
Homilie, nur drei Kapitel vorher [19]), ausgesprochen.

Ich stelle also fest: der große, der erste mittelalterliche Papst
selbst hat die häretische Lehre der griechischen Mystagogie, die
Lehre von der Wiederholung des L e i d e n s Christi in der Eucharistie vorgetragen. Er, der sechs Jahre in Konstantinopel sich auf-
gehalten hatte, ohne der griechischen Sprache mächtig zu werden,
war doch von der Mythologie der griechischen Dogmatik und von
der Mysteriosophie des griechischen Kultus überwältigt worden.
Nicht bloß seine massenhaften Berichte von Visionen und anderen
Mirakeln, seine farbenreiche Ausmalung aller eschatologischen Geheimnisse von Himmel und Hölle und Fegefeuer, seine Engellehre
erhärten das. Sein bekannter Brief an den Bischof Johannes von
Syrakus bezeugt, daß schon seine Zeitgenossen richtig empfanden,
wie sehr der politische Nachfolger Justinians, der den Begriff des
gräzisierten römischen Imperiums im reorganisierten römischen
Papsttum wieder aufnahm, von dem Geiste des griechischen Ritualismus berührt war: er suche — warfen sie ihm vor — zwar die Kirche
von Konstantinopel zu unterdrücken, aber er habe verschiedene Gebräuche ihrer Liturgie in die lateinische Kirche übertragen [20]). Jene
Radbert so willkommene Bemerkung von dem in jeder Messe aufs
neue leidenden Christus zeigt überraschend, daß Gregors religiöses
Denken bis ins innerste Mark von dem griechischen Paganismus infi-
ziert worden war, daß seine Phantasie, hingerissen durch die Pracht
und Plastik des allegorischen Passionsdramas der byzantinischen Messe
mit ihrer mimischen Darstellung von Kreuzesopfer, Grablegung und
Auferstehung, ihn von dem kühleren, klareren und so viel tieferen
Spiritualismus Augustins weltenweit entfernt hatte. So war er der
geborene Lehrer und Meister des Paschasius Radbert. Und so griff
dieser mit innigstem Behagen, das sich in der pathetischen Anpreisung des Gewährsmanns verrät, in das Mirakelrepertorium der

19) Homil. in Evang. lib. II, homil. 37, Kap. 7 (Migne, P.L. Bd. 76,
S. 1279 A).
20) Epistol. lib. IX, epist. 12 (Migne, P.L. Bd. 77, S. 955 f.). Das *Kyrie
eleison* hat freilich nicht erst Gregor in die lateinische Kirche eingeführt,
wie seine sizilischen Gegner behaupteten: schon der dritte Kanon des Konzils zu Vaison (in Südfrankreich) von 529 kannte es als im Orient und in
g a n z I t a l i e n gebräuchlich und ließ es in Gallien zu (siehe hierzu auch
oben S. 192, Anm. 6).

Schriften Gregors, um daraus autoritative Exempel für das theologisch formulierte Dogma des eucharistischen Wunders zu beziehen. Indessen, diese Exempel Radberts für seine Abendmahlstheorie erfordern genauere Betrachtung im einzelnen. Nicht alle sind aus der Mirakelschatzkammer Gregors geborgt. Aber alle sind sie wichtige, redende Symptome für die Anthropomorphisierung des Dogmas, für die Steigerung des dichterischen Elements in der religiösen Phantasie des Mittelalters.

In die Meßfeier des ersten Bischofs von Pavia, Syrus, drängt sich einmal ein Jude ein, um unbefugt die Eucharistie zu empfangen und dann wieder auszuspeien. Allein sobald er das konsekrierte Brot aus der Hand des Priesters in den Mund genommen, vermag er diesen nicht mehr zu schließen, Zunge und Gaumen werden starr; er kann kein Wort sprechen, wütende Schmerzen peinigen ihn unerträglich und immer liegt das eucharistische Brot wie ein feuriger Pfeil in seinem offenen, krampfhaft verzerrten Munde. Endlich holt es der Bischof auf allgemeines Bitten heraus, da ist der Zauber gelöst, der Gefolterte wird verwarnt, aber er mit vielen seiner Glaubensgenossen bekehrt sich zum Christentum [21]). Nicht die Tiefe und Größe der christlichen Religion hat ihn bezwungen, sondern die Kraft der eucharistischen Magie.

Als zweites Exempel der übernatürlichen Wirkung des eucharistischen Mahls erzählt Radbert die bekannte Weltlegende vom Judenknaben [22]), dem Glaserssohn, der zufällig in eine christliche Kirche während der Kommunion gerät, und als er hinzutritt, über dem Altar eine Frau von großer Schönheit auf einem Thron sitzen und auf den Knien einen kleinen Knaben halten sieht, der mit eigener Hand dem Priester die heilige Speise entgegenreicht. Auch er empfängt sie und kehrt voller Freude nach Hause. Aber der fanatische Vater, nachdem er das Geschehene erfahren hat, wirft ihn in den glühenden Glasofen, dessen Feuer er mit neuen Holzscheiten fürchterlich anfacht. Entsetzt eilt die Mutter herbei, ruft die Bürgerschaft zu Hilfe. Man findet den Knaben in den Flammen ruhig schlafen wie auf Daunenfedern und zieht ihn unversehrt hervor. Nachdem der Vater zur Strafe in den Ofen geworfen und vom Feuer sofort völlig verbrannt worden ist, befragt man das Kind nach dem Hergang: „Jene Frau — so lautet seine Antwort —, die in der Basilika, wo ich das Brot am Altar empfing,

---

21) De corpore et sanguine Domini Kap. VI, 3 (Migne, P.L. Bd. 120, S. 1283 f.). Die Quelle kann ich nicht nachweisen.

22) Vgl. Eugen Wolter, Der Judenknabe. 5 griechische, 14 lateinische und 8 französische Texte. Halle/Saale 1879 (Bibliotheca Normannica Bd. 2). Den Text des Radbert kennt Wolter nicht.

auf dem Thron saß und das kleine Kind im Schoß hielt, hat mich mit
ihrem Mantel bedeckt, daß mich das Feuer nicht verschlang, und jene
Speise, die mir des Priesters Hand reichte, hat mir geholfen, daß ich nicht
einmal einen Hauch des Feuers gespürt habe." Da erkennt jedermann,
daß die Jungfrau Maria ihm erschienen war. Und der Judenknabe bekennt
sich zum christlichen Glauben und wird getauft; viele andere Juden folgen
seinem Beispiel. (De corpore et sanguine Domini Kap. IX, 8; Migne, P.L.
Bd. 120, S. 1298 f.) Die Geschichte ist offenbar erst in der z w e i t e n Ausgabe von Radbert seiner Abhandlung zugesetzt worden. Unmittelbar vorher (Kap. IX, 7) kündigt er seine *exempla* an: *Haec igitur subsequentia
libenter, quaeso, perlege, quorum quaedam ex dictis beati ac praecellen-
tissimi viri Gregorii Romanae sedis antistitis excerpsimus atque uti idem
egregius doctor in suis scriptis reliquit, huic nostro opusculo inservimus,
ut tanto auctore in medium adducto firmius verba nostra roborentur.* Dann
folgt die Geschichte vom Judenknaben als erstes Exemplum, aber sie ist
n i c h t aus Gregors Schriften entlehnt. Darauf nochmals eine neue Ankündigung, daß Beispiele aus Gregor mitgeteilt werden sollen: *Beati
e t i a m* [!] *Gregorii summi antistitis, sicut p r o m i s i m u s , exempla ad
medium deducamus, qui refert* (Kap. IX, 10; a. a. O. S. 1300 A), und nun
wird die wirklich aus Gregor entlehnte Geschichte vom Gefangenen erzählt.
Hinterdrein erscheint wieder eine nachdrückliche Ankündigung: *Audi,
obsecro, eiusdem venerabilis viri Gregorii exemplum, quod ideo praesenti
pagina subscribo, quatenus* usw. (a. a. O. S. 1300 C). Nach diesen Worten
beginnt das nächste Kapitel, das die so feierlich eingeführte Geschichte
bringt, mit *Narrat enim praedictus doctor* (Kap. IX, 11; a. a. O. S. 1300 C).
Diese Wiederholungen begreifen sich nur, wenn diese *Exempla* erst allmählich nacheinander dem Werke eingeschaltet sind und daher an den einleitenden Bemerkungen herumkorrigiert worden ist.

Die Quelle dieser Geschichte vom Judenknaben ist offenbar eine
g r i e c h i s c h e. Die älteste Überlieferung, die wir kennen, reicht
bis in das Ende des sechsten Jahrhunderts zurück und tritt uns
allerdings etwa gleichzeitig in griechischer Fassung des Scholastikus
Euagrius [23]) und lateinischer des Gregor von Tours [24]) entgegen.
Aber die Erzählung des Letzten verweist selbst gleich im Anfang
das Vorkommnis in den Orient, und eine alte Biographie des heiligen
Menas, Erzbischofs von Konstantinopel (536—552), setzt sie in dessen
Lebenszeit.

---

23) Wolter, Der Judenknabe, a. a. O. S. 2. 28 f.; Migne, P.G. Bd. 86, 2,
S. 2769.

24) Gregor von Tours, Libri octo miraculorum. lib. I (In gloria martyrum), Kap. 9 (ed. Krusch, Monumenta Germaniae historica. Scriptores
rerum Meroving. Bd. 1 [1884], S. 494); Wolter, Der Judenknabe, a. a. O.
S. 40 f.

Das Mirakel hat einen doppelten Zweck: es soll die göttliche
Macht der Jungfrau Maria und die magische Kraft der eucharistischen Hierurgie erhärten. Es soll das Dogma von der Gottgebärerin
(Θεοτόκος) und von der Wandlung des Brotes in den Leib Christi
der religiösen Phantasie anschaubar machen. Dazu gibt es natürlich
keinen andern Weg als den der mythologischen Erfindung.

Radbert greift nach diesem K u l t u s m ä r c h e n mit offenkun-
digem Behagen. Es war immerhin etwas anderes, wenn Gregor von
Tours die Wundergeschichte, der ja ein gewisser poetischer Reiz,
eine novellenhafte Farbe und ein Zug rührender Anmut eigen war,
in die weite Perlenkette seines superstitiösen Mirakelbuchs einreihte.
Im Zusammenhang einer gelehrten theologischen Abhandlung, die
mit allen Künsten der Dialektik und allem Aufgebot tiefgrübelnder
Spekulation ihrem dogmatischen Ziel nachtrachtet, mutet ein solches
Exempel uns denn doch fremdartig genug an. Aber im Grunde
tragen an diesem Eindruck doch wieder nur wir selbst, die modernen
Leser, die Schuld. Die Geschichte vom Judenknaben mit ihrem
Doppelgesicht ist der natürlichste, konsequenteste Ausdruck jener
beiden Dogmen von der Inkarnation des präexistenten Gottessohns
und von der mystischen Wandlung im eucharistischen Sakrament.
Diese beiden Dogmen konvergierten, wie Harnack so glücklich bemerkt, mit ihrer Entwicklungslinie in der von Radbert begründeten
Transsubstantiationslehre. Nur jener ins Übernatürliche entmensch-
lichte, seiner geschichtlichen Realität entkleidete, gegen alle Denk-
arbeit und Erfahrung durch unbegreifliches Wunder aus dem v e r -
s c h l o s s e n e n Mutterleibe der J u n g f r a u geborene Christus
konnte in jenem übersinnlichen Prozeß der eucharistischen Wandlung entstehen, wie ihn Radbert lehrte. Derselbe Radbert, der die
spiritualistische Anschauung vom Abendmahl durch die entschlossen
realistisch-magische ersetzte, schrieb ja auch die berühmte Erörterung, die den Beweis führte, daß die Maria die Geburt des Gottes
clauso utero vollbracht habe. Nun wohl: wenn der Treffpunkt dieser
konvergierenden beiden Dogmen für die religiöse Phantasie, für
das hungrige Anschauungsbedürfnis des Volkes, überhaupt aller
naiven Leser verkörpert werden sollte, so konnte das nur eine poetische, eine mythologische Erfindung von der Art des Judenknaben-
mirakels leisten. Indem Radbert sie in seine Abhandlung aufnahm,
wendete er sich an alle diejenigen, welche außer dem dialektischen

Spiel der abstrakten Begriffe auch auf konkrete Vorstellungen, auf Bilder realer Dinge ihren Glauben stützen wollten. Und sie haben allezeit die Mehrheit gebildet, nicht bloß im Volke, sondern auch unter den Höherstehenden und im Klerus.

Drei andere Exempel für die magische Wirkung der eucharistischen Speise entlehnt Radbert den Schriften Gregors des Großen. Das eine[25]) ist jenes, an welches er die bedeutungsvolle (oben S.345 ff. gewürdigte) Betrachtung über das immer erneute L e i d e n Christi in der Eucharistie anknüpft. Es läuft im wesentlichen darauf hinaus, daß in einer dreimal wiederholten Vision Christus einem Presbyter in Narni befiehlt, seinem fast täglich das Meßopfer darbringenden Bischof, namens Cassius, die Mahnung zur Beharrlichkeit im Opferdienst und die Ankündigung seines Todes und ewigen Lohnes für den Tag St. Peter und Paul (29. Juni) zu überbringen, und daß diese Vorhersagung im siebenten Jahre nach eben vollbrachtem Meßopfer sich in feierlich erhabener Weise erfüllt.

Den Nutzen der Messen für Verstorbene empfiehlt eine G e - s p e n s t e r g e s c h i c h t e[26]) von antikem Schnitt. Ein Presbyter badet auf ärztlichen Rat in den Thermen von *Sant' Angelo* in den Abruzzen und trifft dort jedesmal einen unbekannten Mann, der ihm beim Entkleiden hilft, die Kleider aufbewahrt, die Leinentücher bereit hält und alle Dienstleistungen mit größter Hingabe besorgt. Als sich das öfter wiederholt, gibt er ihm einmal nach dem Baden zwei konsekrierte Hostien, die nach ihrer Form Kronen genannt werden. Aber diese weist jener traurig zurück, indem er sich als den um seiner Sündenschuld willen zu dem Badedienst verurteilten Geist eines Verstorbenen zu erkennen gibt, der nicht „das heilige Brot essen kann". Wohl aber bittet er den Presbyter, er möge

---

25) De corpore et sanguine Domini Kap. IX, 11 (Migne, P.L. Bd. 120, S. 1300 ff.) nach Gregorius, Homil. in Evang. lib. II, homil. 37, Kap. 9 (Migne, P.L. Bd. 76, S. 1279 ff.); siehe auch Dialogorum lib. IV, Kap. 56 (Migne, P.L. Bd. 77, S. 421 f.).

26) De corpore et sanguine Domini Kap. IX, 12 (Migne, a. a. O. S. 1302 f.), gleichfalls mit Berufung auf Gregor als Gewährsmann. Die Geschichte steht bei ihm Dialogorum lib. IV, Kap. 55 (Migne, P.L. Bd. 77, S. 417), ist aber in der Diözese *Civita Vecchia* und den Bädern von *Taurania* lokalisiert. Von den Thermen zu *Sant'Angelo (Angulanis thermis)* in den Abruzzen, die bei Radbert genannt sind, berichtet eine verwandte Geistergeschichte Gregors (Dialogorum lib. IV, Kap. 40; Migne, a. a. O. S. 396 f.), deren Held die Seele eines Diakons namens Paschasius ist.

für sein Seelenheil in der Messe diese Hostie opfern, und verschwindet. Eine Woche hindurch erfüllt der Presbyter diese Bitte,
und als er dann die Thermen wieder besucht, stellt sich der Geist
nicht mehr als Diener ein, er ist also tatsächlich erlöst und zur
Ruhe gekommen.

Am elementarsten bricht der superstitiöse Trieb durch in der
dritten Gregorischen Erzählung [27]) von dem Gefangenen, der lange
Zeit von den Feinden in Fesseln gehalten wird und dessen Fesseln
jedesmal an jenem Wochentage abgenommen werden, an welchem
die trauernde Gattin in der fernen Heimat, ohne noch auf sein Leben
und seine Wiederkehr zu hoffen, für ihn als einen Verstorbenen
eucharistische Hostien konsekrieren und darbringen läßt. Hier wirkt
die Zeremonie beim Genuß der eucharistischen Speise befreiend in
die Ferne, genau so wie das Sprechen bestimmter Zauberformeln nach
heidnischem Glauben dem fernen Gefangenen die Bande abstreift.
Was konnte es helfen, wenn Radbert eine spirituellere Nutzanwendung beifügt: „Entnimm, mein Lieber, wie stark die von uns geopferte Hostie wirkt zur Lösung der Fessel unseres Herzens, wenn
schon eine von einem anderen geopferte Hostie einem andern die
Bande zu lösen vermochte":

Hinc ergo, mi dulcissime, certa consideratione collige, oblata a
nobis sacra hostia quantum valeat solvere in nobis ligaturam cordis,
si oblata ab altero potuit in altero solvere vincula corporis (Migne,
P.L. Bd. 120, S. 1300 B).

Noch materialistischer wird die eucharistische Opferspeise in
jenen Exempeln aufgefaßt, die Radbert mitteilt, um zu erhärten,
daß bisweilen die Wandlung der Elemente in Blut und Leib Christi
auch s i c h t b a r geschehe. Hier handelt es sich nicht um die Ver-
anschaulichung der magischen Wirkung des eucharistischen Mahls,
sondern um die sinnliche Enthüllung des Mysteriums selbst in seinem allen Sinnen entrückten V e r l a u f. Als Quelle dieser Erzählungen nennt Radbert [28]) *sanctorum vitas et exempla,* d. h. die
griechische Hierographie. Und der Geist der materialistischen griechi-

---

27) De corpore et sanguine Domini Kap. IX, 10 (Migne, P.L. Bd. 120,
S. 1300), nach Gregorius Homil. in Evang. lib. II, homil. 37, Kap. 8 (Migne,
P.L. Bd. 76, S. 1279 BC).

28) De corpore et sanguine Domini Kap. XIV, 1 (Migne, a. a. O.
S. 1316 C).

schen Mystagogie ist es, den er hier in die abendländische wissenschaftliche Dogmatik leitet.

Aus diesem Geist heraus versichert er, oft hätten Gläubige, während die Hostie gebrochen oder dargebracht wurde, ein Lamm in ihren Händen gesehen und Blut im Kelch, als ob es aus dem Opfer hervorflösse: ... *Ut dum oblata frangeretur vel offerretur hostia, videretur agnus in manibus et cruor in calice, quasi ex immolatione profluere, ut quod latebat in m y s t e r i o , patesceret ... in m i r a - c u l o* (Kap. XIV, 1; a. a. O. S. 1316 C).

Aus der Vita Gregors des Großen schöpft Radbert nach seiner Angabe folgendes Mirakel: Eine vornehme Frau, die an den Sonntagen gewohnt war nach kirchlicher Sitte Oblationen zu machen, empfängt eines Tages die Kommunion. Als ihr der Bischof die Partikel der Hostie darreicht mit dem vorgeschriebenen Segen „der Leib unseres Herrn Jesu Christi diene dir zur Vergebung aller Sünden", lächelt sie plötzlich. Darauf schließt sie der Bischof, der das bemerkt, von der Kommunion aus, gibt ihr die Hostie nicht, sondern legt diese auf den Altar und stellt die Frau, nachdem die heilige Handlung vorüber ist, wegen ihres Betragens zur Rede. Sie gesteht, sie habe lächeln müssen, weil sie in der überreichten Portion, die der Bischof den Leib des Herrn genannt habe, gerade ein Stück des von ihr selbst gebackenen, als Oblation gespendeten Brotes wiedererkannt habe. Da wendet sich Gregor an das Volk und fordert es auf, Gott zu bitten, er möge den Glauben der Frau durch eine sichtbare Erscheinung stärken, da sie mit den Augen des Geistes nicht zu glauben vermöge. Nach dem Gebet erhebt man sich und findet die auf dem Altar vorher niedergelegte Brotpartikel, die der Frau überreicht worden war, verwandelt in die Gestalt eines v o n B l u t ü b e r g o s s e n e n m e n s c h l i c h e n G o l d f i n g e r s. Der Bischof zeigt ihr diesen Beweis für die Wahrheit der eucharistischen Wandlung. Dann ein neues Gebet, danach erscheinen Blut und Fleisch wieder in der früheren Gestalt; alles aber preist Gott, daß er durch sein Wunder den Unglauben des Weibes geheilt habe [29]).

Diese Geschichte fehlt in der echten *Vita* des Paulus Diaconus aus der zweiten Hälfte des achten Jahrhunderts, wie sie Grisar, Die Gregorbiographie des Paulus Diaconus in ihrer ursprünglichen Gestalt, nach italienischen

---

29) De corpore et sanguine Domini Kap. XIV, 5 (Migne, a. a. O. S. 1317 f.).

Handschriften (Zeitschrift für katholische Theologie Bd. 11 [1887], S. 162 ff.)
herausgegeben hat. Sie findet sich dagegen in der durch Interpolationen
von Wundererzählungen sich auszeichnenden jüngeren Überarbeitung,
welche zur Vulgata geworden ist, als Kap. 23 (Migne, P.L. Bd. 75, S. 52 f.).
Die *Vita* Gregors von Johannes Diaconus, die zwischen März 873 und dem
31. August 875 verfaßt ist (siehe P. Ewald, Historische Aufsätze. Dem Andenken an Georg Waitz gewidmet. Hannover 1886, S. 18, Anm. 2), bringt die
Geschichte unter dem Titel *Quae de Gregorii miraculis penes A n g l o r u m
ecclesias vulgo leguntur* in lib. II, Kap. 41 (Migne, P.L. Bd. 75, S. 103 BC).
Es ergibt sich daraus für das Aufkommen dieser kraß sinnlichen Abendmahlsmirakel in der Tradition über Gregor ein willkommenes Datum:
v o r Radberts Buch (831 bzw. 844), und als Ursprungsort ihrer Verbreitung: E n g l a n d. Wir finden diese englischen Traditionen in der n o c h
u n g e d r u c k t e n, zu Anfang des achten Jahrhunderts in England verfaßten Vita, über die Ewald (a. a. O. S. 17 ff.) Mitteilungen machte: sie
enthält das Wunder mit der ungläubigen Matrone als 20. Kapitel.

Die Vision des Judenknaben wiederholt im wesentlichen das von
einem e n g l i s c h e n Presbyter berichtete Erlebnis. Nicht aus Unglauben, sondern aus sehnsüchtigem Glauben erbat er sich die volle
Offenbarung des eucharistischen Mysteriums in sinnlichen Formen.
Eines Tages, als er die Messe zelebrierte, sprach ihn ein vom Himmel
kommender Engel also an: „Stehe auf, eile, wenn du Christus sehen
willst; er ist gegenwärtig in körperlichem Kleid, den die heilige
Gottesgebärerin im Schoß trug." Furchtsam aufblickend gewahrt
der Presbyter über dem Altar den Sohn des Vaters als Knaben, wie
ihn Simeon auf seinen Händen hatte tragen dürfen. Wiederum
spricht der Engel zu ihm: „Da du Christus sehen wolltest, den du
unter der Gestalt des Brotes mit mystischen Worten zu opfern pflegtest, so schaue nun mit deinen Augen, berühre ihn mit deinen
Händen." Und der Priester faßte das Kind mit zitternden Händen,
drückte es an sich, Brust wider Brust, umschlang es mit seinen
Armen, küßte den Gottessohn und preßte seine frommen Lippen
auf die Lippen Christi. Danach hob er das Kind wieder auf den
Altar und betete, um die Kommunion ausführen zu können, nieder-
geworfen zur Erde, daß Gott den Leib Christi in seine frühere
Gestalt zurückversetze. Nach vollendetem Gebet erhebt er sich und
findet in der Tat auf dem Altar wieder das Brot [30]).

---

30) De corpore et sanguine Domini Kap. XIV, 5 (Migne, P.L. Bd. 120,
S. 1319 f.). Als Quelle gibt Radbert an: *in gestis Anglorum.*

Wir dürfen nicht übersehen: wiederum ist es E n g l a n d , wie die interpolierte Bearbeitung der Gregorvita, wie die dort erblühende poetische Verherrlichung des Speerwunders (oben Kap. 19) erwies, wo sich die religiöse Phantasie in der märchenhaften Ausmalung des Abendmahlsmysteriums gefällt.

Die eben wiedergegebene Geschichte von der Abendmahlsvision des englischen Presbyters hält sich in den Grenzen des rührend Anmutigen. Sie schlägt die wohlbekannten, noch heute fortklingenden Töne der zärtlichen Devotion vor dem Jesuskinde an, die katholische Kunst und Poesie im Wetteifer Jahrhunderte durch ausgedrückt haben. Die Erzählung vom blutigen Finger in der Hostienpartikel begibt sich bereits in das Gebiet einer wilden religiösen Romantik. Aber auf dieser Bahn ist die Phantasie des Mittelalters noch viel weiter gegangen. Mit grausigen Bildern hat sie die lechzenden Sinne zugleich gesättigt und gefoltert, gestillt und aufgestachelt. Aus dieser Sphäre holt sich Radbert zwei weitere seiner Exempel.

Als der heilige B a s i l i u s die göttlichen Mysterien der Eucharistie zelebrierte, mischte sich ein Jude unter die Kommunikanten, mit der Absicht, den Hergang des Amtes kennenzulernen. Da sah er ein kleines K i n d in den Händen des Basilius ausgeteilt werden und alle davon kommunizieren, trat auch selbst hinzu, und es ward ihm das wirkliche Fleisch gegeben. Alsdann trat er zu dem mit Blut gefüllten Kelch und empfing auch davon, und von beiden Gaben hob er sich Reste auf und zeigte sie, nach Hause zurückgekehrt, seiner Frau zur Bestätigung dessen, was er erzählte und mit eigenen Augen gesehen hatte. Glaubend sprach er „In Wahrheit ist schrecklich und bewundernswert das Mysterium der Christen." Am nächsten Morgen begab er sich zu Basilius und erbat ohne Verzug das christliche Siegel. Basilius säumte auch nicht und taufte ihn mit seinem ganzen Hause (De corpore et sanguine Domini Kap. XIV, 2; Migne, a. a. O. S. 1317 BC).

Die Quelle dieser Geschichte lieferte die griechische Hagiographie und zwar die fälschlich dem Amphilochius von Ikonium beigelegte Lebensbeschreibung Basilius' des Großen, deren lateinische Übersetzung (aus dem neunten Jahrhundert) abgedruckt ist in den *V i t a e   p a t r u m (De vita et verbis seniorum sive historiae eremiticae* libri X) lib. I, Kap. 7 (ed. H. Roswyde. Antwerpen [2] 1628, S. 156[a]). Radberts Text gibt n i c h t diese Übersetzung, muß also entweder nach dem griechischen Original oder nach einer anderen lateinischen Version gemacht sein.

Bis zum Unerträglichen steigert sich diese materialistische visionäre Mystik in der von Radbert wiederholten Erzählung des Abtes Arsenius († 440). Ein greiser Anachoret, ein Skitiote — Bach (Dogmengeschichte, a. a. O. Bd. 1, S. 168 f.) macht aus: *de quodam sene Scythi habitante* oder (wie der von ihm benutzte Text schreibt) *de quodam S y t i habitante* einen frommen Mönch Sytes! Gemeint ist einer jener anachoretischen Mönche, die nach der sketischen Wüste in Oberägypten ihren Namen haben —, hatte trotz aller werktätigen Frömmigkeit Unglauben in bezug auf die eucharistische Speise und sprach: „Das Brot, das wir im Abendmahl genießen, ist nicht der natürliche Leib Christi, sondern nur das Bild desselben (*figura*)." Das hörten zwei andere fromme Greise und suchten ihn zu überzeugen, daß das eucharistische Brot selbst der Leib Christi und der Kelch selbst das Blut Christi in Wahrheit und nicht bloß deren Typus seien, und daß die eucharistische Wandlung analog sei der Schöpfung Gottes, der im Anfang den Menschen nach seinem Bilde in Ton formte. Aber der Anachoret wollte nur durch unmittelbare Erkenntnis sich von seiner Meinung abbringen lassen. Er und die beiden anderen beten zu Gott, er wolle ihm sein Geheimnis enthüllen. Am nächsten Sonntag kamen die drei in die Kirche, und als sie auf ihren Sitzen saßen, der Skitiote in der Mitte, da wurden ihnen ihre geistigen Augen geöffnet, und sobald die Opferbrote auf den Altar gelegt waren, schien ihnen nur ein kleiner Knabe auf dem Altar zu liegen, und als der Priester die Hand ausstreckte, das Brot zu brechen, da stieg ein Engel vom Himmel herab, der hatte ein Messer in der Hand und schlachtete damit den kleinen Knaben und f i n g s e i n B l u t i n d e n K e l c h a u f. Als dann der Priester das Brot in Stücke brach, zerschnitt auch der Engel die Glieder des Knaben in kleine Teile. Und da der greise Anachoret hinzutrat, um die heilige Kommunion zu empfangen, ward ihm allein das blutige Fleisch gereicht. Bei diesem Anblick schauderte er zurück und rief: „Ich glaube, Herr, daß das Brot, welches auf dem Altar geopfert wird, dein Leib ist und der Kelch dein Blut", und sogleich wurde in seiner Hand das Fleisch wieder Brot, das er dankend verzehrte. Zu ihm aber sprachen nun die beiden anderen Greise: „Gott weiß, daß die menschliche Natur nicht rohes Fleisch essen kann, darum hat er seinen Leib in Brot und sein Blut in Wein für diejenigen gewandelt, die jenes mit Glauben empfangen." Und dankerfüllt und froh kehren alle in ihre Zellen zurück [31]).

Diese Erzählung, welche in einem gewissen Sinne uralte Anklagen der Heiden zu bestätigen und die von ihnen dem christlichen Abendmahlskultus vorgeworfenen Thyestischen Frevel zu erhärten scheint, stammt aus einem griechischen hagiographischen Apophthegmenbuch [32]), das bereits zu Ende des fünften oder zu Anfang des sechsten Jahrhunderts verbreitet gewesen ist, um dann in lateinischer Übersetzung und Bearbeitung seinen Weltgang anzutreten, und sie reicht ihrer Entstehung nach in die erste Hälfte des fünften Jahrhunderts zurück.

Auch die griechische Kunst scheint sich bemüht zu haben, diese eucharistischen Visionen der Phantasie einzuprägen. Ich schließe das aus einer dem Anschein nach allerdings sehr viel jüngeren griechischen Handschrift der Vatikanischen Bibliothek [33]), welche die Messe mit Illustrationen begleitet: sie gibt zur Darstellung der Konsekration ein Bild, in dem über dem Priester die Hostie in der Gestalt des Christuskindes erscheint, mit erhobenen Händen, in Feuerströme eingehüllt und von den Chören der anbetenden Engel umschwebt. Leider gibt Angelo Mai (a. a. O. S. 585) weder die Signatur des Kodex, noch irgendeine Notiz über die Zeit seiner Entstehung. Bei der Zähigkeit, mit der in der byzantinischen Kunst die alte Tradition festgehalten wird, glaube ich aus dieser späten Illustration immerhin einen Rückschluß auf entsprechende Miniaturen in alten byzantinischen Sakramentarien machen zu dürfen.

Ich fasse zusammen. Durch Radberts Buch, das in Frankreich und Deutschland gleich stark gewirkt hat, ist der religiösen Phantasie des Abendlandes der volkstümliche Niederschlag der griechischen sinnlichen Mystik in vollem Strom zugeführt und das Sakrament der Eucharistie mit dem erregenden Schimmer eines märchenhaften, zauberisch wirksamen Mysteriums übergossen worden. Fortan umspielt die liturgische Handlung der sonntäglichen

---

31) De corpore et sanguine Domini Kap. XIV, 4 (Migne, a. a. O. S. 1318 f.); vgl. dazu auch Steitz, Abendmahlslehre Bd. 12 (1867), S. 264 ff.

32) Apophthegmata patrum, Littera D: *De abbate Daniele*, Abschnitt 7 (Migne, P.G. Bd. 65, S. 156 ff.); lateinisch: *Vitae patrum*. lib. V, Kap. 18, 3 (H. Rosweyde, a. a. O. S. 635 f.; Acta Sanctorum Jul. Tom. IV, S. 609 f.). — Vgl. über Abfassungszeit und Quellenverhältnis Ehrhard in Krumbacher, Byzantinische Literatur § 84, Anm. 3 (S. 188).

33) [Angelo Mai,] Nova patrum bibliotheca Tom. VI, pars 2 (Rom 1853), Bild 7 (S. 590).

Messe auch im Kreise des abendländischen Klerus und Volkes das
unersättliche Verlangen nach dem Mirakel. Fortan webt darum das
p o e t i s c h e Bedürfnis und die erfinderische Kraft der Einbildung
goldene Fäden. Griechisch und echt volkstümlich ist der Grundgedanke, daß die eucharistische Speise Unsterblichkeit verleiht. Griechisch und für die Anschauung des Volkes von befruchtender Kraft
war die Hereinziehung des jedesmal herabsteigenden heiligen Geistes
in das Mysterium und die unmittelbare Anknüpfung an das
schaudervolle Wunder der Durchbohrung der Seite des göttlichen
Dulders durch den Speerstich des Kriegsknechts. Griechisch und
von ungeheurer Wirkung auf die Volksseele waren vor allem jene
als Beweisurkunden beigebrachten W u n d e r g e s c h i c h t e n.

Indem sie nun aus den tiefen Schichten religiöser Überlieferung
in die Sphäre der theologischen Wissenschaft gehoben wurden, erhielten sie gleichsam den Adel kirchlicher Legitimation. Unzweifelhaft empfing dadurch ihr Fortleben und ihre Ausdehnung eine
unermeßliche Stärkung. Zahlreich sind die Kanäle, die sie nun in
alle Stockwerke der religiösen Kultur verteilen. Die Predigt und die
geistlichen populären Unterhaltungs- und Erbauungsrepertorien
haben dabei am meisten für ihre Verbreitung gesorgt. In England
eignete Ælfrics Homilienübersetzung [34]) sie schon im zehnten Jahrhundert der nationalen Literatur an. Und hier wie in den übrigen
Ländern des westlichen Europas haben die großen, immer wachsenden und sich umformenden hagiographischen Sammlungen, die alle
aus griechischen Quellen gespeist sind, die *Passiones* und *Vitae sanctorum,* die *Vitae patrum,* endlich im dreizehnten Jahrhundert die
Legenda aurea des Jacobus de Voragine (Jakob von Varazze) [35])
diese Fermente einer mirakelhaften Phantastik der Eucharistie weiter
getragen. Am Ende des dreizehnten Jahrhunderts sind sie von dem

---

34) *Sermo de sacrificio in die pascae* (The homilies of Ælfric by Benj.
Thorpe. Vol. 2 [London 1846], S. 272). Ælfric hat die Geschichte von dem
das Christuskind schlachtenden Engel aus den *Vitae patrum,* die Geschichte
vom blutigen Finger aus der englischen Gregor-Vita entnommen; außerdem in der Homilie über das Leben des heiligen Basilius zwei Wundergeschichten aus den *Vitae patrum* erzählt, darunter auch die oben besprochene.

35) Legenda aurea Nr. 46: *De sancto Gregorio* (§ 11); hrsg. von Grässe.
Breslau 1890, S. 179 f.

mittelrheinischen Verfasser des deutschen Passionals und Väter-
buchs[36]) dann auch bei uns mit aller Kunst des poetischen Roman-
stils weltlicher Dichtung vorgetragen worden.

II. Amalarius von Metz.

Auf das engste zusammen mit des Paschasius Radbertus Abendmahlslehre hängt die neue Wendung in der abendländischen Liturgik
durch die Schriften des A m a l a r i u s v o n M e t z[37]).

Amalar ist ein Zeitgenosse Radberts. Er ist gleich diesem in die
hierarchische und kirchenpolitische Bewegung der Zeit verflochten.
Auch er hat in den wirren Kämpfen Ludwigs des Frommen als unmittelbarer Teilnehmer sich seinen Standpunkt gewonnen.

Amalar, der Schüler Alkuins, der Zögling des Martinsklosters zu
Tours, hatte im Jahre 817 auf der Reformsynode von Aachen im
Auftrage Ludwigs des Frommen aus den Werken der Väter und
Kirchenlehrer, den Konzilbeschlüssen und päpstlichen Dekretalen
die Stellen gesammelt, die für die einzuführende strenger geregelte
Vita communis des Klerus Normen hergeben konnten, und in dieser
umfänglichen Kompilation[38]) die Standespflichten der Bischöfe,

---

36) Passional: *Von Sante Gregorio einem pabeste* [Geschichte von der
ungläubigen Frau und dem Blutfinger] (hrsg. von Fr. K. Köpke. Quedlinburg und Leipzig 1852, S. 207, V. 85 ff.); im Väterbuch (hrsg. von
K. Reissenberger. Berlin 1914 [Deutsche Texte des Mittelalters Bd. 22]) wird
die Geschichte vom ungläubigen Skitioten nach dem Abt Arsenius erzählt
unter der Überschrift *Arsenius zwivelt an Gotes lichnamen* (V. 23661 —
23870, S. 346—349), ebenso auch in der Prosaübersetzung der *Vitae patrum*
nach einer Breslauer Handschrift (hrsg. von H. Palm. Stuttgart 1863, § 44,
S. 13 f. [Bibliothek des Literarischen Vereins Nr. 72]).

37) Vgl. Reinhard Mönchemeier, Amalar von Metz. Sein Leben und
seine Schriften. Ein Beitrag zur theologischen Literaturgeschichte und zur
Geschichte der lateinischen Liturgie im Mittelalter. Münster i. W. 1893
(Kirchengeschichtliche Studien Bd. 1, 3/4); dazu Sahre in Hauck, RE. Bd. 1,
S. 428 ff. (dort auch weitere Literatur). In diesem Amalar den Trierer Erzbischof Amalar zu erblicken, der auch in Rom und in Konstantinopel war
und gleichfalls liturgische Studien betrieb und literarisch niederlegte, verbieten manche Erwägungen; doch scheint mir trotz den Ausführungen
Mönchemeiers (a. a. O. S. 259 ff.) die neuerdings wieder verfochtene Identifizierung keineswegs endgültig widerlegt, vielmehr erneute Prüfung der
ganzen Frage notwendig. (Vgl. Eisenhofer, Handbuch der katholischen
Liturgik. Freiburg i. Br. 1932 f. Bd. 1, S. 122 ff.)

38) Liber de institutione canonicorum (Migne, P.L. Bd. 105, S. 821 ff.).

Priester und Kleriker behandelt. Acht Jahre später (825) finden wir
Amalar bei der Versammlung fränkischer Bischöfe zu Paris, die
Kaiser Ludwig einberufen hatte, um in der immer noch umstrittenen
Frage der Bilderverehrung eine Entscheidung zu treffen.

Die Kirchenpolitik des fränkischen Hofes nahm in dem Streit
zwischen den extremen Ansichten eine Mittelstellung ein. In Byzanz
war mit Leo V., dem Armenier (813—820), zum zweiten Male die
ikonoklastische Strömung der Armen wütend hervorgebrochen und
hatte die Erfolge des bilderfreundlichen zweiten Nicänischen Konzils
von 787 trotz aller dogmatischen Apologetik der Mönchspartei und
den Sympathien des Volkes über den Haufen geworfen. Karl der
Große hatte sich aus politischen und religiösen Gründen die Be-
schlüsse von Nicäa nicht angeeignet, sondern die griechische Synode
für illegitim erklärt. Die in seinem Auftrag erlassene Staatsschrift,
die *Libri Carolini* [39]), widerlegte sie Punkt für Punkt, verwarf die
den griechischen Bilderfreunden zugeschriebene Anbetung der Bilder
als Götzendienst, mißbilligte indessen anderseits auch den Ikonoklas-
mus ihrer Gegner, empfahl vielmehr, auf der Autorität Gregors des
Großen fußend, religiöse Bilder als Hilfsmittel der Devotion, der
Belehrung des Volkes, des Kirchenschmucks und hieß ausdrücklich
den Kultus der Heiligen, der Reliquien und des Kreuzes gut. Papst
Hadrian widersprach in einem besonderen Schreiben. Allein ohne
Wirkung; denn eine große Synode zu Frankfurt bestätigte im Jahre
794 unter der Zustimmung der päpstlichen Legaten die Karolinische
Verordnung. So lagen die Dinge, als Ludwig der Fromme die
Bischöfe seines Reichs nach Paris einlud, um die Frage neuerdings
zu verhandeln. Nachdem seit 820 Michael II. Balbus den griechischen
Purpur trug, schien in Byzanz eine gewisse Mäßigung in der Ausführung des Bilderverbotes Platz zu greifen: die Privatverehrung
wurde schließlich wenigstens zugelassen. Auf der andern Seite hielt
das Papsttum in seinen jetzigen Vertretern Paschalis I. und Eugen II.
entschiedener als früher, da der fügsame Hadrian auf dem römischen
Stuhl saß, zu den Verteidigern der unbedingten Bilderadoration, zu
den griechischen Mönchen und zu den Neigungen des Volkes. Es stand
ihm nicht mehr Karls des Großen kraftvolle Kirchenpolitik gegen-

---

39) Vgl. hierzu Hauck, Kirchengeschichte Deutschlands. Bd. 2 (³/⁴ 1912),
S. 328, Anm. 2; 329—39.

über. Die weichere Hand Ludwigs des Frommen suchte nach einem Ausgleich.

Veranlassung hatte ihm dazu eine Gesandtschaft des Kaisers Michael gegeben, welche nach Rom gehen sollte und für die beabsichtigte Annäherung an die radikal bilderfreundliche Kurie den Beistand des fränkischen Kaisers als des Vertreters der Mittelpartei erbat. Mit Genehmigung des Papstes arbeitete nun auf Befehl Ludwigs die Pariser Synode eine Denkschrift aus, welche über die Streitpunkte aus der patristischen Literatur die maßgebende Auskunft erteilen sollte, und sandte diese mit den Entwürfen für das Schreiben Ludwigs an den Papst und für die Antwort des Papstes an den Herrn von Konstantinopel nach Aachen an den kaiserlichen Hof. Überbringer dieser Schriftstücke war neben dem Bischof Halitgar auch Amalar. An der Gesandtschaft, die dann der Kaiser Ludwig nach Rom schickte, nahm Amalar nicht teil. Wohl aber war er, wieder neben Halitgar, ausersehen, als kaiserlicher Bevollmächtigter die Legaten des Papstes nach Konstantinopel zu begleiten. Ob nun tatsächlich der Papst damals Legaten an den Kaiser Michael gesendet hat, wissen wir nicht. Im Jahre 828 hören wir, daß Halitgar zusammen mit dem Abt Ausfrid von Nonantola von einer Mission nach Konstantinopel heimkehrte. War Amalar mit ihnen zusammen hingereist und haben sie nur ohne ihn die Rückfahrt angetreten? Jedesfalls hat er Konstantinopel besucht. Er hat dort am Tage Epiphaniä dem kirchlichen Offizium in der *Hagia Sophia* beigewohnt. Er erzählt es uns selbst, leider ohne eine nähere Zeitbestimmung zu geben oder zu ermöglichen: *Hunc psalmum audivi Constantinopoli in ecclesia Sanctae Sophiae in principio missae celebrari* (De ordine antiphonarii Kap. 21; Migne, P.L. Bd. 105, S. 1275 D; das Kapitel ist überschrieben: „*De Epiphania*"). Daß der Dienst des Kaisers ihn dorthin geführt hat, dürfen wir mit Sicherheit annehmen.

Amalar hat sich um die textliche Redaktion der gallischen Liturgie bemüht, indem er die Antiphonien und Sakramentarien auf Grund eingehender Besprechungen mit dem römischen Archidiakonus Theodorus über den römischen Usus und auf Grund von Vergleichung verschiedener Exemplare, namentlich auch römischer, die nach Corbie gekommen waren, im Sinne eines vorsichtigen Ausgleichs zwischen dem Herkommen der Metzer und der römischen

Kirche bearbeitete. Außerdem suchte er die Bedeutung des Gottesdienstes durch eine mystische Erklärung zu erhöhen. Und hier erwies er sich als Neuerer.

Die erste Frucht dieser mystagogischen Bemühung, seine Kaiser Ludwig gewidmeten vier Bücher über die kirchlichen Offizien, entstand vor seiner Romreise, die in die Zeit vom September 831 bis März 832 fiel [40]). Er hat dieses Werk dann aber später in einer zweiten Ausgabe korrigiert, nachdem er sich in Rom überzeugt hatte, daß der tatsächliche Gebrauch der dortigen Kirche vielfach abwich von den Angaben des in Gallien verbreiteten *Ordo Romanus.* Diesem großen liturgischen Kommentar ließ er eine neue Ausgabe des Antiphonars und gleichzeitig eine Erklärung [41]) desselben folgen. Darin kombinierte er den Bestand des altrömischen Antiphonars, das in Metz im Gebrauch und um 750 geschrieben war, mit dem neurömischen Antiphonar, welches Wala aus Rom nach Corbie gebracht hatte und das die Revision des römischen Ritus durch Hadrian wiedergab. Diese beiden Bestandteile schied er mit den Buchstaben M (Metz) und R (Rom). Dazu fügte er Antiphonare und Responsorien aus andern einheimischen Sammlungen, namentlich aus der Hinterlassenschaft Alkuins, und solche, die er selbst komponiert hatte. Alle diese lokalen und persönlichen Zusätze bezeichnete er mit den Buchstaben I. C., d. h. er bat für sie um *Indulgentia* und *Caritas.* Bei dieser Umbildung des Antiphonars [42]) folgte Amalar dem Beispiel, das der Weltpriester Elisagar gegeben hatte, der eine Zeitlang Kanzler Ludwigs des Frommen gewesen war, dann die

---

40) De ecclesiasticis officiis libri IV (Migne, P.L. Bd. 105, S. 985 ff.); dazu Mönchemeier, a. a. O. S. 26 f. 69 ff.; Hauck (Kirchengeschichte, a. a. O. Bd. 2, S. 662, Anm. 4) nimmt eine zweimalige Reise nach Rom an: vor 816 und 831.

41) Liber de ordine antiphonarii (Migne, P.L. Bd. 105, S. 1243 ff.); dazu Mönchemeier, a. a. O. S. 29. 90 ff.; Bäumer, Geschichte des Breviers. Freiburg i. Br. 1895, S. 279 ff.

42) Nach der Ansicht Bäumers („Zur Geschichte des Breviers" [Der Katholik. N.F. Bd. 61 ⟨1889⟩, S. 624 f.] und „Geschichte des Breviers" [a. a. O. S. 283, Anm. 1]) enthält der von Migne (P.L. Bd. 78, S. 725 ff.) abgedruckte *Liber responsalis sive Antiphonarius* einen Text aus „jener Klasse gallikanisierter [römischer] Antiphonarien oder Responsorialien, welche dem Bemühen Helisachars [Elisagars] und insbesondere Amalars ihr Entstehen verdanken".

Abtei St. Riquier, später St. Maximin in Trier zum Nießbrauch der
Einkünfte vom Kaiser erhalten hatte.

Als Amalar mit der Verwaltung des Erzbistums Lyon beauftragt
wurde, dessen bisheriger Inhaber Agobard [43]), weil er sich an dem
Aufstand gegen Ludwig den Frommen beteiligt hatte, seines Amtes
entsetzt worden war, ging er daran, in seiner neuen Diözese seine
liturgische Praxis und Theorie durchzusetzen, und suchte auf einer
zusammenberufenen Diözesansynode seinen Klerus für dieses Vor-
haben zu gewinnen. Aber hier erwuchsen ihm starke Gegner. Persönliche Gründe waren es, die der Opposition so leidenschaftliche
Akzente verliehen: die Parteigänger und Freunde Agobards suchten
den unbequemen Eindringling zu vernichten. Aber der Kampf
spielte sich durchaus auf dem dogmatischen und liturgischen Gebiet
ab und wurde eine große kirchliche Aktion. Das war nur möglich,
weil hier wirklich tiefe und weittragende prinzipielle Gegensätze
der religiösen Auffassung zusammenprallten. Der Diakonus Florus
übernahm die Führung des Angriffs. Als Amalar die bisherigen
liturgischen Bücher der Lyoner Kirche abschaffen wollte, stachelte er
den Klerus zum offenen Widerstand auf. Er veröffentlichte eine
Streitschrift [44]) gegen Amalars auf einer Diözesansynode gemachte
Ausführungen, und da dieses Mittel noch nicht genügend wirkte,
verklagte er seinen Bischof vor dem Konzil von Kiersy, das im Jahre
838 Ludwig berufen hatte. Gerade für dieses Konzil hatte auch
Amalar eine neue, zusammenfassende und abschließende Abhandlung [45]) verfaßt, die er dem Kaiser oder dem Erzkaplan, Bischof
Drogo von Metz, widmen wollte. Es kam nicht mehr dazu. Mittlerweile war der abgesetzte Agobard nicht untätig gewesen: er benutzte
die in seiner Diözese ausgebrochenen Streitigkeiten, um den Kaiser
zu bitten, hier einzugreifen und die gefährdete Reinheit des Glaubens zu schützen. Ludwig war es willkommen, sich dem verbannten
Erzbischof wieder zu nähern, und so befahl er der Versammlung von

---

43) Vgl. über ihn Hauck, RE. Bd. 1, S. 246 ff.; besonders aber Hermann
Reuter, Geschichte der religiösen Aufklärung im Mittelalter. Berlin 1875.
Bd. 1, S. 24 ff.; Ad. Ebert, Allgemeine Geschichte der Literatur des Mittel-
alters im Abendlande. Leipzig ² 1889. Bd. 2, S. 209 ff.

44) Text bei Mönchemeier, a. a. O. S. 235 ff.; dazu S. 37 ff.

45) Er gab ihr den griechischen Titel *Embolis opusculorum.* Sie
liegt vor in den Eclogae de officio missae (Migne, P.L. Bd. 105, S. 1315 ff.);
Mönchemeier, a. a. O. S. 41 f. 101.

Kiersy, die Angelegenheit zu untersuchen und zu entscheiden. Florus bearbeitete die hervorragendsten Mitglieder, den Bischof Drogo, den Erzbischof Heti von Trier, den Abt von Fulda, Hrabanus Maurus durch einen Brief [46]). Wir besitzen auch von ihm die Einleitung zu seiner Anklagerede auf der Synode in Kiersy [47]) und ein Opus [48]), in welchem sein Bericht über die Ergebnisse der Synode verbunden ist mit dem Schluß seiner Rede auf derselben.

Amalars Gegner machten ihm neben der allgemeinen Methode seiner allegorischen Deutung der liturgischen Vorgänge auf Ereignisse des Lebens Christi im besonderen seine dreifache Deutung der Eucharistie zum Vorwurf:

„Dreifach ist der Leib Christi für die sterblichen Menschen, der erste nämlich der heilige und unbefleckte, den Christus aus der Jungfrau Maria angenommen hat; der zweite, der auf Erden wandelt; der dritte, der im Grabe ruht. Durch den Teil der Hostie, die in den Kelch getaucht wird, versinnlicht sich der Leib Christi, der bereits auferstand von den Toten; durch den Teil der Hostie, den der Priester oder das Volk verzehrt, versinnlicht sich der auf Erden noch wandelnde; durch den auf dem Altar zurückgebliebenen Teil der im Grabe ruhende Leib. Dieser dritte Leib führt den auf dem Altar zurückgebliebenen Teil der Hostie mit sich zum Grabe, und die heilige Kirche nennt ihn die W e g z e h r u n g d e s S t e r b e n - d e n , wodurch versinnlicht wird, daß diejenigen, die in Christus sterben, nicht als Tote betrachtet werden dürfen, sondern als Schlafende. Daher auch die Grabstätte griechisch-*Koimeterion* genannt wird, d. h. *Dormitorium*":

Triforme est corpus Christi, eorum scilicet qui gustaverunt mortem et morituri sunt. P r i m u m videlicet, sanctum et immaculatum, quod assumptum est ex Maria virgine; a l t e r u m , quod ambulat in terra; t e r t i u m , quod iacet in sepulcris. Per particulam oblatae immissae in calicem ostenditur Christi corpus, quod iam resurrexit a mortuis; per comestam a sacerdote vel a populo, ambulans adhuc super terram, per relictam in altari, jacens in sepulcris. Idem corpus oblatam ducit secum

---

46) Abgedruckt bei Migne, P.L. Bd. 119, S. 71 ff.
47) Abgedruckt bei Migne, a. a. O. S. 94 D f.; nach Mönchemeier (a. a. O. S. 44 f.) trägt dieses Schriftstück seine Aufschrift, die es als Brief an die Synode von Diedenhofen bezeichnet, zu unrecht.
48) Opusculum de causa fidei (Migne, a. a. O. S. 80 ff.); vgl. Mönchemeier, a. a. O. S. 47 ff.

ad sepulcrum et vocat illam sancta Ecclesia v i a t i c u m   m o r i e n t i s,
ut ostendatur, non eos debere, qui in Christo moriuntur, deputari mortuos,
sed dormientes. Unde et locus sepulcrorum G r a e c e *vocatur* κοιμητήριον
id est dormitorium (De ecclesiasticis officiis lib. III, Kap. 35; Migne, P.L.
Bd. 105, S. 1154 D f.).

Dagegen polemisiert Florus, indem er den Gedankengang des
Amalar nicht unwesentlich entstellt:

„Wissen — sagt Amalarius — müßt ihr, daß der Leib Christi
dreifach oder dreigeteilt ist. Und deshalb versenken wir bei dem
Opfer des Altars einen Teil des geheiligten Brotes in den Kelch,
zerbrechen einen anderen Teil auf der Patene und lassen einen
dritten Teil auf dem Altar zurück. Was in den Kelch gesenkt wird,
ist der Leib Christi, den er von der Maria empfing. Was auf der
Patene zerbrochen wird, sind wir, die es auch verzehren. Was auf
dem Altar zurückgelassen wird, gehört den Verstorbenen, die schon
aus der Zeitlichkeit geschieden sind. Das ist eine irdische, tierische,
teuflische Weisheit, die sich gegen das Wissen um Gott erhebt, die
Reinheit des Glaubens entwurzelt und den Weg zur Wahrheit ver-
schüttet für schon im Geiste verdorbene Menschen":

Scire, inquit [Amalarius], *debetis corpus Christi triforme vel triper-*
titum esse. Et propterea in sacrificio altaris partem sanctificati panis in
calicem mittimus, partem in patena confringimus, partem in altari relin-
quimus. Illud enim, quod in calicem mittitur, Corpus Christi est, quod
de Maria suscepit. Quod in patena confringitur nos sumus, qui et sumimus.
Quod in altari relinquitur defunctorum est, qui iam a saeculo excesserunt.
Haec est sapientia terrena, animalis, diabolica, extollens se contra scientiam
Dei, evertens sinceritatem fidei et subvertens tramitem veritatis in homini-
bus mente corruptis [!] usw. (Codex St. Galli 681, pag. 24 f.; Mönchemeier,
a. a. O. S. 241). Vgl. ferner Florus, Epist. contra Amalarium Kap. 4 (Migne,
P.L. Bd. 119, S. 74) und Opusculum de causa fidei Kap. 5 (Migne,
a. a. O. S. 81).

Das Urteil der Synode fiel gegen Amalar. Man erklärte seine
Lehren für häretisch. Er mußte den Stuhl von Lyon räumen und
für Agobard wieder freimachen. Dieser ging sofort daran, die Reformen Amalars in seiner Diözese zu beseitigen und den alten Zustand herzustellen. Er gab ein neues Antiphonar heraus, schrieb
dazu eine gegen Amalar polemisierende Vorrede [49]) und hielt es noch
für nötig, der Wirkung der Schriften des abgesetzten Amalar durch

---

49) Unter dem Titel Liber de correctione antiphonarii (Migne, P.L.
Bd. 104, S. 329 ff.).

eine besondere ausführliche Widerlegung [50]) entgegenzutreten. Nach
dem Tode Agobards — er starb schon 840 — ergriff Florus noch
einmal das Wort [51]), um die Neuerungen des Irrlehrers zurückzu-
weisen.

Es handelt sich bei diesem ganzen Kampf um eine e n t s c h e i -
d e n d e Wendung in der kirchlichen und religiösen Entwicklung
des Abendlandes. Agobard, der leidenschaftliche politische Pamphle-
tist für die Sache der Söhne Ludwigs des Frommen, der hellste Kopf
des Zeitalters, wie man ihn genannt hat, vertrat konsequent und
rücksichtslos eine g e i s t i g e Religion. Er kämpfte wider Aberglauben und Wundersucht in der Rechtspflege, im kirchlichen Kultus,
im Leben des Volkes. Als religiöser Publizist richtete er beredte
Flugschriften gegen die gerichtlichen Zweikämpfe und andere Gottes-
urteile, gegen die Superstition des Wetterzaubers und der mit Gift
und Krankheit wirkenden Verhexung, gegen die aus der griechischen
Kirche übernommene Bilderlatrie, gegen die Verehrung der Heiligen, ihrer Reliquien und Gräber. Als Verteidiger der vollen Freiheit der Religion, der wahren Reinheit des Glaubens *(sinceritas
fidei)* stritt er für die Unabhängigkeit der Kirche vom Staate, für
ihre Selbständigkeit gegenüber den Eingriffen des Papstes, für ihre
strenge und reine Form, z. B. in der Streitschrift gegen Amalar: *haec
verba Amalarii qualia sint, omnis qui erga s i n c e r i t a t e m
f i d e i sollicitus est dijudicare potest* (Kap. 4; Migne, P.L. Bd. 104,
S. 341 D), die ihm in der Häresie eines Felix von Urgel nicht minder
entstellt schien als durch die grobe und äußerliche Handhabung der
Inspirationslehre durch Fredegis. Er führte den Kampf im Namen
Augustins, im Sinne der spirituellen abendländischen Dogmatik, im
verschärften Geiste des großen Karl. Amalar hingegen arbeitete,
wenn auch zunächst angefochten und scheinbar unterliegend, im
Bunde mit der vorwärtsdrängenden religiösen Entwicklung seines
Zeitalters als ein Neuerer, als ein Wegbahner der sinnlichen Phantasie, als Bannerträger der materialistischen Mystik, als Pionier des
Mirakelglaubens. Agobard erscheint bei all seiner starren Kirchlich-
keit und tiefen Frömmigkeit als rationalistischer Aufklärer, als Frei-

---

50) Liber contra libros quatuor Amalarii Abbatis (Migne, P.L. Bd. 104,
S. 339 ff.).
51) Liber de divina psalmodia (Migne, P.L. Bd. 104, S. 325 ff.); daß
Florus der Verfasser sei, zeigt Mönchemeier (a. a. O. S. 60 ff.).

geist, als Kritiker. Amalar ihm gegenüber als schwärmender Obsku-
rant, als ein Romantiker des Kultus, als ein Diener paganistischer
Mächte, als Förderer der römischen Normalisierung des Kirchen-
wesens, als ein Zuträger griechischer Mysteriosophie. Aber allerdings: dieser Dunkelmann hat, indem er die engen Bande der Liturgie lockerte und in die alten biblischen und kirchlich rezipierten
Texte neue, frei erfundene Erweiterungen einschaltete, der menschlich beseelten, volkstümlich belebten geistlichen Musik und Dichtung
einen ungeahnten Flug zu geben mitgeholfen. Er steht dadurch an
der Spitze einer noch kaum zu übersehenden, nach allen Seiten aus-
greifenden, alle Gebiete der phantasiemäßigen Tätigkeit befruchtenden Bewegung: jener unendlichen Aufwallung des p o e t i s c h e n
Geistes, des l y r i s c h e n Gefühls, die in der lateinischen und
landessprachlichen Literatur Frankreichs, Englands, Deutschlands so
wundervoll vieltönig und farbenreich hervorbricht.

Nach fränkischem Meßritus hatte man den Kelch hinter die
Hostie gestellt. Amalar empfiehlt die römische Sitte, den Kelch neben
die Hostie, auf deren rechte Seite zu stellen, und findet darin das
äußere Zeichen für die Identität des dargebrachten eucharistischen
Leibes und des historischen Leibes, dessen rechte Seite der Speer
durchbohrte. Der Kelch wird ihm so zum Gefäß, das unmittelbar
und *realiter* Blut und Wasser, die aus der göttlichen Seite strömen,
auffängt:

> *Haec in eis sunt, quae a Romana sede accepi de his, quae hic inserere*
> *volo, quamvis iam latius explanata sint in sequenti volumine ...; calix*
> *involutus sudario porrigitur ad altare, quod sudarium ponitur in cornu*
> *altaris. Calix in latere oblatae in altari componitur, non post tergum* (De
> ecclesiasticis officiis praefatio altera; Migne, P.L. Bd. 105, S. 992 AB). —
> *Nuperrime monstratum est mihi* [in Rom], *ut puto ab eo, qui quod aperit*
> *nemo[!] claudit, quid rationabiliter possit dici de corpore Domini posito in*
> *altari, et de calice e x l a t e r e eius. ... Altare crux Christi est ab eo loco,*
> *ubi scriptum est in canone* [der Messe]: „*Unde et memores sumus*" [erster
> Abschnitt nach der Wandlung], *usquedum involvitur calix de sudario dia-*
> *coni vice J o s e p h* [von Arimathia], *qui involvit corpus Domini sindone*
> *et sudario. ... Panis extensus super altare corpus Domini monstrat*
> *extensum in cruce, quod nos manducamus. Vinum et aquam in calice*
> *monstrant sacramenta, quae de latere Domini in cruce fluxerunt, id est*
> *sanguinem et aquam, quibus nos potat Dominus noster* (Lib. IV, Kap. 47;.
> Migne, a. a. O. S. 1242).

Das ist die griechische Auffassung, die ich oben (Kap. 10) gekenn-
zeichnet habe. Nach der abendländischen Lehre seit Rufinus und
Augustinus sind die beiden Ströme aus der Seite Christi symbolische V o r b i l d e r der beiden kirchlichen Sakramente, sei es der
Taufe mit Wasser und der Taufe mit Blut des Martyriums, sei es der
Taufe und des Abendmahls (siehe oben S. 94 ff.). Das ganze Abendmahl entspricht in dieser Symbolik dem Blut, das aus Christi Seite
der Speer hervortrieb. Hier dagegen, bei Amalar, erscheinen die
beiden Ströme aus der Seite Christi im Widerspruch mit dieser
abendländischen Vorstellung, als die Urbilder der beiden Bestandteile des eucharistischen Mischtranks aus Wein und Wasser: das
wirkliche Blut kehrt wieder als Wein, das wirkliche Wasser kehrt
wieder als Wasser im Kelch der Eucharistie. Die Wirkung des Speerstichs ist nicht mehr, wie nach alter abendländischer Lehre, ein Typus
zweier Sakramente, sondern des einen Sakraments, nämlich des
eucharistischen. Und die Beziehungen dieser Symbolik gehen weit
mehr in das Körperliche, Sinnliche. Der Kelch des Abendmahls,
der die Mischung von Wein und Wasser enthält, scheint, nachdem
diese Elemente sich durch das Mysterium der Konsekration gewandelt haben, unmittelbar jene beiden Flüssigkeiten zu enthalten, die
der Speer aus dem toten Christus hervorzauberte. Dies alles ist
ganz im Einklang mit der griechischen Dogmatik und mit ihrer
Ausprägung in der griechischen Liturgie. Im römischen Meßoffizium
hatte sich eine Symbolik eingebürgert, die gleichfalls verblümt
darauf hindeutete: die Aufstellung des Kelchs zur rechten Seite des
Brotes. Aber Amalar hat zuerst im Abendlande — soviel wir wissen
— diesen Ritus im Sinne der griechischen Mystagogie, im Sinne der
griechischen Meßliturgie eingehend theoretisch begründet und gedeutet. Er hat dadurch die theologische Formulierung geschaffen für
eine sinnliche Anschauung der Phantasie, die gleichzeitig und an
der Stelle seiner Wirksamkeit (in Metz) von jener oben (Kap. 22)
besprochenen Schule der Miniaturmalerei und Elfenbeinplastik
künstlerisch zum Ausdruck gebracht wurde. Eine rasche Musterung
seiner liturgischen Allegoresen zeigt, wieviel er der griechischen
Mystagogie verdankt.

Faßt der Priester die Hostie bei der Konsekration mit den Händen, so wird Christus an das Kreuz geschlagen. Die Hostie auf dem
Altar repräsentiert den Herrn, der am Kreuze hängt. Nach der

Wandlung handelt der Priester als Nikodemus, der Diakon als Joseph von Arimathia. Der Priester macht nach der Konsekration mit der Hostie über dem Kelche zwei Kreuze, wobei er diesen mit der Hostie berührt, um anzudeuten, daß Christus, der für zwei Völker gekreuzigt wurde, vom Kreuze abgenommen sei. Die Deposition wird dann durch die Elevation dargestellt, die oben (Kap. 9) besprochen ist: der Priester erhebt die Hostie, der Archidiakon den Kelch e i n w e n i g empor, um sie den Gläubigen zu zeigen. Die Subdiakone standen solange um den Altar und treten nun zurück, indem sie die Dienstleistungen der Frauen in das Gedächtnis rufen, die das Grabmal des Herrn nach der Bestattung verließen. Während des Sabbats verhielten diese sich schweigend und untätig: aber nachher, am darauffolgenden Tage, bereiteten sie Spezereien, den Leib des Herrn zu salben. Ebenso ziehen sich die Subdiakone zurück und verharren in gebeugter Haltung schweigend, während das Paternoster gesprochen wird. Dann aber bringen sie die Patene, um den Leib des Herrn vom Altar aufzunehmen, wie die Frauen den Leichnam des Herrn im Grabe suchten. Auch die Diakone stehen während des Paternosters gebeugt und markieren so die Trauer der Apostel während der Grabesruhe Christi. Nach dem Paternoster, bei der Wiederaufnahme der Bitte *Libera nos ab malo*, reichen die Subdiakone die Patene, die vom Altar genommen wird, zum weiteren Gebrauch, damit der enthüllte Kelch darauf gestellt und die Hostienpartikel in diesen versenkt werde. Das stellt die Szene am Grabe dar nach der Auferstehung: die Frauen suchen den Leichnam und erfahren von dem Engel, daß der tote Leib sich wieder mit dem entwichenen Geist vereinigt habe und so auferstanden sei. Diese *immissio panis in vinum*, die sogenannte *commixtio corporis et sanguinis*, zeigt, daß das für unsere Seelen vergossene Blut und das für unsern Körper getötete Fleisch in ihre eigentliche Substanz zurückkehren und durch den lebendig machenden Geist ein neuer, nicht mehr sterblicher Mensch erstehe:

Hunc Joseph ad memoriam ducit archidiaconus, qui levat calicem de altari et involvit sudario, scilicet ab aure calicis usque ad aurem. ... Sacerdos, qui elevat oblatam, praesentat Nicodemum, de quo narrat Joannes [19, 39]. ... Sacerdos facit de oblata duas cruces iuxta calicem, ut doceat eum depositum esse de cruce, qui pro duobus populis crucifixus est. Christi depositionem de cruce monstrat elevatio sacerdotis et diaconi. ... Oblata et calix Dominicum corpus signant ... (De ecclesiasticis officiis lib. III, Kap. 26; Migne, P.L. Bd. 105, S. 1144 CD). — *Subdiaconi, qui stant usque modo in facie sacrificii et nunc recedunt, ministeria feminarum ad memoriam nobis ducunt, quae recesserunt de monumento, sepulto Domino. Non enim ita recesserunt a sepulcro, ut abessent ministerio Domini, sed sabbato siluerunt; quo transacto paraverunt aromata, ut ungerent corpus eius. Eo modo praesentes subdiaconi recedunt a praesentia sacrificii, ut sabbato quidem, hoc est, quamdiu septem petitiones Dominicae orationis dicuntur, sint in silentio et inclinati, sicut erant apostoli illo tempore et sanctae mulieres. Qui postea satagunt cum patenis ad requirendum corpus Domini circa altare, ut mulieres quaesierunt Domini corpus circa sepulcrum* (a. a. O. S. 1146 AB). — *De praesentatione subdiaconorum, ut suscipiant corpus Domini de altari. Hoc officium ad memoriam ducit devotissimas mulieres, quae seipsas praesentaverunt in exsequiis sepulturae Domini. Praesentantibus se sanctis mulieribus ad sepulcrum Domini, inveniunt spiritum rediisse ad corpus et angelorum visionem circa sepulcrum ac annuntiant apostolis, quae viderunt* (Kap. 30; a. a. O. S. 1151 A). — *De immissione panis in vinum. . . . In isto officio monstratur, sanguinem fusum pro nostra anima et carnem mortuam pro nostro corpore redire ad propriam substantiam atque spiritu vivicante vegetari hominem novum, ut ultra non moriatur, qui pro nobis mortuus fuit et resurrexit* (Kap. 31; a. a. O. S. 1151 f.).

Man bemerkt: die liturgischen Handlungen sollen den historischen Verlauf der Passion Christi in einer allegorischen Mimese darstellen, ganz wie es der Sinn der byzantinischen Messe war und von den mystagogischen Kommentaren der griechischen Kirche durchgeführt wurde. Mag auch die Deutung Amalars im einzelnen verschieden sein von jenen griechischen Phantasien: in der Methode, im Kern, im ganzen Gedankengang stammt sie ohne Zweifel von ihnen ab.

Amalar war in Konstantinopel gewesen, er beruft sich gelegentlich für einen liturgischen Gebrauch selbst auf den Ritus der *Hagia Sophia* (siehe oben S. 361). Er streut gelegentlich griechische Worte in seine Schriften ein [52]. Er gibt seinem letzten Werk einen griechischen Namen (*Embolis opusculum*). Er zitiert die Homilien des Chrysostomos [53], er zitiert eine Schrift des Gregor von Nazianz [54]. Aber freilich, als man ihn auf dem Konzil von Kiersy fragte, wo

---

52) Z. B. in seiner Schrift De ecclesiasticis officiis lib. I, Kap. 7 (Migne, P.L. Bd. 105, S. 1004 C): Ἀνατολή, Δύσις, Ἄρκτος, Μεσημβρία. — Ferner De ecclesiasticis officiis lib. IV, Kap. 33 (a. a. O. S. 1224 A): De Theophania et Ὑπαντή.

53) Sermo IV ad Hebraeos zitiert in De ecclesiasticis officiis lib. III, Kap. 26 (Migne, a. a. O. S. 1143 B).

54) De ecclesiasticis officiis lib. IV, Kap. 32 (Migne, a. a. O. S. 1223 B)

er seine mystischen Interpretationen gelesen habe, antwortet er, er
habe sie in seinem eigenen Geist gelesen [55]). Mag bei dieser Antwort die Eitelkeit beteiligt sein, gewiß war sie von kluger Vorsicht
eingegeben: bei dem gespannten Verhältnis, daß infolge der Streitigkeiten über den Bilderdienst noch zwischen der fränkischen und der
griechischen Kirche bestand, mußte er das Eingeständnis des griechischen Ursprungs vor den fränkischen Bischöfen scheuen. Indessen
sein Gegner Florus wußte es ohnehin, woher Amalar seinen mystagogischen Most geholt hatte. Mache man ihn — so höhnt Florus —
auf seine Irrtümer aufmerksam, dann trotze er noch desto eigen-
sinniger und berufe sich auf ganz Germanien und Italien, auf K o n -
s t a n t i n o p e l , Istrien, Lukanien:

> *Nam quoties de his arguitur vel monetur, ... tunc jactantius et insolen-*
> *tius cornua erigens multiplicat vesaniam suam, sic sentire clamans omnem*
> *Germaniam, sic totam Italiam, sic ipsam Romam, se fuisse C o n s t a n t i -*
> *n o p o l i , se apud Istriam sive Lucaniam et idcirco in talibus singularis*
> *auctoritatis existere* (Epist. contra Amalarium Kap. 7; Migne, P.L. Bd. 119,
> S. 76 C).

Man halte, um die Neuerungen, die Amalars Kommentare der
Liturgie enthalten, ganz zu erfassen, daneben seines Gegners Florus
Schrift über die Messe [56]), in der er Zitate aus den Werken der Väter
kompiliert hat. Auch hierin fehlt es nicht an allegorischen Auslegungen. Aber sie sind alle in das moralische Gebiet der Religion
gerichtet. Ihre Figürlichkeit will die Mysterien und die Bildsprache
der Liturgie durchaus als poetische Metaphorik und Amphibolie
nehmen, nicht aber ihren Wortlaut benutzen, um für die sinnliche
Phantasie der Menge daraus die Realitäten einer neuen Mythologie
zu gewinnen.

Amalar teilt mit Paschasius Radbertus den Glauben an die reale
Gegenwart Christi im Altarsakrament. Das Meßopfer ist ihm identisch mit dem Kreuzopfer. In den Einsetzungsworten bedeutet ihm
die Wendung: „Dies ist nämlich der Kelch meines Blutes" soviel als
„der Kelch, worin mein Blut enthalten sein wird, das aus m e i n e r
S e i t e fließen wird": *Lucas* [22, 20] *memorat in sequentibus: Simi-*
liter et calicem, postquam coenavit dicens: „Hic est calix Novi

---

55) Florus, De causa fidei Kap. 6 (Migne, P.L. Bd. 119, S. 82).
56) Florus, De expositione missae (Migne, P.L. Bd. 119, S. 15—72).

Testamenti [Vulgata: *Novum Testamentum*] *in sanguine meo, qui pro vobis fundetur"*. *Hic calix est in figura corporis mei, in quo est sanguis, qui manabit d e l a t e r e m e o ad complendam legem veterem, quo effuso deinceps erit Novum Testamentum* (Epist. IV ad Rantgarium; Migne, P.L. Bd. 105, S. 1334 B).

Radbert hat durch seine Lehre von der Eucharistie die liturgische Rolle des Priesters auf eine höhere Stufe hierarchischer Macht gehoben: er gab ihm das magische Wunder der Wandlung in die Hand. Auch Amalar wollte die hierarchische Macht des Priesters steigern: er versuchte es, die Einheit der liturgischen Bücher zu befördern; er bemühte sich, den Glanz und die Wirksamkeit der liturgischen Handlung durch eine im Abendland noch unbekannte tiefsinnige allegorische Mystik zu vermehren. Radbert bezog seine illustrierenden Wunderexempel aus den Schriften des großen römischen Papstes Gregor und aus dessen Vorbildern, aus den superstitiösen, mirakelreichen Geschichten der griechischen Hagiographie. Amalar schöpfte aus den liturgischen Büchern der Kirche Roms und vor allem aus dem Ritus und der mystagogischen Kultusliteratur Griechenlands. Beide also suchten und fanden ihre neuen Fermente kirchlichen Lebens in der Sphäre der religiösen P h a n t a s t i k und an jenen Stellen, wo diese am besten gedieh: in Konstantinopel, dem großen Schatzhaus prunkender Kultusmystik, Kultustelestik und Kultusnovellistik, und in Rom, wo man daraus Anleihen machte.

Auch persönliche Beziehungen rücken Radbert und Amalar nahe zusammen. Radbert war der Freund und Berater des Abtes Wala von Corbie und in diesem Kloster erst Mönch und später Abt; Amalar, als er im Namen Kaiser Ludwigs des Frommen, den er darum gebeten hatte, den Papst Gregor IV. ersuchte, ihm ein echtes römisches Antiphonar für die Kirche von Metz zu überlassen, erfuhr, daß alle vorrätigen Exemplare bereits von Wala, bei einer Gesandtschaftsreise nach Rom, mitgenommen worden seien, und begab sich deshalb heimgekehrt nach Corbie, wo er in der Tat vier Bände römischer Antiphonarien vorfand und vergleichen konnte.

III. Honorius Augustodunensis.

Im zwölften Jahrhundert hat H o n o r i u s A u g u s t o d u n e n - s i s derselben allegorischen Deutung der Messe weite Verbreitung verschafft in seiner *Gemma animae* und seinem *Sacramentarium*.

Wenn bei ihm auch der Name des Longinus nicht direkt genannt wird, so spielt doch der Lanzenstoß in seiner Darstellung eine wichtige Rolle. So heißt es z. B. in dem „*De aqua*" überschriebenen Kapitel der *Gemma:* „Darum aber geschieht dieses Opfer [des Abendmahles] unter Anwendung von Wasser, weil W a s s e r a u s d e r   S e i t e   C h r i s t i   h e r a u s f l o ß , ... und darum wird Wasser dem Wein beigemischt, weil die Menschheit durch das Blut Christi erlöst, durch das Wasser der Taufe entsündigt, durch den Genuß dieser Speise und den Trank dieses Weines mit Christus vereint wird. ... Der Wein verwandelt sich in Blut, weil Christus sein Blut vergoß und für uns sein Leben hingab, und dadurch unser Leben, das in dem Blute wohnt, von Sünden reinigte. Ohne Wasser aber kann dieses Sakrament nicht vollzogen werden, weil dieses Mysterium einzig um des Volkes willen zur Ausführung gelangt und weil das Volk täglich dadurch erquickt wird":

Ideo autem hoc sacrificium de aqua fit, q u i a   a q u a   d e   C h r i s t i l a t e r e   e x i v i t ... et ideo aqua vino admiscetur, quia populus sanguine Christi redemptus, per aquam baptismatis ablutus, per pastum huius cibi et potum huius vini Christo communicatur. ... Vinum in sanguinem transit, quia Christus sanguinem fundens, pro nobis animam posuit, et animam nostram, quae in sanguine habitat, a peccatis expiavit. Sine aqua autem hoc sacramentum non conficitur, quia solius populi causa hoc mysterium agitur, quia et eo quotidie reficitur (Gemma animae lib. 1, Kap. 34 „De aqua"; Migne, P.L. Bd. 172, S. 555 A).

Die allegorische Auslegung der Messe bei Honorius deckt sich nicht nur inhaltlich, sondern beinahe wörtlich mit den Darstellungen des Paschasius Radbertus und Amalar: „Der Subdiakon trägt in der linken Hand den Kelch, in der rechten die Patene (Diskus), darüber das Korporale, weil der Subdiakon in diesem Falle Christus darstellt, der Kelch die Passion, die linke Hand das irdische Leben, die Patene das Kreuz, die rechte Hand das ewige Leben und das Korporale die Kirche. Denn Christus trank den Leidenskelch, den er vorher Gott-Vater gebeten hatte von ihm zu nehmen, in seinem irdischen Leben":

Subdiaconus calicem in sinistra, patenam in dextra, desuper corporale portat, quia subdiaconus in hoc loco Christum, calix passionem, sinistra praesentem vitam, patena crucem, dextra aeternam vitam, corporale Ecclesiam significat. Et Christus calicem passionis in praesenti vita bibit, quem prius a se transferri Patrem petiit (Gemma animae lib. 1, Kap. 37 „De subdiacono"; Migne, a. a. O. S. 555 C).

„Darauf [auf das Korporale] wird die Oblate gelegt, weil das göttliche Fleisch [des Erlösers] ans Kreuz geschlagen wurde. Der Kelch mit Wein und Wasser wird auf der rechten Seite [des Altars] aufgestellt, weil Blut mit Wasser vermischt aus der Seite Christi geflossen sein soll. Wenn der Priester nun diese Opfergabe darbringt, neigt er sich zum Altar, weil dort die Leidenszeit begann. ... Darauf hält der Priester Oblate und Kelch in seiner Hand nach oben, weil Christus zu unserer Erlösung ans Kreuz geschlagen und sein Blut zu unserer Rettung geopfert wurde“:

> *Super quod* [sc. *corporale*] *oblata ponitur, quia caro a divinitate suscepta in cruce affigitur. Calix cum vino et aqua in dextra locatur, quia sanguis cum aqua de latere Christi manasse praedicatur. Cum sacerdos hanc igitur oblationem dicit, se usque ad altare inclinat, quia ibi passio inchoatur. ... Deinde oblata vel calix in manu sacerdotis exaltatur, quia Christus pro salute nostra in crucem levatur et sanguis eius in redemptionem nostri immolatur* (Gemma animae lib. 1, Kap. 46 „De passione Christi“; Migne, a. a. O. S. 557 D f.).

„Der Priester erhebt seine Stimme, während er ʻ*Nobis quoque peccatoribus*ʼ spricht, und bezeichnet dadurch, daß aus der Seite Christi schon die Form der Kirche im Bekenntnis zum Erlöser hervorbrach, während sie durch die Stimme des Centurio also ausrief: ʻWahrlich, dieser war der Sohn Gottesʼ“:

> ... *Sacerdos vocem levat dum* ʻ*Nobis quoque peccatoribus*ʼ *dicit, designans quod Ecclesia de Christi latere jam formam in confessione Redemptoris erupit, dum per vocem centurionis sic clamavit: „vere filius Dei erat iste“* [Matth. 27, 54] (Gemma animae lib. 1, Kap. 46 „De passione Christi“; Migne, a. a. O. S. 558 B).

Hier scheinen Longinus und der Hauptmann der Kreuzwache gleichgesetzt zu sein.

Auch die allegorische Wiedergabe der Kreuzabnahme und Grablegung Christi durch Joseph von Arimathia und Nikodemus im Verlauf der Messe wird vorgeführt: „Bei den Worten des Priesters ʻ*Per omnia saecula saeculorum*ʼ tritt der Diakonus vor, stellt den Kelch vor ihn, bedeckt einen Teil des Kelches mit einem Tuche, stellt ihn auf den Altar zurück und bedeckt ihn mit dem Korporale. Er stellt dabei Joseph von Arimathia vor, der den Leichnam Christi bestattete, sein Angesicht mit dem Schweißtuch bedeckte, in das Grabgewölbe trug und einen Stein davorwälzte. Hierbei werden Oblate und Kelch mit dem Korporale bedeckt, welches den feinen Tüchern entspricht, in die Joseph den Leichnam Christi einhüllte. Der Kelch bezeichnet das Grabmal, die Patene den Stein, der das Grabmal verschloß":

> *Dicente sacerdote „Per omnia saecula saeculorum" diaconus venit, calicem coram eo [sacerdote] sustollit, cum favone [lies: fanone] partem eius cooperit, in altari reponit et cum corporali cooperit, p r a e f e r e n s J o s e p h a b A r i m a t h i a, qui corpus Christi deposuit, faciem eius sudario cooperuit, in monumento deposuit, lapide cooperuit. Hic oblata et calix cum corporali cooperitur, quod sindonem mundam significat, in quam Joseph corpus Christi involvebat. Calix hic sepulcrum, patena lapidem designat, qui sepulcrum clauserat* (Gemma animae lib. 1, Kap. 47 „De Joseph"; Migne, a. a. O. S. 558 BC).

„Der Akolythus hält nach der Regel die verhüllte Patene, die der Subdiakon fortträgt. Dieser reicht sie dem Archidiakon, welcher sie küßt und einem der Diakone hinreicht zum Halten, um den Leichnam des Herrn in ihr zu zerbrechen. Der Akolythus, der [vorher] die Patene hielt, entspricht dem N i k o d e m u s , der Myrrhen und Aloe zur Grabstätte des Herrn trug":

> *Acolythus infra canonem patenam involutam tenet, quam hic subdiaconus defert. Subdiaconus praebet archidiacono, quam ipse osculatam uni de diaconibus ad tenendam, et corpus Domini in ea confringendum porrigit. Acolythus, qui patenam tenuit, formam Nicodemi gerit, qui myrrham et aloe ad sepulturam Domini attulit* [Joh. 19, 39]. (Gemma animae lib. 1, Kap. 48 „De acolytho qui patenam tenet, quod Nicodemum figuret"; Migne, a. a. O. S. 558 CD).

Schließlich gedenkt Honorius noch einmal der Seitenwunde: „Wir schlagen vier Kreuze über dem Kelch mit der Oblate, ein fünftes an der Seite des Kelches; denn es ist bekannt, daß Christus vier Wunden an Händen und Füßen und eine fünfte in der Seite erhalten hat":

> *Quatuor cruces super calicem cum oblata facimus, quintam lateri calicis imprimimus; quia Christus quatuor vulnera in manibus et pedibus et q u i n t u m i n l a t e r e s u s c e p i s s e i n n o t e s c i m u s* (Gemma animae lib. 1, Kap. 56 „De quinque ordinibus crucum"; Migne, a. a. O. S. 560 C).

Man erkennt bereits aus diesen Beispielen, wie Honorius die Messe als eine dramatische Vergegenwärtigung der Passion Christi auffaßt, in der auch Joseph von Arimathia und Nikodemus dar-

gestellt werden, und wie ferner die Wirkung des Lanzenstiches in
die Seite Christi als ideelle Grundlage der heiligen Handlung der
Messe erscheint, zugleich aber im Geiste der gnostischen Mystik der
Johanneischen Schriften auch als Quelle und einheitliche Verkörperung der beiden Hauptsakramente der christlichen Kirche, der Taufe
und des Abendmahls. Auf die ungeheure Wirkung der Schriften
des Honorius in Frankreich und namentlich in Deutschland näher
einzugehen, ist bei der Fülle der gelehrten Literatur zu diesem Thema
unnötig [57]).

Eine ähnliche Allegorese findet sich auch bei dem Bischof von
Autun Stephanus de Balgiaco († 1136) in seiner Schrift *De Sacra-
mento altaris:* „Die zu weihenden Opfergaben, nämlich Brot und
Wein, gelangen in folgender Reihenfolge zum Altar. Von dem Sub-
diakon empfängt sie der Diakon und übergibt sie den Händen des
Priesters; dieser legt sie ... zur Rechten des Altars nieder. Das
Mysterium dieses Vorgangs liegt darin, daß das durch den Subdiakon bei seiner heiligen Handlung versinnbildlichte Gesetz das
Opfer für unser Seelenheil bedeutet; die evangelische Lehre, deren
Diener der Diakon ist, machte [dieses Opfer] deutlich und ordnete
an, es feierlich zu begehen. Wasser wird mit Wein gemischt, damit
wir erkennen, daß das die Wiedergeburt bewirkende Wasser so mit
dem Blute Christi verbunden ist. Weil niemand durch das eine ohne
das andere das Heil seiner Seele erreichen kann, wird hierdurch
auch die Einheit von Christus und Kirche veranschaulicht. B e i d e s
[Wasser und Blut] f l o ß a u s d e r S e i t e d e s H e r r n ; dies
geschah aus einem geheimnisvollen Grunde: Brot und Wein werden
vorbereitet zur Vollziehung des Sakraments, damit denjenigen, die
körperliche Erquickung erhalten, auch Speise der Seele und Trank
des Heiles zu Teil werde":

*Dona sacranda, scilicet panis et vinum, hoc ordine oblata ad altare
perveniunt. A subdiacono diaconus accipit, et offert manibus sacerdotis
vel ... sacerdos componit in dextera altaris. Cuius rei mysterium est:
quod lex per subdiaconum significata in sacrificiis suis sacrificium nostrae
salutis figuravit; doctrina Evangelica, cuius diaconus minister est, mani-*

---

57) Verwiesen sei hier nur auf Hauck, Kirchengeschichte Deutschlands
Bd. 4 ($^{3/4}$ 1913), S. 445—453 (besonders S. 448), der reichhaltige Literatur-
angaben mitteilt, und auf die Allgemeine Deutsche Biographie Bd. 13,
S. 74—78; dazu Bd. 25, S. 795—797.

festavit et solemniter celebrare instituit. Aqua vino miscetur, ut unda regenerans ita sanguini Christi adiuncta intelligatur. Quia per alterum sine altero nemo salutem consequatur [!], per hoc etiam unio Christi et Ecclesiae designatur. Utrumque de latere Christi emanavit: quod non fuit sine ratione mysterii. Praeparantur panis et vinum ad conficiendum sacramentum, ut quibus fit refectio corporalis, fiat animae cibus et potus salutaris (Migne, P.L. Bd. 172, S. 1285 AB).

Auch Stephanus hält die Wirkung des Lanzenstiches in die Seite Christi von entscheidender Bedeutung für das Dogma der Eucharistie und weist wiederholt und eindringlich auf sie hin: „Bei der Zurüstung von Wein und Brot wird Wasser mit Wein gemischt, damit wir uns erinnern, daß b e i d e s   a u s   d e r   S e i t e   d e s H e r r n g e f l o s s e n   i s t ; hierdurch wird auch veranschaulicht, daß wir durch Wasser und Blut erlöst werden. Ich nenne das Wasser der Taufe das Blut Jesu Christi, von denen keines [allein] nützt, falls eins von beiden fehlt":

In praeparatione panis et vini aqua vino miscetur, ut utrumque de latere Domini fluxisse memoretur, in quo etiam significatur nos per aquam et sanguinem salvari. Aquam dico baptismi sanguinem Jesu Christi, quorum neutrum prodest, si desit alterum (Migne, a. a. O. S. 1297 B).

„An dieser Stelle [der Messe] pflegen wir wiederum zwei Kreuze zu schlagen, da wir uns a n   d a s   W a s s e r   u n d   B l u t erinnern, das a u s   d e r   S e i t e   d e s   S o h n e s   f l o ß. Denn er kam in Wasser und Blut, damit er uns durch den Glauben an seine Passion und durch das Wasser der Wiedergeburt reinigte und erlöste":

Hic iterum duas cruces facere solemus, recolentes a q u a m   e t   s a n - g u i n e m ,   q u a e   d e   l a t e r e   F i l i i   f l u x e r u n t. Venit enim in aqua et sanguine, ut fide suae passionis et aqua regenerationis nos mundaret et sanctificaret (Migne, a. a. O. S. 1300 A).

„Durch das fünffache Zeichen des Kreuzes bringen wir nicht nur zum Ausdruck, daß wir den heiligen wollen, von dem alles Heil gekommen ist, sondern daß wir auch des Gekreuzigten Wunden, nämlich die zwei an den Händen, die zwei an den Füßen und die fünfte an der Seite klagend und andächtig uns noch einmal ins Gedächtnis rufen wollen (vgl. oben S. 375). Nämlich von dieser Stelle an bis das Korporale wieder über den Kelch gedeckt wird":

Quinaria cruce signamus, ut non eum, a quo omnis sanctificatio, sanctificemus, sed ut vulnera pendentis in cruce duo manuum, duo pedum,

quintum lateris flebiliter et devote recolamus; abhinc enim, usque dum
corporale desuper calicem tollatur (Migne, a. a. O. S. 1298 A).

Die allegorische Wiedergabe der Kreuzabnahme und Grablegung
Christi durch Joseph von Arimathia und Nikodemus erwähnt
Stephan ebenfalls, führt aber auch den Hauptmann der Kreuzwache
als Helfer an (vgl. oben S. 374): „Mit den Worten ʿ*per ipsum*ʾ wird
das Korporale herabgenommen. Hierdurch veranschaulicht [der
Priester] das Bekenntnis des Centurio, der beim Beben der Erde sein
Bekenntnis zum Worte Gottes erwies. Dann heben Priester und
Diakon den Kelch ein wenig vom Altar empor und stellen ihn danach
wiederum nieder: weil [nämlich] Joseph, der Centurio und Nikodemus, die von Pilatus die Erlaubnis dazu erhalten hatten, den
Körper vom Kreuz herabnahmen und begruben. Deswegen wird
[anschließend] der Kelch wieder mit dem Korporale bedeckt":

Sublato corporali dicendo: ʿper ipsumʾ confessionem centurionis ex-
primit, qui viso terrae motu confessionem exhibuit verbo Dei. Tunc sacer-
dos et diaconus calicem parum de altari elevatum iterum deponunt: quia
J o s e p h et centurio et N i c o d e m u s accepta licentia a Pilato corpus
de cruce deponentes sepelierunt. Unde calix iterum corporali cooperitur
(Migne, a. a. O. S. 1301 A).

Vierundzwanzigstes Kapitel.

Die politisch-religiöse Bedeutung der heiligen Lanze im Zeitalter der Kreuzzüge.

Die Waffe des Longinus war, wie ich zeigte, schon im siebenten Jahrhundert ein Palladium der christlichen Religion geworden. Sie wurde selbst eine Idee, die frei von Raum und Zeit und geschichtlicher Beglaubigung sich vervielfältigte, allerorten auftauchte und nun in den erregten Seelen frommer Gläubiger eine reale Existenz führte, eine zwingende Macht ausübte.

Eine Rolle von weltgeschichtlicher Bedeutung spielte diese Lanze des Söldners während des ersten Kreuzzugs. Nachdem eine lange Tradition andächtiger Verehrung sie in den Augen der kirchlich Gebildeten wie der breiten Volksmassen mit dem zauberhaften Glanze des wunderwirkenden Mysteriums umhüllt hatte, erhob sie sich nun in der Zeit der tiefen religiösen Erregung wie ein leuchtendes Banner, das in den Irrwegen des Kampfes und der Sehnsucht allein die Richtung gibt.

In dieser Ära der Neuwertung aller christlichen Lebenswerte, wo Devotion und Dogmatik, die Verfassung der Kirche und der Staaten, alles innere und äußere Dasein umgeprägt werden, hat F r a n k - r e i c h durchaus die Führung. Aber diese unbestrittene wissenschaftliche und literarische Hegemonie zehrt nicht allein von Kräften, die auf eigener Erde gewachsen sind. Die alternde g r i e c h i s c h e Bildung war immer noch überlegen, immer noch imstande, aus alten, ererbten und treubewahrten Schätzen mitzuteilen. Und sie bringt auch o r i e n t a l i s c h e Güter nach Frankreich auf den großen Weltmarkt und in die Weltküche mittelalterlicher Kultur [1]).

---

1) Zu den noch besonders gelagerten Verhältnissen in Deutschland zu der Zeit des ersten Kreuzzuges vgl. die ansprechende Hypothese W. Erbens, Die Waffen der Wiener Schatzkammer (Zeitschrift für historische Waffenkunde Bd. 8 [1920], Heft 12, S. 368 f.), worauf ich unten (S. 391 ff.) noch einmal zurückkomme.

Es ist ein gärendes, glühendes Zeitalter. Ein Zeitalter größter Erwartungen. Die alten chiliastischen Gedanken brechen mächtig wieder hervor, und die eschatologischen Prophezeiungen, halb aus grenzenlosem Verlangen nach dem Übersinnlichen, nach dem verheißenen himmlischen Paradies und aus dem wütenden, sich selbst zerfleischenden Drang der Weltabtötung, halb aus n a t i o n a l e n Trieben geboren, schreiten durch die Welt: von Griechenland nach Frankreich und von da nach Deutschland. Hier wie dort verkünden Sibyllenstimmen das Herannahen des Antichrists, die Aufrichtung der Weltherrschaft durch die n a t i o n a l e n Könige, das Ende aller irdischen Dinge.

Aber lauter als alle diese Rufe und immer riesiger anschwellend, alle anderen Töne verschlingend, erschallt das brausende Signal zum Kreuzzug, zur Befreiung des heiligen G r a b e s. Es rüttelt die Seelen auch der Gleichgültigen auf, es weckt alle religiösen Triebe mit dem ehernen Klange der Orgel, der sich in das Innerste des Hörers einwühlt, und entflammt sie wie mit forttreibenden Posaunenstößen. Den glühenden und entzündenden, trunkenen und berauschenden Propheten, Fahnenträgern und Leitern dieser Bewegung schwebt ein erhabenstes Ziel vor: der endliche Ausbau der christlichen Weltkirche als Wohnhaus und Schirmburg des Erdkreises und als Abbild des himmlischen Gottesreichs.

Nun steigt K a r l der Große, an den sich längst die deutschen wie die französischen Ansprüche auf das Imperium in gleicher Weise geklammert hatten, in seiner Riesengröße, phantastisch ins Übermenschliche gehoben vor den Augen dieser ekstatischen Menschen empor. Aachen und St. Denys wetteifern, seine Gloriole durch Wunder und Reliquien und Legenden zu schmücken.

Der geschichtliche Karl hatte mit dem arabischen Kalifen Harun al Raschid und mit dem Patriarchen von Konstantinopel mannigfachen Verkehr gehabt. Er hatte für die Pilger in Jerusalem ein Hospital errichtet. Er hatte vom Kalifen durch Gesandte den Schlüssel des heiligen Grabes zum Geschenk erhalten. Er hatte eine Masse von Reliquien gesammelt, die man in Aachen wie in St. Denys besitzen wollte und zu öffentlicher Verehrung ausstellte. Er hatte mit den Mauren in Spanien kämpfen müssen. Er hatte den Gedanken eines christlichen universalen Weltreichs zuerst verwirklicht. Daraus

machte sich die religiöse Sage ein noch glänzenderes, noch mehr ihren
Bedürfnissen entsprechendes Bild zurecht. Er war — so dichtete
man — selbst in das heilige Land gezogen, hatte dort die Sarazenen
besiegt, dann auf der Rückkehr in Konstantinopel verweilt und von
dort die kostbaren Reliquien zurückgebracht, die in der Phantasie
des Abendlandes seit dem zehnten Jahrhundert lichtumflossen lebendig waren.

Eine französische C h a n s o n des ausgehenden elften Jahrhunderts erzählte von Karl, er habe (einem Gelübde folgend) den Zug
in den Orient unternommen, dort dem griechischen Kaiser gegen die
Araber Beistand geleistet und deren König M i r a n gefangengenom-
men. Zum Lohn dafür bekommt er nebst anderen heiligen Reliquien
die Spitze der Lanze des Longinus, die er in den Griff seines
Schwertes setzen läßt [2]).

Hier soll also der heilige Speer des Söldners als Symbol und
Werkzeug der Weltherrschaft dienen, ganz im Einklang mit jenen
Ideen, die sich in der bildenden Kunst (siehe oben Kap. 17. 18. 22)
und auch sonst daran gelehnt und ihn mit dem Speer des ersten
christlichen Kaisers, Konstantins, identifiziert hatten. Die Wegfüh-
rung des heiligen Speers von Byzanz bedeutete die Übertragung des
Weltimperiums vom Bosporus nach dem Lande der Franken.

Verwandte andere Darstellungen wissen es aber bald anders.

Ein Geistlicher von St. Denys verfaßte für die dortigen Reliquien-
ausstellungen eine offizielle Beschreibung der P i l g e r f a h r t
K a r l s d e s G r o ß en, auf der er den Kreuznagel und die Dornenkrone aus Konstantinopel nach Aachen heimgebracht hatte, die dann
Karl der Kahle von da nach St. Denys übertragen habe [3]).

Für die Bedürfnisse der Besucher des großen Reliquienfestes von
St. Denys sorgte dann die drastische französische C h a n s o n, die

2) Das Gedicht ist verloren. Sein Inhalt ist erhalten in der norwegi-
schen Karlamagnússage: Suchier, Geschichte der französischen Literatur.
Leipzig und Wien 1899 f., S. 27.

3) *Descriptio qualiter Karolus Magnus clavum et coronam domini a
Constantinopoli Aquisgrani detulerit qualiterque Karolus Calvus haec ad
S. Dyonisium retulerit* (hrsg. von Rauschen, Die Legende Karls des Großen.
Leipzig 1890 [Publikationen der Gesellschaft für Rheinische Geschichtskunde
Bd. 7]); Ders., Neue Untersuchungen über die *Descriptio* und ihre Bedeu-
tung für die großen Reliquien zu Aachen und St. Denis (Historisches Jahr-
buch der Görresgesellschaft Bd. 15 [1894], S. 257 ff.).

in Alexandrinern, dem neuen Vers einer langen Zukunft, packende
Bilder einer fremdartigen fernen Welt entrollt. Diese poetische
Geschichte von K a r l s R e i s e n a c h J e r u s a l e m und K o n -
s t a n t i n o p e l [4]) hat in der Geschichte der Vorstellungen vom Gral
einen bedeutsamen Platz. Sie zeigt zuerst den dreifachen Parallelismus der zwölf Apostel, der zwölf Pairs Karls des Großen, der zwölf
Tischgenossen, die der Gral speist.

In Jerusalem — so erzählt diese Chanson — tritt Karl der Große
mit seinen zwölf Paladinen in eine Kirche, wo Christus selbst mit
den zwölf Aposteln einst die Messe sang. Gemeint ist natürlich das
letzte Abendmahl Christi und die Zionskirche, das sogenannte
Coenaculum, wo nach der Überlieferung der Herr sein letztes Passahmahl genommen haben soll [5]). Es ist bereits dargelegt worden, daß
schon nach der herrschenden a l t c h r i s t l i c h e n Auffassung das
geschichtliche Abendmahl Christi als Messe galt, das heißt als Selbst-
opferung, bei der Christus als zelebrierender Priester waltete.

Auf den leeren zwölf Stühlen mit dem Hauptstuhl in der Mitte
lassen sich Karl und seine zwölf Begleiter nieder. Ein Jude, der sie
sieht, meint Christus selbst mit seinen Jüngern dort zu finden. Auf
seine Botschaft naht der Patriarch in feierlicher Prozession und hul-
digt dem Kaiser. Und nun erhält dieser die Symbole seines theo-
kratischen Imperiums: einen Nagel vom Kreuz, die Dornenkrone,
die Abendmahlsschüssel, Haare vom Barte Petri, Milch der Maria
und ein Stück ihres Hemds. Auf der Rückfahrt bleibt Karl auch
in Konstantinopel und hat Gelegenheit, die Pracht des dortigen
Kaiserpalastes zu bewundern. Aber als die beiden Kaiser miteinander ihre Größe messen, überragt der abendländische den griechischen Kaiser Hugo um einen Fuß. Den politischen Sinn dieses
naiven Zugs werden auch die leicht befriedigten Hörer dieser Gas-
cognade wohl gemerkt haben.

Weder hier noch in der lateinischen Legende wird der heiligen
Lanze gedacht, obgleich doch gerade sie geeignet war, den politischen
Tendenzen dieser Erfindungen zu dienen. In einem wahrscheinlich

---

4) E. Koschwitz, Sechs Bearbeitungen des altfranzösischen Gedichts
von Karls des Großen Reise nach Jerusalem und Konstantinopel. Heilbronn
1879; Voretzsch, Einführung in das Studium der altfranzösischen Literatur.
Halle/Saale ³ 1925, S. 182 ff.

5) Vgl. Guthe in Hauck, RE. Bd. 8, S. 688, Z. 5 ff.

echten, jedesfalls weitverbreiteten und wirkungsvollen, daher für unsere Untersuchungen als geschichtliches Zeugnis bedeutsamen Briefe an den Grafen Robert von Flandern erbittet der Kaiser Alexios Komnenos I. die Hilfe der abendländischen Fürsten gegen die Seldschucken und bietet jenen die Stadt Konstantinopel mit all ihren Schätzen und heiligen Reliquien auf dem Präsentierteller als Geschenk an: *nam melius est, ut uos habeatis Constantinopolim quam pagani, quia in ea habentur pretiosissimae reliquiae Domini* [6]).

In diesem Brief werden wohl aufgezählt die Bildsäule, an die Christus bei der Geißelung gebunden war, die Geißel, mit der man ihn schlug, der Purpurmantel, den ihm die Soldaten zum Hohn umhängten, die Dornenkrone, der Rohrstab, den er als Szepter in die Hand bekam, seine Kleider, die man verteilte, der größte Teil des Kreuzes, die Kreuznägel, seine Grabgewänder, zwölf Tragkörbe mit Bruchstücken von fünf Broten und zwei Fischen des bekannten Speisungswunders, das Haupt samt Haar und Bart Johannes des Täufers, Reliquien und Gebeine verschiedener Propheten, Apostel und Märtyrer, darunter des ersten Märtyrers Stephan, sowie mehrerer Bekenner und heiliger Jungfrauen. Die Lanze hingegen wird nicht erwähnt. Der Verfasser dieses famosen Briefes nimmt den Mund gewiß voll genug: er hätte auch die heilige Lanze, deren kirchlicher Kultus in Konstantinopel wie im Abendlande bekannt war, nicht ungenannt gelassen, wenn ihn nicht bestimmte Motive dazu bewogen hätten. Denn sie war — wie oben S. 381 schon gezeigt — das Palladium der kaiserlichen Weltherrschaft, die natürlich dem Herrn der Rhomäer vorbehalten bleiben sollte.

Bald nachher hatte diese Lanze eine noch größere und wirkungsvollere Rolle in der allgemeinen religiösen Phantasie gespielt, durch die sie von Konstantinopel weit abgerückt und im Orient auf dem heiligen Kriegsschauplatz fixiert war, wo sie dem Heer der Kreuz-

---

6) Der Brief ist abgedruckt bei Riant, Exuviae sacrae Constantinopolitanae (Genf 1876 ff. Bd. 2, S. 203 ff.) und auf Grund eines reicheren handschriftlichen Materials noch einmal von demselben unter dem Titel *Alexii I. Comneni Romanorum imperatoris ad Robertum I. Flandriae comitem epistola spuria.* Genf 1879; H. Hagenmeyer, Die Kreuzzugsbriefe aus den Jahren 1088—1100. Eine Quellensammlung zur Geschichte des ersten Kreuzzuges. Innsbruck 1901, Nr. I: *Epistula Alexii I. Comneni imperatoris ad Robertum I. comitem Flandrensem (circa annum 1088),* S. 129—136. Das oben angeführte Zitat des Briefes steht im Abschnitt 17 (a. a. O. S. 134).

fahrer als göttliches Banner voranleuchtete. Und vielleicht schweigen die lateinische Legende und die Chanson der Karlsreise nur darum von ihr, weil sie — wenigstens in den uns erhaltenen Redaktionen — jünger sind als das Bekanntwerden jenes denkwürdigen Ereignisses, das den eindrucksvollsten Erfolg des ersten Kreuzzuges entschied.

Als das Heer der Kreuzfahrer in dem eroberten Antiochia von der türkischen Besatzung der Zitadelle, von den zum Ersatz heranrückenden Scharen des Sultan Kerbuga und von schrecklicher Hungersnot dem Untergang nahegebracht war, verbreitete sich unter den Christen die Nachricht, durch Visionen des heiligen Andreas und Christi selbst sei unter Verheißung des Sieges der Platz bezeichnet worden, wo die h e i l i g e L a n z e vergraben läge, mit der einst Longinus die Seite des Herrn geöffnet habe. Unendlicher Jubel durchzog die Reihen der Christen: man grub auf Befehl des Grafen Raimund von Toulouse an dem gewiesenen Orte nach, fand wirklich das Heiligtum an den Altarstufen in dem Fußboden der Peterskirche (14. Juni 1098), und nun füllte grenzenlose Begeisterung, glühende Siegeszuversicht die Ermatteten. Das verkündete Wunder geschah: die heilige Lanze führte die Ausgehungerten zum Siege in der großen Befreiungsschlacht des 28. Juni 1098 gegen die riesige Übermacht der Feinde[7]. Die deutsche Kaiserchronik[8] stellt das im Zeitalter des zweiten Kreuzzuges mit markigen Worten in ihrem abgebrochenen Stil dar, die ihre innere Bewegung verraten:

> *si vunden daz hailige sper.*
> *die reken ellende*
> *rachten ûf ir hende,*
> *mit hungerigem lîbe*
> *huoben si sich ze wîge,*
> *si sluogen in ainer luzel stunt*
> *der haiden mêr denne fiunfzech tûsunt.*

Die Echtheit der Antiochenischen Lanze ist bereits von den Zeitgenossen, ja von den maßgebenden Personen des Kreuzzugs bezweifelt, lebhaft bestritten, auf der andern Seite ebenso leidenschaftlich

---

7) H. von Sybel, Geschichte des ersten Kreuzzuges. Leipzig ² 1881, S. 360 ff. Vgl. auch F. de Mély, Reliques de Constantinople (Revue de l'art chrétien Jahrg. 40 [1897], S. 120 ff.).

8) Kaiserchronik, hrsg. von Edward Schröder. Monumenta Germaniae historica. Deutsche Chroniken Bd. 1 (1892 bzw. 1895), S. 382 (V. 16771 ff.).

verteidigt worden. Widersprechend sind auch die Angaben über
ihren Verbleib: der Graf Raymond von Saint-Gilles brachte sie nach
Europa und schenkte sie dem byzantinischen Kaiser Alexius, sagen
die einen; sie wurde noch in der Schlacht bei Ascalon von Ponce,
dem früheren Abt Clunys, getragen, meldet Anselm von Gembloux;
sie ging verloren, lautet ein drittes Zeugnis [9]). So hoch stand der
Wert dieses Symbols für die religiösen Bedürfnisse der Christenheit,
daß man nicht aufhörte, nach seinem Besitz zu streben, und sich die
Möglichkeit, es wieder zu gewinnen, durch allerlei fabelhafte Erfindungen über seine Schicksale immer aufs neue vorträumte. (Vgl.
hierzu unten S. 388 ff.)

In Deutschland erschien das Mysterium des Speerwunders
in der neu aufblühenden religiösen landessprachlichen
Dichtung zunächst noch nach alter kirchlicher Tradition behandelt.
Ezzos Lied von den Wundern Christi, der starke Ausdruck der
neuen asketischen Bewegung, die in die Klöster und zu klösterlich
reguliertem kanonischem Leben trieb, nimmt es auf [10]) in seinen
weiten Überblick über die christliche Heilsgeschichte:

> *von sîner sîten flôz daz pluot:*
> *des pir wir alle geheiligôt.*

Bald nachher zwischen 1101 und 1106 versuchte Abt Thiofried
von Echternach (1081—1110) in schwülstigen *Flores epitaphii Sanctorum,* die er seinem Erzbischof Bruno von Trier widmete, den
Reliqienkultus mit gelehrter Theologie theoretisch zu rechtfertigen
und auf ein höheres Piedestal zu heben: in demselben Kloster, das
so viele prächtige Bilderhandschriften hervorgebracht hat, das auch
jenes prachtvolle Evangeliar von der Kaiserin Theophano und
Otto III. besaß, dessen Einband ein Elfenbeinrelief [11]) der Kreuzigung schmückt mit der Abbildung des Longinus und seines Speers[12]).
Diese Blüten eines Heiligenepitaphs widmen nun auch der „Lanze

---

9) Siehe de Mély, Reliques de Constantinople, a. a. O. S. 121 ff.

10) Strophe 17, Vers 5. 6 (Müllenhoff-Scherer, Denkmäler Bd. 1, Nr. 31,
S. 87).

11) Vgl. den Exkurs zur Geschichte der Echternacher Malerschule bei
Vöge, Eine deutsche Malerschule um die Wende des ersten Jahrtausends.
Trier 1891, S. 379 ff. (Westdeutsche Zeitschrift für Geschichte und Kunst,
Ergänzungsheft 7).

12) Handschrift der herzoglichen Bibliothek zu Gotha. Vgl. die Beschreibung oben S. 320 f.

des Soldaten" (*lancea militis*) ein eigenes Kapitel. Seinen Namen nennt Thiofried dabei nicht. Aber auch hier wird der Lanze wie von Rufinus, Augustinus und ihren Nachschreibern das doppelte Mysterium des Bluts und des taufenden Wassers beigelegt (siehe oben S. 94 ff.). Mit überschwenglichen Epitheten des Lobes wird sie überschüttet: immer wieder heißt sie die h e i l e n d e, heilbringende. Das flammende Schwert, das die Stammeltern der Menschheit aus dem Paradies verjagte, ist durch sie zurückgeschlagen, dies verlorene Paradies von ihr also den Menschen wiedergewonnen. Die Anschläge der bösen Mächte wirft sie zu Boden und bei der zweiten Wiederkunft Christi (zum jüngsten Gericht) wird sie in der Hand des Richters mit schreckendem Glanze geschwungen werden, um alle Sünder zu töten. Psalmen und Prophetenwort haben sie in ihrer Macht vorhergesagt: auf Befehl Gottes selbst durch seinen heiligen Geist ward sie „gegen den Hirten erhoben, durchbohrte sie den Herrn", den Herrn aller Dinge, Gottes eingeborenen Sohn: *Framea suscitare super pastorem meum et super virum cohaerentem mihi, dicit Dominus exercituum: p e r c u t e p a s t o r e m* (Zach. 13, 7). Sonst wird noch *aspicient ad me, quem confixerunt* (Zach. 12, 10; vgl. Joh. 19, 37) von Thiofried angeführt. Die Lanze, die einst in der „Scheide der Erniedrigung verborgen war" und den Abschluß bildete aller Leiden und Marter des Erlösers, w i r d a m E n d e d e r W e l t i n s e i n e r H a n d b l i t z e n a l s A b z e i c h e n d e r A l l m a c h t u n d g ö t t l i c h e n H e r r l i c h k e i t, a l s K ö n i g s - s p e e r d e s h ö c h s t e n G e b i e t e r s. Vor allem aber wird ihre Wundertat vor Antiochia im ersten Kreuzzug erwähnt:

Sed quid censendum ... de s a l v i f i c a m i l i t i s l a n c e a? quae dominici s a n g u i n i s et sacri baptismatis de latere crucifixi Domini elicuit et produxit m y s t e r i a? O quam praeclara dominicorum clavorum et s a l u t a r i s l a n c e a e specialis materies, quae auri et argenti ac omnium metallorum longe excellit species, qua non per discordiam in perniciem mutuam armati, sed interna concordia per pacem bonae voluntatis a n g e l i s c o n f o e d e r a t i s u n t homines! O quam sancta, quam pretiosa, quam dulcis, quam amabilis et delectabilis ferri materia, unde clavi in carne confixi Dominica, unde s a l u t a r i s procusa est l a n c e a, per quam flammea paradisi remota est romphea [Genes. 3, 24] *et inimici defecerunt frameae in finem* [Psalm 9, 7], *diversorum profecto errorum et opinionum spicula, quibus ... infelix perimitur anima. Ad quae convincenda et ad finem defectus perducenda et ad civitates principatuum aeris huius destruenda* [Psalm 9, 7], *bis acuta, primo*

adventu in vagina humilitatis abscondita, in secundo adveniens,
in manifesto claritatis suae splendore ac terroris coruscatione vibra-
bitur f r a m e a, in secundo, inquam, adventu, cum secundum veri-
dica egregiorum vatum Amos et Sophoniae vaticinia „in gladio morien-
tur omnes peccatores" [Amos 9, 10] *terrae et tetri coloris „Aethiopes"*
[Soph. 2, 12] *interficientur districta et amarissima et irrevocabili u l t i -*
m a e d i s c u s s i o n i s ac e x a m i n i s s e n t e n t i a. . . . Haec tanti pretii
framea anno . . . millesimo nonagesimo octavo divina revelatione Antiochiae
reperta in arca marmorea et vexillo praefixa innumera ethnicorum ad
internecionem prostravit millia et Christianorum phalangas ante omni
obsidionis et famis adversitate afflictas laeta et incruenta glorificavit
victoria (Flores epitaphii Sanctorum lib. IV, Kap. 3; Migne, P.L. Bd. 157,
S. 394 f.).

Etwa gleichzeitig mit Thiofried schrieb in T r i e r der Abt
B e r e n g o s u s v o n S t. M a x i m i n über die Auffindung des
Kreuzes und das Geheimnis des heiligen Holzes, und bald nachher
entstand in derselben Stadt, von wo, wie man längst fabulierte, die
Kreuzfinderin Kaiserin Helena stammen sollte, eine Doppelvita
dieser heiligen Frau und des heiligen Agritius [13]). Die anwachsende
klerikale Strömung in der deutschen religiösen Dichtung brachte es
dahin, daß nun auch die dogmatische Konstruktion Augustins (siehe
oben S. 94 ff.) in deutsche Verse gegossen und mit einer bis zum
Unverständlichen gehäuften Typik das Speerwunder als Gegenbild
der Rippenöffnung Adams, als Schöpfung der die Menschheit retten-
den zweiten Arche Noahs, d. h. der Kirche gefeiert wird:

> *Adam inslîf, sîn sîti wart ingunnin* [eröffnet],
> *Evûn wart dannin* [von da] *bigunnin. . . .*
> *invart* [Einfahrt] *ouch in sîtin du* [die] *archa was*
> *in der manchunni ginas.*
> *unsir heili was vrû bidâcht,*
> *Crist in crûci [joch in douffi] hât sî brâcht,*
> *von des wundin wir birin giheilôt.*

(*Summa theologiae* Str. 15, V. 1. 2. 5—9; Müllenhoff-Scherer, Denkmäler Bd. 1, Nr. 34, S. 119.)

---

13) Migne, P.L. Bd. 157, S. 317 ff.; Bd. 160, S. 935 ff.; Rettberg, Kirchen-
geschichte Deutschlands. Göttingen 1846 ff. Bd. 1, S. 180 ff.; Sauerland,
Trierer Geschichtsquellen des elften Jahrhunderts. Trier 1889; Marx, Der
Biograph des Bischofs Agritius von Trier (Westdeutsche Zeitschrift für
Geschichte und Kunst Bd. 12 [1893], S. 37—50).

Die Stelle ist weder in den Anmerkungen der Denkmäler (Bd. 2, S. 211: „eine Seiteneröffnung war auch das Mittel, durch welches das Menschengeschlecht gerettet wurde") noch durch Fr. von der Leyen (Kleine Beiträge zur deutschen Literaturgeschichte im [soll heißen: des] elften und zwölften Jahrhundert [lies: Jahrhunderts]. Halle 1897, S. 48) ganz treffend erklärt. Nicht „die Thür der Kirche deutete man auf die Seitenwunde Christi", sondern nach den oben mitgeteilten Äußerungen Augustins, die viel klarer sind als die von Scherer allein herangezogene der Schrift *contra Faustum*, ist die Seitenwunde Christi die Tür, durch die die Kirche in das Leben trat, insofern daraus ihr Kern, die in Blut und Wasser abgebildeten Sakramente, hervorsprangen. Aber diese Seitenwunde ist zugleich Eintrittstür für die Seele, die in der offenen Brust des Herrn gleich einer Taube Zuflucht sucht. Und das gibt wieder die Brücke zum Bild der Arche. Aber auch dieses hat schon Augustin an der oben (S. 95) abgedruckten Stelle seiner Erläuterung des Johanneischen Berichts vom Speerstoß. Er fährt dort nach den Worten: *haec et lavacrum praestat et potum* folgendermaßen fort: *Hoc praenuntiabat, quod Noe in l a t e r e arcae o s t i u m facere jussus est* [Genes. 6, 16], *qua i n t r a r e n t animalia, quae non erant diluvio peritura, quibus praefigurabatur E c c l e s i a.* Vorher hieß es, der Evangelist habe nicht gesagt: *[miles] latus eius percussit aut vulneravit aut quid aliud, sed a p e r u i t, ut illic quodam modo vitae ostium panderetur, unde sacramenta ecclesiae manaverunt, sine quibus ad vitam, quae vera vita est, non intratur* (In Joannis evangelium Tractat. CXX, Kap. 19, 2; Migne, P.L. Bd. 35, S. 1953). Die ganze Erörterung Augustins zu dieser Johannesstelle wiederholt wörtlich B e d a (Migne, P.L. Bd. 92, S. 916 AB).

Die Seitenwunde wird in den angeführten Versen der *Summa theologiae* mit einer Augustinischen, e c h t m y s t i s c h e n Wendung, die dann auch Bernhard von Clairvaux nach seiner Art inbrünstig ausmalt, als doppelte Pforte gefaßt, durch die einst die Kirche in die Welt trat und durch die alle frommen Seelen sich retten in den sicheren Ruheplatz der Brust des Herrn, die sie aufnimmt wie einst die bergende Arche den Noah.

Am vollständigsten erscheint dieser ganze Gedankengang wohl zuerst bei Augustin: *[Arca] figura est peregrinantis in hoc saeculo Civitatis Dei, hoc est Ecclesiae, quae fit salva per lignum, in quo pependit ... Christus Jesus. ... Et quod [arca] ostium in latere accepit, profecto illud est vulnus, quando latus crucifixi l a n c e a perforatum est: haec quippe ad illum venientes ingrediuntur, quia inde s a c r a m e n t a manarunt, quibus credentes initiantur* (De civitate Dei XV, Kap. 26, 1; Migne, P.L. Bd. 41, S. 472).

Um die Mitte des zwölften Jahrhunderts zeigte man in der kaiserlichen Kapelle zu K o n s t a n t i n o p e l das Kreuz und Kreuz-

partikel, einen Kreuznagel, die Dornenkrone, eine K r i s t a l l -
s c h ü s s e l mit dem B l u t C h r i s t i, die L a n z e, mit der seine
Seite durchbohrt wurde: *He sunt relliquie, que apud Constantino-*
polim in capella imperatoris monstrantur: Crux dominica et eiusdem
Crucis tria frusta; Clavus, quo crucifixus est in Cruce Dominus;
Corona de spinis, qua coronatus est. . . . . Monstratur etiam:
c r i s t a l l i n a F i a l a, in qua — ut dicunt — d e s a n g u i n e
D o m i n i habetur; L a n c e a, qua l a t u s e i u s p e r f o r a t u m
e s t (Riant, Exuviae, a. a. O. Bd. 2, S. 211 f.). Die beiden Heiligtümer, die bald nachher in der französischen Graldichtung eine so
bedeutungsvolle Rolle spielen sollten: die Abendmahlsschüssel und
die blutende L a n z e d e s L o n g i n u s e r s c h e i n e n h i e r v e r -
e i n t. Gewiß für die Erklärung der Entstehung jener Legenden
vom Gral sehr beachtenswert. Aus dem Jahre 1157 liegt ein n o r d i -
s c h e r B e r i c h t über die byzantinischen Reliquien vor, der das
Vorhandensein des heiligen Kreuzes, der Lanze, der Kreuznägel, der
Dornenkrone bestätigt [14]). Auch W i l h e l m v o n T y r u s in seiner
Geschichte des heiligen Krieges, die zur Zeit von Walthers von der
Vogelweide Geburt und erster Kindheit geschrieben worden ist,
nennt Kreuz, Nägel, Lanze, Dornenkrone, und ebenso eine wenig
spätere Beschreibung in dem Sanktuarium der kaiserlichen Kapelle
zu Konstantinopel [15]), in der aber hervorgehoben wird, daß ein
Kreuznagel als Geschenk Karls des Großen nach St. Denys in Frankreich gelangt sei, ein anderer in der Kapelle des Königs von Jerusalem zusammen mit dem Körper Josephs von Arimathia verwahrt
werde. Im Jahre 1200 verfaßte dann der Erzbischof A n t o n i u s
von N o w g o r o d ein sehr ausführliches Verzeichnis der heiligen
Stätten von Byzanz und ihrer Reliquien, worin außer vielen Merk-
würdigkeiten die Krone des Kaisers Konstantin, die Dornenkrone,
die Kreuznägel, das Blut Christi, die Lanze, das Tuch der Veronika
mit Christi Bildnis, der Schild Konstantins, der Abendmahlstisch erwähnt werden.

Auch die Armenier beanspruchten ihrerseits die wahre Lanze
des Longinus zu besitzen. In einer armenischen Handschrift des dreizehnten Jahrhunderts findet sich ein Traktat über die Reliquien
Jesu Christi, der behauptet, daß die echte Lanze des Longinus vom

---

14) Riant, Exuviae, a. a. O. Bd. 2, S. 213.
15) Riant, Exuviae, a. a. O. Bd. 2, S. 216 f.

Apostel Thaddäus nach Armenien gebracht und daß die griechische Lanze in Konstantinopel eine Täuschung sei. Höchst merkwürdig sind dann aber die Worte über die zauberhaften Kräfte dieses Kleinods: „Wer sie gesehen hat, der wird nicht den ewigen Tod sehen und wird am jüngsten Tage nicht zuschanden werden, er wird den Antichrist nicht sehen. Und das K ö n i g r e i c h , in dem sie sich befindet, wird geehrt sein und niemals sein Ansehen und seine Macht verlieren."

Die französische Übersetzung der Textstelle lautet: *Mais la lance salutaire, qui pénétra dans la source du sang de Notre Sauveur, coulant de son côté, Longin l'a prise, lui qui, borgne de naissance, fut guéri et recouvra la vue, grâce opérée par la lance. Cette sainte lance, teinte dans le sang divin, et la couronne d'épines et le bras droit de saint Joseph d'Arimathie ... furent portés en Arménie par le saint apôtre Thaddée. Voici les signes de la sainte lance enfoncée dans le flanc divin que vous verrez et connaîtrez et vous affirmerez, afin que les Grecs rusés ne vous trompent pas. ... Mais la sainte lance de Jésus-Christ, le trésor de la lumière céleste, est en Arménie et ceux qui l'auront vue, ne verront pas la mort éternelle, et n'auront pas honte le jour dont on ne connaît pas le soir, ne verront pas l'antechrist. Et le r o y a u m e o ù e l l e s e t r o u v e r a s e r a h o n o r é e e t c e r o y a u m e n e p e r d r a j a m a i s s o n a u t o r i t é* (nach de Mély, Reliques de Constantinople, a. a. O. S. 124; dazu auch S. 122 f.). „Ebenso verehren die Muselmänner von Bayazed den Speer, der die Seite des Erlösers durchbohrte und als Reliquie in Etschmiadzin steht. ... Wenn die siebenjährige Periode, nach der sich die Pest zu zeigen pflegt, vorübergeht, so holen die Patres des armenischen Klerus dieses Heiligthum von Etschmiadzin ab und zeigen es im Gotteshause zu Bayazed vor, und allgemein ist der Aberglaube, daß dann die Wuth der Seuche gebrochen werde" (K. Ritter, Die Erdkunde. 10. Teil, 3. Buch: West-Asien. Berlin 1843, S. 351).

Möglich, ja wahrscheinlich, daß solches oder ähnliches Gerede auch in Frankreich und Deutschland damals umlief, Glauben fand und die Resonanz des Longinusmotivs dadurch erhöht wurde. Es bestätigt sich hier aufs neue das schon oben Ausgesprochene: die Longinuslanze wird zu einem religiösen Symbol, dessen reale Existenz sich verflüchtigt und eigentlich nur in der Phantasie lebendig bleibt (siehe oben S. 127 ff.). Daher kann die Lanze bald hier, bald dort anwesend gedacht und verehrt werden. Eine besonders eigentümliche Gestalt gewinnt die politisch-religiöse Vorstellung der Longinuslanze in einem mahnenden Schreiben Gregors IX. an Kaiser Friedrich II. vom 22. Juli 1227, den versprochenen und lange ver-

zögerten Kreuzzug endlich anzutreten. Darin fordert er den Kaiser
auf, sich von den irdischen Vergnügungen loszureißen und den himmlischen Angelegenheiten nachzutrachten. Er hält zu diesem Zweck
dem Kaiser die Bedeutung der H e r r s c h e r - I n s i g n i e n vor
Augen und legt sie symbolisch aus. Er nennt nach dem Kreuz sofort
die Reichslanze und beschreibt sie nach Erwähnung der übrigen Reliquien ausführlichst in ihrer Herkunft und Bedeutung. Dabei identifiziert er sie mit dem Speer, durch den der Söldner die Seite Christi
öffnete. Aus dieser Wunde habe Christus die Sakramente auch für
die Erlösung des Kaisers hervorströmen lassen. Sie sei die enge
Pforte, die auch ihn zum Leben führe, aus der eine bloße Flüssigkeit hervordrang, um auch im Kaiser stachelnden Schmerz und den
Stachel wahrer Zerknirschung zu erzeugen; dieser Stachel öffne als
Schlüssel auch ihm die Pforte des Paradieses, in die nur eine im
Feuer der Liebe geläuterte Seele Eintritt finde:

> *Crux, ubi est lignum domini, et lancea, ubi clavus eius consistit,*
> *ante te in processionibus solemnibus deportantur; coronam auream cum*
> *lapidibus pretiosis gestas in capite, sceptrum in dextera, pomum tenes*
> *aureum in sinistra, ut crux Dominice passionis et memoria acerbissimi*
> *cruciatus sint semper ante oculos mentis tue in contumeliis verborum,*
> *iniuriarum opprobriis, flagellis et plagis laceratione spinarum, trans-*
> *fixione clavorum; prudenter attendes in quantis te oporteat Domino*
> *respondere. Lanceam considera diligenter, cuius acumen latus eius*
> *aperuit, de quo Christus largiter sacramenta tue salutis effudit. Ista est*
> *porta angusta, que te ducit ad vitam, de qua non substantia solida, sed*
> *liquor tantum exivit, ut dolor acutus sit in te et vere contritionis acumen,*
> *quod est clavis, que portam tibi aperit paradisi, quam non potest intrare*
> *solidum aliquid nec anima indurata, sed liquefacta in fornace amoris et*
> *camino fervide caritatis* (ed. Rodenberg. Monumenta Germaniae historica.
> Epistolae saeculi XIII. Bd. 1 [1883], Nr. 365, S. 279).

Gregor IX. sieht also in der Reichslanze des deutschen Kaisers,
die allgemein als Lanze Konstantins galt, die Lanze des Speersöldners, die die Seite Christi geöffnet hat. Nach den Ergebnissen von
Hofmeister hat die Konstantinlanze wechselnde Schicksale und
Wandlungen ihres Namens durchgemacht. Im zehnten Jahrhundert
wird sie von König Rudolf II. von Burgund dem deutschen König
Heinrich I. übergeben. Heinrich II. empfängt sie als Sinnbild und
staatsrechtlichen Träger der Reichsgewalt. Unter den Ottonen wird
die alte Konstantinlanze mit der Mauriziuslanze, d. h. mit der Lanze
des aus Burgund übertragenen heiligen Maurizius, der als Reichs-

patron angesehen wird, vermengt. Etwas später zwischen 1035 und
1099 ist das ursprüngliche Eisen der Lanze verschwunden und das
heute in der Wiener Schatzkammer des österreichischen Kaiserhauses
aufbewahrte an die Stelle getreten [16]).

In dieses ist eine Partikel des heiligen Kreuzes eingestemmt. Beider-
seitige Inschriften auf einem den Bruch verbindenden Eisenband weisen
auf den Kreuznagel hin, führen die Lanze auf den heiligen Maurizius
zurück und bezeichnen als Urheber der Umgestaltung Kaiser Heinrich III.
Unter diesem versteht Erben (Die Waffen der Wiener Schatzkammer,
a. a. O. S. 368 f.) mit Recht König Heinrich IV., der als Kaiser der dritte
Heinrich war, da Heinrich I. die Kaiserwürde noch nicht bekleidete. Dadurch ergibt sich als Zeit der Umänderung das letzte Jahrzehnt Heinrichs IV., also die Zeit des ersten Kreuzzuges. Erben will daher in der
neugefaßten Reliquie vom Kreuze Christi einen Ersatz erblicken, den
der gebannte Kaiser sich gegen die vom Papste ausgehende Bewegung
schaffen wollte, zugleich „ein Denkmal für den Kampf des deutschen
Königtums mit den die Weltherrschaft anstrebenden Päpsten." Diese einleuchtende Vermutung erschließt eine Lage und eine Politik des Kaisers,
die nahesteht der Haltung Friedrichs II., der, obwohl gebannt, seinen
Kreuzzug gegen den Willen Gregors IX. durchführt. Es war jener Kreuzzug, zu dem Walther von der Vogelweide in seiner Palinodie (siehe unten)
aufforderte, als der Bann dem Kaiser erst drohte.

Der Longinusspeer, der — wie oben dargelegt wurde — seit dem
Siege von Antiochia 1098 das Symbol des Kreuzfahrterfolges gewesen
war, trat gerade in der Kreuzzugstimmung des Jahres 1227 zur ver-
stärkten Geltung hervor. Matthäus von Paris berichtet aus dem
Juni und der nächstfolgenden Zeit dieses Jahres Visionen, in denen
am Himmel der durch die Lanze blutende Christus gesehen wurde:

In nocte Nativitatis beati Johannis Baptistae [24. Juni] *ostendit se
Dominus in firmamento crucifixum, quod perspicue apparuit in cruce luci-
dissima corpus Dominicum c l a v i s   e t   l a n c e a   p e r f o r a t u m necnon
cruore respersum, ut fidelibus suis patenter ostenderet Salvator mundi
ex hac populorum devotione se fuisse propitiatum. Hanc quoque visionem
cum multis aliis vidit mercator quidam, qui piscem in reda tulit ad ven-
dendum, non longe a vico qui Wxebrugge [Uxbridge] nuncupatur. ... In
crastino vero et singulis postea diebus, ubicunque piscem suum venalem
exposuit, visionem caelestem, quam viderat, omnibus aperte praedicavit,
adhibito filii sui testimonio. Unde sicut multi dictis eorum fidem
adhibuerunt, ita nonnulli contempserunt, donec p e r   s i m i l e s   v i s i o n e s*

16) Vgl. A. Hofmeister, Die heilige Lanze. Ein Abzeichen des alten
Reichs. Breslau 1908. (Zum Folgenden besonders S. 66.)

et assiduas, quae eodem tempore multis in locis diver-
sis apparuerunt, ad credendum inducti sunt. In quibus ipse Cruci-
fixus coelum reserare dignatus est et gloriam suam mirabiliter cum im-
menso lumine incredulis, sicut aliquando ad praedicationem magistri
Oliveri in Alemannia praedicantis fecerat, revelare (Matthäus von Paris,
Chronica maiora; ed. Luard. London 1876, Bd. 3, S. 127, ad annum 1227
[Rerum britanic. medii aevi scriptores Nr. 60]).

Walthers von der Vogelweide Aufruf an die österreichischen
Ritter vom Oktober des Jahres 1227 (*Owê war sint verswunden alliu*
mîniu jâr! [124, 1 ff.]) knüpft unmittelbar an die *unsenfte brieve*
(124, 26), die vom Papst Gregor IX. an den Kaiser, an die deutschen
Bischöfe und an die deutschen Fürsten ergangen waren. Die Auf-
forderung dieses Widerrufs höfischer Weltlichkeit (124, 35—40), die
Träger der „geweihten Schwerter" (125, 3) möchten die Erlösung von
ihren Sünden durch Teilnahme an dem Kreuzzug erstreben, und der
Schluß des Gedichts, der die Krone des ewigen Lebens zu erringen
wünscht nach dem Vorbilde des Speersöldners Longinus (125, 7 f.) [17]),
nimmt ohne Frage Bezug auf Gregors IX. oben besprochene symbolische Ausdeutung der Kaiserlanze als Lanze des Longinus. Außerdem weist Walther, wenn er die geweihten Schwerter der Ritter hervorhebt, offenbar auch hin auf die Rolle, die der Speer des Söldners

---

17) [Die von Burdach bereits mehrfach begründete (zuletzt: „Walthers
Aufruf zum Kreuzzug Kaiser Friedrichs II." Dichtung und Volkstum Bd. 36
[1935], S. 56 ff.) Deutung des Verses *die mohte ein soldener mit sime sper*
bejagen (125, 8) als „jener Söldner" (Longinus) und die gleichzeitige Emenda-
tion des *möhte* in *mohte* ist von S. Singer (Die religiöse Lyrik des Mittelalters [Das Nachleben der Psalmen]. Bern 1933, S. 87) angefochten. Er begründete dies mit dem Hinweis auf einen Satz K. Lewents (Das altprovenza-
lische Kreuzlied. Diss. Berlin 1905, S. 74), daß manche Troubadours,
die nicht in der Lage waren als Ritter an dem Kreuzzug teilzunehmen,
sich aus gesellschaftlichen Gründen zu stolz fühlten, um „als einfache
Kriegsknechte hinauszuziehen". Dabei ist aber nicht beachtet, daß seit dem
ausgehenden zwölften Jahrhundert gerade auch die Ritter Söldnerdienste
taten (vgl. z. B. Gahmuret [Parz. 21, 11 ff.] und Benecke, Müller, Zarncke,
Mittelhochdeutsches Wörterbuch Bd. II, 2, S. 468 b), daß ferner schon der
Kreuzzug Barbarossas und mehr noch der Friedrichs II. mit Soldrittern
geführt wurde. Ein Gegensatz zwischen dem Ritter mit dem geweihten
Schwert und dem Söldner mit dem Speer, den der überlieferte Text des
Waltherschen Gedichtes fordert, ist unmöglich; vielmehr war der Speer
zu Walthers Zeit die spezifische Waffe des Ritters, und der christliche Ur-
söldner Longinus war von Walther als Ritter, als erster christlicher Ritter,
als Urtypus des christlichen Ritters gedacht.]

in der liturgischen Ritterweihe spielt. Die Benediktion der ritterlichen Waffen (Lanze mit Fahne, Schwert und Schild) im kirchlichen
Offizium des alten *Ordo Romanus vulgatus* [18]) erinnert nämlich feierlich an jenen Speer und seinen Träger und stellt diesen als den
ersten Typus des christlichen Kriegers hin, offenbar auf Grund der
legendarischen Vorstellung, daß Longinus der erste christliche Ritter
gewesen sei (siehe oben S. 222). Es heißt dort, da Gott gestattet habe,
daß von einem Ritter die Seite seines für unser Heil gekreuzigten
Sohnes, unseres Herrn Jesus Christi, von der Lanze durchbohrt
wurde, so möge er auch durch den Namen dieses seines Sohnes die
Lanze so weihen und segnen, daß ihr künftiger Träger sie unter
seinem Schutz führe:

Post benedicat l a n c e a m.

*Domine Deus omnipotens lux et vita fabricae mundi, qui per manus
Tubalcain ad usus hominum fabrilia opera instituisti, respice propitius
nostri deprecationem officii ad benedicendam hanc lanceam militaris
instrumenti, qui a m i l i t e l a t u s f i l i i t u i Domini nostri Jesu Christi,
p r o n o s t r a s a l u t e in cruce pendentis, p e r m i s i s t i l a n c e a
p e r f o r a r i, et per nomen eiusdem filii tui eam sic consecrare et benedicere digneris, ut is [!], qui eam tulerit, des ei prosperum signum tuae
defensionis: sicut dedisti Gedeoni, Sauli, Dauid quoque regi, ut tuis
semper fultus auxiliis congaudeat et laetetur in te in omnibus prosperi-
tatibus suis. Per eundem Dominum. Deinde alligetur vexillum lanceae
et tenente eam milite adspergat eam Episcopus aqua benedicta, et dicat:..*
(Hittorp, a. a. O. S. 158 f.; Maxima Bibliotheca, a. a. O. Tom. 13, S. 745.
Die Ausgabe von Cassander war mir nicht zugänglich).

---

18) Zuerst herausgegeben von Georg Cassander (Köln 1561); wiederholt von Melchior Hittorp (De divinis officiis. Köln 1568) und in der
Maxima Bibliotheca veterum patrum ... Tom. 13 (1677), S. 657 [Druck-
fehler: 639] ff. Ist der Text von Cassander und Hittorp auch nicht ein-
heitlich und nicht in allen Bestandteilen von gleichem Alter, so kann doch
nicht daran gezweifelt werden, daß für das hier in Betracht kommende
Stück eine alte und handschriftliche Quelle zugrunde liegt, die jedesfalls
älter als das dreizehnte Jahrhundert ist. Vgl. Thalhofer-Ebner, Handbuch
der katholischen Liturgik. Freiburg i. Br. 1894. Bd. I, 1, S. 50 f.; Thalhofer-
Eisenhofer, Freiburg i. B. ² 1912. Bd. 1, S. 82 f. und Anm. 6; Mabillon,
Museum Italicum Bd. 2 (1689), S. IX. — Über die Kölner Handschrift
und über die beiden Fassungen der Ritterweihe siehe W. Erben, Schwert-
leite und Ritterschlag (Zeitschrift für historische Waffenkunde Bd. 8 [1919],
Heft 5/6, S. 122 f. und Anm. 125), wo aber die Fassung der Ritterweihe
mit der Anspielung auf Longinus nicht berücksichtigt ist.

Auch nachdem Ludwig IX. von Frankreich angeblich die echte Lanze des heiligen Longinus an sich gebracht hatte, ruhte die Begierde nach dieser Reliquie nicht. Wie ich schon bemerkte, die Lanze war eine I d e e geworden und das mittelalterliche Denken fand daran keinen Anstoß, immer neue angeblich echte Exemplare auftauchen zu sehen. Kritischere Gemüter wurden wohl auch damit beschwichtigt, daß es immer nur Teile der ganzen Lanze, das Eisen oder der Schaft oder Fragmente von einem von beiden seien, die man auffand und verehrte.

Im Jahre 1354 erwirkte endlich Karl IV. von Innozenz VI. durch ein Gesuch, dem bereits zwei Gesuche ähnlichen Inhalts vorausgegangen waren [19]), die päpstliche Sanktion für ein spezielles kirchliches Fest zu Ehren der heiligen Lanze und des in sie eingefügten Kreuznagels, die volkstümlich die imperialen Reliquien genannt wurden, mit einem besonderen Offizium.

Karl IV. schreibt in diesem Brief, *quod, cum ipse habeat sub sua custodia ... sacratissimam lanceam ... et unum clavum ..., qui clavus et lancea tanquam prestantissime reliquie ac preciosissimus thesaurus Romani imperii reliquie imperiales vulgariter appellantur et consueverunt et debent per imperatorem seu regem Romanorum ... conservari et reverentissime custodiri ..., propter que ipse rex gerit in votis, ut de predictis lancea et clavo tam pro eorum veneracione maiori quam pro Romani imperii favore et honore precipuo celebre festum per Alamanniam et Boemiam peragatur; eidem Sti supplicat cum reverencia, quanta potest, quatenus per apostolica scripta dignemini statuere et mandare, quod de dictis lancea et clavis quinta feria post octavam resurrectionis dominice festum sub lancee et clavorum vocabulo per totam Alamanniam etc. imperpetuum celebretur, concedentes de speciali gracia, quod per prelatos et alios pagine divine peritos ... pro dicto festo proprium officium ordinetur* (Monumenta Vaticana, a. a. O. Bd. 2, Nr. 209, S. 89).

Die Folge dieses kaiserlichen Gesuches war eine Bulle Innozenz VI. (*In redemptoris nostri Domini*), die in mehrfacher Hinsicht aufschlußreich ist. Sie bezeichnet wieder nach der alten Tradition die Tat des Lanzenstichs als Werkzeug der Erlösung, als ein B a d d e r S ü h n e und E r n e u e r u n g des Menschengeschlechts. Sie greift zurück auf den Bericht des Johannesevangeliums und läßt den Speerstoß gegen den b e r e i t s t o t e n Heiland gerichtet sein. Sie bemerkt, daß die Lanze des Longinus schon längst von den Deut-

---

19) Vgl. Monumenta Vaticana res gestas Bohemicas illustrantia Bd. 1 (1903), Nr. 1471 (S. 757 f.); Bd. 2 (1907), Nr. 19 (S. 9 f.).

schen verehrt, insbesondere von den deutschen Königen und Kaisern hochgehalten wurde. Sie rechnet sie ausdrücklich unter die kaiserlichen Insignien, als einen Teil des Kronschatzes:

Unter den Werkzeugen und Früchten der Passion Christi *illud celebriter memorandum est, quod ipse salvator emisso in cruce iam spiritu, sustinuit perforari lancea latus suum, ut inde sanguinis et aquae profluentibus undis formaretur unica et immaculata ac virgo sancta mater ecclesia sponsa sua. O beatissima ipsius sacri lateris apertura, unde nobis tot et tanta divinae pietatis dona fluxerunt, hinc si quidem nostrae redemptionis pretium, hinc a b l u t i o n i s et r e g e n e r a t i o n i s l a v a c r u m , hinc ipsius ecclesiae sacramenta suscepimus. O felix lancea, quae tot bona nobis effecit et . . . hoc latus ipsum aperiendo sanctissimum januas nobis regni coelestis aperuit. Haec vulnerando iam mortuum vulnera nostra sanavit vitamque nobis reddidit et salutem. Haec innoxium transfigendo illius sanguine culpas nostras abstersit et demum eisdem undis sacratissimis irrigata caecitatis nostrae tenebras sustulit. . . .* (Obwohl schon immer verehrt, verdienen doch die Instrumente der Passion ein besonderes Fest.) *Sane oblata nuper nobis pro parte carissimi in Christo filii nostri Karoli Romanorum et Boemiae regis illustris petitio continebat, quod ipse inter sacras reliquias, quae imperiales vulgariter nuncupantur quaeque tamquam pretiosissimus imperii Romani thesaurus consueverunt per Romanorum regem seu imperatorem, qui est pro tempore, conservari ac reverentissime etiam honorari, habet in sua custodia predictam sacratissimam lanceam necnon unum ex clavis predictis, prout predecessores sui clarae memoriae catholici Romanorum reges seu imperatores etiam habuerunt.* Es folgt die Bestimmung, *quod . . . de praemissis lancea et clavis et sub eorum vocabulo proprium festum cum speciali officio per aliquos praelatos catholicos et alios paginae divinae peritos, quos idem rex ad eos eligendos duxerit ordinando, sexta feria post octavam resurrectionis dominicae annis singulis a Christi fidelibus in eisdem Alamanniae et Boemiae partibus perpetuo solemniter celebretur* (Raynaldus, Annales ecclesiastici; ed. Mansi. Bd. 6 (Lucae 1750), S. 601; siehe auch Monumenta Vaticana, a. a. O. Bd. 2, Nr. 211 und 212 (Regesta), S. 90.

Im Jahre 1492 kam dann die angeblich alte in Konstantinopel verehrte Lanze des Longinus als Geschenk des türkischen Sultans Bajazets II. an Papst Innozenz VIII. nach Rom, wo sie in der Peterskirche unter der Kuppel Michel Angelos als heiligste Reliquie aufbewahrt und am Karfreitag verehrt wird. Der päpstliche Zeremonienmeister Johannes Burchardus von Straßburg berichtet in seinem Diarium [20]) ausführlich über die Beratungen der Kurie, unter

20) Johannis Burchardi Diarium; hrsg. von L. Thuasne. Bd. 1 [1483 bis 1492] (Paris 1883), S. 473—486.

welchen Feierlichkeiten das *ferrum lancee Christi, quo latus salva-*
toris nostri Jesu Christi in cruce pendentis apertum fuisse dicitur
(a. a. O. S. 473), von dem Gesandten des türkischen Herrschers ent-
gegenzunehmen sei, aber auch über die Zweifel der Echtheit dieser
Reliquie, die sich nach Ansicht der einen in Nürnberg, nach Meinung
anderer in Paris, wohin sie durch Balduin II. von Flandern als
Geschenk an Ludwig IX. (siehe oben S. 395) gekommen sei,
nach der Behauptung Dritter immer noch in Konstantinopel befände.
Infolge dieser Zweifel herrschte Unstimmigkeit, ob man erst die
Echtheit des Lanzenteils feststellen und dann das Geschenk annehmen sollte oder umgekehrt:

> *Et licet major pars cardinalium presbyterorum in sententiam tenderet,*
> *quod ferrum predictum recipi deberet ... absque solemnitate aliqua et*
> *deinde veritas perscrutari an hoc vel aliud ex Nuremberga aut Parisiis*
> *verum esset ferrum; et tunc, si hoc compertum esse posset, tunc id publi-*
> *cari et cum omni veneratione et solemnitate ad aliquam ecclesiam*
> *processionaliter ... conduci: et e converso, forte hoc ferro modo solem-*
> *niter recepto et postea comperto alibi illud verum ferrum esse, sedes*
> *apostolica redargui posset aut confundi, tamen SS. D. N. voluit et ordinavit*
> *ferrum hoc solemniter recipi debere* (a. a. O. S. 474).

Trotz diesem Votum der Majorität der Kardinäle erfolgte am
19. Mai 1492 die Übergabe und Annahme des Geschenks an den
Herrn der Christenheit unter feierlichem Umzug.

Am Grabdenkmal Innozenz VIII. von dem Florentiner Pollajuolo
im linken Seitenschiff der Peterskirche ist zur Feier dieses Gewinns
die heilige Lanze des Longinus dargestellt, und im Mittelrundbau
der Peterskathedrale, in der Nische eines der großen Kuppelpfeiler
errichtete Bernini eine Marmorbildsäule des Märtyrers mit seinem
Symbol. Alljährlich in der Karwoche wird den andächtigen und
neugierigen Tausenden das Fragment des Lanzeneisens zugleich mit
dem Tuch der Veronika und anderen Reliquien von hoher Loggia
aus gezeigt. Ich selbst habe sie im Jahre 1899 am Abend des Gründonnerstags dort nach vollzogener Altarwäsche bei flackerndem
Kerzenlicht gesehen im Gewühl von tausenden Andächtigen und
Neugierigen, unter dem seltsamen Geknatter der *troccole,* jener
Klappern, die statt der verstummten Kirchenglocken die heilige
Handlung mit stachelnden Signalen begleiten.

Fünfundzwanzigstes Kapitel.

Die magische Wirkung des blutenden Longinus-speeres in Segen, Gebeten und Passionsspielen.

I. Blutstillende Segen.

Aus dem zehnten Jahrhundert liegt uns vor in der Rheinauer Handschrift 51 der Züricher Kantonalbibliothek ein im einzelnen nicht ganz verständlicher Segen [1]): *Longinus miles. lango zile. cristes thegan ast astes. Adiuro sanguis per patrem et filium. et spiritum sanctum vt non fluas. plus quam iordanis aha ... nelo* (?) *xpe [= Christe]. In ea baptizatus est et a ... a [alleluia? Steinmeyer]. tribus vicibus; pater noster cum gloria.* Den mittleren Satz emendiert Steinmeyer: *quando Christus in ea baptizatus est.*

Soviel ist klar, daß hier der Speerstich des Longinus angerufen wird, um durch die Erinnerung an ihn das Blut einer Wunde zu stillen. Gleichzeitig wird verglichen damit das Stillstehen des Jordanflusses bei der Taufe Christi nach einer weitverbreiteten alten Überlieferung, über die ausführliche Nachweise gegeben sind von O. Ebermann (Blut- und Wundsegen. Berlin 1903. Abschnitt II Jordan-Segen, S. 24—35. 146 [Palästra Bd. 24]). Anscheinend ist dieser Segen überhaupt der älteste Beleg für das Vorkommen des Namens Longinus in einem deutschen Texte.

Deutlicher als hier ist die Beziehung auf das durch den Speer des Longinus vergossene Blut Christi in einem Segen des elften Jahrhunderts, der in zwei Fassungen überliefert ist. Die eine steht im Clm. 14569 am Rande von Bl. 17 [b] unter der Überschrift *Contra sanguinem stagnandum: Miles Longinus cum lancea sua feriuit in*

---

1) Abgedruckt bei Steinmeyer, Die kleineren althochdeutschen Sprachdenkmäler. Berlin 1916, S. 379 unten

latere Christi, nec fecit nec uena doluit. Christus dixit: „stringe te, sanguis!" Domine (? Hdschr. *dominus), qui serrasti uenam, tu fac stagnare uenam in menbro isto!* Pater noster (Müllenhoff-Scherer, Denkmäler Bd. 2, S. 275).

Hierzu in Beziehung scheint folgende Blutbeschwörung in der Mülinenschen Rolle (elftes/zwölftes Jahrhundert) [2]) zu stehen: *Item ad sanguinem stagnandum. Longinus miles punxit Christum. Christus recubauit, sed Christus dixit: „Sanguis iste nec currat!" Ita tu sanguis sta, sicut flumen Jordanis stetit, quando Christus in te* [= *sanguine*] *baptizari uoluit a Johanne baptista, et nil fluxit in amne* (Z. 678—81). Dort findet sich auch ein ausführlicherer Segen, der zu dem eben mitgeteilten eine Art Erläuterung geben kann: † *Christus iacuit uulneratus in dextero latere. Superuenit sanctus Johannes et dixit: „Christe, quis te uulnerauit?" At ille: „Miles, inquit, Longinus cum lancea bisacuta me uulnerauit!"* † *Coniuro te, Johannes, per lac sanctę Marię, sicut stetit flumen Jordanis, sic stagna sanguinem, de quocunque loco corporis exierit.* † (Z. 800 bis 809) [3]).

Die andere Fassung des oben (S. 398) erwähnten Segens bietet der Clm. 100 aus dem zwölften Jahrhundert, welche durch unverständliche Zauberworte eingeleitet wird und auch sonst nicht überall eindeutig erklärt werden kann: *Truncha musa. daffatana. qurri. truna musa. daffatana. clusa. sic hic feda cala feda. palafeda. deuulnera. Longinus magnus fecit plagam magnam. Nepoecine poluit. olim fac tolio. amen. Longinus miles lanceauit dominum Jesum Christum; exiuit sanguis et aqua. Jesus: „sta sanguis!" Christus chrisma* [?]. *Strangula uenam limis. murmur accessus. amen. Pater noster. sta. sta. sta. sicut flumen Jordanis stetit. Tribus uicibus.*[4])

---

2) Über die Handschrift vgl. Steinmeyer, Althochdeutsche Glossen Bd. 4, S. 385, Z. 20 ff.; Bd. 3, Vorwort S. IX.

3) Abgedruckt bei Steinmeyer, Sprachdenkmäler, a. a. O. S. 378 bzw. S. 377 f.

4) Abgedruckt von Rockinger, Quellenbeiträge zur Kenntnis des Verfahrens bei den Gottesurteilen des Eisens, Wassers, geweihten Bissens, Psalters (Quellen und Erörterungen zur bayerischen und deutschen Geschichte Bd. 7 [1858], S. 320 f.); verwandte Fassungen bei Müllenhoff-Scherer, Denkmäler Bd. 2, S. 275 f.

Inhaltlich stimmt in den Hauptzügen hiermit überein der Segen *contra fluxum sanguinis de naribus*, den die Pergamenthandschrift 652 der Universitätsbibliothek zu Innsbruck aus dem zwölften Jahrhundert überliefert:

Dicat sic: *der lange Longinus*
  transfixit Christi latus
  statimque fluxit sanguis de latere.
  in ipsius nomine
  stet sanguis iste.

(Mone, Anzeiger. 7. Jahrgang [1838], S. 608.)

Der Longinusblutsegen wurde auch verknüpft mit einer selbständigen L e g e n d e v o n d e n d r e i B r ü d e r n, die ein blutstillendes Kraut zu suchen ausziehen und auf ihrem Wege den Herrn Jesus Christus treffen, der ihnen Heilmittel angibt und sie anweist, bei deren Verwendung Longinus anzurufen und seinen Speerstich:

Tres boni fratres ambulabant per unam viam et occurrit illis dominus Jhesus Christus et ait: „Tres boni fratres, quo itis?" Dicunt ei: „Domine, imus ad montem colligere herbas plagationis percussionis et doloris." Et dixit dominus: „Venite mecum et iurate mihi per crucifixum et per lac beate virginis, ut non in abscondito dicatis nec mercedem inde accipiatis. sed ite ad montem oliueti et tollite inde oleum oliue intragite in eo lanam ovis et ponite super plagam et sic dicite: 'Sicut Longinus miles latus saluatoris aperuit, non diu sanguinavit, non rancavit, non doluit, non tumuit, non putruit, nec ardorem tempestatis habuit, sic plaga ista, quam carmino, non sanguinet, non rancet, non doleat, non tumeat, non putreat, nec ardorem tempestatis habeat. In nomine patris et filii et spiritus sancti amen'." Dic ter et dominicam ter orationem. Et „ne nos inducas in temptationem, sed libera famulum ab hoc malo et ab omni malo amen!" [5]

Vielleicht noch älter ist die lateinische Fassung aus dem Clm. 19440 (zehntes/elftes Jahrhundert), deren Anfang Steinmeyer in seinen Althochdeutschen Glossen (Bd. 4, S. 572) angibt; da sie aber auf einem leeren Raum nachgetragen ist, kann sie freilich auch jünger als der Inhalt der übrigen Handschrift sein.

---

5) In der Leipziger Pergamenthandschrift 73 des dreizehnten Jahrhunderts; abgedruckt von Leyser in den Altdeutschen Blättern (hrsg. von M. Haupt und H. Hoffmann) Bd. 2 (1840), S. 323. Zur Legende siehe auch Ebermann, a. a. O. S. 35 ff.; R. Köhler, Kleine Schriften Bd. 3 (1900), S. 552—558; Müllenhoff-Scherer, Denkmäler Bd. 2, S. 282; A. Schönbach, Zeitschrift für deutsches Altertum Bd. 18 (1875), S. 80.

Eine deutsche Fassung dieser Legende hat Sievers nach der Handschrift Arund. 295 des Britischen Museums aus dem dreizehnten Jahrhundert (fol. 117 ª) veröffentlicht:

In nomine patris et filii et spiritus sanctî
Dirre segen gesprochen sî.
Drî guote bruoder giengen,
Einen wec sie gevïengen.
Crist der widergïenc in,
Er sprach: „ir drî, wâ gêt ir hin?"
„Ze disem berge wir gên,
Ob wir dâ vinden wurze stên
Für aller slahte wunden."
Er sprach: „die hât ir funden.
Nu swert per crucifixum,
Des vil guoten gotes sun,
Unt bî der milche der frîen,
Sîner muoter sante Merîen,
Daz irz inhelt noch intuot
Umme keiner slahte guot.
Ich gebiute iu, daz ir gêt
Hin ze Montolivêt.
Dâ nemt des boumoles sân.
Ir sult der schâfeswollen hân,
Die ich dar zuo hân irkorn:
Sie sol wesen niweschorn.
Daz olei troufet in die wunden,
Diu wolle sî dar ûf gebunden.
Unde sprechet alsus:
Rechte alse, dô Longînus
Cristum in die sîten stach,
Dô er in ame crûce sach,
Des al diu cristenheit genôz,
Lützel bluotes dar ûz flôz,
Unt daz infûlte noch inswar
Noch geschôz quam dar,
Alse intuo disiu wunde,
Diu von mînem munde
Mit disen worten ist beschrit!"
Unt daz urkunde gît,
Daz sie hie mite besworn ist.
Des helfe uns der heilige Crist.
Amen die ze himele sint
Sprechen alliu gotes kint.

(Zeitschrift für deutsches Altertum Bd. 15 [1872], S. 452 f.)

Eine jüngere Fassung in einer Hamburger Handschrift des fünfzehnten Jahrhunderts ist in den Altdeutschen Blättern (a. a. O. S. 267) abgedruckt. Vielleicht bis in das zwölfte Jahrhundert zurück geht eine Prosafassung dieser Legende, die Müllenhoff anschließend an den Sieversschen Text (a. a. O. S. 454) nach einer Münchener Handschrift abdruckt.

Alle bisher besprochenen Segen riefen den Speerstich des Longinus an, um die Blutstillung einer Wunde herbeizuführen. Der unausgesprochene Gedanke, der dabei zugrunde lag, war also etwa dieser: wie Christus das Blut seiner eigenen Seitenwunde gestillt hat und wie er bei seiner Taufe durch Johannes dem Wasser des Jordan geboten hat stillzustehen, soll auch das Blut der Wunde des Beschwörenden zum Stillstand kommen. (Weitere zahlreiche Fassungen dieses Longinussegens aus jüngerer Zeit werden nachgewiesen bei Müllenhoff-Scherer, Denkmäler Bd. 2, S. 275 f. und von Steinmeyer, Sprachdenkmäler, a. a. O. S. 378 ff.) In der Legende von den drei Brüdern ist die innere Beziehung dahin umgestaltet worden, daß der Segen der gegenwärtigen Wunde den gleichen Zustand wünscht, den die Seitenwunde Christi gehabt hat, die nur wenig geblutet, nicht geeitert hat und schmerzlos gewesen ist.

II. Waffensegen.

Besonders zu beachten ist der Schwertsegen einer Breslauer Handschrift:

> Ich beswer alle woffen gut
> mit des heiligen Cristus blut,
> des heiligen Christus adem,
> daz sy or stechen vnde or sniden lasen,
> vnde sint also gut
> keyn [= gegen] mynem fleisch vnde mynem blut,
> also myner frouwen sente Marian ir sweiss was,
> da sie des heiligen Cristes genas.
> des heiligen Cristes blut,
> daz an dem spere nyder wut,
> geseyne [= gesegene] myn fleisch vnde myn blut.
> der heilige Crist stiess syne ruten
> in den Jordan, daz der Jordan weder stunt:
> also müssen alle woffen bose vnde gut
> vermide myn fleisch vnde blut,

daz ye gesmedt wart
sint der heilyge Crist geboren wart —
Ane daz myne alleyne,
daz müsse snide fleisch vnde gebeyne.
wan daz kommet uss myner hant,
so sie ez zcu den anderen geczalt.
des helfe mir der heilige got,
der an dem crutze leit den bittern tod. Amen. [6])

Hier ist die Beziehung auf den Speerstich in anderem Sinne gefunden als in den Blutstillungssegen. Es wird aus der Anrufung Schutz gegen alle fremden Waffen, also Unverwundbarkeit, hingegen für das eigene Schwert volle Wirksamkeit erstrebt.

Im Kodex 2817 der Wiener Hofbibliothek des vierzehnten Jahrhunderts erscheint ein ähnlicher Segen, der nur wenig abweichend auch in einer Grazer Handschrift des fünfzehnten Jahrhunderts (abgedruckt von Schönbach, Zeitschrift für deutsches Altertum, a. a. O. S. 80 f.) nachweisbar ist:

Herre got, behüete hiut mich · N · [= nomen]
durch des vil heilegen speres stich,
den dir Longinus durch dîn sîten stach
dô dir dîn heilec herze brach;
unde beschirme mich daz pluot
daz dir durch die selben wunden wuot,
daz mir alle mîne vinde entwîchen
und elliu wâfen gên mir enblîchen,
und aller stahel und allez îsen
behalten vor mir ir snîden,
als min frowe ir magetuom behielt,
dô sich got selber in ir vielt. [7])

Jüngeren Ursprungs ist ein Longinussegen, der das Herausziehen eines Pfeils aus der Wunde bezweckt, in einer Handschrift des fünfzehnten Jahrhunderts aus der fürstlich-Lobkowitzischen Bibliothek zu Prag (Bl. 29 [a-b]):

Mit dem zewcht man den pheil.
Longinus der Jud ein Ritter was, daz ist war,
der vnsern herren in sein seitten stach, daz ist war;

dar aus ran wasser vnd blut, das ist war,
das blut ym über sein hent ran, das ist war,

---

6) Abgedruckt in den Altdeutschen Blättern, a. a. O. Bd. 2, S. 266 f.; Müllenhoff-Scherer, Denkmäler Bd. 2, S. 285 f.
7) Abgedruckt bei Müllenhoff-Scherer, Denkmäler Bd. 2, S. 298.

> *das blut er vnder seinew augen straich, das ist war,*
> *er was plint vnd wart gesehent, das ist war.*

Als war das alssambt ist, als war zewch ich disen pheil jn dem Namen
des vater vnd dez suns vnd des heyligen Geistes, Amen. †††[8])

Die spätere Entstehung verrät sich auch deutlich dadurch, daß
Longinus hier ausdrücklich als J u d e hingestellt wird. Wenn außerdem auch die Heilung seiner Blindheit durch das auf seine Hände
herabrinnende Blut Christi hervorgehoben wird, so beruht dies auf
einem in der Legende des Longinus schon früh erscheinenden Motiv
(siehe oben Kap. 20), das wahrscheinlich auch Walther von der
Vogelweide in seiner Palinodie voraussetzt (vgl. oben S. 393 f.)[9]).
und das auch in dem die vulgäre Tradition wiedergebenden mittelrheinischen Passional des ausgehenden dreizehnten Jahrhunderts
wiederkehrt[10]).

III. Der Speer des Longinus
in den ältesten deutschen Passionsspielen.

Auch in den deutschen Passionsspielen wird der Speerstich vorgeführt und dabei die Heilung der Blindheit des Longinus und seine
Bekehrung zu Christus dargestellt. In der Benediktbeurer Handschrift lauten die Verse, die nach den Untersuchungen von O t t o
S c h u m a n n dem aus dem Ende des dreizehnten Jahrhunderts
stammenden Teil der Handschrift angehören, folgendermaßen[11]):

> *Postea uadant Maria et Johannes de cruce,*
>   *et Jesus dicat:*
>   *Sitio!*

---

8) Abgedruckt von Müllenhoff, Segen und Gebete (Zeitschrift für
deutsches Altertum Bd. 20 [1876], S. 24).

9) Weitere, hauptsächlich jüngere Belege (auch auf englischem Boden)
weist Ebermann (a. a. O. S. 42—52) nach.

10) Passional: *Von sante Longino einem rittere* (hrsg. von Fr. K. Köpke.
Quedlinburg und Leipzig 1852. Nr. 23, Vers 1—29, S. 215).

11) Der obige Textabdruck auf Grund der von Otto Schumann freund-
lichst zur Verfügung gestellten Photographie der Handschrift und seiner
brieflichen Auskunft. Fronings Abdruck (Das Drama des deutschen Mittelalters. 1. Teil. Stuttgart [1891], S. 298 f. [Deutsche Nationalliteratur Bd. 14])
ist zwar genauer als die Schmellers (Carmina Burana. Breslau [4]1904,
S. 106 f.), enthält aber mehrere Verlesungen, die oben berichtigt sind.

Statim veniant Judei prebentes spongiam
cum acceto, et Jesus bibat:
    Consummatum est!
Tunc L o n g i n u s *ueniat cum lancea et perforet*
latus eius et ille dicat aperte:
    Ich wil im stechen ab daz herze sîn
    daz sich ende sîner marter pîn!
Jesus uidens finem dicit clamando:
    E—ly, E—ly— lema [!] *sabactany,*
hoc est: Deus, Deus meus, ut quid dereliquisti me?
Et inclinato capite emittat spiritum.
Longinus:
    Vere filius dei erat iste!
Item:
    Dirre ist tes wâren gotes sun!
Item:
    Er hat zaichen an mir getân,
    wan ich mîn sehen wider hân.
Et unus ex Judeis dicat ad Judeos:
    Elyam vocat iste! eamus et uideamus,
    si Elyas veniens liberet eum an non!
Alter Judeus:
    Si filius dei es, descende de cruce!
Item alter:
    Alios saluos fecit, se ipsum non potest
    saluum facere!
[fol. 111ᵃ, Z. 9—21.]

In der Handschrift folgt nach unterbrechenden lateinischen Mariengebeten und Katharinenhymnen [12]) erst auf der Rückseite des nächsten Blattes ein Dialog zwischen Joseph von Arimathia und Pilatus anscheinend als Fortsetzung des Passionsspiels, das mit den eben angeführten Worten abbricht, ohne daß man darin den wirklichen Schluß erkennen möchte. Die Szene ist aber unzweifelhaft von einer anderen Hand geschrieben:

    Cantus Joseph ab Arimathia:
      Jesus von gotlicher art,
      ein mensch ân alle sunde,
      der ân schuld gemartret wart,
      ob man den vurbaz vunde

12) Siehe genaueres darüber bei A. Hilka und O. Schumann, Carmina Burana. Bd. 2: Kommentar. Heidelberg 1930, S. 60*; vgl. auch W. Meyer, Fragmenta Burana. Berlin 1901, S. 13 f. 64 f.

> genaglet an dem chrivze stân,
> daz wer niht chuneges êre!
> darumb solt ir mich in lân
> bestaten, rihter hêrre!
>
> Pilatus:
>> Swer redelicher dinge gert,
>> daz stêt wol an der mâze,
>> daz er ir werde wol gewert!
>> du bitest, daz ich lâze
>> dich bestaten Jhesum Christ:
>> daz main ich wol in g°ute.
>> seit er dir sô ze herzen ist,
>> num in nach dînem m°ute!
>
> [fol. 112b, Z. 1—7.]

Hier führt also Longinus den Speerstich vor dem Tode Christi aus und zwar aus Mitleid, um die Qualen des Sterbenden abzukürzen. Zugrunde liegt dem offenbar die oben wiederholt besprochene Interpolation im Matthäusevangelium (siehe oben S. 4 ff.). Daß Longinus hier mit dem biblischen Centurio zusammengeworfen ist, zeigt sein Bekenntnis zur Göttlichkeit Christi. Motiviert wird es durch die Heilung seiner Blindheit, die aber vorher nicht erwähnt war. Auch wird die Art der Heilung und die Wirkung des herabfließenden Blutes nicht beschrieben. Es folgt — offenbar an eine zu späte Stelle gerückt — die höhnende Äußerung dreier Juden, die sich an den Ausruf *E-ly- lama sabactany* hätte anschließen müssen (Matth. 27, 46—49; Mark. 15, 34—36); ob die oben mitgeteilte Szene, in der Joseph von Arimathia von Pilatus die Erlaubnis, den Leichnam Jesu zu bestatten, erbittet und erhält, wirklich im Passionsspiel unmittelbar an die Longinusszene sich angeschlossen hat, muß dahingestellt bleiben, ist aber möglich [13]).

Verwandt mit dieser Darstellung, aber im einzelnen doch abweichend, ist die in einem dramatischen Spiel vom Leben Jesu gebotene Fassung einer St. Galler Handschrift aus dem beginnenden vierzehnten Jahrhundert:

---

13) Dafür könnte sprechen, daß das Passionsspiel schon vorher einmal unterbrochen ist und später die Fortsetzung allerdings von derselben Hand folgt (siehe Hilka und Schumann, a. a. O.).

Quod cum Jhesus gustasset dicat: consummatum est, et cantet: in manus tuas etc. et dicat (Luk. 23, 46):

> *Vatter, ez si dir irkant,*
> *mine sele geben ich in din hant.*

Tunc inclinato capite emittat spiritum. Tunc centurio venit (Luk. 23, 47):

> *Ich han groz wunder hude gesehen,*
> *bi dem wunder kan ich spehen,*
>
> *daz er vorwar was godes sůn:*
> *do die sunne ist undergangen,*
> *so kummet der dode mange,*
> *die lange sint gelegen dot*
> *und Jhesum hant dar vor, er were god.*

Sequatur lamentatio Mariae. deinde L o n g i n u s dicat ad puerum (Joh. 19, 34):

> *Vil lieber knabe, suche mir daz sper,*
> *an Jhesus siten ist min ger,*
> *so wil ich in dorchstechen,*
>
> *daz ime sin herze můz brechen,*
> *sin zauber wil ich so rechen.*

Cum fixerit (finxerit) eum et sanguis lanceâ descendens (sanguinem descendentem) tangat oculos, et videbit et dicat:

> *Wie ist mir nů geschehen?*
> *ich bin hie worden gesehen*
>
> *von des guden mannes blůt,*
>
> *die gesich důnket mich so gůt,*
> *daz ich in siner minne,*
> *got raube mich dan der sinne,*
> *wil leben und sterben.*
> *dobide hoffen ich irwerben*
> *nach mime dode [daz] himelrich,*
> *wan er ist got, des gleuben ich.*

Tunc Joseph ab Arimathia dicat ad Pylatum (Joh. 19, 38):

> *Pylate herre, ich biden dich,*
> *dorch dine zuch gewere mich,*
> *daz ich Jhesum begrabe:*
> *ob ich die laube von dir habe,*
> *so dunken ich mich ein selig man,*
> *ich gedienens gein dir, so ich beste kan.*

Respondet Pylatus (Mark. 15, 44):
> *Sage mir die warheit, ist er dot?*

Respondet Joseph:
> *Jo leider, so helfe mir got.*

Respondet Pylatus:
> *Wilt du in danne begraben,*
> *des salt dů orlab von mir haben.*

Respondet Joseph:
> *Gnade lieber herre min,*
> *des wil ich ummer din diener sin.*

(Mone, Schauspiele des Mittelalters, Bd. 1 [Karlsruhe 1846], S. 51. 121 f.)

Hier erscheint Longinus also erst, nachdem der Tod Christi vollkommen feststeht, nach der Totenklage der Maria und nachdem der Hauptmann bereits die Göttlichkeit Christi bekannt hat. Das Motiv seines Speerstichs ist die Absicht, den angeblichen „Zauber" des gekreuzigten Verbrechers zu bestrafen, dessen Tod ihm, dem Blinden, anscheinend nicht bekannt ist. Hier wird seine Blindheit nach der ausdrücklichen Bemerkung des Szenars durch das am Speer herabrinnende und von ihm berührte Blut geheilt, und er bekennt, wie vorher der Hauptmann, die Gottheit Christi. Unmittelbar danach folgt die Bitte Josephs von Arimathia, ihm den Leichnam zur Bestattung freizugeben, und die Gewährung durch Pilatus.

Ähnlich wie in den Passionsspielen wird die Longinusepisode dargestellt in des Wieners Heinrich von Neustadt Gedicht „Gottes Zukunft"[14]), das an der Wende des dreizehnten Jahrhunderts entstanden ist. Der ganze Vorgang wird hier breit im einzelnen dargestellt. Longinus ist ein blinder heidnischer R i t t e r , der sich einen Speer bringen und an das H e r z[15]) des Gekreuzigten setzen läßt, um seine Not abzukürzen, obwohl vorher erzählt wurde, daß Christus bereits tot ist (V. 2962 ff.). Blut und Wasser fließen am Speer herab, beträufeln ihm die Hände; er berührt damit ein Auge,

---

14) Hrsg. von S. Singer. Berlin 1906, V. 2965—3002 (S. 375) bzw. V. 3281 ff. (S. 380 ff.) (Deutsche Texte des Mittelalters Bd. 7).

15) Ebenso in der späteren Klage der Maria: *sie sach sin hertze gar durchbort / mit der starken lantzen ort* (V. 3389 f.). Über diese nur ausnahmsweise begegnende Vorstellung, daß der Speer die linke Seite Christi durchbohrt, siehe oben Kap. 17, S. 246; Kap. 18, S. 260 ff.

sieht es geheilt und danach das andere. Von der Göttlichkeit Christi
zwar innerlich überzeugt, bekennt er sie n i c h t aus Furcht vor
den Wächtern des Kreuzes:

> *er gedahte in sinem m̊ute:*
>
> *„die man sint hie zu h̊ute;*
>
> *dun ich ez ieman ietze kͤunt,*
>
> *so dodent sie mich zͤu st̊unt!"* (V. 2995 ff.)

Später begibt er sich zu den Aposteln:

> *er neigte sich zu schulde*
> *und gewan auch Gotes hulde.* (V. 3001 f.)

Der Dichter unterbricht darauf die Erzählung durch eine lange
Abschweifung über die Mahnung der Seele *umb dez reinen Jhesus
smacheit und dot,* über die Zeichen und Wunder bei Christi Tode,
über die Mahnung zum Vater und über St. Bernharts Rede. Dann
erst fährt er fort mit dem Bericht, wie *ein edel man* Joseph von Arimathia den Richter Pilatus um Auslieferung des Leichnams Christi
bittet zur Bestattung (V. 3281 ff.).

IV. Longinus in französischen Gebeten.

Die oben besprochenen lateinischen Fassungen eines Wundsegens
zur Blutstillung kennen wir auch in französischer Sprache aus einer
Handschrift des dreizehnten Jahrhunderts. Der hier gebotene Wortlaut dürfte aber bedeutend älter sein:

> Um Blut zu stillen
> sprecht dieses Gebet:
>
> > „Unser Herrgott wurde genommen
> > Und wurde ans Kreuz geschlagen.
> > Da kam Longinus zu ihm
> > Und mit seiner Lanze schlug er ihn:
> > Blut und Wasser begann hervorzuströmen,
> > Seine Augen wäscht er und sieht klar.
> > Bei dem Wunder, das Gott dort tat,
> > Beschwöre ich die Adern und das Blut,
> > Daß es nicht weiterhin blute,
> > Mit Hilfe des Vater unsers, unseres wahren Gottes."
> > Dreimal müßt ihr es sprechen.

Im Original:

Pour saunc estauncher
dites cest[e] oraison:

> „*Nostre seignour fut pris*
> *Et en la crois fu mis:*
> *Longis i vint à lui*
> *Et de la launce le feri:*
> *Saunc e erve en issi tret,*
> *Ses oilz leve e cler veit.*
> *Pur la vertu, ke deus i fist,*
> *Coniur le veines e le saunc,*
> *K'i ne seine plus avaunt,*
> *Deu veray pere pater noster.*"
> *III fez le dirr.* [16])

Hier ist also das Wunder der Heilung des blinden Longinus das Vorbild, mit dem die blutende Ader beschworen wird. Die Wirkung der Verse ist eine rein magische.

Ganz andern Charakter tragen zahlreiche Gebete, die den Longinus nennen, in französischen Epen. Die Folge des Speerstichs wird hier fast immer mit denselben typischen Worten angegeben: das Blut aus der Seitenwunde Christi rinnt an der Lanze herab bis auf die Hände des blinden Longinus, der bald Verräter, bald schuldlos genannt wird; er berührt mit den Händen die Augen und wird dadurch sehend. So betet z. B. in dem aus dem Ende des zwölften Jahrhundert stammenden Epos *Fierabras* ein Mitstreiter des fränkischen Ritters *Olivier*, der sich zum Zweikampf mit dem gewaltigen Riesen entschlossen hat, beim Anblick dieses Kampfes, Gott möge dem Christen zum Siege verhelfen um der Leiden willen, die Christus am Kreuz erlitt:

. . . . .

> Und Longinus verwundete euch mit seiner Lanze in eure Seite;
> Er hatte niemals gesehen seit der Stunde, da er geboren ward.
> Das Blut war über die Lanze bis zu den Fäusten gelaufen,

---

16) Siehe Edmund Stengel, Codex Digby 86. Halle 1871, S. 7. Aus der von Carl Kröner (Die Longinuslegende, ihre Entstehung und Ausbreitung in der französischen Literatur. Diss. Münster i. W. 1899) gegebenen Zusammenstellung französischer Longinusgebete sind im folgenden einige besonders kennzeichnende ausgewählt.

Er rieb es an seinen Augen ab, sogleich ward er sehend.
Um Gnade, Herr Gott, rief er; du errietest seinen Wunsch.[17])

Aus dem gleichen Grunde und fast mit den gleichen Worten
bittet in der *Chanson de Geste Huon de Bordeaux,* die ungefähr zu
derselben Zeit oder nur wenig später entstanden ist, der Abbé von
Cluny den Herrn, seinen Verwandten Huon als Sieger aus einem
Zweikampf (Gottesurteil) mit dem Verräter *Amanry* hervorgehen
zu lassen:

. . . . .

Der verräterische (!) Longinus durchbohrte euch die Seiten,
So daß bis zu seinen Fäusten davon das helle Blut lief.
Er hatte nicht gesehen während seines ganzen Lebens;
Unmittelbar an seine Augen tat er es ohne innezuhalten:
Du gabest ihm, lieber gütiger Herr, die Klarheit wieder.
Als er euch sah, begann er um Gnade zu rufen;
Du hattest ihm sogleich verziehen.[18])

Im *Roman d'Aquin* wird die göttliche Hilfe zwar zur Eroberung
einer belagerten Stadt angerufen, der Wortlaut des Gebetes aber
weicht, soweit er sich auf Longinus und den Speerstoß bezieht, in
keiner Weise von den bisherigen ab. Auch dieses Epos gehört in das
ausgehende zwölfte Jahrhundert:

Mit rauhen Dornen ließest du [Christus] dich krönen
Und deine Seite mit der Lanze durchbohren.
Das tat Longinus, den niemand tadeln darf....
Denn ganz gewiß sah er nicht im mindesten.
Blut und Wasser machte er von dort herablaufen;
Die Lanze hernieder begann es zu rinnen,
Bis zu seinen Fäusten hielt es nicht inne.
Als er es an seinen Händen halt machen fühlte,
Berührte er seine Augen, und sogleich sah er ganz hell;
Gott blickte er an, begann um Gnade zu rufen,
Und Gott der Herr verzieh ihm alles.[19])

---

17) Fierabras. Chanson de Geste; par A. Kroeber et G. Servois. Paris
1860, V. 1207 ff., S. 37 f. (Les anciens poètes de la France [Bd. 4]); Kröner,
a. a. O. S. 37 f.

18) Huon de Bordeaux. Chanson de Geste; par F. Guessard et C. Grand-
maison. Paris 1860, V. 1997 ff., S. 60 f. (Les anciens poètes de la France
[Bd. 5]); Kröner, a. a. O. S. 40.

19) Le Roman d'Aquin ou la Conqueste de la Bretaigne... Chanson
de Geste; par Joüon des Longrais. Nantes 1880, V. 1946 ff., S. 75 f.; Kröner,
a. a. O. S. 39.

In der gleichzeitigen *Chanson La Chevalerie Ogier* fleht Karl der
Große auf einem Feldzuge nach Italien angesichts der hohen Berge
(Alpen), die ihm Angst und Entsetzen einflößen, den Beistand Gottes
an. Wieder wird dabei die Leidensgeschichte Christi angeführt und
wieder die Longinusszene und ihre Folgen in der bekannten Form
dargestellt:

· · · · ·
    Longinus der große schlug ihn [Christus] nach Kräften,
    Seine weiße Seite durchbohrte er ihm dort oben [am Kreuze];
    Und Blut und Wasser rann daraus mit Ungestüm,
    Bis zu seinen Fäusten machte es nicht halt.
    Er wischte seine Augen ab, er erblickte seinen Schöpfer,
    Er schrie um Gnade und erhielt sie aus göttlicher Liebe [20]).

Auch einer Frau, die in der Stunde der Entbindung im Gebet
Trost und Hilfe sucht, werden in dem Gedicht *Parise la Duchesse*
(um 1200) die üblichen Worte in den Mund gelegt:

· · · · ·
    Und Longinus schlug euch, lieber Herr, mit seiner Lanze;
    Abwärts die Lanze entlang sprang davon das helle Blut.
    Er berührte seine Augen damit und du ließest sie licht werden;
    Seine Sünden verziehest du, als er um Gnade rief.[21])

Mit Ausnahme der *Chevalerie Ogier,* die den gläubig gewordenen
Longinus von seinen (heidnischen?) Verwandten erschlagen werden
läßt, weisen diese Gebete noch einen gemeinsamen Zug auf, den sie
mit den deutschen Passionsspielen teilen (siehe oben S. 404 ff.): an
die Longinusszene schließt sich die Kreuzabnahme durch Joseph von
Arimathia (und Nikodemus) fast unmittelbar an.

Wenn auch nicht im Inhalt, so weicht doch im Anlaß die Anrufung Christi von den bisherigen Beispielen ab in dem Gedicht
Raoul de Cambrai, das nach Voretzsch (Einführung in das Studium
der altfranzösischen Literatur. Halle/Saale [3] 1925, S. 220) um 1180
entstanden, nach anderen noch früher anzusetzen ist. Hier wird ein

---

20) La Chevalerie Ogier de Danemarche. Chanson de Geste; par
J. Barrois. Paris 1842, V. 248 ff., S. 11; Kröner, a. a. O. S. 39 f.

21) Parise la Duchesse. Chanson de Geste; par F. Guessard et L. Larchey.
Paris 1860, V. 813 ff., S. 25 (Les anciens poètes de la France [Bd. 4]);
Kröner, a. a. O. S. 43 f.

unerbittlicher Gegner im Namen des Herrn — freilich vergebens — beschworen, den Streit zu beenden und Frieden zu schließen:

> „Herr Gautier", sagte Bernier der Edle,
> „Bei Gottes Liebe, der ans Kreuz geschlagen wurde,
> Wird dieser Streit alle Zeit hindurch dauern?
> Einst doch verzieh Gott seinen Tod dem Longinus.
> So nimm nun die Sühne an, freier trefflicher Ritter,
> Recht will ich dir zuteil werden lassen, ganz nach deiner
> Rechtsauffassung".[22]

Der Bitte Berniers schließt sich auch der Abt von Saint Germain an:

> „Edler", sprach er, „hört meinen Willen.
> Ihr wisset wohl, bei Gottes heiliger Liebe,
> Daß Gott der Herr, der so voller Güte ist,
> Seinen Leib quälen und plagen ließ
> Am heiligen Kreuze am denkwürdigen Freitag.
> Longinus war dort, der zur guten Zeit geborene,
> Er verwundete ihn fürwahr in die linke Seite;
> Er hatte nicht gesehen seit langer Zeit:
> Er berührte seine Augen und es [das Auge] gewann die Klarheit;
> Um Gnade rief er, aus rechtem Sinne,
> Und unser Herr hat ihm sogleich verziehen.
> Herr Gautier, zu lange hat dieser Kampf gedauert:
> Bernier macht euch ein Angebot aus gutem Willen;
> Wenn ihr es nicht tut, werdet ihr darob getadelt werden." [23]

Die übrigen von Kröner (a. a. O. S. 44/47) angeführten Belege, in denen Longinus genannt wird und die sich vielleicht noch vermehren ließen, stammen zum Teil aus späterer Zeit, zum Teil wird in ihnen nur der Name des Speerträgers genannt und die Tatsache der göttlichen Verzeihung seiner Schuld unterstrichen, ohne daß die Handlung im einzelnen weiter ausgemalt wird.

Vergleicht man diese französischen Erwähnungen des Longinus mit den deutschen Longinussegen, so ergeben sich doch starke Unterschiede und nur gelegentlich eine Übereinstimmung. In dem oben (S. 399) besprochenen lateinischen Segen einer Münchener Handschrift

---

22) Raoul de Cambrai. Chanson de Geste; par P. Meyer et A. Longnon. Paris 1882, Abschnitt CCXXXVI, Vers 5181 ff. (S. 177 f.); Kröner, a. a. O. S. 41 f.

23) Raoul de Cambrai, a. a. O. Abschnitt CCXXXIX, Vers 5294 ff. (S. 181 f.); Kröner, a. a. O. S. 41 f.

aus dem zwölften Jahrhundert erscheint der Speerträger als *„Longinus magnus"*, in dem Innsbrucker des zwölften Jahrhunderts (siehe oben S. 400) als *„der lange Longinus"*. Das steht nahe dem *„Longins li grans"* aus der *Chanson La Chevalerie Ogier* (siehe oben S. 412).

Aber viel stärker machen sich bemerkbar die Abweichungen. Ein ständiger Zug in den französischen Epen ist die Heilung der Blindheit des Longinus und seine Bekehrung: beides fehlt in den deutschen Segen und begegnet erst in den Passionsspielen. Ein anderes typisches Motiv in den französischen Epen ist die Anrufung der Gnade Christi mit der Begründung, daß er sie auch dem frevelnden Longinus gewährt habe. Dieses Motiv findet sich in den deutschen Segen nicht. Eine dritte Einzelheit des äußeren Vorgangs, das Herabrinnen des Bluts der Seitenwunde am Speer, die besonders bedeutsam dadurch wird, daß sie in der „blutenden Lanze" der Gralgedichte eine hervorragende Stelle einnimmt, kommt in den deutschen Segen nicht vor, abgesehen von dem Schwertsegen der Breslauer Handschrift (siehe oben S. 402 f.). Nur die Fassung der Prager Handschrift (siehe oben S. 403 f.) des fünfzehnten Jahrhunderts ist mit dem Typus der französischen Epen enger verwandt.

Sechsundzwanzigstes Kapitel.

Gral und blutende Lanze im Percevalroman Christians von Troyes.

I. Übersicht der das Gralgeheimnis beleuchtenden Szenen.

Der älteste und zeitlich am sichersten bestimmbare Zeuge selbständiger literarischer Gestaltung der Gralidee ist der *Perceval*-Roman C h r i s t i a n s v o n T r o y e s [1]), der zwischen 1168 und 1190 verfaßt wurde. Der Dichter hinterließ ihn als Fragment; Fortsetzer ergänzten das Werk in breiter Ausführlichkeit. Aber was sie über Gral und Lanze aussagen, gibt keinen zweifelsfreien Aufschluß über den Sinn, den Christian ihm beigelegt wissen wollte. Sein Werk bricht ab, bevor er im Verlauf seines Romans an die entscheidende Stelle kam, da er das Rätsel des Grals enthüllen mußte. Das einzige Mittel, um auf methodische Weise die Vorstellung und die Absicht zu erschließen, die Christian über Gral und Lanze hegte und ausdrücken wollte, ist eine genaue und vollständige Übersicht und Betrachtung aller Abschnitte des Parzivalromans, in denen Gral und Lanze auftreten oder erwähnt werden. Ich gebe sie im folgenden und schließe mich dabei eng an Christians Ausdrucksweise an.

In z w ö l f g e h e i m n i s v o l l e n S z e n e n führt Christian die Wunder des Grals vor Augen.

Perceval hatte sich von seiner *amie* Blancheflor losgerissen, um seine Mutter, die er gegen ihren Willen und zu ihrem tiefsten

---

1) Der Percevalroman *(Li Contes del Graal)* von Christian von Troyes unter Benutzung des von Gottfried B a i s t nachgelassenen handschriftlichen Materials hrsg. von Alfons H i l k a. Halle a. S. 1932. Leider fehlt diesem vortrefflichen, mit mancherlei Beigaben ausgestatteten Werk die Angabe der Verszählung der Edition P o t v i n s oder eine Konkordanztabelle zu dieser. Die Zitate in allen vor 1932 erschienenen Gralforschungen beruhen aber auf Potvin und sind in Hilkas neuer Ausgabe nur mit Zeitverlust aufzufinden. — Über die E n t s t e h u n g s z e i t von Christians Werk siehe Hilka, a. a. O. Einleitung S. XXIV f. und Anm. zu V. 13, S. 616.

Schmerze verlassen, wieder zu suchen. Nach langem Ritt gelangte
er an einen Fluß ohne Furt, Fähre oder Brücke. Dort hemmte ein
Felsen, den das Wasser des Flusses bespült, sein Vorwärtskommen.
Da sah er — dies ist die e r s t e S z e n e der Gralwunder — in
einem kleinen Nachen auf dem Flusse zwei Männer. Der vorne
Sitzende fischte mit der Angel. Auf *Percevals* Frage nach einer
Herberge bot dieser Mann ihm Herberge in dem Hause, worin er
wohne, für die Nacht an und beschrieb den Weg dorthin. Der Weg
schien zunächst dem auf dem Gipfel des Berges Weiterreitenden ein
enttäuschender Irrweg zu sein, da außer Himmel und Erde nichts
sichtbar wurde. Schon verwünschte *Perceval* die List und den Betrug
des Fischers. Aber plötzlich tauchte nahe in einem Tal die Spitze
eines Turms auf. Das war *Percevals* e r s t e Ü b e r r a s c h u n g i m
Verlauf seiner Gralerlebnisse. Nun pries er den Fischer und ritt
hinab zu dieser Burg (Vers **2910—3065**).

Die z w e i t e S z e n e zeigt das Innere der Burg. *Perceval* hatte
dort zuerst in herrlichen Vorhallen gewartet und wurde dann von
zwei ihm entgegengesandten Knappen zum Herrn der Burg geholt.
Diesen fand er in einem großen quadratischen Saal auf einem Ruhebett, mit seinen Ellenbogen sich stützend, vor ihm ein großes Kamin-
feuer. Er, der reiche Herr der prachtvollen Burg, ist jener angelnde
Fischer vom Flusse. Das ist für *Perceval* wie für die Leser oder
Hörer dieser Erzählung vom Reich des Grals die z w e i t e Ü b e r -
r a s c h u n g. Der Burgherr hatte graugemischte Haare, trug eine
schwarze Zobelmütze mit Purpurrand und ebenso war sein ganzes
Gewand. Nur halb konnte er sich zur Begrüßung des Gastes erheben,
entschuldigte sich deswegen vor ihm und bat ihn, nicht vor seinem
körperlichen Zustand zu erschrecken. Später beim nächtlichen Abschied erklärt er selbst, daß er nicht gehen könne, sondern getragen
werden müsse. Während des nun sich anspinnenden freundlichen
Gesprächs beider brachte ein Knappe dem reichen Herrn von seiner
blonden Nichte (deren Name hier ungenannt bleibt) ein S c h w e r t,
das er nach Belieben verschenken solle. Der Burgherr zog es halb
aus der Scheide, sah an der daraufstehenden Inschrift, wer es geschmiedet hatte und daß sein guter Stahl nie zerspringen konnte,
außer in der einzigen Gefahr, die niemand kannte außer dem
Schmied des Schwerts (der hier gleichfalls ungenannt bleibt). Dieses
Schwert mit einem Knauf von Gold aus Arabien oder Griechenland,

mit einer Scheide von Brokat aus Venedig schenkte der kranke Burgherr seinem Gast, der es sich umgürtete, aus der Scheide zog, in
der Hand hielt, wieder zurück in die Scheide schob und sich daran
erfreute (V 3066—3189).

Das unzerspringbar scheinende Schwert zerbricht dann aber,
wie allein in einer Interpolation (Hilka, a. a. O. S. 457—477. 790 f.)
später erzählt wird, im ersten Kampf, den *Perceval* damit führt,
an der Waffe des eifersüchtigen *Orguelleus de la Lande,* dessen im
Zelt schlafende *amie* der junge *Pervecal* gleich bei seinem Ausritt,
mütterliche Ratschläge töricht in die Tat umsetzend, geküßt hatte.
Das ist offenbar eine der Absicht Christians widersprechende Wendung. Christian läßt Leser oder Hörer über den Sinn der Schenkung
dieses Schwertes, über dessen Entstehung und eigentliche Bestimmung zunächst ganz im Unklaren. Welche Bedeutung er ihm
für *Percevals* Lebensweg zugedacht hatte, ist schwer zu erraten. Erst
die Fortsetzungen des Gralromans versuchen, dies geheimnisvolle
Schwert in die Handlung eingreifen zu lassen.

Es folgt die d r i t t e S z e n e dieser geheimnisvollen Welt, in
der nun das Haupträtsel der schönen Burg sichtbar wird. Aus einem
Zimmer kam ein Knappe in den Saal, der eine b l a n k e L a n z e
(une blanche lance; V. 3192) trug und in der Mitte angefaßt hatte.
Er ging vorüber zwischen dem Feuer und dem auf dem Bette Sitzenden. Und a l l e d a d r i n n e n sahen die blanke Lanze und das
blanke Eisen. Es rann ein Tropfen Blut (Variante: drei Tropfen
Blut) aus der Spitze des Lanzeneisens, und bis auf die Hand floß
dem Knappen dieser rote Tropfen (Variante: diese roten Tropfen)
herab: der junge *Perceval,* der dorthin diesen Abend gekommen
war, s a h d i e s e s W u n d e r; gleichwohl enthielt er sich zu
fragen, wie dieser Vorgang sich ereignen konnte, weil er sich der
Mahnung erinnerte jenes Mannes (des hier nicht mit Namen genannten *Gornemant de Gohort,* des Oheims der *Blancheflor),* der
(wie vorher erzählt war) ihn zum Ritter gemacht und ihn gelehrt
und unterwiesen hatte, er solle sich hüten zuviel zu reden. *Perceval*
schwieg aus Furcht, daß, wenn er danach fragte, man es für b ä u -
r i s c h e s Betragen halten würde. Deshalb fragte er ihn (den
Burgherrn) gar nicht (V. 3190—3212).

In der v i e r t e n S z e n e erscheint das höchste und dunkelste
Wundergerät dieser Burg. Zwei überaus schöne Knappen kamen

herein, die in ihren Händen goldene Leuchter trugen mit wenigstens
zehn brennenden Kerzen an jedem. Mit den Knappen kam eine
schöne, anmutige und wohl geschmückte Jungfrau: sie trug einen
G r a l (*un graal*; V. 3220) [2]) zwischen ihren beiden Händen. Sobald
sie dort eingetreten war, kam mit dem Gral, den sie hielt, eine solch
große Helligkeit dorthin, daß ebenso die Kerzen ihre Helligkeit
verloren wie die Sterne bei Aufgang der Sonne oder des Mondes.
Nach ihr kam eine Jungfrau, die einen T e l l e r v o n S i l b e r
(tailleor d'arjant; V. 3231) trug. Der Gral (*graaus*), der vorangetragen wurde, war von l a u t e r e m G o l d. K o s t b a r e S t e i n e
hatte der Gral von manchen Arten, die reichsten und wertvollsten,
die es im Meer und auf der Erde gibt: die Steine am Gral über-
trafen ohne Zweifel alle andern. Gerade so wie die Lanze vor dem
Ruhebett vorüberging, gingen auch sie (die Träger der Leuchter
und die Trägerin des Grals) da vorüber und traten von einem
Zimmer ein in ein anderes. Ob Lanze und Gral in diesem a n d e r e n
Zimmer verbleiben und dort die Abendmahlzeit eingenommen wird
unter dem Vorbeiziehen beider, oder ob Lanze und Gral in den
quadratischen Saal zurückgetragen werden und hier das Mahl stattfindet, läßt der Dichter unausgesprochen. Doch ergibt sich die
zweite Annahme daraus als richtig, daß des körperlich am Aufstehen und ebenso auch am Gehen behinderten Burgherrn Überführung in ein anderes Zimmer hätte beschrieben werden müssen,
falls er mit seinem Gast nach der Vorstellung des Dichters nicht
im quadratischen Kaminsaal speisen sollte.

Perceval sah Lanze und Gral vorbeiziehen und wagte wieder
keine Frage zu tun nach dem Gral, wen man damit bediente
(*demander / Del graal cui l'an an servoit*; V. 3245), da er immer in
seinem Herzen das Wort des weisen Edelmannes hatte, und so
fürchtete er, daß er hier Schaden hätte, „deshalb weil ich habe [im
Sprichwort] sagen hören, man könne ebensogut zuviel schweigen
als zuviel reden bei Gelegenheit. Entweder erlangt man davon Gutes

---

2) R. Heinzel (Über die französischen Gralromane. Wien 1891, S. 3
und passim [Denkschriften der kaiserlichen Akademie der Wissenschaften
in Wien, phil.-hist. Kl. Bd. 40]) übersetzt *graal* stets mit Schüssel, redet
von Blutschüssel. Aber die Schüsselform (= Patene) ist ausgeschlossen.
Es handelt sich um eine pokalartige Gestalt (siehe unten S. 433 ff.).

oder man verfällt in Böses". So erkundigte er sich bei ihnen nicht
und fragte nicht (V. 3213—3253).

In der f ü n f t e n S z e n e erhebt sich das Gral-Drama auf
seinen Höhepunkt: der Dichter schildert das feierliche Mahl unter
Beistand des heiligen Gefäßes. Der Burgherr gab den Befehl, Wasser
zu reichen und den Tisch zu decken. Der Herr und *Perceval* wuschen
sich die Hände in lauwarmem Wasser. Zwei Knappen brachten eine
b r e i t e T i s c h p l a t t e v o n E l f e n b e i n ; wie es die G e -
s c h i c h t e b e z e u g t (*Einsi con tesmoingne l'estoire;* V. 3262),
war sie ganz aus einem Stück. Darauf brachten zwei andere Knappen
zwei Fußgestelle (Böcke) für den Tisch aus starkem und festem
Ebenholz, das nicht faulen kann. Auf diese Gestelle wurde der Tisch
gelegt und ein w e i ß e s T i s c h t u c h darüber gebreitet. Weder
ein Legat noch ein Kardinal noch ein Papst haben je an einem so
weißen Tischtuch gespeist. Dann wurden köstliche Speisen und
Weine, die aus g o l d n e n B e c h e r n getrunken wurden, aufgetragen. Von einer gepfefferten Hirschkeule trennte ein Knappe
Stücke ab auf einer silbernen V o r s c h n e i d e p l a t t e (*tailleor
d' arjant;* V. 3287)[3]) und legte sie ihnen vor auf einem ganzen B r o t-
k i s s e n (*gastel;* V. 3289)[4]). Inzwischen ging der Gral an ihnen
vorüber. Aber *Perceval* fragte nicht, wen man hier mit dem Gral
bediente: er hält sich an den Edelmann, der ihn liebevoll gewarnt
hatte zu viel zu reden, und er richtet hierauf immer sein Herz und
erinnert sich daran. Aber er schweigt mehr als sich geziemt (*Mes
plus se test qu'il ne covient;* V. 3298). Denn bei jeder Speise, die
man auftrug, sah er vor sich vorbeiziehen den Gral v ö l l i g u n -
v e r d e c k t ; aber er wußte nicht, wen man damit bediente (*Mes
il ne set cui l'an an sert;* V. 3302), und doch hätte er es gern gewußt

---

3) Wie Hilka (a.a.O. zu V. 3230/3231, S. 683) richtig bemerkt, darf dieser
tailleor d'arjant (V. 3287) nicht mit dem früher genannten *tailleor d'arjant*
identifiziert werden, der dem Gral nachgetragen wird und in dem Birch-
Hirschfeld (Die Sage vom Gral, ihre Entwicklung und dichterische Ausbildung in Frankreich und Deutschland im zwölften und dreizehnten Jahrhundert. Leipzig 1877, S. 121), Wilhelm Hertz (Parzival von Wolfram
v. Eschenbach. Stuttgart ² 1898, S. 430) und Richard Heinzel (Gralromane,
a. a. O. S. 7) mit Recht die Patene des Abendmahlskelches erblickten.

4) Über den Gebrauch von Brotstücken als Kissen an Stelle unserer
heutigen Teller siehe Hilka, a. a. O. zu V. 3289 (S. 686) und Josef Brüch
(Zeitschr. für romanische Philologie Bd. 51 [1931], S. 680 f.).

(*Et si le voldroit mout savoir*; V. 3303). Aber er wird es sicherlich
erfragen — das sagt er und denkt er —, bevor er weggeht (*ainz
qu'il s'an tort*; V. 3305), von einem Knappen des Hofes. Doch bis
morgen wird er warten, wann er vom Herrn Abschied nehmen wird
und von der ganzen übrigen Hofgesellschaft (*a tote l'autre meisniee*;
V. 3309). So hat er die Sache aufgeschoben und verlegt sich auf
Trinken und Essen. Man bringt nicht kärglich Speisen und Wein
auf den Tisch, die lecker und köstlich sind. Das Mahl war schön und
gut. Mit allen Speisen, die weder Könige noch Grafen noch Kaiser
haben würden, wurde an diesem Abend der Edelmann bedient
und der Jungherr *Perceval* zusammen mit ihm. Auf das Mahl
folgte ein Gespräch der beiden. Dann wurde vor dem Zubettegehen
ein köstlicher Nachtisch von vielerlei Früchten und mannigfache
starke und süße Getränke aufgetragen. Über all dies wunderte sich
der junge *Perceval*, der es nicht kannte. Alsdann verabschiedete sich
der Burgherr und ließ sich, da ihm die Kraft zum Gehen fehlte,
von vier starken Dienern auf der Bettdecke forttragen. *Perceval*
blieb zurück. Knappen entkleideten ihn und bereiteten ihm ein
Nachtlager auf köstlichen weißen Leinentüchern (V. 3254—3355).

Die s e c h s t e S z e n e bringt eine n e u e Ü b e r r a s c h u n g
für *Perceval* wie für die Leser und Hörer des Romans. Beim Erwachen und beim Ankleiden vermißte *Perceval* jede Bedienung.
Er sah und hörte niemand, fand seine Waffen zwar am selben Ort,
wohin man sie am Abend gebracht, aber alle Türen zu den Zimmern,
die am Tage zuvor offen standen, waren nun verschlossen. Kein
Klopfen half. Niemand öffnete, niemand sprach einen Laut. So
verläßt er den Saal, dessen Tür geöffnet ist, findet draußen sein
Pferd gesattelt, Lanze und Schild an die Mauer gelehnt. Die Zug-
brücke ist niedergelassen. Er denkt, die Knappen sind in den Wald
zur Jagd gezogen, und nimmt sich vor, ihnen nachzureiten und sie
auszufragen, ob einer von ihnen ihm sagen würde v o n d e r
L a n z e , w a r u m s i e b l u t e, ob es auf irgendeine Weise sein
könne (*De la lance por qu'ele sainne / S'il puet estre por nule painne*;
V. 3399 f.) [5]) und vom G r a l , w o h i n m a n i h n t r a g e (*Et del*

---

[5]) So nach Foerster-Breuer, Kristian von Troyes, Wörterbuch zu seinen
sämtlichen Werken. Halle a. S. ² 1933, S. 183 a. Schwerlich sinngemäß. Man
erwartet nach dem in Christians Gedicht an die blutende Lanze geknüpften und wiederholt ausgesprochenen Eindruck eine andere Frage als diese

graal ou l'an le porte; V. 3401). Aber die Zugbrücke geht, während er über sie reitet, hoch und nur durch einen großen guten Sprung seines Pferdes kommt er mit ihm heil davon. Vergeblich ruft *Perceval*, sich umschauend, nach dem, der die Brücke aufzog: „Tritt hervor, auf daß ich dich sehe und dich um Auskunft über eine Sache befrage, die ich wissen möchte" („*si te verrai / Et d'une chose t'anquerrai / Noveles que savoir voldroie*"; V. 3417 ff.). So ergeht er sich töricht im Reden. Aber keiner will ihm antworten (V. 3356—3421).

Die s i e b e n t e S z e n e führt *Perceval*, der auf der vermeintlichen Spur der Knappen in den Wald galoppierte, zu einer Jungfrau, die unter einer Eiche [6]) über den Tod ihres Freundes, der ihr im Schoße mit abgehauenem Kopfe liegt, verzweiflungsvoll weinte und klagte. Diesmal nun befolgte *Perceval* nicht mehr töricht die Warnung des alten *Gornemant*. Jetzt fragte er, wer den Ritter im Schoße der klagenden Dame getötet habe. Er bekam aber nur den Bescheid, daß ein Ritter ihn am selben Morgen getötet. Sie wunderte sich, wo er diese Nacht nach dem Aussehen seines Pferdes in der Nähe eine gute Herberge habe finden können. Und als *Perceval* die behaglich verbrachte Nacht rühmte, folgerte daraus die Jungfrau: „Dann wart ihr bei dem reichen Fischerkönig" (*Chiés le riche roi Pescheor*; V. 3495). Darauf schilderte *Perceval* seine Begegnung mit ihm auf dem Flusse und erfuhr nun von der Dame, der König sei in einem Kampfe (*an une bataille*; V. 3509) von einem Wurfspieß zwischen beiden Hüften verwundet (*il fu navrez d'un javelot / Parmi le hanches anbedeus; V.* 3512 f.). Seitdem sei er schwach, könne kein Pferd besteigen und kein anderes Vergnügen sich gönnen als in einem Nachen mit der Angel zu fischen. Doch habe er seine Beiz-

---

triviale, ob das Bluten der Lanze auf irgend eine Weise möglich sei oder geschehen könne. Konrad Sandkühler (Chrestien de Troyes. Perceval oder die Geschichte vom Gral. Stuttgart-Den Haag-London 1929) übersetzt (S.82): „ob es wohl einer Pein wegen geschehe". Dieser Auffassung widersprach allerdings auf meine Anfrage Alfons Hilka brieflich mit den Worten: „Eine Deutung *painne* = Strafe, Sühne, Pein u. dgl. kommt hier gewiß nicht in Frage." Er interpretiert den Vers als Nachtrag zum Vorhergehenden: „ob irgend jemand ihm irgendwie Auskunft geben könnte" und sieht in ihm „nichts als bloße Floskel, um den Reim (*painne : sainne*) zu gewinnen".

6) Vgl. Hilka, a. a. O. zu V. 3430 ff. (S. 693); Wolfram, Parzival 249, 14: *û f einer linden.*

jäger, seine Bogenschützen und Jäger, die in seinen Wäldern auf die Jagd gehen. Deshalb gefalle es ihm, in diesem Heim hier, seinem freien Besitz, sich aufzuhalten (*converser / An cest repeire ci elués*; V. 3528 f.), denn in der ganzen Welt könne zu ihrem Bedarf seine Tätigkeit keinen besseren Aufenthalt finden (*an tot le mont a oés son oés / Ne puet trover meillor repeire*; V. 3530 f.) [7]).

Als die Jungfrau erfuhr, daß *Perceval* habe neben dem kranken König sitzen dürfen, rief sie sofort: „Nun sagt mir, ob ihr die L a n z e sahet, d e r e n S p i t z e b l u t e t, und es ist doch weder Fleisch noch Ader daran? Habt ihr gefragt, warum sie blute?" (V. 3548 ff.) Auf *Percevals* Antwort, er habe die Lanze gesehen, aber mit keinem Worte gefragt, erwiderte die Jungfrau: „So wisset denn, daß ihr schlecht gehandelt habt. Und sahet ihr den Gral?" Nach *Percevals* Bejahung erkundigte sie sich über alle Einzelheiten, die er gesehen. Der Dichter führt nun in dem Bericht *Percevals* dem Leser oder Hörer alle Vorgänge auf der Burg des Fischerkönigs noch einmal vor Augen [8]). Wieder fragte die Jungfrau, ob er gefragt habe, wohin die Träger des Grals und des Tellers gingen. Als nun wieder *Perceval* gestehen muß, daß keine Frage aus seinem Munde kam, erneuert die Jungfrau ihr Bedauern, erkundigt sich nach dem Namen des jungen Toren und erfährt von ihm, daß er *Perceval* der Walliser heiße. Erzürnt ruft die Jungfrau, fortan führe er einen anderen Namen, nämlich *Perceval* der Unglückliche, weil er die Frage versäumt habe. Die Frage hätte den guten König geheilt, er hätte alle seine Glieder wiedergewonnen und sein Land regiert, und großer Segen wäre so entstanden. Aber nun werde ihn (*Perceval*) und andere großes Unheil treffen. Seine Mutter sei an seiner Sünde,

---

7) Potvin: *Qui tout le mont avoec son oés*; Sandkühler (a. a. O. S. 84): „der durch sein Werk die ganze Welt nach seinem Willen beherrschen könnte".

8) In Potvins Text findet sich dabei eine Abweichung von der früheren Erzählung: V. 3242 nach Hilka (4420 nach Potvin) hieß es von den Trägern der Lanze und des Grals *Et d'une chanbre en l'autre antrerent*. Damit übereinstimmend lautet in Hilkas Text die Wechselrede: „*Et don venoit?*" — „*D'une chanbre*" — „*Et ou an ala?*" — „*An une autre chanbre an antra*" (V. 3558 ff.). Dagegen in Potvins Text schließt das Gespräch mit den Worten: „*D'une cambre en une autre ala / Et en une autre aprés ala*", d. h. Lanze und Gral wurden vom Kamin-Saal nicht in ein anderes Zimmer, sondern in z w e i andere Zimmer getragen.

daß er sie hilflos verlassen, vor Schmerz gestorben. Deren Tod gräme sie ebenso wie daß er nicht wisse, was man mit dem Gral tue und zu wem man ihn trage (*Que tu n'as del graal seü / Q'an an fet et cui an le porte;* V. 3604 f.), und wie der Tod des Ritters in ihren Händen, den sie liebte und der sie seine liebe *amie* nannte und sie liebte wie ein edler und treuer Ritter. Denn sie sei *Percevals* Base, mit ihm vor langer Zeit bei seiner Mutter aufgezogen (*norrie;* V. 3598). Darauf erklärte *Perceval:* „Um nichts anderes zog ich aus als um sie [die Mutter] zu sehen. Eine andere Fahrt muß ich nun wählen" (*Oue por rien nule n'i aloie / Fors por li que veoir voloie / Autre voie m' estuet tenir;* V. 3623 ff.). Er fordert seine Base auf, mit ihm zu kommen, er werde den Mann, der ihren Geliebten getötet, besiegen. Aber sie will bei ihrem Toten bleiben und ihn bestatten. Sie heißt *Perceval,* jenen Weg einzuschlagen, auf dem der Ritter fortritt, der ihren Freund getötet hat. Doch warnt sie ihn vor dem Schwert, das der reiche Fischerkönig ihm schenkte, es werde zerspringen. Nur sein Schmied, der am See bei *Cotoatre* wohne und *Trebuchet* heiße, könne es dann wieder ganz machen (V. 3422—3690).

Die a ch t e S z e n e , die von Lanze und Gral Kunde bringt, greift über die eigentliche Parzivalsage hinaus und reicht schon in den A r t u s k r e i s. *Perceval* befindet sich ehrenvoll aufgenommen am Hofe des Königs Artus. Da erscheint die häßliche Gralbotin auf einem Maultier — Wolframs *Kundry* — und verwünscht in heftigen Scheltworten *Perceval,* weil er beim Fischerkönig die b l u t e n d e L a n z e sah und nicht fragte, warum der Blutstropfen aus der blanken Eisenspitze quillt, und sich nicht nach dem G r a l erkundigte und welchen reichen Herrn man damit bediene. Hätte er danach gefragt, so wäre der reiche König von seiner Wunde geheilt und hätte sein Land in Frieden regiert, das er nun nie mehr beherrschen wird. Ob er die Folgen seiner Unterlassung kenne? Frauen werden ihre Gatten verlieren, Länder werden verheert werden, Jungfrauen ratlos sein, Waisen zurückbleiben, manche Ritter deswegen sterben. Alles dieses Unheil werde geschehen durch *Percevals* Schuld. Gleichzeitig fordert sie die Artusritter auf, im Tjost oder Kampf mit einem jener fünfhundertsechsundsechzig Ehre zu gewinnen, die auf Schloß *Orguelleus,* ihrem heutigen Reiseziel, mit ihren Freundinnen hausen. Aber noch höher stellt sie eine andere Aufgabe: die Befreiung der auf dem Berg *Montescleire* belagerten Jungfrau. Ihr Retter verdiene das Schwert mit dem seltsamen Wehrgehenk (*l'Espee as Estranges Ranges;* V. 4712). Nach dieser zornigen Rede reitet das Scheusal fort, ohne nähere Auskunft zu geben (V. 4603—4683).

Auch die n e u n t e S z e n e, in der Gral und Lanze eine Rolle spielen, gehört nicht zur eigentlichen Parzivalsage, sondern in den A r t u s k r e i s. Nachdem die garstige Botin davongeritten ist, leisten alle Artusritter erregt verschiedenartige Gelübde, ihren Mut und ihre Kraft zu beweisen. *Gauvain* will alles daransetzen, die belagerte Jungfrau auf *Montescleire* zu befreien. *Girflez,* der Sohn des Do, erklärt, er werde zum Schloß *Orguelleus* ziehen und dort ritterlichen Ruhm erstreiten. *Kahedin* aber will den *Mont Dolereus* [9]) ersteigen. Auf *Perceval* wirkt der Fluch der Maultierreiterin am erschütterndsten. Er will fortan zeitlebens keine zwei Nächte unter demselben Obdach schlafen noch von abenteuerlichem Wege hören, ohne ihn zu durchschreiten, noch von einem alle andern übertreffenden Ritter, ohne mit ihm zu kämpfen, so lange bis er erfahren habe, wem man mit dem Gral dient, und bis er die Lanze, welche blutet, gefunden habe und ihm die Wahrheit gesagt sei, warum sie blute, und niemals mehr wolle er davon ablassen, um keiner Mühe willen. Neben ihm geloben und versichern und schwören gut fünfzig andere Artusritter, sie würden kein Wunder oder Abenteuer kennenlernen, sei es auch in gefährlichem Lande, ohne danach zu suchen (V. 4727—4746).

Die z e h n t e S z e n e, die der Beschreibung von Lanze und Gral dient, löst sich völlig von der Person *Percevals* und ist mit dem neben ihm hervorragendsten Helden des Artuskreises, *Gauvain,* verknüpft. Nach mancherlei ritterlichen Kämpfen und Liebesabenteuern gerät *Gauvain* in große Lebensgefahr: gegen den Ansturm der Bürgerschaft von *Escavalon,* die ihn als Mörder des Vaters ihres Königs betrachtet, muß er im Turm des Schlosses vereint mit einer in Liebe ihm geneigten Dame (Wolframs *Antikonîe*), der Schwester des Königs, sich aufs äußerste durch Waffengewalt verteidigen. Der

---

9) Die Abenteuer um den *Mons Dolorosus* (so bei Gottfried von Monmouth) behandelt Gerberts Fortsetzung von Christians Gralroman. Ebenso ist das von Christian hier angekündigte, aber dann nicht mehr erwähnte Abenteuer auf dem *Montescleire* von den Fortsetzern seiner Dichtung ausgeführt. Siehe Hilka, a. a. O. zu V. 4724—4726 (S. 718) und zu V. 4718 ff. (S. 717).

Verdacht, ihren Vater getötet zu haben, ruhte auf *Gauvain*, seitdem am Hofe des Königs Artus der Ritter *Guinganbresil* aus *Escavalon* ihn dieser Tat beschuldigt hatte. Damals hatte sich *Gauvain* sofort verpflichtet, in einem Zweikampf die Nichtigkeit der Anklage zu erweisen. Er hatte sich beeilt, ohne Aufenthalt und ohne Versäumnis der ihm gesetzten Frist sich in *Escavalon* zum Kampfe mit dem Ankläger zu stellen. Dieser (*Guinganbresil*) entdeckte jetzt mit Mißfallen *Gauvain* in seiner bedrohten Lage, holte den König von der Jagd zurück und klärte ihn auf. Der König gebot dem Kampf der Bürger Einhalt. Auf den Rat eines weisen Vasallen soll der geplante Zweikampf um ein Jahr verschoben werden, wenn *Gauvain* innerhalb dieser Frist die L a n z e suchen gehe, d e r e n E i s e n s p i t z e i m m e r b l u t e t und nie so rein ist, daß nicht ein B l u t s t r o p f e n d a r a n h ä n g e *(il s' an aille / Querre la lance don li fers / Saingne toz jorz, ja n' iert si ters / Qu' une gote de sanc n' i pande;* V. 6112 ff.), und entweder diese Lanze dem König ausliefere (*rande;* V. 6116) oder auf dessen Gnade sich in ein ritterliches Gefängnis begebe. Der Beschluß des Königs wird vor *Gauvain* noch einmal von dem weisen Vasallen wiederholt: binnen Jahresfrist möge er die Lanze, deren Spitze tränt von dem klaren Blut, das sie weint, dem König übergeben (*il li randra / Jusqu'a un an sanz plus de terme / La lance don la pointe lerme / Del sanc tot cler que ele plore;* V. 6164 ff.). Hinzugefügt wird aber nun die bedeutungsvolle, uns freilich dunkle Weissagung: „Es steht geschrieben, daß eine Stunde kommen werde, da das ganze Königreich *Logres* (der östliche Teil von England = Artus' Land: die Heimat der *Orguelleuse*), das einst den Giganten gehörte, durch diese Lanze zerstört sein wird": *Et s'est ecrit qu'il iert une ore / Que toz li reaumes de Logres, / Qui ja dis fu la terre as ogres, / Sera destruiz par cele lance* (V. 6168 ff.) [10]. Für die verlangte Verpflichtung soll *Gauvain* seinen Eid leisten. Aber *Gauvain* weigert sich, in dieser unbedingten Form sein Treuwort zu verpfänden. Er will nicht aus Furcht vor dem Tode in Schande und Meineid geraten. Lieber will er hier in dem Turm sterben oder sieben Jahre schmachten. Nun formuliert der weise Vasall das Gelübde dahin, *Gauvain* solle schwören, daß er, um die Lanze zu suchen, seine Kraft einsetzen,

---

10) Siehe Hilkas hochgelehrte Anm. zu V. 6169/70 (a. a. O. S. 733 ff.).

und wenn er die Lanze nicht erringe, in jenen Turm als Gefangener
zurückkehren werde. Danach soll er seines Eides quitt sein. Darauf-
hin leistet *Gauvain* feierlich den Schwur, seine ganze Bemühung
daranzusetzen, die L a n z e , w e l c h e b l u t e t , zu suchen. Auf
ein Jahr ist so sein Zweikampf mit *Guinganbresil* verschoben und
er einer großen Gefahr entronnen. *Gauvain* nimmt Abschied von
der Königstochter und seinen Knappen, die ihn weinend verlassen,
und zieht allein aus, die Lanze zu suchen. Der Dichter schließt diesen
Abschnitt seines Romans mit den Worten: „Von meinem Herrn *Gauvain* schweigt gerade hier die Geschichte und erzählt von *Perceval*"
(V. **6056—6216**).

Christian lenkt jetzt den Roman zurück auf *Perceval*. Dabei
beruft er sich auf seine Quelle, jenes Buch, das er dem Grafen Philipp
von Flandern verdankte (*ce conte l'estoire*; V. 6217). Es folgen die
e l f t e und die z w ö l f t e S z e n e , in denen von Lanze und Gral
gesprochen wird; es ist das letzte, was Christian noch selbst in
seiner Dichtung darüber gesagt hat. *Perceval* hatte, dies erzählt
die Geschichte, so die Erinnerung verloren, daß er Gottes nicht mehr
gedachte und fünf Jahre lang keine Kirche betrat, um Gott und sein
Kreuz anzubeten. In dieser Zeit hatte er viele Abenteuer bestanden
und großen ritterlichen Ruhm erworben. Sechzig tapfere Ritter hatte
er besiegt und als Gefangene an den Hof des Königs Artus geschickt.
Da traf er eines Tages in einer Einöde drei Ritter und ungefähr zehn
Damen, alle die Häupter mit Kapuzen bedeckt und in Tücher gehüllt,
zu Fuß, barfuß, also in Kleidung und Haltung Büßender. Als sie
Perceval bewaffnet, Schild und Lanze tragend, erblickten, ver-
wunderten sich die büßenden Damen, die zur Rettung ihrer Seelen
um ihrer Sünden willen in diesem Aufzug pilgerten, und es redete
ihn einer der Ritter an: „Lieber teurer Herr, glaubt ihr denn nicht
an Jesus Christus, der das neue Gesetz schrieb und den Christen
gab? Sicherlich, es ist nicht recht und nicht gut, Waffen zu tragen
an dem Tage, da Jesus gestorben ist, sondern es ist ein großes Unrecht." Und *Perceval,* der keinen Gedanken hatte an Stunde noch
an Zeit — so groß war die Öde in seinem Herzen —, antwortete:
„Welcher Tag ist denn heute?" — „Welcher Tag, Herr? Wißt ihr
denn nicht? Es ist der angebetete Freitag (*vandredis aorez*), der
Tag, an dem man a n b e t e n s o l l d a s K r e u z und seine Sünden
beweinen. Denn heute ward der ans Kreuz gehängt, der um dreißig

Silberlinge verkauft war. Er, der von allen Sünden rein war, sah die Sünden, von denen die ganze Welt gefesselt und befleckt war, und wurde Mensch um unserer Sünden willen. Wahrheit ist, daß er Gott und Mensch war, daß die Jungfrau einen Sohn gebar, den sie vom heiligen Geist empfangen, da Gott Fleisch und Blut annahm; so wurde seine Gottheit verborgen im Menschenleibe, das ist gewiß. Und wer das so nicht glauben wird, wird niemals in sein Antlitz sehen (*Et qui einsi ne le crerra, / Ja an la face nel verra;* V. 6281 f.). Er ward geboren von einer Jungfrau und Mutter und nahm eines Menschen Gestalt und Seele an zusammen mit seiner heiligen Göttlichkeit, er, der an einem Tage wie heute an das Kreuz geschlagen wurde, und alle seine Freunde der Hölle entriß. Gar sehr heilig war dieser Tod, der die Lebenden rettete und die Toten vom Tode wiedererweckte zum Leben. Die tückischen Juden, die man töten sollte wie Hunde, schufen durch ihren Haß sich Übles und uns ein großes Gut, als sie ihn hochzogen am Kreuz: sich richteten sie zugrunde und uns erretteten sie. Alle die, welche Glauben an ihn haben, sollen heute in Buße sein; heute darf kein Mensch, der an Gott glaubt, Waffen tragen weder auf dem Feld noch auf der Straße." — „Und von wo kommt ihr heute so?" sagte *Perceval.* — „Herr, von hier, von einem frommen Mann, einem heiligen Eremiten, der in diesem Walde wohnt und für nichts lebt als für den Ruhm des Himmels, so ein heiliger Mann ist er." — „Bei Gott, Herr, was tatet ihr dort, was fragtet, was suchtet ihr?" — „Was? Herr, sagte eine der Damen, für unsre Sünden fragten wir ihn um Rat und beteten in der Beichte; die größte Aufgabe erfüllten wir dort, die ein Christ erfüllen kann, der zu Gott dem Herrn den Weg nehmen will." Nachdem *Perceval* dies gehört, brach er in Weinen aus, fragte nach dem Weg zu jenem Einsiedler, ließ ihn sich beschreiben. Darauf befahlen sie sich gegenseitig Gott (V. 6217—6330). Diese elfte Szene hat den eigentlichen Umschwung im Seelenzustand *Percevals* herbeigeführt.

In der z w ö l f t e n und letzten S z e n e , die über Lanze und Gral belehrt, erblickt man *Perceval* auf dem Wege zum Eremiten und bei ihm. Seufzend und weinend ritt er durch den Wald; bei der Einsiedelei stieg er vom Pferde, entwaffnete sich und band sein Pferd an eine Esche. „In einer kleinen Kapelle fand er den Eremiten, einen Priester und einen Ministranten, das ist die Wahrheit (*An une chapele petite/Trova l'ermite et un provoire/Et un clerçon, ce est la voire*; V. 6342 ff.) [11]). Sie begannen den höchsten und rührendsten Dienst (*li plus douz*; V. 6347), der in der heiligen Kirche verrichtet werden kann."

Voll Demut warf sich *Perceval* in der Kapelle auf die Knie, umfaßte die Füße des Eremiten und bat mit gefalteten Händen, ihm Rat zu geben. Auf Befehl des Heiligen, der ihm erklärte, ohne B e i c h t e u n d R e u e werde er keine Vergebung finden, bekannte *Perceval*, wohl fünf Jahre lang nicht gewußt zu haben, wo er war, und Gott weder geliebt noch an ihn geglaubt zu haben. Auf die Frage nach dem Grunde dieses Verhaltens erzählte *Perceval*: „Herr, bei dem Fischerkönig (*le roi Pescheor*) war ich einmal und sah die L a n z e , deren E i s e n o h n e Z w e i f e l b l u t e t, und nach dem B l u t s t r o p f e n , den ich an der Spitze des blanken Eisens hängen sah, erkundigte ich mich nicht; niemals später machte ich das wieder gut. Und vom G r a l , den ich dort sah, wußte ich nicht, wen man damit bedient. Davon habe ich dann so große Kränkung erfahren, daß der Tod mein Wunsch gewesen wäre, und Gott den Herrn vergaß ich darüber, erflehte niemals seine Gnade und tat nichts, so viel ich weiß, wodurch ich jemals Gnade haben würde" (V. 6372 ff.). Der Eremit fragte darauf, wie er heiße, und als er den Namen *Perceval*

---

11) In der Handschrift von Mons (in Hilkas Ausgabe P), auf der Potvins Text beruht, lautet der letzte Vers: *Dist une leçon, c'est la voire.* Hier fehlt also der Ministrant. Diese Fassung ist von Sandkühler in seiner Übersetzung (a. a. O. S. 137) falsch wiedergegeben: „In einer kleinen Kapelle fand er den Einsiedler und einen Priester; es sagt eine Lesart, und das ist die wahre, daß sie den höchsten und schönsten Dienst begannen…". Wie mich auf meine Anfrage Alfons Hilka brieflich mit freundlicher Gefälligkeit belehrte, ist *la voire* (weibliches Adjektiv mit Artikel) im Sinne eines Neutrums zu verstehen und *c'est la voire* der Handschrift Potvins (P) zu übersetzen: „Das ist wahr" (so auch richtig bei Foerster-Breuer, a. a. O. S. 263b), wofür A. Stimming (Der festländische *Bueve de Hantone* [*Beuve de Hanstone*]. Dresden 1911, S. 397 [Anm. zu V. 4062] = Gesellschaft für romanische Literatur Bd. 25) und M. Friedwagner (*La Vengeance Raguidel* in: Raoul von Houdenc. Sämtliche Werke Bd. 2 [Halle a. S. 1909], S. 265 f. [Anm. zu V. 3593]) das Syntaktische erläutern. Die vorhergehenden drei Worte *Dist une leçon* in P bedeuten: „er [der Priester] las eine *lectio* [der Karfreitags-Liturgie]". Das folgende *Qui* [P: *Qu'il*] *comançoient le servise* ist nach Hilka zu übersetzen: „D e n n [nicht: daß] sie begannen den Dienst [das Karfreitagsoffizium]." Das Wort *leçon* kann, wie Hilka betont, nur A k k u s a t i v sein, nicht (wie Sandkühler annimmt) Nominativ, der bei Christian *leçons* lauten muß.

hörte, den er gut kannte, erklärte er seufzend, ihm habe eine ihm
unbewußte S ü n d e geschadet: der S c h m e r z, d e n s e i n e
M u t t e r um ihn erlitt, als er sie verließ. Sie fiel ohn-
mächtig zu Boden und starb. „In Folge der S ü n d e, d i e d u
d a m i t b e g a n g e n h a s t *(Por le pechié que tu an as;* V. 6399),
geschah es, daß du weder nach der L a n z e noch nach dem G r a l
fragtest. So sind dir manche Übel zugestoßen. Nicht hättest du
so lange gelebt, wenn sie dich nicht Gott dem Herrn empfohlen
hätte, das wisse. Aber ihr Gebet hat solche Kraft gehabt, daß Gott
ihretwegen dich ansah und daß er dich vor Tod und Gefahr behütete.
Sünde schnitt dir die Sprache ab, als du das E i s e n, dessen B l u t e n
so sich n i c h t s t i l l t e, vor dir sahst; nach dem Grunde davon
fragtest du nicht. Und als du vom Gral nicht wußtest, wen man
damit bedient, hattest du einen törichten Sinn *(fol san eüs;* V.6414)[12]).
Der, den man mit ihm bedient, ist mein Bruder. Meine und seine
Schwester war deine Mutter, und vom reichen Fischer glaube, daß
er der Sohn des Königs ist, der vom Gral sich bedienen läßt." Doch
speise dieser keine Leckerbissen, nicht Hecht, Lampreten oder Salm.
Von einer einzigen Hostie erhalte und stärke dieser heilige Mann,
wenn man ihm den Gral herbeiträgt, sein Leben. So heilig sei der Gral
(Tant sainte chose est li graaus; V. 6425). „Und er [der König] ist
so spiritual *(esperitaus;* V. 6426), daß für sein Leben nur die Hostie
nötig ist, die vom Gral kommt. Fünfzehn Jahre ist es schon so
gewesen, daß er nicht aus jenem Zimmer gegangen ist, in das du
den Gral eintreten sahst. Nun will ich dir auferlegen und bewilligen
die Buße für deine Sünde". Jetzt also erst enthüllt sich für *Perceval*
und für Leser oder Hörer des Romans, welche Rolle das „andre
Zimmer" spielt, das in der Szene beim Fischerkönig so geheimnisvoll erwähnt und in *Percevals* Bericht vor seiner Base abermals mit
Betonung genannt war: es war seit fünfzehn Jahren der Aufenthalt des alten Gralkönigs (Wolframs *Titurel*), der in ihm durch
die vom Gral gebrachte Hostie sein Leben erhält.

Perceval erklärte sich aus tiefstem Herzen nun zur Buße bereit
und begrüßte den Einsiedler, den Bruder seiner Mutter, als Oheim,

---

12) Foerster-Breuer (Wörterbuch, a. a. O. S. 229 a) gibt für diese Stelle
mit ausdrücklichem Zitat die Übersetzung „schlecht beraten sein". Das
scheint mir unrichtig. Der Rat, der ihn vom Fragen abhielt, war an sich
nicht schlecht. Aber die Anwendung, die er von ihm machte, war töricht.

den er lieben müsse. Dieser verlangt zunächst als Vorbedingung
M i t l e i d in seiner Seele und Reue; dann als Buße täglichen Besuch
einer Kirche vor jedem anderem Gange; davon werde er Segen
haben, und um keinen Preis solle er, wenn er sich an einem Orte
befinde, wo ein Münster, eine Kapelle oder eine Pfarrkirche ist, es
unterlassen einzutreten, sobald die Glocke ertönt oder schon vorher,
wenn er aufgestanden sei; niemals werde er davon beschwert sein,
vielmehr werde seine Seele dadurch Heil empfangen. Und wenn
dann die Messe beginne, werde es desto besser sein. Er solle dort
so lange bleiben, bis der Priester alles gesagt und alles gesungen
hat. „Wenn dies dir widerfährt mit deinem Willen (*Se ce te vient
a volanté*; V. 6456), wirst du noch zu hohem Wert (*pris*; V. 6457)
aufsteigen können, ja du wirst Ehre und das P a r a d i e s gewinnen
(*S'avras enor et paradis*; V. 6458). An Gott glaube, Gott liebe,
zu Gott bete; guten Mann und gute Frau ehre; vor dem P r i e s t e r
s t e h e   a u f, das ist ein Dienst, der wenig Beschwer macht, und
Gott liebt ihn in Wahrheit, weil es aus Demut kommt. Wenn eine
Jungfrau dich bittet, hilf ihr, was besser für dich sein wird (*que
miauz t'an iert;* V. 6466), oder einer Witwe, einer Dame oder Waise:
solches Almosen wird vollkommen sein. Hilf ihr, so wirst du gut
handeln. Gib Acht, das niemals zu unterlassen. Dies will ich, daß
du für deine Sünden tun mögest, wenn du alle Gnaden für
dich wieder haben willst, so wie du sie zu haben (früher) pflegtest.
Sage mir jetzt, ob du es tun willst.“ *Perceval* bejahte, und nun bat
der Einsiedler, daß er zwei ganze Tage [d. h. bis zum Osterfest]
dort bei ihm bleibe und als Buße solche Nahrung zu sich nehme,
wie die seine sei. Als *Perceval* auch dies zusagte, lehrte der Einsiedler ihn ein Gebet hinein ins Ohr und festigte es ihm so lange,
bis er es wußte. Und in diesem Gebet hatte unser Herr viele Namen,
denn es waren darin die größten, die Menschenmund nennen darf,
wenn er in Todesangst sie nennt. Als er ihn dies Gebet gelehrt
hatte, gebot er ihm, es auf keinen Fall zu sprechen ohne große
Gefahr. „Ich werde es nicht tun,“ erwiderte *Perceval*. So blieb er
und hörte so den Gottesdienst [des Karfreitags] und hatte große
Freude. Nach dem Gottesdienst b e t e t e   e r   d a s   K r e u z   a n und
beweinte seine Sünden und bereute heftig und war so ganz ruhig.
In dieser Nacht hatte er zu essen, was dem heiligen Eremiten gefiel.
Aber er hatte nichts außer Kerbel, Lattich und Kresse, und Brot

hatte er da von Gerste und Hafer und klares Wasser der Quelle, und sein Pferd hatte Futterstroh und Gerste ein ganzes Becken voll und einen Stall, wie es ihn [haben] sollte: verpflegt war es so, wie es nötig war. So erkannte *Perceval*, daß Gott am Karfreitag den Tod erlitt und gekreuzigt ward. Zu Ostern empfing *Perceval* in sehr würdiger Weise die Kommunion.

Christian bricht hier seine Erzählung ab mit den Worten: „Von *Perceval* spricht die Erzählung hier nicht länger. Aber ihr habt genug sprechen hören von Herrn *Gauvain*, so daß ihr von ihm noch etwas erzählen hören möget" (V. **6331—6518**).

II. Der Grundgedanke des Romans und die Bedeutung von Gral und Lanze.

Christian von Troyes hat in seinem Gralroman die Darstellung wesentlich mit den nämlichen Kunstgriffen geführt wie in seinen früheren Epen. Spannung, Verwunderung und Überraschung sind seine künstlerischen Hauptmittel. Gleich dem internationalen modernen Detektivroman reiht er Vorgänge und Taten aneinander, die zunächst dem Leser oder Hörer nicht bloß unerwartet entgegentreten, sondern unverständlich bleiben, sein Erstaunen, seine Neugier erregen und erst im späteren Verlauf der Geschichte allmählich, stufenweise sich aufklären. Die neu auftretenden oder neu erwähnten Personen bleiben lange Zeit in ihrem wahren persönlichen Verhältnis unbekannt: so der als „der reiche Fischer" eingeführte kranke Herr der Gralburg; dessen blonde Nichte; *Perceval* selbst; der Schmied des Zauberschwerts. Die verwickelten Verwandtschaftsverhältnisse der einzelnen Personen werden gleichfalls erst spät und überraschend enthüllt.

Der kranke Gralkönig wie der König von *Escavalon* treten zunächst in maskiertem Inkognito auf: ihr Königtum wird erst im Laufe der Erzählung offenbar. Die berichteten Geschehnisse bringen fortgesetzt eine Überraschung des Helden *Perceval* wie des Hörers oder Lesers: *Perceval* erschaut die Gralburg nach langem anscheinend vergeblichen Ritt ins Leere; der angelnde Fischer überrascht ihn und uns als Herr der Gralburg; das Schwert, das er schenkt, gibt ein Rätsel auf; der Hofhalt der Gralburg wird in

aller Pracht geschildert, um gleich darauf am nächsten Morgen dem
erwachten *Perceval* zu verschwinden und eine leere Burg zurück-
zulassen.

Damit steht völlig im Einklang, daß auch die w u n d e r b a r e n
G e r ä t e , die im ideellen Mittelpunkt des Romans stehen, die
blutende Lanze, der Gral, der Teller, der Elfenbeintisch, das kostbare Schwert in rätselhaftes Dunkel getaucht sind. Aber daran hätte
man nie zweifeln dürfen, daß es in dieses denkenden Dichters Plan
lag, das vierfache Geheimnis jener Geräte und auch das Geheimnis
des Schwerts im Schlußteil seines Werkes zu entschleiern.

Gleiches gilt von dem s e e l i s c h e n G r u n d m o t i v des Gral-
dramas und der Entwicklung des Haupthelden: der F r a g e und
ihrer entscheidenden Bedeutung für das Schicksal der Gralkönige
und *Percevals*. Mit bewußter Berechnung lüftet Christian in drei-
facher Steigerung die Hülle des tragischen Geschehens auf der Burg
des kranken Fischerkönigs: den ersten Einblick gewinnt *Perceval*
und mit ihm der Leser oder Hörer aus den Vorwürfen des weinenden Fräuleins im Walde (der Base *Percevals*), einen weitergehenden,
bedrohlichen aus den Scheltworten der Maultierreiterin am Artushofe (Wolframs *Kundry*), den dritten, vollständigeren und zugleich
Sühne verheißenden aus den Lehren des Einsiedler-Oheims am
Karfreitag (Wolframs *Trevrizent*).

Eine gewisse Unklarheit und selbst ein Widerspruch in diesen
drei Mitteilungen besteht. Wenn nach der Angabe der Base *Percevals*
der Fischerkönig sich auf die Burg im Walde nur deshalb zurückgezogen, anscheinend also seine eigentliche königliche Residenz (das
wirkliche Gralschloß) verlassen hat, weil er wegen seiner Krankheit nicht imstande ist, seine Herrschaft auszuüben, und weil er für
seine Jagdleidenschaft und das Fischangeln dort Gelegenheit findet,
begreift man nicht recht, warum auch sein greiser Vater, den die
Hostie des Grals am Leben erhält, gleichfalls in jener Waldeinsam-
keit verweilt. Der Gral hätte doch auch in der eigentlichen Königs-
residenz ihm die Hostie bringen können. Diese Waldburg war vorher
als höchst prachtvoll und königlich geschildert: in dem quadratischen
Saal, worin das Ruhebett des kranken Fischerkönigs steht, befindet
sich zwischen vier Säulen ein Kamin von solcher Größe, daß man
vierhundert Menschen um sein Feuer setzen könnte und jeder bequem
Platz gefunden hätte *(Bien poïst an quatre çanz homes / Asseoir*

anviron le feu, | S'eüst chascuns aeisié leu; V. 3096 ff.). Das paßt
wenig zu der Schilderung der Base *Percevals,* die jenes Jagdschloß
als eine Art Notwohnung hinstellt.

Mögen diese kleinen Unstimmigkeiten in den Berichten über den
Aufenthaltsort des Grals dem Dichter unbemerkt entschlüpft sein
oder mag er sie, was allenfalls denkbar wäre, beabsichtigt haben, um
auch dadurch das unfaßbare, unbeschreibliche Geheimnis des Grals
zu bezeugen, sicherlich verfuhr er mit klarer künstlerischer Absicht,
wenn er Schritt für Schritt durch diese drei Aufklärungen *Perceval*
wie den Leser oder Hörer der Einsicht in das Gralwunder näher-
brachte. Das letzte, das entscheidende Wort über die Natur der
Lanze, des Grals, des Tellers, des Schwertes, des Elfenbeintisches
blieb freilich dem fehlenden Schluß der Dichtung Christians vorbehalten.

Was dieser Schluß über die Wundergeräte gesagt hätte, können
wir im Einzelnen nicht erraten. Aber daß die Aufklärung über
jene rätselhaften Dinge erfolgt wäre im Sinne der sie vorbereitenden früheren Szenen des Romans, muß als sicher gelten. Demnach
kann es für eine besonnene Erwägung keinem Zweifel unterliegen,
daß die Bedeutung und Wirkung von Lanze und Gral nicht in die
Sphäre des Märchens, sondern in den Kreis christlicher Vorstellungen
führen mußte.

Das Wort *graal,* dessen Herkunft und Grundbedeutung erst später
besprochen werden soll (siehe unten Kap. 27, Abschn. III), erscheint
bei seiner ersten Nennung in Christians Roman mit unbestimmtem
Artikel als r e i n e s A p p e l l a t i v u m (bei Hilka, a.a.O. V. 3220 ff.,
S. 680 f.) [13]).

Zunächst ist sicher und wird wohl von Niemandem bestritten:
der Gral, der dem greisen Vater des Fischerkönigs die Hostie zu-
trägt, ist ein mit Edelsteinen verziertes eucharistisches Gefäß. Der
silberne Teller, der hinter ihm folgt, ist die Patene (der Diskus,
siehe oben S. 133 f.) der Abendmahlsfeier. Wenn (wie oben S. 419

---

13) Birch-Hirschfeld (Sage vom Gral, a. a. O. S. 188) sieht auch darin
einen Kunstgriff, um die Spannung des Hörers durch das Geheimnisvolle
zu erhöhen, und folgert neben anderen Gründen daraus die frühere Entstehung des Gralgedichts Roberts von Borron (siehe Kap. 27), wo der Gral
einfach und deutlich „*veissel,* Gefäß" [vielmehr „Schüssel"] heiße. Diese
Ansicht scheint mir unhaltbar.

gesagt) „der Gral vollständig unbedeckt" heißt (*le graal trestot
descovert*; V. 3301), so ist nach dem Wortlaut, wie Hilka zu dieser
Stelle richtig anmerkt, an den im Gralaufzug mit Gral und Lanze
herumgetragenen Teller (die Patene, siehe oben Anm. 3) zu denken
und zu verstehen, daß er nicht wie sonst in der Messe und in der
Krankenkommunion auf den Kelch gelegt war. Zustimmen kann ich
auch Hilkas Vermutung (zu V. 3301, S. 687), daß die Hostie bei dem
feierlichen Aufzuge bereits im *graal* liegt, um im Nachbargemache
dem alten Vater des Fischerkönigs auf der Patene (*un tailleor
d'arjant*; V. 3231) gereicht zu werden. Sagt doch der Einsiedler von
der Hostie: *Que l'an an cest graal li porte* (die man in diesem Gral
ihm bringt; V. 6423). Der Versuch, den Zug, daß der alte Gralkönig
sein Leben allein fristet durch die im Gral ihm gebrachte Hostie
(V. 6422—6428) [14]), auszuschalten als Einschub, der nicht vom Dichter
herrühre, weil er im französischen Prosaroman nicht vorkomme, ist
von Hilka (S. 741) bereits mit Recht zurückgewiesen worden. Die
zur weiteren Begründung dieser Athetese ausgesprochene Ansicht,
daß bei Christian überhaupt eine direkte Erwähnung der Messe
befremde, ist nach meiner hier gegebenen Darlegung verfehlt.

Widersprechen muß ich, wenn Hilka im Einklang mit Golther [15])
daraus folgert: „Bei Christian ist eben der *graal* keine Blutreliquie
[soll heißen: nicht der Abendmahlskelch Christi mit dessen Blut],
sondern der Hostienbehälter, ein Ciborium" (a. a. O. zu V. 3301,
S. 687; vgl. *Tant sainte chose est li graaus*; V. 6425). Das *ciborium* [16])
ist eine zylindrische Büchse und konnte von Christian nicht einfach
graal genannt werden. Hilka stellt (a. a. O. zu V. 3220 ff., S. 680 f.)
selbst richtig fest, daß, wie die Miniaturen in den Handschriften der
altfranzösischen Gralromane klar zeigen, „die Form des Kelches oder
hohen Pokals ... mit oder ohne Aufsatz durchweg der Vorstellung
des Mittelalters entsprach". Hilka verweist (a. a. O. S. 687 f.) auf die
farbige Wiedergabe aus der dem frühen dreizehnten Jahrhundert

---

14) Arthur C. L. Brown, Did Chrétien identify the Grail with the
Mass? (Modern Language Notes Bd. 41 [1926], S. 226—233).

15) Wolfgang Golther, Parzival und der Gral in der Dichtung des
Mittelalters und der Neuzeit. Stuttgart 1925, S. 8 f.

16) Vgl. über seine Gestalt und das dafür verwendete Material Valentin
Thalhofer-Ludwig Eisenhofer, Handbuch der katholischen Liturgik. Freiburg i. Br. 1912. Bd. 1, S. 487—490.

zugehörigen Pariser Handschrift (T: *Fonds français* 12576, Bl. 13) als Titelbild in Sandkühlers Übersetzung und auf die Miniatur aus einer Pariser Handschrift der 'Histoire de Saint-Graal' (bei Alwin Schultz, Das höfische Leben zur Zeit der Minnesinger. Leipzig ² 1889. Bd. 1, S. 377, Fig. 129). In der ersten erscheint als Gral ein Kelch, aber — dem Text Christians widersprechend — mit langem Griff und Untersatz, oben verschlossen durch einen Aufsatz (Deckel?) in Kreuzesform. Die zweite Abbildung zeigt einen Kelch mit Fuß, offen *(descovert)*, und zwar ein Trinkgefäß, das sich oben schalenartig weitet.

Sowohl in Christians wie in Wolframs Gedicht bekundet sich des Grals Wesen und Wirkung als c h r i s t l i c h e s M y s t e r i u m. Der französische Dichter würde in dem nicht mehr gedichteten späteren Teil seines Romans vollen Aufschluß gegeben haben über dieses Geheimnis und über die Vorgänge der Erlösung *Percevals* und ihrer Folgen, über seine Erhebung zum Gralkönig, die Heilung des wunden Fischerkönigs. Auch Wolfram stattet ja im 15. und 16. Buch seiner Darstellung dieses glänzende Finale am Hofe von *Munsalvæsche* mit einigen aufklärenden Zügen aus über die Natur des Grals, über die sichtbar gewordene weissagende Inschrift und anderes (Parz. 781; 782; 786, 1—12; 787—798; 808, 9—810, 27; 813, 9 bis 820, 30). Aber den Schlüssel für das Verständnis gibt in beiden Gedichten die Szene beim Einsiedler-Oheim. Sie ist der H ö h e - p u n k t d e r E r z ä h l u n g, der helles Licht ausstrahlt über ihren ganzen Verlauf, der zurückblickt auf alle früheren Erlebnisse des Helden und seine Zukunft vorausbestimmt, vor allem aber den r e l i g i ö s e n Charakter des Grals und der blutenden Lanze außer Zweifel stellt. Es hat einen tiefen, einen entscheidenden Sinn, daß diese Szene auf den K a r f r e i t a g gelegt ist. Von Christian ist in ihr der christliche Grundzug seines Ritterromans stark betont. *Perceval* hat nach dem Urteil des Einsiedlers Schuld auf sich geladen, weil er die Mutter jäh verließ und dadurch tötete, weil er angesichts des leidenden Fischerkönigs und seiner trauernden Umgebung die Frage der T e i l n a h m e unterlassen und keinerlei M i t g e f ü h l rechtzeitig bekundet hat. Deshalb strafte ihn Gott, deshalb verfiel er innerer Zerrüttung. Es ist angesichts dieser Eröffnung des Eremiten, die offenbar auch die Meinung des Dichters ausspricht, durchaus dem oft gegen Christian erhobenen Vorwurf zu widersprechen, er habe die unterlassene Frage bloß als „Erkundigungsfrage" [17]) dargestellt. Nein, auch bei ihm ist sie wie bei Wolfram Frage des Mitleids, wenn das auch infolge des Fehlens der die Frage endlich aussprechenden Schlußszene nicht so handgreiflich in die Augen fallen kann. Ebensowenig scheint es erlaubt, der Frage in Christians Roman „die ursprüngliche Märchenart einer Zauberformel" beizulegen [18]). Die Unterlassung der Frage ist nach Christians Darstellung die Folge einer S ü n d e, sie ist eine S c h u l d, wird auch von *Perceval* sofort als solche dunkel empfunden, und er ist darum gleich am nächsten Morgen nach seinem Erwachen bemüht, sie durch eine Erkundigung wieder gut zu machen. Aber dies mißlingt, und erst nach langen Abenteuern, Gefahren, Leiden kommt seiner seelischen Dumpfheit Hilfe.

Hilka bemerkt (zu V. 6366 ff., S. 739 f.) mit Recht, daß Christian viermal (V. 3593. 6393. 6399. 6409) die S ü n d e (*pechiez*) betont, die *Perceval* durch sein liebloses Verlassen der Mutter begangen habe. Aber nicht zustimmen kann ich, wenn er meint, das in die Mitte der Beichte *Percevals* gestellte Stück 6372—6382 der für Lanze und Gral unterlassenen Frage falle aus dem Rahmen im theologischen Sinne heraus, denn es sei nicht einzusehen, wie *Perceval* dies Vergehen an Schwere den anderen von ihm gebeichteten Todsünden (Fehlen des Glaubens an Gott und böses Tun; Verzweiflung an der Gnade Gottes) gleichstellen könne. Der Einsiedler kläre ihn erst nachher darüber auf, daß die Hartherzigkeit gegen die Mutter Quelle seiner Schuld und sein Verhalten beim Fischerkönig Folge dieser Schuld sei. Warum aber, fragt Hilka, zeiht *Perceval* sich dann gleich von vornherein so schwerer Sünde wegen der unterlassenen Fragen? Darauf ist zu antworten: weil er zweimal, von dem weinenden Fräulein im Walde, seiner Base, und von der häßlichen Gralbotin aufs heftigste gescholten und beklagt war und weil er nach den ihn innerlich aufrüttelnden Mahnworten des zur Beichte wallfahrenden Ritters im Walde völlig zerknirscht die unterlassene Frage gleichfalls als schwere Hartherzigkeit und Lieblosigkeit empfand, ja empfinden mußte. Denn dies wollte der Dichter

---

17) So schon Zarncke, Zur Geschichte der Gralsage (P.B.B. Bd. 3 [1876], S. 305).

18) G. Ehrismann, Geschichte der deutschen Literatur bis zum Ausgang des Mittelalters. Bd. 2, 2, 1 (1927), S. 242.

durch des Toren *Perceval* Verhalten seinen Lesern oder Hörern
offenbaren: die Unterlassung der Frage war ebenso gut wie das
brutale Entlaufen von der Mutter ein Mangel an menschlichem Mitgefühl. Die Frage sollte eben auch bei Christian nicht bloße Erkundigung aus Neugier sein.

Nur rückhaltlose Reue, Beichte und Buße kann, versichert der
Einsiedler (im Sinne auch des Dichters), *Perceval* den Weg freimachen zur E r l ö s u n g von seinen Sünden. Der heiligste Tag
des christlichen Jahres bringt sie ihm: in der Kapelle des Einsiedlers
nimmt er nach reuigem Gebet und Bekenntnis seines Vergehens
Teil am kirchlichen Karfreitagsoffizium, an der in dessen Mittelpunkt stehenden *Adoratio crucis* und empfängt am Ostertage die
Kommunion. Christian hebt hervor, daß in der Kapelle des Einsiedlers damals der dort anwesende Priester die *lectio* des Karfreitags verlas [19]). Sie beginnt mit Worten des Propheten Hosea: „Dies
spricht der Herr: Wenns ihnen übel gehet, so werden sie mich frühe
suchen [und sagen]: ʻKommt, wir wollen wieder zum Herrn; denn
Er hat uns zerrissen, er wird uns auch heilen; er hat uns geschlagen,
er wird uns auch verbinden'": *Haec dicit Dominus: in tribulatione
sua mane consurgent ad me: Venite et revertamur ad Dominum:
quia ipse cepit et sanabit nos: percutiet et curabit nos* (Osea 6, 1—2).
Dieser Text mußte dem Dichter und jedem Lateinkundigen seiner
Leser so für *Percevals* Seelenlage zu passen scheinen, als wäre
er darauf zugeschnitten. Die weitere Karfreitagslesung bringt die
Passion Christi nach dem Johannesevangelium (Kap. 18—19), also
mit der Erzählung des L a n z e n s t i c h s , der des Heilands Seite
öffnete und Blut und Wasser daraus hervortrieb, mit der Berufung
auf die Augenzeugenschaft des Evangelisten oder des Speersoldaten
(siehe oben S. 2. 16 f.), sowie mit dem Bericht über die Grablegung

---

19) Vgl. über die mittelalterliche Entwicklung der Karfreitagsliturgie
Valentin Thalhofer-Ludwig Eisenhofer, Handbuch der katholischen Liturgik,
a. a. O. Bd. 1, S. 630—637, besonders aber m e i n e o b i g e n E r ö r t e -
r u n g e n (Kap. 9. 11. 13). Eine kurze, unvollständige Aufzeichnung der
Karfreitagsfeier im *Gelasianum* (hrsg. von H. A. Wilson. Oxford 1894,
S. 74—78), eine vollständigere nach dem *Missale Romanum* im Codex
liturg. Bd. 1, S. 414—420. Zur Erläuterung dient und urkundliche Nach-
weise bringt neuerdings die schöne Abhandlung von Julius Schwietering,
Über den liturgischen Ursprung des mittelalterlichen geistlichen Spiels
(Zeitschrift für deutsches Altertum Bd. 62 [1925], S. 5 ff. [*Adoratio crucis*]).

des in balsamdurchtränkte Leinentücher gehüllten Leichnams durch
Joseph von Arimathia und Nikodemus.

In den die *Adoratio crucis* begleitenden Improperien ertönt der
Gesang, der in ergreifenden Antithesen Gottes an sein Volk gerichtete
Klagen und Vorwürfe ausspricht: *Popule meus, quid feci tibi aut
in quo contristavi te? Responde mihi. Quia eduxi te de terra
Aegypti: parasti crucem Salvatori tuo* (nach Micha 6, 3 f.; siehe oben
S. 206 f.); weiterhin wird zweimal unter den dem gekreuzigten Gottessohn widerfahrenen Peinigungen die Durchbohrung seiner Seite mit
der Lanze hervorgehoben: *Ego quidem plantavi te vineam meam
speciosissimam et tu facta es mihi nimis amara: aceto namque sitim
meam potasti et l a n c e a p e r f o r a s t i l a t u s S a l v a t o r i t u o.
—Ego ante te aperui mare et tu a p e r u i s t i l a n c e a l a t u s
m e u m* (Codex liturg. Bd. 1, S. 418). Als Antwort ertönt in griechischer und in lateinischer Sprache das sogenannte *Trishagion:
Sanctus Deus! Sanctus fortis! Sanctus immortalis! miserere nobis!*
(siehe oben S. 144. 195). In jedem Leser oder Hörer Christians
mußten, wenn er vernahm, daß der an Gottes Güte und Gerechtig-
keit irre gewordene *Perceval* bei der *Adoratio crucis* seine reue-
volle Umkehr vom gottlosen Leben zu demütiger Gottesverehrung
vollendet, diese flehenden Bittrufe aufklingen, als kämen sie aus
der Seele des nun geläuterten Helden. Wir dürfen mit Sicherheit
annehmen, daß gerade in Christians Heimat zu seiner Zeit diese
Improperien und das Trishagion ein Bestandteil der Karfreitagsliturgie waren: sie lassen sich als solche schon im *Pontificale* des
Bischofs Prudentius von Troyes (846—861) nachweisen, während
sie in die römische Liturgie erst im elften Jahrhundert ein-
drangen [20]).

Darauf folgt in gemeinsamem Chorgesang zweimal die Antiphone, welche die Anbetung des Kreuzes ausspricht: *Crucem tuam
adoramus, Domine* usw., unterbrochen von den Psalmworten: *Deus
misereatur nostri et benedicat nobis, illuminet vultum suum super
nos et misereatur nostri* (66, 2). Es schließt sich an von dem Hymnus
Pange lingua des Venantius Fortunatus die achte Strophe: *Crux*

---

20) Thalhofer-Eisenhofer, a. a. O. Bd. 1, S. 635 (nach Martène, De
antiquis ecclesiae ritibus lib. IV. Kap. 23 [Rotomagi 1700]: *Antiqui ritus
ecclesiae Trecensis*).

fidelis [21]). Die beiden Versgruppen dieser Strophe umrahmen in mehrfacher Wiederkehr den Gesang des ganzen Hymnus (siehe oben S. 196). Seine siebente Strophe stellt das Lanzenwunder vor Augen neben dem galligen Essigtrank des Rohrstabes und der Kreuznägel: „Hier ist Essig, Galle, das Rohr, Anspeiung, Kreuznägel, die L a n z e; der zarte Leib wird durchbohrt und B l u t und W a s s e r strömt hervor, wodurch Erde und Meer, die Gestirne und die Welt sich rein waschen" (siehe den Abdruck dieser Verse oben S. 199). Den Abschluß der liturgischen Karfreitagsfeier bildete zu Christians Zeit in Frankreich der Ritus der präsanktifizierten Abendmahlsele-mente (die sogenannte *Missa praesanctificatorum;* siehe oben Kap. 11). In ihrem Mittelpunkte stand schon damals die Prozession mit den eucharistischen am Tage vorher konsekrierten Elementen Brot und Wein und die Elevation des Kreuzes sowie die mimetische Grablegung, sei es der Hostie, sei es des Kreuzes (Thalhofer-Eisen-hofer, a. a. O. Bd. 1, S. 636). Während der Prozession mit dem Allerheiligsten ward auch damals schon wie heute des Venantius Fortunatus Hymne *Vexilla regis prodeunt* gesungen [22]), die den Gekreuzigten als Weltretter und Weltherrscher, die Werkzeuge seiner Marter als triumphale Insignien feiert. Neben den Kreuz-nägeln wird hier wieder der grausigen Spitze der Lanze gedacht, die ihn verwundet hat und durch die, damit er uns von unserer Schuld reinwüsche, Wasser und Blut tropfte (siehe den Abdruck dieser Verse oben S. 200).

In Christians Darstellung bilden Gral und Lanze eine geheimnis-volle E i n h e i t. Nach b e i d e n soll *Perceval* fragen, und in den Erkundigungen der Jungfrau im Walde, seiner Base (V. 3547—3572), in der Schelte der Maultierreiterin (V. 4652—4661), dem reuigen

---

21) Venantius Fortunatus, Carminum lib. II, 2 (ed. Leo, Monumenta Germaniae historica. Auctores antiquissimi. Bd. 4, 1 [1881], S. 27 f.). Für die Verszeile der achten Strophe *Dulce lignum, dulces clavos, / Dulce pondus sustinet* auch die Variante: *dulce clavo, / ... sustinens;* moderne Form: *Dulce ferrum, dulce lignum, / Dulce pondus sustinent,* vgl. Car-mina Scripturarum sc. antiphonas et responsoria ex sacro scripturae fonte in libros liturgicos Sanctae Ecclesiae Romanae derivata collegit et edidit Curt Marbach. Augsburg 1907, S. 543.

22) Vgl. das Vorkommen der Hymnen in liturgischen Handschriften des neunten, zehnten und elften Jahrhunderts in den Analecta hymnica Bd. 50 (1907), S. 74.

Bericht, den *Perceval* über sein Erlebnis beim Fischerkönig dem
Oheim-Eremiten erstattet, in dessen Antwort (V. 6399 ff.) steht jedesmal die blutende Lanze an e r s t e r, der Gral an z w e i t e r Stelle.
Nach den Vorwürfen jenes häßlichen Fräuleins auf dem Maultier
erklärt *Perceval,* nicht rasten zu wollen, bis er das Gralgeheimnis
erkannt und die blutende Lanze gefunden habe. Hier steht dann
allerdings der Gral voran. Im weiteren Verlauf seiner Erzählung
scheint Christian die Suche der blutenden Lanze an *Gauvain* zu
übertragen (V. 6110 ff. 6160—6171).

Wiederholt hat man daraus gefolgert [23]), Christian habe Gral
und Lanze als nicht zusammengehörig betrachtet und er habe zwei
ursprünglich völlig verschiedenartige Motive, die heilige Lanze des
vierten Evangeliums und einen keltischen Sagenzug von einer zer-
störenden Lanze, durcheinander gewirrt [24]).

Schon Richard Heinzel in seiner von großartiger Stoffkenntnis
zeugenden Übersicht der französischen Gralromane erkannte zwar,
daß bei Christian die blutende Lanze die des Longinus ist, aber er
urteilte über ihre Herkunft: „Als Blutreliquie wurde sie von dem
Gral attrahiert, mit dem sie von Haus aus nichts zu tun hat" [25]). Er
begründet diese Annahme damit, daß „zwei Reliquien mit dem
Blute Christi gewiß keine ursprüngliche Erfindung sind" (a. a. O.
S. 10). Dies ist leicht zu widerlegen: seit dem vierten Jahrhundert
waren Abendmahlskelch und Longinuslanze in der religiösen
Phantasie aller christlicher Völker als zwei Reliquien eng verbunden
(siehe besonders Kap. 8). Und wenn Heinzel (a. a. O. S. 11) meinte,
die Lanze gehöre deshalb nicht von Haus aus zum Gral, weil sie
bei der Erhaltung des Vaters des Fischerkönigs, der sich nur von
der Hostie nährt, keine Rolle spiele, so muß man auch diesem Schluß
widersprechen. Gral und Lanze eint ihr gemeinsames erstmaliges
Auftreten bei der Kreuzigung des Heilands. Aber darum kann doch
jedes eine besondere zauberhafte Wirkung ausüben. Eine unbegreif-
liche Spitzfindigkeit wäre es, wollte man mit Heinzel (a. a. O. S. 10)
in den unterlassenen beiden Fragen *Percevals* „eine Sonderstellung

---

23) So Heinzel, Gralromane, a. a. O. S. 5 f.; Golther, Parzival und der
Gral, a. a. O. S. 18; Hilka, a. a. O. S. 734 (zu V. 6169 f.). 732 (zu V. 6113).

24) Ehrismann, Geschichte der deutschen Literatur, a. a. O. S. 253 und
Anm. 3.

25) Heinzel, Gralromane, a. a. O. S. 9. 180.

der Lanze" erspüren: über sie sollte er die Ursache ihres Blutens, über den Gral aber erfragen, wen man mit ihm bedient, wohin man ihn trägt. Beide Fragen zielen nach Absicht des Dichters aber offenbar auf das gleiche: auf die Enthüllung eines einzigen, in Lanze und Gral zusammen verkörperten Mysteriums und beide Fragen, anscheinend ganz äußerlich Erkundigung der Neugier, sollen (wie ich oben S. 435 ff. hervorhob) nach dem Grundgedanken der Dichtung Christians eine tief sittliche und religiöse Bedeutung haben. Schließlich findet Heinzel (a. a. O. S. 10): „Seltsam ist es und spricht auch für eine ursprüngliche Selbständigkeit der Lanze als Reliquie, daß Gawan nur sie, nicht auch den Gral finden soll." Über diese Feststellung und ihre Tragweite wird noch zu sprechen sein.

Der Haupteinwand, den Golther (Parzival und der Gral, a. a. O. S. 50) mit Berufung auf Birch-Hirschfeld (Sage vom Gral, a. a. O. S. 122) gegen die Deutung der Gral-Lanze als Longinus-Speer ins Feld führt, ist die Annahme, daß vom geheimnisvollen Bluten der Longinus-Lanze in der Legende nirgends die Rede sei, somit die Lanze gerade mit ihrer Haupteigenschaft aus dem Rahmen der christlichen Vorstellungen herausfalle und auf einen andern Sagenkreis weise, der bei Christian noch frei von späteren durch den Gral veranlaßten christlichen Einwirkungen erscheine. Diese ganze Erwägung hält nicht Stich. In den bisher bekannten Fassungen der Legenden von Longinus und von Joseph von Arimathia kommt allerdings das Bluten der Lanze nicht vor. Wohl aber haben die v o l k s t ü m - l i c h e n V o r s t e l l u n g e n mit der Longinus-Lanze ganz fest- stehend das Motiv verknüpft, daß an ihr das Blut des Erlösers dem Lanzenträger bis auf die Hand herabfloß, und gerade auf diesem Motiv sind die international verbreiteten Longinus-W u n d - und B l u t segen aufgebaut (siehe oben Kap. 20 und 25). Daraus ergab sich dichterischer Phantasie von selbst die Vorstellung: die Lanzen- spitze, die aus der Seite des Erlösers Blut hervortrieb, kann niemals aufhören zu bluten. Golther will die ursprüngliche Trennung von Gral und blutender Lanze noch bei Christian darin erkennen, daß er in seinem Gedicht beide auf *Perceval* und *Gauvain* verteilt, jenem den Gral, diesem die Lanze überläßt (a. a. O. S. 18 f.). Der Einsiedler gebe demgemäß seinem Neffen nur über den Gral Aufklärung, von der Lanze wisse er nichts, an ihr hafte Unheil und erst bei

Gauvains Fahrten, der es beheben solle, werde über sie Aufschluß
gegeben werden. Aus einer richtigen Beobachtung ist hier zuviel
gefolgert und namentlich ein Schluß über den Ursprung des Gral-
motivs und Lanzenmotivs gezogen, der nach den Darlegungen in
den früheren Kapiteln dieses Buches sich nicht aufrecht erhalten
läßt.

Hilka hat diese Ansichten noch gesteigert: „Bei Christian jedenfalls hat die Lanze nichts Christliches oder Legendarisches an sich,
sie kann nur aus einem Märchenmotiv stammen" (a. a. O. S. 734).
Das geht weit über Heinzel hinaus, der anerkannt hatte, daß die
blutende Lanze bei Christian die Lanze des Longinus sei. Es genügt,
dieser unzulässigen Annahme des hochverdienten und wissens-
reichen Herausgebers und Erläuterers von Christians Gralroman den
Hinweis entgegenzustellen auf die vorausgegangenen Darlegungen:
in Christians Dichtung liegt dem Motiv von Gral und Lanze weniger
christlich Legendarisches als vielmehr christlich L i t u r g i s c h e s ,
insbesondere die K a r f r e i t a g s l i t u r g i e zugrunde. Nicht voll
beipflichten kann ich auch Hilkas weiterer Auffassung (a. a. O. S. 719
zu V. 4735 ff.): „Bezüglich der blutenden Lanze bemerkt man bei
unserem Dichter einen Widerspruch im Kompositionsplan, einen
Gegensatz zwischen dem *Perceval-* und *Gauvain*teil, da doch später
[V. 6110—6198] das Suchen und Herbeischaffen der Lanze nach
Escavalon Gauvain auferlegt wird", während vorher (V. 4727—4740)
Perceval dazu sich entschlossen hatte. Über diesen Widerspruch,
der doch in Wahrheit keiner zu sein braucht, wird noch die Rede
sein (siehe unten S. 444 ff.).

Nur halb richtig erscheint mir endlich eine andere Bemerkung
Hilkas (a. a. O. zu V. 6413 ff., S. 740), in diesen Versen gebe der
Einsiedler die Antwort auf die Frage, wen man mit dem Gral
bediene. Aber „die Lanze wird nicht mehr erwähnt, da sie fortab
in den Kreis der *Gauvain*fahrten gestellt war". Ich glaube vielmehr:
die Antwort auf die Frage nach dem Wesen und der Bedeutung der
blutenden Lanze mußte für den weiteren Verlauf und den Schluß
der Dichtung aufgespart werden und die hier noch fehlende Antwort mußte sich erst im Ausgang der doppelten, von *Perceval* und
von *Gauvain* übernommenen Suche enthüllen. Dies war im Plan
der künstlerischen Komposition des ganzen Gralromans begründet
und floß auch aus Christians objektiv symptomatischer Darstellungs-

weise, die weit entfernt war von Wolframs stets mit dem eigenen persönlichen Urteil und Gefühl hervortretender epischer Kunst. Der Einschränkung bedarf schließlich das verwandte Urteil G. Webers, der allerdings davon überzeugt ist, daß ursprünglich Gral oder, wie er annimmt, dessen Vorstufe und Lanze in engem, sinngemäßem Zusammenhang gestanden haben müssen: „Die christliche Heilslanze paßt zu Christians Gawan wie die Faust aufs Auge[26]." Dabei ist übersehen, welche wandelbare Rolle die Longinus-Lanze im Mittelalter gespielt, welche Bedeutung sie in magischer Anrufung und als politisches wie kulturethisches Symbol gewonnen hatte. Es ist dies oben (Kap. 24 und 25) ausführlich dargelegt.

Wir wissen nicht, wie Christian die Lanzensuche *Gauvains* enden lassen wollte. Aber denkbar wäre sehr wohl, daß nach Christians Auffassung er als Neffe des Königs Artus und „bester Ritter" ein Recht besaß nach ihr zu streben. Wir wissen, daß schon in der ersten Hälfte des zwölften Jahrhunderts in England und im nördlichen Frankreich eine Sage von *Gauvain* (Gawan) bestand, die ihn als Neffen des Britenkönigs Artus feierte. In des Halbnormannen Wilhelm von Malmesbury *Gesta regum Anglorum* (1130—1135) erscheint er als „ein berühmter Held" (*miles virtute nominatissimus*). Es wird hier die Auffindung seines Grabes beschrieben, anscheinend nach einer britischen Ortssage. Gottfrieds von Monmouth Chronik *(Historia regum Britanniae),* die zwischen 1136 und 1139 verfaßt ist, erhebt ihn zu einem Musterbild ritterlicher Schwerttaten und Abenteuer in Königs Artus, seines Oheims, Nähe und Diensten[27]).

Der römische Speersoldat des vierten Evangeliums, der in des Gekreuzigten Seite stach und dadurch Blut und Wasser, die Symbole der christlichen Grundsakramente, hervorströmen ließ, war nach der mittelalterlichen Legende, die ihn mit dem am Kreuze Christi bekehrten Centurio zusammenwarf (Matth. 27,54; Mark. 15,39; Luk. 23,47), ein blinder Ritter, der sein Augenlicht wiedererlangte durch das an seiner Lanze b i s a u f s e i n e H a n d herabträufelnde Blut (vgl. oben Kap. 20) und danach die Gottheit des Heilands erkannte.

---

26) Gottfried Weber, Wolfram von Eschenbach. Seine dichterische und geistesgeschichtliche Bedeutung. Frankfurt a. M. 1928. Bd. 1, S. 101. 130.

27) Hertha Brandenburg, Galfrid von Monmouth und die frühmittelenglischen Chronisten. Diss. Berlin 1918, S. 1. 8—11.

Er galt verbreitetem mittelalterlichem Glauben, dem die oben (S. 393 f.) besprochene Liturgie der christlichen Ritterweihe Ausdruck gab, als Typus des ersten christlichen Ritters, der von der *militia saecularis* des Heidentums zur *militia christiana* oder *caelestis* übergegangen ist. So erscheint er in den Kreuzigungsdarstellungen der bildenden Kunst seit dem neunten Jahrhundert als Partner der triumphierenden *Ecclesia,* die auf der rechten Seite des Gekreuzigten das dessen Speerwunde entströmende Blut und Wasser in einem Kelch auffängt (siehe oben Kap. 21). Wer seine Lanze zu finden suchte, trachtete danach, der wahre, ideale christliche Ritter zu werden: der *bonus miles Christi* (2. Timoth. 2, 3. 4; siehe oben S. 212 f.).

Aus diesen allgemein lebendig wirkenden Vorstellungen floß das bedeutsame Motiv im sogenannten G r a n d St. G r a a l, daß ein Engel, nachdem die Lanze des Longinus wiederholt verwundend und strafend, aber auch heilend in die Geschehnisse dieser Wundererzählung eingegriffen hat, den Sinn der Lanze erklärt: sie bedeute den Anfang wunderbarer Abenteuer in jenem Lande, in das der Herr den Sohn Josephs von Arimathia führen werde; zu dieser Zeit sollen die w a h r e n Ritter entdeckt werden, und es werde sich die irdische Ritterschaft in eine himmlische verwandeln, es werde sich das Geheimnis des heiligen Grales enthüllen.

Es ist oben (S. 213. 217 f. 393) dargelegt, wie im Oktober des Jahres 1227 Walther von der Vogelweide in seinem Aufruf zur Kreuzfahrt Kaiser Friedrichs II. diese Idee des wahren Ritters verknüpft mit der Erinnerung an die Tat der Lanze jenes ersten Ritters am Kreuze Christi.

Ich will nicht die *Gauvain*-Geschichte in Christians Gralroman-Bruchstück zu Ende dichten. Ich will nur zeigen, daß die Longinus-Lanze, wie sie ideell untrennbar mit dem Gral, dem Abendmahlskelch, verbunden ist, recht wohl auch in der Entwicklung des „besten Ritters" eine Rolle spielen konnte. Wie der Dichter diese Rolle sich gedacht hat, wissen wir nicht. Aber es sind verschiedene Möglichkeiten denkbar für einen mit der blutenden Lanze verknüpften Parallelismus oder auch Gegensatz zwischen *Gauvain* und *Perceval.*

Nach der Verkündung der häßlichen Gralbotin wird die Unterlassung der Fragen, warum die Lanze blute und wen man mit dem

Gral bediene, den Frieden stören und kriegerisches Unheil heraufführen (V. 4662—4683). Nach dem Rate des weisen Vasallen am Hofe des ungenannten Königs von *Escavalon* wird der gerichtliche Zweikampf zwischen *Gauvain* und dem Ritter jenes Königs, der ihn angeklagt hatte, den Vater des Königs getötet zu haben, auf ein Jahr verschoben unter der Bedingung, daß *Gauvain* während dieser Zeit mit ganzer Kraft die blutende Lanze suche und, falls er sie bei Ablauf der Frist nicht gefunden habe, in den Turm der Burg des Königs sich zurückbegebe. Die Lanze wirkt hier also gleichsam als Friedensstifter. Der Urheber dieses Ratschlags hat dabei (siehe oben S. 425 f.) auf die Weissagung verwiesen, daß diese Lanze dereinst das ganze Königreich Logrien zerstören werde.

Alle Bemühungen, diesen unverkennbar eschatologischen Zug aus irisch-keltischer Märchenüberlieferung abzuleiten, sind vergeblich gewesen. Vor vielen Jahren hat der phantasievolle Villemarqué behauptet, Christian benütze hier die Prophetie eines alten wallisischen Barden Taliesin, daß durch eine „blutige Lanze das Land der Loegrier (Angelsachsen) würde vernichtet werden". Das ist später von ernsthaften Gelehrten (Potvin, Jonckbloet, Heinzel, Hertz) wiederholt worden. Aber Hilka selbst (a. a. O. zu V. 6169/70, S. 735) hat festgestellt, daß dieser Taliesin eine Luftblase ist. Indessen, selbst wenn es eine derartige wallisische Prophetie gegeben haben sollte, so wäre sie zweifellos nur eine nationale Ausmünzung viel älterer, urchristlicher und mindestens frühmittelalterlicher eschatologischer Erwartungen. In ihnen wirkt die Lanze des Longinus entscheidend mit als Kampf- und Weltherrschaftslanze des Weltenrichters Christus, dem sie von der religiösen Phantasie, namentlich von der bildenden Kunst schon bei seiner Auferstehung in die Hand gedrückt ist. Es ist oben (S. 385 ff.) dargelegt, wie zwischen 1101 und 1106 Abt Thiofried von Echternach der *lancea militis* eine Betrachtung widmete, worin sie [wie der Gral und die Grallanze] heilbringend und heilend heißt, weil sie das flammende Schwert des Engels, das die Stammeltern der Menschheit aus dem Paradies trieb, zurückgeschlagen, mithin so das verlorene Paradies uns wiedergewonnen hat [wie der Gral] und weil sie bei der Wiederkunft Christi zum Weltgericht von seiner Hand geschwungen werden wird als Herrscherlanze des obersten Weltkaisers. Übereinstimmend damit erzählt im zwölften Jahrhundert das deutsche Gedicht vom Anti-

christ aus Gleink im Trauntal (um 1170), daß der letzte deutsche
Kaiser vor dem Weltende auf dem heiligen Grabe zu Jerusalem
seine kaiserliche Gewalt und ihre Abzeichen, das kaiserliche Gewand, die Reichslanze, Krone, niederlegt. Alsbald erscheint Christus,
begleitet von den Werkzeugen der Passion, als Weltrichter. Er trägt
die Dornenkrone, das Kreuz, sowie die Lanze des Söldners. Die
vom Kaiser abgelegte Reichslanze, die als die Lanze Konstantins
galt und auch mit der Lanze des Longinus identifiziert wurde, wird
nun in der Hand Christi die Lanze der Weltherrschaft und des
Weltgerichts.

Es ist oben (S. 380 ff.) die poetische Legende Karls des Großen
aus dem elften bis zwölften Jahrhundert gewürdigt worden: sie
weiß, daß Karl mit seinen Paladinen ins Morgenland gezogen, in
Jerusalem die Dornenkrone Christi, den Abendmahlskelch, die
silberne Schale und das Messer Christi erworben hat.

In der Mitte des zwölften Jahrhunderts berichtet Wilhelm von
Malmesbury, es habe im zehnten Jahrhundert eine Brautwerbungs-
gesandtschaft aus Frankreich dem König Æthelstan von England die
Lanze Karls des Großen gebracht, die er gegen die Sarazenen geführt habe und die, wie man sagte, die nämliche sei, mit der einst
der Centurio (Longinus) die Seite des gekreuzigten Herrn durchbohrt
und dadurch den armen Sterblichen das Paradies wiedergeöff-
net habe.

Erinnert man sich dieser an die Lanze des Longinus geknüpften
poetischen und eschatologischen Ideen, dann kann man nicht daran
Anstoß nehmen, daß Christians Gralroman die heilige Lanze, welche
blutet, nicht bloß von *Perceval*, dem vorausbestimmten Gralkönig,
sondern auch von dem b e s t e n w e l t l i c h e n R i t t e r , dem
Artus-Neffen *Gauvain* suchen läßt. Wie diese doppelte Suche ausgehen sollte, ist uns freilich unbekannt. Wahrscheinlich blieb die
Gral-Lanze *Gauvain* versagt.

Ein Zweifel aber, ob die blutende Lanze die Longinus-Lanze sei,
ist nach den obigen Ausführungen (siehe besonders Kap. 25) völlig
unstatthaft. Wenn in keltischen märchenhaften Überlieferungen
gleichfalls eine blutende Lanze vorkommt, so beruht das entweder
auf Zufall, d. h. auf der beschränkten Zahl möglicher Sagen-Motive,
oder auf Umformung der christlichen Lanze vom Kreuze des Herrn.
Das irische Märchen von Peronnik, in dem ein zauberhafter Kessel

und eine diamantene Lanze eine Rolle spielen, hat Victor J u n k [28])
sehr mit Unrecht zur Grundlage der Gralsage machen wollen. Seine
kühnen Hypothesen hat bereits G. Weber zurückgewiesen. Es bleibt
dabei, daß, wie Windisch, einer der besten Kenner keltischer Sagen
und Märchen, feststellte, und Julius Schwietering (Der Fischer vom
See Brumbane; Zeitschrift für deutsches Altertum Bd. 60 [1923],
S. 259—264) nachdrücklich betonte, zwischen dem Gral und dem
irischen Wunderkessel kein genetischer Zusammenhang besteht und
daß die blutende Lanze der Gralsage keine genaue Entsprechung in
der alten irischen Sage hat.

III. Der Anonymus (Pseudo-Gautier) [29]).

Ein Unbekannter bringt eine Fortsetzung der Abenteuer *Gauvains;* dieser hat hier teilweise die Rolle, die bei Christian von Troyes
Perceval zufällt. *Gauvain* gelangt ohne Absicht auf dem Roß, in
der Rüstung und mit dem zerbrochenen Schwert eines unbekannten,
an seiner Seite von unbekannter Hand erschossenen Ritters in die
Gralburg, um seinem Versprechen gemäß, das der Sterbende auf
dringenden Wunsch von ihm empfangen, ein von diesem übernom-
menes, nicht mitgeteiltes wichtiges Geschäft auszuführen. Er überläßt sich der Führung des Rosses des Toten, das ihn ohne seinen
Willen auf abenteuerreichem grausigem Wege in die Gralburg trägt.
Im Saale der Gralburg sieht er auf einer Bahre einen Leichnam
und auf ihm die abgebrochene Spitze eines Schwertes. Dieser Tote
ist der Bruder des Gralkönigs. Der Gralkönig lädt ihn zur Tafel
ein. Dabei bedient statt der Diener der Gral und trägt die Speisen.

---

28) Victor Junk, Gralsage und Graldichtung des Mittelalters. Wien
² 1912 (Sitzungsberichte der kaiserlichen Akademie der Wissenschaften in
Wien, phil.-histor. Kl. Bd. 168, 4).

29) Potvin , Perceval le Gallois ou le Conte du Graal. Mons 1866—1871,
Tom. III. IV (V. 10602—21916). Vgl. Heinzel, Gralromane, a. a. O. S. 25—35.
Ich behalte den eingebürgerten Namen und die bisher gültige Absonde-
rung dieses Abschnittes der ersten Fortsetzung Christians mit Golther
(Parzival und der Gral, a. a. O. S. 47 ff.) bei, da mir Jessie L. Westons Meinung, die hier überall als Verfasser Wauchier de Denain annimmt (The
legend of Sir Perceval. Studies upon its origin development, and position
in the Arthurian Cycle. London 1906 ff. Bd. 1, S. 183), nicht überzeugend
erwiesen scheint trotz E. Brugger (Zeitschrift für französische Sprache und
Literatur Bd. 31, 2 [1907], S. 141).

Nach der Mahlzeit bleibt *Gauvain* allein und erblickt nun in einem
Gestell eine Lanze, von der Blut in eine silberne Schale durch eine
am Lanzengriff befestigte goldene Röhre träufelt. Aus der silbernen
Schale führt eine silberne Röhre weiter. Es findet sich keinerlei
Andeutung davon, daß *Gauvain* (wie in Christians Dichtung) die
Lanze habe suchen sollen und wollen.

Der Gralkönig kehrt zurück, führt *Gauvain* zur Bahre, beklagt
den Toten, durch dessen Verlust das Land einen schweren Schaden
erlitten habe, und fordert *Gauvain* auf, das zerbrochene Schwert
mit der Schwertspitze zusammenzufügen. Das mißlingt. Der König
hofft aber, es werde ihm vielleicht ein zweites Mal glücken. Denn
nur wenn er die beiden Schwertstücke zusammengefügt habe, könne
er das für den an seiner Seite getöteten Ritter übernommene Geschäft ausführen. Vom König dazu aufgefordert, fragt *Gauvain*
nach der Lanze und bekommt den Bescheid, mit ihr sei Christi Seite
durchstochen. Aber der Segen, den dieser Stich der Lanze (und doch
wohl auch ihr Besitz) dem Lande gebracht habe, sei aufgehoben
worden durch das Unheil, das der Hieb mit jenem Schwert herbeigeführt habe. Der Gralkönig beginnt davon zu erzählen. Aber
Gauvain schläft ein, ohne seinen Bericht zu hören. Am anderen
Morgen erwacht er auf freiem Felde und findet das Land, das vorher
wüst war, fruchtbar, gut bewässert, voll üppiger Wälder und Wiesen.
Die Frage nach der Lanze hat anscheinend dies Wunder bewirkt,
und darum wird *Gauvain* von den Leuten gesegnet. Aber die Unterlassung der Frage nach dem Wesen und Zweck des Grals macht
man *Gauvain* zum Vorwurf und verwünscht ihn deswegen. Die
Frage nach dem Gral würde, so müssen wir annehmen, die heil-
same Wirkung der anderen Frage erst vollendet haben.

Der Gral erscheint hier also ohne Prozession von Kerzen, Lanze
und Teller. Die Lanze ist selbständig. Der Gral bedient automatisch
bei Tisch. Vom Vater des Gralkönigs ist nicht die Rede. Der Ausdruck „Fischerkönig" oder „reicher Fischer" fehlt [30]). Der Gral-

---

30) Mehrere Handschriften schalten an einer früheren Stelle, die der
Erzählung vom Leichnam mit der Schwertspitze weit voraus liegt, einen
ersten Besuch *Gauvains* auf der Gralburg ein. Hier findet nun, wie bei
Christian, eine Gralprozession statt, aber in einer von ihm abweichenden
Ordnung: es erscheinen ein Knappe mit der Lanze, eine Dame mit dem
Teller, eine andere mit dem Gral, denen zwei Knappen Armleuchter voran-

könig selbst ist anscheinend nicht krank. Die Lanze erwirkt als
glückbringendes Symbol und Abzeichen der Herrschaft (siehe oben
Kap. 24) ihrem Besitzer Segen, indem sie sein Land fruchtbar macht.
Aber durch einen ungerächten Mord ist diese Wirkung ins Gegenteil verkehrt. *Gauvains* Erkundigungsfrage nach dem Ursprung und
Wesen der Lanze hat aber ihre frühere Wirkung wiederhergestellt.
Das ist völlig märchenhaft, aber auch als Märchenmotiv ist es
albern und sinnlos. Der methodisch einzig mögliche Schluß, den
man daraus ziehen darf, ist: nicht die christliche Bedeutung der
Lanze als religiöses Heiligtum ist ein Fremdkörper, der an ein
ursprüngliches Märchenmotiv angeschweißt ist, vielmehr ist umgekehrt in ein sinnvolles, geschlossenes und abgerundetes Motiv
Johanneischen Ursprungs, liturgischer Ausprägung und zusammen-
hängender, sehr alter gnostischer, theologischer, bildkünstlerischer,
volksmäßiger und literarischer Überlieferung, worin Gral und
Lanze eine innere Einheit bilden, ein Märchenmotiv eingedrungen aus dem Gespensterbereich und hat die Lanze vom Gral
gelöst, indem die auf alte Überlieferung beruhende Mysterien-Prozes-
sion fortbleibt. Entgegen der Auffassung von Jessie L. Weston, die
hier die ursprüngliche Gestalt der Gralsage treu bewahrt glaubt,
muß man diese Darstellung des ersten Christian-Fortsetzers für
einen Abweg halten.

tragen. Außerdem aber auch hier schon eine von vier Knappen getragene
Bahre, auf der ein Leichnam und ein gebrochenes Schwert liegen. Wie
bei Christian zieht diese Prozession in ein Zimmer, das nicht dasjenige
ist, aus dem sie gekommen war. *Gauvain* ist hier des ihm erteilten Auf-
trages eingedenk. Er fragt nach Gral und Lanze, warum die Gralträgerin
weine, nach dem Schwert und der Bahre. Er erhält aber keine Antwort
und zwar weil er das Schwert nicht zusammenfügen kann. Der Name
„Fischerkönig" oder „reicher Fischer" kommt auch hier nicht vor. Mit dem
inneren Gehalt der Dichtung Christians hat diese Einschaltung aber ebenfalls nichts gemein.

Die Gralvorstellung
in der Dichtung Roberts von Borron.

I. Analyse des Inhalts.

Die übrigen uns erhaltenen ältesten dichterischen Darstellungen der Gralsage haben das gemein, daß sie das Gralwunder, mehr oder weniger deutlich, aus einem christlichen Mysterium herauswachsen lassen. Sie alle bringen ausgesprochene feierliche Enthüllungen über Wesen, Wirkung und namentlich über die E n t s t e h u n g und V o r g e s c h i c h t e des Grals. Hatte Christian von Troyes, wie ich darlegte, das Geheimnis von Gral und blutender Lanze umstrahlt mit dem Zauber der Karfreitags-Liturgie und der andächtigen Erinnerung an die Kreuzigung des Heilands, so rücken die zeitlich nächststehenden Darstellungen im französischen Versroman des aus der Pikardie gebürtigen, zeitweise in England lebenden Ritters R o b e r t v o n B o r r o n wie im französischen Prosaroman des sogenannten *G r a n d S a i n t G r a a l* den Gral in einen Zusammenhang mit der Bestattung Christi und mit dem wunderbaren Schicksal ihres Urhebers und Leiters, des in allen vier Evangelien (Matth. 27, 57—60; Mark. 15, 42—46; Luk. 23, 50—54; Joh. 19, 38—42) mit Nachdruck und Wärme genannten J o s e p h v o n A r i - m a t h i a.

Bei Robert von Borron [1]) erscheint Joseph in widerspruchsvoller Stellung: einerseits als Kriegsmann, nämlich als „Söldner" im Dienst

---

1) Robert von Borron, Le Roman du Saint-Graal. Publié par Fr. Michel. Bordeaux 1841; wieder abgedruckt von Migne, Troisième Encyclopédie Théologique. Tom. 14 (Dictionnaire des Légendes). Paris 1855, S. 448—513; the history of the holy Graal by Henry Lonelich [15. Jahrhundert]; ed. by Frederick J. Furnivall. London 1861, Appendix. Vgl. Birch-Hirschfeld, Die Sage vom Gral, ihre Entwicklung und dichterische Ausbildung in Frankreich und Deutschland im zwölften und dreizehnten Jahrhundert.

des Statthalters Pilatus und Führer von fünf Rittern, der Jesus
sehr geliebt, aber aus Scheu vor den Juden seine Liebe verborgen
habe *(Joseph ab Arimathaea ... discipulus Jesu, occultus autem
propter metum Judaeorum;* Joh. 19, 38). Anderseits wird gesagt,
daß er zum Rate der Juden gehörte, aber über deren Vorgehen
gegen Christus sich betrübte *(Joseph, qui erat decurio, vir bonus et
iustus ⟨hic non consenserat consilio et actibus eorum⟩ ab Arimathaea
civitate Judaeae, qui exspectabat et ipse regnum Dei;* Luk. 23, 50 f.).
Nach Roberts Erzählung kam das schöne G e f ä ß, in dem Jesus
am Donnerstag vor dem Passah im Hause Simons des Aussätzigen
mit seinen Jüngern „s e i n S a k r a m e n t v o l l z o g" *(un veissel
mout gent, / Où Criz feisoit son sacrement;* V. 395 f.), aus dem
Haus des Simon zuerst an einen Juden und durch ihn *(Uns Juis
le veissel trouva / Chiés Symon, se l'prist et garda;* V. 397 f.) an
Pilatus *(Li Juis le veissel tenoit / Qu'en l'ostel Simon pris avoit, /
Vint à Pilate et li donna;* V. 433 ff.). Der aber schenkte es Joseph,
als dieser die Freigabe des Leichnams Jesu zur Bestattung erbeten
und erhalten hatte, weil er dadurch so große Liebe für den Gekreuzigten bewiesen habe.

Nach anfänglicher Weigerung der Kreuzwachen wird der Leichnam auf Geheiß des Pilatus ausgeliefert unter dem Beistand des
Nikodemus, der mit Kneifzange und Hammer den Körper Jesu vom
Kreuze löste. Dann wusch ihn Joseph. Während er den Leichnam
wusch, sah er das helle Blut aus seinen Wunden niederrinnen, die
beim Waschen bluteten. D a g e d a c h t e J o s e p h d e s F e l s e n ,
d e r b a r s t , a l s d a s B l u t a u s s e i n e r [C h r i s t i] S e i t e
f l o ß , wo e r g e t r o f f e n w a r *(De la pierre adonc li membra /
Qui fendi quant li sans raia / De sen costé, où fu feruz;* V. 559 ff.),
und er lief schnell hin und holte das ihm von Pilatus geschenkte
Gefäß. Alle Wunden der Hände, der Füße und der Seite trocknete

Leipzig 1877, S. 9—28. 150—158; R. Heinzel, Über die französischen Gralromane. Wien 1891, S. 82—105 (Denkschriften der kaiserlichen Akademie
der Wissenschaften in Wien, phil.-hist. Kl. Bd. 40). Über Roberts von Borron
Heimat siehe James Douglas Bruce, The Evolution of Arthurian romance
from the beginnings down to the year 1300. Göttingen 1923. Vol. II, Chapter
10 (Robert de Boron, his Origin, the date of his poem, and its relation
to the Didot-Perceval), S. 114 ff. (Hesperia Ergänzungsreihe, Heft 8/9).

er ab und hielt immer das Gefäß darunter, so daß sich alles Blut darin sammelte.

Eugène Hucher (Le Saint-Graal ou le Joseph d'Arimathie. Le Mans-Paris 1875 ff. Bd. 1, S. 170. 218 Anm.) glaubte, es sei der Stein am Fuße des Kreuzes gemeint und verwies auf ein französisches, von Jubinal veröffentlichtes Passionsspiel, in dem Caïphas zu Annas sagt: „Der Stein *(la pierre)* barst von seinem Blut und ward erschüttert." Möglicherweise spielt auch in den Versen Roberts von Borron diese Vorstellung mit, die eine Umbildung aus dem Matthäus-Evangelium ist: *Et terra mota est, et p e t r a e scissae sunt; et monumenta aperta sunt* (Matth. 27, 51 f.). Erwägen darf man auch, ob hier jene (oben S. 266 ff. besprochene) Fabel zugrunde liegt, daß Christi Blut aus der Lanzenwunde seiner Seite durch einen Felsenspalt auf den unter dem Golgothafelsen begrabenen A d a m träufelte und ihn auferweckte. Aber für Joseph von Arimathia können diese Vorgänge nicht bestimmend gewesen sein, und sie können vor allem nicht erzählt werden mit einem „er erinnerte sich". Vielmehr muß er das Bersten des Steines in mystischem Sinne als ein Zeichen göttlicher Heilswirkung und Erlösungstat empfunden haben. Die jüdischen Priester mochten das Bersten des Steins am Fuße des Kreuzes in einem Jesus feindlichen Sinne auslegen. Das war für Joseph nicht möglich, und auch die nach dem Matthäus-Evangelium bewirkte Spaltung d e r F e l s e n und Öffnung der Grabmonumente hat im Zusammenhang mit der Kreuzabnahme und Bestattung keine entscheidende psychologische Bedeutung.

Gemeint ist hier vielmehr, daß Joseph von Arimathia sich erinnerte an den F e l s e n , aus dem der Stab des Moses für das Volk Israel in der Wüste das rettende Lebenswasser hervortrieb, und dies verdient besonders beachtet zu werden. Dem Dichter schwebte offenbar hierbei die frühchristlicher Theologie und bildender Kunst geläufige bildliche Bezeichnung vor, die den Stich der Lanze in die Seite des Heilands und das dadurch bewirkte Hervorsprudeln von Blut und Wasser, den Symbolen der Hauptsakramente der Kirche, als Quelle der Erlösung auffaßte (siehe oben Kap. 2. 4 und 7 passim). Robert geht in dieser typologischen Gleichsetzung bis an die äußerste Grenze: er vermischt geradezu das Quellwunder des Moses an dem von seinem Stabe getroffenen Felsen in der Wüste mit dem Lanzenstoßwunder an der durchstochenen Seite Christi. Auch dem liegt eine alte theologische Überlieferung zugrunde, die auf 1. Korinth. 10, 1—4 sich stützt, wo in der typologischen Ausdeutung der Felsspaltung in der Wüste durch Moses gesagt wird: „Der Fels aber war Christus" *(petra autem erat Christus)* (vgl. oben S. 27. 50. 52. 61. 78 f. 94. 110). Für diese Deutung spricht, daß — wie sich unten (S. 458 f.) zeigen wird — Robert von Borron auch in der Wahl des alttestamentlichen Namens *Hebron* mit Bewußtsein das typologische Verfahren sich aneignete, das Vorgänge der Wüstenwanderung Israels in Beziehung setzte zum Heiltum des Abendmahls.

Es ergibt sich daraus eine höchst wichtige Erkenntnis: die Sagengestaltung in der Dichtung Roberts von Borron lehnt sich an die Erzählung des vierten Evangeliums und apokrypher Evangelien über den L a n z e n s t o ß d e s L o n g i n u s , ja sie hat vielleicht sogar darin ihren psychologischen Ursprung. Die eigentlichen stofflichen Quellen dieser Graldichtung sind die (oben Kap. 15 und 16 besprochenen) apokryphen Evangelien: die *Acta (Gesta) Pilati* nebst *Descensus Christi ad inferos,* im Mittelalter zusammengefaßt und verbreitet unter dem Titel *Evangelium Nicodemi; Vindicta Salvatoris; Narratio Josephi Arimathiensis* [2]).

Dem von den Juden eingekerkerten Joseph bringt nach der Darstellung Roberts von Borron Christus selbst das A b e n d m a h l s - g e f ä ß wieder, das den K e r k e r h e l l e r l e u c h t e t . Jesus berichtet, warum er den Tod erlitten habe und daß er auferstanden sei. Er verkündet: die Guten sind mein und ich gehöre den Guten. Das Abendmahlsgefäß aber m i t d e m h e i l i g e n B l u t , das Joseph nach der Bestattung des Gekreuzigten in seinem Hause verborgen und unauffindbar geglaubt hatte, erklärt Jesus, solle Joseph nach Gottes Befehl bewahren und nur d r e i M e n s c h e n im Namen der göttlichen T r i n i t ä t übergeben: *Joseph, bien ce* [dieses Gefäß] *saras garder, / Que tu ne le doiz commander / Qu'à trois persones qui l'arunt* (V. 871 ff.), d. h. deutlicher: nur d r e i M e n - s c h e n sollen durch ihn in den Besitz des heiligen Abendmahlsgefäßes mit Christi Blut gelangen. Danach erinnert er an das Abend-

---

2) Über die mehr nebensächliche Benutzung der mittelalterlichen Pilatus-Legende siehe Heinzel, Gralromane, a. a. O. S. 105—110.

mahl am Donnerstag und die Segnung von Brot und Wein, wie
die Jünger sein Fleisch gegessen und sein Blut getrunken hätten:
„So auch wird diese Tafel aufgestellt werden in manchem Lande"
(*Ausi sera representée / Cele taule en meinte contrée;* V. 899 f.). Der
Dichter legt großes Gewicht auf das Dogma der Dreieinigkeit und
ihrer Gleichheit mit Christus. Wiederholt spricht er sich in diesem
Sinne aus (Heinzel, Gralromane, a. a. O. S. 88).

Im Unterschied von Christians Darstellung wird hier also von
vornherein die Vorstellung einer G r a l g e m e i n s c h a f t an einer
T a f e l , einer G r a l t a f e l r u n d e als Abbild der ersten Abend-
mahlsvereinigung der Apostel Christi mit ihrem Herrn eingeführt.
Und diese Vorstellung beherrscht immer wiederkehrend die ganze
Dichtung Roberts. Dasselbe Motiv, ohne den Begriff und Namen
des Grals, begegnete uns schon in den um ein Jahrhundert älteren
französischen Karlsepen [3]). Sie und die ihnen zugrunde liegende
Karlssage dürften auf Roberts poetische Gestaltung eingewirkt
haben. Doch hat er auch schon die Tafelrunde des britischen Königs
Artus gekannt und im Auge gehabt.

Den Gedankenbereich, dem Roberts Dichtung (oder vielmehr
seine Vorlage) entsprungen ist, verrät aufs deutlichste der weitere
Wortlaut jener Mahnung Christi an Joseph. „Wie du mich vom
Kreuze nahmst und ins Grab bettetest, so werden mich auf den Altar
legen die, welche mich opfern werden. Das Tuch, in das ich eingehüllt war, wird *Corporale* genannt werden. Dies Gefäß *(veissiaus;*
V. 907), in das du mein Blut brachtest, als du es aus meinem Leibe
sammeltest, wird Kelch *(calices)* genannt werden. Die Patene
(platine), die darüber liegen wird, wird den Stein bedeuten, der
über mir versiegelt war, als du ins Grab mich legtest. Alle, die dein
Gefäß sehen werden *(ten veissel verrunt;* V. 917), werden in meiner
Gesellschaft *(compeignie;* V. 918) sein (vgl. hierzu oben Kap. 10 u. 23,
Abschnitt II). Herzensfülle werden haben und F r e u d e immerdar
diejenigen, die diese Worte aufnehmen können und sie bewahren
werden; sie werden alle tugendhaft sein und bei Gott aufs h ö c h s t e
a n g e n e h m. Sie werden nicht vor Gericht verurteilt werden
können noch ihres Rechts betrogen noch besiegt werden in der
Schlacht."

---

3) Vgl. oben Kap. 24, besonders S. 380 ff.

Der Gral ist zunächst das „Gefäß" *(veissel)* genannt. Die moderne Gralforschung hat das meist als Schüssel verstanden [4]). Danach wäre an jenes Gefäß zu denken, das Mark. 14, 20 *catinum,* Matth. 26, 23 *paropsis* [= griech. παροψίς], im Grundtext an beiden Stellen τρυβλίον (richtiger τρύβλιον) heißt [5]), mithin fraglos eine Speiseschüssel ist. Es wird aber nachher an der eben angeführten entscheidenden Stelle in Roberts Gedicht *calices* („Kelch") genannt, mithin als Kelch aufgefaßt, d. h. als Abendmahlskelch, aus dem Christus und seine Jünger beim letzten Mahl Wein getrunken. Für diese Bedeutung spricht immerhin schon das Wort *veissel* (lat. *vascellum*), das ein kleineres Gefäß bezeichnet, mehr aber die Erwägung, daß der Dichter mit dem Ausdruck „worin Christus s e i n S a k r a m e n t v o l l z o g" (V. 396) nicht das gemeinsame Passahmahl, bei dem das Lamm verzehrt wurde, sondern die Segnung des nach Schluß des Passahmahls [6]) gemeinsam geleerten Kelches mit dem Wein bezeichnen will, der (nach Mark. 14, 23; Matth. 26, 27; Luk. 22, 20; vor allem aber 1. Korinth. 11, 25) sein Opferblut zur Vergebung der Sünden als das Blut des neuen Bundes darstellte. Auch muß man sagen: zum Auffangen des Blutes aus den Wunden des

---

4) Vgl. z. B. Heinzel, Gralromane, a. a. O. S. 82; Wesselofsky, Der „Stein Alatyŕ" in den Localsagen Palästinas und der Legende vom Gral (Archiv für slavische Philologie Bd. 6 [1882], S. 54); W. Hertz, Parzival von Wolfram von Eschenbach. Stuttgart [7] 1927, S. 422 ff.

5) Zu *paropsis* vgl. William Wells Newell, The legend of the Holy Grail and the Perceval of Crestien of Troyes. Cambridge Mass. 1902, S. 28 [Aus: The Journal of American Folk-Lore].

6) Der mittelalterlichen Auffassung galt im Einklang mit den synoptischen Evangelien das letzte Abendmahl Christi als P a s s a h m a h l. Die moderne Forschung ist dagegen geneigt, das Herrenmahl anzuknüpfen an jüdische Kultmahlzeiten. Paul Drews (in Hauck, RE. Bd. 5 [1898], S. 563, Z. 5—45) dachte dabei an das Sabbatmahl, das am Freitag nach Anbruch des Sabbats gefeiert wird. Darin bildete in der Regel die Segnung des Kelches und des Brotes den E i n g a n g der heiligen Mahlzeit, nicht den Schluß. Aber auch dort wurde der Kelch vorangestellt als das entscheidende Element des Weiheaktes. Nach Hans Lietzmann (Messe und Herrenmahl. Eine Studie zur Geschichte der Liturgie. Bonn 1926, S. 202 bis 230) war das jüdische Gemeinschaftsmahl unter Freunden, bei dem der Segensbecher am E n d e erscheint, das Vorbild des letzten Mahles Jesu mit seinen Jüngern.

Gekreuzigten ist eine kleine Schüssel weniger geeignet als ein pokalartiges Gefäß [7]). Und endlich: nur dieses bewahrt den symbolischen Parallelismus zum Weintrunk des Abendmahls vor der Kreuzigung. Damit ist diejenige Anschauung gegeben, die von unzähligen b i l d l i c h e n D a r s t e l l u n g e n festgelegt war: das Blut aus der Seitenwunde Christi wird in einem K e l c h von der *Ecclesia* aufgefangen (siehe oben Kap. 18. 20. 21); an deren Stelle tritt hier Joseph von Arimathia, der Gründer einer Art Ü b e r k i r c h e oder eines überkirchlichen Bundes auserlesener, begnadeter Menschen.

Charakteristisch für die Gralauffassung Roberts ist die m a g i s c h e Wirkung, die er dem A n b l i c k dieses Abendmahlskelches beilegt: nur die werden ihn sehen, die in der Gemeinschaft mit Christus sind, und sie werden i n n e r l i c h e B e s e l i g u n g und i r d i s c h e U n v e r l e t z l i c h k e i t, U n b e s i e g b a r k e i t davontragen. Das ist dieselbe Magie, die — wie oben (Kap. 25, Abschnitt II) zur Sprache kam — von den Longinusanrufungen erwartet wurde.

Als völlig verwachsen mit der l i t u r g i s c h e n A b e n d m a h l s m y s t i k zeigt sich Roberts Gralidee in der allegorischen Deutung, die er damit verknüpft. Die Gleichsetzung von Grab und Altar, Grabtuch und Altartuch (*Corporale*), Blutschale und eucharistischem Kelch, Grabstein und Patene stammt aus jener eucharistischen Mystagogie griechischen Ursprungs, die schon seit dem neunten Jahrhundert auch vom Abendland aufgenommen und im zwölften Jahrhundert besonders von dem vielgelesenen H o n o r i u s A u g u s t o d u n e n s i s weit verbreitet worden war (vgl. oben Kap. 10. 13 und 23, Abschnitt III).

Robert von Borron fährt, nachdem er die Worte Christi über die magische Wirkung seines Abendmahlskelches berichtet hat, einschränkend fort (V. 929—936): „Ich wage nicht [alles was der Herr

---

7) Über die D o p p e l g e s t a l t d e s A b e n d m a h l s g e f ä ß e s in den bildlichen Darstellungen des frühen Mittelalters, aus der sich der Eindruck bald eines Kelches, bald einer Schale oder geradezu Wanne ergibt, vgl. die ausführliche Darlegung im 8. Kap. ((besonders S. 117 f.). Darin liegt wohl auch die Erklärung für die Unklarheit und die schwankenden Angaben über die Form des Gralgefäßes in den einzelnen Gralgedichten.

zu Joseph gesagt hat [8])] zu erzählen, und ich könnte es nicht tun,
auch nicht einmal, wenn ich es wollte, ohne daß [so mit Heinzel,
Gralromane, a. a. O. S. 86 [9])] ich das große Buch hätte, wo die Geschichten geschrieben sind (*Je n'ose conter ne retreire, / Ne je ne
le pourroie feire, / Neis, . . . se je le grant livre n'avoie / Où les estoires
sunt escrites;* V. 929—933), von den großen Gelehrten verfaßt und
vorgetragen: dort sind die großen Geheimnisse niedergeschrieben,
die man den Graal nennt" (*Par les granz clers feites et dites: / Là
sunt li grant secré escrit / Q'en numme le Graal et dit;* V. 934—936).

Auch hier wie bei Christian von Troyes und bei Wolframs Mitteilungen über Kyot eine Berufung auf eine schriftliche Vorlage,
die über das Gralgeheimnis erst die volle Auskunft gebe. Hier aber,
anders als bei Christian und Wolfram, zugleich die Erklärung, daß
dem Dichter selbst dieses große [offenbar lateinisch zu denkende]
„Buch" nicht zugänglich sei. In ihm sollen die geheimen Worte, die
Christus dem gefangenen Joseph gesagt hat, vollständig enthalten
sein. Sie spielen im Verlauf der Erzählung (V. 3332 ff.) noch eine
Rolle (vgl. unten S. 465 f. 468 f.).

---

8) So Heinzel, Gralromane, a. a. O. S. 84 ff.; Golther, Parzival und
der Gral in der Dichtung des Mittelalters und der Neuzeit. Stuttgart 1925,
S. 29/30: „selbst wenn ich es wollte, könnte ich es nicht, ohne im Besitz
des großen Buches zu sein."

9) Birch-Hirschfeld (Sage vom Gral, a. a. O. S. 152) übersetzte seltsam
unlogisch: „Ich wage nicht zu erzählen und darzustellen, und könnte
es nicht tun, wenn ich das große Buch nicht hätte, wo die Geschichten
geschrieben stehen. Dort sind die großen Geheimnisse niedergeschrieben,
die man den Gral nennt" (demzufolge b e s a ß der Dichter also, als er
dies schrieb, das große Gralbuch!!); Paulin Paris (Les romans de la table
ronde. Paris 1868 ff. Bd. 1, S. 106): „*Je n'ose parler des secrets révélés à
Joseph, et je voudrais les révéler que je ne le pourrais, sans avoir
sous les yeux le grand livre où les grands clercs les ont rapportées et qu'on
nomme le Graal*" (danach hatte der Verfasser dagegen das große Gralbuch der großen Kleriker n i c h t zur Verfügung); Hucher (Le Saint-Graal,
a. a. O. Bd. 1, S. 175) summarisch: „*Alors Jésus-Christ lui apprend les
paroles secrètes que personne ne peut conter ni écrire à moins qu'il n'ait
lu le grand livre où elles sont consignées.*" Meines Erachtens besagen die
Worte, daß Robert, als er sie schrieb, das große Gralbuch der großen
Kleriker n i c h t in Händen hatte und es auch nicht früher gelesen hatte.
Unhaltbar ist daher Birch-Hirschfelds Behauptung (a. a. O. S. 160), die
seiner Übertragung entspricht: „Da aber der Dichter einer Autorität
bedurfte, will er die Geheimnisse des Grales aus dem großen Buche geschöpft haben."

Christus übergibt Joseph das Gefäß (*le veissel*; V. 937). Dieser wird nicht wie in den *Gesta Pilati* von Christus sogleich aus dem Kerker befreit. Vielmehr bleibt er lange darin und wird auf wunderbare Weise durch das Gralgefäß am Leben erhalten.

Erlöst wird er dann, wie Robert ausführlich (V. 961—2356) nach der *Vindicta Salvatoris,* dem lateinischen Pilatusgedicht und der Sueton-Notiz (Vespasian Kap. 5) über den jüdischen Geschichtsschreiber *Josephus* erzählt [10]), erst durch Vespasian, der hier als Sohn des Kaisers Titus erscheint. Vespasian ist durch den Anblick von Christi Bild auf dem Schweißtuch der *Verrine* (Veronika), das in seinem Auftrag nach Rom gebracht war, vom Aussatz geheilt und danach mit seinem Vater Titus nach Jerusalem gezogen, um den Tod Christi an den Juden zu rächen. Nach Josephs von Arimathia Befreiung begrüßen ihn seine Schwester *Enygeus* und deren Gatte *Hebron (Bron).* Joseph bekehrt sie zum Christentum und zieht dann mit ihnen und andern neuen Christen, die freiwillig Haus, Acker, Vermögen geopfert haben, aus der Heimat fort in ein fernes Land.

Die Namen *Enygeus (Enyseus)* und *Hebron* geben uns Rätsel auf. Die Schwester Josephs scheint benannt zu sein durch Vermischung und Entstellung der Namen dreier Frauengestalten, die nach dem Bericht der Evangelien und der Veronikalegende Christus im Leben und Leiden nahe standen [11]). Der Name *Hebron* (abgekürzt *Bron*) hat nichts zu tun mit dem keltischen *Bron the blessed,* dem gesegneten Besitzer des Zauberkessels [12]), in dem man das Gralgefäß sehr mit Unrecht hat erkennen wollen. Vielmehr stammt er, wie Bruce [13]) zeigt, aus dem Alten Testament. Hebron heißt dort einer der Söhne des Caath, jenes Sohnes Levis, dessen Nach-

---

10) Vgl. Birch-Hirschfeld, Sage vom Gral, a. a. O. S. 216—219; Heinzel, Gralromane, a. a. O. S. 105—110.

11) Den Namen *Enygeus* deutete Heinzel (Gralromane, a. a. O. S. 93) als Entstellung von 'Maria der Phönizierin' (Matth. 15, 22; Mark. 7, 26) und Vermischung mit Maria Magdalena und Veronika, entstanden durch Verlesung und falsche Wortteilung: *Marie la Vénicienne [= Phénicienne] > lauinicienne > laniuicienne > l'Anjuicienne > Anjuis > Aniseus > Enigeus.* Diese allerdings umständliche Herleitung erklärte Bruce (Evolution of Arthurian romance, a. a. O. Vol. II, S. 135, Anm. 21) als nicht überzeugend, ohne aber eine bessere vorzuschlagen.

12) Vgl. hierzu Heinzel, Gralromane, a. a. O. S. 97.

13) Bruce, Evolution of Arthurian romance, a. a. O. Vol. II, S. 129—133.

kommen die Hut der Bundeslade, des Tisches, des Leuchters, der
Altäre, der heiligen Geräte und des Vorhangs anvertraut war nach
der Verordnung, die Gott Moses in der Wüste am Sinai erteilt hatte
(Num. 3, 19. 31; 4, 4. 15. 18 f.; vgl. auch Exod. 6, 18; Paralip. I 6, 2. 18;
15, 9. 12; 23, 12). Demgemäß tragen die Caathiten auch während der
W ü s t e n w a n d e r u n g d e s V o l k e s I s r a e l das *Sanctuarium*
(Num. 10, 21). Diese Wüstenwanderung Israels gab, wie übrigens
schon Heinzel (Gralromane, a. a. O. S. 99) gesehen hatte, das Vorbild
für den Zug Josephs und seiner Genossen in weite Fernen, den
Roberts Gedicht erzählt. Sehr treffend weist Bruce hin auf Joh. 6,
26—59, wo erzählt wird, wie Christus nach dem Wunder der Speisung der Fünftausend mit fünf Broten und zwei Fischen in längerer
Rede seinen Jüngern sich als das Brot, das vom Himmel kommt,
als das Brot des Lebens bezeichnet und unter Hinweis auf das
Manna des Volkes Israel in der Wüste erklärt, nur wer das Fleisch
des Menschensohns isset und sein Blut trinket (im Abendmahl),
werde das Brot des Himmels empfangen wie das Manna der Väter.
Auch im Hebräerbrief Kap. 9 wird ausführlich der gleiche Parallelismus gestaltet. Die Speise spendende, Leben erhaltende Kraft des
Grals rückt also in Roberts Vorstellung neben das altjüdische Manna.

Als über Josephs Genossen nach anfänglichem Wohlbefinden
plötzlich Unglück hereinbrach als Folge ihrer sündigen Üppigkeit
(luxure), soll Joseph Hilfe schaffen. Die Stimme des Heiligen Geistes
befiehlt ihm, als er betend vor dem Gefäß mit dem heiligen Blut
liegt, er solle eine T a f e l ausrüsten nach dem Muster der Abend-
mahlstafel Christi: *Tu sez bien que [je] chiés Symon fui / A la taule,
où menjei et bui ... / Ou non de cele table quier / Une autre et fei
appareillier* (V. 2487 ff.). Von dieser habe sich einst Judas Ischariot,
als der Herr gesagt, daß der, welcher ihn verraten werde, mit ihm
esse, voller Scham entfernt. Auf diese Tafel solle Josephs Schwager
Bron den ersten Fisch, den er in einem Wasser fange, legen, gerade
gegenüber dem in die Mitte gestellten und mit einem Tuch bedeckten Gefäß. Dann sollen sich seine Leute um die Tafel versammeln,
Bron zur Rechten von Joseph sitzen, aber zwischen ihnen soll ein
Platz freibleiben: das sei die Stelle, wo Judas saß; sie solle erst
besetzt werden, wenn Josephs Schwester von ihrem Gatten Bron
einen Sohn haben werde: *Cil lius estre empliz ne pourra / Devant
qu'Enygeus avera / Un enfant de Bron sen mari, / Que tu et ta suer*

amez si; / Et quant li enfès sera nez / Là sera ses lius assenez
(V. 2531—2536). Alles wird vollzogen nach diesem Gebot. Die an
der Tafel sitzen, haben „sogleich ganz die Süssigkeit und die Erfüllung ihrer Herzen": *si eurent sanz targier / La douceur, l'acom-*
plissement / De leur cuers tout entierement (V. 2564 ff.). Einer
von ihnen, Petrus, fragt diejenigen, die sich nicht an die Tafel gesetzt
hatten, ob auch sie Beseligung empfunden hätten. Aber die antworten: „Wir merken nichts." Da wurden sie durch die Wirkung
des Gefäßes als Sünder erkannt und entfernten sich. Das ist eine
zunächst gemildert erscheinende Form des alttestamentlichen Opfer-
gesetzes, daß Unreine, die das Fleisch des Dankopfers essen, ausgerottet werden sollen aus ihrem Volk (Lev. 7, 20) und der Warnung des Apostels Paulus (1. Korinth. 11, 27—29), der unwürdige
Teilnehmer am Abendmahl der Christen esse und trinke sich selber
zum Gericht. Bald nachher zeigt sich aber die Folge der Über-
tretung jenes Gebots und jener Warnung in voller Schrecklichkeit.

Joseph gebot nach Beendigung des „D i e n s t e s" *(services),*
ihn täglich zu wiederholen. Die nicht der Gnade Teilhaften fragten:
„Welches wird der Name des Gefäßes sein, das euch so a n g e n e h m
ist?": *Et queu sera la renummée / Do veissel qui tant vous agrée?*
(V. 2653 f.). Darauf antwortete Petrus (V. 2657 ff.): „Wer es richtig
bezeichnen will, wird es mit Recht *Graal* nennen; denn Niemand
wird den *Graal* sehen, glaube ich, dem er nicht angenehm sei" *(qu'il*
ne li agrée). Die ihn sehen und an ihm teilhaben, die empfinden
so viel Annehmlichkeit wie ein F i s c h , der den Händen eines
Mannes entgleitet, um ins weite Wasser zu schwimmen. „Aus diesem Grunde, den ich erzählt habe, haben diejenigen, die fortgingen,
und die, welche dort blieben, das Gefäß fortan *Graal* genannt"
(Le veissel unt Graal nummé / Pour la reison que j'ei conté;
V. 2677 f.). Die Tischgenossenschaft, die dort verblieb, versammelte
sich [täglich] zur dritten Stunde, denn wenn sie zu diesem Gral ging,
nannte sie das ihren D i e n s t. „Und weil die Sache wahr ist, nennen
wir die Geschichte die des Grales, und den Namen des Grales wird
sie seit der Zeit überall tragen." Einer der falschen Leute mit Namen
Moses war zurückgeblieben und begehrte heftig wehklagend, auch
der Gnade des Grales teilhaftig werden zu dürfen. Dem Bitten
und Drängen des Volkes endlich weichend, erlaubt Joseph, nachdem
er kniend vor dem Gral im Gebet die Weisung des Heiligen Geistes

empfangen, daß Moses, den er vorher noch gewarnt hat, sich an die Tafel des Graldienstes setze. Dort findet er nur den leeren Platz zwischen Joseph und Bron. Aber alsbald tat sich die Erde auf und verschlang ihn. Das ist abermals ein dem A l t e n T e s t a m e n t entlehntes Motiv: als Dathan und Abiram sich gegen das Priestertum des Moses und Aarons empörten, wurden sie von der Erde verschlungen (Num. 16, 1 ff. 30—35; Deuter. 11, 6; Psalm 105, 17). Dem vor dem Gefäß knienden und zu Gott um Aufklärung über Moses betenden Joseph enthüllt eine Stimme: „Dieser [leere] Platz wird nicht besetzt werden, bevor der dritte Mensch aus Josephs Stamme zur Welt kommen werde. Hebron (Bron) wird den zeugen, Enygeus, deine Schwester, ihn gebären; und derjenige, der von seinem Sohn abstammen wird [der Enkel Hebrons], soll diesen Platz selbst einnehmen": ... cist lius empliz ne sera / Devant que li tierz hons venra / Qui descendra de ten lignage / Et istera de ten parage / Et Hebruns le doit engenrer / Et Enygeus ta suer porter; / Et cil qui de sen fil istra, / C'est liu méismes emplira (V.2789—2796). Moses sei verschlungen, weil er nicht wirklich an die Gnade geglaubt. „Von ihm wird man nicht mehr sprechen, weder in Fabel noch in Lied, bevor jener kommen werde, der den leeren Platz ausfüllen wird; derselbige soll ihn [Moses] finden": De lui plus ne pallera -on / Ne en fable ne en chançon, / Devant ce que cil revenra / Qui le liu vuit raemplira: / Cil-méismes le doit trouver (V. 2815—2819). Dieses dunkle, widerspruchsvolle Motiv des leeren Sitzes zur Erinnerung an den Platz des Judas und seiner dereinstigen Besetzung durch den künftigen auserwählten Gralherrscher wird unten genauer gewürdigt werden (S. 479 ff.).

Bron und seine Frau bekommen zwölf Söhne. Auf Josephs Gebet zu Gott verkündet ihm ein Engel den Befehl, alle Söhne Brons sollen Gott dienen, aber wer unter ihnen auf die Ehe verzichte, soll über die andern Herr sein. Elf Söhne verheiraten sich, der zwölfte, Alein, erklärte, keine Frau nehmen zu wollen. Darauf eröffnet ihm Joseph, daß er über seine Brüder herrschen solle, und erhält vor seinem Gefäß niederkniend die Weisung, er solle seinem Neffen Alein erzählen das Leiden Christi, den Verrat des Judas; ferner erzählen, wie er [Joseph] das Abendmahlsgefäß bekam, wie er darin des Heilands Blut sammelte, dann von den Juden eingekerkert und im Gefängnis vom Herrn getröstet wurde und von ihm das Gefäß

als Geschenk für sich und sein Haus erhielt. „Sage ihm [Alein], daß
von ihm ein männlicher Erbe hervorgehen soll, der kommen soll:
der wird dieses Gefäß haben und bewahren" (*Di-li que de lui doit
oissir / Un oir malle, qui doit venir; / Ce veissel ara garder;*
V. 3091 ff.). Wenn ihm [Alein] alles dieses vollständig von Joseph
eröffnet ist, soll Alein über seine Geschwister herrschen. Danach
soll er in weite Fernen nach Westen (*vers occident;* V. 3100) ziehen.
Dem Petrus werde am nächsten Morgen eine große vom Himmel
herabsteigende Klarheit einen himmlischen Brief überbringen: *Vous
verrez une grant clarté, / Ki entre vous descendera / Et un brief
vous aportera. / Le brief qui sera aportez / A Petrus lire le ferez*
(V. 3108 ff.). Diesen Brief s o l l e e r [Joseph] Petrus l e s e n und
dorthin ziehen lassen [14]), wohin sein Herz verlangt. Er werde
erklären, daß er nach den Tälern von *A v a r o n* (= Avalon) sich
wünsche und dort bleiben wolle. „Sage ihm: dort wird er verweilen,
auf den Sohn Aleins warten, er wird nicht aus dem Leben scheiden
noch sterben können vor jenem Tag, wo er denjenigen haben wird,
der seinen Brief ihm lesen wird [15]) und ihn unterrichten wird über
die Kraft, die dieses Gefäß haben kann, der ihm sagen wird, was
aus Moses geworden ist, der verloren war": *Di-li lau il s'arrestera /
Le fil Alein atendera, / Ne il ne pourra devier / Ne de cest siecle
trespasser / Devant le jour que il ara / Celui qui sen brief li lira:
Enseignera li [le] povoir / Que cist veissiaus-ci puet avoir, / Dira
li que est devenuz / Moyses qui estoit perduz* (V. 3127—3136).

Mit dieser Wendung auf A v a l o n , wo nach britischer Sage
König Artus sein Grab gefunden hat, ist von Robert der Anschluß
der Gralsage an die k e l t i s c h e A r t u s s a g e gewonnen.

Der Dichter (oder der Redaktor der einzigen uns erhaltenen
Handschrift?) schaltet die Zwischenbemerkung ein: „Herr Robert

---

14) Dies steht im Widerspruch mit den späteren Angaben (V. 3202 ff.
3132), daß Petrus den Brief ungelesen nach England bringt und der
Brief ihm dort erst von Aleins Sohn in ferner Zukunft vorgelesen wird.
Heinzel nimmt daher an (Gralromane, a. a. O. S. 91), daß die erste Stelle
falsch überliefert sei, doch erklärt sich der Widerspruch ebenso gut aus
der unterbrochenen Abfassung oder doppelten Redaktion des „Joseph".

15) Den oben Anmerkung 14 erwähnten Widerspruch gegen die frühere
Darstellung könnte man durch einen Notbehelf tilgen oder wenigstens
mildern, indem man hier ergänzt „i n s e i n e m v o l l e n S i n n lesen".

von Bouron [so!] sagt, wenn er alles sagen wollte, was in dieses Buch sich schicken würde, so würde er es fast um das Hundertfache verdoppeln" (V. 3155—3158). Aber das wenige hier Gesagte werde dem Aufmerksamen genügend Aufschluß darüber geben, was Joseph seinem Neffen lehrte. Alein ward seinen Geschwistern als ihr Herr vorgestellt. Andern Tags beim Graldienst erscheint die angekündigte große Klarheit *(une grant clarté*; V. 3193) und bringt den Himmelsbrief für Petrus. Dieser äußert den Wunsch in das Land gen Westen, das sehr wild ist, nach den Tälern von *Avaron* (Avalon) zu ziehen und dort die Gnade Gottes zu erwarten: *En la terre vers Occident, / Ki est sauvage durement, / Et vaus d'Avaron m'en irei / La merci Dieu attenderei* (V. 3219 ff.). Alein zog mit seinen Brüdern, denen nochmals ihr Vater Hebron Gehorsam gegen ihren Bruder Alein zur Pflicht gemacht hat (V. 3237—3258), in ferne Länder und verkündigte an allen Orten, wohin er kam, Männern und Frauen den Tod Jesu Christi, so wie er es von Joseph erfahren hatte, und predigte den Namen Jesu Christi: *En estranges terres ala, / Avec lui ses freres mena; / En touz les lius où il venoit, / Hommes et femmes qu'il trouvoit / La mort anunçoit Jhesu-Christ / Ainsi cum Joseph li aprist, / Le non Jhesu-Christ preeschoit* (V. 3263—3269).

Petrus dagegen bleibt auf Weisung des Himmels zunächst noch eine Zeitlang, um von Joseph über das Gefäß weiter aufgeklärt zu werden. Die göttliche Stimme verlangt wieder von Joseph, er solle seinem Schwager Bron berichten, wie Gott zu ihm kam und das Gefäß trug, wie er es in seine Hände gab, wie er ihm die heiligen Worte gesagt hat, die süß und kostbar und gnadenreich und barmherzig sind, die eigentlich genannt werden Geheimnisse des Grals: *Ki sunt douces et precieuses / Et gracieuses et piteuses, / Ki sunt propement apelées / Secrez dou Graal et nummées* (V. 3333—3336). Danach solle Joseph seinem Schwager Bron das Gralgefäß *(le veissel;* V. 3338) einhändigen und ihn mahnen, es nie gering zu achten. Mit rechtem Namen werde man ihn immerfort heißen „den reichen Fischer": *Par son droit non l'apelerunt / Adès le riche Pescheeur* (V. 3344 f.). Stets werde seine Ehre wachsen wegen des Fisches, den er fing, als jene Gnade begann: *A touz jours croistera s'onneur, / Pour le poisson qu'il peescha / Quant cele grace commença* (V. 3346 bis 3348). Auch Bron solle nach Westen hin ziehen *(devers Occident;* V. 3354. 3358) und bleiben, an welchem Orte er will. Dort soll er

seinen Enkel [den Sohn Aleins] erwarten: *Il atendra le fil sen fil*
(V. 3363). Dem solle er das Gralgefäß *(li veissiaus;* V. 3366) übergeben und die Gnade. Alsdann wird erfüllt sein die Bedeutung und
Hinweisung auf die gesegnete Trinität, die wir in drei Teile geteilt
haben: *Lors sera la senefiance / Acomplie et la demonstrance /
De la benoite Trinité / Qu'avons en trois parz devisé* (V. 3371 ff.).
„Mit dem Dritten [dem Sohn Aleins und Enkel Brons], das sage
ich dir als wahr, wird Christus seinen Willen tun": *Dou tierz, ce te
di-ge pour voir, / Fera Jhesu-Criz sen vouloir, / Qui sires est de
ceste chose* (V. 3375 ff.). Petrus soll erst aufbrechen, nachdem Bron
das Gefäß erhalten hat, damit er noch den reichen Fischer in seiner
Würde sehe (V. 3379—3406).

Am andern Morgen berichtet Joseph der feierlichen Versammlung im Graldienst alles, was die göttliche Stimme ihm befohlen,
außer den geheimen Worten, die Christus zu ihm im Kerker gesprochen. Diese Worte eröffnete er allein seinem Schwager Bron mit
allen Geheimnissen. Danach zog der reiche Fischer fort. Joseph
aber blieb im Lande, wo er geboren (V. 3455—3460) [d. h. er kehrte
in seine jüdische Heimat zurück].

II. Roberts von Borron Persönlichkeit, Zeit und Ort
der Entstehung seines Gedichts.

Nachdem so ein Abschluß in der Erzählung von Joseph von
Arimathia erreicht ist, folgt eine Bemerkung des Dichters oder des
Redaktors [16]: „Herr Robert von Borron *(Messires Roberz de Beron;*
V. 3461) sagt", es zieme sich nun zu erzählen: 1. die Schicksale
Aleins, des Sohnes Hebron [Bron]; 2. wie es Petrus erging; 3. was
aus Moses geworden ist; 4. wo sich der davonziehende reiche Fischer
aufhalten wird. Dann aber wird diese Erklärung eingeschränkt:
wohl zieme es sich, diese vier Gegenstände zu vereinigen. Aber
das könne kein Mensch, wenn er nicht vorher hat erzählen hören
d i e   g r ö ß e r e   G e s c h i c h t e   v o m   G r a l, die ohne Zweifel
ganz wahr ist: *... nus hons ne's puet rassembler / S'il n'a avant oï
conter / Dou Graal la plus grant estoire, / Sanz doute, ki est toute*

---

16) William Wells Newell (The legend of the Holy Grail, a. a. O. S. 30)
urteilt über diesen Epilog: appears to me to exhibit marks of ungenuineness.

voire (V. 3485 ff.). Daran schließt sich eine wichtige autobiographische Mitteilung an: „Zu der Zeit, da ich in Ruhe sie darstellte bei meinem Herrn Gautier von Mont-Belyal [Mont-Béliard], war diese große Geschichte vom Gral noch durch keinen sterblichen Menschen behandelt worden. Aber ich tue allen denen zu wissen, die dieses Buch haben wollen, daß, wenn Gott mir Gesundheit und Leben gibt, ich wohl den Willen habe, diese Teile zu vereinigen, falls ich sie in einem Buch [d. h. in einer Handschrift jenes Buches] finden kann": *A ce tens que je la retreis / O mon seigneur Gautier en peis, / Qui de Mont-Belyal estoit, / Unques retreite esté n'avoit / La grant estoire dou Graal / Par nul homme qui fust mortal; / Meis je fais bien à touz savoir / Qui cest livre vourrunt avoir, / Que, se Diex me donne santé / Et vie, bien ei volenté / De ces parties assembler, / Se en livre les puis trouver* (V. 3489—3500).

Leider kann dieses persönliche Bekenntnis, das uns über die Person des Dichters, sein Leben, sein Werk und dessen Quellen wertvollen Aufschluß verspricht, nicht sicher gedeutet werden. Ist „das große (oder größere) Buch vom Gral" dasselbe, das er vorher (V. 932—936) das große, von den großen Klerikern verfaßte Gralbuch genannt hatte (siehe oben S. 456 f.)? Es liegt das nahe und ist von Heinzel nach dem Vorgang französischer Gelehrter angenommen worden. Oder verstand Robert von Borron darunter seine eigene Gralerzählung, wie Suchier, Wechßler und Bruce richtiger folgern [17])? Und was bedeutet die Erklärung, er wolle die vier jetzt fallen gelassenen Themata zusammen behandeln, wenn er sie in einem B u c h finden kann? Was ist dies wieder für ein Buch? Suchier meinte: „eine lateinische Quelle, die bloße Fiktion ist." Dann wäre also dieser ganze Hinweis nur für eine Nasführung zu halten.

Im darauf Folgenden erklärt der Dichter überraschend, er wolle die vier Teile vorläufig beiseite lassen und vergessen, bis er wieder auf seine Arbeit mit mehr Muße zurückkommen könne, und statt dessen den fünften Teil behandeln: den „Merlin". Erhalten ist aber davon in der einzigen vorhandenen Handschrift nur die Einleitung der Erzählung (504 Verse).

---

17) Suchier, Zeitschrift für romanische Philologie Bd. 16 (1892), S. 271; Wechßler, Die Sage vom heiligen Gral in ihrer Entwicklung bis auf Richard Wagners Parsifal. Halle a. S. 1898, S. 125; Bruce, Evolution of Arthurian romance, a. a. O. Vol. II, S. 116 ff.

Den Dichter dieses Gralgedichts glaubt man jetzt wohl allgemein in jenem Robert de Burun zu finden, der in Hertfordshire begütert war, in einer undatierten Urkunde zwischen 1177 und 1203 mit seiner Frau und seinem Sohn Grundstücke zu Cockenhatch einem Kloster schenkte und gegen 1186 von König Heinrich II. Plantagenet Belohnungen empfing. Gautier von Montbéliard (Mömpelgard), bei dem Robert von Borron, wie er sagt, in Muße gelebt und gedichtet hat, war zwischen 1150 und 1160 geboren, wurde 1183 Nachfolger seines Vaters als Graf von Montfaucon, verließ Frankreich 1199 auf der Fahrt ins Heilige Land, war 1201 in Italien und starb 1212 auf Cypern [18]).

Danach bleibt für Zeit und Ort der Entstehung des Werkes ein ziemlich weiter Spielraum. Um so mehr, als mancherlei Unebenheiten und Widersprüche der Darstellung [19]) eine längere Dauer und namentlich Unterbrechungen der Arbeit wahrscheinlich machen. Robert von Borron dürfte außer mündlicher Überlieferung wohl auch eine schriftliche Vorlage benutzt haben. Aber deren Beschaffenheit bleibt unklar. Die seltsam wirre autobiographische Schlußnotiz spricht rückblickend von einer Zeit, da er in Ruhe an seinem Joseph-Gedicht arbeitete und noch von keinem Sterblichen vor ihm der Gralstoff behandelt war, er also ihn als Erster darstellte (V. 3489 bis 3494). Dem widerspricht aber die Angabe (V. 932—936) über das Vorhandensein des (ihm freilich nicht zugänglichen) großen Buches vom Gral, das die großen Kleriker verfaßten und worin die großen Geheimnisse des Grals geschrieben sind.

---

18) Vgl. Harry Wards urkundliche Belege bei Suchier (Zeitschrift für roman. Philologie Bd. 16 [1892], S. 274); Hermann Suchier, Geschichte der französischen Literatur von den ältesten Zeiten bis zur Gegenwart. Leipzig ² 1913. Bd. 1, S. 137. 138.

19) Vgl. darüber besonders Heinzel, Gralromane, a. a. O. S. 83—91; William Wells Newell, The legend of the Holy Grail, a. a. O. S. 22. — Die auffallendsten Widersprüche sind wohl folgende: Alein erhält die Herrschaft über seine Geschwister, weil er sich zur Ehelosigkeit verpflichtet hat mit den derben Worten, er wolle sich lieber schinden lassen, als eine Frau nehmen (V. 2959 ff.), später aber wird ihm ein Sohn verheißen, der von Bron den Gral erhalten soll; Petrus soll, so heißt es zuerst, den Himmelsbrief lesen, später aber wird gesagt, erst Aleins Sohn wird ihm diesen Brief vorlesen (siehe hierzu aber oben S. 462 Anm. 15).

Wenn man beide Angaben [20]) oder wenn man auch nur eine derselben als Zusatz bei einer z w e i t e n F a s s u n g betrachtet, so entfällt dieser Widerspruch, wie bei dieser Annahme sich auch eine Reihe anderer Unstimmigkeiten erklären. Robert hat danach sein Gedicht auf Grund einer uns nicht genauer erkennbaren Überlieferung verfaßt. Später hat er es überarbeitet: wie Gaston Paris glaubte, nach seines Gönners *Gautier* Tode, also nach 1212; wie Heinzel (Gralromane, a. a. O. S. 113 f.) darzutun suchte, ein, zwei Jahre nach 1201. Dabei ergänzte er sein Werk durch den Rückblick auf die Anfangszeit seiner Dichtung und versprach schließlich, seine abgebrochene Erzählung fortzuführen, sobald er die Gesamtdarstellung „in einem Buche finde". Suchier vermutete [21]), diese Worte habe Robert geschrieben, als er „von Christians Graalroman erfahren hatte, der mehr ein biographischer Roman von Perceval als eine Geschichte des Graals ist und die große Bedeutung des Graals in Christi Erlösungswerk garnicht darstellte", und dessen Erscheinen Robert „veranlaßt haben mag, jene Anpreisung seiner Vorgeschichte des Graals, die einen leisen Vorwurf gegen Christian zu involvieren scheint, in sein Werk einzuschalten". Das könnte richtig sein, ist aber unbeweisbar.

Suchier war ferner geneigt, sowohl die Abfassung des „Joseph" als dessen zweite Redaktion früher anzusetzen als Heinzel. Er glaubte, jene einstige Zeit der Ruhe könne weit zurückliegen und die Schlußnotiz sei geschrieben, als dem Dichter Muße mangelte, weil er im Begriff war, als Kriegsmann einen Feldzug mitzumachen. Daher erkläre sich auch die Wendung „wenn mir Gott Gesundheit und Leben verleiht". Auch diese, gewiß ansprechende Vermutung findet keinerlei Stütze in urkundlichen Zeugnissen.

Eher könnte man aus den über des Dichters Gönner gebrauchten Worten „der von Mont-Belyal [Mömpelgard] war" schließen, daß dieser Gönner damals noch nicht Graf von Montfaucon war, also daß Robert von Borron sein Werk in erster Fassung vor 1183 geschaffen habe [22]).

20) So Heinzel (Gralromane, a. a. O. S. 88 f.) mit Berufung auf Paulin Paris und Gaston Paris.

21) Suchier, Zeitschrift für roman. Philologie Bd. 16 (1892), S. 271 f. 273.

22) Allzu zaghaft zog diesen Schluß Birch-Hirschfeld, Sage vom Gral, a. a. O. S. 238 ff. — William A. Nitze hat, wie ich aus Voretzsch (Altfranzö-

Das in V. 932—936 gerühmte „große Buch", in dem die Geheimnisse des Grals niedergeschrieben seien (vgl. oben S. 456 f.), vermögen wir nicht sicher zu bestimmen. Da es von „großen Klerikern" verfaßt sein soll, scheint es als ein lateinisches bezeichnet zu werden. Man hat daher auf die *Queste del Saint Graal* geraten[23]), weil am Schlusse derselben gesagt ist, Arthur habe die ganzen Ereignisse durch seine Gelehrten niederschreiben lassen und dieses lateinische Werk liege in der Abtei zu Salisbury, alsdann habe es König Heinrich († 1189) durch Walther Mapes ins Französische übersetzen lassen. Heinzel verstand darunter vielmehr den *Grand Saint Graal*[24]) oder — wegen der von Robert als Verfasser genannten *granz clers* — eine lateinische Vorlage dieses Werkes[25]), die der gleich zu erwähnende Helinand bezeugt. Denn einmal berührt sich der Inhalt des *Grand Saint Graal* nahe mit Roberts Gedicht. Sodann teilt dieser *Grand Saint Graal* mit ihm die etymologische Deutung des Wortes *Graal* aus *agrées*[26]), die zurückgeht auf die Nebenform *greal*. Diese Herleitung bietet für die lateinische Wortform *gradale*[27]) auch jener französische Zisterziensermönch des Klosters Froidmont

---

sische Literatur [³ 1925], S. 533 [Nachtrag zu S. 353]) ersehe, in einem mir unzugänglichen Aufsatz das Joseph-Gedicht Roberts von Borron zwischen 1191 und 1201 datiert.

23) Paulin Paris, Les romans de la table ronde, a. a. O. Bd. 5 (1877), S. 356.

24) Hrsg. von H. Oskar Sommer in: The Vulgate Version of the Arthurian Romances. Vol. 1. Washington 1908 (Carnegie Institution, Publication 74).

25) Vgl. Heinzel, Gralromane, a. a. O. S. 113 f. im Hinblick auf P. Paris, Les romans de la table ronde, a. a. O. Bd. 1, S. 106; Suchier (Zeitschrift für roman. Philologie Bd. 16 [1892], S. 271) hielt das Gemeinsame für Entlehnungen aus dem Werk Roberts von Borron und widersprach der Annahme Heinzels.

26) Ebenso mit dem sogenannten *Didot-Perceval* (hrsg. von Eugène Hucher, Le Saint-Graal, a. a. O. Bd. 1, S. 415—505); vgl. Heinzel, Gralromane, a. a. O. S. 130.

27) Ob Helinand dabei auch *gradale* als *gratale* verstand, wie G. Weber (Wolfram von Eschenbach. Seine dichterische und geistesgeschichtliche Bedeutung. Frankfurt a. M. 1928. Bd. 1, S. 127) zu glauben scheint, ist mir nach dem Wortlaut der Bemerkungen Helinands zweifelhaft. Weber selbst ist geneigt ein solches „durchschimmerndes" *gratale* als Übersetzung arabischer Erklärungen und Umschreibungen des Grals anzuerkennen.

H e l i n a n d in seiner bis 1204 reichenden, vor 1216 verfaßten [28]) Chronik, allerdings an zweiter Stelle neben der aus *gradatim*. Zugleich erwähnt auch er ein Gralbuch mit dem Titel *Gradale* in französischer Sprache, als das man eben den *Grand Saint Graal* verstehen darf, der in den ältesten Handschriften auch wirklich den Titel führt: *L'Estoire del Saint Graal* (*Historia quae dicitur de gradali* bei Helinand).

Seltsam und völlig unannehmbar ist Golthers Ansicht (Parzival und der Gral, a. a. O. S. 30): „Die Schrift von den Gralsgeheimnissen meint nichts anderes als die *Gemma* des Honorius." Und diese Ansicht wird dadurch noch künstlicher und unglaubhafter, daß Golther zwar versichert: „Zweifellos hat Robert [bei seiner Erwähnung der Geheimnisse des Grals; V. 3332 ff.] Kristians Gralbuch [das Buch des Grafen Philipp von Flandern, das *li contes del graal* enthielt] im Auge", dann aber Robert den Gral nur aus Christian, die Beziehung des Grals auf die Messe dagegen allein aus der allegorischen Deutung der Messe in der *Gemma* des Honorius entnehmen läßt. Dieses Buch, das ein allgemein bekannter Theologe verfaßt hat und das weit verbreitet war, konnte Robert unmöglich geheimnisvoll als das von großen Gelehrten *(clers)* verfaßte Gralbuch bezeichnen. Vielmehr wies er sicher auf ein gelehrtes Buch hin, das wirklich vom Gral handelte. Und es ist unzulässig, das religiöse Mysterium des Grals Christian und dessen Vorlage abzusprechen und es erst als eine Zutat Roberts aus der *Gemma* des Honorius zu betrachten.

III. Die Bedeutung des Wortes Gral.

Helinand meldet [29]) zu den Jahren 718—720, in jener Zeit sei einem (ungenannten) Eremiten durch einen Engel eine Vision erschienen über den vornehmen *Decurio* Joseph, der den Leib des Herrn vom Kreuze ins Grab legte, und über jene Schüssel (*de catino illo sive paropside*), aus welcher der Herr speiste mit seinen Jüngern. Über sie wurde von demselben Einsiedler eine Erzählung niedergeschrieben: *descripta est historia, quae dicitur de gradali.* Dann

---

28) Vgl. Bruce (Romanic Review Bd. 3 [1912], S. 188).
29) Helinandi Chronicon; Migne, P.L. Bd. 212, S. 814 f.

fährt er fort: *Gradalis* oder *Gradale* wird französisch *(gallice)* eine breite und etwas tiefe Schüssel *(scutella lata et aliquantulum profunda)* genannt, in der kostbare Speisen reichen Leuten stufenweise *(gradatim)* vorgesetzt zu werden pflegen, ein Gericht *(morsellus)* nach dem andern in verschiedenen Reihen *(diversis ordinibus)*. Man nennt sie mit vulgärem Wort auch *greal (et dicitur vulgari nomine graalz)*, weil sie dem daraus Speisenden wohlgefällig und anreizend ist *(grata et acceptabilis est in ea comedenti)*, sowohl wegen des Behälters, weil er vielleicht silbern oder aus einem andern kostbaren Stoff ist, als auch wegen des Inhalts, d. h. der vielfachen Reihenfolge kostbarer Speisen. Diese lateinisch geschriebene Erzählung habe er nicht finden können *(hanc historiam latine scriptam invenire non potui)*, sondern es besitzen sie nur in französischer Sprache einige Adlige *(tantum gallice scripta habetur a quibusdam proceribus)*, und wie sie sagen, werde sie nicht leicht vollständig gefunden. Er selbst habe mit allem Fleiße nicht vermocht, sie zum Lesen von jemand zu erlangen; sobald es ihm gelungen sein werde, wolle er daraus das einigermaßen Wahrscheinliche und Brauchbare gekürzt ins Lateinische übertragen *(verisimiliora et utiliora succincte transferam in latinum)*. Man sieht: der dies schrieb, stand der Gralsage mit kritischen Zweifeln und einer gewissen Geringschätzung gegenüber.

Helinand war nicht der erste beste Mönch. Er war eine hervorragende Persönlichkeit und ein vielseitiger Schriftsteller, Dichter, Gelehrter. Nach bewegtem Weltleben erst ging er ins Kloster. Man darf ihm Kenntnis der höfisch-ritterlichen Kreise und ihrer Poesie zutrauen. Außer seiner Chronik verfaßte er Predigten, die er mit moralischen Betrachtungen begleitete und durch reichliche Anführungen aus weltlichen Schriften belebte, ferner eine *Vita* des heiligen Gereon von Köln, eine predigthafte Lehrschrift über die Selbsterkenntnis mit Visionen als Beispielen und Zitaten aus Ovid, Juvenal und anderen, eine Anleitung *de regimine principis*. Aber er trat zwischen 1188 und 1191 auch als Dichter in französischer Sprache auf und verfaßte in einer wirkungsvollen, mehrfach später nachgebildeten zwölfzeiligen Strophe schwungvolle *Vers de la mort:* eine Anrufung des Todes, der allen Ständen, Berufen, Lebensaltern, dem von Simonie bedrohten Rom, den Kardinälen und Päpsten und Königen, Reich und Arm die Vergänglichkeit und Nichtigkeit des

Irdischen einschärfen sollte, um dadurch zur inneren Umkehr, zur Pflichterfüllung und Sittlichkeit zurückzuführen [30]).

Ein Zeugnis dieses Mannes über die Gralsage und ihre poetischen Gestaltungen verdient demnach als sachkundig ernsthaft gewürdigt zu werden. Freilich ist von Golther [31]) ohne Beweis behauptet worden, die Gralstelle sei ein „Nachtrag eines Bearbeiters aus dem letzten Viertel des 13. Jahrhunderts", denn „erst in dieser Zeit gab es Handschriften des sechsteiligen großen Gralromanes" (des *Grand Saint Graal* oder der *L'Estoire del Saint Graal*). In der Einleitung dieses Romans wird erzählt, im Jahre 717 nach Christi Passion — das würde auf das Jahr 750 n. Chr. führen — hatte ein Einsiedler der Bretagne eine Vision, in der ihm Christus selbst ein kleines, von ihm selbst geschriebenes Buch übergab, worin des Einsiedlers Stammbaum und danach „das Buch vom heiligen *Graal" (li livres du saint graal)* enthalten war. Dieses Buch verschwindet plötzlich, aber es wird ihm auf himmlischen Befehl wieder versprochen, wenn er es sich durch Leiden wieder verdiene. Nach einer weiten wunderbaren Wanderung erhält er dann von Christus den Auftrag, den Inhalt jenes kleinen Buches schriftlich niederzulegen. In der eigentlichen Erzählung, die mit Joseph von Arimathia anhebt, wird gesagt, er habe die Schale gefunden, aus welcher der Sohn Gottes aß mit seinen Jüngern *(e s c u è l e en le quele li fiex dieu auoit mangiet auoec ses disciples)*. Das entspricht genau der Angabe Helinands: *de catino illo sive paropside, in quo dominus coenavit cum discipulis* und der Beschreibung: *gradale s c u t e l l a lata* usw. Daß diese Worte Kenntnis des großen Gralromans voraussetzen, steht außer Zweifel. Golther meint, diese Auffassung des Grals als Speise- s c h ü s s e l des Abendmahls Christi gegenüber der früher herrschenden als Abendmahls k e l c h sei erst entstanden durch den Eindruck der 1204 von den Kreuzfahrern aus Byzanz nach Troyes entführten Reliquie. Aber selbst wenn dies der Fall gewesen sein sollte, besteht die von Golther ins Feld geführte chronologische Schwierigkeit nicht: Helinands 1216, also zwölf Jahre nachher verfaßte Chronik könnte bereits im Großen Gralroman eine Bezeichnung des Grals als Abend- mahl-Speiseschüssel gefunden haben, die ihrerseits eine nachträg-

---

30) Vgl. Gustav Gröber, Grundriß der romanischen Philologie Bd. 2, Abt. 1 (Straßburg 1893), S. 195 f. 212. 265. 308. 685. 696 f. 1086.

31) Golther, Parzival und der Gral, a. a. O. S. 65.

liche Abänderung des Ausdrucks durch den Verfasser gewesen sein konnte, zu der jener Raub der byzantinischen Schüssel ihm den Anlaß gegeben haben mochte. Doch hat der Glaube, daß irgendwo in der Welt die Speiseschüssel des Abendmahls Christi aufbewahrt werde, sicherlich nicht bloß in Konstantinopel bestanden. Golthers scharfsinnige Annahme einer Gral-Interpolation in Helinands Chronik kann daher nicht überzeugen.

Helinands Ableitung des Wortes Gral von *gradalis* gilt begreiflicherweise heute fast allgemein als zutreffend [32]. Doch ist sie meines Erachtens nichts weiter als der naive Erklärungsversuch spielerischer mittelalterlicher Etymologie. Schon daß Helinand die Auswahl läßt zwischen *gradalis* und dem in *gré, agréable, agrées* enthaltenen Wortstamm, zeigt, wie wenig seine Meinung als Grundlage heutiger geschichtlicher Sagenforschung dienen darf [33]. Jedesfalls kann aus dieser Etymologie nicht der Ursprung und das Wesen der Gralsage erschlossen werden.

Darum verdient die von Wilhelm Hertz erwogene Anknüpfung an das Wort *garalis,* für das Du Cange alte Belege bringt [34], beachtet zu werden. In seinem Testament von 873 [35] verzeichnet Graf Eberhard von Treviso, der Großvater des deutschen Königs Heinrich I., als Vermächtnis für seinen dritten Sohn Adalardus *Vas ad*

---

32) So z. B. für Birch-Hirschfeld, Sage vom Gral, a. a. O. S. 33 f.; E. Wechßler, Sage vom heiligen Gral, a. a. O. S. 9 f. 112 ff. (Anm. 6—10) mit vollständigem Nachweis der Belege für die französischen *(graal, greal; graial; greel; greil),* provenzalischen *(grasal; grazal; grazaus)* und mittellateinischen Wortformen *(gradale; gradaletus; gradalis; gradalus; gradella — grasala; grasale; grassale; grassaletus; grassellus; grasella — graletus);* H. Suchier, Geschichte der französischen Literatur, a. a. O. Bd. 1, S. 138.

33) Mit Recht lehnten daher Gröber (a. a. O. S. 502) und Weber (Wolfram von Eschenbach, a. a. O. Bd. 1, S. 87) diese Etymologie als wertlos ab. Weber glaubt allerdings (a. a. O. S. 128) „die (spätere) Gleichsetzung von Gral und *gradale* durch bildliche Darstellungen der christlichen Kelche veranlaßt". Solche bildlichen Darstellungen des „K e l c h s" in Stufenform sind mir nicht bekannt. Zu Webers Hinweis: „noch heute sind diese [die Kelche] zur Aufnahme der Hostien stufenförmig eingerichtet" muß ich bemerken, daß ich eine stufenförmige Einrichtung der Kelche zur Aufnahme der Hostien in die K e l c h e nicht kenne.

34) Siehe Du Cange Bd. 4, S. 26 A.

35) Veterum monumentorum quaternio, hrsg. von Joh. Georg Eccard. Leipzig 1720, S. 38 f.

bibendum marmoreum unum cum argento et auro paratum, G a r a-
l e m argenteum unum, Ciphum argenteum unum, Pallia duo, Garales
argenteos cum binis cochleariis duos, also nach Hertz zwei silberne
Schüsseln, „aus denen nach mittelalterlichem Brauch je zwei Tischgenossen gemeinsam aßen" [36]). Man könnte auch denken, es seien
cochlearia ecclesiastica gemeint, mit denen die eucharistischen Oblationen auf die Patene gelegt wurden [37]), zumal dasselbe Vermächtnis demselben Sohn auch *Calicem vitreum auro paratum unum,*
Calicem argenteum cum patena, Evangelium argento paratum
unum und kirchliche Gewänder zuweist. Aber hier wie in dem
Vermächtnis für den vierten Sohn Rodulphus, das gleichfalls *Calicem*
de nuce et argento et auro paratum unum, Calicem argenteum
cum patena, nebst kirchlichen Gewändern und vorher *Garales*
argenteos duos, Cochlearia tria aufzählt, erscheinen die *Garales*
von den geistlichen Gegenständen getrennt. Jedesfalls muß das
Wort gebräuchlich und allgemein verständlich gewesen sein. Es
begegnet auch noch viel später, so in des Leo Marsicanus, Mönchs
von Monte Cassino, späteren Kardinalbischofs († 1115) *Chronica*
Monasterii Casinensis: ... *insuper et sutellam argenteam unam,*
scattones tres, garales duos, bandum aureum unum, equos tres et
alia nonnulla (Chron. Mon. Casin. lib. I, Kap. 24; Monumenta Germaniae historica. Scriptores. Bd. 7 [1846], S. 597, Z. 24 f.), *garalibus*
et cocleariis (Kap. 26; a. a. O. S. 598, Z. 34).

Beachtenswert ist, daß *garalis* auch auf englischem Boden, also
dort, wo die Gralsage früh sich breit entfaltet hat, fortlebt. In einer
Oxforder Handschrift der Glossen *Ælfrics* aus dem elften Jahrhundert findet sich: *Acetabulum vel garale eced-fæt* [38]). Das Wort

---

36) W. Hertz, Wolfram von Eschenbach, a. a. O. S. 420 und Anm. 5. 6
(in Anm. 2 auch Nachweis der Belege für die französischen, provenzalischen, mittellateinischen Worte *graal* usw.).

37) Siehe Du Cange Bd. 2, S. 384 A s. v. *cochlear.*

38) Ausgabe von G. [= Wilhelm] Sommer, Oxonii 1659: Ælfrici
Grammatica Latino-Saxonica cum Ælfrici Glossario, S. 80 ᵃ (bei Du
Cange Bd. 4, S. 26 A), angeführt von San Marte, Leben und Dichten Wolframs von Eschenbach. Magdeburg 1841. Bd. 2, S. 362; wieder abgedruckt
in: A volume of Vocabularies ed. by Thomas Wright. Liverpool 1857,
S. 61 ᵃ, Nr. 12 (nach Bosworth-Toller, An Anglo-Saxon Dictionary. Oxford 1882, S. 238 b, wo das Wort mit *„An acid-vat, a vinegar-vessel"* übersetzt wird).

ist auch nicht Ausdruck für eine Schüssel, sondern für ein pokalartiges oder flaschenartiges Gefäß, jedesfalls für ein Gefäß zur Aufbewahrung von Flüssigkeit und keine Speiseschüssel.

Das Wort *garalis* ist offenbar abgeleitet von dem Neutrum *garum*,
das bei Du Cange als zwei (vielleicht identische) Worte erscheint
mit folgenden Bedeutungen [39]: Fischschuppen, eine Art Würze
(condimenti genus), eine besondere Art Trank (in der Mönchsregel
des Heiligen Pachomius: *sed neque garum neque vinum bibant).*
Es ist aus dem Griechischen entlehnt, wo γάρος oder γάρον eine
Brühe von Salz und kleinen Fischen bedeutet. Im Lateinischen heißt
dann ganz gewöhnlich bei Varro, Plinius, Horaz, Celsus, Seneca und
auf Inschriften *garum* „eine kostbare Brühe aus mehreren kleinen
marinierten Fischen". Daneben steht die Zusammensetzung *garoenum*
(= oenogarum) „eine mit *garum* angemachte Weinbrühe" und das
Adjektiv *garoeneus* „mit Weinbrühe angemacht", beides mehrmals
belegt in der Schrift *'De re coquinaria'*, die unter dem Namen des
Apicius geht [40]. Darf man wagen, von hier aus das Wort *garalis*
als ein „Trinkgefäß für eine Fischbrühe" zu deuten und so die Benennung des Grals herzuleiten von dem mystischen Fisch-
mahl, von dessen Zusammenhang mit den ältesten Gralvorstellungen oben wiederholt die Rede war? (vgl. z. B. Kap. 1 und 2.)

Hertz war geneigt, *gradalis* als (volksetymologische) Umdeutung
von *garalis,* dessen Ursprung er unerklärt ließ, aufzufassen. G. Weber
(Wolfram von Eschenbach, a. a. O. S. 127 f.) versuchte mit Scharf-
sinn von *garalis* eine Brücke zu schlagen zum hebräischen *goral,*
das „Losstein" bedeutet, und fand darin ein gnostisches Mythologem
als ältesten Kern der Gralvorstellung. Beachtenswert aber bleibt
der Versuch, auf Grund der alten Etymologie von Diez, der auch
Meyer-Lübke eine Zeitlang zugestimmt hatte, *graal von *cratalis*
(griech. κρατήρ) abzuleiten [41]. Ohne mir ein Urteil über die laut-

---

39) Du Cange Bd. 4, S. 38 C.

40) Vgl. Georges, Handwörterbuch (⁸ 1913), Bd. 1, S. 2904 f. Das Wort
hat sich im Englischen lange erhalten, siehe Murray, A new English Dictionary. Bd. 4 (Oxford 1901), S. 66ª: „garum. *A sauce prepared from fermented
fish, much used by the ancient Romans."*

41) Vgl. William A. Nitze, Concerning the word Graal, Greal (Modern
Philology Vol. 13 [1916], S. 185—188); Rosenhagen im Nachtrag zu W. Hertz,
Wolfram von Eschenbach, a. a. O. S. 568 (zu S. 420).

gesetzliche Möglichkeit dieser Deutung anzumaßen, das allein den Romanisten [42]) von Fach zusteht, muß ich doch zu bedenken geben: bei einem unverstandenen Lehnwort, wie es ein solches *cratalis* (< *crat -er*) wäre, ist eine Umdeutung und Angleichung an ein bekanntes, verständliches Wort (*gradale*) selbst unter Abweichung vom sonst herrschenden Lautwandel recht wohl möglich.

Für eine völlig andere Ableitung ist Wesselofsky [43]) eingetreten. Er verweist auf das oben (S. 22 f.) wiederholt besprochene Katakombenbild, in dem als Symbol der Eucharistie ein Korb mit Broten und einem roten Wein enthaltenden Gefäß auf dem Rücken eines Fisches dargestellt ist. Gleichzeitig erinnert er an eine Äußerung des heiligen Hieronymus in einem Brief an Rustikus: „Nichts Reicheres gibt es als jenen, der den Leib des Herrn in einem geflochtenen Brotkorb und das Blut [des Herrn] in einem Glasgefäß trägt": *Nihil illo ditius, qui corpus Domini canistro vimineo, sanguinem portat in vitro* (Epist. 125, Kap. 20; Migne, P.L. Bd. 22, S. 1085). Danach versteht Wesselofsky das Wort Gral als Adjektivbildung *cratale (canistrum)* zu *crates* Geflecht. Dabei muß allerdings der Übergang von *cratale > gradale* vorausgesetzt werden. Er vergleicht ferner mittellatein. *grassale = canistrum, canastellus corbis* Fischer-

42) Gamillscheg, Etymologisches Wörterbuch der französischen Sprache. Heidelberg 1928, Sp. 486 b, s. v. *greluchonne*: „altfranzösisch *graal*, provenz. *grazal* geht vielleicht auf ein galloromanisches *cratalis* zurück zu lat. *crater, cratera* ‚Wassereimer‘, ‚Ölgefäß‘, ‚Wasserbecken‘, wenn die Heimat des provenz. *grazal* im Nordwesten des provenz. Sprachgebietes ist, da nur hier lat. -t- zu -z- wird." Vgl. auch Meyer-Lübke, Roman. etymolog. Wörterbuch. Heidelberg 1911 ff., Nr. 2301. In der dritten Auflage (1935) ist jedoch Nr. 2301 (Bd. 1, S. 212 b) *cratalis* fortgefallen. Als Nr. 3830 a (S. 326 b) findet man: *gradālis* (8. Jahrh.) „Schüssel, in die Stück für Stück stufenweise die Speisen hineingestellt werden; altfranz. *graal* (> prov. *grazal;* katalan. *gresal,* span. *gradal, grial;* portug. *gral* ‚Mörser‘; jurassisch *gregrio:* Mundart von Bournois (Doubs) *gre* ‚kleiner Weidenkorb‘, ‚Eichelnäpfchen‘; Mundart von Grand’ Combe (Franche-Comté) *gre* ‚kegelförmiger Korb, in den man den Teig gibt, bevor man ihn in den Ofen schiebt‘. — Ableitung: altmailändisch *graelin* ‚Schüssel‘." Vgl. auch Fr. Diez, Etymologisches Wörterbuch der romanischen Sprachen. Bonn [5] 1887, S. 601 f.: Vising in: Nordisk tidskrift for filologi Bd. 5 (1878), S. 71; Bd. 7 (1880), S. 19 Leider fehlt jeder Beleg für das Vorkommen von *gradalis* als Substantiv mit der angegebenen Bedeutung „Schüssel, in die Stück für Stück" usw.

43) Wesselofsky, Zur Frage über die Heimath der Legende vom heiligen Gral (Archiv für slavische Philologie Bd. 23 [1901], S. 337. 345).

korb (siehe Du Cange Bd. 4, S. 103 B s. v. *grassale* und Bd. 2, S. 72 B
s. v. *canastellus*) und nimmt eine Vermischung an mit den späteren
Abzweigungen von *crater, cratus* sowie eine Übertragung der ursprünglichen Bedeutung des Grals auf den Kelch.

IV. Verhältnis der Dichtung Roberts zu Christians Perceval.

Roberts von Borron Darstellung gibt dem Gral übereinstimmend
mit Christian folgende Eigenschaften und Wirkungen: eine Gemeinschaft berufener Menschen aus e i n e r Familie nimmt an ihm
teil; drei auserwählte Führer sind bestimmt, seine Hüter zu sein
oder zu werden (bei Christian: der kranke Herr der Gralburg,
sein greiser Vater, *Perceval* — bei Robert: Joseph von Arimathia,
Bron, der Sohn Aleins); der Gral ist ein Gefäß von großer
Kostbarkeit und verbreitet strahlenden Glanz. Hat der Gral bei
Christian durch die Hostie, die in ihm dem alten Gralkönig gebracht wird, und durch die symptomatische Bedeutung der Kar-
freitags-Szene beim Oheim-Einsiedler einen nur angedeuteten
inneren Zusammenhang mit dem Mysterium des eucharistischen
Mahls, so ist er bei Robert von Borron eine deutliche Verklärung
des Abendmahls Christi und dessen irdischer Wiederholungen.
Christians Roman hebt den Gral in die Sphäre des idealen Rittertums. Robert umleuchtet ihn mit der Kultusmystik christlicher
Liturgie.

Es ist von sachkundigsten Forschern behauptet worden, Christian
sei der eigentliche Schöpfer der literarischen Gralvorstellungen,
Robert von Borron dagegen habe deren weltlichen Charakter um-
gebogen ins Kirchliche, Legendarische. Diese Ansicht ist heute noch
weit verbreitet, wenn auch in verschiedenen Färbungen und Stu-
fungen: zwei Gelehrte von Rang (Golther [44]) und Hilka) vertreten sie.

Das Motiv des „reichen Fischers" zeigt aber, daß diese Ansicht
sich nicht halten läßt. Wäre dieses Motiv, dessen a l t c h r i s t l i c h e
S y m b o l i k feststeht, von Robert von Borron in die Gralvorstellungen als ein Bestandteil der erst von ihm vollzogenen Verkirch-

---

[44] Zum Beispiel Golther, Parzival und der Gral, a. a. O. S. 25: „Der
Fisch als Sinnbild Christi ist natürlich [!] von Robert zu Kristians *riche
peschiere erfunden"; „Der ‚reiche Fischer' Kristians ist zu mystischer Bedeutung erhoben".

lichung hineingetragen, so begriffe man nicht, wie Christian und
ihm folgend Wolfram dazu kamen, dieses Beiwort dem Gralburg-
herrscher zu erteilen. Nein, es handelt sich hier um ein ältestes Element der Gralsage, um ein frühchristliches Erbgut liturgischer Symbolik. Christian und Wolfram behielten es bei, verdunkelt und
rationalistisch verflacht. Es war als ein erstarrtes, 'i s o l i e r t e s' [45])
und daher nicht verständliches Überbleibsel aus der Urgestalt der
Gralsage wahrscheinlich schon im lateinischen Gralbuch enthalten,
das Christian vom Grafen Philipp bekam. Robert von Borron aber
schöpfte aus einer altertümlicheren Gralvorstellung, die deren mystischer Urform noch näher stand. Wie auch immer diese Quelle beschaf-
fen gewesen sein mag, der Beiname „der reiche Fischer", über den
er nach seinem eigenen Zeugnis „mancherlei Berichte" (*meintes
paroles;* V. 3457) kennt, hat bei Robert von Borron noch etwas von
dem ursprünglichen Sinn bewahrt: Bron ist wirklich wie Petrus und
Christus im Evangelium der von reichem Erfolg gesegnete Bekehrer,
der in dem Lande des Westens, das heißt nach Roberts Meinung in
Frankreich und besonders in England, viele Menschen dem Christentum gewinnt.

Es ist oben (Kap. 2) erörtert worden, wie aufs innigste von der
religiösen Phantasie des frühen Christentums das Abendmahlmyste-
rium verbunden ward mit der S y m b o l i k   d e s   F i s c h e s.
Roberts von Borron Quelle schöpft aus dieser Tropik. Sie entstammt
den Erzählungen der Evangelien von der Fischmahlzeit des a u f -
e r s t a n d e n e n Christus in Jerusalem mit den elf Jüngern und
ihren Genossen (Luk. 24, 41 f.), von dem Mahle des a u f e r s t a n -
d e n e n   C h r i s t u s mit den sieben Jüngern am See Tiberias nach
dem wunderbaren Fischfang (Joh. 21, 1—13), von den Brot- und
Fischvermehrungen (Matth. 14, 17—21; Mark. 6, 37—44; Luk. 9,
13—17; Joh. 6, 5—14), von Petrus als eigentlichem und als Menschen-

---

45) Den Ausdruck 'i s o l i e r t e s Überbleibsel' brauche ich mit bewußter Anlehnung an die Bezeichnung in der modernen Sprachgeschichte.
Die heutigen Adjektive 'erhaben', 'bescheiden' sind z. B. in Wahrheit alte,
i s o l i e r t e Partizipien der starken Verben 'erheben', 'bescheiden', gegenüber deren heutigen Partizipien 'erhoben', 'beschieden'. Bei Christian von
Troyes ist die Isolierung des Fischmotivs und der Gestalt des reichen
Fischers vollkommen und hat einen Ersatz mit fremdartigem, flachem Sinn
herbeigeführt.

fischer (Matth. 4, 19; Mark. 1, 17; Luk. 5, 4 ff.; dazu Matth. 17, 27). Besonders aber lebten darin fort die Eindrücke alter und ältester Darstellungen der bildenden Kunst[46]). Jenes oben (S. 22 f.) besprochene Katakombenbild, das auf dem Rücken eines Fisches einen g e f l o c h t e n e n K o r b mit sieben Broten neben einem Gefäß voll von rotem Wein darstellt, und die oben (S. 25 ff.) behandelten Bilder zeigen teils, wie ein Fischer einen Fisch aus dem Wasser zieht, teils verbinden sie Fische und Fischer mit eucharistischer Bedeutung. Namentlich aber kommt hier in Betracht das Mosaik eines von zwei Fischen flankierten B r o t k o r b e s in der erst neuerdings genau untersuchten christlichen Basilika am Tiberiassee aus der Mitte oder dem dritten Viertel des vierten Jahrhunderts[47]). Aus der Darstellung des geflochtenen Korbes mit Brot und Wein hat Wesselofsky, wie oben (S. 475 f.) erwähnt ist, sogar die Urform und die Urbedeutung des Wortes „Gral" hergeleitet. Es spielt aber in Roberts Gedicht auch die andere Seite dieser Fischsymbolik mit: der Gral wirkt auf die Tafelgenossen so, daß sie sich wohlfühlen wie Fische, die aus den Händen eines Mannes wieder ins frische Wasser entgleiten (siehe oben S. 460). Dazu stimmt z. B. Tertullians Prägung dieser w e i t v e r b r e i t e t e n Symbolik: „Wir Fischlein werden entsprechend unserem heiligen Fisch Jesus Christus im Wasser [der Taufe] geboren und sind wohlbehalten nur, wenn wir im Wasser verbleiben": *Nos pisciculi secundum IXΘYN nostrum Jesum Christum in aqua nascimur nec aliter quam in aqua permanendo salui sumus* (De baptismo Kap. 1; Reifferscheid S. 201, Z. 12 ff.; siehe oben S. 51 ff., außerdem Kap. 2, Abschnitt II über die Aberkiosinschrift und das H i m m e l s - m a h l).

Der Fisch, den der Schwager Josephs von Arimathia auf die Graltafel dem Gral gegenüber legen soll, bedeutet keine rein leibliche Speise, sondern stellt die Anwesenheit Christi dar nach Augustins Wort in seiner Erklärung des Johannes-Evangeliums: „Der ge-

---

46) Vgl. Hertz, Wolfram von Eschenbach, a. a. O. S. 426 ff.; Wesselofsky, Heimat der Legende vom heiligen Gral, a. a. O. S. 336 f.; Schwietering, Der Fischer vom See Brumbane (Zeitschrift für deutsches Altertum Bd. 60 [1923], S. 259—264).

47) Siehe Alfons M. Schneider, Die Brotvermehrungskirche . . . am Genesarethsee und ihre Mosaiken. Paderborn 1934; dazu Stuhlfauth (Deutsche Literaturzeitung 1935, Sp. 1221 f.).

bratene Fisch ist der gekreuzigte Christus": *Piscis assus Christus est passus* (In Joannis evangelium Tract. CXXIII, Kap. 21, 2; Migne, P.L. Bd. 35, S. 1966). Auch in Christians Gedicht zeigt sich der Gral in einer freilich nicht mehr erklärten Verbindung mit dem Mahl der Gralburgbewohner, an denen er und die blutende Lanze jedesmal vorbeigetragen werden.

Die Darstellung Roberts von Borron weist dem Gral — abweichend von Christian! — nachdrücklich immer wieder eine b e - s e l i g e n d e Wirkung zu auf das I n n e r e der Würdigen, die ihn schauen. Das ist im Sinne der kirchlichen Lehre von der Kommunion. Dieser entspricht auch, allerdings in einer schon zum M a g i s c h e n gesteigerten Form, der gleichfalls Christian fremde Zug, daß der Gral als Prüfstein die Scheidung reiner und unreiner Menschen erkennbar mache, indem nur die ersten seine wohltuende Kraft empfinden, die andern hingegen sie nicht spüren, daß ferner Teilnahme an der Tischgenossenschaft des Grals sündigen Menschen Verderben bringt (vgl. 1. Korinth. 11, 27—34), was am Schicksal des Moses gezeigt wird.

Dabei erscheint ein tiefsinniges, wahrscheinlich altes Motiv in dunklem Sinn: der neben Joseph frei bleibende Platz an der Graltafel soll dem einstigen Sitz des Judas Ischariot entsprechen: als Moses sich auf ihm niederläßt, wird er von der Erde verschlungen; aber dennoch wird einst der Sohn Aleins verkünden, wer diesen Platz einnehmen darf. Man kann zweifeln, wie Robert, wäre er zur Fortführung seines Gedichts in der beabsichtigten Stoffauswahl gekommen, diese Frage entschieden hätte: sollte Aleins Sohn selbst, der Erbe des Grals und Gralkönig, es sein? Oder sollte gar Christus an der Graltafel erscheinen?

Eins ist sicher und sei hier nachdrücklichst festgestellt: bei Robert von Borron durchkreuzen sich zwei Auffassungen des an der Graltafel leer gelassenen Sitzes. Sie sind miteinander unvereinbar und stammen aus verschiedenen Quellen. Die eine läßt den Platz frei bleiben zur Erinnerung an den Sitz des Verräters Judas. Sie wird in Roberts Gedicht wiederholt unmißverständlich ausgesprochen. Die andere, die Robert erst am Schluß bekundet im Hinblick auf die geplante Fortsetzung seines Werkes, gibt dem leeren Sitz eine e s c h a t o l o g i s c h e Beziehung. Diese Auffassung ist (wie so man-

ches in seinem Gedicht; siehe oben S. 452 f. 458 f. 461) die christliche
Umformung einer a l t j ü d i s c h e n religiösen Vorstellung und
eines bis heute gültigen Brauches des jüdischen Ritus. Der leere Sitz
wird beim j ü d i s c h e n P a s s a h m a h l freigehalten für die
Wiederkunft des Propheten Elias [48]), der (nach Maleachi 4, 5 f.; Eclus.
48, 10 f.), bevor „der große und schreckliche Tag des Herrn" und
„das Gericht der Zeiten" da sei, die Menschen untereinander v e r -
s ö h n e n , vor dem Fluch Gottes bewahren, seinen Zorn sänftigen
und den Stamm J a k o b w i e d e r h e r s t e l l e n werde. Auch im
Neuen Testament wird auf diese Erwartung oft Bezug genommen
(Matth. 11, 14; 16, 14; 17, 3. 10 ff.; Mark. 6, 15; 8, 28; 9, 10 ff.; Luk. 9, 8;
Joh. 1, 21; Apok. 11, 3—13) [49]). Die Vorstellung, Elias werde als
einer der b e i d e n B o t e n und V o r l ä u f e r des Messias kurz
vor dem Endgericht wieder auf die Erde kommen (zusammen mit
Henoch oder Moses), dauert (gestützt namentlich durch Mark. 9, 3 f.;
Luk. 9, 30) in der ganzen altchristlichen Zeit und lebt das ganze
Mittelalter durch fort in theologischer lateinischer Literatur, in
Predigt und landessprachlicher Weltgerichts- und Antichristdichtung.
Die Rolle des Elias wird dabei bald als Kämpfer mit dem Antichrist
(z. B. im althochdeutschen *Muspilli*), bald als W i e d e r h e r -
s t e l l e r der ursprünglichen Welt, als V e r s ö h n e r a l l e r M e n -
s c h e n u n d R e l i g i o n e n bestimmt [50]). Roberts von Borron

48) Vgl. hierzu Derenbourg, Le prophète Élie dans le rituel (Revue
des études juives, Tom. II [1881], S. 290—293). Nach Joh. Andr. Eisen-
menger (Entdecktes Judentum. Königsberg 1711. Teil 1, S. 685 f.) wird
bei der Beschneidung, also bei dem heiligen Akt, welcher der christlichen
Taufe entspricht, ein Stuhl für Elias hingestellt (als den Bundeszeugen).

49) Vgl. Emil Schürer, Geschichte des jüdischen Volkes im Zeitalter
Jesu Christi. Bd. 2 ([4] 1907), S. 610 ff.; Wilhelm Bousset, Die Religion des
Judentums im neutestamentlichen Zeitalter. Berlin [2] 1906, S. 266 f.

50) Wilhelm Bousset, Der Antichrist in der Überlieferung des Judentums, des neuen Testaments und der alten Kirche. Göttingen 1895,
S. 134—139; Ernst Wadstein, Die eschatologische Ideengruppe: Antichrist — Weltsabbat — Weltende und Weltgericht in den Haupt-
momenten ihrer christlich mittelalterlichen Gesamtentwicklung. Leipzig
1896, S. 31. 92. 132. 180; Gustav Grau, Quellen und Verwandtschaften
der älteren germanischen Darstellungen des jüngsten Gerichtes.
Halle a. S. 1908, S. 233 ff. (dazu Anzeiger für deutsches Altertum Bd. 35
[1912], S. 192 f.); Gustav Ehrismann, Geschichte der deutschen Literatur
bis zum Ausgang des Mittelalters. Bd. 1 (1918), S. 141—149; Bd. 2, 1 (1922)

zwiespältige Darstellung der Ursache des leeren Platzes an der Graltafel und der künftigen eschatologischen Wiederbesetzung dieses
Platzes kann nur daraus begriffen werden, daß der Dichter aus
zwei verschiedenen Überlieferungen schöpfte und während der mit
Unterbrechung erfolgenden Abfassung seines Werkes wohl auch
den Plan der Erzählung änderte.

Völlig m a g i s c h ist eine andere Eigenschaft, die Robert dem
Gral beilegt: er sichert denen, die ihn mit vollem Verständnis der
geheimen Worte Christi schauen dürfen, insbesondere den Hütern
des heiligen Gefäßes Sieg vor Gericht und im Kampf (V. 921—928;
3050—3054) [51]), ja völlige Unverletzlichkeit ihrer Glieder: *Ne pour-
runt estre forjugié / Ne de leur membres mehaignié* [beschädigt]
(V. 3051 f.; vgl. auch V. 925). Das scheint unvereinbar mit dem bei
Christian, Wolfram und in den meisten Graldarstellungen auftretenden Motiv, daß der von *Perceval* besuchte Herr der Gralburg (der
reiche Fischer Anfortas) schwer verwundet ist und leidet. Aber
Heinzel hat bereits richtig gesehen, daß diese unverletzlich machende
Wirkung auf die Gralhüter nur für diejenigen in Kraft bleibt, die
im Leben gut sich führen *(Cil qui au siecle bien ferunt;* V. 3048),
bei sündigem Verhalten jedoch verloren geht. Es widerspricht also
Roberts Auffassung nicht der Vorstellung, daß der Gralburgherr
an einer Wunde leidet, und wahrscheinlich sollte auch in der von
Robert geplanten Fortsetzung Bron wie jener verwundet werden.
Jedesfalls aber ist dieses von Robert nur angedeutete Motiv ein
Bestandteil älterer volkstümlicher Überlieferung, ja es gehört zum
Kern der materialisierten Kultusmystik, dem die Gralsage entsprang.

Ob die g e h e i m e n W o r t e , die Christus dem Joseph von
Arimathia mitteilt und die der Dichter in bedeutsamem Nachdruck
wiederholt erwähnt, geradezu die Worte der Wandlung (der Transsubstantiation) der Abendmahlselemente in der Messe sein sollen,
wie Heinzel (Gralromane, a. a. O. S. 87) annimmt, lasse ich dahingestellt. Etwas Ähnliches bezeichnen sie gewiß. Aber vielleicht faßt

---

S. 132; Karl Reuschel, Die deutschen Weltgerichtsspiele des Mittelalters
und der Reformationszeit. Leipzig 1906, besonders S. 38. 41. 51 (Teutonia
Heft 4); Ders., Untersuchungen zu den deutschen Weltgerichtsdichtungen
des 11. bis 15. Jahrhunderts. Diss. Leipzig 1905.

51) Nach Heinzel (Gralromane, a. a. O. S. 104) im gerichtlichen Zweikampf.

man sie treffender als die m a g i s c h e F o r m e l einer heiligen
Handlung in einer Art von Ü b e r s a k r a m e n t und erinnert sich
an das vom Dichter nicht näher beschriebene Geheimgebet, das
Christian den Oheim-Einsiedler *Perceval* lehren läßt (V. 6481—6491),
daß nur in höchster Gefahr von ihm gesprochen werden soll.

Roberts von Borron Gedicht führt in der einzigen Handschrift,
die es uns erhalten hat, den Titel „Der Roman der Geschichte des
heiligen Gral" *(Li Romanz de l'estoire dou Graal).* Dieser Titel
entspricht auch der wirklichen Absicht des Dichters bei Abfassung
seines Werkes. Er hatte, wie die immer wiederkehrende Betonung
der Geheimnisse des Grals und die zweimalige Erwähnung des
großen (lateinischen) Buchs darüber in dem auf uns gekommenen
Fragment beweist, sich vorgenommen, die Schicksale des Grals
zu erzählen. Aber sein letztes und eigentliches Ziel war offenbar,
den auserwählten Gralkönig, den Sohn Aleins, der dem *Perceval*
Christians entspricht, als Mitglied der T a f e l r u n d e des b r i t i -
s c h e n K ö n i g s A r t u s zu zeigen. Die Verknüpfung des Grals
mit der Christianisierung Englands durch Bron und seine Genossen
und mit den ritterlichen Heldentaten Königs Artus war ihm der
wichtigste Gegenstand seiner Erzählung. Darum übersprang er die
vier von ihm in seiner Schlußbemerkung aufgezählten anderen Abschnitte und behandelte zunächst die Geschichte von Merlin, dem
britischen Zauberer und Propheten. Schon in der *Historia Brittonum*
(siebentes bis achtes Jahrhundert) und in deren Überarbeitung durch
Nennius (Ende des achten Jahrhunderts) war diese sagenhafte Gestalt des vaterlosen Jungfrauensohns unter dem Namen Ambrosius
eingereiht in die historische Erzählung der Freveltaten des britischen
Königs *Guorthigirnus* [52]). Gottfried von Monmouth hatte dann etwa
zwischen 1130 und 1140 in seiner *Historia regum Britanniae* [53]) die

---

52) Historia Brittonum Kap. 40—48; ed. Mommsen, Monumenta Germaniae historica. Auctores antiquissimi. Bd. 13 (1898), S. 181—192 (= Chronica minora Bd. 3); Gildas, De excidio et conquestu Britanniae Kap. 25;
ebd. S. 40, Z. 12: *Ambrosio Aureliano viro modesto.*

53) Historia regum Britanniae lib. VI, Kap. 17—19; lib. VII, Kap. 1—4;
lib. VIII, Kap. 1. 10—12. 15—17. 19—20; San-Marte [A. Schulz], Gottfrieds
von Monmouth Historia Regum Britanniae. Halle a. S. 1854, S. 89—102.
108—111. 113 f. 117 f.; A. Griscom, The historia regum Britanniae of
Geoffrey of Monmouth. London-New York-Toronto 1929, S. 379—399. 409
bis 414. 417—420. 422—428.

Merlinfabel reichhaltig ausgestattet und die Grundlage geschaffen, auf der Robert von Borron fußen konnte. Dieser hat unmittelbar an die Erzählung der mit Joseph von Arimathia verknüpften Ereignisse bei und nach dem Tode Christi sowie unter der Regierung der römischen Kaiser Titus und Vespasian die Darstellung der wunderbaren Vorgänge aus den Tagen des ins sechste Jahrhundert gesetzten Britenkönigs *Utherpendragon* und seines heldenhaften Sohnes *Arthur* angeschlossen. Wie er den Zwischenraum von fünf Jahrhunderten auszufüllen gedacht hat, können wir mit Sicherheit nicht ermitteln. Wir wissen nicht, was jenes zweimal von ihm als maßgebende Quelle der Gralgeheimnisse gerühmte Buch enthielt. Es ist behauptet worden, daß es jener *livre* gewesen sei, den Christian vom Grafen Philipp von Flandern als Vorlage seines *Perceval* empfing [54]) oder wenigstens mit diesem *livre* auf einer gemeinsamen Quelle beruhe. Eine andere Meinung ging dahin, daß der Prosaroman *Grand Saint Graal (L'Estoire del Saint Graal)* [55]), wieder eine andere, daß der Prosaroman von *Perceval (Le petit Saint Graal* oder *La Quête du Saint Graal par Perceval)* in der sogenannten Didot-Handschrift *(Didot-Perceval)* [56]), der auf eine Prosaübertragung von Roberts Joseph und Merlin folgt, dem Inhalt der von Robert von Borron geplanten Fortsetzung am nächsten stehe. Birch-Hirschfeld versuchte sogar, mit allen philologischen Mitteln zu erweisen, daß Robert diesen *Didot-Perceval* selbst verfaßt habe, und fand dafür die Zustimmung von Gaston Paris [57]). Aber alle diese Annahmen haben keine allgemeine Anerkennung gefunden [58]).

54) Birch-Hirschfeld, Sage vom Gral, a. a. O. S. 194 ff., besonders S. 201 ff.

55) Paulin Paris, De l'origine et du développement des romans de la table ronde. Le Saint Graal (Romania Bd. 1 [1872], S. 481 f.).

56) Hrsg. von E. Hucher, Le Saint-Graal, a. a. O. Bd. 1, S. 415—503 nach der Didot-Handschrift; Jessie L. Weston, The Legend of Sir Perceval. Studies upon its origin development, and position in the Arthurian Cycle. Bd. 2 (London 1909), S. 9—112. Vgl. auch Heinzel, Gralromane, a. a. O. S. 117 f.

57) Birch-Hirschfeld, Sage vom Gral, a. a. O. S. 179—194; Gaston Paris in seiner mit Jacob Ulrich besorgten Ausgabe des Merlin, Roman en prose du XIIIᵉ siècle. Paris 1886. Bd. 1, S. VIII f. XXII.

58) Vgl. Walther Hoffmann, Die Quellen des Didot-Perceval. Dissertation Halle a. S. 1905; H. Oskar Sommer, Messire Robert de Borron und der Verfasser des Didot-Perceval. Halle a. S. 1908; Jessie L. Weston, The

Die Überlieferung in mehreren unserer Handschriften, die den Namen Roberts von Borron als Urhebers mit den in Rede stehenden Prosaromanen verknüpfen, bezeugt immerhin doch das eine: Roberts Gedicht wurde sehr früh zu einem Prosaroman aufgelöst und fortgesetzt in der Absicht, das Fragment im Sinne seines Dichters zu ergänzen und die große Lücke zwischen Joseph von Arimathia (erstes Jahrhundert) und Merlin (sechstes Jahrhundert) auszufüllen.

Wäre man berechtigt, Roberts von Boron dichterische Tätigkeit als freies Erfinden zu betrachten, so würde aus diesem Tatbestand nichts für den Inhalt seiner geplanten Fortsetzung zu erschließen sein. Es würde insbesondere auch sich verbieten, daraus zu folgern, daß die Prosafortsetzungen seiner Dichtung dieser inhaltlich nahestehen müssen. Aber in Wirklichkeit war Robert von Borron keineswegs ein frei schaltender Erfinder. Er war vielmehr an seine schriftliche (lateinische) Quelle [59]) und die ihr zugrunde liegenden Überlieferungen gebunden, schöpfte wohl daneben auch aus mündlichen Erzählungen, was Heinzel (Gralromane, a.a.O. S. 112) richtig folgerte aus seiner Berufung auf g e h ö r t e Erzählungen (oï conter; V. 3486) und auf mancherlei erzählte Worte (meintes paroles contées; V. 3457 f.) über den reichen Fischer. So darf man, scheint mir, vieles, vielleicht sogar alles, was in den uns erhaltenen Fortsetzungen der Borronschen Dichtung zu dem in ihr selbst Erzählten paßt oder damit geradezu übereinstimmt, als alten Bestandteil der mannigfaltig verzweigten Gralüberlieferungen ansehen.

V. Die Legende von Joseph von Arimathia.

Wie kam Robert von Borron zu den beiden Hauptgestalten seiner Dichtung: zu *Alein* (Alan), dem Vater des auserwählten Gralhelden, und zu Joseph von Arimathia?

Legend of Sir Perceval, a.a.O. S. 123—136; dazu E. Brugger (Zeitschrift für französische Sprache und Litteratur. Bd. 36,2 [1910], S. 7—71).

59) Suchier (Zeitschrift für roman. Philologie Bd. 16 [1892], S. 271) betrachtete Roberts Äußerung *se en livre les puis trouver* (V. 3500) als einen „Hinweis auf eine lateinische Quelle, die bloße Fiktion ist". Er teilt diese Zweifelsucht gegenüber solchen Quellenangaben mit seinem Lehrer Zarncke, der z. B. für den *Grand Saint Graal und die Quête du Saint Graal* das lateinische Buch, auf das sie sich berufen, als erfunden ansieht („Zur Geschichte der Gralsage"; P. B. B. Bd. 3 [1876], S. 312. 314).

Ob Golthers Vermutung (Parzival und der Gral, a. a. O. S. 27) zutrifft, daß bei der Wahl des Namens *Alein* der im Alten Testament (Paral. I 15,9; siehe oben S. 458 f. 461) als einer der Söhne Hebrons genannte *Eliel* mitgewirkt hat, bleibt ungewiß. Dagegen führt der Name A l a n u s mit Sicherheit auf keltische Sagenquelle [60]). Ebenfalls dorthin weist *Avaron* (= Avalon) [61]) als Wanderziel des Petrus (siehe oben S. 462 ff.). Joseph von Arimathia wählte Robert aber nicht aus Verlegenheit zum Helden seiner Darstellung, weil kein anderer heiliger Name zur Ergänzung der ihm bekannten und von ihm benutzten Nachrichten des Chronisten Wilhelm von Malmesbury über die (sagenhafte) Christianisierung Englands durch den Apostel Philippus und seine Genossen [62]) frei war oder ihm einfiel. Es ist diese Erklärung tatsächlich wenigstens als eine Möglichkeit hingestellt worden von F r i e d r i c h Z a r n c k e in seinem bedeutenden und weithin die Forschung anregenden Aufsatz „Zur Geschichte der Gralsage" (a. a. O. S. 325—334) [63]). Zugleich aber hat

60) Vgl. Gildas und die Fassung des Nennius der Historia Brittonum; a. a. O. Bd. 13 (= Chronica minora Bd. 3), Register s. v. *Alanus*; Gottfried von Monmouth, Historia regum Britanniae, lib. XII, Kap. 6. 16—18 (San Marte, a. a. O. S. 168. 174 f.; A. Griscom, a. a. O. S. 519 ff. 532 ff. [dazu Deutsche Literaturzeitung 1931, Sp. 273 ff.]). Dazu Ernst Windisch, Das keltische Britannien bis zu Kaiser Arthur. Leipzig 1912, S. 266 und Anm. 1 (Abhandlungen der königl. sächsischen Gesellschaft der Wissenschaften, phil.-hist. Kl. Bd. 29, 6).

61) Nachweise über die alte britische Sage, daß König Arthur nach der Insel Avallon entrückt sei, bei San Marte, a. a. O. S. 417 ff.

62) Wilhelmus Malmesburiensis, De antiquitate Glastoniensis ecclesiae (Migne, P.L. Bd. 179, S. 1681 ff.); Ders., De gestis regum Anglorum (Migne, a. a. O. S. 959 ff.) mit Berufung auf die Weltgeschichte des mit Hrabanus Maurus befreundeten Bischofs Frechulf von Lisieux.

63) Auch Baist äußerte in seinem Zarnckes Beweisführung gerade bekämpfenden Aufsatz „Arthur und der Graal" (Zeitschrift für roman. Philologie, Bd. 19 [1895], S. 331) eine verwandte Ansicht: in der Fabelbildung über das Alter von Glastonbury „war Joseph [von Arimathia] jedenfalls der unsicherste Cantonist. Ich glaube, daß er g a n z w i l l k ü r - l i c h h e r b e i g e z o g e n w u r d e , n u r w e i l e r p o p u l ä r w a r u n d v e r f ü g b a r s c h i e n" [!]. Selbst im Wortlaut klingt der letzte Satz an Zarnckes erst als einleuchtend bezeichnete, dann aber durch die Annahme einer Interpolation ersetzte Auffassung an. Bruce (Evolution of Arthurian romance, a. a. O. Vol. 1 [1923], S. 262—268) betrachtet mit Zarncke die Verknüpfung Glastonburys mit dem Gral als eine Einwirkung der späteren Gralromane. Er leugnet mit größter Bestimmtheit, daß

Zarncke als wirkliche Lösung des Problems empfohlen, die Nachricht über die Verbindung der apostolischen Bekehrung Englands
mit der Person des Joseph von Arimathia, die zuerst in der zwischen
1129 und 1135 verfaßten Schrift Wilhelms von Malmesbury *De antiquitate Glastoniensis ecclesiae* (Über die Altertümer der Kirche von
Glastonbury) erscheint, als eine nachträgliche Interpolation aus den
späteren Gralromanen abzuleiten und erst in das Ende des dreizehnten Jahrhunderts zu setzen. Das Kloster Glastonbury, das alte
britische Sage zu einem Eiland der Feen gemacht hatte und wohin
man Avalon, den Ort der Entrückung und des Todes König Arthurs,
verlegte, sollte also nach Zarnckes Meinung nicht der Ausgangspunkt für die Sage von Joseph von Arimathia in England gewesen
sein, wie vielfach angenommen worden ist, sondern diese Sage sollte
erst unter dem Einfluß der großen Gralromane des dreizehnten Jahrhunderts dort lokalisiert worden sein (a. a. O. S. 332 ff.). Diese
Annahme griff zweifellos fehl.

In dem Benediktinerkloster Glastonbury (in der Grafschaft
Somerset), dessen Ursprung in die F r ü h z e i t d e s b r i t i s c h e n
C h r i s t e n t u m s zurückreicht, hatte dessen Abt Dunstan, der
spätere Bischof von Worcester und London, zuletzt (seit 961) Erz-
bischof von Canterbury, unter König Eadmund (940—946), seinem
Gönner, Beispiel und Anstoß für die Durchführung der Cluniazen-
sischen Reform des Mönchtums gegeben, was dann Dunstans Schüler
Æthelwold zu Abingdon bei Oxford, dem zweiten Reformkloster,
für die landessprachliche Literatur fruchtbar machte [64]). Das Kloster
Glastonbury war jedesfalls als altbritische Gründung und als
Führerin der mönchischen Reformbewegung berufen und befähigt,
schon früh seinen hierarchischen Aufstieg zu erhöhen durch Ver-
herrlichung seiner Vergangenheit und dafür legendär ausgestaltete
Motive der n a t i o n a l e n b r i t i s c h e n Sage zu verwerten.

Der in Glastonbury wehende Cluniazensische Geist hat aber
dort auch jene religiöse Stimmung und Phantasieerregung hervor-

Roberts *vaus d'Avaron* auf Glastonbury anspiele (S. 267). Weder diese
negativen noch seine sich anschließenden positiven Ausführungen sind
überzeugend.

[64]) Bernhard ten Brink, Geschichte der englischen Literatur. (2. Aufl.
hrsg. von A. Brandl.) Straßburg 1899. Bd. 1, S. 120 f.; Alois Brandl, in
Pauls Grundriß der germanischen Philologie Bd. 2, 1 (² 1901—1909), S. 1098.

gerufen oder gefördert, aus denen die G r a l i d e e entsprungen ist. Aus Cluny und den von ihm abhängigen Klöstern Frankreichs und Englands war in der zweiten Hälfte des elften Jahrhunderts die im Abendland neue Sitte aufgekommen, daß die beim Gründonnerstag-Offizium verwendete Eucharistie bis zum Karfreitag aufbewahrt und davor e i n e K e r z e o d e r e i n e L a m p e angezündet werden solle. Das war der Anfang der Verehrung des Allerheiligsten mit dem Leibe des Herrn außerhalb der Feier der Messe, der Anfang der Sitte, vor diesem Allerheiligsten in der Kirche e i n e w i g e s L i c h t brennen zu lassen [65]).

Seitdem Zarncke jene unbegründete, überkritische Verdächtigung des Alters und der Selbständigkeit der an Glastonbury sich knüpfenden Gralüberlieferungen aussprach und Heinzel im Gegensatz zu ihm die Legende von der Bekehrung Englands durch Joseph von Arimathia unbefangen untersuchte [66]), haben William Stubbs in der *Preface* zu seiner kritischen Ausgabe der *Gesta regum Anglorum* und mehrere andere Gelehrte die Schrift Wilhelms von Malmesbury über Glastonbury auf ihren echten Bestand geprüft [67]). Das Ergebnis ist dies: die fraglichen Anspielungen auf die Artussage sind teilweise Nachträge von fremden Händen. Sie entsprangen und dienten dem früh sich auswirkenden Bestreben, das von alten geschichtlichen wie sagenhaften britischen Erinnerungen umkränzte Glastonbury, dem schon die angelsächsischen und die dänischen Könige, später das normannische Herrscherhaus Privilegien und sonstige Gunstbeweise reichlich schenkten, zur Mutterkirche Britanniens zu erheben, deren Ursprung auf das apostolische Zeitalter zurückzuführen und mit dem nationalen Heros des britischen Altertums, dem siegreichen König Arthur, zu verknüpfen.

65) Vgl. Peter Browe, Die Verehrung der Eucharistie im Mittelalter. München 1933, S. 2 f.

66) Heinzel, Gralromane, a. a. O. S. 41—45.

67) Baist, Arthur und der Graal (Zeitschrift für roman. Philologie Bd. 19 [1895], S. 326—345); Thurneysen, Zu Wilhelm von Malmesbury (ebd. Bd. 20 [1896], S. 316—320); dazu Baist (ebd. S. 320 f.); Newell, William of Malmesbury on the Antiquity of Glastonbury (Publications of the Modern Language Association of America Vol. 18 [1903], S. 459—512); Hertha Brandenburg, Galfrid von Monmouth und die frühmittelenglischen Chronisten. Diss. Berlin 1918, S. 10 f. 38—43. 131 ff.

Diese Interpolationen in Wilhelms von Malmesbury Werk lassen
sich festlegen auf das Jahr 1190 oder 1191, wenn man annimmt, daß
sie mit der damals inszenierten Auffindung der Gebeine König
Arthurs unter den in Glastonbury Begrabenen zusammenhängen
(Newell, a. a. O. S. 509 ff.). Sie können aber teilweise auch schon
vorher entstanden sein.

Die Angabe, daß Joseph von Arimathia in England das Christentum gepredigt habe, hat folgenden Wortlaut: „Der heilige Philippus
aber, wie Freculfus im zweiten Buch, im vierten Kapitel bezeugt,
begab sich, um zu predigen, ins Land der Franken und bekehrte dort
viele zum christlichen Glauben und taufte sie. In der Absicht, das
Wort Christi auszubreiten, erwählte er a u s s e i n e n S c h ü l e r n
z w ö l f und schickte sie nach Britannien, um zu predigen die Menschwerdung Jesu Christi ... und das Wort des Lebens nach den Evangelien zu verkündigen. Über sie setzte er, wie man sagt, als Vorsteher seinen liebsten Freund Joseph von Arimathia, der auch den
Herrn bestattete":

> *Sanctus autem Philippus, ut testatur Freculfus libro secundo, capi-*
> *tulo quarto, regionem Francorum adiens gratia praedicandi, plures ad*
> *fidem convertit et baptizavit. Volens igitur verbum Christi dilatari,*
> *duodecim ex suis discipulis elegit ad praedicandum incarnationem Jesu*
> *Christi ... et ad evangelizandum verbum vitae misit in Britanniam:*
> *quibus, ut ferunt, carissimum amicum suum Joseph ab Arimathia, qui*
> *et Dominum sepelivit, praefecit* (De antiquitate Glastoniensis ecclesiae;
> Migne, P.L. Bd. 179, S. 1683 C).

Die zwölf Begleiter Josephs errichteten dann, nachdem sie von
dem barbarischen König eine Insel, umgeben von Wäldern und
Sümpfen, *Iniswitrin* genannt, erhalten hatten, dort unter Beistand
der Mutter Gottes, die ihnen in einer Vision erscheint, zu deren Ehre
eine Kirche.

Mag man nun diese Nachricht Wilhelm von Malmesbury selbst
zuschreiben [68]) oder sie zu den nach seinem Tode vorgenommenen
Interpolationen rechnen, jedesfalls sind diese älter als die großen

---

68) Baist, Arthur und der Graal, a. a. O. S. 344: Sicher dem Text
Wilhelms gehören Joseph von Arimathia an, die Namen *Iniswitrin* [Flur-
name der nächsten Umgebung von Glastonbury, aber verstanden als wallisische Übersetzung von Glastonbury] und *Avallonia*."

Gralromane des dreizehnten Jahrhunderts und nicht durch sie hervorgerufen, wie Zarncke annahm.

Joseph von Arimathia war in England seit langem eine bekannte und beliebte Gestalt aus der Passionsgeschichte Christi. Die Hauptquelle der Sage von ihm, das sogenannte *Evangelium Nicodemi (Gesta Pilati)* wurde von altenglischen Gedichten schon seit dem achten Jahrhundert durch Vermittlung von Homilien benutzt: so von K y n e w u l f s „Christi Himmelfahrt", von dem wenig späteren Gedicht „Höllenfahrt Christi", von dem Gedicht „Christ und Satan" (siehe oben Kap. 19). Im ausgehenden zehnten oder beginnenden elften Jahrhundert wurde es sogar Besitz der landessprachlichen Literatur durch Prosaübersetzung. Auch das inhaltlich verwandte andere apokryphe Evangelium, die *Vindicta Salvatoris* (siehe oben S. 453), wurde gleichzeitig in die Volkssprache übertragen. Das geschah unter der starken Nachwirkung des großen Theologen und vaterländisch gesinnten Volkserziehers Æ l f r i c, der am Ausgang des zehnten Jahrhunderts mitten in den Stürmen der Däneneinfälle eine ergreifende Betrachtung über Christi Auferstehung und Joseph von Arimathia verfaßte [69]).

Die Verbindung der englischen Missiontätigkeit Josephs von Arimathia mit dem A p o s t e l P h i l i p p u s darf man nicht für freie Erfindung der Interpolation in der Schrift *De antiquitate Glastoniensis ecclesiae* halten. Es liegt hier vielmehr offenbar e i n e ä l t e r e S a g e z u g r u n d e, d i e i n d e n O r i e n t w e i s t.

Handschriften des zehnten und elften Jahrhunderts überliefern ein Apokryphon über Joseph von Arimathia in georgischer (grusinischer) Sprache, das aus Palästina stammt, ursprünglich griechisch abgefaßt war und wahrscheinlich eine syrische Fassung zur Grundlage hat [70]). Darin tritt Joseph selbst als Erzähler auf. Er berichtet zunächst, ziemlich übereinstimmend mit dem *Evangelium Nicodemi (Gesta Pilati)* und Roberts von Borron Gedicht, wie er und Nikodemus den Herrn bestattet haben, von seiner Gefangenschaft und

---

69) Siehe Richard Paul Wülcker, Das Evangelium Nicodemi in der abendländischen Literatur. Paderborn 1872, S. 12—18. 72—75; Brandl in Pauls Grundriß, a. a. O. S. 1040—46. 1106. 1109 f. 1117 f.

70) A. Harnack, Ein in georgischer Sprache überliefertes Apokryphon des Joseph von Arimathia (Sitzungsberichte der Preußischen Akademie der Wissenschaften, Jahrg. 1901 [Berlin 1901], Halbbd. 2. S. 920—931); Wesselofsky, Heimat der Legende vom heilgen Gral, a. a. O. S. 325—333.

Befreiung durch Christus, der ihn für f e s t e r i m G l a u b e n
erklärt a l s P e t r u s und ihm deshalb auch f r ü h e r e r s c h i e -
n e n i s t a l s a l l e n J ü n g e r n. Durch ein Erdbeben hebt sich
die Wand des Gefängnisses, und der Herr geht mit Joseph hinaus,
führt ihn bis nach Golgotha, wo das Kreuz war, und spricht: „Ich
gehe zu den Jüngern nach Galiläa, um ihnen meine Hände und
meine S e i t e zu zeigen, denn sie sind alle ungläubig in Bezug
auf mich." Danach verschwindet er. Joseph steigt nun zum Kreuz
empor, sammelt j e t z t e r s t „in einer K o p f b i n d e und einem
g r o ß e n T u c h das teure Blut, das a u s s e i n e r S e i t e geflossen war", und begibt sich in sein heimatliches Dorf Arimathia.
Dort findet er den Nikodemus und andere Jünger Christi. Ihnen
erscheint der Herr wiederum, erfüllt sie durch Anblasen mit dem
Heiligen Geist und befiehlt Joseph, in die Stadt L y d d a [71]) zu
gehen, dort im Hause des Nikodemus zu bleiben und den Apostel
Philippus zu erwarten. Das geschieht. Philippus kommt dorthin,
tauft fünftausend Menschen, überträgt darauf Joseph und Nikodemus die Verkündigung des Himmelreichs in der Stadt Lydda
und ihrer Umgebung, er selbst aber begibt sich nach Caesarea.
Joseph und seine Genossen sind in Sorge, wo sie den christlichen
Tempel bauen sollen. Sie rufen aus Jerusalem den Apostel Petrus
herbei, daß er ihnen rate. Petrus kommt, preist Gott, als er die
unzählbare Schar der Gläubigen sieht, und betet um göttliche Belehrung, wo eine Kirche der Gläubigen errichtet werden solle. Da
befiehlt eine himmlische Stimme, es soll in Betheloe, d. h. in der
Synagoge, nahe dem Haus des Nikodemus, die Kirche erbaut werden.
Die Juden bewegt Nikodemus dem zuzustimmen. Die Synagoge
und das Haus des Nikodemus werden niedergerissen. Petrus nimmt
das Maß, mißt Länge und Breite und beginnt eilig den Tempel zu
bauen. Er spricht zu Nikodemus und den Brüdern: „Ich danke Gott,
denn dies ist die erste Kirche, deren Grund ich mit meiner Hand
gelegt habe, und so wird sie die zweite heißen nach der Kirche
von Jerusalem." Die Sorge für den weiteren Bau der Kirche übertragen Petrus und Nikodemus dann auf Joseph und gehen selbst
nach Jerusalem.

---

71) In Judäa; seit dem dritten Jahrhundert *Diospolis* genannt, heute
Ludd (siehe Hauck, RE. Bd. 9 [1901], S. 559, Z. 9 ff.; S. 584, Z. 7 ff. 46).

Nachdem die Kirche erbaut ist, zieht Joseph mit zwei Begleitern nach Jerusalem zu Jakobus, dem Bruder des Herrn und den andern Aposteln. Sie fordern Petrus, Paulus, Johannes, Andreas und Thomas auf, mit ihnen zu gehen nach Lydda in den Tempel des Bundes. So versammeln sich denn alle im neuen Tempel dort. Petrus, Paulus und die andern Apostel stellen in die Kirche auf der Ostseite einen Tisch, ähnlich einem Altar, Petrus hält die Messe, und sie tun nach der Ordnung der Mysterien.

Gleich darauf brachen in Antiochia Streitigkeiten aus zwischen den Aposteln und den Juden, und die Apostel zogen sich von den Hebräern zurück in allen Städten, Landstrichen und Dörfern. Danach versuchten auch die Juden in Lydda, den Christen die Kirche zu nehmen. Sie wenden sich aus diesem Grunde mit ihren Anklagen an den Statthalter von Caesarea. Er befiehlt, die Kirche zu versiegeln und abzuwarten, ob nach 40 Tagen ein Wunderzeichen den Streit entscheiden werde. Die Christen wenden sich um Hilfe an Maria, Christi Mutter. Sie verspricht, es werde, falls nach Gottes Willen das Haus in Lydda sein Tempel sein solle, dort nach 40 Tagen ihr Bildnis erscheinen. Dies geschieht, und die Kirche fällt an die Christen.

Sehr merkwürdig ist an dieser Erzählung, daß sie Zustände der ersten Anfänge christlicher Kirchenbildung voraussetzt, in denen noch gemeinsame friedliche Benützung eines Tempels durch Juden und Christen stattfinden konnte. Es scheinen hier also Erinnerungen an die früheste altchristliche Zeit bewahrt zu sein.

Dieses syrisch-palästinische Apokryphon ist nach Harnack (a.a.O. S. 920. 921) nicht später, aber auch nicht erheblich früher als im siebenten Jahrhundert abgefaßt; der erste den *Acta Pilati* nachgebildete Teil über Joseph von Arimathia (§ 1—17) „mag bereits dem fünften oder sechsten Jahrhundert angehören". Seine inhaltliche Verwandtschaft mit den Nachrichten in den Schriften Wilhelms von Malmesbury und der Dichtung Roberts von Borron springt in die Augen. In allen dreien ist Josephs Ende und der Ort seines Todes nicht deutlich bezeichnet. In der Einleitung Roberts, die meine obige Analyse (Abschnitt I) nicht berücksichtigte, bekundet sich bei Erzählung der Gründe und des Verlaufes der Menschwerdung Christi eine starke Verehrung der Mutter Gottes; im Apo-

kryphon wie in Wilhelms Schriften spielt die Jungfrau Maria als
Gottesmutter eine entscheidende Rolle, die durch die ihr geweihte
Kirche anerkannt wird. Sehr merkwürdig ist ferner eine andere
Ähnlichkeit zwischen dem Apokryphon und Roberts Gedicht: dort
errichtet Petrus einen Tisch als Altar in der zweiten christlichen
Kirche nach der Kirche in Jerusalem, hält Messe und verfährt nach
der Ordnung der Mysterien (§ 78; Harnack, a. a. O. S. 929); dazu
bildet ein Seitenstück die Darstellung in Roberts Gedicht, daß Joseph
eine Tafel errichtet für den Gral nach dem Muster der Abendmahls-
tafel Christi. Ferner weist die Einleitung Roberts darauf hin, daß,
weil das Sakrament der christlichen Taufe und Ehe nicht ausreiche,
die gebrechliche Menschheit vor Sünde und Verdammnis zu schützen,
auf Gottes Befehl Petrus ein anderes Sakrament nach Art der Taufe
eingerichtet habe, durch das es möglich werde, in Bereuung und
Beichte der Sünde die Gebote der Kirche zu halten und den Himmel
zu gewinnen: *Et Nostres-Sires, qui savoit / Que fragilitez d'omme*
estoit / Trop mauveise, et trop perilleuse / Et à pechié trop enclin-
euse / (Car il couvenroit qu'il pechast), / Vout que sainz Pierres
commandast / De baptesme une autre menniere: / Que tantes foiz
venist arriere / A confesse, quant pecheroit, / Li hons, quant se
repentiroit / Et vouroit son pechié guerpir / Et les commandemenz
tenir / De sainte Eglise: ainsi pourroit / Grace à Dieu querre, et
il l'aroit (V. 179—192).

Es ist damit das Bußsakrament gemeint. Diese starke Hervor-
hebung des Apostel Petrus bereitet dabei eine gewisse Schwierigkeit, da im Verlauf der Erzählung Roberts als Genosse Josephs
ein Mann mit dem Namen Petrus eine bedeutsame Rolle spielt, von
dem es fraglich ist, ob er dem Apostel gleichzusetzen ist. Jedesfalls
kann es aber kaum Zufall sein, daß sowohl im syrischen Joseph-
Apokryphon des fünften oder sechsten Jahrhunderts als in Roberts
Gedicht Joseph neben und im Bunde mit einem Petrus auftritt, daß
hier wie dort dieser Petrus Joseph verläßt und in der Welt umher-
zieht. Man wird angesichts des alten syrischen Joseph-Apokryphon
nicht zweifeln dürfen, wer dieser Petrus in Roberts Gedicht ursprünglich ist. Ihm wird bei Robert der Himmelsbrief gesandt; er
soll, bevor er seine Weltwanderung antritt, Zeuge sein der Übergabe
des Grals an Josephs Schwager Bron; ihm soll jener Brief aber
erst seinem wahren Inhalt nach verständlich gemacht werden durch

den einstigen Sohn Aleins und Enkel Brons, den ersehnten Gralkönig der Zukunft. D i e s e r P e t r u s k a n n i m G r u n d e n u r
d e r A p o s t e l P e t r u s s e i n, wenn er auch scheinbar (V. 2571)
von dem vorher genannten Apostel unterschieden werden soll
(Heinzel, Gralromane, a. a. O. S. 100); Roberts geheimnisvolle Andeutung einer endlichen Wiedervereinigung von Alein, Petrus, Bron
und Moses, dem symbolischen Vertreter des Judentums, um den
künftigen letzten Gralhüter kann nur ein Ausblick sein in die
E n d z e i t a l l e r i r d i s c h e n D i n g e.

Im Epilog zum Josephgedicht Roberts heißt es: „Und was aus
Moses geworden ist, der so lange verloren war: ihn muß man finden
auf Grund des Worts [der heiligen Schrift], so sagt man, dort,
wohin der reiche Fischer zieht" (also am Sitz des Grals): *Que Moyses
est devenuz, / Qui fu si longuement perduz: / Trouver le couvient
par reison / (De parole, ainsi le dist-on) / Lau li riches Peschierres va*
(V. 3473—3477) [72]. Das „Wort", auf das Robert sich hier beruft,
ist die Weissagung des Paulus:

„Nun frage ich: hat Gott sein Volk verstoßen. Nimmermehr! ... Gott
hat sein Volk nicht verstoßen. ... Ich will euch, meine Brüder, dieses
Geheimnis nicht vorenthalten, damit ihr euch nicht auf eure Gedanken
verlasset, nämlich: Verstockung ist zu einem Teil über Israel gekommen
bis dahin, daß die Fülle der Heiden wird eingegangen sein; und alsdann
wird ganz Israel gerettet werden, wie geschrieben steht: ‚Kommen wird aus
Zion der Erlöser, abwenden wird er die Gottlosigkeit von Jakob, und dies
ist mein Testament mit ihnen, wenn ich ihre Sünden werde wegnehmen.'
So sind sie dem Gang des Evangeliums nach zwar Feinde um euretwillen,
der Erwählung nach aber Lieblinge um der Väter willen. ... So wie ihr
einst Gott nicht gehorchet, jetzt aber Erbarmen erlangt habt durch den
Unglauben jener, so haben auch sie jetzt nicht geglaubt an das euch zu
Teil gewordene Erbarmen, damit sie dadurch auch selbst Erbarmen finden.
Denn Gott hat alle beschlossen unter den Unglauben, damit er sich aller
erbarme."

*Dico ergo: Numquid reppulit Deus populum suum? Absit! ... Non
reppulit Deus plebem suam, quam praesciit. ... Nolo enim vos ignorare,
fratres, mysterium hoc, ut non sitis vobis ipsis sapientes: quia caecitas ex
parte contigit in Israhel, donec plenitudo gentium intraret et sic omnis
Israhel salvus fieret, sicut scriptum est: ‹Veniet ex Sion, qui eripiat, et
avertat impietatem ab Jacob: Et hoc illis a me testamentum: cum abstulero
peccata eorum›* [Psalm 13, 7; 52, 7]. *Secundum evangelium quidem inimici*

---

72) Vgl. Gerhard Gietmann, Ein Gralbuch. Freiburg i. Br. 1889, S. 549
bis 552.

propter vos; secundum electionem autem carrissimi propter patres. ...
*Sicut enim aliquando et vos non credidistis Deo, nunc autem misericordiam
consecuti estis propter illorum incredulitatem, ita et isti nunc non crediderunt in vestram misericordiam, ut et ipsi misericordiam consequantur.
Conclusit enim Deus omnia in incredulitatem, ut omnium misereatur* (Röm.
11, 1. 2. 25—32; vgl. auch Röm. 9 passim).

Die hier festgestellte Übereinstimmung zwischen Hauptmotiven
der Josephdichtung des in England lebenden und begüterten Pikar-
den Robert von Borron und dem Inhalt des syrischen Joseph-Apokryphon aus dem fünften oder sechsten Jahrhundert zwingt uns,
anzunehmen, daß die in England früh bekannte und beliebte Joseph-
legende (siehe oben S. 488 f.) aus syrischer Quelle stammt oder
wenigstens teilweise durch syrische Überlieferung befruchtet ist.
Dabei könnten allerdings Byzanz oder Frankreich oder auch beide
als Vermittler gewaltet haben. Das kann uns nicht in Erstaunen
versetzen. Denn wir erinnern uns der oben bereits wiederholt entgegentretenden Beziehungen zwischen Irland-England und Syrien
(siehe oben z. B. Kap. 19 und 20 passim).

Auf orientalische (syrische oder byzantinische) Quellen scheint
auch der vom Himmel herabkommende Brief für Petrus zurück-
zugehen, und die Angabe, Christi Abendmahl habe im Hause Simons
des Aussätzigen stattgefunden, entspricht der Vorstellung einer
byzantinischen Miniatur des neunten Jahrhunderts zu der Osterfest-
rede Gregors von Nazianz [73]).

VI. Die Anknüpfung an die Arthursage.

Aus Vorstehendem ergibt sich, daß die Fabelbildung über den
frühchristlichen Ursprung der Kirche von Glastonbury weit zurückreicht. Eine Musterung der englischen Chroniken und Heiligen-
legenden bestätigt und steigert diese Erkenntnis in überraschender
Weise [74]). Schon wenige Jahre nach der ersten Fassung von Wilhelms von Malmesbury *Gesta regum Anglorum* hat (etwa 1130) Heinrich von Huntingdon in seiner *Historia Anglorum* König Arthur

---

73) Wesselofsky, Der „Stein Alatyŕ" in den Localsagen Palästinas
und der Legende vom Gral, a. a. O. S. 61, Anm. 1; Heinzel, Gralromane,
a. a. O. S. 110.

74) Vgl. zum Folgenden Hertha Brandenburg, Galfrid von Monmouth,
a. a. O. S. 11—22. 24—27. 31—38. 127—136.

nicht bloß wie Nennius als *dux militum et regum Britanniae,* sondern
darüber hinausschreitend als „unbesiegbar" gefeiert. Dann wurde
das märchenvolle Geschichtswerk des Walisers Gottfried von Monmouth, das zwischen 1118 und 1135/36 die literarische Grundlage
für die Artussage schuf und dessen Verfasser als B i s c h o f von
St. Asaph starb (vgl. oben S. 482 f. und unten S. 499), eine viel
benutzte, aber auch bereicherte Quelle chronistischer Darstellungen.
Der Normanne Geffrei Gaimar schrieb um 1147 auf Wunsch der
Gemahlin seines Gönners Ralf Fitz Gilbert, eines Adligen aus
Lincolnshire, eine Geschichte Englands in normannischen Versen
(Lestorie des Engles), worin er den ritterlichen Roman Gottfrieds
von Monmouth als geschichtliche Quelle ausschöpfte, aber auch über
diesen hinaus die Arthursage verquickte mit der Haveloksage nach
einem normannischen Lai. Vom Heiligen Dubricius, dem angeblichen
Gründer des Bistums Landaff, war anläßlich der Translation seiner
Gebeine dorthin im Jahre 1120 eine *Vita* verfaßt worden. Um 1150
schrieb Benedikt von Gloucester eine zweite *Vita,* worin er jene
erste Lebensbeschreibung ungescheut auffüllte mit den Arthurfabeln
Gottfrieds von Monmouth, jedoch sie mit Zusätzen versah, die des
Heiligen Anteil und Unterstützung bei Arthurs Taten hervorheben.

Noch greifbarer zeigt sich das Ineinanderfließen von Arthursage
und kirchenpolitischen Bestrebungen in der zweiten *Vita* des walisischen Heiligen und Chronisten Gildas, der im sechsten Jahrhundert
lebte und Gründer sowie Abt des Klosters Ruys bei Vannes in der
Bretagne gewesen ist. Dessen erster Biograph, ein Mönch des Klosters
Ruys [75]) im elften Jahrhundert, erwähnt nichts von Arthur und
seinen Beziehungen zu Gildas. Hingegen die jüngere *Vita* des Heiligen, die um 1160 Caradoc im walisischen Kloster Lancarvan verfaßte [76]), verflicht das Leben ihres Helden mit König Arthurs Taten.
Der Verfasser lebte gleichzeitig mit Gottfried von Monmouth,
schöpfte aus dessen *Historia regum Britanniae* und wurde seinerseits von diesem als der berufene Darsteller der walisischen Ge-

---

75) Vita Gildae auctore Monacho Ruiensi; ed. Mommsen, Monumenta
Germaniae historica. Auctores antiquissimi. Bd. 13 (1898), S. 91—106
(= Chronica minora Bd. 3).

76) Vita Gildae auctore Caradoco Lancarbanensi; ed. Mommsen, Monumenta Germaniae historica. Auctores antiquissimi. Bd. 13 (1898), S. 107—110
(= Chronica minora Bd. 3).

schichte seit dem Eindringen der Sachsen bezeichnet. Seine Gildas-
biographie verherrlicht die Klöster Glastonbury und Lancarvan.
Er weiß zu erzählen von dem Widerstand der Brüder des Gildas
gegen König Arthur, deren ältester von Arthur im Kampf getötet
worden sei, von der Verzeihung, die Gildas, als Arthur *dolens et
lacrimans* Versöhnung suchte, ihm gewährte, und von dessen dadurch bewirkter Besserung. Diese rührende Geschichte war keine
freie Erfindung. Sie ging, wie es scheint, zurück auf eine kymrische
Überlieferung [77]. Weiter erzählte Caradoc, Gildas sei in Glaston-
bury gewesen, als es von Arthur, dem Herrn von Cornwall und
Devon, belagert wurde, weil König Melwas von Somerset Arthurs
Frau *Guennuvar (Guiniver)* geraubt und dorthin als in ein durch
Röhricht, Fluß und Sümpfe gesichertes Heiligtum gebracht hatte.
Der Abt von Glastonbury und Gildas vermitteln, versöhnen beide
Könige und geben die geraubte Gattin an Arthur zurück. Beide
Könige schenken darauf dem Kloster Glastonbury zum Dank *multa
territoria,* beten in der M a r i e n k i r c h e daselbst, von deren Vor-
geschichte oben (S. 488) die Rede gewesen ist, und geloben, „diesen
heiligsten Ort niemals zu verletzen, auch nicht durch Unterwerfung
unter den Hauptort" *(loco principali),* d. h. Rom. Auch diese Ent-
führungsgeschichte findet sich nicht bei Gottfried von Monmouth
und scheint kymrischer Sage entnommen zu sein (Windisch, a. a. O.
S. 144).

Man sieht, wie hier die hierarchische Selbständigkeitsbegierde des
von der normannischen Königsfamilie begünstigten reichen Klosters
Glastonbury, die schon Zarncke betont hatte, sich der neuen, literarisch festgelegten ritterlichen Arthursage mit eigenem Weiterdichten
bemächtigte. Es geschah dies aus der gleichen, zugleich kirchlichen,
dynastischen und nationalen Politik, die St. Denis antrieb, sich dem
Kaiserdom in Aachen gleichzustellen (vgl. oben S. 380 ff.). Mit
St. Denis wiederum zu wetteifern, trachtete das Kloster Glastonbury,
wie eine oft (auch von Zarncke) herangezogene Erzählung in einer
der Interpolationen von Wilhelms von Malmesbury Schrift *De antiquitate Glastoniensis ecclesiae* höchst ausdrucksvoll berichtet, um
dadurch das angeblich apostolische Alter Glastonburys zu erweisen.
Als dort Heinrich von Blois (1126—1171) als Abt waltete, ein Neffe

---

77) Vgl. Windisch, Das keltische Britannien, a. a. O. S. 39 f. 69.

König Heinrichs I. Plantagenet und Bruder von dessen Nachfolger König Stephan, habe ein Mönch aus Glastonbury das Kloster St. Denis bei Paris besucht, und nachdem er, von einem dortigen Mönch nach seiner Heimat befragt, sich als Angehöriger des Klosters Glastonbury bekannt hatte, wurde ihm geantwortet: „Diese Kirche hier des glorreichsten Märtyrers [S. Dionysius] und jene Kirche, von der du redest [Glastonbury], haben dieselbe Würde des Vorrangs *(eandem privilegii dignitatem):* diese hier in Frankreich, jene in Britannien, sind zu ein und derselben Zeit entstanden und vom höchsten erhabnen Bischof geweiht. Um einen Grad jedoch ragt jene [Glastonbury] hervor, wird sie doch das z w e i t e R o m genannt *(Roma secunda vocatur)."* Das weist auf den Glauben, Glastonbury sei eine Gründung Josephs von Arimathia, des Genossen des Apostels Philippus, und teilt diesen Glauben, den auch Roberts von Borron Graldichtung voraussetzt und auf eigene Art anschaulich begründen will. Man erinnere sich, wie die alte syrische Fassung des Apokryphon über Joseph von Arimathia die von Petrus, Nikodemus und Joseph erbaute Kirche in Lydda rühmt als „z w e i t e   K i r c h e   n a c h   J e r u s a l e m". Zeitgemäß gewandelt kehrt diese hierarchische Rangabstufung im zwölften Jahrhundert auf anglonormannischem Boden wieder.

Im Jahre 1177 ließ der Abt Benedikt des Klosters Peterborough eine Abschrift der anscheinend von einem Hofbeamten König Heinrichs II. Plantagenet verfaßten *Gesta regis Henrici II. et Ricardi I.* herstellen. Diese geben zum Jahre 1191 einen Bericht, der lehrt, wie hoch man damals bei Hofe König Arthur ehrte und den Fund angeblicher Reliquien aus seinem Besitz politisch ausnutzte. Im genannten Jahr hat König Richard Löwenherz dem König Tancred von Sizilien in Catania das vorzügliche Schwert Arthurs *(gladium optimum Arcturi),* das den britischen Namen *Caliburnus* führte, als Geschenk überreicht im Tausch gegen einen kleinen Ring. Dieser Ring mochte einen kostbaren Edelstein enthalten, dem man vielleicht magische Kraft zuschrieb, so daß diese Gegengabe an Wert nicht allzu weit zurückblieb. Daß der englische König „einen Nationalbesitz unveräußerlicher Art ... ins Ausland schenkte"[78]), darf man nicht mit modernem Sinn beurteilen. Es brachte dieses Geschenk

---

78) Hertha Brandenburg, Galfrid von Monmouth, a. a. O. S. 37.

zum Ausdruck, daß der normannische König Englands sich dem normannischen König Siziliens stammverwandt fühlte und auch durch ein festes politisches Band Sizilien dem englischen Herrscherhaus verknüpfen wollte. Die sagenhafte Reliquie des Königs Arthur ist hier geradeso ein dynastisches und politisches Werkzeug, wie es die heilige Lanze in ihren verschiedenen Gestalten ist.

Seit dem Ende des zwölften Jahrhunderts ist die Arthursage in England eine n a t i o n a l e und p o l i t i s c h e Macht. Selbst diejenigen Chronisten, die gegen die volle Wahrheit des Geschichtsromans von Arthur in der *Historia* des Gottfried von Monmouth [79]) Zweifel äußerten, reihten die angeblichen Feldzüge Arthurs gegen Gallien, seine Herrschaft über Irland ein unter die geschichtlichen Tatsachen: so Ralph von Diceto um 1188, Richard von Devizes um 1190. Und die Ansprüche König Heinrichs II. Plantagenet auf Anjou, Maine und Touraine rechtfertigte der Letztgenannte dadurch, daß König Arthur diese Gebiete beherrscht habe.

Zweifellos besteht ein Zusammenhang zwischen Roberts von Borron Joseph-Gedicht, das Petrus nach Avalon ziehen und dort seine Ruhestätte finden läßt, und den Glastonbury-Fabeln in der Überarbeitung von Wilhelms von Malmesbury *De antiquitate Glastoniensis ecclesiae.* Aber daß Robert unmittelbar aus dieser handschriftlichen Quelle geschöpft [80]) oder daß er ein anderes, wie immer geartetes lateinisches Buch über Glastonbury, einen *Liber Glastoniensis,* als Vorlage benutzt [81]) habe, bleibt ungewiß. Grundsätzlich halte ich den heute von vielen Forschern bekundeten Unglauben gegenüber den Berufungen der Gralromane auf lateinische Vorlagen nicht für berechtigt. Ich selbst habe zwar vor vielen Jahren „die fingierte urkundliche Beglaubigung" als ein Motiv des antiken Romans nachgewiesen und gezeigt, wie es dann die Apokryphen und Legenden

79) Historia regum Britanniae lib. IX, Kap. 1 bis lib. XI, Kap. 2; San Marte, a. a. O. S. 121—157; Griscom, a. a. O. S. 432—501.

80) So nach Newell, The legend of the Holy Grail, a. a. O. S. 93 (dazu Ders., William of Malmesbury on the Antiquity of Glastonbury, a. a. O. S. 510 f.).

81) So nach G. Baist, Arthur und der Graal (Zeitschrift für roman. Philologie Bd. 19 [1895], S. 344; dazu besonders Bd. 32 [1908], S. 231; Literaturblatt für german. und roman. Philologie 1892, S. 160).

sowie später die mittelalterlichen Spielmannsepen übernahmen [82]). Auch in den Gralromanen erscheint es mehrfach und teilweise gewiß in unglaubwürdigster Fassung. Aber in Bausch und Bogen nun alle Quellenberufungen der Graldichter für solche Fiktion zu erklären, scheint mir unerlaubt. Christians von Troyes *livre* des Grafen Philipp darf man nicht anzweifeln. Ebensowenig „das große Buch der großen Kleriker", das Robert von Borron erwähnt (siehe oben S. 456 f.). Wir sind durchaus genötigt anzunehmen, daß sich die Gralvorstellungen wie die Artussage nicht bloß in mündlicher Überlieferung, sondern entscheidend gerade in lateinischen Schriften entwickelt hat. Gottfried von Monmouth berief sich wiederholt auf einen *Britannici sermonis liber vetustissimus* als seine Hauptquelle, die ihm der Archidiakon Walther von Oxford aus der Bretagne *(ex Britannia)* herbeigeschafft habe. Dieses Buch in britischer Sprache setzte ihn in den Stand, für die Darstellung der Geschichte der britischen Könige die historischen Werke seiner Zeitgenossen, nämlich des Caradoc von Lancarvan *Vita* des Gildas, des Heinrich von Huntingdon *Historia Anglorum* und des Wilhelm von Malmesbury *Gesta regum Anglorum,* zum Schweigen zu verurteilen. Seine eigene Arbeit gibt sich aus für eine Übersetzung jenes britischen Buchs, benützt aber vielfach den Gildas, die *Historia Brittonum* und Nennius sowie Beda wörtlich. Was hinter jenem *liber vetustissimus* steckt, wissen wir nicht. Der letzte Herausgeber Gottfrieds von Monmouth, Griscom, schenkt der Angabe Gottfrieds vollen Glauben, wird aber dafür schwerlich Beifall finden. Wie dem auch sei, älteren britischen Traditionen über Arthur als siegreichen Kämpfer gegen Römer und Sachsen, als Herrscher über England und Irland konnte Gottfried sicherlich die Grundlage seiner fabulosen Geschichtschreibung entnehmen. Die geradezu ungeheure Weltwirkung, die von ihr ausging und zunächst in der Bretagne wie in Frankreich üppig Frucht trug, begreift man nur, wenn man sich vor Augen stellt, wie erstaunlich umfassend und tief die lebendige, ja leidenschaftliche Begierde nach diesem Stoff der mit der Gralidee umstrahlten Artussage, der das neue Ideal des Rittertums vergegenwärtigte, die führenden Stände Frankreichs, Englands, Deutschlands durchdrang und erregte. Es ist oft dargestellt worden und allgemein bekannt, daß

---

82) Burdach, Vorspiel. Gesammelte Schriften zur Geschichte des deutschen Geistes, Bd. I, 1 (1925), S. 117. 137. 141. 285, Anm. 2.

in dieser Zeit des anglonormannischen Königreichs (1066—1204), in der Zeit der Kreuzzüge, des Rittertums und der geistlichen Ritterorden Könige, Fürsten, Adel im Verein mit den Geistlichen, Bischöfen wie Mönchen, voll Eifer und Freude das literarische Schaffen im Sinne und im Dienste dieses neuen Lebensgefühls und dieser höfischen Weltanschauung förderten.

Christian von Troyes empfing die Vorlage seines Romans von dem Grafen Philipp von Flandern, Robert von Borron dichtete an seinem „Joseph" für Gautier von Montbéliard, Grafen von Montfaucon. Sie zeigen so vorbildlich das sich dann mehrfach wiederholende Zusammenwirken der Dichter und der Fürsten für die Verbreitung der neuen Sagen. Beide zusammen verkörpern die zwei Hauptrichtungen der literarischen Gralgestaltung: Christian die höfisch-ritterliche, in der Gralburg und Artushof nebeneinander stehen und als Held und Anwärter auf das Gralkönigtum *Perceval* die erste Rolle spielt; Robert die legendarische, in der durch Joseph von Arimathia, Hebron, Alein und Petrus der Gral angeknüpft wird an die Passion Christi, und die Feeninsel Arthurs, Avalon, nur als Ausblick in die Zukunft erscheint. Christian und Robert ergänzen einander gleichsam: jener bietet eine fragmentarische Biographie des vom Artusritter zum Gralkönig aufsteigenden *Perceval*; dieser die Vorgeschichte des Grals und die Entstehung der Graltafel.

Wie ist ihr Verhältnis zueinander literargeschichtlich zu beurteilen? Wer von beiden steht zeitlich voran? Hat einer den andern beeinflußt? Auf alle diese Fragen vermögen wir nicht mit Sicherheit zu antworten. Die uns verfügbaren biographischen Zeugnisse über die beiden Dichter erweisen sie als Zeitgenossen. Manche Gelehrte halten Christian für den älteren, seinen „*Perceval*" für früher entstanden als Roberts „Joseph", vermuten wohl gar mit Suchier (siehe oben S. 467), daß Robert seine Dichtung im Hinblick auf den „*Perceval*" als eine Ergänzung dazu verfaßt habe. Andere erklären Borrons „Joseph" für älter.

Innere Gründe aus Erwägung der Entwicklung der französischen Literatur können natürlich diese Frage der Zeitbestimmung und etwaiger Beeinflussung nicht endgültig entscheiden. Aber da Nachweise einer wirklichen Abhängigkeit des einen vom andern aus Inhalt und Form ihrer Gedichte sich nicht erbringen lassen, darf man wenigstens dies eine sagen: nach dem Gang der Entwicklung

der französischen Literatur könnte Roberts „Joseph" recht wohl
dem „Perceval" Christians voranzusetzen sein. Wie es sich auch
damit verhalte, bei aller anscheinend unvereinbaren Verschiedenheit stehen sich diese beiden ältesten Gralgedichte doch in ihrer
Grundauffassung des Gralgeheimnisses nahe.

Daß in Christians „Perceval" Gral und blutende Lanze vom
Dichter als durch ein innerliches Band zusammengehörend gedacht
sind, habe ich oben (Kap. 26) nachgewiesen. Gleiches gilt für das
Josephgedicht Roberts von Borron. Man hat zwar oft gesagt: in
Roberts „Joseph" erscheine der Gral ohne die Lanze, daraus ergebe
sich, daß Gral und Longinus-Lanze nach seiner Darstellung innerlich nicht verbunden sind, daß die Lanze ursprünglich nicht zum
Gral gehört hat, vielmehr erst durch allmähliche „Verchristlichung"
oder „Legendarisierung" ihm als Fremdkörper angefügt sei. In
Wirklichkeit trifft das aber nicht zu: die Einführung des Joseph von
Arimathia in die Gralsage stammt aus demselben religiösen Ideen-
kreis wie die heilige Lanze, die Christi Seite öffnete, und der Gralkelch, der das ihr entströmende Blut und Wasser auffing.

Es ist schon oben (S. 451 ff.) dargelegt, daß nach Roberts Darstellung Joseph von Arimathia, als er das Blut des Herrn auffing, sich
das Stabwunder des Moses am Felsen der Wüste vor Augen stellte,
d. h. daß er das Blut aus der Seitenwunde Christi, das die Lanze
des Longinus hatte hervorströmen lassen, in sein Gefäß gesammelt
hat. Was hier nur zu erschließen ist, meldet die oben (Abschnitt V)
besprochene syrische Fassung der Legende von Joseph von Arimathia deutlich: das aus der Seite Christi geflossene Blut allein ist
es, das Joseph in Binden und Tüchern sammelt.

Ich habe gezeigt, wie Christians Gralauffassung in dem liturgischen
Drama des Karfreitagsoffiziums wurzelt: in diesem wird der Speerstich des Longinus nach dem Johannis-Evangelium erzählt. Ebenda
wird aber auch der evangelische Bericht über die Grablegung des
Herrn durch Joseph von Arimathia und Nikodemus vorgetragen
und dramatisch dargestellt (siehe oben Kap. 9). Uns Modernen liegt
dieser Zusammenhang fern, weil Longinus, Joseph von Arimathia,
Nikodemus und ihre Handlungen für uns weit entrückt und kaum
noch Schatten sind. Das Zeitalter der Kreuzzüge, der Pilgerfahrten
und des Reliquienkultus aber lebte in den Berichten und szenischen
Vorführungen der Karfreitagsliturgie.

Es läßt sich somit ein Siebenfaches als Bestandteile der Gralsage des ausgehenden zwölften Jahrhunderts feststellen: 1. eine o r i e n - t a l i s c h e , p a l ä s t i n i s c h - s y r i s c h e Wurzel; 2. eine Verbindung orientalischer Phantasiegebilde mit k e l t i s c h - e n g - l i s c h e r Fabelbildung teils dynastischer, teils kirchlicher Art von n a t i o n a l e r Färbung; 3. ein e s c h a t o l o g i s c h e r Zug, der in Christians „*Perceval*" geheimnisvoll mit der Grallanze, in Roberts „Joseph" mit dem Gralkelch in Händen seines letzten Hüters ebenso geheimnisvoll verknüpft ist; 4. ein u n i v e r s a l e r Drang nach V e r s ö h n u n g der Völker und Religionen, den aber die einzelnen Graldarstellungen in verschiedenem Grade und verschiedener Form bekunden und der am stärksten bei Kyot = Wolfram hervortritt; 5. eine r e l i g i ö s e Grundidee der menschlichen Entsündigung durch Beteiligung an einem m y s t e r i e n h a f t e n Vorgang mit m a g i - s c h e r Wirkung auf das leibliche und seelische Wohlbefinden, der überall, wenn auch sehr abgestuft, als eine l i t u r g i s c h e H a n d - l u n g , als eine Art Ü b e r s a k r a m e n t i n g n o s t i s c h e m G e i s t e nach dem Vorbild der christlichen Eucharistie hervortritt (Herbeitragen von **Gral, Lanze, Teller, Hostie** bei Christian; Gralkelch mit dem Blut des Herrn, Patene, Graltafel bei Robert); 6. eine traditionalistisch erstarrte und verdunkelte Symbolik a l t c h r i s t - l i c h e n Ursprungs („Der reiche Fischer"); 7. zwei heilige Geräte aus der Passion Christi (die Lanze des Longinus bei Christian; der Blutkelch des Joseph von Arimathia bei Robert von Borron), die beide in dem aus der Kirche von Jerusalem stammenden, durch byzantinische Vermittlung in die abendländische Feier aufgenommenen Karfreitagsoffizium vereint dramatisch inszeniert werden.

Auf Grund dieser siebenfachen Feststellung läßt sich erschließen: die aus liturgischer Quelle stammende Pilgersage vom heiligen Gral und der heiligen Lanze hat sich im Bereich der französischen Sprache in zwei Zweigen entwickelt: der eine Zweig stellt den Gral ohne weiteres unmittelbar hinein in die abenteuervolle Artuswelt, die ein Spiegelbild ist der ritterlichen Gegenwart (Christians „*Perceval*" und dessen Fortsetzungen); der andere Zweig greift zurück in die altchristliche Urgeschichte des Grals, seine Begründung durch Joseph von Arimathia und hüllt um die spätere Entwicklung in ritterlichen Abenteuern den geistlichen Schleier (so nach Robert in den übrigen französischen Gralromanen).

Die Gralvorstellung in Wolframs von Eschenbach Parzivaldichtung.

I. Der Gral und die blutende Lanze.

Unbestritten sind Christians von Troyes und Roberts von Borron Dichtungen die beiden ältesten überlieferten literarischen Zeugen für die Gralsage. Beiden gemeinsam ist der r e l i g i ö s e Charakter des Grals und zwar im inneren Zusammenhang mit derjenigen Form der c h r i s t l i c h e n L i t u r g i e, die den Tod des Erlösers und Unsterblichkeitsbringers darstellt und feiert. Das Geheimnis des Grals ist nach Christians Absicht (wie oben Kap. 26, Abschnitt II gezeigt wurde) nur dem zugänglich, der das mystische Wunder des K a r - f r e i t a g s g o t t e s d i e n s t e s erlebt und voll erfaßt hat. Das Geheimnis des Grals ist nach Robert beschlossen im S a k r a m e n t d e r M e s s e, das immer wieder aufs neue den Opfertod des göttlichen Messias vollzieht. Bei Christian steht ferner an erster Stelle die L a n z e, das Werkzeug der die grundlegenden beiden kirchlichen Sakramente der Taufe und der Eucharistie erzeugenden Feststellung des T o d e s C h r i s t i. Hier ist also — wenn auch ungenannt — im Hintergrund der wahrscheinlich mit dem Hauptmann der synoptischen Evangelien zusammengeworfene L a n z e n - t r ä g e r L o n g i n u s gedacht. Das verrät sich in dem bewahrten alten volkstümlichen Motiv der Longinus-Blutsegen (siehe oben Kap. 25): die Blutstropfen träufeln von der Lanze bis auf die Hand des Trägers herab (siehe auch oben Kap. 20). Bei Robert ist ein späterer Abschnitt der Passion festgehalten und als Quelle des Gralwunders verklärt: die Sammlung des B l u t e s d e r S e i t e n - w u n d e und der anderen Wunden des gekreuzigten Heilands im Abendmahlskelch. Hier ist J o s e p h v o n A r i m a t h i a, der biblische H e l d d e r G r a b l e g u n g C h r i s t i, also die Hauptperson.

Bei dem dritten großen und mit Namen bekannten Gestalter der Gralsage, dem deutschen Dichter W o l f r a m v o n E s c h e n b a c h, steht wieder der h e i l i g e K a r f r e i t a g im Mittelpunkt der Handlung, welcher gleichfalls die enge Verknüpfung von G r a l und b l u t e n d e r L a n z e zugrunde liegt. Schon hieraus ergibt sich eine nahe Beziehung Wolframs zum *Perceval*-Roman Christians von Troyes [1]), die durch den parallelen Aufbau der beiden Dichtungen noch vertieft wird. Daß Christian hier zunächst der Gebende, Wolfram der Nehmende ist, kann keinem Zweifel unterliegen. Aber wiederholt und zuletzt besonders durch G. Weber [2]) ist eindeutig nachgewiesen worden, daß die stoffliche Abhängigkeit des deutschen Autors von seiner französischen Vorlage keineswegs als sklavische Nachbetung bezeichnet werden darf. Wolfram erweist sich auch da selbstschöpferisch, wo er zunächst dieser Quelle inhaltlich folgt.

Der Held seiner Dichtung [3]), dessen Namen der Leser oder Hörer bereits bei der ersten Begegnung des jungen Knappen mit seiner Base *Sigûne* (140, 15 ff.) erfährt, hat seine Gemahlin *Condwîr âmûrs* um Urlaub gebeten und ist ohne Begleitung fortgeritten, um seine so treulos verlassene Mutter aufzusuchen. Zur Abendzeit kommt er an das Ufer eines Sees, auf dem ein Boot mit Fischern ankert [4]). Er fragt einen der Insassen, der sich durch seine reiche Kleidung als vornehmer Herr ausweist *(der het an im alsolch gewant, | ob im dienden elliu lant;* 225, 9 f.), nach einer Herberge für die Nacht und wird von diesem auf s e i n e i n d e r N ä h e l i e g e n d e B u r g gewiesen; Parzival findet sie ohne Schwierigkeit, und seine Berufung auf den F i s c h e r (*„der vischære | hât mich von im her gesant";* 226, 26 f.) verschafft ihm ein freundliches Willkommen. Er wird entwaffnet und in einen kostbaren Mantel gehüllt: *„Repanse de schoye in* [Mantel] *truoc, | mîn frouwe de künegîn: | ab ir sol er iu g l i h e n sîn"* (228, 14 ff.). Nach der Aufforderung, sich zu dem Burgherrn zu begeben, gelangt er in einen prächtig ausgestatteten Saal, der

---

1) Vgl. hierzu J. Lichtenstein, Zur Parzifalfrage (P.B.B. Bd. 22 [1897], S. 1—93); M. Paetzel, Wolfram von Eschenbach und Crestien von Troyes (Parzival, Buch 7—13 und seine Quelle). Diss. Berlin 1931.

2) Gottfried Weber, Wolfram von Eschenbach. Seine dichterische und geistesgeschichtliche Bedeutung. Frankfurt a. M. 1928. Bd. 1, S. 5—53. 149—152.

3) Wolfram von Eschenbach. Herausgegeben von Karl Lachmann. Berlin ⁵ 1891 (besorgt durch Karl Weinhold).

4) Vgl. zum Folgenden Julius Schwietering, Der Fischer vom See Brumbane (Zeitschrift für deutsches Altertum Bd. 60 [1923], S. 259—264).

Platz für hundert gepolsterte Ruhebetten bietet [5]) und in dessen Mitte drei marmorne Herde errichtet sind *(mit marmel was gemûret | drî vierekke fiwerrame;* 230, 8 f.). Der bereits anwesende Wirt fordert Parzival auf, gegenüber der mittleren Feuerstätte *(gein der mitteln fiwerstat;* 230, 16) Platz zu nehmen, da er selbst infolge einer K r a n k h e i t des wärmenden Feuers bedarf *(der wirt het durch siechheit | grôziu fiur und an im warmiu kleit;* 231, 1 f.).

Noch ist die bedrückte Stimmung, die auf der Burg herrscht, dem Gast nicht deutlich zum Bewußtsein gekommen, als plötzlich alle im Saal Anwesende in l a u t e s K l a g e n ausbrechen: es erscheint ein Knappe, der eine L a n z e *(eine glævîn;* 231, 18) in der Hand hält, aus deren E i s e n s p i t z e *(snîden)* B l u t h e r v o r s i c k e r t, d a s a m S c h a f t b i s a u f d i e H a n d d e s T r ä g e r s h e r a b t r ä u - f e l t (231, 20 ff.). Der Knappe trägt die blutende Lanze rings um den ganzen Saal und verschwindet wieder durch die gleiche Tür, durch die er eingetreten war; nachdem er den Saal verlassen hat, verstummen auch die Klagen. Darauf betreten durch eine zweite Tür *(zende an dem palas | ein stählîn tür entslozzen was;* 232, 9 f.) zwei kostbar gekleidete Jungfrauen mit brennenden Lichtern in goldenen Leuchtern (232, 18—21) den Raum, denen zwei andere mit je einem elfenbeinernen T i s c h g e s t e l l folgen *(zwei stöllelîn* [kleine Stützen] *| si truogen von helfenbein;* 233, 2 f.), die beide vor dem Hausherrn aufgestellt werden. Jetzt kommen acht neue Jungfrauen: vier von ihnen mit Kerzen gehen voran, die übrigen tragen gemeinsam die aus einem b e s o n d e r s w e r t v o l l e n E d e l - s t e i n, einem *grânât-jâchant,* geschnittene T i s c h p l a t t e und legen sie über die Tischgestelle. Dann treten sie zu den vier ersten zurück. Geleitet von wiederum vier jungen Mädchen mit Lichtern bringen nun zwei andere *(zwuo fürstîn;* 234, 16) auf je einem Leinentuch *(ûf zwein twehelen al besunder;* 234, 20) z w e i M e s s e r mit scharfer Schneide *(snîdende als ein grât;* 234, 18) aus g l ä n z e n d e m S i l b e r *(silber herte wîz;* 234, 21), legen sie auf die Tischplatte und begeben sich dann zu den übrigen *(dô giengen si mit zühten widr | zuo den êrsten zwelven sân;* 235, 4 f.). Der Eintritt der nächsten und letzten Gruppe von sechs ebenfalls reich

---

5) Bei der Beschreibung der Ruhebetten, die so im Saale verteilt sind, daß immer je vier Ritter von einem Tisch speisen können, nennt Wolfram bereits den kranken Burgherrn *fil li roy F r i m u t e l* (230, 4).

geschmückten Jungfrauen (zusammen sind es also 24) bedeutet den
Höhepunkt dieser ganzen Zeremonie. Diese geben nämlich der
T r ä g e r i n   d e s   G r a l s , der Königin *Repanse de schoye,* das
Geleit:

> *ûf einem grüenen achmardî*
> *truoc si den wunsch von pardîs,*
> *bêde wurzeln unde rîs.*
> *daz was e i n   d i n c , daz hiez der G r â l ,*
> *erden wunsches überwal.* (235, 20—24.)

Bereits an dieser Stelle macht Wolfram eine bedeutsame Angabe:
die Gralträgerin muß k e u s c h und r e i n e s H e r z e n s sein *(der
grâl was von sölher art: | wol muoser kiusche sîn bewart, | die
sîn ze rehte solde pflegn: | die muose valsches sich bewegn;*
235, 27 ff.).

Die sechs Begleiterinnen der *Repanse* tragen kostbare Lichter und
Räuchergefäße *(balsemvaz)* vor dem Gral her; sie schreiten in feierlicher Prozession *(ze rehter mâze;* 236, 6) bis zur Mitte des Saales,
alle verneigen sich ehrerbietig *(mit zühten;* 236, 7), und die Königin
setzt den Gral vor dem Herrn der Burg auf den Tisch nieder.
Dann tritt sie mit ihren Gefährtinnen zu den anderen Jungfrauen
in den Hintergrund. Diese nehmen die Königin in ihre Mitte und
stellen sich in zwei Gruppen von je zwölf zu beiden Seiten
neben sie.

Jetzt beginnt das eigentliche Mahl, an dem außer dem Wirt
und seinem Gast vierhundert Ritter teilnehmen: *der taveln muosen
hundert sîn, | die man dâ truoc zer tür dar în. | man sazte ieslîche
schiere | für werder ritter viere* (237, 1 ff.). Dabei erweist sich der
Gral als der eigentliche S p e n d e r v o n S p e i s e u n d T r a n k ,
ja darüber hinaus stellt er auch jedem die Wahl der Gerichte frei:
diu werde geselleschaft | hete wirtschaft vome grâl (239, 6 f.; vgl.
hierzu im einzelnen 238, 2—239, 5, besonders 238, 21—24).

Parzival nimmt staunend dieses Wunder und die damit verbundene Pracht wahr, aber eingedenk der Warnung seines Er-
ziehers *Gurnemanz* unterläßt er jede Frage und will lieber ab-
warten, ob man ihn nicht u n g e f r a g t a u f k l ä r t *(„âne vrâge
ich vernim | wiez dirre massenîe stêt";* 239, 16 f.). Während dieser
Überlegung erscheint ein Knappe mit einem kostbaren Schwert,
das der Wirt dem Jungherrn als Geschenk überreicht mit den Wor-

ten: „ich trug es selbst, ê daz mich got | ame lîbe hât geletzet" (239, 26 f.).

Wolfram unterbricht hier durch eine Reflexion den Gang der Erzählung: er bedauert, daß Parzival auch jetzt k e i n e F r a g e stellt, die doch durch dieses G e s c h e n k geradezu h e r a u s g e f o r-d e r t wird (wan do erz [das Schwert]enpfienc in sîne hant, | dô was er v r â g e n s m i t e r m a n t; 240, 5 f.); denn durch die F r a g e hätte er seinen W i r t e r l ö s e n k ö n n e n (och rivet mich sîn süezer wirt, | den ungenande niht verbirt, | des im von vrâgn nu wære rât; 240, 7 ff.).

Nach der Mahlzeit wird der Gral in der gleichen feierlichen Prozession, nur mit umgekehrter Reihenfolge, durch dieselbe Tür wieder aus dem Saal herausgetragen. Hierbei erblickt Parzival in dem anstoßenden Gemach (in einer kemenâten) den schönsten alten Mann, den er bisher gesehen hat und dessen Haar weißer glänzt als Reif (240, 23—30). Wieder schiebt Wolfram eine persönliche Bemerkung ein, indem er dem Leser oder Hörer Aufklärung über den Greis, den Wirt Parzivals, die Burg und das Land verspricht her nâch sô des wirdet zît (241, 5).

Der Hausherr wünscht seinem Gast eine gute Nacht, und dieser wird in sein Schlafgemach geführt. Knappen entkleiden ihn, vier wunderschöne Jungfräulein bieten ihm Wein und Obst an und verlassen ihn erst, als er von beidem gekostet hat, während die Knappen bei ihm bleiben, bis er eingeschlafen ist (242, 13—244, 30). Aber ihn quälen böse Träume, so daß er beim Morgendämmern schweißgebadet aufschreckt. Da er sich allein sieht und niemand kommt ihn zu bedienen, schlummert er wieder ein und erwacht erst umbe den mitten morgen (245, 28), d. h. ungefähr um 8 Uhr. Er kleidet sich an, findet neben dem Bett seinen Harnisch und zwei Schwerter, sein eigenes und das ihm von seinem Wirt ge-schenkte, und auf dem Burghof Pferd, Schild und Lanze, aber keiner der Burgbewohner läßt sich sehen. Er eilt durch alle Räume, vergeblich sucht er überall und schwingt sich schließlich ärgerlich in den Sattel. Er entdeckt die Spur von Pferdehufen, und da das Burgtor offensteht, sprengt er über die heruntergelassene Zug-brücke, um der Spur zu folgen. Da schnellt die Brücke hinter ihm hoch, und er vernimmt die Scheltworte eines Knappen, der ihn wegen der u n t e r l a s s e n e n F r a g e t a d e l t (247, 26—30). Parzival fordert vergeblich eine Erklärung, erhält aber keine Antwort mehr. Auch die Spur, der er nachreiten will, verliert sich allmählich.

Er ist noch nicht weit gekommen, da hört er im Walde lautes Wehklagen und erblickt eine weinende Frau, die einen einbalsamierten Toten in ihren Armen hält. Auf ihre Frage, was er in dieser Einöde suche und wo er die Nacht zugebracht habe (250, 3 bis 12), antwortet Parzival, daß er ganz in der Nähe auf einer Burg gewesen sei, und erhält jetzt die erste Aufklärung über sein wunderbares Erlebnis. Sigune — denn sie ist es, die sich hierher zurückgezogen hat, um ihren toten Geliebten zu betrauern (252, 18 bis 26) — erzählt ihm, es gebe im weiten Umkreis nur eine Burg, die der, welcher sie b e w u ß t s u c h e , n i e m a l s f i n d e n würde: *swer die suochet flîzeclîche, / leider der e n v i n t ir n i h t* (250, 26 f.); *ez muoz u n w i z z e n d e geschehen,/swer immer sol die burc gesehen* (250, 29 f.). *Munsalvæsche* ist sie genannt, das Land heißt *Terre de Salvæsche*. Dort herrschte der König Titurel, auf den sein Sohn, König Frimutel, folgte, ein tapferer Held (*der werde wîgant: / manegen prîs erwarp sîn hant; 251, 7 f.*). Dieser hinterließ vier Kinder (*vier werdiu kint*), von denen drei trotz allem Reichtum im Unglück leben (*bî rîcheit driu in jâmer sint; 251, 12*), während *der vierde hât armuot, / durch got für sünde er daz tuot* (251, 13 f.): es ist der Einsiedler *T r e v r i z e n t*. Der jetzige Herr der Burg ist sein Bruder *A n f o r t a s, der mac gerîten noch gegên / noch geligen noch gestên* (251, 17 f.).

Sigune fragt darauf ihren Vetter, ob er den G r a l und den b e d a u e r n s w e r t e n Anfortas (*den wirt f r e u d e n l æ r e; 252,1*) gesehen habe, und erkennt dessen Schwert an seiner Seite (253, 24): sie berichtet Parzival, wer es geschmiedet hat und daß es zerbrechen würde, aber auf wunderbare Weise in einem Quell — *der selbe brunne heizet Lac* (254, 8) — wieder zusammengefügt werden könne. Doch der Besitz des Schwertes bliebe nutzlos ohne die d a - z u g e h ö r i g e n S e g e n s w o r t e (*daz swert bedarf wol segens wort; 254, 15; siehe auch 253, 25*). Wenn Parzival sie gesprochen hat, dann würde er Herr werden über alles, was er auf der Burg erblickt hat, und die Krone der Glückseligkeit erringen: *„hâts aber dîn munt gelernet, / sô wehset unde kernet / immer sælden kraft bî dir / ... sô muoz gar dienen dîner hant / swaz dîn lîp dâ* [in der Burg] *wunders vant: / ouch mahtu tragen schône / immer sælden*

krône | hôhe ob den werden: | den wunsch ûf der erden | hâstu
volleclîche: | niemen ist sô rîche, | der gein dir koste mege hân, |
hâstu v r â g e ir reht getân" (254, 17—30).

Das e n t s c h e i d e n d e W o r t , von dem also alles abhängt, ist die von Parzival n i c h t g e s t e l l t e F r a g e. Sigune ist entsetzt, als er diese Unterlassung zugeben muß: *„sît ir vrâgens sît verzagt! | ir sâhet doch sölch wunder grôz: | daz iuch vrâgens dô verdrôz!"* (255, 4 ff.) und v e r f l u c h t ihn deswegen. Habe er doch den G r a l , *R e p a n s e* u n d i h r e J u n g f r a u e n , d i e s i l b e r n e n M e s s e r u n d d i e b l u t e n d e L a n z e sehen dürfen! Nicht einmal des kranken Burgherrn habe er sich erbarmt: *„iuch solt iur wirt erbarmet hân"* (255, 17). Und sie schließt ihre Scheltrede mit den inhaltsschweren Worten: *„ir l e b t , und sît an s æ l d e n t ô t !"* (255, 20). Ihm kann niemand mehr helfen: *„ze Munsalvæsche an iu versvant | êre und rîterlîcher prîs"* (255, 26 f.). Damit wendet sie sich von ihm.

Parzival ist durch ihre Rede schwer getroffen und reitet v o l l R e u e ü b e r s e i n e T o r h e i t weiter (256, 1—8). Aber erst, als er im Kreise der Tafelrunde am Hofe Königs Artus weilt, wird ihm erbarmungslos vor Augen geführt, wie groß sein Vergehen und seine Schuld sind, und die Wirkung ist um so stärker, je ehrenvoller Artus und die Seinen ihn, den berühmten roten Ritter, aufgenommen haben. Die häßliche Gralbotin *Cundrîe* erscheint und überhäuft ihn mit Vorwürfen, weil er auf der Gralburg ohne jedes Mitgefühl die Leiden des unglückseligen F i s c h e r s mit angesehen habe:

> *„hêr Parzivâl, wan sagt ir mir*
> *unt bescheidt mich einer mære,*
> *dô der trûrge vischære*
> *saz âne freude und âne trôst,*
> *war umb irn niht siufzens hât erlôst.*
> *er truog iu für den jâmers last.*
> *ir vil ungetriwer gast!*
> *sîn nôt iuch solt erbarmet hân."*
>
> (315, 26—316, 3.)

Mit weit schärferen Worten als Sigune verflucht sie ihn, der u n v e r d i e n t das Schwert seines Wirtes als Gastgeschenk erhielt

(„*iu gap iedoch der wirt ein swert,* / *des iwer wirde wart nie wert*";
316, 21 f.), der die G r a l p r o z e s s i o n, d i e s i l b e r n e n M e s s e r
und d i e b l u t e n d e L a n z e sehen durfte („*ir sâht ouch für iuch
tragen den grâl,* / *und snîdnde silbr und bluotic sper*"; 316, 26 f.) [6])
und dessen Mund trotzdem verschlossen blieb.

Nachdem Kundry noch die Artusritter aufgefordert hat, das
Abenteuer zu bestehen auf Schloß *Schastel marveil*, in dem vier
Königinnen und vierhundert Jungfrauen gefangen schmachten, rei-
tet sie ohne Gruß davon.

Durch Kundrys Verfluchung ist Parzifal sich erst der wahren
Größe seiner Schuld bewußt geworden, und auch der Gedanke
kann ihm keinen Trost gewähren, daß er ja nur Gurnemanz' Rat
zu befolgen glaubte, als er die Frage auf der Gralburg unterließ
(„*mir riet der werde Gurnamanz* / *daz ich vrävellîche vrâge mite*
[meiden sollte]"; 330, 4 f.; siehe auch oben S. 506). Er faßt den un-
umstößlichen Entschluß, nicht eher zu ruhen oder zu rasten, bis er
die G r a l b u r g w i e d e r g e f u n d e n und A n f o r t a s e r l ö s t
hat:

> „*ine wil deheiner freude jehn,*
> *ine müeze alrêrst den grâl gesehn,*
> *diu wîle sî kurz oder lanc.*
> *mich jaget des endes mîn gedanc:*
> *dâ von gescheide ich nimmer*
> *mînes lebens immer.*
>
> ...
>
> *swaz iemen wunders hât gesagt,*
> *dennoch pflît [= pfligit] es mêr der grâl.*
> *der wirt hât siufzebæren twâl.*
> *ay helfelôser Anfortas,*
> *was half dich, daz ich pî dir was?*"
>
> (329, 25—30 bzw. 330, 26—30.)

So verläßt er, m i t G o t t u n d d e r W e l t z e r f a l l e n
(332, 1 ff.), den Hof Königs Artus.

---

6) Im Anschluß an diese Worte folgt ein Hinweis auf Parzivals Halbbruder *Feirefîz* und ihren gemeinsamen Vater *Gahmuret*. Dieser und seine
Mutter *Herzeloyde* hätten es nicht verdient, daß ihr Sohn *an prîse hât sus
missevarn* (318, 4).

Übereinstimmend mit Christians Gedicht berichtet Wolfram zunächst die Erlebnisse des berühmtesten Helden der Artustafelrunde,
G a w a n. Dieser war von dem Landgrafen *Kyngrimursel,* einem
Lehnsmann des Königs *Vergulaht* von *Ascalûn (Escavalon* bei Christian), beschuldigt, dessen Vater und seinen Herrn getötet zu haben,
und deswegen von ihm zum Zweikampf herausgefordert worden.
Obwohl Gawan den Verdacht als ungerechtfertigt zurückweist, ist
er bereit, sich dem Gegner in seinem Lande zu stellen. Dort gerät
er in eine gefährliche Lage, wird aber durch *Kyngrimursel* aus ihr
befreit. Auf Rat des Fürsten *Liddamus,* eines anderen Vasallen
Vergulahts, und auf die Bitte der Schwester des Königs *Antikonîe,*
die zu Gawan in Liebe entbrannt ist, soll dieser des Kampfes mit
Kyngrimursel frei sein [7]), wenn er sich bereit erklärt, den Gral zu
erkämpfen: *„welt ir mir geben sicherheit, / daz ir mir werbet sunder
twâl / mit guoten triwen umben grâl"* (428, 20 ff.). Zu dieser Aufgabe hatte sich eigentlich *Vergulaht* selbst verpflichtet einem fremden Ritter gegenüber, der ihn im Kampfe besiegt und ihm das
Leben nur unter der Bedingung geschenkt hatte, daß er *den grâl /
gelobte im zerwerben* (424, 22 f.). Sollte es ihm in Jahresfrist nicht
gelingen, so muß er sich nach *Pelrapeire* als Gefangener der Königin
begeben (425, 1—14). Sein Gegner ist also Parzival gewesen.

Nach der Ansicht des *Liddamus* ist die Lage Gawans, der auf
den Vorschlag eingeht, dadurch keineswegs gebessert; denn jetzt
ständen ihm schlimmere Abenteuer bevor als der Waffengang mit

---

7) Es ist hier nicht ganz deutlich von Wolfram gesagt, ob Gawan im
Falle eines Mißerfolges seiner Gralsuche wieder nach *Ascalûn* zurückkehren soll oder nicht. Nachdem *Kyngrimursel* ihm gegen den eigenen
König beigesprungen war, erbittet er für Gawan Frieden, wenn er sein
Ehrenwort gäbe, sich binnen Jahresfrist erneut zum Kampfe wegen des
auf ihm immer noch lastenden Verdachts zu stellen: *„hêr Gâwân, lobt mir
her für wâr, / daz ir von hiute über ein jâr / mir ze gegenrede stêt / in
kampfe, ob ez sô hie ergêt, / daz iu mîn hêrre læt dez lebn"* (418, 9—13).
Gawan geht auch darauf ein *(Gâwân der ellens rîche / bôt gezogenlîche /
nâch dirre bete sicherheit;* 418, 23 ff.). Als aber später *Vergulaht* die Forderung des Gralerwerbs an Gawan stellt, ist von dem Zweikampf mit *Kyngrimursel* keine Rede mehr und auch die Frage nach seiner Rückkehr wird
nicht wieder angeschnitten. Siehe aber 503, 5—20 und unten S. 521; dazu
R. Heinzel, Über Wolframs von Eschenbach Parzival. Wien 1893, S. 9
(Sitzungsberichte der kaiserlichen Akademie der Wissenschaften in Wien,
phil.-histor. Kl. Bd. 130).

seinem Gegner: „er [Gawan] *hât hie'rliten grôze nôt | und muoz nu
k ê r e n i n d e n t ô t. | swaz erden hât umbslagenz mer, | dane gelac
nie hûs sô wol ze wer | als Munsalvæsche: swâ diu stêt, | von strîte
rûher wec dar gêt"* (426, 1—6) [8]).

Im neunten Buch kehrt die Erzählung wieder zu dem eigentlichen Helden der Dichtung zurück. Parzival hat ruhelos die Lande
durchzogen, ist in jedem Kampfe, vor dem er niemals zurückschreckt,
Sieger geblieben, aber seine Suche nach der Gralburg und sein
Wunsch, Anfortas erlösen und damit seine Schuld sühnen zu können,
blieben bisher vergeblich. Vergeblich auch der gutgemeinte Rat
Sigunes, der er jetzt zum dritten Male begegnet und die ihn auf die
Spur der Kundry weist in dem Gedanken, daß er mit ihrer Hilfe
die Gralburg vielleicht wiederfinden könne. Aber die Fährte verliert sich in der Wildnis genau so schnell wie diejenige, der Parzival
einst von der Gralburg aus gefolgt war.

Während er durch dieses neue Mißgeschick völlig entmutigt
weiterirrt (*all sîner vröude er dô vergaz;* 443, 1), sprengt ihm ein
Ritter in voller Kampfeswehr — nur das Haupt ist entblößt; er
hält den Helm in der Hand (443, 7 bzw. 21 f.) — entgegen und fordert von dem Ahnungslosen Genugtuung, weil er sich unerlaubt
dem Bezirk von *Munsalvæsche* genähert hätte („*Munsalvæsche ist
niht gewent, | daz iemen ir sô nâhe rite";* 443, 16 f.). Ohne es zu
ahnen, ist Parzival seinem Ziel also äußerst nahegekommen. Beide
bereiten sich zum Kampf, und bereits der erste Zusammenprall wirft
den Gralritter aus dem Sattel: *er [Parzival] traf in, dâ man hæht
den schilt, | sô man ritterschefte spilt; | daz von Munsalvæsche der
t e m p l e i s | von dem orse in eine halden reis, | sô verr hin ab
(diu was sô tief), | daz dâ sîn leger wênec slief* (444, 21—26). Aber
auch der Sieger kann sich vor dem Sturz in die Tiefe nicht schützen,
der sein Roß zerschmettert, während er selbst an dem Ast einer
Zeder Halt findet und so vor dem sicheren Tode bewahrt bleibt.
Indem er sich mit den Füßen gegen den Felsen stemmt (*mit den
fuozen er gevienc | undr im des velses herte;* 445, 4 f.), gelingt es
ihm, wieder festen Boden unter sich zu gewinnen. Der Gralritter ist
ebenfalls mit dem Schrecken davongekommen, und Parzival sieht

---

8) Im Anschluß an diesen Bericht über Gawans Erlebnisse in *Ascalûn*
nennt Wolfram zum ersten Male als seinen Gewährsmann den Provenzalen
K y o t (416, 17—30; 431, 2).

ihn auf der anderen Seite der Schlucht hinaufklettern und sein
Heil in schleuniger Flucht suchen. (*Der ritter gâhte von der nôt |
anderhalp ûf die halden hin: | wolt er teilen den gewin, | den er
erwarp an Parzivâl, | sô half im baz dâ heime der grâl* [445, 8 ff.]
meint Wolfram spöttisch.) Zum Glück für Parzival ist das Pferd
seines Gegners ruhig stehen geblieben, so daß er schneller als gedacht Ersatz für das seine findet und in dieser *tjost* also nur den
Speer eingebüßt hat, der bei dem Stoß zersplittert ist (445, 19). Danach hat er vor den Gralrittern zwar Ruhe, aber nach *Munsalvæsche* zu gelangen, bleibt ihm nach wie vor verwehrt (445, 27 ff.).

So reitet er weiter, und wieder ist eine lange Zeitspanne ver-
gangen *(desn prüeve ich niht der wochen zal, | über wie lanc sider
Parzivâl | reit durch âventiure als ê*; 446, 3ff.), als er eines Morgens
mitten im Wald — es hatte bei leichtem Frost geschneit (446, 6 ff.) —
einem alten ergrauten Ritter mit seiner Ehefrau und ihren beiden
Töchtern begegnet, alle barfuß und in groben Bußgewändern. Auf
Parzivals Gruß beklagt der andere, daß jener die hohen kirchlichen
Feiertage (*die heileclîchen tage*; 447, 14) nicht beachte und an einem
solchen gewappnet unterwegs sei. Parzival muß bekennen, daß
ihm jedes Gefühl für die Zeit verloren gegangen ist, seitdem er sich
von Gott abgewandt hat (447, 20—30). Darauf belehrt ihn der grauhaarige Ritter, es sei heute der h e i l i g e K a r f r e i t a g, an dem
einst C h r i s t u s a n s K r e u z g e s c h l a g e n wurde:

> „*ez ist hiute der K a r f r î t a c,
> des al diu werlt sich freun mac.*
> ...
> *wâ wart ie hôher triwe schîn,
> dan die got durch uns begienc,
> den man d u r c h u n s a n z k r i u z e h i e n c?*
> ...
> *er hât sîn werdeclîchez lebn
> mit tôt für unser schult gegebn,
> durch daz der mensche was verlorn,
> durch schulde hin zer helle erkorn.*"
>
> (448, 7—18.)

Und er weist den Unbekannten an einen frommen Einsiedler
(*ein heilec man;* 448, 23), der ihn von seinen Sünden erlösen kann

(*„roelt ir im riwe künden, | er scheidet iuch von sünden"*; 448, 25 f.).
Parzival schlägt die an ihn auf Wunsch der Töchter gerichtete Ein-
ladung des Ritters aus und verfolgt seinen Weg weiter. Aber die
Mahnung, des Erlösers zu gedenken, läßt ihn nicht mehr los. Noch
ist der Zweifel an Gottes Güte in ihm lebendig, doch die Verstockt-
heit seiner Seele löst sich allmählich: *ist hiut sîn* [Gottes] *helflîcher
tac, | sô helfe er, ob er helfen m a c* [kann!] (451, 21 f.). Er läßt sei-
nem Roß den Zügel, ob Gottes Gnade *(sîn güete)* es den rechten Weg
führen wird (452, 1—12), und gelangt in kurzer Zeit zu der Klause
des Einsiedlers.

> *An dem ervert nu Parzivâl*
> *diu verholnen mære umben grâl.*
>
> (452, 29 f.)

Dieser begrüßt ihn ebenfalls mit leisem Vorwurf, warum er
an einem so heiligen Tage (*in dirre heileclîchen zît;* 456, 7) bewaffnet
unterwegs sei, und gibt seinem Gast damit sofort die Möglichkeit zu
der entscheidenden Erklärung: *„hêr, nu gebt mir rât: | ich bin ein
man, d e r s ü n d e h â t"* (456, 29 f.). Der Einsiedler ist hierzu gern
bereit. Nachdem er Auskunft erhalten hat, durch wen Parzival zu ihm
gewiesen wurde (457, 5—20), führt er ihn in eine durch Kohlen-
feuer erwärmte Höhle (*der roirt in fuorte in eine gruft, | dar selten
kom des roindes luft. | dâ lâgen glüendige koln;* 459, 5 ff.), wo
Parzival seine Waffen ablegen und sich erwärmen kann. Dann
gehen beide in eine zweite Höhle (459, 20 f.); dort befindet sich ein
unbedeckter Meßaltar, auf dem ein Reliquienkästchen (*ein kefse;*
459, 24 f.) steht. An beidem erkennt Parzival den Raum wieder, in
dem er einst die Unschuld der *Jeschûte* durch seinen Eid beschworen
hatte (vgl. 268, 25—270, 4). Obwohl der Einsiedler damals abwesend
war, kann er feststellen, daß dieser erste Besuch des Helden vier
und ein halbes Jahr zurückliegt: *fünfthalp jâr unt drî tage* (460, 22;
vgl. hierzu 460, 1—21). Diese Zeitspanne bringt Parzival erst zum
Bewußtsein, wie lange er im Haß gegen Gott durch die Welt ge-
irrt ist (461, 3—26). Der Einsiedler fragt ihn, warum er an der
göttlichen Gnade verzweifelt hätte (*„roie der zorn sich an gevienc, |
dâ von got iroern haz enpfienc";* 462, 5 f.), und bietet sich noch ein-

mal als Mittler zwischen Gott und seinem Gast an (462, 7 ff.) [9]).
Aber erst muß Parzival für sein sündiges Verhalten aufrichtige
Reue zeigen: *„der schuldige âne riuwe | fliuht die gotlîchen triuwe: |
swer ab wandelt sünden schulde, | der dient nâch werder hulde"*
(466, 11—14). Darauf erwidert der Gast:

> *„mîn hôhstiu nôt ist umben grâl*
> *dâ nâch umb mîn selbes wîp.*
>
> ...
>
> *nâch den beiden sent sich mîn gelust."*
>
> (467, 26 f. 30.)

Mit diesem Bekenntnis seines Helden hat Wolfram den Höhepunkt der Dichtung erreicht und gibt dem Hörer oder Leser durch
den Mund des Einsiedlers die entscheidende Aufklärung über die
Wunder des heiligen Grals und der blutenden Lanze, in der er aber
erheblich über das in Christians Roman Gesagte hinausgeht [10]).

Der Klausner beginnt seine Erzählung mit dem Hinweis, daß
niemand den Gral finden könne, den Gott nicht zu dessen Dienst be-
stimmt habe: *jane mac den grâl nieman b e j a g n , | wan der ze
himel ist sô bekant, | daz er zem grâle sî b e n a n t* (468, 12 ff.).
Auf der Gralburg lebt eine Ritterschar *(dâ wont ein werlîchiu schar;*

9) Man hat aus dieser Stelle wiederholt ein Zeugnis für Trevrizents
Priestertum herauslesen wollen, ebenso aus der Tatsache, daß *Kahenis* (der
grauhaarige Ritter) mit seiner Familie alljährlich am Osterfest die Klause
des Einsiedlers zur Beichte aufsucht, da diese nur ein Geistlicher entgegen-
nehmen durfte. Aber Trevrizents Selbstcharakteristik gibt für diese Frage
keinen sicheren Aufschluß. Die Worte *doch ich ein leie wære* (462, 11) bedeuten „obwohl ich ein Laie w a r" und sollen nur besagen, daß der
Sprecher, b e v o r er Klausner wurde, um hierdurch seinem Bruder Anfortas helfen zu können (480, 10—18), Laie, nämlich Gralritter war, der
aber gegen das Gebot des Grals (wie er selbst ausführlich berichtet
[495, 13—499, 10]) dem Minnedienst und ritterlichen Abenteuern nachging
und viele Länder durchstreifte. Danach bleibt es unentschieden, ob er
Laienbruder, Mönch oder Priester geworden ist. Von einer ausdrücklichen
Priester w e i h e erwähnt Wolfram nichts. Auch der Meßaltar in der
zweiten Höhle (dem Oratorium) setzt sie nicht unbedingt voraus, denn er
könnte ja nur von einem z. B. auch bei der Wallfahrt des Fürsten *Kahenis*
zugezogenen Priester benutzt sein. Vgl. hierzu Burdach, Der gute Klausner
Walthers von der Vogelweide als Typus unpolitischer christlicher Frömmigkeit (Zeitschrift für deutsche Philologie Bd. 60 [1935], S. 316).

10) Zur Quellenfrage siehe unten Abschnitt II.

469, 1), T e m p l e i s e n genannt *(die selben t e m p l e i s e;* 468,28 und
öfter), die alle von einem kostbaren S t e i n genährt werden *(si lebent
von einem steine: / des geslähte ist vil reine;* 469,3 f.). Dieser Stein
heißt *lapsit exillîs* (469, 7) [11]). Durch seine Kraft wird der P h ö n i x
zu Asche verbrannt, um sich in den Flammen zu mausern und verjüngt wieder aufzuerstehen (469, 8—13). Wer diesen Stein sieht,
kann im Verlauf der darauffolgenden Woche nicht s t e r b e n , wenn
er auch noch so k r a n k ist (469, 14—17); der Anblick des Steines
verleiht ferner b l ü h e n d e s und j u g e n d l i c h e s A u s s e h e n
(469, 18—27). Infolgedessen können weder der hochbetagte Titurel,
noch der tödlich verwundete Anfortas sterben, solange ihnen d e r
G r a l g e z e i g t w i r d (501, 28 ff.; 480, 27—30). Dieser Stein heißt
auch der Gral *(der stein ist ouch genant der grâl;* 469, 28). An jedem
K a r f r e i t a g bringt eine weiße T a u b e *(diu tûbe ist durchliuhtec
blanc;* 470,7) vom Himmel eine Oblate *(ein kleine wîze o b l â t;* 470,5)
und legt sie auf den Stein, dem hierdurch s p e i s e s p e n d e n d e
Kraft verliehen wird (470, 10—18; vgl. auch vorher schon 238, 3—17).
Den Namen und das Geschlecht derjenigen, die zum Graldienst aus-
erlesen sind, gibt eine I n s c h r i f t a m R a n d e d e s S t e i n e s
bekannt *(z e n d e an des steines drum / von karacten ein e p i t a-
f u m / sagt sînen n a m e n und sînen a r t;* 470, 23 ff.), die von selbst
wieder verschwindet, nachdem der Name gelesen ist (470, 28 ff.).
Die ersten Hüter des heiligen Grals waren die „n e u t r a l e n“
E n g e l , d. h. die bei dem Kampf zwischen Gott und Luzifer nicht
Partei ergriffen hatten *(di newederhalp gestuonden;* 471, 15, dazu
454, 24—26); ihnen folgten die zu seinem Dienst a u s e r w ä h l t e n
M e n s c h e n , *die got derzuo benande / unt in sîn engel sande*
(471, 27 f.; siehe auch 454, 27 f.).

Mit den Worten „*hêr, sus stêt ez umben grâl*“ schließt der Einsiedler zunächst seinen Bericht vom Gral und erzählt anschließend,
daß nur einmal ein Unberufener den Weg zur Gralburg gefunden,
aber sich dort sehr töricht benommen habe und s c h w e r e S c h u l d
mit fortnahm, weil er keine M i t l e i d s f r a g e an den kranken
Herrn der Burg richtete: *wan einr kom unbenennet dar: / der selbe
was ein tumber man / und fuorte ouch s ü n d e mit im dan, / daz
er niht zem wirte sprach / u m b e n k u m b e r, d e n e r a n im
s a c h. / ... doch muoz er sünde engelten, / daz er n i h t f r â g t e*

---

des wirtes schaden (473, 12—19). Ein anderer Ritter wäre
einst in die Nähe der Burg gelangt, hätte einen Templeisen im
Kampfe getötet und dessen Roß mit sich genommen. Dabei erinnert sich der Eremit, daß auch Parzivals Pferd das Zeichen der
Gralritter, eine T u r t e l t a u b e (*ame satel ein t u r t e l t û b e stêt;*
474, 5), trug, und knüpft daran eine Bemerkung über das Geschlecht
der G r a l k ö n i g e (Titurel — Frimutel — Anfortas), von dem
schon Sigune ihrem Vetter (und damit auch dem Leser oder Hörer)
Mitteilung gemacht hatte (siehe oben S. 508). Schließlich fragt er
nach Namen und Abstammung seines Gastes (*„hêr, wanne ist iwer
vart? | nu ruocht mir prüeven iwern art";* 474, 23 f.). Als Parzival
ihm darauf seinen Vater nennt und sich gleichzeitig des Mordes an
Ithêr von Cucûmerlant zeiht (475, 9 f.), begrüßt Trevrizent ihn als
seinen Neffen *(lieber swester suon;* 475, 19) und klagt, welch schwere
Schuld er durch diese Tat und den v o n i h m v e r a n l a ß t e n T o d
s e i n e r M u t t e r auf sich geladen hätte *(dô du von ir schiet, zehant
si starp;* 476,26). Dann klärt er ihn über die verwandtschaftlichen
Beziehungen innerhalb des Geschlechts der Gralherrscher ausführlich auf (477, 1—478, 6): er (Trevrizent) hat außer Parzivals Mutter
noch zwei S c h w e s t e r n ; die Tochter der einen *(Tschoysîâne)* ist
Sigune, die andere ist *Repanse de schoye,* die Gralträgerin; ihrer
aller B r u d e r ist Anfortas, der sieche Herr von *Munsalvæsche,* der
nach Frimutels Ableben als ältester Sohn *ze vogte dem grâl unts
grâles schar* (478, 4) gewählt wurde und *der krône und rîcheit wirdec
was* (478, 6).

Mit der nun folgenden Erzählung von dem Schicksal des Anfortas nimmt Trevrizent den eigentlichen Gralbericht wieder auf:
gegen den ausdrücklichen Befehl des Grals hat der König sich in
sündige Liebe verstrickt. Für seine *friundîn* zog er auf Abenteuer
aus *(bejagte an âventiure;* 478, 25) und die Liebe war sein Schlacht-
ruf *(Amor was sîn krîe;* 478, 30). Aber in einer Tjost mit einem
Heiden wird er von dessen v e r g i f t e t e m S p e e r an der Leiste
verwundet *(durch die heidruose sîn;* 479, 12), während sein Gegner
tot auf dem Platze bleibt (480, 1 f.). Es gelingt Anfortas zwar, trotz
seiner schweren Verwundung in die Gralburg zurückzukehren, wo
ihm ein Arzt den in der Wunde zurückgebliebenen Eisensplitter
der Lanze entfernt (480, 3—9), aber er kann keine Heilung finden
und bleibt nur d u r c h d i e K r a f t d e s G r a l s am Leben *(dô der*

*künec den grâl gesach, / daz was sîn ander ungemach, / daz er niht
sterben mohte* [konnte]; 480, 27 ff.) [12]). Da alle Heilmittel sich als wir-
kungslos erweisen (481, 6—483, 18), erfleht die Ritterschaft im Gebet
vom Gral Hilfe (483, 19) und erhält die Prophezeiung, daß einst ein
Ritter erscheinen und den siechen Anfortas durch seine Frage erlösen würde, der dann aber nicht mehr Gralkönig bleiben sollte.
Aber der Fremde darf von keinem Bewohner der Burg z u r F r a g e
g e m a h n t werden: *ez wære kint magt ode man, / daz in d e r
f r â g e w a r n e t iht, / sone solt diu frâge helfen niht* (483, 24 ff.).
Ebenso bleibt die Frage w i r k u n g s l o s , wenn sie nicht am Tage
seiner Ankunft gestellt wird: *frâgt er niht b î d e r ê r s t e n n a h t, /
sô zergêt sîner frâge maht* (484, 1 f.). Fragt er aber zur rechten Zeit,
so soll er selbst G r a l k ö n i g werden und a l l e r K u m m e r z u
E n d e s e i n: *wirt sîn frâge an rehter zît getân, /sô sol erz k ü n e c-
r î c h e hân, / unt hât d e r k u m b e r e n d e / von der hôhsten
hende* (484, 3—6). Der Fremde kam, aber er fragte nicht: *u n p r î s
der dâ bejagte* (484, 21—30; siehe auch schon 473, 12—19 und oben
S. 516 f.).

Zum zweiten Male unterbricht hier Trevrizent die Erzählung,
um mit seinem Gast die kärgliche Mittagsmahlzeit einzunehmen
(485, 3—488, 2).

Als diese vorüber ist, faßt Parzival sich ein Herz und gesteht
seinem Oheim, daß er jener Ritter war, der gewürdigt wurde, die
Gralburg zu finden und mit eigenen Augen das schwere Leid zu
sehen, daß aber keine Frage aus seinem Munde gekommen sei
(488, 3—20). Obwohl der Einsiedler über dieses Geständnis erschüttert ist und in ähnliche Klagen ausbricht wie Sigune und Kundry,
spendet er doch auch Trost: wenn Parzival nur auf Gott vertrauen
wollte, könnte noch alles wieder gut werden (*„möht ich dirz wol
begrüenen / unt dîn herze alsô erküenen, / daz du den prîs bejag-
tes / unt a n g o t n i h t v e r z a g t e s, / sô gestüende noch dîn linge*
[guter Erfolg] */ an sô werdeclîchem dinge, / daz wol ergetzet
hieze. / Got selbe dich niht lieze"* [489, 13—20]). Anschließend nimmt
Trevrizent den Gralbericht wieder auf und fragt, ob der Neffe auch
d a z s p e r z e M u n s a l v æ s c h e gesehen habe. Bei der Wiederkehr bestimmter Gestirne (besonders des Saturn) und beim Mond-

---

12) In dieser Stunde gelobte Trevrizent Einsiedler zu werden
(480, 11—18).

wechsel erfaßt eisiger Frost die Gebeine des unglücklichen Gralkönigs und macht seine Schmerzen unerträglich: *„dise zît, diech hie
benennet hân, / sô muoz der künec ruowe lân: / sô tuot im grôzer
frost sô wê, / sîn fleisch wirt kelter denne der snê"* (490, 9—12).
Da nun das Gift an der Speerspitze glühend heiß ist, so l i n d e r t
sie, a u f d i e W u n d e g e l e g t, d i e ä r g s t e n S c h m e r z e n,
indem i h r G i f t d e n F r o s t a u s d e m K ö r p e r t r e i b t: *„sît
man daz gelüppe* [Gift] *heiz / an dem spers îsen weiz, / die zît
manz ûf die wunden leit: / d e n f r o s t e z û z e m l î b e t r e i t"*
(490, 13—16). Dieser setzt sich an der Eisenspitze der Lanze ab und
haftet dort als glashartes Eis so fest, daß es keine Gewalt ab-
sprengen konnte (490, 17 ff.), bis es dem weisen Schmied *Trebuchet*[13])
gelang, zwei silberne Messer herzustellen, mit denen allein es sich
entfernen läßt *(„Trebuchet der wîse man, / der worht zwei messer,
diu ez sniten, / ûz silber";* 490, 20 ff.). Da also das Speereisen an
oder auch in die Wunde gelegt werden muß, erklärt es sich, warum
die Lanzenspitze b l u t i g ist *(„daz sper muos in die wunden sîn: /
. . . des wart daz sper b l u o t e c r ô t";* 489, 30—490, 2). Die einzig
mögliche Beschäftigung des wunden Anfortas ist der F i s c h f a n g,
dem er auf einem nahe der Gralburg gelegenen See *Brumbâne* nach-
gehen kann; darum heißt er „d e r F i s c h e r" *(„dâ von kom ûz
ein mære, / er wær ein fischære";* 491, 13 f.). Um jedes Eindringen
Unbefugter zu verhindern, wird die Umgebung des Gralbezirks
von den Templeisen streng bewacht (492, 1—10) [14]). Der Graldienst
stellt an die hierzu auserwählten Männer und Frauen hohe Anforde-
rungen: die T r ä g e r i n des Grals und seine D i e n e r i n n e n müssen k e u s c h sein (493, 19 ff.; siehe auch schon 235, 27 ff.); ebenso die
G r a l r i t t e r (493, 23 f.; 495, 7 f.). Wird ein Land herrenlos, und
wünscht das Volk sich in gläubigem Gottvertrauen einen Regenten
aus der Schar des Grals, so wird ihm dieser Wunsch gewährt (494,

---

13) *Trebuchet* hat auch das Schwert des Gralkönigs geschmiedet, das
Parzival von diesem als Geschenk erhält und über das Sigune ihm bereits
einige Aufklärung gegeben hat (siehe oben S. 508 f.); ein Segensspruch, der
auf dem Schwert eingeritzt ist, lehrte den Schmied die Herstellung dieser
Messer.

14) 491, 19—493, 30 bzw. 500, 23 ff. unterbricht Parzival den Sprechen-
den mehrmals, um seine Erlebnisse und Beobachtungen auf der Gralburg
einzuflechten und um Aufklärung bestimmter ihm noch unverständlicher
Dinge oder Personen zu erbitten.

7—12). Auch Frauen können aus der Gralgemeinschaft ausscheiden (494, 14; 495, 1 f.); aber die N a c h k o m m e n aller derer, die dieser Gemeinschaft einmal angehört haben, müssen wieder z u m G r a l - d i e n s t z u r ü c k k e h r e n (495, 4—6). Nur der G r a l k ö n i g darf h e i r a t e n oder der Ritter, den Gott zum Herrn über ein fremdes Land bestimmt (495, 9—12). Gegen dieses Gebot hat sich Trevrizent selbst versündigt („*über daz gebot ich mich bewac, / daz ich nâch minnen dienstes pflac*"; 495, 13 f.).

Nachdem der Oheim diese reich bewegte Zeit seines Lebens ge- schildert hat (495, 15—499, 10), in der er auch dem Vater Parzivals begegnet war, erinnert er seinen Neffen noch einmal an die beiden s c h w e r e n S ü n d e n, die dieser begangen hat: seine S c h u l d a n d e m T o d e d e r M u t t e r und den M o r d a n *I t h ê r v o n C u c û m e r l a n t*, seinem Blutsverwandten (499, 11—25), und for- dert ihn eindringlich zur B u ß e auf: „*nu volge mîner ræte, / nim b u o z f ü r m i s s e w e n d e, / unt sorge et umb dîn ende, / daz dir dîn arbeit hie erhol, / daz dort diu sêle ruowe dol*" (499, 26—30).

Schließlich gibt Trevrizent auf Parzivals Fragen noch Auskunft über *Repanse,* die ihm ihren Mantel in der Hoffnung geliehen hätte, daß er die Prophezeiung des Grals erfüllen und Gralkönig werden würde (500, 23—30), und über Titurel, den ersten Gralbeherrscher, den Parzival durch die offene Tür erblickt hatte, als die Gralprozes- sion nach der Mahlzeit den großen Saal verließ und sich in den Nebenraum zurückbegab. Noch immer erteilt er, den der stete An- blick des Grals am Leben erhält, seinen weisen Rat (501, 19—502, 3). Auch an das Schwert erinnert der Oheim, das Anfortas seinem Gast geschenkt hatte und das n e u e S c h u l d auf Parzival häufte, da er trotzdem die M i t l e i d s f r a g e nicht stellte: „*dîn œheim gap dir ouch ein swert*[15]*), / dâ mit du sünden bist gewert, / sît daz dîn*

---

15) Diese ganze Episode hat anscheinend nur den Zweck, Parzivals Schuld wegen der unterlassenen Mitleidsfrage noch zu vergrößern. 434, 25—30 wird ziemlich unmotiviert berichtet, daß das Schwert in einem Kampfe zerbricht, aber in dem *brunnen der dâ heizet Lac* (vgl. 254, 2 ff.) wieder zusammengefügt wird und seinem Träger noch zu großem Ruhme verhilft *(daz swert gehalf im priss bejac);* 643, 18 f. ist dann noch einmal der Schmied *Trebuchet* als Schöpfer dieser Waffe erwähnt. Das erweckt den Eindruck, als ob Wolfram hierzu durch seine Vorlage angeregt worden war (nämlich durch Christian, in dessen Romanfragment aber weder die Bedeutung des Schwertes noch der Sinn und die Absicht des

wol redender munt / dâ leider niht tet frâge kunt. / d i e s ü n d e
l â b î d n a n d e r n s t ê n" (501, 1—5).

Parzival blieb fünfzehn Tage — also über das Osterfest hinaus
— bei dem Einsiedler und lebte nach dessen Regel (501, 11—14).
Beim Abschied ermahnt ihn der Oheim, sich feindlicher Gesinnung
gegen F r a u e n zu enthalten: *„wilt du dîn leben zieren / und rehte*
werdeclîchen varn, / sô muostu h a z g e i n w î b e n sparn" (502,
4 ff.). Denn *wîp und pfaffen sint erkant, / die tragent unwerlîche*
hant (502, 7 f.). Über einen P r i e s t e r hält Gott seine schirmende
Hand (502, 9); ihm soll Parzival daher d i e n e n, um das ewige Leben
zu gewinnen *(dar umbe, ob wirt dîn ende guot;* 502, 11). Der Priester
verkündet den M a r t e r t o d C h r i s t i *(sîn munt die m a r t e r*
sprichet; 502, 15), der uns von der ewigen Verdammnis erlöst hat
(diu unser flust [Verlust] *zebrichet;* 502, 16); er berührt mit seiner
geweihten Hand die h e i l i g e H o s t i e : *ouch grîfet sîn gewîhtiu*
hant | an daz h œ h e s t e p f a n t, | daz ie f ü r s c h u l t gesetzet
wart (502, 17 ff.). Wer könnte also heiliger leben als ein wahrer
Priester? (502, 20 ff.). Trevrizent erklärt sich dann nochmals bereit,
die Sünden seines Neffen durch seine Gebete abzubüßen *(„gip mir*
dîn sünde her: | vor gote ich bin dîn wandels wer"; 502, 25 f.); doch
dieser soll halten, was der Oheim ihm geboten hat *(„und leist, als*
ich dir hân gesagt, / belîp des willen unverzagt"; 502, 27 f.). So
belehrt und gewarnt reitet Parzival fort.

Wieder verschwindet der Held der Dichtung Hörern oder Lesern
aus dem Gesichtskreis, und Gawan tritt an seine Stelle. Dessen Gralsuche ist vergeblich geblieben, und so kehrt er nach Jahresfrist in
das Land des Königs *Vergulaht* zurück, um sein Wort einzulösen.
Aber der Zweikampf bleibt unausgefochten, denn einmal stellt es
sich heraus, daß Gawan und der König von *Ascalûn* verwandt sind
(dô nam diu werlt ir sippe war, / und schiet den kampf ir sippe
maht; 503, 14 f.), und ferner, daß Gawan den Mord, dessen er be-
zichtigt war, gar nicht begangen hat (503, 16 ff.; dazu 413, 13—20),
wie er von Anfang an behauptete. B e i d e machen sich jetzt auf

Geschenks erklärt werden [vgl. oben S. 416 f. 433]) und dieses Motiv recht
und schlecht zu einem Abschluß bringen wollte. Aber Parzivals richtiges
Empfinden, nach all dem Wunderbaren fragen zu sollen, das er auf der
Gralburg gesehen hat, war ihm bereits zum Bewußtsein gekommen, b e -
v o r der Wirt ihm das Schwert schenkte.

den Weg, die Geheimnisse des Grals mit W a f f e n g e w a l t zu
erforschen (503, 21—30), aber es gelingt keinem von ihnen, das
begehrte Ziel zu erreichen.

Dies bleibt allein Parzival vorbehalten. Da er aufrichtige Reue
über seine mehrfache Schuld empfunden und durch seines Oheims
Trevrizent mahnende Worte endgültig den Weg zu Gott zurück-
gefunden hat, wird er für würdig erachtet, zum zweiten Male und
damit für immer auf die Gralburg zu gelangen. Zusammen mit
seinem Halbbruder *Feirefîz*, der ihn begleiten darf (vgl. 783, 27 ff.;
784, 24 ff.), wird er durch Kundry am Artushofe feierlich berufen:
auf dem Gral ist sein Name als künftiger G r a l k ö n i g erschienen;
er soll Anfortas durch die Frage erlösen; *Condwîr âmûrs* und sein
Sohn *Loherangrîn* werden mit ihm vereint die Wunder des Grals
erleben; sein anderer Sohn *Kardeiz* soll in *Pelrapeire* herrschen:

> *„daz epitafjum ist gelesen:*
> *du solt des grâles hêrre wesen.*
> *Condwîr âmûrs daz wîp dîn*
> *und dîn sun Loherangrîn*
> *sint beidiu mit dir dar benant. ...*
> *Zwên süne si lebendec dô truoc.*
> *Kardeiz hât och dort genuoc.*
> *Wær dir niht mêr sælden kunt,*
> *wan daz dîn wârhafter munt*
> *den werden unt den süezen*
> *mit rede nu sol grüezen :*
> *den künec Anfortas nu nert*
> *dîns mundes vrâge, diu im wert*
> *siufzebæren jâmer grôz."*
>
> (781, 15—29.)

Darauf verkündet Parzival der Artusrunde, daß nach Trevrizents
Ausspruch niemand d u r c h K a m p f den Gral erstreiten könne;
nur der von Gott Auserwählte dürfe ihm dienen. Diese Nachricht
verbreitet sich rasch über die Lande und a l l e , d i e n a c h i h m
g e s t r e b t h a t t e n , g e b e n i h r e A b s i c h t i n f o l g e d e s s e n
a u f (786, 1—12).

Unter Kundrys Führung gelangen Parzival und sein Bruder un-
behelligt in die Gralburg und werden zu Anfortas geführt, dessen

Leiden seit dem ersten Besuch seines Neffen unvermindert fort-
gedauert und durch die verschiedensten Mittel niemals nennenswerte
Linderung erfahren hatten, so daß der Kranke sich schließlich wei-
gerte, den Gral zu sehen, und, um nicht zu sterben, dazu gezwungen
werden mußte (787, 1—794, 26). Anfortas erbittet von Parzival den
Tod (*„roerbet mir dâ zin den tôt | und lât sich enden mîne nôt. | sît
ir genant Parzivâl, / sô roert mîn sehen an den grâl / siben naht
und aht tage: / dâ mite ist roendec al mîn klage"; 795, 9—14*). Aber
dessen Gebet vor dem Gral und die Mitleidsfrage *„œheim, roaz
roirret dier?"* erlöst d u r c h C h r i s t i G n a d e Anfortas von seinen
Leiden: [Christus] *half, daz Anfortas / roart gesunt unt rool genas*
(795, 20—796, 4). Parzival aber wird von allen als Gralkönig anerkannt (796, 17—21). Nach der Ankunft *Condroîr âmûrs* findet
dann die erste feierliche Gralprozession und Graltafel vor dem
neuen Könige statt (807, 11—810, 2). Als aber Anfortas *Feirefîz*
fragt: *„hêr, seht ir vor iu ligen den grâl?"* (810, 9), antwortet dieser:
„ich ensihe niht roan ein achmardî" (810, 11; dazu 813, 12 f.). Als
H e i d e ist es ihm nicht vergönnt, den Gral zu sehen, wie Titurel
die andern aufklärt (813, 17—22). Nachdem er aber die h e i l i g e
T a u f e empfangen hat, wird auch ihm der Anblick des Grals zuteil
(*an den grâl roas er ze sehen blint, / ê der touf het in bedecket: /
sît roart im vor enblecket | der grâl mit gesihte; 818, 20—23*). Auf
dem Gral erscheint jetzt eine Inschrift mit einem F r a g e v e r b o t :
sollte je ein Gralritter auf Gottes Befehl in ein fernes Land ent-
sandt werden, so dürfte er dort nicht n a c h N a m e n u n d G e -
s c h l e c h t g e f r a g t w e r d e n ; im andern Falle müßte er sofort
zurückkehren (818, 24—819, 2). Mit einem Ausblick auf die Lohen-
grinsage (824, 1—826, 24) schließt dann die Erzählung Wolframs ab.

II. Kyot.

Vergleicht man Wolframs Darstellung der die Wunder der Gralburg schildernden Szenen bei Parzivals erstem Aufenthalt mit den
entsprechenden in Christians Romanfragment, so fällt zunächst die
Übereinstimmung zwischen beiden Dichtungen in die Augen. Aufbau und Technik der Erzählung laufen parallel, selbst das von
Christian bevorzugte und fast auf die Spitze getriebene Stilmittel
der Überraschung findet sich zunächst bei Wolfram wieder. Hier
wie dort bleiben die Ereignisse dem Helden wie dem Hörer oder

Leser gleich geheimnisvoll; denn auch die von Wolfram in diesem
Zusammenhang bereits genannten Namen der Gralträgerin *Repanse
de schoye* (228, 14) und des kranken Burgherrn als *fil li roy Frimutel*
(230, 4) geben noch keinerlei Aufklärung. Aber gelegentliche Bemerkungen lassen erkennen, daß der deutsche Dichter den Schleier
dieser Geheimnisse früher als Christian zu lüften gedenkt, denn
schon an dieser Stelle schiebt er zwei Angaben von entscheidender
Bedeutung ein, die Christian später bzw. gar nicht anführt:
1. Wenn Parzival nach allem, was er gesehen, g e f r a g t hätte, so
wäre sein W i r t d u r c h d i e s e F r a g e e r l ö s t w o r d e n
(240, 7 ff.). 2. Die Gralträgerin muß k e u s c h und r e i n e s H e r -
z e n s sein (235, 27 ff.). Diese Tendenz wird noch deutlicher bei der
auf den Gralbesuch folgenden Begegnung des Helden mit Signune
(siehe oben S. 508 f.). Diese klärt ihren Vetter u. a. schon über die verwandtschaftlichen Zusammenhänge innerhalb des Gralgeschlechts
auf, die *Perceval* erst von dem Einsiedler-Oheim erfährt, und nennt
auch den Namen der wunderbaren Burg und des dazugehörigen
Landes (251, 2 ff.); darüber hinaus weiß sie aber zu berichten, daß
der Weg zu dieser Burg niemals b e w u ß t gefunden werden kann
(250, 26—30) und daß Parzival H e r r ü b e r a l l e s , w a s e r d o r t
g e s e h e n h a t , geworden wäre, wenn er d a n a c h und besonders
n a c h d e r *n ô t* d e s k r a n k e n B u r g h e r r n g e f r a g t hätte
(254, 17—255, 20). Hierfür bietet Christians Gesamtbericht über den
Gral keinerlei direkte Entsprechung mehr.

Ebenso läßt sich beobachten, daß Wolframs Schilderung der Ereignisse auf der Gralburg im einzelnen von der Anordnung des
Berichtes in der Vorlage abweicht oder über diese hinausgeht. So
überreicht der Burgherr seinem Gast das kostbare Schwert bei Wolfram erst am Schluß und nicht bei Beginn ihres Zusammenseins [16]).
Die feierliche Gralprozession wird nicht nur sehr viel ausführlicher
und mit größerem Aufwand, sondern auch in veränderter Reihenfolge beschrieben. Während Christian nur berichtet, daß der Gral
im Verlauf der Mahlzeit an dem „reichen Fischer" und dem Jungherrn ständig vorübergetragen wird (siehe oben S. 418 ff.), verleiht

---

16) Zur Bedeutung dieses Geschenks siehe oben S. 520, Anm. 15. Im
Folgenden sind nur die wichtigsten Abweichungen Wolframs von der fran-
zösischen Dichtung hervorgehoben; vgl. für weitere Einzelheiten oben
S. 415—423.

Wolfram ihm ausdrücklich s p e i s e s p e n d e n d e Kraft (238, 2 bis
239, 7). Erzählt der französische Roman, daß der große Kamin-
Saal vierhundert Menschen Platz gewährt hätte (siehe oben S. 432 f.),
so nehmen im deutschen Gedicht vierhundert Gralritter an dem
Mahle teil (237, 1 ff.). Ein besonders auffälliger Unterschied liegt
schließlich darin, daß bei Christian der Gralträgerin eine Jungfrau folgt mit einem s i l b e r n e n T e l l e r *(tailleor d'arjant;*
V. 3231), der Patene des Abendmahlskelches (siehe oben S. 419, Anm. 3;
S. 433), den Wolfram durch z w e i s i l b e r n e M e s s e r ersetzt
(234, 18—21) und dem Gral vorantragen läßt. Die meisten Forscher
wollen hierin ein sprachliches Mißverständnis sehen [17]). Dafür

<hr/>

17) So z. B. Birch-Hirschfeld, Die Sage vom Gral, ihre Entwicklung
und dichterische Ausbildung in Frankreich und Deutschland im zwölften
und dreizehnten Jahrhundert. Leipzig 1877, S. 278; Heinzel, Über Wolframs von Eschenbach Parzival, a. a. O. S. 14; Wilhelm Hertz, Parzival
von Wolfram von Eschenbach. Stuttgart [2] 1898, S. 430. 527 f., Anm. 177;
Eduard Wechßler, Die Sage vom heiligen Gral in ihrer Entwicklung bis
auf Richard Wagners Parsifal. Halle a. S. 1898, S. 169/170; Ernst Martin,
Wolframs von Eschenbach Parzival und Titurel. 2. Teil: Kommentar (Halle
a. S. 1903), S. 217 (zu 234, 18); Wolfgang Golther, Parzival und der Gral
in der Dichtung des Mittelalters und der Neuzeit. Stuttgart 1925, S. 156;
Gustav Ehrismann, Geschichte der deutschen Literatur bis zum Ausgang
des Mittelalters. Bd. 2, 2, 1 (1927), S. 242; M. Paetzel, Wolfram und Crestien,
a. a. O. S. 48. 114/15; Alfons Hilka, Der Percevalroman *(Li Contes del
Graal)* von Christian von Troyes unter Benutzung des von Gottfried
B a i s t nachgelassenen handschriftlichen Materials. Halle a.S. 1932, S. 683 f.
(zu V. 3230/3231). — Im Gegensatz hierzu führt Victor Junk (Gralsage
und Graldichtung des Mittelalters. Wien [2] 1912, S. 101 f. [Sitzungsberichte
der kaiserlichen Akademie der Wissenschaften in Wien, phil.-hist. Kl.
Bd. 168, 4]), mit Jessie L. Weston (The legend of Sir Perceval. Studies
upon its origin development, and position in the Arthurian Cycle. London
1906 ff. Bd. 1, S. 155 ff.) die beiden Messer auf eine besondere Quelle, die
Legende der Abtei von Fécamp, zurück. Auf diese Legende hatte bereits
Heinzel (Über die französischen Gralromane. Wien 1891, S. 39/40 [Denk-
schriften der kaiserlichen Akademie der Wissenschaften in Wien, phil.-hist.
Kl. Bd. 40]) aufmerksam gemacht und dabei auch schon auf Wolframs
Messer und ihre Verwendung verwiesen (a. a. O. S. 40, Anm. 1). Junk
bzw. Jessie L. Weston leiten ebenso wie S. Singer (Wolframs Stil
und der Stoff des Parzival. Wien 1916, S. 88 f. [Sitzungsberichte der
kaiserlichen Akademie der Wissenschaften in Wien, phil.-hist. Kl. Bd. 180,4])
die von Christian abweichende Angabe Wolframs der beiden Messer von
Kyot her. Diese Vermutung ist aber in ihrer Gesamtheit von Hilka (a. a. O.
S. 684) abgelehnt worden. Siehe hierüber auch unten S. 557.

könnte auch sprechen, daß der Dichter des *„Perceval"* zwei verschiedene *tailleor d'arjant* erwähnt (V. 3231 und 3287), auf welche sich die Zweizahl[18]) im „Parzival" zurückführen ließe. Diese beiden Messer gehören zum Gral und der blutenden Lanze und werden sowohl von Signe (255, 5—11) als auch von Kundry (316, 26 f.) mit ihnen zusammen genannt. Im weiteren Verlauf der Erzählung erfahren Parzival (bzw. Hörer oder Leser) dann aus Trevrizents Munde ihre Verwendung (490, 20 ff.; siehe oben S. 519).

Selbst wer den Standpunkt vertritt, Wolfram habe nach eigenem Ermessen diese und ähnliche Änderungen oder Zusätze vorgenommen, wird seine Erklärung nicht aufrecht halten können, wenn er *Percevals* Besuch bei dem Einsiedler mit der gleichen Szene im neunten Buch des deutschen Gedichts vergleicht. Die genauen, bis ins einzelne gehenden Angaben Trevrizents über den Gral und die blutende Lanze wie über das Schicksal des Anfortas finden bei Christian keinerlei Entsprechung. Dort hört der Eremit zunächst *Percevals* Beichte an und belehrt ihn, daß er infolge einer Sünde weder nach der Lanze noch nach dem Gral gefragt habe (siehe oben S. 428 f.). Dann gibt er sich als seinen Oheim und gleichzeitig als Angehörigen des Gralgeschlechts, dessen Stammbaum er erläutert, zu erkennen. Er legt seinem Neffen eine Buße auf und bittet ihn, zum Osterfest bei ihm zu bleiben. *Perceval* nimmt infolgedessen an dem K a r f r e i t a g s g o t t e s d i e n s t teil und betet das K r e u z a n (V. 6493—98; siehe oben S. 430, dazu S. 437 ff.).

Sieht man zunächst von der inhaltsreicheren Schilderung Wolframs ab, so finden sich in ihr die einzelnen Szenen Christians über das Ganze zerstreut wieder, bis auf eine s e h r a u f f ä l l i g e Abweichung: von einer T e i l n a h m e Parzivals an der K a r f r e i t a g s f e i e r und der mit ihr verbundenen *A d o r a t i o c r u c i s* (siehe oben S. 430) ist in dem gleichen Zusammenhang keine Rede, und damit fehlt der eigentliche Höhepunkt des französischen Romanfragments. Diese Tatsache ist um so erstaunlicher, da Wolf-

---

18) So Brugger, Der sogenannte Didot-Perceval (Zeitschrift für französische Sprache und Literatur Bd. 53 [1930], S. 451, Anm. 80). Eine andere Erklärung der Zweizahl geben Hertz (Parzival von Wolfram von Eschenbach, a. a. O. S. 527 f., Anm. 177) und Golther (Parzival und der Gral, a. a. O. S. 68/69 bzw. 156); auf ihn beruft sich auch Paetzel (Wolfram und Crestien, a. a. O. S. 48) für diese besondere Frage.

ram den Besuch seines Helden bei dem Einsiedler ebenfalls auf den
Karfreitag verlegt und die Heiligkeit dieses Tages in ähnlicher Weise
und mit ähnlichen Worten hervorhebt wie seine Vorlage [19]). Wie erklärt sich diese Abweichung? G. Weber hat in einem Aufsatz, der
die Verbindung zwischen dem ersten und dem bisher noch nicht ver-
öffentlichten zweiten Bande seines Wolframbuches bildet [20]), auf
Grund des religiösen Charakters der Parzival-Trevrizent-Szene, aber
ohne den hier genannten Gegensatz zwischen dem französischen und
dem deutschen Gedicht zu erwähnen, eine Antwort auf diese Frage
gegeben: „Im Vordergrund des kultischen Empfindens stehen [in
Wolframs Parzival] die Karfreitagszeremonien (446, 10—21. 27—29;
447, 13—18; 449, 14—18), nicht die der normalen Messe." Die von
Weber angeführten Verse beziehen sich auf die Wallfahrt des greisen Ritters *Kahenîs* und seiner Familie, die Parzival auf ihrer Rückkehr von der Karfreitagsfeier in der Klause Trevrizents trifft. Nach
Wolframs persönlicher religiöser Einstellung, durch die er sich (nicht

---

19) Merkwürdigerweise habe ich in der mir bekannten Wolframliteratur
nur bei Paetzel (Wolfram und Crestien, a. a. O. S. 52 oben, Anm. 44) einen
direkten Hinweis auf diese auffällige Abweichung von Christian gefunden,
deren Erklärung Paetzel (a. a. O. S. 120 f.) in ähnlicher Richtung sucht wie
Weber. Heinzel (Über Wolframs von Eschenbach Parzival, a. a. O. S. 38 u. ö.)
hatte darauf aufmerksam gemacht, daß im deutschen Gedicht auch das
geheimnisvolle Gebet unerwähnt bleibt, das der Einsiedler-Oheim seinem
Neffen in das Ohr lehrte (siehe oben S. 430), und glaubte, daß „hier allenfalls eine unbewußte Abneigung gegen die offiziellen Formen des Christentums... im Spiel sein" könnte. Auch Golther (Parzival und der Gral,
a. a. O. S. 174) hat diese Auslassung betont und damit zu begründen versucht, daß „die Vorlage von der Anwendung dieses Wundergebetes nichts
mehr berichtet". Die Karfreitagsmesse erwähnen beide Forscher dagegen
nicht. Indirekt könnte Ehrismann (Geschichte der deutschen Literatur,
a. a. O. S. 242 zu Buch IX) auf sie angespielt haben, wenn er sagt: „Die
ganze religiöse Handlung dringt bei W[olfram] erhebender und wärmer
zu Gemüt als Chr[istian]s Auffassung, d i e m e h r a n d e r k i r c h -
l i c h e n , f o r m e l l e n P f l i c h t l e i s t u n g h a f t e n b l e i b t." Dieser letzte (hier gesperrte) Satz wird sich in erster Linie auf die Mahnung
des Einsiedlers beziehen, *Perceval* solle als Zeichen seiner Buße an keiner
Kirche vorübergehen, ohne einzutreten oder am Gottesdienst teilzunehmen,
kann aber auch das gemeinsam begangene Karfreitagsoffizium meinen.

20) Gottfried Weber, Der Gottesbegriff des Parzival. Studie zum
zweiten Band des „Wolfram von Eschenbach". Frankfurt a. M. 1935, S. 44;
zum genauen Verständnis des oben gegebenen Zitates vgl. S. 40—46.

nur von Christian, sondern auch) von der zeitgenössischen deutschen
Dichtung (Hartmann, Gottfried) und seiner sonstigen Umgebung
scheidet und mit der er den Weg einer neuen Anschauung betritt,
die für die Folgezeit richtunggebend werden sollte, liegt also „das
Gewicht nicht auf der Erfüllung der Form, sondern auf der lebendigen Tiefe des religiösen Lebens" (Weber, a. a. O. S. 44 oben). Dieses
echte Gefühl kommt in Parzivals wahrer Reue und Beichte und dem
aufrichtigen Wunsche, für seine Sünden Buße zu üben, deutlich
genug zum Ausdruck, so daß es einer Teilnahme an der offiziellen
kirchlichen Feier nach der Ansicht des Dichters nicht mehr bedarf.
Beachtlich ist dabei auch, daß der L a i e n b r u d e r und E i n s i e d -
l e r Trevrizent diese Beichte entgegennimmt und die Buße auferlegt, nicht ein ordinierter Priester der Kirche! (Vgl. hierzu oben
S. 515, Anm. 9.)

Die Behauptung, daß auch für das neunte Buch des „Parzival"
allein Christians Romanfragment als Quelle herangezogen werden
dürfe, vertrat besonders Golther (Parzival und der Gral, a. a. O.
S. 175 ff.), der geneigt war, überhaupt alle Angaben Wolframs, die
über Christian hinausgehen, dessen eigener Erfindung zuzuschreiben. Das wird zutreffen für die Erwähnung der deutschen Steier-
mark (Stîre [499, 8]) [21]) und für die väterliche Abstammung Parzivals von einem deutschen Adelsgeschlecht (Anschevîn [475, 3]; vgl.
auch von Anschouwe [499, 5; dazu schon 6, 26 f.]), oder für andere
Einzelheiten (Anspielungen oder Entlehnungen, die aus deutschen
Dichtungen stammen); es bleibt aber zweifelhaft für die Angaben
des Wolframschen Gralberichts, soweit er sich nicht mit der französischen Vorlage deckt. Nun gibt der Eschenbacher an zwei wichtigen Stellen seiner Dichtung (453, 11 ff.; 827, 1 ff.; dazu 416, 20 ff.) [22])
gleich Christians von Troyes und Roberts von Borron Verweis auf
eine schriftliche Quelle [23]) eine Berufung auf seinen angeblichen
Gewährsmann, den P r o v e n z a l e n K y o t, dem er die Kenntnis der Parzival- und Gralerzählung verdanke: *Kyôt ist ein Pro-
venzâl, / der dise âventiur von Parzivâl / h e i d e n s c h g e s c h r i -*

---

21) So auch Ehrismann, Geschichte der deutschen Literatur, a. a. O.
S. 243; dazu Paetzel, Wolfram und Crestien, a. a. O. S. 107.

22) Die übrigen Erwähnungen Kyots (z. B. 431, 2; 776, 10; 805, 10)
spielen daneben keine Rolle.

23) Siehe hierzu oben Kap. 27, S. 456 f. 468. 498 f.

b e n sach (416, 25 ff.); *Kyôt der meister wol bekant | ze Dôlet* [Toledo] *verworfen ligen vant | in h e i d e n i s c h e r s c h r i f t e | dirre âventiure* [nämlich der Erzählung vom heiligen Gral] *gestifte* (453, 11—14). Danach kannte Kyot ein in heidnischer, d. h. arabischer Sprache abgefaßtes Werk, das den gleichen Stoff behandelte wie Christians *Perceval*-Roman und das er in Toledo gefunden hätte. *Kyôt der meister wîs | diz mære begunde suochen | in l a t î n - s c h e n b u o c h e n, … z e A n s c h o u w e er diu mære vant* (455, 2 ff. 12). Dementsprechend wäre Kyot also für Wolfram der Vermittler eines arabischen Gral-Parzival-Buches, als dessen Verfasser der Heide *Flegetânîs* genannt wird (*ein heiden Flegetânîs | … der schreip vons grâles âventiur;* 453, 23. 30) und von dem eine lateinische Übersetzung in einer Chronik *ze Anschouwe* vorhanden war (vgl. hierzu Anm. 24). Aber inhaltlich stimmte dieses Buch nicht genau mit Christians Bericht überein, denn: *Ob von Troys meister Cristjân | disem mære hât unreht getân, | daz mac wol zürnen Kyôt, | der uns diu rehten mære enbôt. | endehaft giht der Provenzâl, | wie Herzeloyden kint den grâl | erwarp, als im daz gordent was, | dô in verworhte Anfortas* (827, 1—8). Diese Sätze betonen in erster Linie d e n Unterschied zwischen Christian und Wolframs angeblicher Quelle, daß diese es dem Deutschen ermöglichte, die Gral-Parzival-Geschichte z u m A b s c h l u ß z u b r i n g e n *(endehaft jehen).* Die Tatsache, seinen Roman vollenden zu können, woran den französischen Dichter der Tod gehindert hatte, betont Wolfram auch am Anfang des fünfzehnten Buches (734, 1—9). Aber ich glaube gegen Golther (Parzival und der Gral, a. a. O. S. 135), daß mit *disem mære unreht tuon,* das Christian (827, 2) vorgeworfen wird, und mit der Gegenüberstellung der *rehten mære* Kyots—Flegetanis' (827, 4) auch die Abweichungen und Zusätze Wolframs gerechtfertigt werden sollen.

Christians *„livre"* des Grafen Philipp, Roberts von Borron „großes Buch der großen Kleriker", Helinands *„historia, quæ dicitur de gradali"* (siehe oben S. 469 ff.), Kyot-Wolframs *„chrônicâ ze Anschouwe":* sie alle in Bausch und Bogen für eine Fiktion zu erklären, geht nicht an [24]. Es wurde (oben S. 498 f.) bereits betont, daß

---

24) Wiederholt hat man aus Wolframs Quellenangabe oder richtiger aus der Kyots auf zwei inhaltlich verschiedene Vorlagen zurückgreifen zu müssen geglaubt: auf eine Gralerzählung des Flegetanis *in heidenischer*

sich die Gralvorstellungen nicht nur in mündlicher Überlieferung, sondern entscheidend gerade in lateinischen Schriften entwickelt haben. Mit beiden, der mündlichen und der schriftlichen Tradition, muß gerechnet werden; daß die letztgenannte in lateinischer Sprache vorlag, wird von Helinand und Wolfram direkt gesagt, von Robert indirekt, aber unmißverständlich durch den Hinweis auf die „großen Kleriker" bezeugt. Also nicht die Quellenangabe als solche, sondern nur die Form, in die Wolfram sie gekleidet hat, und der Name Kyot können den Zweifel rechtfertigen, der immer wieder gegen sie laut geworden ist. Nimmt man ihr alles Geheimnisvoll-Ausschmückende, so besagt sie nur: außer der Hauptquelle, dem Romanfragment Christians, lag dem deutschen Dichter noch eine Nebenquelle vor, die ihm als Ergänzung zu jener unvollständigen diente und von ihm herangezogen wurde, als die erste nicht mehr ausreichte oder gänzlich versagte. Ob diese Quelle wirklich das Werk eines sonst unbekannten Kyot war — so zuletzt bei G. Weber (Wolfram von Eschenbach, a. a. O. Bd. 1, S. 141—150) — oder ob Wolfram den Namen und die näheren Umstände frei erfunden hat — so z. B. Golther (Parzival und der Gral, a. a. O. S. 138 f.) und Paetzel (Wolfram und Crestien, a. a. O. S. 127 ff., besonders S. 137) — ist dabei von untergeordneter Bedeutung [25]. Daß diese zweite Annahme möglicherweise eine Stütze in der Polemik Gottfrieds von Straßburg gegen seinen bedeutendsten Rivalen findet, dessen bissiger Vorwurf (Tristan, Vers 4663—4688 in der Ausgabe von Marold. 1. Teil: Text. Leipzig [2] 1912, S. 70 f.) ungerechtfertigt und unverständlich bliebe, wenn Kyot wirklich existiert hätte, ist wiederholt betont und auch von Ehrismann (Geschichte der deutschen Literatur, a. a. O. S. 236) angeführt worden.

schrifte und auf einen Stammbaum des Gral-Parzival-Geschlechts in latinschen buochen. Diese Ansicht vertritt z. B. Rudolf Palgen (Der Stein der Weisen. Quellenstudien zum Parzival. Breslau 1922, S. 9 f.), der sogar behauptet: „Kyot hat lediglich den Inhalt der Gahmuretgeschichte in dieser [lateinischen] Chronik gefunden, weshalb es heißt ([455], 21 f.): bi der [Herzeloide] Gahmuret ein kint / gewan, des disiu mære sint" (a. a. O. S. 10). In ähnlicher, wenn auch eingeschränkter Form bei Golther (Parzival und der Gral, a. a. O. S. 137/38) und Ehrismann (Geschichte der deutschen Literatur, a. a. O. S. 234/35). Wenn Palgen diese Zweiheit zum Ausgangspunkt seiner Untersuchungen macht, so kann ich ihm hierin nicht folgen.

25) Zur Stellungnahme für und wider Kyot vgl. Ehrismann, Geschichte der deutschen Literatur, a. a. O. S. 235 und Anm. 3; S. 236 und Anm. 1.

Da Kyot am Schluß des achten Buches zum ersten Male genannt wird, ist die Vermutung nicht unberechtigt, daß Wolfram diese Nebenquelle erst von der Mitte seines Werkes ab benützt habe. Ja die Annahme liegt nahe, daß „die erste Berufung auf Kyot ... eine selbständige Erfindung Wolframs" decken sollte (Golther, Parzival und der Gral, a. a. O. S. 137 mit Hinweis auf Behaghel; siehe auch G. Weber, Wolfram von Eschenbach, a. a. O. Bd. 1, S. 29, 147). Dann würde die Nebenquelle also an der Stelle einsetzen (453, 11 ff.), an der die Gralerzählung Christians abbricht, und damit fände die Ausgestaltung der Parzival-Trevrizent-Szene des deutschen Gedichts eine einleuchtende Erklärung. Aber die Schwierigkeit dieser ganzen Frage ist ebensowenig durch ein gewöhnliches Additionsverfahren zu klären wie durch eine einfache oder komplizierte arithmetische Gleichung (siehe hierzu die Zusammenstellung bei Ehrismann, Geschichte der deutschen Literatur, a. a. O. S. 237). Der maßgebende Faktor ist die persönliche Eigenart Wolframs, die entscheidend zu würdigen nicht restlos möglich ist, solange die Lösung des Quellenproblems hypothetisch bleibt. Darin liegt auch der Widerspruch begründet, den Wolfram in der Beurteilung der wissenschaftlichen Forschung vom stupiden Nachbeter bis zum willkürlichen Erfinder — *vindære wilder mære* hätte er nach dem Ergebnis ihrer Untersuchungen auch in modernen Arbeiten genannt werden können! — erfahren mußte, bis sich die Tatsache seiner überragenden Größe immer mehr durchsetzte. Aber noch besteht Ehrismanns Ausspruch (a. a. O.) zu Recht: „Es bedeutet eine schmerzliche Entsagung, daß wir nicht zur vollen Erkenntnis unseres größten mittelhochdeutschen Dichters gelangen können, daß uns die Mittel fehlen, um sein geistiges Eigentum voll abgrenzen zu können." Diese Worte sollen und dürfen jedoch nicht als resignierender Verzicht gedeutet werden. Wie man das V e r h ä l t n i s Wolframs zu seiner Quelle methodisch bestimmen und abgrenzen kann, ohne diese direkt zu kennen, hat Weber im zweiten Abschnitt seines Wolframbuches (a. a. O. Bd. 1, S. 5—25) gezeigt durch einen Vergleich mit dem „Willehalm" und dessen Vorlage, der *„bataille d'Aliscans"* [26]). Daraus ergeben sich

---

26) Vgl. hierzu bereits den Hinweis von Friedrich Vogt in seiner „Geschichte der mittelhochdeutschen Literatur". Straßburg [2] 1906, S. 200 f. (Sonderdruck aus der zweiten Auflage von Pauls Grundriß der germanischen Philologie).

gewichtige Fingerzeige auch für den „Parzival": so dürfen die (oben
S. 524 ff.) erwähnten Umstellungen einzelner Motive der Gralerzählung bzw. ihre Vorwegnahme unbedenklich dem deutschen Dichter,
nicht einer besonderen Quelle zugeschrieben werden. Ebenso konnte
ein Wolfram genau so wie der heutige Forscher aus Christians Fragment wichtige und richtige Fingerzeige entnehmen, wie der französische Dichter sein Werk weitergeführt hätte, wenn er am Leben
geblieben wäre. Das gilt z. B. für die Bemerkung Sigunes, daß
Parzival Herr über alles, was er auf der Gralburg gesehen hat,
geworden wäre, wenn er durch eine Frage s e i n M i t l e i d mit der
nôt des kranken Burgherrn bewiesen hätte (254, 15—255, 20). Denn
daß die Frage auch bei Christian *Percevals* Mitleid und nicht seine
Neugier bezeugen soll, wurde oben (Kap. 26) nachgewiesen. Wenn
in dem französischen Versroman der Gral vor jedem Gericht an dem
Fischerkönig und seinem Gast vorübergetragen wird, so konnte
jeder denkende Hörer oder Leser, also auch Wolfram ihm von selbst
speisespendende Kraft zutrauen, ohne daß dies direkt gesagt werden
mußte; denn es ergab sich aus Christians Schilderung ohne weiteres.

Aber es finden sich auch vor dem neunten Buch Abweichungen
vom *Perceval*-Roman, die nicht unbedingt Wolframs geistiges Eigentum zu sein brauchen und die daher auf die Nebenquelle zurückgehen können. Hierzu gehört in erster Linie die Bemerkung Sigunes,
daß der Weg zur Gralburg niemals b e w u ß t gefunden werden kann
(250, 26—30); diese Aussage wird später von Trevrizent bestätigt
(468, 12 ff.) und eingehend begründet. Christian bietet für sie keinerlei direkte Anhaltspunkte, sie konnte also aus seiner Dichtung auch
nicht unmittelbar erschlossen werden. Es liegt um so näher, für
sie die zweite Vorlage in Anspruch zu nehmen, als Wolframs Parzival sich hierdurch in seiner Gralsuche keineswegs beeinflussen läßt.
Wozu hätte Wolfram also dieses Motiv erfinden sollen? Es zeigt
sich aber im Verlauf der weiteren Erzählung, daß Wolfram es geistig
und psychologisch vertieft und durch seine Änderung keineswegs
einen Bruch der Komposition herbeigeführt hat[27]). Da es keinem

---

27) Vgl. Lichtenstein, Zur Parzivalfrage, a. a. O. Bd. 22, S. 68; Weber,
Wolfram von Eschenbach, a. a. O. Bd. 1, S. 55 f. — Anderer Ansicht ist
Paetzel (Wolfram und Crestien, a. a. O. S. 132), der die Worte Sigunes
(250, 26 ff.; siehe oben S. 508. 524) „als nachträgliche Formulierung eines von
Cr[estien] gegebenen Tatbestandes" auffaßt.

Zweifel unterliegt, „daß der Parzival weder in einem Zuge herunter-
geschrieben wurde, noch in der Erstgestalt unverändert blieb"
(Weber, Wolfram von Eschenbach, a. a. O. Bd. 1, S. 150, Anm. 377;
vgl. auch Zwierzina, Beobachtungen zum Reimgebrauch Hartmanns
und Wolframs [Abhandlungen zur germanischen Philologie. Fest-
gabe für R i c h a r d H e i n z e l. Halle a. S. 1898, S. 437 ff., besonders
S. 452 ff.]; Ehrismann, Geschichte der deutschen Literatur, a. a. O.
S. 232), ist es durchaus möglich, daß Wolfram diesen Ausspruch über
den Gral erst nachträglich der Sigune in den Mund legte. Ist diese
Vermutung richtig, so erklärt sie alle übrigen Zusätze der deutschen
Dichtung vor dem neunten Buch ohne jede Schwierigkeit, die sich
nicht mit Christians Angaben über den Gral und die blutende Lanze
vereinigen lassen oder in seinem Romanfragment fehlen und die
keine freie Erfindung Wolframs sein können, ohne der oben (S. 531)
aufgestellten Vermutung zu widersprechen, daß die zweite Quelle
erst vom neunten Buch ab herangezogen wurde [28]).

III. Lapis elixir.

Für die Frage nach der Entstehung der Gralsage ist es zunächst
von untergeordneter Bedeutung, ob wirklich der halb jüdische, halb
heidnische *Flegetânîs* als erster Kenntnis von den Gralgeheimnissen
gewann und der Menschheit vermittelte (453, 23—455, 22). Das Entscheidende sind die Angaben Wolframs über den Gral und die Frage,
ob diese sich mit den Anschauungen Christians von Troyes, Roberts
von Borron und mit denen der übrigen französischen Gralerzählungen in Einklang bringen lassen oder nicht.

Auf jeden Fall sind bei Wolfram wie auch sonst in der literarischen Überlieferung der Gralsage die blutende Lanze und der Gral
eng miteinander verknüpft. In C h r i s t i a n s Gedicht wird auf
der Burg des r e i c h e n F i s c h e r s die blutende Lanze d e m i n
d e n H ä n d e n e i n e r J u n g f r a u g e h a l t e n e n G r a l voran-

---

28) Über Wolframs Stellung zu seinen beiden Vorlagen und über die
Entstehung des „Parzival" vgl. u. a. auch noch Heinzel, Über Wolframs
von Eschenbach Parzival, a. a. O. S. 22—26 u. ö.; A. Schreiber, Neue Bau-
steine zu einer Lebensgeschichte Wolframs von Eschenbach. Frankfurt a. M.
1922, S. 138—152; über das Verhältnis Christians zu Kyot Heinzel, a. a. O.
S. 28—47. Ausführliche Literaturangaben bei Ehrismann, Geschichte der
deutschen Literatur, a. a. O. S. 232, Anm. 1. 2 und 4.

getragen, während ein silberner Teller (die Patene) von einer anderen Jungfrau nachgetragen wird. Dem alten Gralkönig bringt der Gral die Hostie, die ihn am Leben erhält. Der Gral wirkt also s p e i s e s p e n d e n d und l e b e n e r h a l t e n d; er verbreitet außerdem eine alle Kerzen verdunkelnde, alles überstrahlende H e l l i g - k e i t (siehe oben S. 418).

Bei R o b e r t erscheint der Gral als K e l c h , mit dem Christus am Tage vor seiner Kreuzigung bei seinem letzten Mahle im Kreise der Jünger das Sakrament vollzogen hat. In diesem Kelch — so erzählt Robert weiter — hat Joseph von Arimathia bei Christi Kreuzabnahme das Blut, das aus des Heilands Wunden geströmt war, in Erinnerung an d i e v o n d e r L a n z e g e s t o c h e n e S e i t e n - w u n d e u n d d e r e n H e i l w i r k u n g (siehe oben S. 451 ff.) gesammelt, und dieser Kelch war bei ihm w ä h r e n d s e i n e s w u n d e r b a r e n l a n g e n A u f e n t h a l t e s i m K e r k e r; er hat ihn mit seinen Genossen auch begleitet bei ihrer weiten Wanderung. Es ist das vom Heiligen Geist erfüllte Heiligtum, z u d e m J o s e p h u m E r l e u c h t u n g b e t e t, für das er seinen Genossen e i n e T a f e l z u m v e r e h r e n d e n u n d b e s e l i g e n d e n D i e n s t errichtet. U n g l ä u b i g e n ist die Teilnahme an diesem Dienst versagt. Bron, der Schwager Josephs, erhält den Beinamen „d e r r e i c h e F i s c h e r", er wird das Erscheinen des a u s e r - w ä h l t e n und v o r h e r b e s t i m m t e n G r a l k ö n i g s, seines Enkels, erleben (siehe oben S. 459. 463 f.). Danach wirkt der Gral s p e i s e s p e n d e n d , l e b e n e r h a l t e n d u n d b e s e l i g e n d; ebenso verbreitet er auch nach Roberts Schilderung eine w u n d e r - b a r e H e l l i g k e i t (siehe oben S. 453). H e i d e n können an seinem Dienst und seiner Herrlichkeit n i c h t t e i l h a b e n.

In beiden Dichtungen ist die Pflege und Obhut des Grals einem a u s e r w ä h l t e n G e s c h l e c h t anvertraut; bei Robert gewährt der Gral noch allen Auserlesenen, die überzeugt und aufrichtig an ihn glauben, b e s o n d e r e V o r t e i l e (siehe oben S. 456).

Aus den mahnenden und belehrenden Worten, die Christian den Einsiedler-Oheim an *Perceval* richten läßt, kann man aber noch eine Forderung mit ziemlicher Sicherheit heraushören, die auch durch gelegentliche andere Bemerkungen angedeutet wird und die G. Weber bereits folgendermaßen formulierte: „*Perceval* kann den Gral erst dann gewinnen, wenn er alle Schuld gesühnt hat, also völlig reinen

Herzens ist" (Wolfram von Eschenbach, a. a. O. Bd. 1, S. 113). Die
Voraussetzung für diese s e e l i s c h e R e i n h e i t , die nur durch
aufrichtige Reue und Buße erlangt werden kann, ist aber demütige
Unterwerfung unter den Willen Gottes; daher gehören D e m u t und
seelische Reinheit zusammen und ohne diese beiden Tugenden wird
auch der A u s e r w ä h l t e nicht zum Graldienst zugelassen. Also
— muß man weiterschließen — haben die bei Christian bereits zur
Gralburg gehörenden Personen diese Bedingungen erfüllt [29]).

Vereinigt man Christians und Roberts einzelne Aussagen über
den Gral, so ergibt sich folgende Zusammenstellung: der Gral wirkt
speisespendend, lebenerhaltend und beseligend, er verbreitet strah-
lende Helligkeit; während Heiden an ihm keinen Anteil haben,
verleiht er den zu seinem Dienst Auserlesenen besondere Vorteile;
von diesen verlangt er Demut und seelische Reinheit. Es gibt
ein bestimmtes Gralgeschlecht, aus dem der jeweilige Gralkönig
stammt; dieser ist vorherbestimmt und versammelt die übrigen
Graldiener zu einer Tafelrunde; der Herrscher (oder die Mitglieder
der Tafelrunde) erbitten vom Gral besondere Belehrungen oder Er-
leuchtungen. In beiden Dichtungen ist der Gral ein pokalartiges
Gefäß (bzw. Kelch) und einer der Gralkönige wird „der reiche
Fischer" genannt. Hierbei ist besonders zu beachten, daß die wenigen Angaben Christians in der Schilderung Roberts sich sämtlich
wiederfinden und daß die Forderung nach Demut und seelischer
Reinheit (d. h. des völligen Gottvertrauens und gottgemäßen Lebens) nicht direkt ausgesprochen wird, sondern nur indirekt, aber
unmißverständlich gefolgert werden kann (vgl. für Robert z. B.
oben S. 454 ff. 459 ff.).

Es wurde (oben S. 523 f.) bereits betont, daß Wolframs Schilderung
vom Gral und von der blutenden Lanze, die er bei Parzivals erstem
Besuch auf der Wunderburg entwirft, sich mit Christians entspre-
chender Erzählung deckt, wenn man von geringfügigen und unwich-
tigen Einzelzügen absieht. Der enge Zusammenhang zwischen dem
Gral und der blutenden Lanze besteht zunächst auch im deutschen
Gedicht, nur an Stelle des Tellers (Patene) sind hier die beiden
Messer getreten; der kranke Burgherr wird ebenfalls „der Fischer"

---

29) Dies gilt in erster Linie für die im französischen Gedicht nicht mit
Namen genannte Trägerin des Grals und ist von Wolfram auch so verstanden und besonders hervorgehoben worden.

genannt, und eine erschöpfende Aufklärung über die wunderbaren
Erlebnisse Parzivals auf der Gralburg erfolgt zunächst nicht. Diese
wird in der Hauptsache im neunten Buch gegeben, und Wolfram
wiederholt bei dieser Gelegenheit Aussagen über bestimmte Einzelheiten, wie er auch später auf sie öfter zurückweist. Übereinstimmend mit Christian werden diese Aussagen an einem Karfreitag
Parzival und damit dem Hörer oder Leser von dem Einsiedler-Oheim
Trevrizent gemacht. Diese Szene bedeutet damit auch in der deutschen Dichtung den H ö h e p u n k t d e r E r z ä h l u n g (vgl. oben
S. 435).

Nach Wolfram ist der Gral ein Stein (469, 3 f.), auch *lapsit exillîs*
genannt (469, 7), auf dem der Phönix sich verbrennt, um erneut und
verschönt wieder aufzufliegen (469, 8—13). Er wirkt speisespendend
(238, 8—239, 7; 469, 3; 470, 1—20), lebenerhaltend und verjüngend
(469, 14—27; dazu 480, 27—30; 501, 28 ff.). Die ersten Gralhüter
waren die neutralen Engel (454, 24 ff.; 471, 15—25), an deren Stelle
dann Christen traten (454, 27 f.; dazu 453, 18 f.); diese wurden zum
Graldienst zunächst durch einen Engel Gottes berufen (471, 26 ff.),
später durch eine Inschrift auf dem Stein bekannt gegeben (470,
21—30). Heiden können den Gral nicht sehen (453, 20 ff.; 810, 7—13;
813, 9—22). Nur der Auserwählte gelangt zum Gral, der niemals
bewußt gefunden werden kann (250, 22—30; 468, 10—16; 786, 1—12);
die Auserwählten müssen demütig (472, 13—17; 473, 1—4; 477, 17 f.)
und keusch (235, 27 ff.; 493, 19—24; 495, 7 f. [dazu aber 495, 9—12])
sein, dagegen darf der Gralköng heiraten (495, 9 f.). Es gibt ein
besonderes Geschlecht, aus dem die Gralkönige stammen (251, 5—20;
455, 15—22; 477, 1—478, 6); die übrigen männlichen Berufenen
dienen als Gralritter und heißen *templeise* (468, 24—30 u. ö.),
sie vereinigen sich in einer Graltafelrunde (236, 23—238, 7; 469, 1;
470, 19 u. ö.; 807, 11—808, 22 u. ff.) und erhalten (im Gebet) vom Gral
prophetische Erleuchtung (483, 19 ff.; vgl. auch 781, 11 ff.). Der Gral
läßt sich nur von einer reinen Jungfrau tragen (235, 15—30; 477,
13—16; 809, 8—12; dazu 493, 19 ff.).

Dieser Bericht über den Gral, den Wolfram seinen Hörern oder
Lesern in der Hauptsache also durch den Mund des Einsiedlers über-
mittelt, wird von ihm selbst noch dahin ergänzt, daß ein Stern-
kundiger als erster Namen und Art des Grals in den Gestirnen
gelesen habe (454, 17—23): diesen hätten die (auch von Trevrizent

als Gralhüter erwähnten) neutralen Engel auf die Erde gebracht und der Obhut christlicher Menschen anvertraut (454, 24—28).

Wenn Weber in seiner entsprechenden Übersicht über Wolframs Gralschilderung noch anführt: „Der Gral zeichnet sich durch strahlende Helligkeit aus" (Wolfram von Eschenbach, a. a. O. Bd. 1, S. 54), so kann ich hierfür keinen Beleg nachweisen. Christian hatte diese Fähigkeit beim ersten Erscheinen des Grals vor *Perceval* betont und besonders hervorgehoben; Wolfram überträgt dieses Motiv auf die Gralträgerin: *nâch den* [Jungfrauen] *kom diu künegîn. | ir antlütze gap den schîn, | si wânden alle ez wolde tagen* (235, 15—17). Oder soll die Helligkeit des Grals von dem Angesicht der *Repanse de schoye* in den Saal zurückstrahlen? Das kann man aus diesen Worten kaum herauslesen. 236,1 ff. heißt es dann: *vorem grâle kômen lieht: | diu wârn von armer koste nieht; | sehs glas lanc lûter wolgetân, | dar inne balsem der wol bran.* Dieser Satz ist unmöglich mißzuverstehen. Auf der andern Seite ist freilich nicht ersichtlich, warum Wolfram diese Angabe Christians, die sich auch bei Robert von Borron findet, fallen gelassen hat, aber auch Trevrizent erwähnt sie in seiner ausführlichen Darlegung von den Eigenschaften des Grals nicht (siehe hierzu auch Hilka, a. a. O. S. 681/82 zu Vers 3220 ff.).

Bei Wolfram werden also im Gegensatz zu Christian und Robert n i c h t genannt das Leuchten des Grals, die beseligende Wirkung, die er auf die erwählten Gläubigen ausübt, und die Vorteile, die er ihnen gewährt. Diese Vorteile bestehen z. B. in der völligen Unverletzlichkeit ihrer Glieder. Daß die Krankheit des Anfortas hierzu nicht im Widerspruch zu stehen braucht, hat bereits Heinzel (Gralromane, a. a. O. S. 104) richtig betont (vgl. auch oben S. 481).

Schwerwiegender sind aber die Angaben Wolframs über den Gral, die bei Christian oder Robert keinerlei Entsprechung finden, nämlich: 1. der Gral als Stein, genannt *lapsit exillîs;* 2. die Verbrennung des Phönix; 3. die neutralen Engel als Gralhüter; 4. die Inschrift auf dem Stein; 5. die Bezeichnung der Gralritter als *templeise;* 6. der wiederholte Hinweis, daß der Gral nur unbewußt gefunden werden kann; 7. die Kenntnis des Grals aus den Sternen. Lassen sich diese Angaben mit der hier vertretenen Grundauffassung vereinigen, daß der Gral von Anfang an ein christliches Heiligtum ist und die Gralsage im Christentum wurzelt? Gerade auf Grund

der Wolframschen Schilderung ist diese Ansicht bisher immer wieder
bestritten und der Versuch gemacht worden, den Ursprung der Sage
aus nichtchristlichen Quellen abzuleiten, sei es aus irisch-keltischen
Märchenmotiven, sei es aus persisch-iranischen Religionsmythen oder
aus arabisch-alchemistischer Mystik. Gemeinsam war allen diesen
Deutungen die Schlußfolgerung, daß die typisch christlichen Elemente der Gralsage, die ja niemand leugnen konnte, als sekundäre
Umformung einer von Haus aus heidnischen Urfassung zu erklären
seien. Die Forscher, welche diese Ansicht vertreten haben, waren
daher immer wieder bemüht, die zunächst nichtchristlichen Züge in
den Vordergrund zu rücken. So führt z. B. G. Weber (Wolfram
von Eschenbach, a. a. O. Bd. 1, S. 55) vierzehn Punkte als „Kern-
motive" der Gralsage an, die unchristlich sein sollen. Da sie an den
Anfang seiner Untersuchungen gestellt sind, wird man aber aus mehr
als einem dieser Punkte zunächst weder ein christliches noch ein
heidnisches Moment herauslesen, denn es ist nicht recht einzusehen,
warum „die Engel als erste Gralhüter (6)" oder „die Forderung der
Reinheit und Demut (12)" z. B. unbedingt heidnisch sein müssen.
Was endlich der letzte Punkt, „die Dialogform (Trevrizent-Parzi-
val)", mit dieser Frage zu tun hat, leuchtet nicht ein; denn aus dem
Umstand, daß in alchemistischen Schriften eine Belehrung auch in
dieser Form nachweisbar ist (Weber, a. a. O. S. 84), braucht man
nicht zu schließen, daß ein solcher Dialog in einer christlichen Sage
ein Fremdkörper ist. Er scheint mir nicht einmal als Stütze der
einen oder der anderen Behauptung geeignet; für sich allein betrachtet, besagt er gar nichts. Direkt widersprechen muß ich Weber, wenn
er behauptet: „Daß der Gral bei Wolfram trotz einiger christlicher
Einschläge doch kein eigentlich christliches Heiligtum ist, ist längst
erkannt worden und wird auch von K. B u r d a c h , der sonst am
meisten geneigt ist, den christlichen Charakter der Gralsage zu
betonen, nicht b e s t r i t t e n" (a. a. O. S. 54 f.); dazu als Fußnote 66:
„Vgl. a. a. O. Vorspiel I, 1, S. 161 und 169/170." Die von Weber als
Beweis für seine Behauptung zitierten Stellen aus Burdachschen
Schriften bieten hierfür nicht den geringsten Anhaltspunkt. Auf
S. 161 seines „Vorspiels" beginnt der Wiederabdruck eines Aufsatzes
„Longinus und der Gral", der am 14. November 1903 in der Deut-
schen Literaturzeitung (Sp. 2821—2824) erschienen war, gerade den
christlichen Ursprung der Gralsage betonte und Wolframs Dichtung

überhaupt nicht nennt. Das zweite Zitat stammt aus einer Besprechung von W. Staerks Schrift „Über den Ursprung der Grallegende" (Tübingen 1903), die ebenfalls in der Deutschen Literaturzeitung (am 12. Dezember 1903, Sp. 3050—3058) zuerst gedruckt und im „Vorspiel" (a. a. O. S. 165—173) wiederholt worden war. Auf S. 169 unten referiert Burdach die Ansicht Staerks, daß auf die Gralvorstellung auch „außerchristliche Mythologeme" orientalischen Ursprungs eingewirkt hätten, und fährt dann wörtlich fort: „Dieser orientalische Legendentypus, den besonders Wesselofsky hervorgehoben und beleuchtet hat, liegt Wolframs Gralvorstellung zugrunde. Der Verfasser spricht sich dabei nicht deutlich genug darüber aus, ob diese zweite, von Wolfram benutzte Legendengestalt der erstgenannten, rein christlichen, parallel und gleichaltrig sei, ob beide überhaupt ursprünglich zusammenhängen oder nur später zusammengeflossen bzw. nebeneinander hergegangen sind" (a. a. O. S. 169/170). Daß hier nicht Burdachs, sondern Staerks Anschauungen über „Wolframs Gralvorstellung" gemeint sind, ergibt sich aus dem Zusammenhang des ganzen Abschnittes. Wie Burdach selbst über diese Frage dachte, wird im Folgenden zu zeigen versucht werden.

Auf der andern Seite urteilen Weber und seine Vorgänger, daß die „christlichen Vorstellungen nicht ausreichen, sämtliche Gralelemente … zu erklären" (Wolfram von Eschenbach, a. a. O. Bd. 1, S. 55). Wolframs merkwürdige Benennung des Gral s t e i n e s *lapsit exillis*, seine „Offenbarung aus den Sternen" durch einen H e i d e n, die auf diesem Stein erscheinende I n s c h r i f t, schließlich seine Verknüpfung mit dem wunderbaren und sagenhaften V o g e l P h ö n i x hätten zunächst mit christlich-religiösen oder legendären Vorstellungen keine Berührungspunkte. Die s p e i s e s p e n d e n d e Kraft des Grals entspräche dem allbekannten Märchenmotiv des „Tischchen deck dich" (siehe Kinder- und Hausmärchen der Brüder Grimm Nr. 36) und daher läge es nahe, diese Eigenschaft des Grals auch von dort herzuleiten [30]). Unter diesen Umständen ist die oft

---

30) Über die Verbreitung dieses Märchens bei europäischen und außereuropäischen Völkern siehe Bolte-Polívka, Anmerkungen zu den Kinder- und Hausmärchen der Brüder Grimm. Bd. 1 (1913), Nr. 36, S. 346—361. Auch auf „Das Wasser des Lebens" (ebd. Bd. 2 [1915], Nr. 97, S. 394—401) ist im Zusammenhang mit der Heilung des kranken Anfortas und anderen Motiven der Gral-Parzivalsage hingewiesen worden. Übereinstimmungen

erhobene Forderung, bei der Erklärung der Gralmotive des deutschen Gedichts zunächst von den Parallelen zu den Berichten der
französischen Gralromane abzusehen, verständlich und nicht unberechtigt. Denn es liegen hier offensichtlich zwei verschiedene Ent-
wicklungslinien vor, und auf den ersten Blick erscheint es fraglich,
ob beide den gleichen Ausgangspunkt gehabt haben können.

Das Rätsel, das die in dieser Form unverständliche Bezeichnung
des Wolframschen Gralsteines *lapsit exillîs* aufgibt, kann heute als
gelöst gelten und verdankt seine Lösung in der Hauptsache dem
Schöpfer dieses Werkes, K o n r a d   B u r d a c h selbst. Er hat sich
zwar (soweit mir bekannt ist) in keiner der vielfachen Vorarbeiten
zu seiner Gralforschung direkt hierüber geäußert; aber Fr. Kampers
führte bereits 1917 die Auflösung in *l a p i s   e l i x i r* auf eine ihm
brieflich gemachte Mitteilung Burdachs zurück [31]), Palgen (Stein der
Weisen, a. a. O. S. 2 f.) wiederholte sie 1922 mit dem Zusatz, schon
seinerseits „unabhängig von Burdach auf dieselbe Deutung gelangt"
zu sein [32]), und G. Weber (Wolfram von Eschenbach, a. a. O. Bd. 1,
S. 59) übernahm sie, „um sie im Laufe [seiner] Untersuchung endgültig sicherzustellen" [33]). Kampers, Palgen, Weber u. a. brachten
diesen *lapis elixir* mit dem *lapis philosophorum* in Verbindung, und
besonders Weber war bemüht (a. a. O. S. 69), von diesem eine
Brücke zu schlagen zu der arabischen (aus dem griechischen τὸ ξήριον

oder Anklänge finden sich auch in dem Märchen „Der goldene Vogel"
(Bolte-Polívka, a. a. O. Bd. 1, Nr. 57, S. 503—515) und anderen (z. B. ebd.
Bd. 1, Nr. 60, S. 528—556; Bd. 2, Nr. 96, S. 380—394).

31) Vgl. Franz Kampers, Turm und Tisch der Madonna (Mitteilungen
der Schlesischen Gesellschaft für Volkskunde Bd. 19 [1917], S. 105 und
Anm. 2); Ders., Gnostisches im „Parzival" und in verwandten Dichtungen
(ebd. Bd. 21 [1919], S. 36 und Anm. 3). Leider ist es mir nicht gelungen,
diesen Brief ausfindig zu machen.

32) Vgl. auch R. Palgen, Lapsit exillîs (P. 469,7) (P.B.B. Bd. 46 [1922],
S. 312).

33) Ebenso Golther (Parzival und der Gral, a. a. O. S. 207 f.), der die
Arbeit Palgens anführt, aber Burdachs Namen in diesem Zusammenhange
nicht nennt. Er und andere erinnern auch an den Paradiesstein, den
Alexander der Große als Geschenk erhält und von dem es in der deutschen
Fassung der Straßburg-Molsheimer Handschrift (Lamprechts Alexander;
hrsg. von K. Kinzel, Halle/Saale 1884) heißt: *er [der Stein] gibit harte
stolzen mût / und den alden di jugint. / er hât vil manige tugint* (Vers
7106 ff.; a. a. O. S. 376).

[auch ξηρίον] entstandenen) Wortbildung *elixir;* es gelang ihm, in einem allerdings erst dem sechzehnten Jahrhundert angehörenden Druck des *Speculum naturale* des Vincentius Bellovacensis die Kapitelüberschrift *„de lapide elixir"* nachzuweisen (S. 70), die freilich in der von Vincentius genannten Quelle fehlt und auch sonst in arabisch-alchemistischen Schriften als fester Terminus nicht vorkommt. Wie man sich auch hierzu stellen mag, auf jeden Fall unterstützt die Erklärung *lapis elixir* die Angaben, die Wolfram kurz zuvor (453, 11 ff.) über seine Quelle gemacht hatte, wenn sie nicht überhaupt auf diese zurückzuführen ist.

Zunächst und nur für sich betrachtet brauchte die Behauptung Wolframs, der Gral sei ein Stein, der christlichen Grundauffassung noch nicht zu widersprechen, da in den „typologischen Tropen vom Stein als Christussymbol" [34]) genügend Parallelen für eine Auffassung des Grals als (Altar-) Stein vorhanden waren. Meines Wissens haben Wesselofsky und Sterzenbach auf die Möglichkeit dieser Deutung als erste hingewiesen; nach ihnen hat Schwietering betont, „daß der verhältnismäßig kleine Altarstein noch bis ins zwölfte Jahrhundert ohne jede Holz- oder Metallfassung vorkam, so daß also ein Steinchen als solches als Altar gelten konnte" (a. a. O. S. 264, Anm. 1). Im übrigen war der Altarstein Wolfram selbst durchaus geläufig: *nâch des tages site ein alterstein / dâ stuont al blôz. dar ûf erschein / ein kefse* (459, 23 ff.) heißt es bei der Beschreibung des Oratoriums (siehe oben S. 514 f. und Anm. 9); Singers Änderung (Heinzel-Festschrift, a.a.O. S. 429) ist abzulehnen.

Schon die synoptischen Evangelien kannten die Verbindung eines Steines mit Christus, indem sie ihn eine alttestamentliche Prophezeiung wiederholen ließen: *Haec dicit Dominus Deus: 'Ecce ego mittam in fundamentis Sion lapidem, lapidem probatum, angularem pretiosum, in fundamento fundatum; qui crediderit, non festinet'* (Isa. 28, 16 dazu 8, 14; vgl. auch Psalm 117, 22). Dieses Gleichnis vom Eckstein, den die Bauleute verworfen haben (Matth. 21, 42; Mark. 12, 10; Luk. 20, 17), wird an anderen Stellen des Neuen Testaments dann eindeutig auf Christus bezogen (Acta apostol. 4, 11; 1. Petr. 2, 4—8; vgl. auch Röm. 9, 32 f.): der Stein ist von Gott auf die Erde herabgesandt, um die Gläubigen zu erlösen. In der Apokalypse wird

---

34) Schwietering, Der Fischer vom See Brumbane, a. a. O. S. 264; vgl. auch Golther, Parzival und der Gral, a. a. O. S. 206.

542 Achtundzwanzigstes Kapitel:

Gott der Herr selbst mit einem Stein verglichen: *Sedes posita erat in coelo et supra sedem sedens. Et qui sedebat* [35]*), similis erat aspectui l a p i d i s j a s p i d i s et sardinis* [!] (griechisch: ὅμοιος ὁράσει λίθῳ ἰάσπιδι καὶ σαρδίῳ); *et iris erat in circuitu sedis, similis visioni smaragdinae* (Apok. 4, 2 f.). Wundertätige oder mit Wunderkräften ausgestattete Steine kennt die christliche Religion und Legende auch sonst: *Qui habet aurem, audiat, quid Spiritus dicat Ecclesiis: vincenti dabo m a n n a a b s c o n d i t u m et dabo illi c a l c u l u m* [= Steinchen] *c a n d i d u m; et in calculo n o m e n novum s c r i p t u m, quod nemo scit nisi qui accipit* (Apok. 2, 17). Im Urtext: τῷ νικοῦντι δώσω αὐτῷ τοῦ μ ά ν ν α τ ο ῦ κ ε κ ρ υ μ- μ έ ν ο υ καὶ δώσω αὐτῷ ψ ῆ φ ο ν λ ε υ κ ὴ ν καὶ ἐπὶ τὴν ψῆφον ὄ ν ο μ α καινὸν γ ε γ ρ α μ μ έ ν ο ν, ὃ οὐδεὶς οἶδεν εἰ μὴ ὁ λαμβάνων. Diese Worte klingen fast wie eine Prophezeiung des Wolframschen Gralsteins mit seiner himmlischen Speise und seiner Inschrift, die den Namen der Berufenen verkündet [36]). Das Wunder einer überirdischen Erscheinung, die ihn seelisch und leiblich stärkt und erquickt, wird auch dem Apostel Petrus zuteil: *et vidit* [Petrus] *coelum apertum et descendens vas quoddam, velut linteum magnum, quatuor initiis submitti de coelo in terram, in quo erant o m n i a q u a d r u p e d i a e t s e r p e n t i a t e r r a e e t v o l a t i l i a c o e l i. Et facta est vox ad eum: „Surge, Petre! occide et manduca.“... Hoc autem factum est per ter et statim receptum est vas in coelum* (Acta apostol. 10, 11—16). Wenn in dieser Vision, deren Erklärung umstritten ist, auch nicht von einem Stein die Rede ist, so handelt es sich doch offensichtlich um eine dem Petrus vom Himmel herabgesandte Nahrungsspende. Dem

---

35) Zur Erklärung siehe Ezech. 1, 26 ff.; Gott in seiner Herrlichkeit sitzt auf dem himmlischen Thron und nimmt die Huldigung der vierundzwanzig Ältesten und der vier Tiere entgegen. — Ist die Lesart der von Lachmann mit gg bezeichneten Handschriftengruppe *iaspis* für *lapsit* (469, 7) mit diesem Satz aus der Apokalypse in Verbindung zu bringen?

36) Eine Verbindung zwischen dem *„calculus candidus, in quo nomen novum scriptum"* und Wolframs Vorstellung eines Gralsteins soll nach Golther (Parzival und der Gral, a. a. O. S. 205/06) von Absil in einem Aufsatz aus der holländischen 'Tijdschrift voor taal en letteren' (Jahrg. 1919) behauptet worden sein. Laut Auskunft der Preußischen Staatsbibliothek ist diese Zeitschrift erst seit dem Jahrg. 1922 in einer deutschen Bibliothek (Bonn) vorhanden. Unter diesen Umständen war es mir trotz verschiedenen Versuchen nicht möglich, den Aufsatz einzusehen.

vas quoddam velut (Lesart: *quasi*) *linteum magnum* entspricht im Grundtext σκεῦός τι ὡς ὀθόνην μεγάλην, also wird *vas* bzw. σκεῦος mit einem großen Linnen oder einem leinenen Tuch verglichen.

Von entscheidender Bedeutung aber ist die Tatsache, daß ein ähnlicher Bericht sich in der f ü n f t e n S u r e des K o r a n wiederfindet. Die Verse lauten in deutscher Übersetzung: „Die Jünger sprachen: ‚O Jesus, Sohn der Maria, ist dein Herr imstande, zu uns e i n e n T i s c h v o m H i m m e l herabzusenden?' Er sprach: ‚Fürchtet Allah, so ihr gläubig seid.' / Sie sprachen: ‚W i r w o l l e n v o n i h m e s s e n und unsere Herzen sollen in Frieden sein, und wissen wollen wir, daß du uns tatsächlich die Wahrheit gesagt hast, und wollen ihre Zeugen sein.' / Da sprach Jesus, der Sohn der Maria: ‚O Allah, unser Herr, sende zu uns einen Tisch vom Himmel herab, daß es ein Festtag für uns werde, für den ersten und letzten von uns, und ein Zeichen von dir; und v e r s o r g e u n s , denn du bist der beste Versorger.' / Da sprach Allah: ‚Siehe, ich sende ihn zu euch hinab, und wer hernach von euch ungläubig ist, siehe, d e n w e r d e i c h s t r a f e n mit einer Strafe, wie ich keinen von aller Welt strafen werde' [37]).“

Diese Verse sind Ausgangspunkt einer weit verbreiteten arabisch-muhammedanischen Legendenbildung geworden. Schon der um 900 entstandene Koran-Kommentar des *T a b a r ī* weiß von der Erfüllung des erbetenen Wunders zu berichten und schmückt dieses noch weiter aus: „Sie baten Jesus um einen Tisch, auf dem Speise sein sollte, von der sie essen könnten, o h n e d a ß s i e a u s g i n g e.“ — „Schicke über uns einen Tisch vom Himmel, e r s o l l f ü r u n s e i n e H i l f e s e i n", betet Jesus. Dann fährt *Ṭabarī* fort: „Es brachte der Tisch herunter B r o t und F i s c h. ... Die Überlieferung erzählt: ‚D e r T i s c h i s t e i n F i s c h, auf dem S p e i s e n a l l e r A r t sind'.“ An einer anderen Stelle heißt es: „Es war ein Tisch, auf dem waren die F r ü c h t e d e s P a r a d i e s e s.“ — „Es waren auf ihm [sc. dem Tisch] Speisen aller Art a u ß e r F l e i s c h.“ Ebenso wird wiederholt die g ö t t l i c h e S t r a f a n d r o h u n g in

---

37) *Al Qurān*, 5. Sure, Vers 112—115; Ausgabe der ägyptischen Staatsdruckerei 1928/29; Gustav Flügel, Corani textus arabicus. Leipzig ³1858; Der Koran. Aus dem Arabischen übertragen und mit einer Einleitung versehen von Max Henning. Leipzig [1901], S. 141 (Reclam, Univers.-Biblioth. Nr. 4206—4210).

Erinnerung gebracht, um U n g l ä u b i g e zurückzuschrecken *(Ṭabarī,
Tafsīr al-Qurān*. Kairo 1902. Teil 7, S. 80 f.; vgl. hierzu Kap. 2,
Abschn. II und S. 477 ff.) [38]).

Anscheinend nach einer Handschrift des *Ṭabarī* aus Konstantinopel übersetzte G e o r g R o s e n in seinem „*Mesnewi* oder Doppel-
verse des Scheich *Merolānā Dschelāl-eddīn Rumī"* (aus dem Persischen
übertragen. Leipzig 1849) einen zusammenhängenden Text der
Legende unter der Überschrift „Geschichte der den Jüngern Jesu
gesandten himmlischen Speisetafel (Taberi, III. S. 14)".

Nach ausführlicher Darlegung der bereits zitierten Verse aus der
fünften Sure des Koran heißt es dort:
„Den folgenden Tag, als es Morgen ward, begaben sich alle zu Jesus,
welcher die Hände erhob und betete. Das ganze Volk hatte die Augen
gen Himmel gerichtet und sah, wie aus der Luft ein Speisetisch herabkam
und sich vor Jesu ... niederließ. D i e s e r T i s c h w a r m i t e i n e m
T u c h e b e d e c k t. Jesus streckte die Hand aus und nahm das Tuch
hinweg; da sah man, daß außer zwölf Broten nach der Zahl der Apostel
ein g r o ß e r g e b r a t e n e r F i s c h, etwas zerstoßenes weißes Salz
und etwas Kresse auf dem Tische lag. Es war damals eine große Menge
Menschen bei Jesu versammelt, diese alle setzten sich nieder, aßen und
wurden satt; so oft aber jemand vom Brote, vom Fische oder vom Kraute
einen Bissen genommen, w a r d a s W e g g e n o m m e n e s o g l e i c h
w i e d e r d a, und die Speise wurde von neuem ganz. Bis sich an jenem
Tage die Sonne neigte, aßen sie von den gedachten Speisen, und e s
w u r d e d e r f r ü h e r e B e s t a n d n i c h t u m e i n H a a r v e r m i n -
d e r t. Als·es Abend ward, legte sich der Tisch zusammen und fuhr wie-
der gen Himmel. Am folgenden Tage kam er vormittags wieder herab,
um abends wieder zu verschwinden. In dieser Weise kam der Tisch
d r e i T a g e l a n g herab; am vierten Tage aber erschien er nicht. Die
Gottesfürchtigen erkannten, daß er von dem Herrn sei, und glaubten; die
Heuchler aber, welche auch dort waren, behaupteten, es sei Zauberei.
Denn wie er vom dritten Tage an nicht mehr erschien, sagten sie, daß
auch die Kraft des Zaubers nur drei Tage währe. Die Heuchler, welche also
sprachen, legten sich jene Nacht schlafen; als sie aber den folgenden
Morgen aufstanden, f a n d e n s i e i h r e H ä n d e u n d F ü ß e u n d

---

38) Den Nachweis und die Übersetzung der oben angeführten Stellen
nach dem Original verdanke ich der Liebenswürdigkeit des Herrn
Dr. W o l f g a n g H a a g aus der Orientalischen Abteilung der Preußischen
Staatsbibliothek, der mich auch bei den folgenden Ausführungen mit sach-
kundigem Rat unterstützte und mir vor allem die Quelle des unten zitierten Marraccius nachwies.

i h r e n g a n z e n K ö r p e r g e k r ü m m t u n d e n t s t e l l t, denn Gott
hatte sie verwandelt" (Rosen, *Mesnewi*, a. a. O. S. 176 f.; siehe hierzu oben
S. 460 f.).

Auch *Baiḍārōī* in seinem Kommentar zum Koran (Sure 5, Vers 115),
der um die Mitte des dreizehnten Jahrhunderts anzusetzen ist, berichtet die Legende in ähnlicher Weise:

> „Wie man erzählt, ließ sich ein roter Speisetisch zwischen zwei Wolken
> vor der Apostel und der Juden Augen nieder, bis er vor ihnen stand.
> Da weinte Jesus und sprach: ‚O Gott, laß mich zu den Dankbaren ge-
> hören! O Gott, laß den Tisch eine Wohltat sein und mache ihn nicht zu
> einem Warnungsbeispiel und zu einer Strafe!' Darauf erhob er sich, ver-
> richtete die Waschung, betete und weinte; dann deckte er d a s T u c h
> auf und sprach: ‚Im Namen Gottes, des besten Nahrungsspenders!' und
> siehe, da war e i n g e b r a t e n e r F i s c h o h n e S c h u p p e n u n d
> o h n e G r ä t e n, welcher vom Fette troff; neben seinem Kopfe Salz,
> neben seinem Schwanze Essig, und rings um ihn herum alle Arten
> Gemüse außer Porree. Auch waren fünf runde, flache Brote da, von denen
> das eine Oliven, das zweite Honig, das dritte Butter, das vierte Käse
> und das fünfte Streifen getrockneten Fleisches trug. Da sprach Simeon:
> ‚O Geist Gottes! ist dies eine irdische oder eine himmlische Speise?' —
> ‚Keins von beiden, antwortete Jesus, Gott hat sie vielmehr durch seine
> Allmacht neu erschaffen; esset, was ihr verlangt habt, und seid dankbar,
> so wird Gott euch neue Wohltaten zuführen und noch mehr geben!' Da
> sprachen sie: ‚O Geist Gottes, willst du uns nicht mit und in diesem
> Wunder noch ein anderes zeigen?' Jesus sprach: ‚O Fisch, mit Gottes
> Erlaubnis werde lebendig!' Da fing der Fisch an sich zu regen. Dann
> sprach er zu ihm: ‚Werde wieder so, wie du warst!' Und er war wiederum
> gebraten; dann flog der Tisch davon" (übersetzt von Rosen, *Mesnewi*,
> a. a. O. S. 177 f.; vgl. auch Wesselofsky, Der „Stein Alatyŕ" in den Local-
> sagen Palästinas und der Legende vom Gral [Archiv für slavische Philo-
> logie Bd. 6 (1882), S. 60 f.]; W. Hertz, Parzival von Wolfram von Eschen-
> bach, a. a. O. S. 427 und Anm. 2; Heinzel, Gralromane, a. a. O. S. 95 f.).

Ebenso wird der Tisch erwähnt im *Mesnewi* des Scheich *Merolānā
Dschelāl-eddīn Rūmī* (dreizehntes Jahrhundert):

> Als Jesus flehend dann zum Herrn sich wandte,
> U n d G o t t d i e r e i c h e T a f e l n i e d e r s a n d t e,
> Ließ wieder sich das Volk von Gier verlocken
> Und stahl vom Tische bettelhaft die Brocken.
> Sie warnt liebreich Marias Sohn: „Bereit
> Ist diese Tafel euch f ü r a l l e Z e i t;

Jedoch das Mißtraun und die Habsucht gelten
Als Undank an dem Tisch des Herrn der Welten."
Die Bettler sahn und hörten nicht aus Gier,
Drum schloß sich ihnen bald die Gnadentür.
(Rosen, *Mesnewi*, a. a. O. S. 11 f. und Anm. 32.)

Im siebzehnten Jahrhundert schrieb der Italiener L. Marraccius ein hochgelehrtes Werk über den Koran und seine Auslegungen. Er stand der vielfachen Legendenbildung wie auch dem Schöpfer der muhammedanischen Religion zwar durchaus ablehnend gegenüber, besaß aber zum Teil vorzügliche Quellen. In dem Kapitel, das über die fünfte Sure handelt, erwähnt er auch den Himmelstisch: *Fit mentio de quadam Mensa, quam Christus descendere fecit e coelo super Apostolos. ... Addam hic expositionem Thalebiensis omissis Arabicis ob prolixitatem* [Breite, Weitschweifigkeit] *narrationis. Sic igitur ille: dissentiunt auctores circa hanc mensam, utrum vere descenderit e coelo necne. Verum certior sententia est, eam vere descendisse propter verba apertissima Alcorani.* Die Namenform, mit der Marraccius seinen Gewährsmann bezeichnet, ist nicht ganz eindeutig. Es kann aber nur der bekannte arabische Koranerklärer *Ath-Tha'labī* gemeint sein († 1036), von dessen Werk sich u. a. auch eine Handschrift in der Vatikanischen Bibliothek (Vaticana V. 1394) befindet, die Marraccius allem Anschein nach gekannt und benutzt hat, zumal er längere Zeit in Rom lebte und auch dort gestorben ist [39]).

Mit dem Hinweis *„et dixit Salman"* bringt der von dem Italiener ins Lateinische übertragene Kommentar des *Ath-Tha'labī* eine Schilderung des Speisewunders, die in ihrer Auswirkung auf die Beteiligten weit über die bisher angeführten Versionen der Legende hinausgeht:

„Cum rogassent Jesum apostoli, ut descendere faceret super eos mensam e coelo, indutus est veste lanea, et flens dixit: 'O Deus Domine noster,

---

39) Man könnte auch an den wesentlich jüngeren *Ath-Tha'ālibī* († 1468) denken; aber sowohl der Inhalt der ausgezogenen Quelle als auch der Umstand, daß sich in Rom eine Handschrift des *Ath-Tha'labī* befindet, sprechen gegen diese Erwägung. — Über den Lebensweg und die Bedeutung des Marraccius vgl. die Biographie universelle ancienne et moderne Bd. 27 (²1908), S. 56 f.

*demitte super nos mensam, et pone in ea, quod comedamus: tu enim
optimus es nutrientium.' Descendit autem mensa rubra inter duas nubes,
delabens cum sonitu videntibus illis. Jesus autem flevit ac dixit: 'O Deus,
fac ut simus tibi grati; o Deus, fac ut sit nobis ad misericordiam et non
ad poenam ac supplicium.' Judaei autem intuebantur in eam, et nihil
tale unquam viderant; nec senserant odorem similem odori illius. Dixitque
Jesus: 'Surgat optimus vestrum et discooperiat eam et invocato nomine
Dei comedat.' Respondit Simon, caput apostolorum: 'Tu es ad hoc omnium
dignissimus.' Tunc surrexit et sublato linteo, quo mensa cooperiebatur,
dixit: 'In nomine Dei, qui est optimus nutrientium.' Et ecce ibi piscis
assus sine squamis et spinis ...* (es folgt die gleiche Beschreibung wie bei
Baiḍāwī). Dixit Simon: 'O spiritus Dei, estne cibus hic ex hoc mundo,
an ex altero?' Respondit Jesus: 'Horum, quae hic videtis, nihil est ex hoc
mundo neque ex altero: sed omnia creavit Deus potentia praedominante.
Comedite ex eo, quod petistis; nam roborabit vos et augebit vos Deus
gratia sua.' Dixerunt apostoli: 'Vellemus, ut ostenderes nobis in hoc mira-
culo aliud miraculum ...'* (Jesus vollbringt das Wunder wie oben). Illi
[Apostel] vero dixerunt ei: 'O spiritus Dei, tu primus comede ex eo; deinde
nos etiam comedemus. Respondit Jesus: 'Avertat Deus, ne comedam
ex eo; sed comedat ex eo, qui id postulavit.' At illi timuerunt ex eo
comedere. Et vocavit Jesus pauperes et mutilos ac mancos et claudos
et miserabiles et ait illis: 'Comedite alimoniam Dei, nam vobis erit in
bonum, caeteris autem in malum!' Comederunt igitur ex ea mille ac
trecenti viri et mulieres, qui omnes erant p a u p e r e s , a e g r o t i a c
a e r u m n i s p r e s s i , et omnes saturati sunt. Deinde respexit Jesus in
piscem et ecce e r a t i n e a d e m f o r m a , qua missus fuerat e coelo.
Deinde avolavit mensa sursum in coelum aspicientibus ipsis et abscondita est ab eis: n u l l u s q u e e x e a c o m e d i t i l l a d i e a e t a t e
c o n f e c t u s , q u i n o n v e g e t u s e v a d e r e t ; n u l l u s i n f i r m u s,
q u i n o n s a n a r e t u r ; n u l l u s a e r u m n o s u s , q u i n o n l e v a r e -
t u r ; nullus pauper, qui non ditesceret ac dives perseveraret usque ad
mortem."* Dieses Wunder geschah vierzig Tage lang (Marraccius, Alcorani
Textus universus. Patavii [Padua] 1698. Prodromus pars IV, Kap. 27,
S. 89 b—90 a; vgl. auch pars II, Kap. 2, S. 6 a. b).

Die bisher angeführten Beispiele beweisen bereits die weite
Verbreitung und Ausdeutung dieser Wundergeschichte vom Himmelstisch im Muhammedanischen und ihren eindeutig christlichen
Ursprung, der in der Vision des Apostels Petrus (siehe oben) seinen
Ausgangspunkt haben kann, nach anderer Ansicht auf das Speisungswunder (Matth. 14,15—21; Mark. 6,35—44; Luk. 9,12—17; Joh.
6,5—13) zurückgeht, wahrscheinlich aber in der Verbindung beider
neutestamentlicher Berichte zu suchen ist, in die auch das jüdische

Manna der Wüstenwanderung hineingespielt haben kann, das der
Koran in der zweiten Sure ebenfalls erwähnt [40]). Wichtiger aber
als die Beantwortung dieser Frage ist der Umstand, daß in der
legendären Fassung der Fisch — das alte Christussymbol!
(siehe oben Kap. 2 und S. 478/479) — unter den gespendeten Speisen
den bedeutsamsten Platz einnimmt.

Unter Berufung auf *Ibn-ʿAbbās* (in der Wiedergabe des Marraccius a. a. O. S. 89b) findet sich eine wesentlich kürzere, aber in
einem Punkte sehr beachtsame Angabe: *„Dixit Jesus, filius Mariae
faustae memoriae, filiis Israel: ʿJejunate triginta dies; deinde
petite a Deo id, quod vultis, et dabit vobis.ʾ Id cum fecissent,
dixerunt: ʿO Jesu, si cui operam nostram navavissemus perfecto
jam opere, certe cibavisset nos. At nos jejunavimus et esurimus:
roga ergo Deum, ut demittat mensam e coelo super nos.ʾ Attule-
runt igitur angeli mensam, in qua erant novem placentae
et novem pisces magni, et posuerunt eam ante illos, comederuntque
ex ea ita primus ut novissimus.“* Die Angabe, daß der Tisch von
Engeln auf die Erde herabgebracht worden sei, wiederholt sich
gleich darauf noch einmal: *„Et dixit Kaab: descendit mensa in-
verse deorsum e coelo, quam ferebant angeli volantes
inter coelum et terram. Erat autem in ea omne ciborum
genus praeter carnem“* (a. a. O. S. 89 b).

Aus alledem geht hervor, daß unter den Anhängern des Islam
eine Legende bekannt war, die sich an Verse aus der fünften Sure
des Koran knüpfte und durch ihre Verbindung mit der Person
Christi eindeutig auf Einflüsse der neutestamentlichen Schriften
und Gedankengänge zurückzuführen und aus ihnen herzuleiten

---

40) Auch im *„Mesnewi“* wird auf das Manna des Alten Testaments
angespielt:

> Nicht sich bloß schadet der, dem Sitte fehlt,
> Nein, Feuer legt er an die ganze Welt!
> Ein Tisch stieg einst vom Himmel hoch herab,
> Der sorg- und mühelos die Fülle gab.
> Doch eine freche Schaar bat den Propheten [Moses]:
> „Willst du um Linsen nicht und Knoblauch beten?“
> Da schwand der Gnadentisch, das Himmelsbrot,
> Und blieb dafür der Saat und Ernte Not.

(Rosen, *Mesnewi*, a. a. O. S. 10 f. und Anm. 30; vgl. hierzu auch oben S. 453.)

ist. Unter Berücksichtigung der verschiedenen Fassungen dieser Legende enthält die himmlische Gabe das c h r i s t l i c h e F i s c h - s y m b o l, wird den Menschen v o n E n g e l n gebracht, wirkt s p e i s e s p e n d e n d, heilt Kranke, verleiht dem, der *aetate con- fectus* ist, frische Kräfte, wirkt also l e b e n e r h a l t e n d u n d v e r j ü n g e n d, und übt eine b e s e l i g e n d e W i r k u n g aus, indem sie den Mühseligen und Beladenen Erleichterung gewährt. U n g l ä u b i g e n dagegen, die sich an G o t t e s G n a d e v e r - s ü n d i g e n, droht strenge Strafe. Eine Übereinstimmung mit charakteristischen Zügen der Gralsage im allgemeinen und Wolf- rams Schilderung im besonderen besteht hier zweifellos. Bei Robert von Borron rüstet Joseph von Arimathia auf Geheiß des Heiligen Geistes eine T a f e l, auf die sein Schwager Bron einen von ihm gefangenen F i s c h legen soll; diesem gegenüber findet das mit einem T u c h bedeckte Gralgefäß seinen Platz. Die an der Tafel Sitzenden empfinden ein b e s e l i g e n d e s G e f ü h l, die übrigen merken nichts dergleichen (siehe oben Kap. 27, S. 459 ff.). Wolframs Gral ist ein Stein, den E n g e l v o m H i m m e l a u f d i e E r d e h e r a b g e b r a c h t haben, der s p e i s e s p e n d e n d e Kraft be- sitzt und Heiden, also U n g l ä u b i g e n, unsichtbar bleibt. Bei ihm wie bei Christian findet sich als Rest des alten Christussymbols der Beiname des „F i s c h e r s" für den kranken Herrn der Gralburg, d e r f ü r s e i n e S ü n d e v o n G o t t s t r e n g b e s t r a f t wird.

Es erscheint hiernach durchaus möglich, ja naheliegend, daß die aus christlicher Legende und Kultusmystik gespeiste Sage vom Heiligen Gral auch eine Zweigentwicklung im Islam erlebte, die ihrerseits auf Wolfram (bzw. seine zweite Vorlage) einwirkte und damit seine Abweichungen von Christians und Roberts Gral- erzählung zwanglos erklärt. Daß deren wunderbares Gefäß sich in einen Stein verwandelte, brauchte nach den obigen Ausführungen zunächst keineswegs durch Verquickung mit dem arabisch-alche- mistischen Stein der Weisen geschehen zu sein (siehe S. 541 f.); denn der *lapis philosophorum* trägt nirgends eine Inschrift, wie selbst Weber (Wolfram von Eschenbach, a. a. O. Bd. 1, S. 83 f.) zugeben muß, der zwar aus Morienus ein *vas tam admirabile* (nämlich wie den *lapis philosophorum)* anführt, das eine Inschrift enthält, aber selbst bemerkt: „ihr Sinn ist freilich unverständlich". Wesselofsky (Der Stein Alatyr, a. a. O. S. 52 ff.) dachte in erster Linie an den

Stein von Zion als Urbild des Wolframschen Gralsteines. Wahrscheinlicher aber bildete den Ausgangspunkt für die arabische Form des Grals der *calculus candidus* (Apok. 2, 17) mit seiner eindeutigen Inschrift und seiner geheimnisvollen Speise (siehe oben S. 542), der auf dem gleichen Wege wie die Legende vom Himmelstisch im Islam bekannt geworden sein konnte und später durch den *lapis philosophorum* ersetzt oder mit ihm identifiziert wurde.

Auch der von Wolfram im Zusammenhang mit dem Gralstein genannte Vogel Phönix und seine wunderbare Erneuerung widersprechen der christlichen Grundlage nicht, auf der die Gralsage beruht. Dessen Legende, die schon Herodot kannte, die in veränderter Form von Plinius [41]) und anderen römischen Schriftstellern berichtet wird, ist bereits im ersten Jahrhundert unserer Zeitrechnung allegorisch auf die Auferstehung Christi gedeutet worden. Klemens von Rom [42]), einer der ersten Bischöfe der Sieben-Hügel-Stadt, der nach Eusebius in den Jahren 92—101 das römische Pontifikat verwaltete und angeblich noch vom Apostel Petrus selbst zum Bischof ordiniert worden war, bezeichnet sie in seinem Brief an die Korinther, dessen Echtheit außer Zweifel steht, als G l e i c h n i s   d e r A u f e r s t e h u n g : „Erwägen wir . . ., wie der Herr fortwährend uns zeigt, daß es eine künftige Auferstehung geben werde, zu deren Anfang er den Herrn Jesus Christus selbst machte, da er ihn von den Toten erweckte. Laßt uns ... die Auferstehung betrachten, die zu seiner Zeit sich vollzieht. Tag und Nacht zeigen uns die Auferstehung; die Nacht legt sich zur Ruhe, der Tag steht auf; der Tag zieht ab, die Nacht kommt heran. ... Betrachten wir auch das auffallende Zeichen, das im Morgenlande geschieht, das heißt in den Gegenden bei Arabien. Es ist nämlich ein Vogel, der Phönix genannt wird. Dieser ist der einzige seiner Art und lebt fünfhundert Jahre; wenn er bereits der Auflösung im Tode nahe ist, baut er sich ein Nest aus Weihrauch, Myrrhe und sonstigen wohlriechenden Gewächsen; ist seine Zeit erfüllt, so geht er in dies Nest und stirbt. Wenn dann das Fleisch verfault, entsteht ein Wurm, welcher sich von dem verfaulenden Leichnam des Tieres nährt und Flügel bekommt; wenn er

---

41) Plinius, Naturalis Historia X, 2 (2), § 3—5; hrsg. von Detlefsen. Berlin 1856 ff. Bd. 2, S. 125.
42) Hauck, RE. Bd. 4 (1898), S. 163—171, besonders S. 168 ff.

dann kräftig geworden ist, hebt er jenes Nest, in dem die Knochen
des früheren sind, und fliegt mit ihnen von Arabien bis nach Ägypten
in die Stadt Heliopolis. Und bei Tag, wenn alle es sehen, fliegt er auf
den Altar des Helios, legt sie dort nieder und kehrt wieder zurück. ...
Halten wir es nun für etwas Großes und Wunderbares, wenn der
Schöpfer des Weltalls die auferwecken wird, die ihm heilig gedient
haben in der Zuversicht eines guten Glaubens, wo er uns sogar durch
einen Vogel die Größe seiner Verheißung kund tut? Er sagt nämlich
einmal: 'Und Du wirst mich auferwecken, und ich werde Dich preisen', und 'Ich legte mich nieder und schlummerte ein, ich erwachte,
weil Du mit mir bist'. Und wieder sagt Job: 'Und Du wirst auferwecken dieses mein Fleisch, das all dies erduldet hat'" [43]).

24. Κατανοήσωμεν, . . . πῶς ὁ δεσπότης ἐπιδείκνυται διηνεκῶς ἡμῖν τὴν
μέλλουσαν ἀνάστασιν ἔσεσθαι, ἧς τὴν ἀπαρχὴν ἐποιήσατο τὸν κύριον Ἰησοῦν ἐκ
νεκρῶν ἀναστήσας. ἴδωμεν, . . . τὴν κατὰ καιρὸν γινομένην ἀνάστασιν. ἡμέρα
καὶ νὺξ ἀνάστασιν ἡμῖν δηλοῦσιν · κοιμᾶται ἡ νύξ, ἀνίσταται ἡ ἡμέρα, ἡ ἡμέρα
ἄπεισιν, νὺξ ἐπέρχεται. λάβωμεν τοὺς καρπούς · ὁ σπόρος πῶς καὶ τίνα τρόπον
γίνεται; ἐξῆλθεν ὁ σπείρων καὶ ἔβαλεν εἰς τὴν γῆν ἕκαστον τῶν σπερμάτων.
ἅτινα πεσόντα εἰς τὴν γῆν ξηρὰ καὶ γυμνὰ διαλύεται, εἶτ' ἐκ τῆς διαλύσεως ἡ
μεγαλειότης τῆς προνοίας τοῦ δεσπότου ἀνίστησιν αὐτά, καὶ ἐκ τοῦ ἑνὸς πλεί-
ονα αὔξει καὶ ἐκφέρει καρπόν.

25. Ἴδωμεν τὸ παράδοξον σημεῖον τὸ γινόμενον ἐν τοῖς ἀνατολικοῖς
τόποις, τουτέστιν τοῖς περὶ τὴν Ἀραβίαν . ὄρνεον γάρ ἐστιν ὃ προσο-
νομάζεται φοίνιξ· τοῦτο μονογενὲς ὑπάρχον ζῇ ἔτη πεντακόσια, γενόμενόν
τε ἤδη πρὸς ἀπόλυσιν τοῦ ἀποθανεῖν αὐτό, σηκὸν ἑαυτῷ ποιεῖ ἐκ λιβάνου καὶ σμύρνης καὶ τῶν λοιπῶν ἀρωμάτων, εἰς ὃν πληρωθέντος τοῦ χρόνου εἰσέρχεται καὶ τελευτᾷ. σηπομένης δὲ τῆς σαρκὸς σκώληξ τις ἐγγεννᾶται,
ὃς ἐκ τῆς ἰκμάδος τοῦ τετελευτηκότος ζώου ἀνατρεφόμενος πτεροφυεῖ · εἶτα
γενναῖος γενόμενος αἴρει τὸν σηκὸν ἐκεῖνον ὅπου τὰ ὀστᾶ τοῦ προγεγονότος
ἐστίν, καὶ ταῦτα βαστάζων διανύει ἀπὸ τῆς Ἀραβικῆς χώρας ἕως τῆς Αἰγύπτου
εἰς τὴν λεγομένην Ἡλιούπολιν. καὶ ἡμέρας, βλεπόντων πάντων, ἐπιπτὰς ἐπὶ
τὸν τοῦ ἡλίου βωμὸν τίθησιν αὐτά, καὶ οὕτως εἰς τοὐπίσω ἀφορμᾷ. . . .

26. Μέγα καὶ θαυμαστὸν οὖν νομίζομεν εἶναι, εἰ ὁ δημιουργὸς τῶν ἁπάντων ἀνάστασιν ποιήσεται τῶν ὁσίως αὐτῷ δουλευσάντων ἐν πεποιθήσει πίστεως
ἀγαθῆς, ὅπου καὶ δι' ὀρνέου δείκνυσιν ἡμῖν τὸ μεγαλεῖον τῆς ἐπαγγελίας αὐτοῦ;
λέγει γάρ που „καὶ ἐξαναστήσεις με, καὶ ἐξομολογήσομαί σοι ", καί· „ἐκοιμήθην
καὶ ὕπνωσα, ἐξηγέρθην, ὅτι σὺ μετ' ἐμοῦ εἶ" [vgl. Psalm 3, 6]. καὶ πάλιν Ἰὼβ
λέγει · „καὶ ἀναστήσεις τὴν σάρκα μου ταύτην τὴν ἀναντλήσασαν ταῦτα πάντα"

---

43) Klemens von Rom in: Die apostolischen Väter. Übersetzt von
Fr. Zeiler. Kempten und München 1918, S. 42 f. (Bibliothek der Kirchenväter Bd. 35).

[vgl. Job 19, 25 f.] (Epist. I ad Corinth. Kap. 24—26; hrsg. von O. von Gebhardt und A. Harnack. Leipzig 1876, S. 42 ff. [Patrum apostolicorum opera Bd. 3]).

Ebenso kennt der um die Mitte oder vielleicht schon im ersten Drittel des zweiten nachchristlichen Jahrhunderts entstandene Physiologus die allegorische Verknüpfung der Phönixsage mit der Auferstehung Christi und derer, die an ihn glauben. Besonders beachtenswert an dem Bericht des Physiologus ist der Umstand, daß der Phönix sich alle fünfhundert Jahre nach Heliopolis begibt und sich auf dem Altar des dortigen Sonnentempels v e r b r e n n t :

„Unser Herr Jesus Christus spricht in dem heiligen Evangelium: 'Ich habe die Macht, meine Seele zu lassen, und ich habe die Macht, sie wieder zu nehmen' [vgl. Joh. 10, 18]. ... Es gibt nun einen Vogel in Indien, Phönix genannt. Nach 500 Jahren kommt er zu den Bäumen des Libanon und füllt seine Flügel mit Wohlgerüchen und zeigt es dem Priester von Heliopolis an in dem neuen Monat Nisan ..., d. h. dem Phamenoti oder Pharmuti. Und der bezeichnete Priester kommt herbei und füllt den A l t a r mit dem Holze von Weinstöcken an. Der Vogel aber kommt nach Heliopolis, angefüllt mit Wohlgerüchen, und steigt auf den Altar und z ü n d e t e i n F e u e r a n u n d v e r b r e n n t s i c h. Und am folgenden Morgen durchforscht der Priester den Altar und findet einen Wurm in der Asche. Und am zweiten Tage bekommt er Federn und wird als ein junger Vogel befunden. Und a m d r i t t e n T a g e f i n d e t m a n i h n g e w o r d e n w i e f r ü h e r und er ... kehrt zurück zu seinem alten Wohnplatz. Wenn nun dieser Vogel die Macht hat, sich zu töten und sich wieder zu beleben, wie murren die unverständigen Menschen über unseren Herrn Jesus Christus, wenn er sagt: [folgt das Zitat aus Joh. 10, 18]. Denn der Phönix nimmt das Abbild unseres Heilandes an" (Übersetzung nach E. Peters, Der griechische Physiologus und seine orientalischen Übersetzungen. Berlin 1898, S. 65 f.).

Im Original: Ὁ Κύριος ἡμῶν Ἰησοῦς Χριστὸς ἐν τῷ θείῳ εὐαγγελίῳ λέγει· „ἐξουσίαν ἔχω θεῖναι τὴν ψυχήν μου, καὶ ἐξουσίαν ἔχω λαβεῖν αὐτήν" [vgl. Joh. 10,18]. · · · ἔστι τοίνυν πετεινὸν ἐν τῇ Ἰνδικῇ, φοῖνιξ λεγόμενον. κατὰ πεντακόσια οὖν ἔτη ἔρχεται εἰς τὰ ξύλα τοῦ Λιβάνου καὶ γεμίζει τὰς πτέρυγας αὐτοῦ ἀρωμάτων. καὶ σημαίνει τῷ ἱερεῖ τῆς Ἡλίου πόλεως, ἐν τῷ μηνὶ τῷ νέῳ (Νησὰν · · ·), τουτέστι τῷ Φαμενωθὶ ἢ τῷ Φαρμουθί. ὁ δὲ ἱερεὺς σημανθεὶς ἔρχεται καὶ ἐμπιπλᾷ τὸν β ω μ ὸ ν ἀμπελίνων ξύλων. τὸ δὲ πετεινὸν ἔρχεται εἰς Ἡλίου πόλιν, γεγομωμένον τῶν ἀρωμάτων, καὶ ἀναβαίνει εἰς τὸν βωμόν, κ α ὶ α υ τ ο ῦ τ ὸ π ῦ ρ ἀ ν ά π τ ε ι κ α ὶ ἑ α υ τ ὸ ν κ α ί ε ι. καὶ τῇ ἐπαύριον ἐρευνῶν ὁ ἱερεὺς τὸν βωμὸν εὑρίσκει σκώληκα ἐν τῇ σποδῷ. καὶ τῇ δευτέρᾳ ἡμέρᾳ πτεροφυεῖ καὶ εὑρίσκεται νεοσσὸς πετεινόν. καὶ τ ῇ τ ρ ί τ ῃ ἡ μ έ ρ ᾳ ε ὑ ρ ί σ κ ε τ α ι γ ε ν ό μ ε ν ο ν ὡ ς τ ὸ π ρ ώ η ν · · · καὶ ὑπάγει εἰς τὸν παλαιὸν αὐτοῦ τόπον. εἰ οὖν τὸ πετεινὸν τοῦτο ἐξουσίαν ἔχει ἑαυτὸ ἀποκτεῖναι καὶ ζωογονῆσαι, πῶς οἱ ἀνόητοι ἄνθρωποι ἀγανακτοῦσι τοῦ Κυρίου ἡμῶν Ἰησοῦ Χριστοῦ εἰπόντος· [folgt nochmals das Zitat aus Joh. 10, 18.] ὁ γὰρ φοῖνιξ πρόσωπον τοῦ Σωτῆρος ἡμῶν λαμβάνει (Physiologus Kap. 7: περὶ φοίνικος πετεινοῦ; hrsg. von Fr. Lauchert. Straßburg 1889, S. 237 f.).

Diese christliche Auslegung einer alten orientalischen Sage, die wahrscheinlich aus Ägypten stammt, ist teils nach Klemens von Rom, teils nach dem Physiologus während des ganzen Mittelalters lebendig geblieben, wird von verschiedenen Kirchenvätern wiederholt [44]), kehrt bei Isidor [45]) wieder und spielt wohl auch in einem dem Lactantius zugeschriebenen Gedicht vom Phönix (Migne, P.L. Bd. 7, S. 278—284) eine Rolle [46]). Dieses Gedicht ist außerdem in einer angelsächsischen Bearbeitung überliefert, die Kynewulf zugeschrieben wurde und in der „die symbolische Auslegung der Verbrennung und Wiederbelebung des Phönix" (Lauchert, a. a. O. S. 113) im Gegensatz zum lateinischen Original unzweideutig ausgesprochen ist. Damit war die christliche Allegorie dieser Sage bereits im frühen Mittelalter auch in England bekannt [47]). In der deutschen Literatur

---

44) Siehe z. B. Tertullian, Liber de resurrectione carnis Kap. 13 (Migne, P.L. Bd. 2, S. 811 B.); Kyrill von Jerusalem, Katechese XVIII, Kap. 8 (Migne, P.G. Bd. 33, S. 1025 ff.); Epiphanius von Konstantia, Ancoratus Kap. 84 (Migne, P.G. Bd. 43, S. 173 BC).

45) Isidor, Etymologiarum libri XX. Buch XII, Kap. 7, § 22 (Migne, P.L. Bd. 82, S. 462 A).

46) Burdach hatte schon in einem 1910 gehaltenen Vortrag in der Preußischen Akademie der Wissenschaften die Ansicht vertreten: „Der Phönix ist bereits bei Lactanz Symbol der Auferstehung Christi und der Auferstehung aller einzelnen Christenseelen. Und das bleibt er im Laufe des Mittelalters" (Reformation, Renaissance, Humanismus. Berlin und Leipzig ² 1926, S. 55). Vgl. aber Fritz Schöll (Vom Vogel Phönix. Universitätsfestrede Heidelberg 1890, S. 13): „In dem Gedicht des Lactanz ... findet sich nur eine leise christliche Färbung, während inzwischen längst das Christentum sich der Sage [vom Phönix] bemächtigt hatte." Noch ablehnender äußerte sich hierüber Lauchert (a. a. O. S. 112 f. und Anm. 1), der die allegorische Auslegung auf die Auferstehung Christi bei Lactanz völlig leugnete. Die moderne Forschung scheint aber mehr der Ansicht Burdachs zuzuneigen.

47) Zum angelsächsischen Phönixgedicht vgl. Grein-Wülker Bd. 3, S. 95 bis 116; Brandl in Pauls Grundriß der germanischen Philologie Bd. 2, 1 (²1901/09), S. 1046.

begegnet sie zuerst im „Jüngeren Physiologus" der Wiener Handschrift (aus dem ersten Drittel des zwölften Jahrhunderts): *ein fogil
heizit fenix, des pilide habet unser trehtin* [Christus]. *wante er chût*
[verkündet] *in dem euangelio: „ich habe gewalt minen lip ze lazine
unte aue ze nemine. ander niemen nemag mir in genemen."* ... *von
disme uogile zellit phisiologus:* ... [es folgt die Schilderung der Ver-
brennung]. *dar nah wirdit er ze ascun. so wirdit er in deme eristen
tage zi eineme wurme. an dem anderen tage wirdit er ze einem uogile.
an dem dritten tage so wirdit er alsor ê* [vorher] *was. dirre uogil
bezeichinit christ* usw. *(uon tieren unde uon fogilen* in: Deutsche
Gedichte des zwölften Jahrhunderts. Hrsg. von H. F. Maßmann.
2. Teil. Quedlingburg und Leipzig 1837, S. 324 f.; Lauchert, a. a. O.
S. 299) [48]).

Der Physiologus erfreute sich während des ganzen Mittelalters
großer Beliebtheit und wurde u. a. auch mehrfach in orientalische
Sprachen übertragen. Neben einer äthiopischen, syrischen und armenischen läßt sich auch eine arabische Übersetzung nachweisen, die
Land in seinen „Anecdota Syriaca" abgedruckt hat. Diese Übersetzung ist zwar im einzelnen unvollständig und oft fehlerhaft [49]),
enthält aber das Phönixkapitel — wenn auch abweichend in der
Darstellung der eigentlichen Legende — mit der gleichen christlichen
Auslegung und Berufung auf das Johannesevangelium wie das Original. Nur der Name des Phönix ist ersetzt durch die Bezeichnung *avis
magna.* Der Inhalt lautet hier folgendermaßen:

„Und man erzählt ferner: in Indien ist ein großer Vogel, welcher nach
50 [!] Jahren einmal nach dem Berge Libanon kommt und von allen
wohlriechenden Bäumen und dort wachsenden Blumen nimmt und nach
Indien zurückkehrt. Und es geschieht seine Ankunft im Monat Nisan.
Darauf erbaut der Priester dieser Gegend diesem Vogel auf einem hohen
Berge einen A l t a r, über welchen er eine aus Weinreben gebaute Hütte
stellt. Darauf bewegt er die Flügel so heftig, daß er Feuer aus sich heraus-
stößt und zugleich mit der Hütte verbrennnt, bis er in Asche verwandelt
wird. Darauf besteigt der Priester den Berg n a c h d r e i T a g e n und

---

48) Im dreizehnten Jahrhundert berichtet die Legende ausführlich Hugo
von Langenstein in seiner „Martina" unter der Überschrift *von dez phenix
natvre* (87b, Vers 41—88c, Vers 64; hrsg. von A. von Keller. Stuttgart 1856,
S. 218—221 [Bibliothek des literarischen Vereins Bd. 38]).

49) Vgl. hierzu Lauchert, a. a. O. S. 87 f.; Peters, Physiologus, a. a. O.
S. 7. 65.

forscht in der Asche, in welcher er einen kleinen Wurm findet. Darauf wächst der Wurm und wird ein starker Vogel, wie er früher war. Wenn also diesem Vogel die Macht gegen sich selbst verliehen ist, daß er sich verbrennt und unversehrt sich wiederherstellt, um wieviel mehr ist unser Herr Jesus Christus mächtig der Auferstehung seines reinen Körpers von den Toten gewesen! Denn er spricht so in dem heiligen Evangelium: 'Mir ist die Macht, meine Seele abzulegen, und die Macht, sie wieder zu nehmen' [vgl. Joh. 10, 18]. Daher laßt uns zu dem Herrn Christus treten mit Fasten und Beten und süßen Wohlgerüchen und reinen Werken, daß wir von ihm das Himmelreich erlangen" (Peters, Physiologus, a. a. O. S. 65, Anm. 1).

Et dicunt etiam: in India avis magna est, quae post quinquaginta annos semel venit in montem Libani, et sumit ab omnibus herbis aromaticis et floribus nativis et redit in Indiam; ac fit adventus eius mense Nisan. Tunc sacerdos illius regionis huic avi aram exstruit in monte excelso, super qua a r a ponit ex vitis palmitibus (structam) casae speciem. Advenit illa avis flores varios portans, et casam illam intrat. Deinde alas agitat adeo vehementer, ut ignem sibi extundat et una cum casa comburitur donec in cinerem redigatur. Tum sacerdos montem conscendit p o s t d i e s t r e s et cinerem scrutatur, in qua invenit vermiculum. Deinde crescit vermiculus et evadit avis fortis robore sicut antea erat. — Quodsi igitur huic avi potestas est in semetipsam, ut sese comburat atque integram restituat, q u a n t o m a g i s D [o m i n u s] N [o s t e r] J e s u s C h r i s t u s p o t e n s f u i t r e s u r r e c t i o n i s c o r p o r i s s u i p u r i s s i m i e m o r t u i s. Etenim si loquitur in Evangelio sacrosancto: ... [folgt Joh. 10, 18]. Itaque adeamus Dominum Christum cum jejunio et precibus et suavissimis odoribus et operibus purissimis, ut ab eo obtineamus regnum coeleste (Anecdota Syriaca; collegit, edidit, explicuit J [an] P [ieter] N [icolaus] Land. Bd. 4: Otia Syriaca [Lugduni Batavorum 1875], S. 155) [50]).

---

50) In diesem Zusammenhang sei wenigstens darauf verwiesen, daß die von Wolfram (482, 12—23) berichtete Legende vom Pelikan, der sich selbst verblutet, um seine Jungen am Leben zu erhalten, und dessen Blut die Gralritter zu gewinnen suchen in der Hoffnung, daß es die Wunde ihres Königs heilen könnte, in dem arabischen Physiologus ebenfalls vorkommt. Entsprechend der Vorlage wird hier in der allegorischen Auslegung der S p e e r s t o ß i n d i e S e i t e C h r i s t i und das H e r v o r s t r ö m e n v o n B l u t u n d W a s s e r mit der A u f e r s t e h u n g A d a m s und der gläubigen Menschheit in Verbindung gebracht (vgl. oben Kap. 18, S. 266 ff.): *„Et similiter nos ... verberavimus creatorem nostrum in faciem et restituimus mandatis ejus; tunc peccato mortui sumus. Deinde Dominus Christus nos miseratus est et crucem ascendens latus suum dextrum aperuit, unde profluxerunt sanguis et aqua, donec pervenirent ad speluncam Adami*

Leider ist es mir nicht gelungen, das genaue Alter dieser Übersetzung einwandfrei festzustellen. Weder Land in seiner Ausgabe noch Lauchert, Peters oder andere haben sich meines Wissens hierüber direkt geäußert, und auch die Bemerkung Ehrismanns läßt keinen eindeutigen Schluß zu: „Sehr alt und wichtig sind die ältere syrische und die äthiopische Übersetzung [des griechischen Physiologus], denen andere syrische, die armenische, die arabische folgten" (Geschichte der deutschen Literatur, a. a. O. Bd. 2, 1 [1922], S. 226). Obgleich also eine genaue Datierung nicht möglich zu sein scheint, läßt doch die Überlieferung der gesamten orientalischen Übersetzungsliteratur den Schluß zu, daß auch der arabische Physiologus ins zehnte, spätestens in den Anfang des elften Jahrhunderts gehört. Außerdem kann es bei der Fülle der orientalischen Übertragungen und der überaus weiten Verbreitung dieses Werkes nicht zweifelhaft sein, daß auch bei Wolfram das Bild des aus der Asche verjüngt aufsteigenden Phönix auf Christus zu beziehen ist und sich bereits in der Nebenquelle vorfand, vielleicht als ein ähnliches „isoliertes Überbleibsel" wie das Motiv des reichen Fischers (vgl. oben S. 476 f. und Anm. 45). Den Namen des Phönix könnte Wolfram aus der deutschen Übersetzung gekannt und übernommen haben, falls er in seiner Vorlage ebenfalls fehlte.

Aus alledem ergibt sich, daß allein Wolfram von Eschenbach angehörende Eigenschaften des Grals, die von den meisten Forschern als typisch heidnisch angesprochen wurden, urchristliche Elemente in sich tragen, die zwar nicht so deutlich auf der Oberfläche liegen wie in Christians „Perceval" und vor allem in Roberts von Borron Dichtung, die aber doch auf der anderen Seite nicht so tief versteckt sind, daß man sie unter ihrer Hülle nicht mehr erkennen kann. Denn die an sich einleuchtende Vermutung, daß der wunderbare Himmelstisch, von dem die fünfte Sure des Koran berichtet, auf eine unklare Vorstellung des christlichen Abendmahls zurückgeht (siehe u. a. Rosen, Mesnewi, a. a. O. S. 11, Anm. 32), schlägt die Brücke zu einer arabischen Gralsage, die von christlichen Vorstellungen be-

---

patris nostri, quae erat sub Golgotha, atque exinde vitam recuperavimus; et vivi facti sumus et haeredes vitae aeternae per resurrectionem illius sanctissimam" (Land, Anecdota Syriaca, a. a. O. S. 153; auch die Erzählung vom Einhorn [Wolfram 482, 24 ff.] ist in der arabischen Übersetzung enthalten [Land, a. a. O. S. 146 f.]).

fruchtet und aus biblisch-mystischen Ideen gespeist, sich als Sonder-
zweig der „orientalisch-palästinisch-syrischen Wurzel" (siehe oben
S. 502) entwickelte und im Laufe der Jahrhunderte ein Eigenleben
führte, bis sie bei Wolfram wieder zu ihrem Ausgangspunkt zurück-
fand. Welchen Weg diese Entwicklung im einzelnen eingeschlagen
hat, ist nicht mehr zu erkennen; aber die Legendenbildung, die sich
an die Erzählung der fünften Sure knüpfte, zeigt, daß die Grund-
motive der französischen Gralsage auch im Islam bekannt und geläufig waren. Der Stein mit der verkündenden Inschrift, welchen
Engel den Menschen auf die Erde gebracht und zur Obhut übergeben haben, auf dem der Phönix sich verbrennt, um verjüngt zu
neuem Leben zu erstehen, er ist zunächst mit den meisten seiner
angeblich heidnischen Motive genau so christlichen Ursprungs wie
der reiche Fischer, die blutende Lanze, das heilige Gralgefäß selbst,
das in der arabischen Abzweigung durch eben diesen Stein ersetzt
wurde. Daß die Longinuslanze Wunden schlägt, aber auch Wunden
heilt (bei Wolfram den ärgsten Wundschmerz wenigstens lindert
und erträglicher macht), ist in den vorhergehenden Kapiteln wiederholt als typisch christlicher Legendenzug nachgewiesen worden (siehe
z. B. oben S. 294 f.; besonders aber Kap. 25). Ja selbst die beiden
Messer Wolframs brauchen nicht unbedingt auf einem Mißverständnis zu beruhen (siehe oben S. 525 f. und Anm. 17. 18), sondern könnten
ihre Erklärung in der Tatsache finden, daß das liturgische Opfermesser der griechischen Messe als λόγχη bezeichnet und der Lanze
des Kriegsknechts aus dem Johannesevangelium gleichgesetzt wurde
(siehe oben S. 141; dazu auch S. 269). Schon in der Phantasmagorie
des Chrysostomos wurde die eucharistische Lanze zur Teilung des
als Opferlamm gedachten Brotes benützt (siehe oben S. 92). Derselbe
Chrysostomos hatte von dem Meßaltar als von einem geheimnisvollen T i s c h gesprochen, auf dem das göttliche Blut des Erlösers
im Kelch aufleuchtet, zu dessen Verherrlichung d i e E n g e l a u s
d e m s i c h ö f f n e n d e n H i m m e l h e r n i e d e r s t e i g e n (siehe
oben S. 81—90; 131 und Anm. 4 und 5; 152 f.; 174). Und wie die
ältesten Katakombenbilder und griechische Grabinschriften erweisen, kannten die ersten Christen bereits die Vorstellung eines himmlischen Paradiesmahles, einer himmlischen T a f e l r u n d e, zu der

Christus seine Auserwählten beruft (siehe oben S. 31 f.). Diese Vorstellung hat ihre Parallele nicht nur in der Gralgemeinschaft
Roberts von Borron und Wolframs von Eschenbach, sondern klingt
auch in den verschiedenen Auslegungen der Koranverse mehr oder
minder deutlich mit.

Aber auch von einem anderen Gesichtspunkt aus betrachtet ergibt sich, daß Wolframs Gralvorstellungen, die bei seinen beiden
Vorgängern Christian und Robert keine direkte oder indirekte Entsprechung finden, keineswegs seine eigene Erfindung zu sein brauchen. Abgesehen von den übrigen deutschen Dichtungen des dreizehnten Jahrhunderts, die den gleichen Stoff behandeln oder den
Gral erwähnen und unter Wolframs Einfluß stehen oder stehen
können, finden sich ja typisch Wolframsche Züge auch in den übrigen französischen Gralromanen wieder, die im allgemeinen als
Fortsetzung des „Perceval" oder „Joseph" anzusprechen sind oder
beide vereinigt haben. Es erübrigt sich an dieser Stelle, die Übereinstimmungen im einzelnen noch einmal aufzuzählen oder nachzuweisen, da dies wiederholt und in aller Ausführlichkeit geschehen
ist [51]).

Daß Wolfram unbeschadet aller dieser Feststellungen auch seiner
zweiten (arabischen) Quelle genau so selbständig und souverän
gegenübergestanden haben wird wie dem „Perceval", bedarf wohl
keines Beweises mehr. Verfehlt wäre es jedesfalls (wie oben bereits
betont wurde), die persönliche Eigenart des deutschen Dichters völlig
außer acht zu lassen und in ihm nur einen Übersetzer und Kompi-
lator sehen zu wollen. Diese Tatsache erschwert naturgemäß eine
genauere Rekonstruktion der erschlossenen zweiten Vorlage. Enthielt sie auch die Vorgeschichte mit den Erlebnissen Gahmurets oder
hat Wolfram das Zusammentreffen des Einsiedler-Oheims mit dem
Vater seines Helden erfunden (497, 21—498, 20), um damit eine Verbindung zu den beiden ersten Büchern herzustellen? Fand er in ihr
die Umwandlung des Fragegebots in ein Frageverbot vor? Solange

---

51) Verwiesen sei hierfür in erster Linie auf Heinzel (Über Wolframs
von Eschenbach Parzival, a. a. O. besonders S. 78—85) und G. Weber
(Wolfram von Eschenbach, a. a. O. Bd. 1, besonders S. 126), von anderen
gleichartigen Untersuchungen ganz abgesehen.

die Quelle als verloren gelten muß, wird eine Antwort offenbleiben müssen. Aber eine Schlußfolgerung scheint mir zulässig: die Umgestaltung des Lanzenmotivs, dessen christlich-legendärer Kern aber immer noch deutlich erkennbar blieb, gehörte bereits der Vorlage an.

Es wurden oben (S. 500) zwei Hauptrichtungen der literarischen Gralgestaltung unterschieden, die durch Christians und Roberts Dichtungen repräsentiert werden: eine höfisch-ritterliche und eine legendarische. Wolfram hat nach dem Vorbild des *Perceval*-Romans die erste weitergeführt, aber auch mit legendarischen Zügen verbunden, die z. B. in seiner Darstellung der blutenden Lanze stärker hervortreten als im Fragment Christians. Das Nebeneinander von Gralburg und Artushof, das für alle Gralerzählungen typisch ist, spielt auch für den deutschen Dichter die erste Rolle, wie die Gegenüberstellung des *bonus miles* Parzival mit dem nur nach irdischer *êre* und *minne* strebenden Gawan, dem b e s t e n w e l t l i c h e n R i t t e r (siehe oben S. 444 ff.). Daß dessen Gralsuche erfolglos bleiben mußte, versteht sich bei Wolframs Auffassung von selbst und unterstützt indirekt die oben (Kap. 26, Abschnitt II) ausgesprochene Behauptung, daß auch Christians *Gauvain* nicht in den Besitz der blutenden Lanze gelangen sollte.

So bestätigt auch der deutsche „Parzival" die s i e b e n f a c h e n B e s t a n d t e i l e der Gralsage (siehe oben S. 502), vermehrt um die arabische Abzweigung der ursprünglichen Wurzel (Punkt 1), die ein Eigenleben führte, aber in den wesentlichen Momenten (Punkt 4—6 und nicht mehr verstanden auch 7) mit der abendländischen Entwicklung übereinstimmte und nur in einem Falle (nämlich Punkt 7) einen eigenen Seitenweg einschlug. Denn nicht der angebliche Bericht des rätselhaften Flegetanis, der das Geheimnis des Grals aus den Sternen gelesen haben soll, darf als Ur- und Keimzelle der Sage angesehen werden, sondern er ist im Gegenteil von höchst sekundärer Bedeutung; ebenso die Gleichsetzung oder Umformung des christlichen Steinsymbols *(lapis elixir = lapis philosophorum)*. Diese Veränderungen traten ein — sicherlich unter dem Einfluß arabisch-alchemistischer Mystik —, als man im Islam den alten christlichen Kern der Sage nicht mehr verstand oder verstehen wollte.

So gliedert sich auch die deutsche Dichtung zwanglos in die lange Reihe der Gralromane des zwölften/dreizehnten Jahrhunderts ein, soweit es sich um die Auffassung und Darstellung vom Gral und von der blutenden Lanze handelt; aber Wolfram erreichte in seinem „Parzival" — um dies noch einmal nachdrücklich hervorzuheben — die Wiedervereinigung zweier auseinanderlaufender Linien, die zwar den gleichen Ausgangspunkt hatten, die sich aber im Laufe ihrer Entwicklung soweit voneinander entfernten, daß ihre ursprüngliche Verbundenheit als unwahrscheinlich, ja unmöglich betrachtet, wenn nicht direkt bestritten wurde. Ihre äußere und innere Zusammengehörigkeit wiederherzustellen, blieb der genialen Kunst eines Wolfram vorbehalten, der sich im Stoff wohl nach seinen beiden Vorlagen richtete, aber diesem einen neuen und tiefgründigen Inhalt gab.

Namen- und Sachregister.

Die in den Zitaten den Seitenzahlen beigesetzten Exponenten bezeichnen die Anmerkungen. Die hierbei gelegentlich verwendete Zahl Null (z. B. 166.⁰) verweist auf den Schluß einer längeren, schon auf der vorausgehenden Seite beginnenden Anmerkung. Findet sich das Stichwort sowohl im Text als auch in einer Anmerkung der angeführten Seite, so ist die Anmerkung im Register nicht besonders berücksichtigt. In Klammern eingeschlossene Zahlen lassen das Stichwort auf der betreffenden Seite entweder aus dem Zusammenhang erschließen oder machen auf eine Ableitung aufmerksam (z. B. „abendländisch" statt „Abendland").

A

Aachen 313. 361. 380 f. 496.

Abel 58. 99.

Abendland 20. (51. 54 f.) 56. (57. 78.) 93. 104. 108 f. 113. 127. 132. 146. 162 f. 171. 187 f. 195. (200. 207.) 209. 217 f. 221 ff. 230. (243.) 250. 266. (271. 282.) 293. 306 f. (316 ff. 329.) 333. (336 f. 345 f.) 357 f. (359.) 366. 368. 372. 381. (382.) 383. 456. 487. (502. 559.)

Abendmahl 13 f. 22 ff. (27.) 50. 51.⁷ 52. 58. 62. 64. 72. 74. 78. 81 ff. 85. 92. 97. 99 f. 101.⁰ 102 f. 117. 137 f. 147. 157. 160. 171. 175. 177. 179. 187. 200. 248. 265. 292. 294. 332. 335 f. 338. 339.¹¹ 350. 356. 368. 453. 459 f. (476.) 556.

Abendmahlsbilder 29; -brot siehe eucharistisches Brot; -doktrin 248; -elemente 22. 28. 79. 97. 100. 332. 335. 368. 439. 481; -feier siehe eucharistische Feier; -gefäß siehe eucharistisches Gefäß; -gemeinde 177; -handlung siehe eucharistische Handlung; -kelch 60. 62. (97. 103.) 115—118. 128 f. 152. 168. 172. 267. 368. 419.³ 434. 440. 444. 446. 455 f. 471. 503. 525; -kultus 357; -lehre 62.²³ 345. 359; -liturgie 58. 112. 219. 263; -magie 128. 348; -mirakel 341. 345. 350. 353 f.; -mysterium 66. 79. 85. 88. 90 ff. 103. 132. 145 ff. 150. 152. 173. 177. 179. 263. 294. 322 f. (331 f.) 333. 337 f. 341. 346. 352. 354 bis 358. 368. 373. 376. 476 f.; -mystik 456; -opfer siehe eucharistisches Opfer; -ritus 163. 189 f. 367; -schüssel 382. 389. 453. 471; -speise siehe eucharistische Speise; -theorie 348; -theurgie 346; -tisch 389; -trank siehe eucharistischer Trank; -vereinigung 454; -vision siehe eucharistische Vision; -wirkung 157.

Aberkios 29 f. 478.

Abgarsage 107. 284. 287.

Abraham 23 f. 26. 31. 58. 99. 167 f. 263.

Acta Sanctorum 212. 213.⁴ 215 ff. 221. 225.² 357.³²

Adam 1. 10. 41. 53 ff. 65. 94 f. 167 f. 198. 245. 251. 267—270. 304. 316. 326. 336. (386.) 387; Repräsentant der durch Christi Opfertod erlösten Menschheit 266. 268 f. 281. 452. 555.⁵⁰ — Adamslegende (Vita Adae et Evae) 41 f. 267.

Adalbero I., Bischof von Metz 305.

Adamnanus, schottischer Abt 116 bis 119. 121. 123. (125.)

Adoratio crucis 56. 108. 110. 113. 120. (126.) 181. 192—196. 202 f. 206. 209. 281. (426. 430.) 437 f. 526.

Adyton (Altarraum) 131 f. 136. 140. 144—147. 149.

Ælfric 358. 473. 489.

Aër (Hülle, mit der das euchar. Opfer in der Messe bedeckt wird) 135. 140 f. 144 f. 165 f. 169. 183. - (201.)

---

*) Da dieses Stichwort außerordentlich häufig erscheint, sind hier nur die wichtigeren Belege angeführt.

Hostie 58. 146. 150. (163.) 167. 174.
179 f. 182. 184 f. 187. 192. 196 f.
201. 203 f. 206. 262. 264. 297. 319.
324. 344. 346. 351 ff. 357. 364. 367 ff.
(374 f.) 429. 432 ff. 439 f. 472.[33] 476.
502. (516.) 521. 534. — Hostienpartikel 158. 159.[4] 170.[13] (204.) 342.
353. 355. 369.
Hrabanus Maurus 104. 211 f. 290 f.
307. 337. 339—346. 364. 485.[62]
Hugo von Langenstein, „Martina"
554.[48]
Humbert, römischer Kardinal 316 f.
Hunerich, Vandalenkönig 210.
Hunnen 275.
Huon de Bordeaux, Chanson de
Geste 411.
Hymnus angelicus 143 [21]; cherubicus
89. 138 f. 141. 144. 169. 175. 183;
triumphalis 143 f.

I J

Jacobus de Voragine 222. 358.
Jakob 31. 59. 238.[3] 480. 493.
Ibn-'Abbās, Korankommentator 548.
Jerusalem 32. 66. 106—112. 115 f.
119—124. 126 ff. 169. 181. 189. 193.
214 ff. 228 f. 237. 307. 309. 319. 382.
389. 446. 458. 477. 490 f.; himmlisches
173. 206; neues 10. 109. 308 f. —
Jerusalempilger 112. 115. 272. 306.
309. 380. — Siehe auch Kirche.
Jerusalem (allegorische Figur auf
Kreuzigungsdarstellungen) 289.
298 f. 308. 311.
Jeû, Buch (gnostisches Werk) 67.
70 f. (74. 76.) 151.
Ignatius von Antiochia 15. 86. 104.[5]
248.[13]
Ikonographie 247. 323. — Siehe auch
Kreuzigungsbilder bzw. -darstel-
lungen
Improperien (Klagegesänge am Kar-
freitag während der Adoratio
crucis) 56. 110. 196. 206. 438.
Indien 552. 554 f.
Inkarnation 66.[9] 76. 135. 152. 178. —
Inkarnationsdogma 332. 350.
Inklinationsgebet 146. 183.
Innozenz I., Papst 98.[2] 194.
Innozenz VI., Papst 395 f.
Innozenz VIII., Papst 396 f.
Introitusprozession der (Chrysosto-
mos-) Messe 87. 89. 131. 136—141.
144. 150. 155. 169. 174 f. 186. 345.
— Siehe auch εἴσοδος.

Johann VII., Papst 250.
Johannes, Jünger Christi 239 f. 246 f.
250 f. 253 ff. 258. 260. 262. 267. 270.
297. 301—306. 310. 315. 319. 321.
324 f. 327. 399 (?). 404. 491.
Johannes der Täufer 11 f. 53. 61. 71.
77. 135. 383. 392. 399. 402.
Johannes Burchardus, päpstlicher
Zeremonienmeister 396 f.
Johannes Damascenus 155. 160 ff.
176.[18] 179.[19] 293.
Johannes Diaconus 354.
Johannes Scotus Eriugena 205. 339.
Johannes von Syrakus 347.
Johannes Zonaras 122.[24] 179.[19]
Jordan, Fluß 398 f. 402. — Siehe
auch Taufe Christi.
Joseph, Legende von J. und Asse-
neth 32 f.
Joseph von Arimathia 135 f. 144 f.
150. 153 f. 164 ff. 168 f. 174. 202.[20]
204. 240. 273. 297/298. 321. 367. 369.
574 f. 378. 389. 405—409. 412. 438.
444. 450. 471. 485. 491. 501. 503;
in der Legende (171.) 441. 469. 486
bis 491. 494. 497. 502; in der Graldichtung Roberts von Borron 451
bis 454. 456—464. 476. 478 f. 481.
483 ff. 492. 500 f. 534. 549. —
Syrisches Apokryphon Josephs
von Arimathia 489. 491 f. 494. 497.
501.
Josephus, Flavius, jüdischer Geschichtsschreiber 228—231. 232.[11]
458.
Irenäus, Bischof von Lyon 15. 53.
63. 77.[13] 86.
Irland 4. 234. 271. 291. 494. 498 f.
(538.)
Isaak 24. 31. 167. 263.
Isidor von Pelusium 153 ff. 161 f.
175. 344. 346.
Isidor von Sevilla 553.
Isisprozession 141 f.
Islam 548 ff. 557. 559.
Israel siehe Juden.
Italien 37. 184. 227. (246.) 307. 313.
317. 347.[20] 371. 412. 466.
Judas Ischarioth 232. 302. 324. 459.
461. 479.
Juden, Judentum 3 f. 13. 19. 26 f.
52. 65. 80. 98 f. 124. 156 f. 214. 220.
228. 230. 233. 235. 258. 260. 267.
288. 290 f. 299 f. 326. 333. 341. 348 f.
382. 405 f. 427. 451 ff. 458 f. 461.
480. 490 f. 493 f. 545. 547.
Julian, römischer Kaiser 224.

Namen- und Sachregister 571

Julian, Erzbischof von Toledo 185.
Juno Caprotina 44 f. — Siehe auch
Hera.
Jupiter 45. — Siehe auch Zeus.
Justinian, römischer Kaiser 139. 220.
347.
Justinus II., griechischer Kaiser 139.
195. 196.¹³
Justinus Martyrus 56.¹⁵ 86. 243.
Juvenal 470.

K

Kaiserchronik 384.
Kalifen 129.
Kappadozien 175. 209.¹ 210 ff. 214.
Kaprifikation der Feige bzw. Sykomore 34—41. 44.¹⁵ 45 ff.
Karfreitag 108. 111. 125. 181. 192 ff.
196. 200 f. 204. 235. 260. 299. 396.
426. 430 ff. 435. 437. 487. 503. 513 f.
516. 527. 536. — Karfreitagsfeier
55 f. 181. 192.⁶ 193. 201. 203. 209.
437.¹⁹ 439. 526 f.; -gottesdienst 281.
430. 503. 526; -liturgie 108. 145.
192 f. 195 f. 277.⁴ 328. 428.¹¹ 437.¹⁹
438. 442. 450. 501; -messe 261. 527 ¹⁹;
-offizium (108.) 110. 144. 181 ff.
192. 196. 202. 204. 206 f. 323. 428.¹¹
437. 501 f. 527 ¹⁹; -ritus 195; -szene
476; -zeremonie 108. 527.
Karwoche 125. 194. 196 397.
Karl der Große 93. 184. 330 ff. 360.
366. 380 ff. 389. 412. 446; Karlsage
381.² 446. 454. — „Libri Carolini"
360; „Pilgerfahrt Karls des Großen" 381 f. 384; „Karls Reise nach
Jerusalem und Konstantinopel",
Chanson de Geste 382 ff.
Karl der Kahle 163. 189. 205. 252.
331. 381.
Karl IV., deutscher Kaiser 395 f.
Kastilien 185.
Katakomben von S. Callisto 22. 24.
26; Domitilla-K. 25; Priscilla-K.
23 f. — K.bilder 18—29. 31. 475.
478. 557.
Katechumenen 66. 98. 108. 137. 264.
— K.messe 130.¹ 136. 144.
Kelsos 5. 49 f.
Kerburga, türkischer Sultan 384.
Kelten 282. (538.)
Kirche 46. 50. 66. 73 f. 75.¹² 93. 95.
98. 103. 123. 128. 166. 178. 181. 188.
197. 206. 265. 271. 328 ff. 343. 364 ff.
372 f. 376. 379. 388. 428. 492. 528. —
Aus Christi Seitenwunde entstan-
den 1. 53 f. 90 f. 95 f. 101. 187. 289.

298. 300. 325. 336. 374. 387 f.; die
Braut Christi 66. 95. (293.) 325.
343 f. 396; Petrus der Fels, auf
dem Christus seine Kirche errichtet 28; allegorische Figur auf
Kreuzigungsbildern siehe Ekklesia.
Abendländische Kirche 103. 123.
127. 187. 328 f.; alte 60. 74 f. 97;
angelsächsische 271. 292; britische
291; byzantinische 162. (347);
christliche 21. (117.) 127. 328. 333.
348. 376. 380. 491; westeuropäische
93; fränkische 313. 371; griechische
115. 118. 123. 126 f. 131. 147. 162.
175. 181. 187. 190 f. 195. 207. 221.
316. 366. 370 f.; irische 272. 291;
lateinische 55. 140. 345. 347; mai-
ländische 184. 189; nordafrikanische
9 ¹¹; orientalische 123. 146. 176;
orthodoxe 52. 342; römische 189.
316. 361/362. 373; spanische 186.
(189.) — Kirchendogma 139; -fest
244; -lied 110. 207.
Kirchen: in Antiochia 384; in Beau-
vais 268; in Bamberg 319 f.; in
Bethlehem 106; in Bologna 307;
in Canterbury 276; in St. Denis
497; in Fulda 307; in Glastonbury
486. 494. 497; in Hildesheim 321
/322; in Jerusalem 106. 119. 389.
490. 492. 497. 502. (Anastasisk.
108 f. 113. 121. 215. 306—309;
Grabesk. 112. 115 f. 121. 123; Kon-
stantink. (106.) 115—118. 121. 123.
128. 307 ff.; Zionsk. 111. 113 f. 115.¹²
382); in Konstantinopel 220. 388 f.;
in Münster 268; in Nancy 254;
in Narbonne 323; bei Paderborn
307; in Rom 140.¹² 193 ff. 250—253.
307 f. 396 f.; in Toledo 186; in
Tours 189. — Siehe auch Golgotha, Hagia Sophia, Maria, Martyrium.
Kleinasien (86.) 186. (248.)
Klemens von Rom 550 f. 553.
Köln 245.
Komma Johanneum 9.¹¹
Kommunikanten 83. 91. 100. 148 f.
152. 155. 159. 161. 180. 330. 341.
343. 355.
Kommunion 56. 73. 82. 92. 118. 131.
146. 148 ff. 152. 155. 158 f. 174.
177 ff. 181 ff. 192 ff. 197. 203 f.
263 f. 334. 342. 348. 353 f. 356. 431.
434. 437. 479.
Konsekration 29. 89. 132 f. 138. 140.
145 f. 152—155. 159 ff. 173. 178.